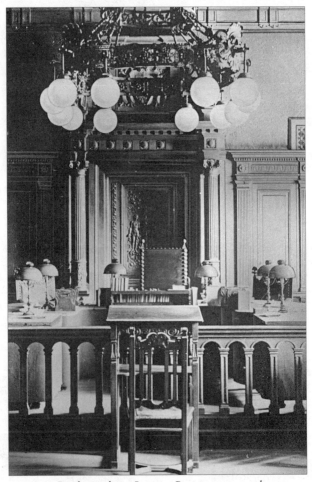

Reichsgericht in Leipzig, Revisionssenatssaal
Hier wurde am 9. Januar 1907 das für Karl May siegreiche Urteil im ersten Münchmeyer-Prozess verkündet.

OLD SHATTERHAND VOR GERICHT

DIE 100 PROZESSE DES SCHRIFTSTELLERS KARL MAY

VON
JÜRGEN SEUL

KARL-MAY-VERLAG
BAMBERG·RADEBEUL

INHALTSVERZEICHNIS

Vorwort 7

1. Teil: Der Straftäter Karl May

I. Herkunft und Jugend........................... 11
II. Verfehlungen und Straftaten (1859-1864)........ 14
   1. Der Kerzendiebstahl........................... 14
   2. Die ‚Meinhold-Affäre'......................... 20
   3. Der Uhrendiebstahl 21
   4. Die erste Tatserie............................. 29
III. Karl May im Arbeitshaus Schloss Osterstein
   (1865-1868)...................................... 46
   1. Der sächsische Strafvollzug.................... 46
   2. Karl Mays Arbeitshauszeit 58
IV. Verfehlungen und Straftaten (1868-1870)........ 64
   1. Eine gescheiterte Resozialisation............... 64
   2. Die zweite Tatserie 66
   3. Die Affäre Wadenbach......................... 86
V. Karl May im Zuchthaus Waldheim (1870-1874)..106
VI. Resozialisierung durch Schriftstellerei
   (1874-1878) 116
VII. Ermittlungen ‚in Sachen Mord' (1878-1879).....127
VIII. Karl Mays Kriminalität 136
   1. Karl Mays kriminologische Selbstbetrachtung....136
   2. Die kriminologische Karl-May-Forschung.......140
   3. Karl Mays Zurechnungsfähigkeit 150

2. Teil: Prozesse der Aufstiegsjahre

I. **Der literarische Aufstieg (1880-1887)** 175
II. **Zivil- und Strafprozesse (1887-1891)**.............177
   1. Mietschulden, Weinrechnungen und andere
      Streitigkeiten 177
   2. Der Lilié-Prozess 184
   3. Der falsche Doktortitel 186

3. Teil: Der Ehescheidungsprozess
I. Die Weltreise und ihre Folgen ... 195
II. Die Ehescheidung ... 203
1. Eine Scheidungsreise ... 203
2. Das Scheidungsverfahren ... 221
III. Ermittlungen in Sachen Ehescheidungsbetrug ... 236
1. Das erste Ermittlungsverfahren von 1903 ... 236
2. Das zweite Ermittlungsverfahren von 1909 ... 240

4. Teil: Die Verlags-Prozesse
I. Karl Mays Kolportageromane ... 250
II. Die Adalbert-Fischer-Prozesse ... 256
III. Der erste Münchmeyer-Prozess ... 266
IV. Der Meineidsprozess ... 303
V. Der zweite Münchmeyer-Prozess ... 317
VI. Ein Nebenprozess: Der Fall Wilhelm Kulicke ... 334
VII. Ein böhmischer Prozess ... 336

5. Teil: Karl May und die Presse
I. Die Pressekampagne ... 356
II. Die Prozesse im Einzelnen ... 365
1. Der Beßler-Praxmarer-Auer-Prozess ... 365
2. Der Expeditus-Schmidt-Prozess ... 372
3. Der Ansgar-Pöllmann-Prozess ... 378
4. Der Hock-Heller-Prozess ... 388
5. Das Meineidsverfahren ./. Ansgar Pöllmann ... 392

6. Teil: Karl May und Rudolf Lebius
I. Dresdner Auseinandersetzungen (1904-1905) ... 399
II. Berliner Auseinandersetzungen: Die ersten Jahre (1906-1909) ... 427
1. Rudolf Lebius wird Gewerkschafter ... 427
2. Die ‚Vorwärts-Konflikte' ... 431
3. Die ‚Kahl-Affäre' ... 436
4. Der Fortgang der ‚Vorwärts-Prozesse' ... 447

III. Erster juristischer Nebenschauplatz:
  Die Emma-Pollmer-Prozesse 452
IV. Der ‚Vernichtungsfeldzug' des Rudolf Lebius 467
  1. Ein Räuberhauptmann und
    ‚geborener Verbrecher'? 467
  2. Karl May ./. Rudolf Lebius, Martha Lebius
    und Hugo Nathanson 488
  3. Der Krügel-Prozess 495
  4. Strafanzeigen und Haftanträge 510
V. Prozesse um Prozessschriften 513
VI. Zweiter juristischer Nebenschauplatz:
  Die Heimatpresse-Prozesse 517
VII. Dritter juristischer Nebenschauplatz:
  Die Lu-Fritsch-Verfahren 532
  1. Das ‚Stettiner Verfahren' 533
  2. Das ‚Kötzschenbrodaer Verfahren'. 543
  3. Ermittlungen gegen Lu Fritsch 547
VII. Prozesse um Leserbriefe 549
  1. Der *Volksblatt*-Prozess....................... 549
  2. Der *Dresdner Woche*-Prozess 556
VIII. Das Berufungsverfahren von Moabit 556
IX. Epilog zu Rudolf Lebius 578

Prozess- und Verfahrensregister 597
Personenregister 608
Abkürzungsverzeichnis 618

Herausgegeben von Lothar und Bernhard Schmid

© 2009 Karl-May-Verlag, Bamberg
Alle Urheber- und Verlagsrechte vorbehalten

Deckelbild:
Kostümfoto Karl May: Alois Schießer
Foto des Kriminalgerichts Moabit: Landesdenkmalamt Berlin
Kolorierung und Artwork: Torsten Greis / grafixx media

Druck: Fuldaer Verlagsanstalt
ISBN 978-3-7802-0186-7

www.karl-may.de

Vorwort

Wenn man das umfangreiche Buch über „Old Shatterhand vor Gericht" gelesen hat, muss man zu der Erkenntnis kommen, dass Karl May außer mit seinem literarischen Werk den größten Teil seiner Lebenszeit mit Prozessen verbracht hat, zum Teil als Angeklagter, Beschuldigter und Beklagter, mehr aber noch als Kläger und Privatkläger. Es ist klar, dass die daraus erwachsene Flut an Prozessmaterialien neben den Selbstbekenntnissen und Briefen des Autors den größten Fundus an biographischen Informationen bietet, über den wir verfügen. Das Aktenmaterial dokumentiert sogar viele Fakten, die nur durch gerichtliche Aussagepflichten und Überprüfungen haben gesichert und beweiskräftig festgestellt werden können. Man kann also sagen, dass die hier vorliegende Dokumentation aller sich um Mays Person rankenden Rechtsstreitigkeiten eine der ergiebigsten biographischen Quellen über das Leben des Autors darstellt.

Vieles, was dieses Buch mitteilt, ist schon veröffentlicht; anderes hat der Autor selbst recherchiert oder aus dem Archiv des Karl-May-Verlegers erhalten. Auch in der zusammenfassenden Darbietung des veröffentlichten Materials liegt ein großes Verdienst. Denn die bereits vorliegenden Veröffentlichungen sind so verschiedenartig, verstreut und zum Teil entlegen, dass es selbst für einen Spezialisten sehr schwierig war, sich im Wirrwarr der Prozesse noch zurechtzufinden. Das alles wird durch die Zusammenfassung des Materials in einer Gesamtdarstellung, durch die Aufteilung in verschiedene Prozesskomplexe und deren weitere Untergliederung dem Leser übersichtlich und dem Forscher benutzbar gemacht. Dankenswert ist auch, dass wichtige Aussagen und Dokumente in der Regel wörtlich wiedergegeben werden, sodass dem Interpreten authentisches Material zur Verfügung steht.

Überblickt man den Prozessstoff im Ganzen, so ergibt sich ein deprimierendes Bild der Alterstragödie Karl Mays. Nicht seine kriminellen Jugendverfehlungen, sondern die Prozesse seiner letzten zehn Lebensjahre haben seine Produktivität beeinträchtigt und schließlich gelähmt. Sie haben auch seine Gesundheit untergraben und seinen körperlichen Verfall und Tod herbeigeführt.

Die Tragik der Vorgänge liegt darin, dass er diese Entwicklung nicht verhindern konnte. Gewiss boten Mays Vergangenheit und auch sein Auftreten als Erfolgsschriftsteller viele Angriffspunkte. Aber er hat nach der Zeit seiner Straftaten, die nur einen sehr geringen materiellen Schaden angerichtet hatten, niemandem mehr etwas Böses getan. Er wollte nur in Ruhe an seinem Werk arbeiten können, und gerade dies wurde ihm durch äußere Umstände verwehrt.

Er hat im Kampf um seine Ehre sicher den einen oder anderen Beleidigungsprozess zuviel angestrengt. Aber den zentralen prozessualen Auseinandersetzungen konnte er nicht ausweichen. Er musste die Prozesse gegen Münchmeyer und Fischer führen, wenn er nicht alles Ansehen und alle seine Ansprüche verlieren wollte. Er musste seine Scheidung durchsetzen gegen eine Frau, die ihn zugrunde gerichtet hätte; nur die häusliche Geborgenheit, die ihm seine zweite Ehe vermittelte, hat es ihm ermöglicht, bis zu den Erfolgen seiner letzten Lebensmonate durchzuhalten. Er musste die Meineidsuntersuchung über sich ergehen lassen. Und er musste sich schließlich eines Mannes wie Lebius erwehren; die Enthüllungen und Verunglimpfungen hätten andernfalls zu seiner öffentlichen Ächtung geführt.

Bemerkenswert ist, mit welch enormem, niemals resignierendem Energieaufwand May seine Sache verfolgte. Wenn man seine Selbstbekenntnisse, seine Rechtfertigungstexte, seine Prozessschriften, Flugblätter, Leserbriefe, seine brieflichen Stellungnahmen, seine Schriftsätze (er überließ diese vielfach nicht seinen Anwälten) und seine protokollierten Zeugenaussagen einmal in geschlossener Form drucken würde – wozu die im Entstehen begriffene historisch-kritische Ausgabe eine gute Gelegenheit bietet –, würde man auf ein mehrtausendseitiges Werk kommen.

Wenn man die Massivität der Angriffe und die Vielzahl der Beschuldigungen bedenkt, ist es ebenso bemerkenswert, dass May bei allen Rückschlägen im Einzelnen im Ganzen gesehen juristisch erfolgreich war. Er hat den Münchmeyer-Prozess in drei Instanzen bis zur rechtskräftigen Entscheidung des Reichsgerichts gewonnen. Das gegen ihn eingeleitete Meineidsverfahren musste trotz irritierender Begleitumstände auf Seiten der Strafverfolgung eingestellt werden. Das Ehescheidungsurteil, das Emma May die Alleinschuld zusprach, konnte sich gegen verschiedene nachträgliche Anfechtungsversuche behaupten. Und die jedes erträgliche Maß überschreitenden Angriffe von Lebius konnten durch Mays Sieg bei der Berufungsverhandlung in Moabit erfolgreich beendet werden. Man kann May auch nicht vorwerfen, dass er ein unerbittlicher oder rachsüchtiger Prozessierer gewesen sei: Wenn die Gegenpartei ihre Anschuldigungen zurücknahm, war May jederzeit zu einem Klageverzicht oder Vergleich bereit.

Aber das alles ändert nichts daran, dass hier ein Mensch durch die rücksichtslose Enthüllung längst gesühnter Jugendverfehlungen und durch die erbarmungslose Anprangerung der Legendenbildungen, mit denen May seine schwere Vergangenheit überwinden und seine phantastische Anlage auch im Privaten ausleben wollte, in den Tod getrieben worden ist.

Erst der Landgerichtsdirektor Ehrecke hat im Moabiter Prozess[1] das richtige Wort gefunden, als er sagte: „Ein Verbrechen wären doch solche phantastischen Dinge bei einem Dichter nicht, und ich halte Herrn May für einen Dichter." Man fragt sich, warum erst dieses spontane Wort, das damals durch die Presse ging und dessen Aufnahme durch den Schriftsteller Robert Müller[2] Mays späte Rehabilitation

---

1 In diesem Buch S. 566

2 In seinem Aufsatz „Das Drama Karl Mays", in: *Der Brenner*, Heft 17, 1.2.1912; abgedruckt im *Jahrbuch der Karl-May-Gesellschaft 1970*, S. 98-105, und in Band 34 der Gesammelten Werke Karl Mays, *„ICH"*, S. 337-348 (ab der 42. Auflage von 2009, in früheren Auflagen auf S. 312-321)

einleitete (durch den Wiener Vortrag vom 22. März 1912), etwas aussprach, was in vertiefter und meinungsbildender Form darzulegen die seriöse Literaturkritik jahrelang versäumt hatte.

Diese wenigen Andeutungen mögen zeigen, dass eine Darstellung von Mays Prozessen, wie sie hier vorliegt, nicht nur für Juristen und nicht einmal nur für May-Leser interessant ist. Denn es wird hier ein menschliches Schicksal verhandelt, das zu vielen weiterführenden Überlegungen Anlass gibt. Herrn Seul gebührt für seine enorme Arbeitsleistung und dem Karl-May-Verlag für die Veröffentlichung und tatkräftige Förderung dieses wichtigen Werkes großer Dank.

Prof. Dr. Dr. h. c. mult. Claus Roxin

1. Teil:
Der Straftäter Karl May

I. Herkunft und Jugend

> Karl May [...] war ja fast der berühmteste Kriminelle in unserer Literaturgeschichte.
>
> Claus Roxin[1]

> Bei kaum einem anderen Schriftsteller sind Leben und Werk derart eng miteinander verbunden wie bei ihm: Das Schreiben verhalf May äußerlich zum sozialen Aufstieg vom Proletariersohn und Sträfling zu einem angesehenen bürgerlichen Erfolgsschriftsteller; innerlich diente es ihm zeitlebens zur Kompensation persönlicher Defiziterfahrungen.
>
> Dieter Sudhoff[2]

Der Name Karl May fällt immer, wenn von den erfolgreichsten und bedeutendsten Abenteuerschriftstellern des 19. und 20. Jahrhunderts die Rede ist. Er wird dabei gerne mit Jules Verne (1828-1905), James Fenimore Cooper (1789-1851), Mark Twain (1835-1910) oder Robert Louis Stevenson (1850-1894) verglichen – sicherlich nicht zu Unrecht, wenngleich jeder der Genannten seine werkspezifischen Eigenheiten hatte. Nur den wenigsten Lesern ist dabei bekannt, dass jeder dieser literarischen Kollegen seine Berührungspunkte mit der Justiz hatte. Während die einen (Verne, Stevenson) selber Juristen waren, ohne dies freilich beruflich umzusetzen, befanden sich die anderen (Cooper, Twain) in fortlaufenden juristischen Auseinandersetzungen. Dabei bilden Verne & Co. nur die Spitze einer ansehnlichen

Ansammlung von Autoren der Weltliteratur, die aus unterschiedlichen Gründen mit der Justiz in mehr oder weniger regelmäßige Berührung kamen.

Und dennoch nimmt Karl Mays Lebensgeschichte sowohl im Reigen der exemplarisch aufgezählten wie auch innerhalb der Schar an dieser Stelle ungenannter Autoren eine bemerkenswerte Sonderstellung ein.

Wie bei keinem anderen großen Literaten bildeten die Straftaten des Schriftstellers auch die psychologische Initialzündung für das literarische Werk. Auch vergleichbare Autoren und Zeitgenossen wie Jack London (1876-1916) erlitten Gefängnisstrafen.[3] Doch für kaum einen anderen Schriftsteller waren diese juristischen Konflikte derart lebens- und werkbestimmend wie für Karl May. Seine Straftaten waren entscheidend und prägend für die literarische Laufbahn, sein Werk ist gleichermaßen Rehabilitierung als auch Verarbeitung seiner kriminellen Vergangenheit.

Vom strafrechtlichen Standpunkt her gesehen kommt auch im Fall Karl Mays – wie bei vielen anderen jugendlichen Straftätern – den sozialen und familären Verhältnissen eine besondere Bedeutung zu. Sie waren alles andere als erquicklich.

„Ich bin im niedrigsten, tiefsten Ardistan geboren, ein Lieblingskind der Not, der Sorge, des Kummers",[4] beschreibt May selber seine soziale und familiäre Herkunft. Sein Vater war Weber, die Mutter Hebamme; die Familie gehörte zur Unterschicht. Nicht von ungefähr waren infolge von Unterernährung und mangelnder Hygiene neun Kinder des Ehepaares Heinrich August (1810-1888) und Christiane Wilhelmine May (1817-1885) im Alter von wenigen Monaten gestorben. Es war kein romantisches Weberidyll, in das der einzige überlebende Sohn Karl am 25. Februar 1842 hineingeboren wurde; es herrschte stattdessen jene bedrückende Armseligkeit, wie sie von Gerhart Hauptmann (1862-1946) in seinem *Weber*-Drama von 1892 geschildert wird. Die Mutter, „eine Frau, die fortwährend mit Schwangerschaften und der Pflege kleiner Kinder beschäftigt ist, die es äußerst schwer

hat, ihre größer werdende Familie ausreichend zu ernähren und die durch Näharbeit hinzuverdienen muß, auch noch die Kraft findet, eine relativ anspruchsvolle Ausbildung mit hervorragendem Ergebnis abzuschließen und den erlernten Beruf jahrzehntelang ohne Fehl und Tadel auszuüben"[5], war völlig überfordert.

Der Vater zeigte sich als ein strebsamer, aber auch überreizter, launischer und unzufriedener Mensch, der überdies seine Arbeit hasste. Seine höheren Ziele: Bildung, Erfolg, bessere Stellung, projizierte er in die Zukunft des Sohnes. Dieser sollte das werden, was ihm selber versagt blieb. In der Durchsetzung dieses Zieles war er nicht sonderlich zimperlich. Väterliche Gewalt prägte den Alltag des jungen May und seiner Geschwister.

„Am Webstuhl hing ein dreifach geflochtener Strick, der blaue Striemen hinterließ, und hinter dem Ofen steckte der wohlbekannte ‚birkene Hans', vor dem wir Kinder uns besonders scheuten, weil Vater es liebte, ihn vor der Züchtigung im großen ‚Ofentopfe' einzuweichen, um ihn elastischer und eindringlicher zu machen."[6]

Die Demütigung durch diese Erziehungsmaßnahmen grenzte den sensiblen Sohn noch weiter von den überforderten Eltern ab. Der seelische Nährboden für innere Zurückgezogenheit und Einsamkeit wurde damit früh geschaffen. An dieser psychischen Disposition änderte auch die große Zuneigung zur Großmutter Johanne Christiane Kretzschmar (1780-1865) nichts. Sie weckte in ihrem Enkel das Interesse für Märchen und Bibelgeschichten. Seine Fantasie, seine Erzählkunst, sein religiöses Fühlen, seine Leidens- und Liebestheologie, seinen Erwählungs- und Aufstiegsgedanken führte der Schriftsteller später auf diese Großmutter zurück. Mag das auch übertrieben klingen, so kommt ihr für die Entwicklung der May'schen Fantasie dennoch eine Schlüsselfunktion zu. In ähnlicher Weise inspirierend wirkte vermutlich auch Mays Taufpate, der weit gereiste Schmied Christian Weißpflog (1819-1894), der die Märchen der Großmutter um reale Erlebnisberichte ergänzte.

Mays Kindheit fand ohne das Erleben wirklicher Freundschaften statt; Ersatz bot die Hohensteiner Bibliothek mit abenteuerlicher Literatur wie *Rinaldo Rinaldini, der Räuberhauptmann* von Christian August Vulpius, *Der Graf von Monte Christo* von Alexandre Dumas oder *Die Geheimnisse von Paris* von Eugène Sue.

Im Alter betrachtete der Schriftsteller diese Lektüre als eine der Vorbedingungen für seine Straftaten. Ob der Einfluss dieser Literatur tatsächlich so außerordentlich prägend war, muss jedoch bezweifelt werden. Nachhaltiger erscheint da schon der Einfluss der Bücher auf Mays literarischen Werdegang, vor allem in den Anfangsjahren seiner späteren Romanschriftstellerei.

Am 16. März 1856 endete die Volksschulzeit. Das Abschlusszeugnis bescheinigte ihm in den ‚Wissenschaften' die Note II und im ‚sittlichen Verhalten' die Note I. Einen Grund zu Beanstandungen gab es nicht. Mays Berufsziel lautete zu diesem Zeitpunkt noch Arzt, ein Wunsch der unerfüllt bleiben sollte.[7]

II. Verfehlungen und Straftaten (1859-1864)

1. Der Kerzendiebstahl

Wenn man von Karl Mays Straftaten spricht, wird man um die Schilderung jenes Waldenburger Vorfalls im November 1859 nicht herumkommen. Dieses Ereignis ist insofern von Bedeutung, weil es dem jungen May eine erste schwere Demütigung durch die Obrigkeit einbrachte. Der Vorfall deckt auch exemplarisch ein Verhaltensmuster des jungen Webersohnes auf, vor allem sein teilweises Ignorieren gesellschaftlich-konventioneller Gefahrensituationen, das ihn sein Leben lang begleiten sollte.

Waldenburg, im mittelsächsischen Hügelland gelegen, zählte Mitte des 19. Jahrhunderts etwa 3000 Einwohner. Am südlichen Ufer der Zwickauer Mulde erstreckte sich damals noch die selbstständige Gemeinde Altstadt Waldenburg. Auf Veranlassung des Landesfürsten Otto Victor von Schönburg war hier 1844 ein Lehrerseminar eröffnet, ein Jahr zuvor der Seminarbau fertiggestellt worden.

Für den jungen Webersohn setzten die materiellen Bedingungen des Elternhauses bei der Berufswahl enge Grenzen. Der einzige Sohn der Familie sollte nicht in die väterlichen Fußstapfen am Webstuhl treten, sondern eine bessere berufliche Zukunft haben. Aber es wurde sehr bald klar, dass die Mittel für das gewünschte Medizinstudium nicht vorhanden waren. Möglich blieb alleine ein bescheidenes Volksschullehrerstudium.

„Der Herr Pastor legte ein gutes Wort für mich bei unserm Kirchenpatron, dem Grafen von Hinterglauchau, ein, und dieser gewährte mir eine Unterstützung von fünfzehn Talern pro Jahr, eine Summe, die man für mich für hinreichend hielt, das Seminar zu besuchen. Zu Ostern 1856 wurde ich konfirmiert. Zu Michaelis bestand ich die Aufnahmeprüfung für das Proseminar zu Waldenburg und wurde dort interniert. Also nicht Gymnasiast, sondern nur Seminarist! Nicht akademisches Studium, sondern nur Lehrer werden!" [8]

Eine andere finanzielle Unterstützung, etwa durch das Ernstthaler Armenkomitee oder aus dem fürstlichen Fond für mittellose Seminaristen, blieb trotz Anträgen versagt. Die finanzielle Hauptlast hatte die Familie zu tragen. Die Aufnahmeprüfung absolvierte May am 29. September 1856 erfolgreich. Er tauchte in den bedrückenden Waldenburger Alltag ein, der zwischen täglichen Andachten reichlich Religions-, Bibel- und Gesangstunden bot. *„Der Unterricht war kalt, streng, hart. Es fehlte ihm jede Spur von Poesie. Anstatt zu beglücken, zu begeistern, stieß er ab."* [9]

Mays Skizzierung von Waldenburg zeichnet ein Horrorszenario für einen jungen Menschen voller Fantasie und Wissensdrang. Trotzdem erwies sich der junge Webersohn als ein guter Seminarist, der zu Michaelis 1857 in das Hauptseminar (4. Klasse) aufrückte und auch diese Klasse erfolgreich durchlief. Er habe – so berichtet er später – in seiner Freizeit komponiert und bereits gedichtet. Seine Beziehungen zum Lehrkörper dürften stets gespannt gewesen sein. Wesentlich zum Unwohlsein in Waldenburg werden auch die Begleiterscheinungen der Pubertät beigetragen haben, die sich mit den strengen Regeln einer solchen Anstalt nur schwerlich vereinbaren ließen. Überhaupt zog es ihn, wann immer die Möglichkeit bestand, in das zwei Fußstunden entfernt gelegene heimatliche Ernstthal zurück.

Das Ungemach nahm für den jungen Seminaristen seinen Lauf, als er das harmlose Amt des ‚Lichtwochners' übertragen bekam. Diese Aufgabe bestand darin, verbrauchte Talgkerzen, die der Beleuchtung der Unterrichtsräume dienten, gegen neue auszutauschen. Eines Tages nahm er sechs Kerzen aus dem Vorrat der Anstalt an sich und versteckte sie in seinem unverschlossenen Koffer in einer Rumpelkammer. Selber spricht May von *„Talgresten"*[10], die er an sich genommen hatte und in den Weihnachtsferien mit nach Hause nehmen wollte, um den armen Angehörigen damit eine Freude zu machen. Unglücklicherweise wurde dieser Vorgang jedoch von zwei Mitschülern entdeckt, die den geheimen Kerzenvorrat in einem unverschlossenen Koffer vorfanden und sie dem fungierenden Lichtwochner übergaben. Eine Mitteilung an die Seminarleitung unterblieb einstweilen. Das änderte sich erst im Rahmen einer Untersuchung, die den Diebstahl zweier Thaler aufzuklären versuchte. Jetzt wurde auch Mays ‚Kerzendiebstahl' der Seminarleitung zur Kenntnis gebracht. Damit schien auch der Gelddieb ermittelt zu sein. Die Seminarlehrer traten zur Konferenz zusammen, in der May Rede und Antwort zu stehen hatte. Ein Bericht[11] über diese Konferenz gibt Auskunft: Mays Einlassung, „er habe die Rückgabe der Lichter nur vergessen", wurde verständlicherweise kein Glauben geschenkt. Zur Beurteilung des Falles zogen die Pädagogen das bisherige Verhalten des Seminaristen heran.

„Die Lehrer haben", so berichtet der Seminarleiter Friedrich Wilhelm Schütze (1807-1888),

bei diesem Schüler hie und da über arge Lügenhaftigkeit und über rüdes Wesen Klage zu führen gehabt. Wie schwach sein religiöses Gefühl sein müsse, geht unter Anderm aus folgendem Falle hervor. Als die Anstalt in der Fastenzeit dieses Jahres zum heiligen Abendmahl gewesen, hatte sich May von dem angeordneten Besuch des Nachmittagsgottesdienstes absentirt. Dem die Tagesinspection führenden Lehrer hatte er seine heimliche Entfernung anfänglich geleugnet und sogar Mitschüler genannt, neben denen er in der Kirche gesessen haben wollte.

Derlei Verhaltensauffälligkeiten eskalierten bei den Bildungs- und Erziehungswächtern der Lehranstalt rasch zur Feststellung, dass man bei dem Zögling May

die Verdorbenheit seines Gemüthes und Herzens gleichsam offen darlegen konnte.

Nicht beweisen ließ sich dagegen,

daß May die dem Proseminarist Schäffler abhanden gekommenen zwei Thaler an sich genommen habe.

Und obwohl der Gelddiebstahl nicht aufgeklärt werden konnte, genügte das gegen Karl May Vorgebrachte, um das Schönburgische Gesammtconsistorium in Glauchau zu bitten:

Hochdasselbe wollen geruhen, diesen Bericht mit thunlichster Beschleunigung an das Hohe Ministerium des Cultus und öffentlichen Unterrichts gelangen zu lassen und Hochdasselbe um eine Entschliessung darüber zu ersuchen, ob und in welcher Weise der Zögling unserer zweiten Seminarclasse, Carl Friedrich May, aus Ernstthal bei Hohenstein gebürtig, aus dem Seminar entlassen werden sollte.

Unterzeichner der Bitte war Seminarleiter Schütze, der May selber in den Fächern Biblische Geschichte und Pädagogik unterrichtete. Das Ministerium reagierte mit unnachgiebiger Härte und entschied mit Beschluss vom 17. Januar 1860,

den Zögling der zweiten Classe des Schullehrerseminars zu Waldenburg, Karl Friedrich May aus Ernstthal bei Hohenstein, wegen sittlicher Unwürdigkeit für seinen Beruf auf Grund von § 51 der Seminarordnung vom Jahre 1857 aus dem Seminar auszuweisen. Denn würde auch das von gen.

May selbst eingeräumte Factum, daß er in der Zeit seines Lichtwochneramtes sechs Lichter zurückbehalten und in seinem Koffer länger als 14 Tage verborgen gehalten hat, obwohl dasselbe, bei der Unglaubhaftigkeit der von May hierunter vorgebrachten Entschuldigung, als eine Veruntreuung sich darstellt, an und für sich die Zuerkennung des letzten Strafgrades nicht nothwendig zur Folge haben müssen, so gebieten dies doch – wie das Geheime Consistorium ganz richtig bemerkt – die sonstigen über das sittliche Verhalten Mays seitens des Lehrercollegii vorgebrachten Klagen in ihrem Zusammenhange mit jenem Vergehen. Hiernach ist nämlich, da sich bei dem Angeschuldigten seither schon arge Lügenhaftigkeit, ein rüdes Wesen, Mangel an religiösem Sinn bemerklich gemacht und er auch sonst bei seinen Mitschülern in dem Verdachte der Unehrlichkeit steht, das Vorhandensein der Haupteigenschaften, die zu dem Berufe eines Lehrers befähigen, bei ihm nicht anzunehmen, und es wird dadurch seine Entfernung aus dem Seminar zur Nothwendigkeit.[12]

Das Ministerium hatte damit die höchstmögliche Strafe gegen Karl May ausgesprochen und das, obwohl das Vergehen „an und für sich die Zuerkennung des letzten Strafgrades nicht nothwendig zur Folge haben müsse". Die Gründe für die ultimo-ratio-Entscheidung wurden offenbar mehr in Mays Gesamtverhalten als in dem Vorfall selber erblickt. Am 28. Januar 1860 erfolgte die entwürdigende Entlassung des siebzehnjährigen Karl May im Rahmen einer exekutorischen Prozedur. Die Kurzbeschreibung des Vorgangs lautete:

In Gemäßheit der Hohen Ministerialentschließung ist der seitherige Seminarist C. F. May s. Ernstthal heute vor versammeltem Lehrercollegio aus der Anstalt entlassen worden.[13]

Nach Auffassung von Claus Roxin würde „die Entscheidung des Ministeriums heutigen rechtlichen Maßstäben nicht standhalten" und er begründet dies mit der unzureichenden Berufung der Behörde „auf einen völlig unbewiesenen Verdacht der Unehrlichkeit".[14] Der Entlassene reichte am 6. März des Jahres ein unterwürfiges Gnadengesuch ein:

„So wage ich es denn, einem Hohen Königlichen Ministerio die ganz unterthänigste Bitte vorzulegen, Hochdasselbe wolle in Gnaden geruhen, mir zu gestatten, daß ich mich entweder auf der Anstalt zu Waldenburg oder auf einem anderen Seminare des Landes fortbilden lassen dürfe, damit ich als gehorsamer Schüler und einst als treuer Lehrer im Weinberge des Herrn die That vergessen machen könne, deren Folgen so schwer auf mir und meinen Aeltern ruhen!"[15]

Der Ernstthaler Pfarrer Carl Hermann Schmidt (1826-1901), der sich schon für den Erhalt des Stipendiums eingesetzt hatte, schloss sich mit einem eigenen Gesuch der Bitte Mays an. Und tatsächlich zeigten die Gnadengesuche schließlich Erfolg, denn am 15. März 1860 geruhte das Ministerium, den Bitten zu entsprechen und „bewandten Umständen nach, auch in Folge der Verwendung des Pfarrer Schmidt, welcher dem Ministerio als ein völlig urtheilsfähiger und gewißenhafter Mann bekannt ist, geschehen lassen, daß May in ein anderes Seminar des Landes wieder aufgenommen werde [...]."[16]

Da keine Bedenken gegen eine Wiederaufnahme in ein anderes Seminar ersichtlich waren, entschied auch das Gesammtconsistorium am 21. März 1860 zu Gunsten Karl Mays auf Wiederaufnahme seiner Lehrerausbildung.[17] Das Lehrerseminar in Plauen im Vogtland kam in Betracht. Die Aufnahmeprüfung bestand May am 2. Juni 1861 mit Bravour. Er absolvierte den Rest seiner Ausbildung ohne besondere Vorkommnisse und bestand die Kandidatenprüfung vom 9. bis 12. September 1861 mit der Gesamtnote ‚gut'. Es fällt jedoch auf, dass Mays Abgangszeugnis in der Rubrik ‚sittliches Verhalten' nur die Beurteilung ‚zur Zufriedenheit' aufwies, während sich die Mitschüler meist ‚zur besonderen Zufriedenheit' verhalten hatten. Vielleicht waren Mays Eigenarten im Umgang mit den Seminargepflogenheiten – zumindest in harmloser Form – auch hier in Plauen zu Tage getreten.

2. Die ‚Meinhold-Affäre'

In den ersten Wochen nach der bestandenen Examensprüfung hielt sich der frischgebackene Junglehrer bei seinen Eltern in Ernstthal auf. Es galt nun, sich nach einer ersten Anstellung als Schulamtskandidat umzuschauen. Die Stellensuche führte ihn alsbald nach Glauchau. Die aufstrebende Textilstadt, am südöstlichen Ufer der Zwickauer Mulde gelegen, bildete Mitte des 19. Jahrhunderts den Verwaltungssitz der gemeinsamen gräflich-schönburgischen Behörden. Von Alters her dominierte in Glauchau das Tuchmacher- und Leinewebergewerbe; daneben florierten Färbereien, Kattun- und Wolldruckereien. Um 1860 zählte die Stadt ca. 16.000 Einwohner. Glauchau verfügte über eine Armenschule, deren Anfänge auf die Hungerjahre von 1771/1772 zurückgingen. Damals erhielten die Kinder mittelloser Eltern Unterricht. Eben diese Armenschule hatte um jene Zeit ihr Domizil im Gebäude der Glauchauer Mädchenschule am Kirchplatz 4.

Am 5. Oktober 1861 sprach May beim Superintendenten der Ephorie Glauchau, Konsistorialrat Dr. Carl Wilhelm Otto (1812-1890), wegen einer Anstellung als Hilfslehrer an der Armenschule vor. Mit „Handschlag an Eidesstatt" und einem dazugehörenden Protokoll nahm Otto Mays Einstellung als „Hülfslehrer an den hiesigen Schulanstalten" vor.[18]

Bereits zwei Tage später unterrichtete der Junglehrer für ein Jahresgehalt von 175 Talern und 25 Talern Logisgeld[19] die Klasse IV der Armenschule. Der Klasse gehörten 64 Schüler, 34 Knaben und 30 Mädchen, zwischen sieben und acht Jahren, an. Mindestens zwei Jahre galt es für May, sich als Schulamtskandidat zu bewähren. Danach erwartete ihn eine ‚Wahlfähigkeitsprüfung'. Erst nach deren Bestehen gab es Aussicht, eine feste Dienststelle anzutreten.

In der Glauchauer Großen Färbergasse Nr. 17 im Hause des Kaufmanns Ernst Theodor Meinhold (1835-1890) kam May zur Untermiete unter. Alles schien bestens anzulaufen. Aufgrund seiner musikalischen Begabung erteilte er auch der Ehefrau seines Vermieters, Henriette Christiane (1842-

1891), Klavierunterricht. Aus dieser Unterweisung entwickelte sich schon nach wenigen Tagen eine Liaison, die nicht unentdeckt blieb. Der Kaufmann ertappte die beiden, als sie sich gerade küßten. Die Empörung über die außereheliche Aktivität führte den Vermieter am 17. Oktober 1861 zu Mays Vorgesetzten Otto. Dem Superintendenten zeigte er empört an, „daß der Hilfslehrer Carl Friedrich May bei ihm seit dem 5ten October d. J. sich in Wohnung & Kost gegeben, während dieser kurzen Zeit aber in der unwürdigsten Weise durch Lügen u. Entstellungen aller Art sich bemüht habe, die Ehefrau von ihm abwendig und seinen schändlichen Absichten geneigt zu machen."[20]

Die behördliche Maschinerie begann zu laufen. Otto wollte May zu einem Gespräch vorladen, obwohl seine Entscheidung „daß May entlaßen werden muß, zumal die Meinholdschen Eheleute ihre Aussagen eidlich bestärken wollen",[21] bereits feststand. Doch die Vorladung blieb erfolglos, da der Beschuldigte die Meinholdsche Wohnung mit der auf einen Zettel geschriebenen Abschiedsbotschaft, „ein unglückliches Opfer der Verkennung"[22] zu sein, überstürzt verlassen hatte. Diese Reaktion sollte sich als symptomatisch dafür erweisen, „wie May auf hereinbrechende Konfliktsituationen reagierte: Er flieht aus der Wohnung und versucht in einem emotionalen Ausnahmezustand mit rastlosen Wanderungen durch die Nacht sein seelisches Gleichgewicht wiederzuerlangen."[23]

In einem dann doch noch erfolgten Gespräch bei der Superintendantur gab May die Annäherungen an die Wirtsfrau zu, weshalb er ohne weitere Umstände am 20. Oktober 1861 aus dem Schuldienst entlassen wurde.

3. Der Uhrendiebstahl

Die nächste Lebensstation führte den Junglehrer in den Chemnitzer Vorort Altchemnitz. Die dort seit jeher vorherrschende bäuerliche Besiedelung war um diese Zeit bereits vor allem durch die am Chemnitzfluss entstehenden Manufaktur- und Fabrikunternehmen verdrängt worden. Spinnereien und andere Textilbetriebe dominierten. Alle sächsischen Unternehmen dieser Art waren auf Grund der sächsischen Schulordnung von 1773 und der damit eingeführten Schulpflicht gezwungen, den bei ihnen beschäftigten Kindern einen obligaten Unterricht zu bieten. Auch die Altchemnitzer Kammgarnspinnerei C. F. Solbrig & Söhne sowie die Baumwollspinnerei Julius Claus unterhielten daher derartige Fabrikschulen. Sie inserierten am 10. und 18. September 1861 eine offene Lehrerstelle in der *Leipziger Zeitung*, auf die sich der Arbeit suchende Junglehrer May meldete.

Gegenüber dem Diakon Eduard Otto Pfützner (1822-1912), der als Lokalschulinspektor für die Altchemnitzer Fabrikschulen zuständig war, gab May bei seiner Bewerbung für die Stelle über seine kurze Glauchauer Lehrtätigkeit an, er „habe dort das Unglück gehabt bei einem dem Trunke ergebnen Wirthe zu wohnen. Bei einem Streite nun, in den er deshalb mit diesem Manne gerathen sei, habe er unverhohlen demselben sein schändliches Treiben aufgedeckt. Darüber sei nun jener Mann in großen Zorn gerathen und habe ihn nicht nur bei dem Herrn Consistorialrath und Superintendenten Dr. Otto verklagt, sondern auch anderen Leuten gegenüber verunglimpft. Weil nun diese unangenehme Sache seinem Rufe in Glauchau geschadet habe, so sei er nach dem Rathe des Herrn Dr. Otto wieder von Glauchau weggegangen [...]."[24]

Diese Darstellung der Glauchauer Vorkommnisse wurde May nicht so ohne Weiteres geglaubt. Der Chemnitzer Superintendent Robert Kohl (1813-1881) richtete deshalb am 8. November 1861 eine entsprechende Nachfrage an seinen Glauchauer Kollegen Dr. Otto. Dessen Antwort vom 14. November 1861 entlarvte Mays Darstellung als unkorrekt; er äußerte die Schlussfolgerung: „Leider giebt die Lüge, mit welcher der p. Mai sein hiesiges Verhalten zu bemänteln versucht hat, den Beweis, daß der Lügengeist, dem der junge Mensch, wie die Superintendantur anderweitig weiß, sich ergeben hat, von ihm noch nicht gewichen ist. Sollte daher beabsichtigt sein, dem p. Mai eine dauernde Stellung an der Fabrikschule zu geben, so kann die Superintendantur nur rathen, den jungen Menschen zuvor einer sorgfältigen Überwachung und einer längeren, scharfen Prüfung zu unterwerfen."[25]

Diese Mitteilungen führten zu einer umgehenden Vorladung Mays durch Kohl, der ihm eröffnete „daß er [May] nur provisorisch und unter speciellster Controlle sein Amt als Fabrikschullehrer zu Altchemnitz verwalten kön(n)e, und daß er bey der geringsten Veranlaßung zu Unzufriedenheit mit ihm in Lehre, Lebens-Wandel seiner Stellung wieder werde entlassen werden."[26]

Und tatsächlich erteilte der Superintendent Kohl dem Lokalschulinspektor Pfützner auch die aus Glauchau empfohlene „Anweisung, May nicht aus den Augen zu lassen".[27]

Trotz dieses problematischen Einstieges erhielt der Bewerber die Stelle zugesprochen. Er hatte drei Klassen zu unterrichten, zwei in der Fabrikschule der Baumwollspinnerei von Julius Friedrich Claus (1816-1873) und eine in der Fabrikschule von C. F. Solbrig & Söhne. Seine Arbeitszeit sah 30 Wochenstunden mit zehn- bis vierzehnjährigen Kindern vor, die täglich noch zehn Stunden in den Fabriken arbeiten mussten.

Mit dem ebenfalls bei C. F. Solbrig angestellten Herrmann Julius Scheunpflug (1820-?) musste sich May die vertraglich vereinbarte freie Wohnung in Harthau, auf dem Werksgelände im Wohngebäude der Familien Mittländer und Claus, teilen. Über Scheunpflug konnte der May-Forscher Hainer Plaul[28] erst vor Kurzem einige Einzelheiten in Erfahrung bringen, die belegen, dass es sich bei Mays damaligem Zimmergenossen um einen Expedienten (Ausschreiber im Versand) gehandelt hatte und nicht – wie May und seine Biografen später immer wieder angaben – um einen Buchhalter. Die Wohnung befand sich in fast halbstündiger Entfernung von der unteren Schule und war Bestandteil der Baumwollspinnerei von Julius Friedrich Claus.

„Hierdurch verlor er [Scheunpflug] *seine Selbständigkeit und seine Bequemlichkeit; ich genierte ihn an allen Ecken und En-*

den, und so läßt es sich gar wohl begreifen, daß ich ihm nicht sonderlich willkommen war [...]",[29] empfand May später.

Der Junglehrer konnte sich angesichts seines bescheidenen Gehalts von jährlichen 200 Talern – nebst freier Wohnung – keine eigene Uhr leisten.[30] Nun kam es zu einer für ihn zunächst sehr günstigen Vereinbarung mit dem Zimmergenossen: Scheunpflug stellte May für die Schulstunden eine alte Taschenuhr zur Verfügung, die danach täglich an einen dafür bestimmten Nagel an der Wand wieder aufgehängt werden sollte.

„In der ersten Zeit hing ich die Uhr, sobald ich aus der Schule zurückkehrte, sofort an den Nagel zurück. Später unterblieb das zuweilen; ich behielt sie noch stundenlang in der Tasche, denn eine so auffällige Betonung, daß sie nicht mir gehöre, kam mir nicht gewissenhaft, sondern lächerlich vor. Schließlich nahm ich sie sogar auf Ausgängen mit und hing sie erst am Abend, nach meiner Heimkehr, an Ort und Stelle."[31]

Am 24. Dezember 1861 beging May dann den schicksalhaften Fehler, der den weiteren Verlauf seines Lebens entscheidend prägen sollte: Anstatt die entliehene Taschenuhr zurückzuhängen, nahm er sie nebst einer Zigarrenspitze und einer Pfeife seines Zimmergenossen mit auf seine Weihnachtsheimreise nach Ernstthal. Scheunpflugs Utensilien stellten wichtige Requisiten zur Außendarstellung vor allem gegenüber der Familie dar. Nach einer Erlaubnis hatte er nicht gefragt. Ungefähr gegen 19.00 Uhr wird er vermutlich in Ernstthal eingetroffen sein.

Als der Zimmergenosse seine Habseligkeiten vermisste, erstattete er eine Strafanzeige. Am ersten Weihnachtstag wurde May im Hohensteiner Hotel ‚Drei Schwanen' beim Billardspielen verhaftet.

Bei der Chemnitzer Superintendantur trafen am 28. Dezember 1861 gleich zwei Briefe ein, die auf die Verhaftung Mays Bezug nahmen. So wandte sich der besorgte Vater an Robert Kohl und sprach in seinem Brief die Überzeugung aus, dass er „kaum glauben [könne], daß mein Sohn die Uhr in der Absicht an sich genommen hat, um einen Diebstahl begehen zu wollen, ich glaube vielmehr, daß er es gethan hat, besagte Uhr während der Feiertagsferien zu benutzen und sie dann stillschweigend wieder an den Ort ihrer Bestimmung hinzubringen."[32]

Im zweiten Brief teilte das Gerichtsamt Chemnitz mit: „Der Fabrikschullehrer Mai in Altchemnitz befindet sich wegen Diebstahls hier in Haft, und hat die Ansichnahme einer Uhr, einer Tabakspfeife und einer Cigarrenspitze, seinem Stubengenossen gehörend, eingeräumt, wiewohl er läugnet, dieß in gewinnsüchtiger Absicht gethan zu haben. Die Königliche Superintendantur wird davon hierdurch vorgeschriebenermaßen in Kenntniß gesetzt."[33]

Die Untersuchungssache mündete in eine Anklageerhebung vor dem Gerichtsamt Chemnitz gegen „C. F. Mai in Ernstthal".[34]

Auf Grund der damaligen Regelung war das Gerichtsamt und kein Bezirksgericht als erstinstanzliches Gericht zuständig. Die Bezeichnung ‚Gerichtsamt' ist insofern ein wenig irreführend, weil es sich dabei konkret um einen Einzelrichter handelte, der u. a. für Diebstähle und Delikte nach Art. 330 des sächsischen Strafgesetzbuches[35] zuständig war. Die Hauptverhandlung fand im Februar 1862 (das genaue Datum ließ sich nicht ermitteln) statt. Da die Akten nicht mehr vorhanden sind und sich auch in der zeitgenössischen Presse kein Bericht über die Verhandlung finden lässt, kann an dieser Stelle lediglich berichtet werden, dass May „wegen eines zum Nachteil eines Amtsgenossen verübten Diebstahls einer Taschenuhr in Untersuchung kam und ungeachtet seines Läugnens für überführt erachtet und zu einer sechswöchigen Gefängnisstrafe 1862 verurtheilt wurde."[36]

Die Berufung Mays gegen das erstinstanzliche Urteil wurde vom Oberappellationsgericht Zwickau abgewiesen. Zu jener Zeit hatten die Oberappellationsgerichte die Stellung der heutigen Oberlandesgerichte inne. Eine Abwendung oder Milderung der Strafe „nach Abschlagung der von ihm [May] und bez. seinen Eltern angebrachten Gnadengesuche"[37] fand nicht statt. Die Entscheidung war damit rechtskräftig und unabänderlich geworden. Das Urteil muss auf Mays Psyche eine verheerende Auswirkung gehabt haben:

„Ob und womit ich mich verteidigt habe; ob ich zur Berufung, zur Appellation, zu irgend einem Rechtsmittel, zu einem Gnadengesuche, zu einem Anwalt meine Zuflucht nahm, daß weiß ich nicht zu sagen. Jene Tage sind aus meinem Gedächtnisse entschwunden, vollständig entschwunden. Ich möchte aus wichtigen psychologischen Gründen gern Alles so offen und ausführlich wie möglich erzählen, kann das aber leider nicht, weil Alles infolge eigenartiger, seelischer Zustände, [...] aus meiner Erinnerung ausgestrichen ist. Ich weiß nur, daß ich mich vollständig verloren hatte [...]."[38]

Diese erste Verurteilung wirft mancherlei Fragen auf. „Tatsächlich und rechtlich birgt der Fall viele Dunkelheiten" – so Roxin – „Mays Behauptung, er habe die Gegenstände nach den Ferien zurückbringen wollen, ist glaubhaft. Denn da nach Lage der Dinge nur er die Gegenstände an sich genommen haben konnte, wäre er als Dieb von vornherein entlarvt gewesen."[39]

Die Gesamtumstände lassen den Schluss zu, dass sich May allenfalls einer widerrechtlichen Benutzung fremder Sachen im Sinne des Art. 330 des sächsischen Strafgesetzbuches strafbar gemacht hatte. Dieses Delikt existierte einige Jahre später mit Einführung des Reichsstrafgesetzbuches von 1871 nicht mehr. Möglicherweise aber ist May auch wegen dieses Deliktes und eben nicht wegen Diebstahls verurteilt worden. Für diese Annahme spricht das ausgesprochene Strafmaß von sechs Wochen Gefängnis, das dem Höchstmaß nach § 330 Abs. 3 SächsStGB entspricht. Andererseits sprechen verschiedene behördliche Schreiben, vor allem ein noch erhaltenes des Gerichtsamtes Chemnitz ausdrücklich davon,

daß der Fabrikschullehrer Carl Friedrich Mai zu Altchemnitz durch den in zweiter Instanz bestätigten Bescheid des unterzeichneten Gerichtsamtes wegen Diebstahls zu 6 Wochen Gefängniß verurtheilt worden ist.[40]

Ob nun wegen Diebstahl oder doch wegen widerrechtlicher Benutzung fremder Sachen – die Verwirklichung beider Delikte erscheint jedenfalls zweifelhaft. Diese Zweifel werden zusätzlich durch das Verhalten anderer Beteiligter in diesem Fall genährt. Eine maßgebliche Rolle scheint die Schulbehörde beim Zustandekommen des ganzen Malheurs gespielt zu haben, vergegenwärtigt man sich, dass der ohnehin unter „speciellster Controlle"[41] des Lokalschulinspektors Pfützner stehende May von diesem „nicht aus den Augen zu lassen" war und „bei der geringsten Veranlaßung zu Unzufriedenheit mit ihm in Lehre, Lebens-Wandel seiner Stellung wieder [...] entlassen werden" sollte. Und tatsächlich hatte Pfützer anlässlich einer Revision der Fabrikschule Solbrig weder May noch seine Schüler vorgefunden und sofort empört seiner vorgesetzten Stelle gemeldet:

Solch ein Benehmen und solch eine Untreue widerstreitet so sehr aller gesetzlichen Ordnung, daß ich diesen Fall sogleich zur Cognition der Königlichen Superintendantur bringen und um Vernehmung und respective ernstlicher Verwarnung des Fabriklehrers May bitte.[42]

Zwar klärte sich das Fehlen von Lehrer und Schüler schließlich als zulässig auf, doch zeigt schon dieser harmlose Vorgang, wie rasch der Kontrolleur Pfützner May ein ordnungswidriges Verhalten unterstellte. Und natürlich blieb May trotz der irrtümlichen Verdächtigung unter dem gestrengen wachsamen Auge dieses Diakons.

Nicht überliefert ist, an wen sich Scheunpflug als Erstes wandte, als er feststellte, dass die entliehene Taschenuhr am 24. Dezember nicht wieder an ihrem Haken hing und sein Stubengenosse schon in Richtung Heimat abgereist war. Die Vermutung liegt nahe, dass seine Mitteilung an Pfützner ging. In diese Richtung deutet auch eine kurze Beschreibung Mays von einem Wiedersehen mit Scheunpflug:

„Er gab mir die Hand und bat mich, ihm zu verzeihen. So, wie es gekommen sei, das habe er keineswegs gewollt. Es tue ihm unendlich leid, mir meine Karriere verdorben zu haben!" [43]

Es bleibt allerdings nur Spekulation, dass Scheunpflug

gegenüber einem Vertreter der Schule, vielleicht Pfützner, die an sich harmlose, aber leichtsinnige Handlung eines – wie Ernst Bloch[44] es später beschrieb – jungen und armen, verwirrten Proleten unnötig aufbauschte, bis sie zu einem Strafrechtsfall eskalierte.

Aus heutiger Sicht und unter Zugrundelegung der dargelegten Fakten stellte die Uhrenaffäre nur die unbesonnene Handlung eines Heranwachsenden dar, der keine strafrechtliche Relevanz zukommt. Das heutige Strafgesetzbuch kennt nur die strafbare unbefugte Benutzung bei Kraftfahrzeugen und Fahrrädern; für die von May benutzten Gegenstände sieht es keine Bestrafung vor. Aber auch unter dem Blickwinkel eines Diebstahlsvorwurfs gelangt man bei May zu keinem anderen Ergebnis, denn das entscheidende subjektive Element, der Vorsatz, sich die Gegenstände des Zimmerkollegen anzueignen, sie also auch nach den Weihnachtsferien nicht wieder zurückzugeben, lässt sich bei May nicht nachweisen. Alle Umstände lassen stattdessen nur den Schluss zu, dass May die Gegenstände von Anfang an zurückgeben wollte, also ohne kriminelle Intention handelte. Über den Grund, warum das Gerichtsamt Chemnitz sechs Wochen Gefängnis aussprach, lässt sich nur mutmaßen, doch es scheint wahrscheinlich, dass man auch Mays Verhalten in Waldenburg, die Meinhold-Affäre sowie seine gesamte Personalakte zur Beurteilung seiner Täterpersönlichkeit herangezogen hatte und zu einem ungünstigen Ergebnis gekommen war.

„Hätten für Karl May schon die Möglichkeiten bestanden, die das 1923 eingeführte Jugendstrafgesetz in seinen späteren Ausprägungen geboten hat und bis heute bietet, so wäre die kleine Verfehlung mit der Taschenuhr des Kollegen mit ziemlicher Sicherheit nur informell und ohne eigentliche Sanktion erledigt worden."[45]

Dieser erste strafrechtlich geahndete Fall Karl Mays wurde zu seinem vermutlich entscheidensten Lebensereignis. Er floss in vielfacher Hinsicht auch in sein literarisches Werk ein. Bereits der erste Band des großen Orient-Zyklus, *Durch*

Wüste und Harem (Gesammelte Werke Band 1, *Durch die Wüste*), lässt den Leser an Mays Reise ins Innere, seinem literarischen Verarbeiten dieser kriminologischen Urszene teilhaben. Der Ich-Erzähler Kara Ben Nemsi reitet, begleitet von seinem Diener Hadschi Halef Omar, durch die Sahara und entdeckt ein Verbrechen. Sie finden die Leiche eines ermordeten französischen Kaufmannes. Die Mörder haben die Leiche bis auf einen Ring ausgeraubt. Scheinbar arglos steckt sich Kara Ben Nemsi den Ring – ungeachtet der Gefahr, vielleicht selber für den Mörder gehalten zu werden – an den eigenen Finger. Kara Ben Nemsis Handlungsweise erinnert an den Leichtsinn des Lehrers Karl May, als dieser das für ihn so verhängnisvolle corpus delicti in den Weihnachtsurlaub mitnahm. Zu keinem Zeitpunkt fürchtet Kara Ben Nemsi das offensichtlich Kompromittierende seiner Handlung, ganz so, als wolle er plakativ das Rechtmäßige seiner Handlungsweise zum Ausdruck bringen. Es lassen sich noch weitere literarische Spuren dieser Glauchauer Urszene finden.

Mays Strafverbüßung erfolgte schließlich im Chemnitzer Bretturm. In dem heute nicht mehr vorhandenen Gebäude war der inhaftierte Karl May vom 8. September 1862 bis 20. Oktober 1862 untergebracht.

4. Die erste Tatserie

Die Verurteilung und Inhaftierung zeitigte zwei katastrophale Folgen. Zum einen stürzte sie May in eine tiefe Depression:

„Die [...] Begebenheit hatte wie ein Schlag auf mich gewirkt, wie ein Schlag über den Kopf, unter dessen Wucht man in sich zusammenbricht. Und ich brach zusammen! Ich stand zwar wieder auf, doch nur äußerlich; innerlich blieb ich in dumpfer Betäubung liegen; wochenlang, ja monatelang." [46]

Zum anderen bedeutete das Desaster das berufliche Aus. Am 20. Juni 1863 teilte das Kultusministerium mit, es habe den Schulamtscandidaten Carl Friedrich Mai aus der Candidatenliste streichen lassen, auch dessen Prüfungszeugnisse cassirt.[47]

Der behördliche Vorgang kam einem Berufsverbot gleich. Damit war Mays Lehrerkarriere beendet und zugleich auch seine bürgerliche Existenz. Durch den staatlichen Sanktionsmechanismus war der Lebensentwurf eines jungen Mannes zerstört. Nahtlos schloss sich der Eintritt in die Mittellosigkeit an. Mit Gelegenheitstätigkeiten wie Privatstunden als Lehrer, Veranstaltungen als Rezitator, Auftritten als Kapellmeister und kompositorischen Arbeiten versuchte sich der entlassene Schullehrer über Wasser zu halten. Möglicherweise bemühte sich May auch bereits um erste Meriten als Schriftsteller. Doch alle diese Tätigkeiten vermochten in der Folgezeit nur unzureichend den Lebensunterhalt zu gewährleisten. Es kam, was kommen musste:

Penig, 9. Juli 1864: Nördlich von Ernstthal an der Zwickauer Mulde gelegen, gehörte Penig mit seinen ca. 5.000 Einwohnern zur reichsgräflichen Linie der Schönburger. An jenem Tag mietete sich ein junger Mann, Anfang 20, unter dem Namen Dr. med. Heilig aus Rochlitz in einem Gasthaus des Ortes ein. Der junge ‚Arzt' war niemand anderes als Karl May. Zeugen beschrieben ihn später als jemanden mit „freundlichem, gewandtem und einschmeichelnden Benehmen", der „den in dieser Gegend üblichen Dialect" sprach und sich „den Anstrich einer wissenschaftlichen Bildung zu geben"[48] wusste. Noch am gleichen Tag begab sich der Neuankömmling zu einem Schneidermeister im Stadtzentrum. Er beabsichtigte, sich mit diversen neuen Hosen und Westen einzudecken, und der Herr Doktor wurde selbstverständlich zuvorkommend bedient. Was man ihm zum sofortigen Verkauf anbot, lehnte der anspruchsvolle Kunde jedoch ab. Er ließ sich stattdessen zwei Hosen, einen Winterüberzieher, Rock und Weste, alles in allem ein Gesamtwert von 39 Thalern und 9 Neugroschen, zur Maßschneiderei anmessen. Die Sachen sollten in den nächsten Tagen angefertigt werden. Am 16. Juli, also eine Woche später, erschien Dr. med. Heilig wieder im Lokal des Schneidermeisters, um die bestellte

Garderobe in Empfang zu nehmen. Doch bevor man ihm die Kleidungsstücke übergab, bat ihn der Schneidermeister, einen im selben Haus wohnhaften augenkranken jungen Mann medizinisch zu untersuchen. Dr. Heilig kam der Bitte nach und untersuchte den Patienten. Er stellte ein Rezept aus und „da die darauf vorkommenden lateinischen Worte faßt ohne Ausnahme correct geschrieben sind", vermuten die Behörden später, dass er „eine mehr als gewöhnliche Schulbildung erhalten haben mag."[49]

Dr. med. Heilig versprach für eine nähere Untersuchung noch ein Instrument aus seinem Gasthauszimmer zu holen. Unter Mitnahme der bestellten Kleidungsstücke verließ er das Kleidermagazin und begab sich zu seinem Gasthaus zurück. Nicht die Spur eines Verdachts wollte sich dem Schneidermeister aufdrängen. Doch Dr. Heilig kehrte nicht zurück. Stattdessen packte er seine Sachen und verschwand aus Penig – ohne die Rechnung beglichen zu haben.

Der Schneidermeister informierte die Polizei und die Fahndung begann. In den nächsten Tagen erfolgten Bekanntmachungen in der Presse, aber „auch sorgfältige Nachfragen bei den Trödlern"[50], denen der Flüchtige möglicherweise die erbeuteten Kleidungsstücke angeboten hatte. Dr. med. Heilig und seine Beute blieben zunächst verschwunden.

Die Ermittlungen gegen den Täter leitete Ephraim Oskar Taube (1829-1888). Taube war seit 1861 Staatsanwalt beim Mittweidaer Bezirksgericht. Später wurde er zum Staatsanwalt beim Sächsischen Justizministerium berufen. Unter Zeitgenossen galt er als „ein guter und scharfsinniger Jurist, (der) nicht, wie es oft geschehe, das Formelle der Jurisprudenz auf seinen Charakter habe einwirken lassen, (sondern) immer wieder mit offenem Auge jede einzelne Sache als besonders angesehen und in ihrer Eigentümlichkeit erkannt habe [...]. Scharf in der Auffassung, Feind aller Oberflächlichkeit, beleuchtete er den gegebenen Fall mit peinlicher Gewissenhaftigkeit nach allen sich darbietenden Richtungen hin."[51]

Taubes Ermittlungen in der Angelegenheit führten zu Untersuchungen u. a. gegen einen „wegen ähnlicher Betrügereien im Jahre 1862 von der Universität Leipzig religirten Studenten der Chirurgie"[52] namens Richard Hugo Kratsch. Der Name Karl May tauchte noch in keinem Fahndungsaufruf auf. Wohl aber bemühten sich die Ermittler mit Hilfe weiterer Steckbriefe des vermeintlichen Arztes Dr. med. Heilig habhaft zu werden. Dabei wurde die Vermutung ausgesprochen, dass „der Betrüger wahrscheinlich seine alten Kleider sehr bald nach Erschwindelung der neuen [...] irgendwo veräußert haben wird, so werden die Polizeiorgane insbesondere darauf hingewiesen, daß namentlich auch sorgfältige Nachfrage bei den Trödlern zur Entdeckung des Unbekannten führen kann."[53]

So erschien ein ausführlicher Steckbrief in der *Leipziger Zeitung* vom 20. August 1864:

Unbekannter Betrüger.

Da die von hier unter dem 20. d. M. erlassene betr. öffentliche Bekanntmachung bisher noch ohne Erfolg geblieben ist, so wird andurch wiederholt behufs Ermittelung des Thäters zu allgemeiner Kenntniß gebracht, daß am 16. d. M. die nachstehende unter ☉ bezeichnete unbekannte Mannsperson aus einem hiesigen Kleidermagazine die nachstehend unter ☽ beschriebenen, durchgängig neuen Kleidungsstücke durch Betrug an sich gebracht hat.
Penig, am 12. August 1864.
Das Königl. Gerichtsamt daselbst.
Bermann.

☉

Signalement des Betrügers.
Alter: 21-23 Jahre, Größe: 68-69 Zoll, Statur: mittel, schwach, Gesichtsform: länglich, Gesichtsfarbe: blaß, Haare: dunkelbraun, glatt anliegend, etwas unordentlich lang gewachsen, Nase und Mund: proportionirt, Stirn: hoch, frei, Sprache: sächsischer Dialect, Haltung: etwas steif und linkisch, Benehmen: freundlich, gewandt, Bekleidung: schwarzer Tuchrock mit wollener Borte besetzt und schmut-

zigem Kragen, dunkle Buckskinhosen, lichte Buckskinweste, schwarzseidene Mütze, Stiefel mit Sporen und ein anderes Mal Schnürstiefel. Besondere Kennzeichen: trug Brille mit Argentangestell, an einem Finger der rechten Hand einen Ring, gab sich für einen Dr. med. Heilig aus Rochlitz, Augenarzt und früheren Militair aus, ließ allhier ein in Gerichtsgewahrsam gebrachtes, zwar eine gute Schulbildung, aber keine eigentliche medicinische Ausbildung verrathendes Augenheilrecept zurück, könnte übrigens gegenwärtig statt der angegebenen, möglicherweise von ihm veräußerten Kleider die nachstehend bezeichneten, von ihm erschwindelten tragen.

☽

Verzeichniß der erschwindelten Kleider.

I. 1 Ueberzieher von schwarzem schweren Winterbuckskin, mit breiter, schwarzer, gestreifter, atlaskantiger Borte eingefaßt, mit schwarzem, atlastibetnen Leib und weiß und schwarz gemustertem, shirtingenen Aermelfutter, schwarzcamlotnem innern Aermelhandbesatz, erhaben, seidnen Knöpfen, niedrigen, durch breite Borte von der schon angegebenen Beschaffenheit eingefaßten Kragen, links mit einer äußern ebenso eingefaßten Brusttasche, einreihig, halb anschließend und ohne Taille.

II. 1 Rock von schwarzem, leichten, feinen Sommerbuckskin, mit schwarzseidner, schmaler Einsatzborte, schwarzem, atlastibetnem Leib- und weiß und schwarz gemustertem shirtingnen Aermelfutter, schwarzseidnem, innern Aermelhandbesatz, erhabenen, seidnen Knöpfen, niedrigem Kragen, links mit einer innern, durch schwarzseidnen Passepoil eingefaßten Brusttasche, einreihig, mit durch 2 Knöpfe besetzter Taille.

III. 1 Paar Hosen von schwarzem, schweren, feinen Buckskin, mit Taschen von grauer, ungefärbter Leinwand und übrigens weißem Shirtingfutter.

IV. 1 Paar Hosen aus feinem, schweren Winterbuckskin von hellbräunlicher Grundfarbe mit dunkleren braunen kleinen

Mustern, mit Taschen von grauer, ungefärbter Leinwand und übrigens weiß und schwarz gemustertem Shirtingfutter.
V. 1 Weste aus schwarzem, feinen, leichten Sommerbuckskin am Vordertheile, am Rückentheile inwendig aus weißem Shirting und auswendig aus schwarzem Glanzkattun, einreihig, mit glatten Lastingknöpfen und Shawlkragen.

Auch das Sächsische Gendarmerieblatt gab noch am selben Tag einen erneuten Fahndungsaufruf heraus und mahnte die Polizeiorgane, „daß namentlich auch sorgfältige Nachfrage bei den Trödlern zur Entdeckung des Unbekannten führen kann. Uebrigens hat derselbe einmal Stiefeln mit Sporen, das andere Mal Schnürstiefel getragen u. sein dklbrns Haar ist glatt anliegend u. etwas unordentlich lang gewachsen. Seine Haltung war steif u. linkisch, sein Benehmen freundl. u. gewandt."[54]

Dr. med. Heilig blieb jedoch verschwunden. Möglicherweise hielt sich der untergetauchte Hochstapler in der Gegend von Lößnitz im Erzgebirge und in Dresden auf.

Interessanterweise fand im November 1864 vor dem Amtsgericht Dresden eine Untersuchung

gegen den vormaligen Lehrer Carl Friedr. Mai aus Ernstthal[55]

statt. Der Grund der Untersuchung ist nicht bekannt, hing aber offenkundig nicht mit der Fahndung nach Dr. Heilig zusammen. Das Dresdener Untersuchungsverfahren verlief – da Mays Identität mit dem Betrüger von Penig nicht herauskam – im Sande bzw. wurde offenkundig eingestellt. Laut Aussage Mays vom 27. März 1865 trug er die Hosen und den Rock einige Zeit, um sie dann für 5 Taler an einen Trödler in Chemnitz zu verkaufen.[56]

Die Figur des Dr. med. Heilig verbindet in besonders auffälliger Weise Mays frühen und nie erreichten Berufswunsch mit der späteren literarischen Kompensation. Letzteres kommt in der Reiseerzählung *Durch das Land der Skipetaren* zum Ausdruck, in der die Verfolgung verschiedener Mitglieder der verbrecherischen Schut-Bande durch Kara Ben Nemsi und seine Gefährten geschildert wird. Dabei taucht einer der wichtigsten Gegenspieler des Ich-Erzählers auf. Es ist der alte Mübarek in Ostromdscha, der dort in gutem Ruf als Arzt steht und als Heiliger verehrt wird. Er hat es verstanden, seine Person im Aberglauben der Leute mit mythischen Zügen zu versehen; er sei über 500 Jahre alt, esse und trinke nichts und könne sich unsichtbar machen. Außerdem könne man hören, wie beim Gehen seine Knochen klappern. Kara Ben Nemsi gelingt es, den Mübarek als Schwindler zu enttarnen, der sich durch Schminke, falsche Haare und andere Kleider schnell in den Bettler Busra verwandelte. Als Heiliger pflegte er die Häuser der Ortsansässigen für Diebstähle auszukundschaften, die er als Busra dann ausführte. Für Roxin ist der Mübarek die tragende Handlungsfigur mit deutlichen Spiegelungen zu Mays krimineller Vergangenheit[57]: „ein falscher ‚Doktor Heilig'. Das heißt: Er legt sich falsche Identitäten bei (Krüppel Busra); er gibt sich als mit überirdischen Mächten im Bunde stehend und als ‚heilig' aus; er gibt vor ‚Kranke' heilen zu können, während er doch nur ein Schwindler ist. Aber das hintergründige Motiv dieser Entlarvung ist, wie sich bald zeigt, nicht eigentlich die bewährte Rechtschaffenheit unseres Helden, sondern der Umstand, daß der Mübarek eine Rolle usurpiert hat, die eigentlich Kara Ben Nemsi zukommt" und die sich der junge Karl May als Straftäter angemaßt hatte. „Wenn man nun weiß, daß der ‚Dr. med. Heilig' eine Hochstaplerrolle des jungen May gewesen war, muß man wieder einmal die seelische Kraft bewundern, mit der hier peinliche biographische Realien in Spiel und Kunst umgesetzt werden."[58]

Chemnitz, 16. Dezember 1864: An jenem Wintertag stellte sich im Chemnitzer Gasthaus ‚Zum goldenen Anker' in der Neuen Dresdner Straße 27 ein junger Mann als Seminarlehrer Ferdinand Lohse aus Plauen vor. Es handelt sich um niemand anderes als um Karl May. Er mietete zwei miteinander verbundene Zimmer an.

Kurz nach seiner Einmietung verließ er das Gasthaus wieder und begab sich zum Geschäftslokal des Kürschners und Pelzwarenhändlers Oskar Bernhard Nappe (1839–1918) in der Bretgasse 10. Dort gab Lohse alias May an, im Auftrag seines mitgereisten, aber krank darniederliegenden ‚Herrn Directors' einige Rauchwaren erwerben zu wollen. Dieser sei auf Grund seiner Erkrankung nicht in der Lage, die Kleidungsstücke selber auszusuchen, sondern warte im Gasthauszimmer darauf. Er suchte sich fünf Pelze aus und bestellte ihre Zulieferung zum ‚Goldenen Anker'. Dort erschien alsbald der Lehrling mit den bestellten Rauchwaren. Lohse nahm vier der fünf Pelze in Empfang und begab sich unter dem Vorwand, die Ware seinem Direktor im Nebenzimmer zu zeigen, dorthin, um durch eine Hintertür mit den Pelzen zu verschwinden. Noch am gleichen Tag erhielt die Polizeibehörde Leipzig ein Telegramm der Stadt-Polizeibehörde Chemnitz:

Heute hat hier ein Mann, vorgeblich Ferdinand Lohse, Seminarlehrer in Plauen, 2 Bisampelze mit Klappkragen und 2 grosse Bisonkragen in Kartons (Firma Oscar Nappe) erschwindelt. Der Betrüger, 26 Jahre, 72 Zoll, blondes Haar, kurzen dünnen Backenbart, Stahlbrille, ist nachmittags mit Leipziger Bahn flüchtig geworden, trägt kurzen dunklen Ueberzieher, seidene Mütze, türkisches Shawltuch, lederne Umhängetasche. Bitte um Aufgreifung und Nachricht.[59]

Tatsächlich aber erbrachte die ‚Depeche-No. 815 des Deutsch-Oesterreichischen Telegrafen-Vereins'[60] nicht den gewünschten Fahndungserfolg. So notierte am 19. Dezember 1864 der zuständige Leipziger Polizeikommissar Gustav Theodor Kneske:

Der angebliche Ferdinand Lohse ist hier nicht vorgekommen. [...] Die Vigilanz fortzustellen u[nd] die Bahnhofsdiener sind behufs instruirt worden. Vigilanz wird fortgesetzt.

Wie sich erst später herausstellen sollte, musste die Fahndung nach dem Täter erfolglos bleiben, weil er „nicht mit der Bahn und nicht nach Leipzig, sondern per pedes zunächst in Richtung Dresden geflüchtet war."[61] Ebenfalls am 19. September gab das *Sächsische Gendarmerieblatt* in seiner Nr. 19 eine ausführliche Fahndungsmeldung heraus, die allerdings auch von einem falschen Fluchtweg ausging: „Wir bemerken, daß sich der Schwindler am 16. h. m. mit dem um 3 Uhr nach Leipzig gehenden Eisenbahnzuge von hier entfernt hat, und bitten um thunlichste Mitwirkung zur Entdeckung des Diebes u. Wiedererlangung der Pelze."

Wie üblich in solchen Fahndungsfällen wurden verschiedene Straftaten im Hinblick auf die Täterbeschreibung als auch die Tatbegehung von den Behörden miteinander verglichen. Auch im vorliegenden Fall war das nicht anders, führte aber – das sei vorweggenommen – zu einer irrtümlichen Täteridentifizierung im Fall Lohse mit einem „angeblichen Geschäftsreisenden für Kriebitzsch".[62]

Die Flucht führte Ferdinand Lohse nicht per Eisenbahn in Richtung Leipzig, sondern vielmehr zu Fuß zunächst nach Freiberg, später nach Naußlitz, einem Dorf bei Dresden. Hier muss sich – was sich später herausstellte – der Flüchtende länger unerkannt und von den Behörden unbehelligt aufgehalten haben. Über die näheren Umstände des Aufenthalts ist nichts bekannt, außer, dass er einem Naußlitzer Gutsbesitzer namens Johann Gotthelf Fickler einen der erschwindelten Pelze für 20 Taler verkauft hat. Von Naußlitz aus begab sich Lohse auch in die nahegelegene Residenzstadt Dresden, wo er weitere erbeutete Pelze „an ein ihm unbekanntes Frauenzimmer" für 6 Taler veräußerte und den älteren Pelz für 15 Taler bei dem Pfandleiher F. Hermann Bitterlich verpfändete. Die Gesamteinnahme des Pelzschwindels betrug „lediglich 41 Taler: das war noch nicht einmal die Hälfte des Wertes, den später das Gericht dem erschwindelten Sachgut zuerkannte."[63]

Den Ermittlungsbehörden blieb aufgrund ihrer gescheiterten Suche nach dem flüchtigen Seminarlehrer Lohse nichts anderes übrig, als mit Steckbriefen nach dem kriminellen Unbekannten zu fahnden.

Gohlis, 28. Februar 1865: Während weiterhin erfolglos nach Dr. med. Heilig und dem Seminarlehrer Lohse gefahndet wurde, mietete sich an diesem Tag ein junger Mann im Leipziger Vorort Gohlis, in der Möckernsche Straße 28 b ein.

Auch in Gohlis begann nun die Ausführung eines Betrugsfalles, dessen Protagonist in Wirklichkeit Karl May war. Den Ausgangspunkt bildete eine Annonce, die am 20. März im *Leipziger Tageblatt und Anzeiger* erschien und „die eine gut ausmeublirte Stube nebst Alkoven [...] an einen anständigen Herrn sofort zu vermiethen hatte."[64]

Als angeblicher Noten- und Formenstecher Hermin mietete May die Stube der Wirtin Johanne Rosie Hennig am Thomaskirchhof 12 für sich an. Schon kurz darauf begab er sich zum Geschäftslokal der angesehenen Pelzhandlung des Kürschnermeisters Johann Friedrich Gottlob Erler. Hier bestellte er Pelzware im Werte von 72 Taler und bat um Übersendung derselben in seine Wohnung. Auf einer mit Bleistift eigenhändig ausgeschriebenen Visitenkarte nannte er sich jetzt schlicht Kupferstecher Hermes. Noch bevor er in die ermietete Stube zurückkehrte, bemühte er sich um einen Hehler. Nicht abgeneigt zum Kauf eines Pelzes zeigte sich der Meubleur Friedrich August Brock, den der vermeintliche Noten- und Formenstecher respektive Kupferstecher Hermes in dessen Geschäftslokal in der Reichsstraße 22 aufsuchte. Erst jetzt, nachdem alle Vorbereitungen getroffen waren, kam es zur Inszenierung des eigentlichen Ereignisses. Etwa eine Viertelstunde vor siebzehn Uhr kehrte er in das Zimmer im Thomaskirchhof 12 zurück. Wenig später erschien dort auch der Sohn des Kürschners, Otto Erler, mit den bestellten Pelzen. Herr Hermes gab vor, das wertvolle Stück zunächst seinen Wirtsleuten zeigen zu wollen, und verließ die Stube damit. Nach einer halben Stunde müßigen Wartens machte sich – inzwischen doch etwas unruhig geworden – der junge Erler bei den Wirtsleuten Hennig bemerkbar, die aber ebenso wenig vom Verbleib ihres neuen Untermieters wussten wie er. Auch jede Suche war vergeblich.[65]

Die Geschädigten begaben sich danach zur Polizei und zeigten den Vorfall an:

Nachmittags gegen 3 Uhr sei zu seiner Mutter ein junger Mann, c[a]. 25 Jahre alt, mit blassem Gesicht, blondem halblangen Haar, ohne Bart, c[a]. 73 Zoll groß u. von schlanker Statur, bekleidet mit brauner Tuchtwine, grauen Hosen u. einer Deckelmütze gekommen und habe sich mit derselben sofort über eine Wohnung, die dieselbe zu vermiethen hatte und heute im Tageblatt annoncirt habe, geeinigt. Kurz darauf sei der junge Mann, der sich Noten- und Formenstecher Hermin genannt habe, wieder weggegangen u. habe eine Geldtasche, die er umhängen gehabt, in den Kleiderschrank gehangen. Weitere Effekten habe derselbe nicht bei sich gehabt.

C[a]. ¼ 5 Uhr sei der angebliche Hermin wieder nach Hause gekommen u. kurz darauf habe ein Kürschnerbursche einen Biberpelz gebracht und der Kürschnerbursche sei sei [sic!] mit in die von Hermin gemiethete Stube gegangen und habe nach ungefähr einer halben Stund[e], als [er] in die Stube gekommen, ihn gefragt, wo der Käufer des Pelzes sich aufhielte, der ihn schon eine geraume Zeit habe warten lassen.

Man habe nun den Hermin, der sich bei dem Verkäufer des Pelzes, Kürschnermeister Erler, Hermes genannt habe, gesucht, denselben jedoch nicht gefunden. Augenscheinlich sei derselbe mit dem Pelze den er seinen Wirthsleuten zu zeigen vorgegeben, fort u. zur Treppe herunter gelaufen, habe auch die Stube nur zu dem Zwecke gemiethet, um den Betrug mit dem Pelze ausführen zu können. Der gleichzeitig miterschienene Otto Erler hat den angeblichen Hermin genau so, wie oben bemerkt, beschrieben u. dazu bemerkt:

Derselbe sei heute nachmittag in das Geschäftslokal, wo nur seine Mutter anwesend gewesen, Brühl No. 73, gekommen, habe einen Biberpelz mit Biberfutter u[nd] desgl[eichen] Aufschlag u[nd] schwarzen Tuchüberzug für 72 [Zeichen für Taler] gekauft u. ihm den Auftrag gegeben, denselben in seine Wohnung bei Frau Hennig im Sack zu tragen.

Dies habe er auch gethan, habe den angeblichen Hermes angetroffen u[nd] demselben den Pelz übergeben u[nd] nun auf die Zahlung gewartet. Hermes sei damit zur Stube hinausgegangen, um den Pelz seinen Wirthsleuten zu zeigen, sei jedoch nicht wiedergekommen. Nach einer halben Stunde habe er mit Herrn Hennig den angeblichen Hermes

gesucht, derselbe sei jedoch aus der Hennig'schen Wohnung verschwunden gewesen.
In derselben hat der Fremde das beiliegende Briefcouvert zurückgelassen u. bei dem Kürschner Erler die mitfolgende Adresse abgegeben.
Die Geldtasche, die der Fremde in den Kleiderschrank der Frau Hennig gehangen, hat derselbe, auf welche Weise nun, ist unbekannt, wieder an sich u. mit fort genommen.[66]

Der mit dem Fall betraute Polizeikommissar Kneschke, der bereits nach dem vermeintlichen Seminarlehrer Ferdinand Lohse fahndete, hatte tatsächlich noch am selben Tag das Leihhaus sowie alle Kürschner, Trödler und Pfandleiher der Stadt mit genauer Beschreibung des Täters und seiner Beute in Kenntnis gesetzt. Doch der Täter ahnte bereits derlei behördliche Vorkehrungen. Nachdem ein erster Versuch, die Pelze für 40 Taler an den Meubleur Brock zu verkaufen, gescheitert war, sprach er die Ehefrau des Barbiergehilfen Wilhelm Bayer an. Besagte Dame hatte einschlägige Inserate im *Leipziger Tageblatt und Anzeiger* geschaltet und versichert, „Pfänder versetzen, prolongieren u. einlösen wird schnell und verschwiegen".[67] Frau Bayer – die in künftigen amtlichen Protokollen fälschlicherweise als „Frau Beyer" aufgeführt werden wird – war jemand „aus der Schar der freundlichen Leute, die anderen gegen ein Entgelt den peinlichen oder auch gefährlichen Gang ins Leihhaus abnahmen",[68] eine Geschäftsbesorgung, die sich im permanenten Berührungsbereich zur strafbedrohten Hehlerei befand. Gerade im hier beschriebenen Fall wurde dies deutlich. Nicht von ungefähr suchte der ominöse Herr Hermes zum Versetzen seiner durch Betrug erbeuteten Waren die Inserentin auf. „Sein Plan war, daß diese Frau, der er sich unter dem Namen Friedrich vorstellte, für ihn mit dem Pelz zum Leihhaus gehen und den Umsatz bewerkstelligen sollte. Als sie ihm jedoch bedeutete, daß sie das Vorhaben erst am folgenden Tag ausführen könne, verlangte er, um wenigstens etwas Gewinn aus seinem Betrug zu ziehen, eine Anzahlung von

10 Talern: ungewiß, ob er den Restbetrag je würde in Empfang nehmen können."[69]

Und wie gefordert, erhielt May als Herr Hermes tatsächlich die 10 Taler ausgehändigt. Am nächsten Tag begab sich die Frau auch mit den erschwindelten Pelzen zu einem Leihhaus, um sie zu versetzen. Schnell sah sie sich jedoch mit der Polizei konfrontiert. Kneschke notierte am 21. März 1865:

> Früh nach 8 Uhr ist vom Leihhause gemeldet, daß ein Biberpelz von Frau Beyer [sic!], Halleschestr. 5 zum Versatz gebracht und Letztere angehalten worden sei.
> Auf Vorlegen hat H. Erler den Pelz als denjenigen anerkannt, den gestern Nachmittags seine Ehefrau an den beschriebenen jungen Mann verkauft habe. Der Pelz ist eingefordert worden.
> Frau Beyer hat, befragt, angegeben, daß gestern Nachmittags nach 5 Uhr ein junger Mann, einige 20 Jahr[e], schlank, ohne Bart, mit blassem Gesicht, bekleidet mit schwarzem Rock u. schwarzseidener Mütze, der im Halstuch 2 Stecknadeln getragen, zu ihr gekommen sei, ihr den frag[lichen] Pelz zum Versatz auf dem Leihhause überbracht, u[nd] da sie ihm gesagt, daß sie den Versatz erst am nächsten Tag vornehmen könne, vorläufige Zahlung von 10 Talern verlangt habe. Diese Summe habe sie dem Fremden, der sich Friedrich genannt, nach Rücksprache mit ihrem Ehemann auch gegeben, worauf sich der angebliche Friedrich entfernt u. am folgenden Tage das übrige Geld Vormittags 9 Uhr abholen zu wollen erklärt habe.
> Für den Pelz hat sich Frau Beyer soviel geben lassen sollen, als das Leihhaus darauf zu geben imstande sein würde. Korporal Lindner hat sich sofort mit Diener Krug in die Wohnung der Beyer verfügt, um den Fremden, wenn er sich einfinden würde, in Beschlag zu nehmen. Der Fremde hat sich jedoch weder um 9 Uhr oder noch später bei Frau Beyer wieder sehen lassen.[70]

Herr Hermes bzw. Karl May war untergetaucht. Möglicherweise hatte er das Erscheinen der Polizei bei der Wohnung der Bayerschen Eheleute beobachtet. Mehrere Tage vergingen, dann erschien stattdessen der Packträger Carl Heinrich Müller. Über den Hintergrund seines Auftretens gibt ein Vernehmungsprotokoll vom 27. März Auskunft:

Gestern Nachmittags um 3 Uhr hat Frau Beyer, Halleschestr. 5., hier melden lassen, daß ein Packträger soeben unter Ueberreichung des Zettels Sub. 1, den man eingefordert hat, Zahlung desjenigen Betrages verlangt hat, welchen sie nach Gewährung der 10 [Zeichen für Taler] von dem beim Leihhaus verlangten Pfandschilling für den Pelz noch übrig habe, sowie, daß der Packträger (Karl Heinrich Müller, Thomaskirchhof 10) in ihrer Wohnung warte."
Die sofort dahin abgegangenen Diener Beutner und Wolf[71] haben den Packträger in d. Beyerschen Wohnung nicht mehr angetroffen und von F[rau] Beyer erfahren, daß ihr Mann mit demselben in das Rosenthal gegangen sei, um denjenigen, der dem Packträger den Auftrag zur Abholung des Geldes gegeben habe u. an gedachtem Platz auf Rückkunft seines Boten habe warten wollen, festzuhalten.[72]

Barbiergeselle und Packträger waren tatsächlich zum Rosenthal geeilt. In dem parkähnlichen Gelände zwischen Leipzig und Gohlis erwartete May den Packträger mit dem Geld. Dort angekommen, näherte sich Müller seinem Auftraggeber. Als er nahe genug an May herangekommen war, griff er zu. May wehrte sich und es kam zu einem Handgemenge. Über den Fortgang des Geschehens berichtet das Vernehmungsprotokoll:[73]

Die Diener Beutner u. Wolf haben sich nun eiligst in das Rosenthal begeben, sind dort kurz nach dem Packträger und Herrn Beyer angetroffen u. haben einen fremden Mann, mit dem der Packträger, nachdem er von jenem zur Abgabe des Geldes in das Gebüsch gerufen worden ist, gerungen hat, ergriffen u. nachher mittels eines Fiacers hierher transportirt. Bei dem Ringen mit dem Packträger, der anfänglich sich gestellt hat, als ob er das Geld bringe u[nd] so dem Fremden ganz nahe gekommen ist u. ihn nun gepackt hat, ist dem Fremden ein Beil (folgt sub 2 bei), welches derselbe bei sich geführt hat, unter dem Rocke vorgeglitten.

Der Arretierte ist anfänglich ganz regungslos u. anscheinend leblos gewesen und hat auch, nachdem der H[er]r Pol[izei-]Arzt herzugerufen worden ist, nicht gesprochen u. erst später angegeben, das er

Carl Friedrich May

heiße, in Ernstthal heimathberechtigt u[nd] dort Lehrer gewesen sei, u[nd] seit dem 28. Febr[uar] d[e]s Jahres in Gohlis, anfänglich bei Hausbesitzer Ernst Wilhelm Damm, Möckernschestr. 28b, dann aber bei dem Stahlstecher Schule in dem nämlichen Hause im 1. Gestock wohnhaft, gewohnt habe.

Das Beil ist Eigentum des gedachten Schule, im Besitz Mays gewesen und von demselben gestern mit zur Stadt gebracht worden.

Bei einer Visitation in der Wohnung Mays hat man die Umhängetasche desselben (sub 3.,) den Heimath- u[nd] Verhaltschein Mays (sub 4 u. 5,) einen Verhaltschein des Ortsgerichts zu Naußlitz (sub 6) aufgefunden.

May ist gestern nachmittag aufgehoben worden. Er hat die Schriftstücke sub 7-13 sammt 3 dazu gehörige Couverts, einen Pfandschein des Pfandleihers Bitterlich (sub 14,) zwei Zettelchen, Adressen von hier u. Dresden enthaltend (sub 15 u. 16,) ein Portemonnaie mit 21 [Zeichen für Pfg.], 3 Münzen u. einen unechten Ringe (sub 17,) ein Rasiermesser (sub 18,) einige Toilettengegenstände, Bleistift pp. (sub 19) bei sich gehabt.

Heute früh ist nun May sowohl Herrn Hermann Hennig als Frau Friedericke Erler geb. Krummbach vorgestellt u. von beiden als der Ermiether des Logis im Sack, bez[iehungsweise] als der Käufer des Biberpelzes anerkannt worden.

May hat auch eingeräumt, daß er sich auf die Fol. 1. h. a ff. (= Bl. 1ff) angegebene Weise den Pelz des H[err]n Erler zu erschwindeln gewußt habe.

Ferner ist derselbe auf Vorhalt, daß er der im Gendarme-

rieblatt Band X Stück 50, S. 291 No. 19 aufgeführte Unbekannte sei, welcher sich in Chemnitz auf betrügerische Weise 2 Pelze von Bisam und 2 Frauen-Pelzkragen im Dec[em]ber vor[igen] Jahres erschwindelt habe, nicht in Abrede zu stellen imstande gewesen, daß er in Wahrheit der dort aufgetauchte Seminarlehrer, welcher sich Ferdinand Lohse genannt habe, sei.
Die betr[effende] Requisition wird beigelegt.
May ist nicht über Leipzig gekommen, hat vielmehr seiner Angabe zufolge die beiden Pelzpelerinen an ein ihm unbekanntes Frauenzimmer für 6 [Zeichen für Taler] in Freiberg, den neuen Pelz für 20 [Zeichen für Taler] an den Gutsbesitzer Fickler in Nauslitz bei Dresden verkauft, u[nd] den älteren Pelz für 15 [Zeichen für Taler] in Dresden versetzt, angeblich auf dem sub 14 beigefügten Pfandschein.
Ferner hat May auf Vorhalt auch eingeräumt, daß er der im Gendarmerieblatt Band X Stück 7 Seite 42 No. 22, Seite 92 No. 17 u[nd] Seite 123 No. 23 gesuchte in Penig aufgetauchte Betrüger, der sich Dr. med. Heilig genannt hat, sei.
Seiner Angabe zufolge hat er den erschwindelten Winterüberzieher u. die Weste noch (die Beschreibung paßt genau auf diese beiden Kleidungsstücke) und will den andern Rock und die beiden Paar Beinkleider, nachdem er diese Kleidungsstücke einige Zeit getragen, an einen ihm dem Namen nach nicht bekannten Trödler in Chemnitz für 5 [Zeichen für Taler] verkauft haben. Das Beil will May deshalb bei sich geführt haben, um es in Leipzig schärfen zu lassen (Sonntags!).
Schließlich wird noch erwähnt, daß der frühere Logiswirth Mays, Herr Damm, angezeigt hat, daß ihm aus einem unverschlossenen Kasten, der in der Schlafkammer Mays gestanden, 2 Stück Shirting, 6/4 Ellen breit u. je 6-8 Ellen lang, verschwunden seien. Diesen Diebstahl stellt May beharrlich in Abrede.
Ein Rock, der in der Wohnung Mays noch gefunden worden

ist, folgt sub 20 bei. In demselben befinden sich ein carrirter wollener Shawl, 1 baumwollenes Taschentuch, 2 Vorhemdchen, 1 Schlips, 1 P. Ledermanchetten.

Damit war die kriminelle Laufbahn des Dr. med. Heilig alias Seminarlehrer Lohse alias Notenstecher Hermin bzw. Herr Hermes alias Karl May beendet – vorerst jedenfalls.

Innerhalb einer Arrestzelle des alten Polizeiamtes an der Reichsstraße kam er in Untersuchungshaft. Am Tag nach seiner Ergreifung wurde der Untersuchungshäftling „sowohl dem jungen Hennig als auch der Ehefrau des Kürschnermeisters Erler geb. Krumbach, die ihm den Pelz am 20.3. verkauft hatte, gegenübergestellt und von ihnen als Ermieter der Stube (Thomaskirche 12) bzw. als vorgeblicher Käufer des Pelzes eindeutig identifiziert. Noch am selben Tag (…) wurde May der Obhut des Königlichen Bezirksgerichts unterstellt."[74]

Es folgte die Untersuchungshaft und die Vernehmung durch den Richter Bernhard Friedrich Rudolph Holke. Am 8. Juni 1865 fand vor dem Bezirksgericht Leipzig die Hauptverhandlung gegen Karl May statt. Den Vorsitz führte Gerichtsrat Hermann Gareis, Vertreter der Anklage war Staatsanwalt Karl Theodor Hoffmann und die Verteidigung hatte der Advokat G. Simon übernommen. Simon war kein von May gewählter Strafverteidiger, sondern sein Pflichtanwalt. Erhalten geblieben sind einzelne Presseberichte, die zum Prozessgeschehen Stellung nehmen; so u. a. das *Leipziger Tageblatt und Anzeiger*, Nr. 161 vom 10. Juni 1865. Darin heißt es:

„Es hinterläßt erfahrungsgemäß stets einen betrübenden Eindruck, wenn man Personen, bei denen man nach ihrer äußern Stellung vorzugsweise Rechtskenntniß voraussetzen muß, oder solche, welche den Erwachsenen durch Lehre und That ein nachahmungswerthes Beispiel geben sollen, oder dazu berufen sind, den noch zarten Kinderherzen die ersten Grundbegriffe über das Mein und Dein einzuprägen, unter Nichtachtung der vom Staate behufs eines ordnungsmäßigen Lebens gezogenen Schranken straucheln und den Ort besteigen sieht, der in der Regel den Uebergangspunct von der persönlichen Freiheit zur zeitweisen, gesetzlich als Strafe aufzufassenden Unfreiheit bildet. Ein Fall letzterer Art bildete den Gegenstand der heutigen, unter dem Präsidium des Herrn Gerichtsraths Gareis abgehaltenen öffentlichen Hauptverhandlung."

Im Urteilstenor[75] erkannte das Gericht bei Karl May auf „mehrfachen Betruges" gemäß Art 285 Ziff. 3[76] [...]. Das Strafmaß berechnete sich nach Art 276 Ziff. 3[77] und Art 78 Abs. 1 und 2 SächsStGB.[78] Art 78 SächsStGB bedingte die Erhöhung der Gesamtstrafe wegen mehrfachen Betruges auf vier Jahre und 1 Monat. Weil Art 330 ein Delikt war, das nur auf Antrag verfolgt wurde, konnte gemäß Art 84 Abs. 2 SächsStGB[79] die Strafe nicht auch noch wegen Rückfalls erhöht werden.

III. Karl May im Arbeitshaus Schloss Osterstein (1865-1868)

1. Der sächsische Strafvollzug

Das Arbeitshaus als Strafanstalt besaß in den sechziger Jahren des 19. Jahrhunderts noch keine lange Tradition in Deutschland. Diese besondere Form der Inhaftierung von verurteilten Straftätern gehörte zu den Neuerungen des sächsischen Strafvollzugs, ausgehend von den Entwicklungen im Ausland. So bereisten der Geheime Regierungsrat George von Zahn und der Strafanstaltsdirektor Eugene d'Alinge (1819-1894) im Auftrag des Ministeriums des Inneren im Jahre 1856 eine Reihe deutscher und europäischer Strafanstalten, prüften die dortigen Bedingungen und Systeme, protokollierten die Erfahrungen der Direktoren und verschafften sich so einen durchaus repräsentativen Überblick über den Stand der Gefängnisreform und deren bisheriger Erfolge, den von Zahn in einem Bericht an das Ministerium, ergänzt durch Vorschläge für die weitere Gestaltung der Strafanstaltslandschaft in Sachsen, vorlegte.[80]

Die Vorschläge der beiden Beamten sollten die sächsische Gefängnislandschaft in den Jahren nach 1860 grundlegend verändern. Sie kamen auch den gesetzlichen Prämissen einer stärkeren Differenzierung der Haftstrafen, der Einführung der Einzelhaft sowie der Trennung weiblicher und männlicher als auch jugendlicher und erwachsener Straftäter entgegen. Daneben fanden auch andere wesentliche Prinzipien wie jenes des Besserungsgedankens – speziell gegenüber den Häftlingen der Arbeitshäuser – Eingang in den Strafvollzug. Das Arbeitshaus als spezielle Strafvollzugsart stellte eine Zwischenform zwischen Gefängnis und Zuchthaus dar. Grundlage für die jeweilige Zuweisung des Verurteilten an eine Vollzugsart bildete die Schwere der Tat und der Schuld, ebenso wie das Alter des Täters. Schwerste Verfehlungen zogen immer eine Zuchthausstrafe nach sich, die Gefängnisstrafe ereilte die Betreffenden bei minder schweren Vergehen.

„Deshalb sollte im Arbeitshaus zwar gleichermaßen wie im Zuchthaus strengste Disziplin gefordert und Zwangsarbeit geleistet werden, aber ohne die beschimpfenden Folgen der Zuchthausstrafe und ohne die Gemeinschaft mit den schwersten Verbrechern."[81]

Die Einlieferung Mays in die sächsische Landesstrafanstalt Arbeitshaus Schloss Osterstein bei Zwickau erfolgte am 14. Juni 1865. Er war im laufenden Jahr einer von 1004 Neuzugängen[82], während die Gesamtzahl der Insassen unter Abzug der Abgänge insgesamt 1956 Personen betrug. Einer der bekanntesten Inhaftierten in der Geschichte der Strafanstalt sollte in der Zeit zwischen dem 1. Juli 1874 und 1. April 1875 August Bebel (1840-1913) werden.

Die Zwickauer Anstalt gehörte zu den sieben im Königreich Sachsen existierenden Strafvollzugseinrichtungen: Waldheim, Zwickau, Sachsenburg, Hoheneck, Voigtsberg, Grünhain und Hohnstein. Es handelte sich seit 1838 um ein reines Männergefängnis. Die aufgeführten Namen zeigen die Präferenz im Sachsen des 19. Jahrhunderts, zur Unterbringung der Gefangenen vorzugsweise alte Burgen und Schlösser zu nutzen, die aber in vielen baulichen Belangen kaum noch den strafvollzugstechnischen, hygienischen und sozialen Anforderungen an moderne Vollzugseinrichtungen Stand halten konnten, wenn auch diese Situation durch eine Reihe von Um- und Ausbaumaßnahmen seit 1850 erheblich verbessert worden war.[83]

Die Zwickauer Strafanstalt war in dem am Nordostausgang der Stadt gelegenen, hoch umwallten Schloss Osterstein untergebracht. Seit 1775 fungierte Schloss Osterstein als Strafanstalt, in die in jenem Jahr die ersten 14 Gefangenen einzogen. 1829 war sie in eine Landesarbeitsanstalt und sieben Jahre später, im Zusammenhang mit der Einführung des sächsischen Kriminalgesetzbuches und der darin erstmalig vorgesehenen Arbeitshausstrafe, in ein Arbeitshaus für Männer umgewandelt worden. Aufgrund seiner Erkenntnisse, die er bei seiner mit George von Zahn durchgeführten Studienreise durch Europa und Deutschland gemacht hatte, setzte sich der damalige Direktor von Schloss Osterstein, Eugène d'Alinge, für das ‚Besserungsprinzip' ein. D'Alinge war zum Zeitpunkt der Einlieferung Mays bereits seit 14 Jahren Direktor des Arbeitshauses in Zwickau. Das von ihm propagierte ‚Besserungsprinzip' beschrieb er selber, wie folgt:

„Die Bessrung in unsrem Sinne erfordert doch, dass die fehlerhaften seelischen Gebilde, welche den Uebeltaten zum Grunde liegen, aufgelöst und die frei gewordene Kraft der Seele in eine normale Richtung der Entwicklung gebracht werde, dass aber auch zugleich die Kraft durch Uebung, in der gegebenen normalen Richtung zu verharren, gestärkt werde. Dies geschieht aber nicht direct durch Collectivhaft oder Einzelhaft. Die Mittel, welche hier angewendet werden müssen, sind Erziehung und Unterricht [...]."[84]

Daraus resultierte bei d'Alinge die Schlussfolgerung, dass Erziehung und Unterricht jeden einzelnen Gefangenen auf der Stufe erfassen sollten, auf der er eigentlich stand und die seinem Seelenleben eigentümlich war. Dieses Verständnis vom Sinn der Strafvollstreckung war zu Mays Inhaftierungszeit noch recht neu. Ein wesentliches Merkmal zur Erlangung dieser „Bessrung auf dem Wege der Individualisierung" stellte der Strafvollzug in sogenannten Disziplinarklassen dar, der im Wesentlichen den direkten Vorläufer des Strafvollzugs in Stufen verkörperte. Dabei wurden die Häftlinge je nach ihrem Verhalten und ihrer bisherigen Verbrechensvita in unterschiedliche Disziplinarklassen mit verschiedenen Rechten und Erleichterungen eingeteilt. Je nach der Führung des Gefangen waren sowohl ein Aufstieg in eine günstigere als auch ein Abstieg in eine strengere Disziplinarklasse möglich. Mit der Einführung dieses Klassensystems hatte man um 1840 versucht, den Anforderungen der Strafvollzugsreform an eine individuellere Behandlung der Insassen mit deutlichen Anreizen zu einer Besserung schon im Gefängnis gerecht zu werden. Man entschied sich damals in Sachsen gegen das weithin akzeptierte sogenannte philadelphische System der unbedingten Einzelhaft ebenso wie gegen das sogenannte auburnsche System, das eine Gemeinschaftshaft bei der Erteilung eines Schweigegebots favorisierte. Es existierten drei Klassen. Die Gefangenen der einzelnen Klassen unterschieden sich sowohl in ihrer Kleidung, dem Grad der Freiheitsbeschränkung, der Gewährung von Vergünstigungen und Belohnungen, der Arbeitsgratifizierung, des freien Umgangs mit dem ersparten Geld als auch in der Anwendung von Disziplinarstrafen. Die normale Klasse war die sogenannte Mittelklasse. Ihr wurden in der Regel alle neu eingegliederten Strafgefangenen zugeordnet. „Die niederste und am schlechtesten gestellte Klasse, die dritte Klasse, nahm alle diejenigen Häftlinge auf, deren ‚sittlicher Zustand und deren Verhalten die Anwendung strengerer Zuchtmittel als angezeigt erscheinen' ließ und ‚insbesondere auch Diejenigen, welche im Verlaufe der Dentention Böswilligkeit oder leichtfertige Auffassung ihrer Bestrafung bez. Ihrer Correction' an den Tag legten. Zu diesen gesellte sich aus den Reihen der neuaufgenommenen Insassen noch jener Teil, welcher sich ‚schon bei der Aufnahme Böswilligkeit oder leichtfertige Auffassung der Bestrafung' anmerken ließ, ebenso wie ‚solche Eingelieferte, welche in der Absicht straffällig geworden sind, um in eine Straf- oder Correctionsanstalt zu kommen' und natürlich alle

Rückfalltäter, die schon einmal Bekanntschaft mit Gefängnissen gemacht hatten."[85]

Allerdings galt für Rückfalltäter das Recht eines Ausnahmefalls, wenn die letzte Haftzeit erheblich zurücklag oder der frühere Haftgrund nur von minderer Schwere gewesen war. Die Gewährung dieses Ausnahmerechts stand allerdings allein im Ermessen der Direktion.

Während die bereits bei der Einlieferung der dritten Klasse zugeteilten Insassen in der Regel bis zum Ende der Haftzeit in dieser Klasse verbleiben sollten, bestand für die ansonsten in der dritten Klasse befindlichen Strafgefangenen die Möglichkeit, sich durch gutes Betragen und bei deutlich gemachter Besserung in die Mittelklasse zurückversetzten zu lassen. Damit glaubte man, einen ausreichenden Ansporn zur Besserung für die Häftlinge geschaffen zu haben und zudem den renitenten Teil der Insassen unter sich abgeschlossen und damit einen verderblichen Einfluß dieses unverbesserlichen Kreises auf besserungswillige Insassen ausgeschlossen zu haben.[86]

D'Alinge beschreibt: „Aeusserliche Unterscheidungsmerkmale der verschiedenen Classen sind nöthig und werden dieselben am besten an der Kleidung angebracht. Diese Unterschiede dürfen aber durchaus nicht in der Form, Qualität und Quantität der Kleidung liegen, müssen überhaupt von der Art sein, dass sie nur den Beamten und Gefangenen erkennbar und verständlich sind [...]. Auf dieser Classification ruht die von uns geforderte Organisation wie auf einem Fundamente [...]. Die Classen sind zu betrachten als drei Stadien, die der Gefangne ganz oder theilweise zu durchlaufen hat und innerhalb deren alle Mittel angewendet werden, um seine sittliche Heilung zu vollenden."[87] Der Eintritt in die privilegierte erste Klasse konnte zunächst nur aus der Mittelklasse erfolgen, und zwar nur dann, wenn die Gefangenen nachdrücklich bewiesen hatten, dass sie ernstlich bestrebt waren, sich zu bessern, dabei sich längere Zeit hindurch vorzüglich gut betragen und fleißig gearbeitet haben. Bei Verfehlungen allerdings drohte die sofortige Rückversetzung in die Mittelklasse oder unter Umständen der Absturz in die dritte Klasse.

Wie André Thieme ausführt, befanden sich „Mitte der achtziger Jahre des 19. Jahrhunderts [...] fast 2/3 der in den sächsischen Straf- und Korrektionsanstalten inhaftierten Personen in der dritten Disziplinarklasse. Freilich verhinderte diese hohe Bestandszahl in der dritten Klasse eine individuelle Behandlung der dort einsitzenden Häftlinge. Hier lag auch die offensichtliche Schwäche des sächsischen Disziplinarklassensystems, das mit seinen drei Stufen zu geringe Differenzierungsmöglichkeiten bot. Die Masse der Gefangenen war so einem gegenseitigen ‚verderblichen' Einfluß ausgesetzt, der die Rückfalltäterquote in dieser Klasse sicher potenzierte."[88]

Um diesen Effekt aber zu vermeiden, bemühte man sich um die Isolierung wenigstens der jüngeren Gefangenen, die noch als verhältnismäßig unverdorben galten. Diese sollten soweit als möglich gesondert von den älteren Sträflingen untergebracht und auch während der Arbeitszeit isoliert gehalten werden.

Karl May wurde bei seiner Einlieferung der zweiten Disziplinarklasse zugeteilt. Der Ablauf jenes ersten Tages lässt sich nachzeichnen, verfolgte er doch ein bürokratisches Ritual, dessen sich jeder neue Häftling unterziehen musste. Nach Überprüfung der formellen Rechtmäßigkeit der Einlieferung Mays durch den Direktor d'Alinge erhielt er ein Exemplar der gedruckten Verhaltensregeln für Häftlinge ausgehändigt. Ab jetzt wurde er für die Dauer seines Aufenthaltes als ‚Sträfling' bezeichnet und mit ‚Du' angesprochen.[89]

Es folgten die verwaltungstechnische Visitierung und Registrierung. Im Hinblick auf die Vermögensverhältnisse des Neuhäftlings mit der laufenden Nr. 171 registrierte man kurz: „arm".[90]

Anschließend wurden ihm alle Gegenstände, die er bei sich trug, „seine Kleider und sonstigen Effecten, soweit ihm dieselben nach Maaßgabe der ‚Verhaltensregeln' nicht zu belassen" waren, abgenommen und verzeichnet. Verderbliche Gegenstände wurden verkauft und der Erlös ‚auf einem für ihn bei der Spargelder-Casse anzulegenden Conto gutgeschrieben'. Hierauf folgten Vollbad mit gründlicher Körperwäsche und seine Einkleidung."[91]

Bei den Kleidungsstücken handelte es sich im Einzelnen um: 1 Jacke, 1 Paar Hosen, 1 Weste, 1 Kappe und 1 Paar Hosenträger, sämtlich aus Tuch. Ferner: 1 Paar Hosen und 1 Weste von Zwillich und 1 Paar rindslederne Schuhe.

Binnen der folgenden 24 Stunden erfolgte pflichtgemäß die erste medizinische Untersuchung Mays durch den 1. Anstaltsarzt Dr. Emil Friedrich Heinrich Saxe (1827-?). Hierbei sollte auch festgestellt werden, für welche Tätigkeit sich May innerhalb der Strafanstalt eignen würde. Im Zusammenspiel mit weiteren Untersuchungen im Hinblick auf die individuelle Charakteristik und unter Beachtung der Verurteilungsgründe befanden die Zwickauer Verantwortlichen, dass Karl May im Schreibdienst der Strafanstalt eingesetzt werden sollte.[92] Für einen ehemaligen Lehrer eine scheinbar ideale Beschäftigung.

„Man kann hieraus ersehen, wie fürsorglich die Verhältnisse der Gefangenen von der Direktion berücksichtigt werden",[93] befand der Schriftsteller später.

Fortan hatte der Neuhäftling Schreibarbeiten anzufertigen. Es handelte sich sowohl um Lohnarbeit für Auftraggeber außerhalb der Strafanstalt als auch um solche zum Nutzen der Anstalt selber. Dabei konnte die werktägliche Arbeit bis zu dreizehn Stunden dauern.

Wie alle Sträflinge unterstand auch May der Beobachtung – im Behördendeutsch: der Visitation – durch einen Aufseher. Obwohl May grundsätzlich gewiss zur Übernahme der ihm aufgetragenen Tätigkeit in der Schreibstube geeignet gewesen war, kam es zu einer auch für die Anstaltsleitung überraschenden Feststellung, die May so beschreibt:

„Ich versagte als Schreiber so vollständig, daß ich als unbrauchbar erfunden wurde. Ich hatte als Neueingetretener das Leichteste zu tun, was es gab; aber auch das brachte ich nicht fertig. Das fiel auf. Man sagte sich, daß es mit mir eine ganz

besondere Bewandtnis haben müsse, denn schreiben mußte ich doch können! Ich wurde Gegenstand besonderer Beachtung. Man gab mir andere Arbeit, und zwar die anständigste Handarbeit, die man hatte. Ich kam in den Saal der Portefeuillearbeiter und wurde Mitglied einer Riege, in welcher feine Geld- und Zigarrentaschen gefertigt wurden."[94]

Weder aus vorhandenen Akten noch anderen Quellen ist der Hintergrund und die Art des Versagens bei May überliefert. Mit der neuen Tätigkeit kam er gut zurecht. Als Portefeuillearbeiter wurde er fortan dem Aufseher Friedrich Eduard Göhler (1824-1890) unterstellt. Göhler arbeitete seit 1854 im Arbeitshaus Schloss Zwickau, seit dem 1. Juli 1861 als Aufseher der 1. Disziplinarklasse. Mit ihm verband May sehr rasch eine besondere Beziehung.

„*Ich nenne seinen Namen mit großer, aufrichtiger Dankbarkeit. Er hatte mich zu beobachten und kam, obwohl er von Psychologie nicht das geringste verstand, nur infolge seiner Humanität und seiner reichen Erfahrung meinem inneren Wesen derart auf die Spur, daß seine Berichte über mich, wie sich später herausstellte, die Wahrheit fast erreichten. Göhler kam sehr rasch auf die Idee, mich in sein Bläserkorps aufzunehmen, um zu sehen, ob das vielleicht von guter Wirkung auf mich sei. [...] Ich trat in die Kapelle ein. Es war gerade ein Althorn frei. Ich hatte noch nie ein Althorn in den Händen gehabt, blies aber schon bald ganz wacker mit. Der Aufseher freute sich darüber. Er freute sich noch mehr, als er erfuhr, daß ich Kompositionslehre getrieben habe und Musikstücke arrangieren könne. Er meldete das sofort dem Katecheten, und dieser nahm mich unter die Kirchensänger auf. Nun war ich also Mitglied sowohl des Bläser- als auch des Kirchenkorps und beschäftigte mich damit, die vorhandenen Musikstücke durchzusehen und neue zu arrangieren.*"[95]

Hartmut Kühne und Christoph F. Lorenz bedauern in ihrem Buch über Karl Mays Musik, „dass die Musikalien aus Schloss Osterstein wohl nicht mehr vorhanden sind: Vielleicht wären wir auf weitere Kompositionen oder wenigstens Arrangements aus Mays Feder gestoßen. Es ist jedoch ernsthaft zu erwägen, dass die *Weihnachtskantate* aus der Osterstein-Zeit stammt".[96] Das Notenmaterial der Kantate ist in zwei Fassungen überliefert, wobei eine mit ‚K. May' und die andere mit ‚K. F. May' autorisiert ist. Zur selben Zeit, als May musikalisch tätig wurde, wurde er auch in die erste Disziplinarklasse der Strafanstalt versetzt. Der Zeitpunkt lässt sich nicht genau datieren, doch dürfte es im Laufe des Jahres 1867 geschehen sein. Neben den Vergünstigungen, die May nunmehr in Anspruch nehmen konnte, gehörten die Erlaubnis zu weiterer Verwendung seines Arbeitserwerbes, Zugeständnisse bei der Bewegung im Freien oder auch die Gewährung größerer Selbstständigkeit innerhalb der Anstaltsmauern.

Für alle Gefangenen bestand im Übrigen ein Schweigegebot, dazu ein allgemeines Verbot für sinnliche Genüsse, wie die verschiedensten Möglichkeiten der Genussbefriedigung von besonderer Verpflegung, etwa durch Päckchen, bis hin zu allen Äußerungen der Sexualität.[97] Lesen gestattete man den Insassen nur während festgelegter Zeiten und beschränkte den Lektürekanon auf die Bestände der Gefängnisbibliotheken. Die Gefangenenbibliothek in Schloss Osterstein verfügte über:

Neues Testament	250 Bände
Gesangbuch	1041 Bände
Lutherische Catechismen und Spruchbücher	222 Bände
anderweitige Bücher bildenden Inhalts	<u>2776 Bände</u>
zusammen:	4289 Bände[98]

Daneben existierte noch eine kleine Bibliothek für die Vollzugsbeamten, die vorwiegend Werke der Straf- und Gefängniswissenschaft sowie verwandter Wissenschaften enthielt. Der Bezug von besonderem Lesestoff über einen auswärtigen Bücherleihverkehr stand den Gefangenen nur auf Antrag und nach Genehmigung durch die Direktion zu. Ob May auch am auswärtigen Bücherleihverkehr teilnehmen durfte, kann zwar vermutet, aber nicht bewiesen werden. Zeitung waren für die Häftlinge im Übrigen tabu.

Restriktiven Einschränkungen unterlagen die Korrespondenz der Gefangenen, der Besuch durch Angehörige wie auch der Empfang von Geschenken durch die selbigen. Die eingehende oder von den Gefangenen abgehende Korrespondenz musste jeweils von der Direktion gelesen werden, die Bedenken gegen den Inhalt formulieren konnte. Zudem erhielt der Gefangene das nötige Schreibmaterial nur leihweise und musste alle unbenutzten Materialien später wieder zurückgeben. Das Entstehen umfangreicher Manuskripte muss daher auch im Falle Karl May bezweifelt werden. Besuche durften die Insassen nur bei längerer Inhaftierungsdauer und nach schriftlicher Genehmigung empfangen, wobei dann ein Beamter anwesend sein musste. Zudem existierte ein breit gefächertes Instrumentarium von Sanktionsmöglichkeiten, angefangen von der Kostschmälerung bis zu Wasser und Brot über die verschiedensten Formen von Arresten bis hin zu körperlichen Züchtigungen.

Die Verhängung der Strafen oblag allein der Kompetenz des Direktors. Dieser konnte zur Verhinderung einer Flucht oder zur Verhütung absehbarer Gewalttätigkeiten noch besondere Sicherungsmittel verfügen. Zu diesen zählten die Zwangsjacke, der Zwangsstuhl, die Fesselung und ausschließlich für männliche Gefangene auch noch der Zwangsgurt, das Anschließen an die Kette sowie das Beineisen.

Neben dem Strafsystem existierten auch noch verschiedene Arten der Belohnung. Insbesondere waren damit bestimmte Vergünstigungen gemeint: Gestattung besonderer Extragenüsse aus dem Spargelde, Lob vor den versammelten Gefangenen, Versetzung in eine höhere Klasse und schließlich die Empfehlung zur Begnadigung oder Beurlaubung. Begnadigungen allerdings blieben allein bewährten Häftlingen der ersten Klasse vorbehalten.[99]

Entsprechend den oben genannten Ausführungen d'Alinges stand der Arbeitszwang für das Anstaltsleben gleichberechtigt neben den Disziplinarmaßnahmen. Allgemein erkannte man in der zweiten Hälfte des 19. Jahrhunderts die Bedeutung der Arbeit für die moralische Entwicklung der Strafgefangenen. Nicht zuletzt deshalb unterlag dieser Bereich auch in den Strukturen des sächsischen Strafvollzugs einer peniblen Reglementierung.

Eine Selbstbeschäftigung war in Ausnahmefällen und unter genauer Festlegung verschiedener Auflagen lediglich den Insassen der ersten und zweiten Disziplinarklasse gestattet. Diese selbstgewählte Beschäftigung durfte nicht bloß der Unterhaltung oder Zerstreuung dienen, sondern sollte eine Anstrengung seiner Arbeitskräfte enthalten. Zudem musste der Gefangene von seinem Arbeitslohn eine Vergütung an die Anstalt zahlen. Das Recht auf Arbeitslohn aber stand den Strafgefangenen keineswegs von vornherein zu, vielmehr betonte die Hausordnung ausdrücklich, dass Häftlinge eben keinen Anspruch auf eine Entlohnung ihrer Arbeit hätten. Ohne eigentliche rechtliche Handhabe wurde damit der Arbeitslohn ein Mittel des Disziplinarkatalogs und nur bei positiver Entwicklung war er geeignet, den ersten finanziellen Rahmen für eine Resozialisierung zu setzen. Mit der Verweigerung des Grundrechts auf Arbeitslohn blieb die sächsische Arbeitsgratifizierungsregelung hinter den Ansprüchen moderner Vollzugstheoretiker, aber auch -praktiker zurück. Zur Verwendung des Arbeitslohns schon während der Haft konnte es nur im Zuge einer Belobigung kommen, ansonsten blieb das Geld für die Insassen unantastbar und immer gefährdet. Eine Einziehung des gesammelten Arbeitslohns erfolgte so nicht etwa nur bei einer Flucht oder der Verweigerung von Angaben über den künftigen Aufenthaltsort bei der Entlassung, sondern auch im Todesfalle. Damit ging ein wesentlicher Anreiz für den Strafgefangenen, sich redlicher und fleißiger Arbeit zu bemühen, wie er in dem konsequenten Recht auf Arbeitslohn bestanden hätte, verloren und damit beraubte man sich auch eines wichtigen Mittels, die angestrebte sittliche Besserung zu erreichen.

Eine neben der Arbeit weitere wichtige Stütze auf dem Wege der moralischen Besserung sah man in konsequenter geistlicher Fürsorge und in einer verbesserten Bildung der Delinquenten, die sich somit auch einer ausgiebigen Regelung erfreuten: Die Gefangenen wurden dabei zur Teilnahme an den religiösen Abhaltungen verpflichtet. Täglich nach dem Frühstück und dem Abendbrot sollte so eine kurze Andachtsübung aller Häftlinge ohne Rücksicht auf Konfession oder Glaubensbekenntnis durchgeführt werden, die an besonderen Tagen von einem Geistlichen abgehalten werden musste. Für alle gesunden Insassen bestand eine Pflicht zum Besuch des sonntäglichen Gottesdienstes, die nur mit besonderer Genehmigung des Direktors widerrufen werden konnte.

Unterricht billigte man all den Insassen zu, die ihrem Alter und ihrer sonstigen Beschaffenheit nach unterrichtsfähig waren. Allerdings durften nur dazu geeignete Gefangene an den Übungsstunden teilnehmen, die auf Vorschlag des Geistlichen durch die Direktion zu bestimmen waren. Der Unterricht bestand „aus einem regelrechten Schulbetrieb, durch den die Fortbildung der Detinierten in den sogenannten Elementarkenntnissen erreicht werden sollte."[100] Hierzu zählten Zeichnen, Schreiben, Rechnen usw.

Die drei Hauptmahlzeiten wurden von den Gefangenen gemeinsam eingenommen, was die Einhaltung des Schweigegebotes kaum befördert haben dürfte. Zudem stand den Häftlingen eine Brotportion zu, die je nach Körperbeschaffenheit und Arbeitsleistung individuell festzulegen war. Ebenfalls in schöner Ausführlichkeit ergingen sich die Regelungen der Hausordnung zur Körperpflege, der im Zeitalter verstärkter Hygiene besondere Aufmerksamkeit wohl nicht zu Unrecht gewidmet wurde. Die Aufsicht über die Reinigung und die Haftung für deren ordnungsgemäße Erfüllung oblag den Ältesten. Zugebilligt wurde den Gefangenen schlussendlich täglich noch eine Stunde Bewegung an der frischen Luft.

2. Karl Mays Arbeitshauszeit

Man wird davon ausgehen können, dass May ein vorzüglicher Gefangener war, jemand, der die geforderte sittliche Besserung zu erkennen gab. Dies wiederum führte dazu, dass ihn die Anstaltsleitung erneut als Schreibkraft einstellte. Er wurde besonderer Schreiber des Anstaltsinspektors Karl August Alexander Krell (1827-1896).

Der gebürtige Leipziger wirkte seit dem 1. Oktober 1863 als Anstaltsinspektor für das neu errichtete Isoliergebäude. In Mays Erinnerung nahm er eine sehr positive Stellung ein:

„Mein Inspektor war [...] neben seiner Direktion des Isolierhauses noch beruflich schriftstellerisch tätig. Diese seine Tätigkeit bezog sich auf die besondere Statistik unserer Anstalt und auf das Wesen und die Aufgaben des Strafvollzuges überhaupt. Er schrieb die hierauf bezüglichen Berichte und stand mit allen hervorragenden Männern des Strafvollzuges in lebhafter Korrespondenz. Meine Aufgabe war, die statistischen Ziffern zu ermitteln, sie auf ihre Zuverlässigkeit zu untersuchen, sie zusammenzustellen, zu vergleichen und dann die Resultate aus ihnen zu ziehen."[101]

Tatsächlich handelte es sich bei Alexander Krell um einen außergewöhnlichen Vertreter seiner Zunft. In bester philanthropischer und pädagogischer Tradition plädierte er für mehr Mitgefühl mit den Gefangenen. Auf Veranlassung von d'Alinge und unter Mays Mitwirkung erarbeitete Krell den ‚Jahresbericht über Zustände und Ergebnisse bei der Strafanstalt Zwickau mit der Hilfsanstalt Voigtsberg während des Jahres 1867' wie auch ‚Das Zellenhaus bei der Strafanstalt Zwickau. Erfahrungen und Beobachtungen über die Einzelhaft' von 1869. Beide Berichte entstanden mehr oder weniger parallel und machten eine Hilfskraft an der Seite Krells notwendig. Die intensive Mitarbeit an der Seite Krells und die Kenntnisse, die er dabei über den Strafvollzug, speziell in Zwickau gewann, unterstützten Mays positive psychologische Entwicklung während der Haftzeit. Die Bevorzugung, die er durch die Einweisung in jene Vertrauensstellung empfinden musste, dürfte ebenso wie seine Versetzung in die erste Disziplinarklasse ein Übriges dazu beigetragen haben.

Mays Mitarbeit an Krells Berichten führte nicht nur zu einer Stabilisierung des Selbstwertgefühls, sondern schuf auch ein für die Geschichte des Strafvollzugs wertvolles Zeitdokument. Den Tag verbrachte May somit in der Schreibstube, nachts wurde er in einer isolierten Zelle untergebracht.

Über die Zellenunterbringung hieß es in einer Mitteilung aus dem Jahre 1866, dass die Sträflinge „theils in Gemeinschaftshaft, nur zum Theil mit nächtlicher Isolirung, theils in Einzelhaft"[102] gehalten würden. Und noch in einer Statistik des Jahres 1873 waren lediglich angegeben: 83 Zellen für nächtliche Isolierung und 176 Zellen für Einzelhaft, wovon auf das zwischen 1862 und 1864 errichtete besondere Isoliergebäude 144 Zellen entfielen.

Zwar entsprachen diese Zellen aus heutiger Sicht nicht den Kriterien des modernen Strafvollzugs, zur damaligen Zeit jedoch stellten sie bemerkenswerte technische Fortschritte und gute hygienische Lösungen dar. May berichtet später davon, dass er schon zu Beginn seiner Inhaftierung von dem *„Wunsch erfüllt"* gewesen sei, *„isoliert zu werden."*[103]

Diesem Wunsch war jedoch nicht entsprochen worden, da die üblichen Gründe für eine Isolierhaft bei May nicht vorgelegen hatten. Solche Gründe waren etwa die Gemeingefährlichkeit des Inhaftierten oder wenn der betreffende Häftling etwa die übliche Kollektivhaft nicht als Strafe hätte empfinden können.[104]

Daneben existierte allerdings noch die Möglichkeit, dass „Isolirung [...] je nach dem individuellen Bedürfnisse als Heilmittel auf kürzere oder längere Zeit, oder auf die Dauer der ganzen Detention"[105] gewährt werden konnte, also Isolierhaft nicht als Instrument der besonderen Bestrafung, sondern als Vergünstigung gehandhabt wurde. Allen bekannten Umständen zufolge, ist davon auszugehen, dass May auf Grund seines Gesamtverhaltens, seines persönlichen Wunsches und der guten Beziehung zu Göhler etwa ab Ende 1867 tatsächlich noch in dem neuen Isoliergebäude unmittelbar neben dem Arbeitszimmer des Inspektors einquartiert worden ist.[106]

Zu den bemerkenswertesten Äußerungen Mays über seine Inhaftierung in Schloss Osterstein gehört seine Einschätzung, dass sich die „*Strafzeit in eine Studienzeit*"[107] verwandelt habe. Tatsächlich hat sich May wohl vor allem in der Zeit seiner Isolierhaft literarischen Studien zugewandt. So lässt sich bei ihm ein „intensives und zielbewußtes Bemühen" erkennen, „sich zum Literaten zu bilden und als solcher künftig seinen Lebensunterhalt bestreiten zu wollen".[108]

Da er als Lehrer nicht mehr arbeiten durfte, machte er sich notwendigerweise Gedanken über seine berufliche Zukunft. Die Hinwendung zum literarischen Fach lag auf Grund früher Neigung nicht fern. Planmäßig ging er bei der Umsetzung dieser Perspektiven vor:

„*Ich legte mir eine Art Buchhaltung über diese Pläne und ihre Ausführung an; ich habe sie mir heilig aufgehoben und besitze sie noch heut. Jeder Gedanke wurde in seine Teile zerlegt, und jeder dieser Teile wurde notiert. Ich stellte sogar ein Verzeichnis über die Titel und den Inhalt aller Reiseerzählungen auf, die ich bringen wollte. Ich bin zwar dann nicht genau nach diesem Verzeichnisse gegangen, aber es hat mir doch viel genützt, und ich zehre noch heut von Sujets, die schon damals in mir entstanden.*"[109]

Gemeint ist das *Repertorium C. May.*[110] Auf „30 Folioseiten mit großem Zwischenraum in 137 Gruppen notiert, enthält das Verzeichnis über 200 Themenstichworte, wenige erläuternde Bemerkungen [...]. Tatsächlich sind in dem Titelverzeichnis zahlreiche Details vorweggenommen, so etwa die Frauencharaktere (Nr. 70), die später Eingang in die Kolportageromane, zum Beispiel den Verlorenen Sohn, fanden. Damals noch nicht entstanden war die Idee der großen Orient- und Amerikaromane, der Reiseerzählungen. Die Notizen legen eine kurzgefaßte Umfangsplanung nahe und lassen fast durchweg die Bestimmung für lokale Unterhaltungsblätter vermuten."[111]

Die Inspiration zu dieser buchhalterischen Erfassung literarischer Ideen wird May durch seine aktuelle Schreibtätigkeit für Krell gekommen sein. Ähnliche Auflistungen aus seinem späteren schriftstellerischen Leben sind jedenfalls nicht überliefert. Ein weiteres inspirierendes Erlebnis fand außerhalb der Zwickauer Anstaltsmauern in Mays Elternhaus statt. Dort erschien im Laufe des Jahres 1867 der Dresdner Verleger Heinrich Gotthold Münchmeyer (1836-1892). Münchmeyer suchte Autoren für sein Unternehmen und May – als er von seinen Eltern informiert worden war – knüpfte sogleich große Hoffnungen für seine berufliche Zukunft. *„Auch schriftstellerte ich fleißig"*, berichtete er später über diese Zeit. *„Ich schrieb Manuskripte, um gleich nach meiner Entlassung möglichst viel Stoff zur Verfügung zu haben."*[112]

Der Münchmeyer-Verlag war im Herbst 1862 als Verlagsbuchhandlung gegründet worden. Erste Lieferungswerke wie auch die Wochenzeitschrift *Feierstunden am deutschen Herd* waren seither erschienen; die Produktpalette des kleinen Verlags war noch sehr übersichtlich. Da das Geschäft klein war, hatte H. G. Münchmeyer zwischen 1864-1866 auch den Vertrieb wahrgenommen, wobei ihm seine zuvor in jahrelanger Erfahrung gewonnenen Erkenntnisse als Kolporteur zugute kamen. Die erzielten Geschäftserfolge mögen ihn und seinen vermögenden Bruder Friedrich Louis Münchmeyer (1829-1897) dazu bewogen haben, den gemeinsamen Betrieb auf eine breitere Kapitalgrundlage zu stellen. Beide lagerten im Laufe des Jahres 1866 ihr Geschäftslokal in ein Hintergebäude in der Dresdner Ammonstraße 33 aus; Anfang 1868 traten sie dann als ‚Gebrüder Münchmeyer' auch mit dem Buchhandel in Verbindung.[113]

Der zu jener Zeit noch in Schloss Osterstein inhaftierte Karl May begann mit der Skizzierung literarischer Arbeiten. So unternahm er mit dem Fragment *Offene Briefe eines Gefangenen*[114] den Versuch, „das Zwickauer Strafvollzugssystem, mit dem ja durchaus etwas Neues versucht wurde, in populärer Form darzustellen und es auf diese Weise einem größeren Publikum einsichtig und verständlich zu machen. Das Schlagwort Besserung und der Hinweis auf verschiedene Haftsysteme läßt eine solche Absicht jedenfalls naheliegend erscheinen."[115] In Schloss Osterstein entstand vermutlich auch jenes Gedicht, das in einer Handschrift unter dem Titel *Weihnachtsabend*[116] mit 16 Strophen erhalten geblieben ist und das leitmotivisch die Reiseerzählung *Weihnacht!* prägt. Bedeutsam für die Entstehungsgeschichte des Gedichtes ist die dritte Strophe, worin der Karl-May-Verleger Roland Schmid (1930-1990) die akustische Situation in Zwickau widergespiegelt sah. Das Indiz für diese Ansicht sah er darin, dass allein in der Nähe der Anstaltskirche ein Geläut von vier weiteren Glockentürmen ertönte.

Zur Unterstützung seiner literarischen Aktivitäten nutzte May die Möglichkeit, eine Stunde täglich in der Bibliothek des Arbeitshauses zu lesen. Dass May diese Literatur nicht nur als Leser konsumiert hat, sondern eigenen Angaben zufolge *„die Bibliothek der Gefangenen zu verwalten"*[117] hatte, muss allerdings bezweifelt werden. „Eindeutige Belege dafür [...] liegen nicht vor. Allerdings kann nicht ausgeschlossen werden, daß er während seiner Isolierhaft gewisse bibliothekarische Arbeiten in der separaten Bücherei für die Zellengefangenen verrichtet hat. Die eigentliche Verwaltung dieser Spezialbibliothek lag freilich in den Händen des ersten Anstaltskatecheten"[118] und Organisten Carl Leberecht Reinhold Hohlfeld (1826-1904). Immerhin lässt sich konstatieren, dass May während seiner Zwickauer Inhaftierung ernsthaft an einer schriftstellerischen Laufbahn zu arbeiten begann – wenn auch von Winnetou noch nicht die Rede war.

Mays positive Entwicklung ließ sehr bald den Gedanken an ein Gnadengesuch entstehen. Eine Begnadigung konnte „nur solchen Gefangenen zu Theil werden, welche einen Theil, in der Regel sogar einen beträchtlichen Theil ihrer Strafzeit bereits verbüsst haben. Zu dieser Gnade muss der Detinirte empfohlen werden und sie ist es, die wir allein im Auge haben. Zu dieser Begnadigung dürfen nur solche Sträflinge empfohlen werden, welche der ersten Classe angehören und in derselben bereits längere Zeit durch ihr Betragen den Beweis geliefert haben, dass sie ihr Vergehen ernstlich bereuen und wirklich gebessert sind."[119] Ein solches Bereuen und Gebessertsein sah die Anstaltsleitung bei May als gegeben an.

„Das Schicksal schien mit meinen Vorsätzen einverstanden zu sein. Es spendete mir, als ob es mich für alles Leid entschädigen wolle, eine reiche, hochwillkommene Gabe: Ich wurde begnadigt. Die Direktion hatte für mich ein Gnadengesuch eingereicht, auf welches ich ein volles Jahr meiner Strafzeit erlassen bekam." [120]

Die normale Strafzeit hätte bis zum 13. Juli 1869 gedauert. Sie verkürzte sich durch den Straferlass also um acht Monate und elf Tage. Originalbelege für den Gnadenakt König Johanns (1801-1873) gegenüber dem Häftling Karl May sind nicht überliefert. Erhalten geblieben ist immerhin die ‚Handtabelle der Strafanstalt Zwickau 1863-1865'. Sie vermerkt über „Carl Friedrich May" u. a.:

Am 2. November 1868 in Folge Allerhöchster Gnade entlassen.[121]

Und als May an jenem 2. November 1868 hoffnungsfroh die Anstaltsmauern von Schloss Osterstein hinter sich ließ, erfolgte auch eine Mitteilung der Zwickauer Anstaltsdirektion an das Polizeiamt Leipzig darüber, dass

der vormalige Lehrer Carl Friedrich May, eingeliefert vom Königl. Bez. Ger. Leipzig zur Verbüssung der ihm wegen Betrugs zuerkannten Arbeitshausstrafe von Vier Jahren 1 Monat [...] nach erfolgter Begnadigung am heutigen Tage wieder von hier entlassen worden (ist).[122]

Die Mitteilung erfolgte deshalb, weil das Polizeiamt Leipzig die polizeilichen Ermittlungen geführt hatte. May wurde bei seiner Entlassung mit einigen Dokumenten ausgestattet, das wichtigste darunter war das Vertrauenszeugnis. Es bestätigte, „dass der Gefangene durch längere tadellose Führung in der Anstalt sich des öffentlichen Vertrauens würdig gemacht hat. In der Regel können nur die Detinirten erster Classe dieses Zeugnis erhalten. Bei Ertheilung desselben ist natürlich sehr vorsichtig und mit grosser Auswahl zu verfahren. Der Director hat die endgültige Entscheidung, ob ein solches Zeugnis ertheilt werden soll oder nicht, wird aber die Meinung der Beamten in einem Berather- oder Beamtenconvente erst hören müssen. Mit diesem Zeugnisse ist der Entlassene nun von aller Polizeiaufsicht frei und ist ihm die Möglichkeit geboten, sich leichter einen rechtlichen Erwerb zu suchen und ihn zu finden."[123] Das Vertrauenszeugnis gestattete May, sich an einem Ort seiner Wahl niederzulassen. Außerdem erhielt er einen Dimissions- und Heimatschein sowie Reise- und Arbeitsentgelt in Höhe von 15 Taler ausgehändigt. So jedenfalls sagte er später bei einer Vernehmung am 3. Juli 1869 gegenüber dem Mittweidaer Staatsanwalt Taube aus.

Die Zwickauer Inhaftierungszeit hinterließ im Werk Karl Mays deutliche Spuren. Auffallend oft geraten die Romanhelden in die Hände ihrer Gegner und werden – aus eigenem Vermögen oder dank der Mithilfe anderer – daraus befreit. Die Häufigkeit dieses Motivs deutet auf ein Hafttrauma hin. Es dürfte kaum ein Zufall sein, dass gerade May Abenteuererzählungen verfasste, in denen vor allem die Ich-Figur mehrfach umfangreiche Weltreisen durch die Wüste bis zum Stillen Ozean unternimmt. „Das wäre wohl nie entstanden, wenn ihr Verfasser nicht acht Jahre seiner Jugend im Kerker hätte verbringen müssen."[124]

Die literarischen Beschreibungen des Eingesperrtseins fallen bei May auf. Sie enthalten auch Schilderungen, in denen ganz konkret Inhaftierungen in heimischen Haftanstalten vorkommen. Neben den literarisch verwandelten Auftreten authentischer Personen schildert May in *Der verlorene Sohn* sein eigenes Schicksal, dramaturgisch aufgesplittet in mehrere Protagonisten, die in Konflikt mit dem Gesetz geraten. In diese Situation geraten sie – das ist auch für Mays Sicht auf seine eigenen Straftaten bedeutsam – zumeist unschuldig!

IV. Verfehlungen und Straftaten (1868-1870)

1. Eine gescheiterte Resozialisation

Als Karl May am 2. November 1868 aus dem Arbeitshaus Schloss Osterstein vorzeitig entlassen wurde, kehrte er nach Ernstthal zurück, wo er nachweislich bis April 1869 wieder bei den Eltern wohnte. Ihm, dem entlassenen Strafgefangenen, dem ehemaligen Lehrer, der aus der Lehramtskandidatenliste gestrichen worden war, boten sich angesichts seiner Mittellosigkeit keine Alternativen. Auch die Hoffnung auf eine literarische Zukunft zerstob angesichts der Realität sehr schnell. Bis heute lassen sich trotz intensiver Nachforschungen keinerlei Veröffentlichungen feststellen, sodass eine existentielle Sicherung durch eine Autorentätigkeit Utopie blieb. Bis wann und in welcher Weise May an der Umsetzung seiner literarischen Pläne arbeitete, lässt sich nicht mehr feststellen. Belegt sind im Frühjahr 1869 mehrere Fahrten wohl in literarischen Angelegenheiten nach Dresden. Während sich die beruflichen Perspektiven immer mehr verdüsterten, bot zumindest das Privatleben einen kleinen emotionalen Lichtblick durch die Liebesbeziehung mit dem Dienstmädchen Auguste Gräßler (1848-1894) aus Raschau bei Schwarzenberg. Neben der deprimierenden Erkenntnis, seinen Lebensunterhalt nicht als Schriftsteller verdienen zu können, kamen weitere Belastungen, die mit seinem Status als Vorbestraften zusammenhingen. „In seiner engeren Heimat wurde der entlassene Arbeitshäusler mit Mißtrauen betrachtet. Bei Delikten, die in der Umgebung vorfielen, wurde May als Täter verdächtigt."[125] Dieses Misstrauen betraf allerdings vorwiegend Behördenvertreter.

„*Es hatte irgendwo einen Einbruch gegeben. Jedermann sprach von ihm. Der Täter war entkommen. Bald gab es wieder einen, in derselben Weise ausgeführt. Dazu kamen einige Schwindeleien, wahrscheinlich von herabgekommenen Handwerksburschen in Szene gesetzt [...]. Es zirkulierte ein Gerücht [...], daß ich jener Einbrecher sei [...]. Es kamen einige neue Schelmenstreiche vor, deren Täter ganz unbedingt mit einer gewissen Intelligenz behaftet waren. Man glaubte, dies auf mich deuten zu müssen [...]. Der Wachtmeister erkundigte sich unter der Hand [...] wo ich [...] gewesen sei.*"[126]

Die psychischen Verstörungen setzten wieder ein. „May erzählte, wie er ziellos in Wald und Feld herumgelaufen und einer (von ihm zweifellos nicht begangenen) Brandstiftung bezichtigt worden sei; nicht einmal die Mutter habe an seine Unschuld geglaubt und ihn nach Amerika forttreiben wollen. Die Authentizität dieser Schilderung und ihre Deutung sind umstritten. Sicher ist, daß die Widerstandskräfte, mit denen May die Anstalt verlassen hatte, schon nach wenigen Monaten zusammenbrachen."[127]

May beschreibt später seinen damaligen Seelenzustand:

„Ich vernahm unausgesetzt den inneren Befehl, an der menschlichen Gesellschaft Rache zu nehmen, und zwar dadurch Rache, daß ich mich an ihren Gesetzen vergriff." [128]

2. Die zweite Tatserie

Wiederau, 29. März 1869: Ungefähr 20 Kilometer nördlich von Ernstthal liegt – fernab von großen Verkehrswegen – das Dorf Wiederau. Aus dem unscheinbaren Ort stammte die zu dieser Zeit erst zwölfjährige Clara Zetkin, die später noch eine wesentliche politische Rolle spielen sollte. Der Ort verfügte auch über eine Gastwirtschaft mit Namen ‚Zum Hirsch' in der Hauptstraße 169, deren Betreiber der Materialwarenhändler und Strumpfwirker Carl Friedrich Reimann (1830-1877) war. Es war der Morgen des 2. Osterfeiertages, als in der Gastwirtschaft ein Fremder erschien. Über das, was sich im Folgenden abspielte, berichtete das *Leipziger Tageblatt und Anzeiger* in seiner Nr. 94 vom 4. April 1869: „Ein arger Schwindel ist an dem Krämer in Wiederau bei Mittweida ausgeführt worden. Zu demselben kommt ein Mann in anständiger Kleidung, welcher sich für einen Leipziger Polizeimann ausgiebt, und theilt dem Krämer mit, er hätte Auftrag, bei ihm Nachsuchung zu halten, weil man Verdacht schöpfte, er gehöre einer Falschmünzerbande an, und verlangt, das Papiergeld des Krämers zu sehen. Derselbe erklärt, weiter nichts, als einen 10-Thaler-Schein zu haben, und holt diesen herbei; der Fremde prüft den Schein genau und behauptet, er sei falsch, er müsse ihn wegnehmen. Eine an der Wand hängende Taschenuhr will er auch als gestohlen erkennen, verlangt auch das Silbergeld zu sehen, weil auch falsche Thaler im Umlauf wären; auf Vorzeigen dessen steckt er einige davon zu sich mit dem Bemerken: ‚das sind auch falsche', und nun machte er dem Krämer bekannt, daß er ihn mit nach Clausnitz nehmen müßte, wo ein Verhör stattfinden solle, weil in Clausnitz ebenfalls einige der Falschmünzerei verdächtige Leute wohnten. In Clausnitz angekommen, bezeichnet er dem Krämer auch das Haus, wo das Verhör stattfinden soll, und bedeutet ihn, er solle einstweilen in den Gasthof gehen; er würde gerufen werden, wenn es nöthig sei. Es vergehen nahe an zwei Stunden, es kommt Niemand, da wird dem Wartenden doch die Zeit zu lang, und er fragt im Gasthof, ob Jemand von dem fraglichen Verhör etwas wisse, aber leider mußte der arme Wiederauer nun erfahren, daß er ein Geprellter sei, denn der angebliche Leipziger Polizeimann war mit 10-Thaler-Schein, Uhr und einigen Silberthalern verschwunden; bis jetzt konnte man auch seiner nicht habhaft werden."

Der auch in diesem Fall für die Ermittlung zuständige Staatsanwalt Taube fahndete anschließend im *Sächsischen Gendarmerieblatt* nach einem „Unbekannte(n), 28-32 J(ahre) alt, ca. 72" lang, schmächtig, blasser Gesichtsfarbe, dunkelbraunen Haares, ohne Bart, bekleidet mit Rock, Weste und Hosen von braunem gelblich schimmernden Stoffe, die Hosen mit schwarzem Gallon versehen, ferner braunen spitzen Filzhut, Siegelring und knotigen Stock tragend".[129]

Fünf Tage später, am 6. April 1869, ergänzte Taube die Fahndung dahingehend, „daß der angebl[iche] v[on] W[olframsdorf] kurz verschnitt[enes] Haupthaar, längliches Gesicht und Nase, gelbe Gesichtsfarbe gehabt, daß er blauseidenen Schlips u[nd] umgeschlag[enen] Hemdenkragen getragen [habe]. Er ist bereits am Sonnabend vor den Ostertagen in Wiederau gesehen worden, scheint sich also mehrere Tage in der dortigen Gegend aufgehalten zu haben."[130]

Über die Identität des Täters herrschte bei den Behörden völlige Unklarheit. Zunächst wurde ein bekannter Krimineller im *Sächsischen Gendarmerieblatt* als mutmaßlicher Täter in Betracht gezogen.

Ponitz, 10. April 1869: Unweit von Wiederau lag Ponitz, ein Dorf mit seinerzeit ca. 1.600 Einwohnern. Knapp zwei Wochen nach dem Wiederauer Vorfall erschien ein junger Mann im Hause des Seilermeisters August Krause (1828-1896). Das Haus, am Hang vor der Ponitzer Kirche gelegen, war ein einstöckiger Fachwerkbau, erbaut um 1800, und diente als Seilerwerkstatt. Der junge Mann gab sich gegenüber dem Seilermeister als ‚Mitglied der geheimen Polizei' aus. Über das, was er von Krause wollte, berichtete die *Leipziger Zeitung* vom 14. April 1869 später:

Bekanntmachung.

In hiesiger Gegend hat heute ein unbekannter, nachstehend soweit möglich beschriebener Mensch einen Betrug in der Weise ausgeführt, daß er sich als Mitglied der geheimen Polizei ausgegeben, welches Recherchen nach falschem Papiergeld anzustellen habe, sich unter diesem Papiergeld anzustellen habe, sich unter diesem Vorwand in Besitz von circa 30 [Zeichen für Taler] Geld gesetzt hat und mit diesem geflohen ist. Auf der Flucht hat er die Nacheilenden durch Vorhalten eines Pistols an seiner Arretur verhindert.

Der Betrüger ist jedenfalls identisch mit dem unterm 1. l[etzten] M[onats] von der Königl[ichen] Staatsanwaltschaft Mittweida Verfolgten. Auf der Flucht ist demselben eine kleine Marke von Pappe entfallen, auf welcher mit blauem Stempel die Namen:

Julius Metzner, Oberlungwitz aufgedrückt sind.

Signalement.

Der Unbekannte ist mittlerer Größe, mit braunem dünnen Schnurrbart und braunem langen Haupthaar, trug breitkrämpigen hellbraunen Filzhut, hellbraunen Rock und Weste, Beinkleider von gleicher Farbe mit schwarzen Galons.
Crimmitschau, den 10. April 1869.
Das Königliche Gerichtsamt.
Beyer.

Die Bekanntmachung gibt nur verschwommen wieder, was tatsächlich geschehen war. Der angebliche Geheimpolizist hatte 30 vermeintlich falsche Taler konfisziert. Anschließend hatte er Krause aufgefordert, ihm nach Crimmitschau auf das Gerichtsamt zu folgen. Auf dem Weg dorthin hatte der vermeintliche Falschgeldfahnder plötzlich vorgegeben, seine Notdurft zu verrichten, um sich seitwärts ins Gebüsch zu schlagen. Er wurde jedoch von Krause und einem Helfer verfolgt. Als die Verfolgung zu heikel wurde, warf der Flüchtende das erschwindelte Geld fort und wehrte die Verfolger mit einem ‚Doppel-Terzerol' ab. Bei der anschließenden Flucht verlor er ein kleines Stück Pappe (ob absichtlich oder versehentlich, ist ungewiss), auf dem der Name ‚Julius Metzner Oberlungwitz' stand. Der Name des kleinen Oberlungwitz ließ die Behörden sofort an das angrenzende größere Ernstthal denken, von dem Wiederau wie Ponitz fast gleich weit entfernt liegen. So ahnte die sächsische Gendarmerie, wer hier den falschen Polizisten gespielt hatte.

Obergendarm Karl Gottlieb Prasser (1815-1874) aus Rochlitz, der May 1865 als ‚Dr. Heilig' entlarvt hatte, wurde eingeschaltet. Er suchte Mays Eltern auf und vermeldete am 12. April:

„May hält sich bei seinen Eltern in Ernstthal auf. Entschuldigt sich angeblich mit litterarischen Arbeiten, verreist zeitweilig [...]"[131]

In Prassers Augen war May jedenfalls der gesuchte Täter, wie eine redaktionelle Fußnote zu einem Steckbrief im *Sächsischen Gendarmerieblatt*, Nr. 56 von 1869, verriet:

„Der Kreisobergend[arm] Schwarzenberg u[nd] der Obergend[arm] Prasser halten den von Mittweida aus verfolgten Betrüger für den früher als angebl[ichen] Dr. med. Heilig aufgetret[enen] vormal[igen] Schullehrer Carl Friedr[ich] May [au]s Ernstthal, 28 J[ahre] alt (…), dessen Signal[ement] mit dem des Betrügers vollständig übereinstimmt."

May ahnte wohl, dass man ihn verdächtigte, denn er ließ sich kaum noch in Ernstthal sehen. Am 13. April schlich er sich nachts heimlich ins Haus seiner Eltern und hinter-

69

ließ einen Brief, worin er angab, zu einem Neuanfang nach Amerika auswandern zu wollen: *„Ich traf nämlich zwei nordamerikanische Herren, Vater und Sohn, welche von einer Vergnügungs- und wohl auch halb und halb Geschäftsreise kamen und über Leipzig, Frankfurt, Amsterdam nach Hause wollten. In Prag hatten sie ihren Hofmeister zurückgelassen und machten mir den annehmbaren Vorschlag, an dessen Stelle zu treten, mit nach Pittsburg zu gehen und dort die jüngeren Geschwister zu unterrichten, ev. Sie auf ihren Reisen zu begleiten. Ein guter Schriftsteller muß die Welt kennen, muß Erfahrungen gesammelt, muß seine Anschauungen erweitert und berichtigt haben, und da ich zudem kein Mensch bin, der an seinem bißchen Scholle klebt, so griff ich natürlich mit beiden Händen zu. Bei der Eile, welche die beiden Herren haben, ist es natürlich nicht möglich, heute nach hause zu kommen, wie ich Euch versprochen hatte. Ich bin gestern erst mit ihnen zusammengetroffen, heute sind wir in Leipzig, bis Sonnabend in Amsterdam und dann in 9-10 Tagen in Pittsburg. Paßscheerereien, wie sie bei uns in Deutschland an der Tagesordnung sind, habe ich auch nicht zu befürchten, da auf dem Passe des Mr. Burton die einfache Bemerkung steht: ‚Reist mit Sohn und Gesellschafter', und so kann ich gleich mitreisen, ohne mir erst Papiere holen zu müssen."* [132]

Unwillkürlich fühlt man sich an den Ich-Erzähler des ersten Bandes der *Winnetou*-Trilogie erinnert, der seine Old-Shatterhand-Karriere im Wilden Westen auch als Hauslehrer in St. Louis beginnt. Mays Brief an die Eltern wurde später zu den Ermittlungsakten genommen. Zweifel am Wahrheitsgehalt dieses Briefinhaltes drängen sich auf. Andererseits deutet die Eintragung *„Burton's Amerik. Dolmetscher"* in der *Anleitung, die englische Sprache in kurzer Zeit ohne Lehrer zu lernen* in Mays Bibliothek auf eine möglicherweise tatsächlich stattgefundene Begegnung hin.[133] Beweise lassen sich bis heute nicht erbringen. Wenige Tage später fuhr May nach Schwarzenberg zu seiner Geliebten Auguste Gräßler, die zu jenem Zeitpunkt offenbar noch nichts von seinen Aktivitäten wusste. Das *Zwickauer Wochenblatt* vom 17. April 1869 vermeldete unterdessen:

„Das Gerichtsamt Crimmitschau verfolgt einen Betrüger, der sich in dortiger Gegend ‚als Mitglied der geheimen Polizei' ausgegeben, welches Recherchen nach falschem Papiergeld anzustellen habe, sich unter Vorwand im Besitz von 30 Thaler Geld gesetzt hat und mit diesem geflohen ist. In der Gegend von Mittweida ist bekanntlich Aehnliches vorgekommen."

Die Behörden zogen offenbar bereits eine Parallele zur Reimann-Episode in Wiederau. Mittlerweile verdichtete sich der Verdacht, dass hinter der Identität des Polizeileutnants von Wolframsdorf und des ominösen Mitglieds der geheimen Polizei der aus Zwickau entlassene May stecken musste. So ließ Taube am 20. April im *Sächsischen Gendarmerieblatt* mitteilen: „Da der Verdacht sich mehrt, daß der an mehreren Orten als Polizeibeamter aufgetretene unbekannte Betrüger der May gewesen sei, und des letzteren Aufenthalt unbekannt ist, so wird gebeten, auf denselben allerorts zu invigilieren und ihn im Betretungsfall zu verhaften."

Auch Taube fahndete somit fortan nach einem alten Bekannten. In der May-Forschung wird die Vermutung vertreten, dass May in den nächsten Wochen versucht habe, nach Amerika auszuwandern.[134] Infolge von Passschwierigkeiten sei er jedoch nur bis Bremen gelangt, um ergebnislos wieder nach Sachsen zurückzukehren. In Jöhstadt wurde er Anfang Mai gesehen. Der Gendarm Heinrich Hermann Grundig (1820-1907) wurde auf ihn aufmerksam gemacht, worüber das *Sächsische Gendarmerieblatt* am 14. Mai 1869 berichtete:

„Der vormal[ige] Schullehrer Karl Friedrich May hat sich l[au]t Anzeige des Gend[arms] Gruppenf[ührer] Grundig in Hohenstein, wie diesem glaubh[aft] mitgetheilt worden, vom 4. bis 5. M[onat]s. in Jöhstadt umhergetrieben, seiner in Falken bei Hohenstein erschwind. Kleider (Rock, Hosen u. Weste) sich entledigt und trägt gegenwärtig wahrscheinl[ich] grauen Turneranzug und braunes, kleines Hütchen."

Der Hinweis auf einen Kleiderschwindel traf allerdings nicht zu. Vielmehr hatte der Schneider Johann Ferdinand Hoppe (1821-1894), ein Bruder von Mays Schwager Friedrich August Hoppe, den Vaganten freiwillig mit neuer Kleidung versorgt und dann nur deshalb angezeigt, um nicht in den Verdacht der Begünstigung zu geraten. Eine Stoffprobe trug später zu einer Identifizierung Mays bei seiner Festnahme bei. Ende des Monats wandte er sich wieder nach Ernstthal, wo er sich heimlich in der Mietwohnung seiner Schwester Auguste Wilhelmine und seines Schwagers Friedrich August Hoppe im Haus seines Taufpaten Weißpflog aufhielt.

Ernstthal, 27./28. Mai 1869: Es gab nicht viele Menschen, denen May in jener Zeit vertrauen konnte. Neben seinen Familienangehörigen war dies vor allem aber sein Taufpate Weißpflog. In der Nacht vom 27. Mai erhielt er von ihm und seiner Frau Emilie einige Gegenstände, die auf den ersten Blick seltsam anmuten: einen Kinderwagen, wahrscheinlich als Transportgerät, eine Schirmlampe, zwei Geldtäschchen mit zwei Talern Inhalt, zwei Bunde Sperrhaken (Dietriche) und eine Brille mit Futteral. Über die Freiwilligkeit der Aushändigung aller Gegenstände könnte man angesichts einer später erfolgten Strafanzeige wegen Diebstahls durch Weißpflog Zweifel hegen. Auf der anderen Seite fällt auf, dass die besagte Anzeige erst am 3. Juni, also gut eine Woche nach dem vermeintlichen Diebstahl beim Gerichtsamt Hohenstein erstattet wurde. Das lässt wiederum an der tatsächlichen Begehung einer Straftat ernste Zweifel aufkommen. Genährt werden diese Zweifel dadurch, dass May von Nachbarn des Schmieds beim nächtlichen Davonbringen der Gegenstände beobachtet wurde. Weißpflog musste möglicherweise Anzeige gegen sein Patenkind erstatten, um nicht selber verdächtig zu erscheinen. Die Anzeige der vermeintlichen Tat wurde in der *Leipziger Zeitung* vom 8. Juni 1869 öffentlich bekannt gemacht:

Bekanntmachung.

In der Nacht vom 27. zum 28. des vorigen Monats sind, muthmaßlich mittels Einschleichens, aus einer Wohnung in der Stadt Ernstthal die nachverzeichneten Gegenstände spurlos entwendet worden, was zur Ermittelung der Thä-

terschaft und behufs Wiedererlangung des Gestohlenen andurch öffentlich bekannt gemacht wird.
Fürstlich und Gräflich Schönburg'sches Gerichtsamt Hohenstein-Ernstthal, den 3. Juni 1869.

Seyler.

Verzeichnis der gestohlenen Gegenstände.

1) Ein Kinderwagen mit schwarzgrauem Korb und Hängefedern, an dessen einem Rade ein neuer Reifen aufgezogen war,
2) eine schwarzlederne Geldtasche in Buchform mit Stahlbügel, in welchem sich 2 [?] Silbermünzen in 1/6 Thalerstücken befanden,
3) eine Schirmlampe mit Porzellainfuß, genärbtem Milchschirm und dergl[eichen] Kugel,
4) eine Brieftasche, außen von braunem, innen von grünem Leder, mit eingeheftem Notizbuch, in welchem sich eine auf den Glaser Kühnert in St. Egidien lautende Rechnung für gelieferte Fensterbeschläge im Betrage von 21 [?] 10 [?] und einigen Pfennigen, und einige Notizen über Außenstände bei Personen in Glauchau, St. Egidien und Callenberg befanden,
5) eine neue stählerne Brille mit schwarzem Futteral,
6) ein Geldtäschchen von violettem Leder mit genärbtem Stahlbügel,
7) 13 [?] in einzelnen Kupfermünzen,
8) ¼ Pfund gewöhnliche Waschseife und
9) 60 bis 70 Stück Dittriche in verschiedenen Formen.

Der Ort, zu dem May die Gegenstände brachte, ist bekannt. Seinen seinerzeitigen Schlupfwinkel bildeten „zwei Höhlen, ungefähr 2 km von der nördlichen Peripherie Hohensteins entfernt im Wald im Kiefernberg gelegen. Diese ‚Eisenhöhlen', eigentlich Stollen, deren Entstehung auf Schürfarbeiten im 17. Jahrhundert zurückging, hatten 1771 einer Räuberbande unter einem gewissen Christian Friedrich Harnisch (geb. 1744) aus Hohenstein als Unterschlupf gedient. Deshalb waren sie zu Recht im Volksmund als ‚Eisenhöhlen' verschrien. Mays Vater soll 1869 beobachtet worden sein, als er dem in diesen Höhlen kampierenden Karl May Lebensmittel etc. hinschaffte."[135]

Ob der Aufenthalt Mays in den ‚Räuberhöhlen' mit dazu beitrug, dass er, der Einzeltäter, in der Legende der Einheimischen später als Mitglied und gar Anführer einer Räuberbande wie Harnisch gehandelt wurde, ist durchaus möglich. Der Hohenstein-Ernstthaler Lehrer, Stadtbibliothekar und Heimatforscher Hans Zesewitz (1888-1976), der in den 1920er-Jahren viele Einzelheiten aus Mays Leben und dem seiner Vorfahren erkundete, erinnerte sich später, wie noch um 1920/30 gerade solche Zerrbilder in der Heimatstadt kursierten. Die Karl-May-Höhle inspirierte den späteren Schriftsteller auch zur literarischen Verarbeitung, namentlich in der heimatlichen Erzählung *Die Rose von Ernstthal* (vgl. GW 43, *Aus dunklem Tann* und den Sonderband *Karl May auf sächsischen Pfaden*).

Limbach, 31. Mai 1869: Für kurze Zeit wurden die ‚Räuberhöhlen' Ausgangspunkt für geheime Ausflüge Mays in die nähere Umgebung. Am Morgen jenes Tages wagte sich May zu der am Ortsausgang von Limbach gelegenen Restauration von Viktor Reinhard Wünschmann (1820-1908). Zwischen der Höhle und dem Gasthaus lagen gerade einmal 4 km. Im Gasthaus verlangte er von dem alleine anwesenden Schankmädchen Minna Clara Fiedler ein Glas Wein und entfernte sich schließlich unbemerkt mit einem Satz von fünf Billardkugeln. Mit der bescheidenen Beute „floh May auf direktem Weg zu Fuß nach Chemnitz (14 km) – eine Eisenbahnlinie Limbach–Chemnitz wurde erst gebaut – und verkaufte die Billardbälle über einen Dienstmann an einen Drechsler für 5 Taler (Wert: 20 Taler). May erhielt auch das Geld, mußte aber sofort die Flucht ergreifen [...]."[136]

Zwei Chemnitzer Polizeidiener hatten von dem Verkauf der Billardbälle erfahren und den Täter gestellt. Als sie seine Ausweispapiere verlangten, setzte er seine Flucht erfolgreich in die angrenzenden Wälder fort.

Bräunsdorf, den 3./4. Juni 1869: Etwa acht Kilometer nördlich von Hohenstein-Ernstthal liegt Bräunsdorf. Zu jener Zeit lebten hier um die 1.000 Einwohner. In der Nacht zum 4. Juni näherte sich Karl May dem zur Erbschänke des Ortes gehörenden Bauernhof des Gasthofbesitzers Johann Gottlieb Schreyer (1823-1892).

Er vollführte hier einen Coup, den man Jahre später von den Abenteuerromanen her als gängiges Motiv kennt. So vermeldeten die *Dresdner Nachrichten* in ihrer No. 161 vom 10. Juni 1869: „Ein unbekannter Gauner hatte in der Nacht vom 3. zum 4. d. M. in frechster Weise aus dem unverschlossenen Stalle des Gasthofs in Bräunsdorf ein Pferd im Werthe von 200 Thalern und ein Peitsche gestohlen und war mit seinem Raube flüchtig geworden. Das Pferd wurde, wie wir soeben erfahren, in einem Dorfe bei Meerane, wo es der Dieb hat verkaufen wollen, wiedererlangt. Der Letztere selbst aber hat sich flugs aus dem Staube gemacht und es soll seine Habhaftwerdung noch nicht gelungen sein."

May wandte sich mit dem gestohlenen Pferd nach Remse, einem 10 km südwestlich von Bräunsdorf gelegenen Ort. Vergeblich bot er das Pferd dort zum Verkauf an. „In Höckendorf, 4 km von Remse entfernt, fand er schließlich in der Person des Pferdeschlächters Voigt einen Interessenten, der das Pferd für 15 Taler zu kaufen gewillt war. [...] Zu einer Aushändigung des Kaufgeldes kam es jedoch nicht, weil – wieder einmal – die Verfolger aus Bräunsdorf dem Pferdedieb so dicht auf den Fersen waren, daß dieser schleunigst in Richtung auf Schindmaas zu Reißaus nahm."

Im *Gendarmerieblatt* heißt es u. a.: „Das Pferd wurde in Höckendorf bei Meerane, wo es der Unbekannte hatte verkaufen wollen, wieder erlangt, letzterer ist aber nach Schindmaas zu geflüchtet und nicht zu erlangen gewesen."[137]

Gendarm Grundig nahm irrtümlich an, dass es sich bei dem Pferdedieb um den steckbrieflich gesuchten Handarbeiter Johann Gottlieb Franke aus Dänkritz handelte. Die Identifizierung Mays als Täter fand noch nicht statt.

Mülsen St. Jacob, 15. Juni 1869: Während Staatsanwaltschaft und Polizei nach ihm fahndeten, entwickelte May weitere Pläne. Er änderte seine Vorgehensweise für die Durchführung weiterer Delikte, indem er sich Urkunden eigenhändig anfertigte, um sie zu Täuschungszwecken bei künftigen Unternehmungen einzusetzen. So stattete er sich „mit einem selbst gefertigten Schriftstück aus, ‚Acta, betreffend in Sachen der Erbschaft des Particuliers[138] ... ‘ [der Name war offen gelassen worden], am 24. Mai 1869 in Dresden vom ‚Vereinigten deutsch-amerikanischen Consulat‘ ausgestellt und vom ‚amerikanischen General-Consul‘ G. D. Burton sowie vom ‚sächsischen General-Consul‘ Heinrich von Sybel unterzeichnet."[139]

Ein ‚vereinigtes deutsch-amerikanisches Consulat‘ existierte nicht. Leiter des ‚Consulats für die Vereinigten Staaten von Nordamerika‘ war nicht G. D. Burton, sondern der Consul William S. Campbell. Heinrich von Sybel (1817-1895) war ein bekannter Historiker und Abgeordneter des Norddeutschen Bundes, jedoch kein sächsischer General-Consul.

Die Vollmacht ermächtigte einen gewissen „Dr. Schaffrath, Advokat aus Dresden" nach den unbekannten sächsischen Erben eines in Cincinnati verstorbenen Partikuliers zu recherchieren. Diesmal hat die Person des Dr. Schaffrath ein reales Vorbild: Dr. jur. Wilhelm Michael Schaffrath (1814-1893) lebte 1869 als Advokat, Notar und ehemaliger Stadtrichter in Dresden, Johannisplatz 1. Dass May die beschriebenen Schriftstücke verwendet hat, bestritt er später vor Gericht nachdrücklich. Es konnte ihm auch keine missbräuchliche Benutzung nachgewiesen werden.

Am Vormittag des 15. Juni 1869 erschien Karl May in Mülsen St. Jacob, 12 km südwestlich von seiner Heimatstadt entfernt im Hause des Webermeisters und Bäckers Christian Anton Wappler (1816-1879). Er stellte sich Wappler als Expedient des Advokaten Schaffrath vor und tischte ihm eine fantastische Geschichte auf, die Tage später in den *Dresdner Nachrichten*, Nr. 172 vom 21. Juni 1869, nachzulesen war:

„Ein ähnlicher Schwindel, wie er in letzter Zeit an verschiedenen Orten des Landes verübt wurde, ist vor einigen Tagen auch in Mülsen St. Jacob vorgekommen. Dort kam nämlich ein junger Mann zu einem Bäcker und spiegelte dem letzteren vor, daß er beaufragt sei, ihn, den Bäcker und seine drei Söhne in das Gericht nach Glauchau zu bestellen, woselbst sie Geld aus dem Nachlasse eines Verwandten in Empfang nehmen sollten. Der Bäcker und seine drei Söhne schenkten dieser frohen Botschaft ohne Weiteres vollen Glauben und begaben sich ohne Verzug selbander auf den Weg nach Glauchau. Nunmehr stellte sich der Fremde der allein zurückgebliebenen Bäckersfrau als einen Beamten der höheren geheimen Polizei vor, der beauftragt sei, nach falschem Gelde zu recherchieren. Er verlangte das Geld der Bäckersfrau zu sehen, diese brachte ihre Baarschaft auch gutmütig herbei und nachdem der Herr Polizeibeamte 40 Thaler zu sich gesteckt und die Bäckersfrau in die Kammer, in der sie sich befand, eingeschlossen hatte, machte er sich schleunigst aus dem Staube. Der aus Glauchau zurückkehrende Bäcker wird seiner Ehefrau keine großen Vorwürfe darüber, daß sie sich so plump hatte täuschen lassen, gemacht haben, da er sich ja auch selbst hatte betrügen lassen, denn daß man bei dem Gerichte in Glauchau von Geldern, die er und seine Söhne geerbt haben sollten, nichts wußte, daß brauchen wir nicht erst hinzuzufügen."

Den Behörden war klar, dass „dieser Gauner der May, Carl Friedrich, vormaliger Schullehrer aus Ernstthal [ist], welchen Obergendarm Franke aus Glauchau auch für den unbekannten Pferdedieb in Bräunsdorf [...] hält."[140]

Der hier erwähnte Ernst Martin Franke (1817-?) befand sich erst seit dem 1. Mai im Glauchauer Gendarmeriedienst. Mit dem ‚Fall Karl May' verdiente sich Franke die ersten Sporen in seiner neuen Dienststelle. Ungeachtet der allgemeinen Fahndungssituation plante May weitere Delikte. So fertigte er sich „eine ‚Polizeiliche Legitimation' an, ausgestellt ‚Dresden, am 19. Juni 1869', unterschrieben ‚Dr. Schwarze, Generalstaatsanwalt'. Danach sollte der Inhaber dieses Dokuments, der Assessor des Königlichen Bezirksgerichts Dresden Anton Clemens Laube, ‚zu Recherchen nach falschem Papier- und Silbergeld' ermächtigt sein."[141]

Während ein Assessor Laube nicht existierte, griff May bei dem Namen Dr. Schwarze auf den damals im Amt befindlichen sächsischen Generalstaatsanwalt zurück. Dr. jur. Louis Schwarze (1816-1888) fungierte daneben auch als Abgeordneter des Norddeutschen Bundes und profilierte sich als Autor eines sächsischen Strafrechts-Kommentars. Noch bevor May die angefertigten Legitimationspapiere einsetzen konnte, kam es zu seiner nach Art und Weise ungewöhnlichen Festnahme. Im *Zwickauer Wochenblatt*, Nr. 158 vom 10. Juli 1869, war zu lesen:

„Es wurde s(einer) Z(eit) von einem Menschen berichtet, der sich unter dem Namen v[on] Wolframsdorf, Polizeilieutnant aus Leipzig, bei einem Krämer in Wiederau des Diebstahls schuldig gemacht hatte, indem er sich einen Zehnthalerschein, den er für unecht, und eine Taschenuhr, die er für gestohlen erklärte, aushändigen ließ – auf Nimmerwiedersehen; ähnliche Schwindeleien beging er in einem Orte bei Crimmitschau und zuletzt in Wülfen bei Zwickau. Heute Morgen 3 Uhr ist es endlich gelungen diesen Industrieritter zu verhaften. Der Restaurateur Engelhardt fand ihn in seinem Kegelschub, wo er nach kurzem Kampfe überwältigt wurde. An das dortige Gerichtsamt abgeliefert, wurde in ihm der ehemalige Lehrer May aus Ernstthal, ein längst berüchtigtes und verfolgtes Subject, erkannt. Außer einer scharf geladenen Pistole und einem Bund Dittriche war er auch im Besitz eines gefälschten Passes, auf den Namen eines hohen Staatsbeamten in Dresden lautend."

Bereits Ende Juni hatte May eines Nachts aus dem Kegelhaus des Restaurateurs Christian Friedrich Engelhardt (1805-1878) in Hohenstein ein Handtuch und ein Zigarrenpfeifchen entwendet. Es erscheint aus heutiger Sicht unverständlich, weshalb er sich ausgerechnet im Kegelhaus versteckt gehalten hat, wo er mit Entdeckung rechnen musste. Jedenfalls wurde er dort in jener Nacht schlafend vorgefunden und von dem Gastwirt mit Hilfe seines Schwiegersohnes Friedrich Wilhelm Gündel und des herbeigerufenen Polizeiwachtmeisters Dankegott Laukner überwältigt. „Diese Überrumpelung muß einigermaßen dramatisch vor sich gegangen sein. Der aus dem Schlaf gerissene May setzte sich zur Wehr, zog während der Auseinandersetzung sein erprobtes Doppelterzerol und spannte die Hähne; die Zündhütchen waren aufgesetzt, wie die Akten zu melden wußten. Ob das Terzerol aber mit Kugeln geladen war, ist ungewiß. May bestritt es später nachdrücklich vor dem Untersuchungsrichter, und man hat ihm auch nicht das Gegenteil nachweisen können."[142]

Die Feststellung der Identität erwies sich dabei als schwierig: May war ziemlich gut verkleidet und nur mit Hilfe eines Stoffmusters konnte man ihn identifizieren. Die Presse frohlockte, dass „der vor kurzem in Wiederau als amtlicher Polizeilieutnant von Wolframsdorf aufgetretene Schwindler ergriffen und als vormaliger Schullehrer May aus Ernstthal entlarvt worden sei."

Unter Bewachung und in Handschellen wurde der Festgenommene dem Bezirksgericht Mittweida zur Untersuchung überstellt. Dort verbrachte er seine erste Nacht im Bezirksgerichtsgefängnis, in dessen Hof seit dem 16. Juni 1997 eine von dem Schriftsteller Erich Loest gestiftete Gedenktafel aufgestellt ist. Das *Chemnitzer Tageblatt und Anzeiger*, Nr. 163 vom 9. Juli 1869, berichtete: „Von Hohenstein bei Chemnitz brachte man unter gerichtlicher Bedeckung einen Mann hierher, welcher als derjenige bezeichnet wurde, der an dem Wiederauer Krämer die seiner Zeit auch hier erwähnte Cassenschein-Schwindelei ausgeführt haben sollte, auch von demselben bei Vorführung als solcher erkannt worden sein soll. Sein Name ist Mai und hat er schon früher eine mehrjährige Zuchthausstrafe verbüßt. Von hier wurde er nach Werdau transportiert."

In Mittweida hatte Staatsanwalt Taube am 3. Juli 1869 den Verhafteten erstmalig vernommen. Im Rahmen dieser Vernehmung stritt dieser alle Vorwürfe ab, sodass Taube die

Gegenüberstellung des Tatverdächtigen mit den geschädigten Personen am jeweiligen Tatort anordnete.

Wiederau, 5. Juli 1869: An jenem Tag begann der Transport des festgenommenen Karl Mays zwecks Gegenüberstellungen zu allen Tatorten. Der erste Lokaltermin fand in Wiederau statt. Dort wurde Karl May von dem Krämer Reimann mit den Worten begrüßt: „Da sind Sie ja, Herr Polizeileutnant!" May entgegnete nur kurz: „Ich kenne Sie nicht!"[143]

Doch das Leugnen half nicht. Auch die übrigen Mitglieder der Familie Reimann erkannten May ohne zu Zögern wieder. In Chemnitz fand unterdessen am 10. Juli 1869 bei Auguste Gräßler eine ergebnislose Hausdurchsuchung statt. Sie gab an, May seit Pfingsten nicht mehr gesehen zu haben, und wusste vermutlich auch nichts von seinen Straftaten.

Zehn Tage später erfolgte der nächste Lokaltermin in Mülsen St. Jacob mit Wappler. Auch hier leugnete May die Tatbegehung. Das gleiche Ergebnis ergab die Konfrontation mit den Zeugen in Limbach. Für Montag, den 26. Juli, ordnete Staatsanwalt Taube eine erneute Expedition des Gefangenen an. Das Ziel sollten Bräunsdorf und Höckendorf wegen des Diebstahls sein. Was an jenem denkwürdigen Tag dann geschah, rekonstruierte der May-Forscher Hans-Dieter Steinmetz: Danach war Staatsanwalt Taube am Morgen jenes Tages „vermutlich in Begleitung seines Expedienten und mit einem Wagen, von Mittweida aus über Burgstädt und Limbach in das benachbarte Bräunsdorf aufgebrochen und konnte so vor Ort, noch vor dem geplanten Eintreffen Mays [...] Zeugen vernehmen."[144]

Die Bräunsdorfer Zeugenvernehmung ist in einer auszugsweisen Abschrift[145] erhalten geblieben. Die vollständige Abschrift findet sich im Sonderband *Karl May auf sächsischen Pfaden*.

Der erste Zeuge, den Taube an jenem 26. Juli 1869 vernahm, war der Bräunsdorfer Gastwirt Johann Gottlieb Schreier (1823-1893), mit dessen Pferd May das Weite gesucht hatte. Aus den Untersuchungsakten geht Schreiers Aussage hervor:

Aus meinem Stalle ist mir in der Nacht zum 4. v[origen] M[onats] mein Pferd gestohlen worden. Der Stall war auch des Nachts unverschlossen, auch war derselbe von aussen zugänglich, da mein Gehöfte nicht geschlossen ist. In dem Stalle stand bloss dieses Pferd. Ein Knecht schlief nicht in demselben, es konnte also der Diebstahl ohne Schwierigkeit ausgeführt werden, zumal ich auch keinen Hund besitze und mein Gasthof ziemlich isoliert am Ende des Dorfes liegt. Abends war das Pferd in den Stall gebracht worden und am andern Morgen gegen 4 Uhr, als es gefüttert werden sollte, war es verschwunden. Ebenso fehlte aus dem Stalle eine ordinäre schwarze Reitpeitsche sowie eine Trense und ein Halsriemen. Die Halfter [Halsriemen] war die, mit welcher das Pferd im Stalle angehangen war. Die Reitpeitsche lag im Stalle auf dem Futterkasten u. die Trense war im Stalle aufgehangen. Das Pferd war ca. 9 Jahre alt, ein Brauner mit einem weissen Streifen auf der Stirn und weissen Hinterfüssen. Als wir das Pferd vermissten, verfolgte ich die Spur desselben ein Stück hinaus bis ans Holz, dann verlor sich die Spur. Ich eilte sofort nach Penig und zeigte den Diebstahl dem Gendarmen an. Von dem Kutscher Friedrich in dem Gasthof zum Zeisig bei Penig erfuhren wir, dass dieser dem Diebe mit meinem Pferde bei Waldenburg begegnet war. Ferner erfuhren wir, dass der Dieb das Pferd in Remse an den Pächter hat verkaufen wollen und in Höckendorf ermittelten wir, dass es beim Pferdeschlächter Voigt stehe. Dort kamen wir gegen 5 Uhr Nachm[ittag] des 4. v[origen] M[onats] hin und trafen auch unser Pferd an.

Ich nahm mein Pferd mit Einwilligung Voigts, der dasselbe noch nicht bezahlt hatte, wieder an mich und besitze es noch. Sein Werth ist z[ur] Z[ei]t noch der frühere. Der Dieb hatte sich, ohne Bezahlung abzuwarten, entfernt. Weder ich noch meine Leute können angeben, wer den Diebstahl ausgeführt hat. Ich selbst bin am 3. Juni gar nicht zu Hause gewesen. Meine Frau hat aber die entfernte Vermutung, dass ein Fremder, der den Nachmittag vor der Tat bei uns eingekehrt ist, der Thäter sei. Dieser Mensch hat eine

Schwuppe [Rute] bei sich gehabt, und eine solche hat der Dieb im Stalle zurückgelassen. Die zurückgelassene Ruthe hat der Gendarm aus Hohenstein an sich genommen. [...]
Der Einnehmer in Jerisau bei Glauchau soll, wie ich gehört habe, auch Pferd und den Dieb gesehen und wahrgenommen haben, dass letzterer das Pferd geritten hat. Dafür, dass letzteres geschehen, spricht auch der Umstand, dass der Dieb eine Trense und Reitpeitsche mitgenommen. Hier im Dorfe hat auch unsere Semmelfrau Vogel mit dem Fremden, der am 3. Juni bei uns eingekehrt war, gesprochen. Ob und wo der Dieb mit dem Pferd auf dem Wege von hier nach Höckendorf eingekehrt ist, ist mir unbekannt.

Der zweite vernommene Zeuge jenes Tages war die Ehefrau des bestohlenen Gastwirtes, Rosine Johanne Schreier (1827-1910):

Am 3. Juni nachmittags gegen 2 Uhr kam von der Kirche her ein Fremder in unsren Gasthof, trank ein Glas Schnaps und entfernte sich sehr bald wieder auf dem Wege nach Limbach zu. Ich habe mir den Fremden nicht weiter angesehen und kann nur sagen, dass er einen braunen Rock anhatte und anständig gekleidet war, sowie dass er eine kleine Ruthe bei sich hatte, mit der [er] öfter wedelte. Der Umstand, dass wir am andern Morgen eine solche Ruthe im Stalle fanden, so sie der Dieb zurückgelassen, brachte mich gleich auf die Vermutung, dass der Fremde der Dieb gewesen sei. Ich habe gar nicht mit ihm gesprochen, habe ihn auch nicht im Gesichte gesehen, habe auch nicht gesehen, ob sich der Fremde in unserem Gehöfte umgesehen, vielleicht gar in den Stall gegangen ist. Ich befand mich gar nicht in der Gaststube, sondern in unserem Grützegarten. Mein Sohn, der 15jährige Wilhelm, hat den Fremden bedient. Ausserdem ist nur noch unsere Semmelfrau Vogel in der Gaststube gewesen.

Die erwähnte Semmelfrau Beate Rosine Vogel (1813-1880) gab als dritte Zeugin in der Bräunsdorfer Pferdediebstahlssache folgende Aussage zu Protokoll:

Ich bin am Nachmittage des 3. Juni hier in der Schreierschen Gaststube gewesen und habe mit dem Fremden gesprochen, auf den sich die Angabe der Frau Schreier bezieht. Er trat in die Gaststube und trank ein Gläschen Nordhäuser, blieb nur wenige Minuten und entfernte sich dann wieder.
Der Fremde war ein langer Mensch, mittlerer Statur, ein Zwanziger, trug meines Erinnerns einen braunen Rock, ob er Bart hatte, weiss ich nicht, auch seine sonstige Kleidung kann ich nicht mehr angeben. Der Mann erzählte mir, dass er den vorigen Morgen bei der Schurich (wer das ist, weiss ich nicht) in Altstadt Waldenburg gewesen sei und auch den nächsten Morgen wieder zu derselben gehen wolle. Zugleich fragte er mich nach dem Wege nach Limbach und äusserte, er wolle zum Musikdirektor Richter. Deshalb dachte ich mir, es sei ein Musiker. Der Fremde entschuldigte seine Kleidung damit, dass er 12 Wochen auf Reisen sei. Er ging gleichwohl nicht schlecht angezogen.

Nun fehlte lediglich noch der Tatverdächtige zwecks Gegenüberstellung. May sollte inzwischen vom Beifrohn Posselt mit der Eisenbahn bis St. Egidien und von da zu Fuß nach Bräunsdorf transportiert werden. Einen nicht unwesentlichen Umstand bildete die Tatsache, dass es sich bei jenem Beifrohn Posselt um einen unbewaffneten Hilfsdiener des Bezirksgerichts Mittweida handelte. Der Transport von Gefangenen war zu jener Zeit nicht Aufgabe der Gendarmerie. May und sein Bewacher fuhren also von Mittweida nach Chemnitz und stiegen dort in einen Zug Richtung Zwickau um. Hätte man bereits vom Bahnhof Wüstenbrand aus den Fußmarsch aufgenommen, dann wäre die zu überwindende Distanz bis Bräunsdorf zwar kürzer gewesen, doch wollte man offensichtlich nicht den Forst östlich vom Oberwald durchqueren. Denn in dem Gebiet hatte sich May erst wenige Wochen zuvor dem polizeilichen Zugriff entziehen können. Also verließen Beifrohn Posselt und May erst eine Station nach Hohenstein-Ernstthal, in St. Egidien, den Zug. Der nach einer Fluchtgelegenheit Ausschau haltende Gefangene besaß genaue Ortskenntnis und wusste demzufolge auch, dass auf dem Weg nach Bräunsdorf über Kuhschnappel, Obercallenberg, Reichenberg und Langenchursdorf nur zwei Waldgebiete berührt werden: noch vor dem Ortseingang Kuhschnappel, nur etwa 800 Meter vom Bahnhof St. Egidien entfernt, rechter Hand der Forst um den Heidelberg, und oberhalb des Dorfes, in der Nähe des Gasthauses ‚Zur Katze', an der Kreuzung mit der nach Glauchau führenden Landstraße ein Ausläufer des Oberwaldes. Völlig überraschend für den Transporteur zerbrach May plötzlich durch einen gewaltsamen Ruck die eiserne Brezel[146], mit welcher ihm die Hände zusammengeschlossenen waren, und entfloh sofort in den an die Straße grenzenden Wald. Beifrohn Posselt versuchte zunächst mit Hilfe herbeigerufener Arbeiter May wieder einzufangen. Erst als nach Stunden dieser Versuch gescheitert war, habe er sich auf den Weg nach Bräunsdorf gemacht, wo er gegen 14 Uhr mit der Hiobsbotschaft von Mays Flucht eintraf.

Umgehend wandte sich Taube nach Hohenstein und benachrichtigte von dort aus telegrafisch die Redaktion des *Sächsischen Gendarmerieblatts*. Auf dem Postweg übermittelte er einen Steckbrief vom 27. Juli 1868 des Flüchtigen mit der Aufforderung „Alles zu seiner Wiedererlangung aufzubieten."[147] Drei Tage später erließ der Untersuchungsrichter Heinrich Paul Scheuffler (1841-1909) einen weiteren Steckbrief, der in der *Leipziger Zeitung*, Nr. 180 vom 31. Juli 1869, abgedruckt wurde:

Der unten signalisirte vormalige Schullehrer Karl Friedrich May aus Ernstthal, wider welchen wegen zahlreicher Eigenthumsverbrechen hier Voruntersuchung eingeleitet worden ist, ist unterm 26. d. M. auf dem Transport von St. Egidien nach Bräunsdorf unter Zerbrechung der Fesseln entsprungen, und werden alle Behörden ersucht, May'n im Betretungsfalle zu verhaften und Nachricht davon anher gelangen zu lassen. [...] May ist 27 Jahre alt, 72 Zoll lang, schlank, hat längliches Gesicht und Nase, dunkelblondes, nach hinten gekämmtes Haar, schwachen Bartwuchs (trägt auch falsche Bärte), graue Augen, starren stechenden Blick, krumme Beine, ist geschlechtlich krank. Er spricht langsam, in gewählten Ausdrücken, verzieht beim Reden den Mund, hat auch oft ein Lächeln um den Mund. Bei der Entweichung trug er ein schwarzseidenes, runddeckliges Sommerhütchen, einen braunen, ins Gilbliche schimmernden, jupenartigen Rock mit breiter Weste und dergl[eichen] Hosen mit breiten schwarzen Streifen.

Obwohl auch die anderen sächsischen Blätter über den Fall berichteten und die Bevölkerung umfassend über den „berüchtigten ehemaligen Lehrer May", diesen „höchst gefährliche[n] Mensch[en]"[148] informiert wurde, blieb der Flüchtige verschwunden. Er verbarg sich „in seiner Höhle und soll nur nachts – wie Frau Selbmann (seine Schwester) zu berichten wußte – ein- oder zweimal nach Hause gekommen sein. Der eigentlichen Fessel, der eisernen Bretze, wird sich May mit Hilfe des Schmiedes Weißpflog rasch entledigt haben, sollte er sie bei seiner Flucht überhaupt noch getragen haben."[149]

Die sensationelle Flucht sorgte innerhalb der heimischen Bevölkerung für großes Aufsehen. Sie führte dazu, dass „[g]estern Nacht (6. August 1869) [...] hier gegen 25 Gendarmen, die Polizeimannschaften der Umgegend und die Steiger-Section der Ernstthaler Turnfeuerwehr aus[rückte], um in den Hohensteiner Wäldern dem berüchtigten wegen einer Menge Diebstählen und Betrügereien inhaftirt gewesene May auf die Spur zu kommen. Derselbe ist [...] mehrmals in genannten Wäldern hier und da gesehen worden, muß sich aber wohl in eine andere Gegend gezogen haben, da bei der genauesten Durchsuchung der Hölzer keine Spur von ihm zu finden war. Hoffentlich gelingt es bald, diesen schlauen und raffinirten Freibeuter zu ergreifen."[150]

Diese Hoffnung erfüllte sich jedoch nicht. Karl May blieb verschwunden. Seine spektakuläre Flucht erinnert an die zahlreichen Szenen seines Romanwerkes. Ein frappierendes

Beispiel dafür ist die Flucht des Gustav Brandt in Mays Kolportageroman *Der verlorne Sohn*. Der Förstersohn Brandt wird fälschlicherweise des Doppelmordes bezichtigt und soll zwecks Zeugengegenüberstellung von Ort zu Ort transportiert werden. Bei einem dieser Transporte per Bahn kann er entfliehen. Während im realen Vagantenleben Karl May der Huf- und Waffenschmied Weißpflog beigestanden hatte, ist es bei der Romanfigur Gustav Brandt der Schmied Wolf aus Tannenstein.

Nachgewiesen ist ein Aufenthalt Mays Mitte November in Plößnitz. Dort besuchte er Malwine Wadenbach (1819-?). Ihr und ihrer erwachsenen Tochter Alwine (oder Alma) war er vermutlich schon in der Zeit zuvor nähergetreten. Möglicherweise kannte May die Wirtschafterin und ihre Tochter von seinem Leipziger Aufenthalt im März 1865 her. Bei einer späteren Vernehmung sagte die Mutter aus, May habe sich ihr gegenüber als ,Schriftsteller Heichel' und den natürlichen Sohn des Prinzen von Waldenburg ausgegeben. Malwine Wadenbach findet sich in Mays Erzählungen *Der Giftheiner* (in GW 43, *Aus dunklem Tann*) und *Die Fastnachtsnarren* (in GW 72, *Schacht und Hütte*) gespiegelt wieder. May hat beiden Frauen eine starke Zuneigung entgegengebracht.

3. Die Affäre Wadenbach

Nach seinem Aufenthalt bei den Wadenbachs hat May seine Wanderungen über Coburg-Gotha und Hof nach Böhmen fortgesetzt. Zur Bewältigung dieser Strecke dürfte er – zuletzt stark erschöpft – wenigstens zwei Wochen benötigt haben. In der Nacht vom 3. zum 4. Januar 1870 entdeckten Bewohner des böhmischen Ortes Niederalgersdorf auf dem Dachboden ihres Hauses einen halb verhungerten und völlig erschöpften Landstreicher. Wie in *Eberhardt's Allgemeinem Polizeianzeiger* vom 2. Februar 1870 zu lesen war, hatte dieser Landstreicher „unter verdächtigen Umständen in einer Scheune übernachtet [...], offenbar um zu stehlen". Jegliche Diebstahlsabsichten wies der Landstreicher

– bei dem es sich natürlich um Karl May handelte – jedoch von sich:
„Ich wollte im Dachboden nur ausruhen, vor Erschöpfung schlief ich ein und erwachte erst früh [...]", lässt sich einem Protokoll[151] des K.K. Bezirksgerichts Bensen entnehmen, in dem eine Aussage Mays vom Festnahmetag festgehalten wurde.

Ein Strafverfahren wegen Diebstahls ließ das Bezirksgericht fallen, denn es handelte sich bei dem Arretierten keineswegs um einen vagabundierenden Dieb, sondern nur um einen ausweislosen Fremden. Der Diebstahlsvorwurf war offenbar schnell entkräftet worden. Dennoch blieb der Landstreicher Objekt der kriminalistischen Untersuchung. Den Kriminalisten jener Zeit erschienen Vagabunden als potentielle Straftäter verdächtig, da sie sich wesentlichen Erwartungen und Grundbedingungen des bürgerlichen Zusammenlebens entzogen. Aus dieser Entziehung wiederum resultierte – angeblich – eine nicht nur räumliche Annäherung an den Kreis der Verbrecher, sondern das Entstehen von Kriminalität selber.[152]

Bettler und Vagabunden verkörperten in den Augen der Ordnungshüter gleichermaßen den ‚ursprünglichen Typus' des Bösen, weil sich beide Gruppen einem produktiven Lebenswandel verweigerten, aber dennoch nach materiellen Besitztümern strebten. Ihnen wurde daher unterstellt, dass sie jede Gelegenheiten nutzen würden, um sich durch Diebstahl und andere Übergriffe das zu holen, was ihnen an milden Gaben verweigert wurde. Die kriminelle Karriere eines Vagabunden erschien um so wahrscheinlicher, da er auf Grund seiner Lebenssituation ein ohnehin höheres Maß an Sittlichkeit benötigt hätte, um der Kriminalität zu widerstehen, als ein sesshafter Bürger.[153]

Zur weiteren Feststellung seiner Identität überstellte man May nach Tetschen. „Bei seiner Einvernahme behauptete derselbe, Albin Wadenbach zu heißen, aus Orby auf der Insel Martinique in Westindien, woselbst er eine vom Vater ererbte Landwirtschaft zu besitzen vorgiebt, zu sein, dort geboren und dahin zuständig, evangel.-luth. Confession, 22 Jahre alt, ledigen Standes und von Beschäftigung Oeconom zu sein. Nach dem rasch aufeinander gefolgten Tode seiner Eltern – von denen sein Vater Heinrich geheißen, Oeconomie getrieben und auf Orby Tabak-, Vanille- und Hanfpflanzungen gehabt haben soll –, habe er seine Besitzungen einem Freunde zur Besorgung übergeben und sich mit seinem jüngeren Bruder Franz Friedrich Wadenbach, von Beschäftigung Kaufmann, im Spätsommer, 1869 in der Absicht nach Europa begeben, um seine Verwandten väterlicher- und mütterlicherseits aufzusuchen und dann entweder in Europa zu bleiben oder aber wieder nach Orby zurückzukehren [...]."[154]

Das Fantastische der Geschichte wirft natürlich die Frage nach ihrem Sinn auf. Es musste May klar gewesen sein, dass sich seine Darstellung nicht bestätigen ließ. Im kriminalistischen Alltag war ein solches Vorgehen jedoch nicht ungewöhnlich, sondern eher typisch, weil es „die Anstrengungen von Gaunern und Vagabunden zeigt, durch die Verwendung schwer zu überprüfender Lebensgeschichten die Ausdauer der Polizeibehörden zu ermüden und die eigene Identität zu verbergen."[155] Dies war zu jener Zeit um so mehr die Taktik bei gesuchten Straftätern wie May, die darauf hofften, dass die behördlichen Recherchen letztlich eingestellt wurden und allenfalls eine kurze Freiheitsstrafe wegen verbotenen Vagabundierens ausgesprochen wurde. Die tatsächlichen Straftaten blieben oftmals auf Grund der nicht aufgedeckten Identität ungesühnt.

Im ‚Fall Karl May' wurde die Polizeidirektion Dresden eingeschaltet, um die fantastische Lebensgeschichte und Identität zu bestätigen. So gab ein Chemnitzer Predigtamtskandidat namens Hermann Eduard Wadenbach die Auskunft, dass „einer seiner Brüder namens Heinrich nach Nordamerika ausgewandert sei. Nachricht habe man von ihm jedoch nie erhalten. ‚Tante' Malwine Wadenbach, früher in Siegelsdorf bedienstet, jetzt in Plößnitz bei Halle wohnhaft, wußte dagegen nicht viel Gutes über Albin zu berichten: Ja, sie kenne den jungen Mann. Vier Wochen vor Weihnachten 1869 habe er sie in Plößnitz aufgesucht und sich für einen Verwandten, dann für den Schriftsteller Heichel aus Dresden, dann für einen natürlichen Sohn des Prinzen von Waldenburg ausgegeben [...]"¹⁵⁶

Mays Geschichte ließ sich erwartungsgemäß nicht bestätigen. Im Allgemeinen versuchten die Kriminalisten in solchen Fällen, den Druck auf die Verhafteten zu verstärken, indem sie diese u. a. zu Erzählungen aus ihrer Vergangenheit motivierten, um sie in Widersprüche zu verwickeln. Ob diese Taktik gegenüber May angewendet wurde, lässt sich nicht feststellen. Das vergebliche Nachforschen veranlasste die böhmische Polizei am 28. Januar 1870 zur Aufgabe eines Steckbriefs, in dem gebeten wurde:

> Da nun dieses Individuum zu keiner anderen Auskunft [...] zu vermögen ist, so bitte ich, falls über den angeblichen Wadenbach etwas bekannt sein sollte, um baldiggefälligste Mitteilung und füge noch bei, daß derselbe 22 Jahre alt, mittlerer Größe, schlanken Körperbaus ist, dunkelblonde Haare, blaugraue Augen und als besonderes Kennzeichen an der unteren Seite des Kinns eine von einem Geschwür herrührende Narbe hat [...].¹⁵⁷

Gerade letzterer Hinweis auf die Narbe sollte später in Karl Mays Werk und öffentlichem Auftreten noch eine besondere Rolle zukommen. In den unzähligen Privatbriefen, die der Schriftsteller in den 1890-Jahren an seine Leser schrieb, wurde die Legende vom selbst erlebten Abenteuertum bekräftigt und in einer die literarische Vorlage der Reiseerzählungen noch übersteigernden Weise ausgebaut. *„Ja, ich habe das Alles und noch viel mehr erlebt. Ich trage noch heute die Narben von den Wunden, die ich erhalten habe."* ¹⁵⁸ Eine dieser Wunden befand sich an der unteren Stelle des Kinns. Ihr Verursacher: Winnetou (in: GW 7, *Winnetou I*):

„Winnetou holte sofort zum tödlichen Kolbenhiebe aus, der aber glücklicherweise nur meine Schulter traf. Dann ließ er sein Gewehr fallen, zog sein Messer und stürzte sich auf mich. Meine Lage war äußerst schlimm. Der Hieb hatte meinen ganzen Körper erschüttert und mir den Arm gelähmt. Ich hätte Winnetou gern eine Erklärung gegeben; aber der Zusammenprall kam so

schnell, dass keine Zeit zu einem Wort blieb. Er holte zum Stoß gegen meine Brust aus, zu einem Stoß, der mir die ganze Klinge ins Herz treiben musste. Ich brachte nur eine geringe Bewegung zur Seite fertig. Das Messer fuhr in meine linke Brusttasche, traf dort die schon erwähnte Sardinenbüchse, worin ich meine Papiere verwahrt hatte, glitt an dem Blech ab und drang mir oberhalb des Halses und innerhalb der Kinnlade in den Mund und durch die Zunge. Dann zog Winnetou es wieder heraus, packte mich mit der linken Hand an der Kehle und holte zum zweiten Mal aus." [159]

Der Mitteilung der Bezirkshauptmannschaft Tetschen war auch die Anmerkung beigefügt:

Eine Photographie des angeblichen Wadenbach befindet sich bei der Redaktion und kann auf Verlangen zur Ansicht übermittelt werden.[160]

Die Chemnitzer Polizei forderte das Foto an und erkannte darin den gesuchten Karl May. Anschließend informierte man die Dresdner Staatsanwaltschaft, die wiederum am 2. Februar zur K. K. Bezirkshauptmannschaft Tetschen ein Telegramm schickte:

Der dort zur Haft gebrachte angebliche Alwin Wadenbach aus Orby, welcher identisch mit dem entsprungenen Karl Friedrich May, ehemaligen Schullehrer, und ein sehr gefährlicher Verbrecher ist, soll dort sofort aufgehalten werden.[161]

May war entlarvt! In Absprache mit der Mittweidaer Staatsanwaltschaft wurde Monsieur Wadenbach alias Karl May daraufhin zur endgültigen Überführung eine Falle gestellt, indem man ihn am 9. Februar 1870 zur Abfassung der beiden folgenden Briefe nötigte:[162]

An die Fa. Plaut & Comp. in Leipzig*

Geehrtester Herr!

Meine erste Bitte an Sie ist um Verzeihung, daß ich Sie mit einem Schreiben von meinem gegenwärtigen unfreiwilligen Aufenthalt incommodire; aber bitte werfen Sie die Schuld auf meine unangenehme Lage. Ich habe ohne Legitimation

Böhmen durchreist, um meine Verwandten in der Lausitz zu besuchen, bin von der Polizei aufgegriffen worden und muß mich ausweisen, um meine Freiheit wieder zu erhalten. Diese Ausweißung kann nur durch meinen Bruder Frederico Wadenbach, Kaufmann aus Orby auf Martinique, geschehen, welcher bei der Trennung die betreffenden Legitimationspapiere bei sich behalten hat.

Da nun derselbe einen Wechsel zur Präsentation auf Ihr Haus bei sich führte, sich Ihnen jedenfalls schon vorgestellt hat, so wage ich es, an Sie die ergebene Bitte auszusprechen, ihm umgehend Nachricht von meiner Lage zu geben und ihn zu veranlassen mich durch seine Gegenwart und Vorzeigung der betreffenden Papiere zu erlösen. Indem ich Ihnen schon im Voraus meinen Dank für Ihre freundliche Bemühung ausspreche, behalte ich mir vor, später bei meiner Gegenwart in Leipzig demselben noch mündlich Ausdruck geben zu dürfen.

Achtungsvoll
Albin Wadenbach
Plantagenbesitzer in Orby auf Martinique.

* *Banquierhaus, Katharinenstraße 13*

Mays Kontakt zur Familie der bereits erwähnten Malwine Wadenbach dürfte ausschlaggebend für die Namensnennung gewesen sein.

Herrn Emil Wettig, Oeconom
in Ellersleben b. Cölleda/Preußen, Reg. Bez. Merseburg.

Geehrtester Herr!

Entschuldigen Sie gefälligst, wenn ich Sie mit Gegenwärtigem auch einmal von einem europäischen Orte aus ennuyire. Ich bin nämlich auf meiner Reise zu meinen Verwandten begriffen und befinde mich hier in Haft, weil ich die Unvorsichtigkeit begangen habe, dem Bruder unsere Legitimationspapiere zu lassen. Jetzt muß ich mich ausweißen und muß mich deshalb an Sie wenden. Mein Bruder Friedrich ist bei Ihnen gewesen, um mit Ihnen die amerikanischen Ver-

hältnisse zu besprechen, welche die Mündel Ihres Herrn Vater berühren. Sie stehen deshalb mit ihm in brieflichem oder wohl gar in persönlichem Verkehr, und deshalb spreche ich die ergebenste Bitte aus, ihn sofort von meiner Lage zu benachrichtigen, damit er mit den nöthigen Papieren und Geldmitteln komme und mich aus meiner unangenehmen Lage erlöße. Die Gewißheit meines Dankens brauche ich Ihnen nicht erst zu versichern.

Ergebenst
Albin Wadenbach.

Johann Andreas Emil Wettig (1841-?) lebte als Ortsbürgermeister und Landwirt seit Anfang der 1860er-Jahre in Ellersleben. Inwieweit May wiederum Wettig persönlich kannte, lässt sich nicht mehr feststellen. Jedenfalls griff er auch bei diesem zweiten fantasierten Brief auf reale Bezüge und Personen zurück. Die beiden Briefe wurden allerdings nie abgeschickt, sondern gingen später in die Mittweidaer Untersuchungsakten ein. Stattdessen war inzwischen „das Königlich Sächsische Grenzpolizei-Kommissariat in Bodenbach informiert worden, das den Fremdenverkehr auf der Eisenbahn von Böhmen nach Sachsen zu beaufsichtigen hatte und auch Übergabestelle bei Auslieferungsverfahren war."[163]

Noch am gleichen Tag, als May seine Briefe verfasste, meldete bereits *Eberhardt's Allgemeiner Polizei-Anzeiger* vom 9. Februar 1870:

„Unbekannter Verhafteter in Tetschen, angeblich Albin Wadenbach aus Orby (Westindien), [...] ist nach einer gefälligen Mitteilung des Herrn Grenzpolizei-Kommissars von Krecker-Drostmar in Bodenbach identisch mit dem der öffentlichen Sicherheit höchst gefährlichen, von der K[öniglichen] Staatsanwaltschaft zu Mittweida steckbrieflich verfolgten: m) May, Carl Friedrich, vormals Schullehrer aus Ernstthal."

In den folgenden Tagen jubelte die sächsische Presse, so u. a. das *Chemnitzer Tageblatt und Anzeiger*, Nr. 36 vom 11. Februar 1870:

„Aus Hohenstein wurde unter dem 2. Juli d[es] J[ahres] geschrieben, daß dort der unter dem angenommenen Namen eines Polizeileutnants von Wolffersdorf aus Leipzig vielfach als Betrüger thätige ehemalige Lehrer May aus Ernstthal verhaftet worden sei. Unter dem 26. Juli berichtete man aus Mittweida, daß May auf dem Transport von Mittweida nach Hökendorf bei Glauchau, wo er wegen eines frühern Pferdediebstahls recognoscirt werden sollte, entsprungen sei. Jetzt endlich ist an die sächsische Behörde die Mittheilung gekommen, daß May bei dem K. K. Bezirksamt in Tetschen zur Haft gekommen sei, und infolge dessen die Abholung des Verbrechers nach Mittweida angeordnet worden."

Kommissar Josef Kurt von Krecker-Drostmar meldete am 14. März nach Dresden, May sei „heute durch den Bezirkswachtmeister Gentzsch aus Mittweida von Tetschen abgeholt worden, um an das K. Bezirksgericht Mittweida abgeliefert zu werden. Die Identität Mays mit dem angeblichen Wadenbach [...] ist vollständig sichergestellt."[164]

Grundlage für die grenzüberschreitende Ermittlungsarbeit waren Abkommen aus den Jahren 1852 und 1856 zwischen der k. u. k. Österreichischen Regierung und dem Ministerium des Innern des Königreiches Sachsen über die gegenseitige Hilfeleistung der Gendarmerie bei Verfolgung flüchtiger Verbrecher auf dem Gebiet des anderen Staates.

Mays Einlieferung ins Bezirksgerichtsgefängnis Mittweida erfolgte am 14. März. Der Gefängnisarzt stellte bei der Eingangsuntersuchung fest, dass May zwar „hautrein", doch ein „schlanker, dürftiger Mensch, förmlich heruntergekommen und unterernährt" sei. Er bekam ab sofort täglich 1 Pfund Brot zusätzlich. Am 15. März war der erste Vernehmungstag, dessen Protokolle in Teil-Abschriften der ‚Untersuchungsakten wider den ehemaligen Schullehrer Karl Friedrich May aus Ernstthal 1869 Vol. I.'[165] des ‚Königl[ichen] Bezirksgericht[s] Mittweida am 15. März 1870' erhalten geblieben sind. Die Vernehmung leitete der Richter am Bezirksgericht Mittweida Christian Gottlob Reichenbach.

Heute Nachmittag 3 Uhr ist Karl Friedrich May welcher gestern von Tetschen abgeholt und abends 6 Uhr in die hiesige Frohnveste eingeliefert worden ist, aus dem Gefängnisse vorgeführt und zunächst, nachdem er gestanden hatte, daß er mit dem am 26. Juni v[origen] J[ahres] auf dem Transporte von St. Egydien nach Bräunsdorf entsprungenen Karl Friedrich May aus Ernstthal identisch sei und sich in Tetschen den Namen Albin Wadenbach fälschlicherweise beigelegt habe, bedeutet worden, daß die wider ihn eingeleitete Untersuchung fortzustellen sei.

Als Nächstes machte der Untersuchungsrichter Karl May mit den Anklagepunkten bekannt. Zu dem Tatvorwurf, als vermeintlicher Polizeileutnant von Wolframsdorf bei Reimann echtes Geld als Falschmünzen konfisziert zu haben, erklärte May:

Ich gestehe hiermit ausdrücklich zu [...] am 29. März 1869 den Krämer Reimann in Wiederau durch die Vorspiegelung, daß ich Polizeibeamter und mit Recherchen wegen des vielfach kursierenden falschen Papiergeldes beauftragt sei, zur Ueberlassung eines als vorgeblich falsch in Beschlag genommenen Zehnthalerscheines sowie einer von mir fälschlicherweise als gestohlen bezeichneten silbernen Cylinderuhr, mit welchen Gegenständen ich mich nachher aus dem Staub gemacht habe, vermocht zu haben.

Reichenbach konfrontierte May mit dem bei ihm gefundenen Dokument mit der Überschrift ‚Polizeiliche Legitimation' und mit der Signatur ‚Dr. Schwarze, Generalstaatsanwalt'. Der Beschuldigte gestand freimütig:

Ich stelle nicht in Abrede, daß ich diese polizeiliche Legitimation selbst angefertigt habe, um mich ihrer zu rechtswidrigen Zwecken zu bedienen; aber ich habe keinen Gebrauch davon gemacht, ich habe sie namentlich auch dem Krämer Reimann nicht vorgezeigt und ihn also nicht durch diese gefälschte Urkunde getäuscht.

Diese Einlassung sollte augenscheinlich eine Verschärfung der zu erwartenden Strafe verhindern helfen. Die Vernehmung wurde fortgesetzt. Der nächste Sachverhalt betraf Mays Auftreten als vermeintlicher Geheimpolizist im Hause des Seilermeisters Krause in Ponitz bei Meerane. Auch diesen Tatbestand gestand er ein:

Ich gestehe [...] zu, am 10. April 1869 den Seiler Krause in Panitz in gleicher Weise um die Summe von 30 Thalern 25 Groschen betrogen, auch später, von Krause und Feistel verfolgt, meiner Verhaftung und Festnahme durch Bedrohung mit den Worten „Ich schiesse" mich widersetzt zu haben. Ich habe zwar meinen Verfolgern mit diesen Worten ein doppelläufiges Pistol vorgehalten. Dies geschah aber bloss in der Absicht, um mich nicht festnehmen zu lassen. Es geschah die Bedrohung nicht etwa, um mich im Besitz des durch Betrug erlangten Geldes zu behaupten, sondern zu dem Zwecke, um die Verfolger vom weiteren Verfolgen abzuschrecken. Das Pistol war gar nicht geladen, daher konnte ich eine Tötung nicht beabsichtigen. Das Geld hatte ich vor der Drohung schon weggeworfen.

Das schwerwiegende Verdachtsmoment des versuchten Tötungsvorsatzes ließ sich auf Grund der Aussagen zum Glück für May nicht belegen. Der Untersuchungsrichter fuhr bei seiner Vernehmung mit dem Vorfall in Mülsen St. Jacob, im Hause des Webermeisters und Bäckers Christian Anton Wappler fort. Er ließ die Aussagen der bereits vernommenen Eheleute Wappler vorlesen und befragte May nach dem Sachverhalt. Dieser gab auch jetzt unumwunden zu:

Ich gestehe ferner zu, was die Wapplerschen Eheleute ausgesagt haben. Sie haben die Wahrheit mit Ausnahme des Umstandes angegeben, daß ich mich durch den gegen sie verübten Betrug nicht in den Besitz von 40-50 Thalern gesetzt habe, sondern daß die auf betrügerische Weise von der verehel[ichten] Wappler erlangte Summe nur 28 Thaler betragen hat. Ich würde die von der Wappler angegebenen Summe auch einräumen, wenn ihre Behauptung wahr wäre, aber ich kann es nicht.

Diese Einlassung erscheint glaubhaft, da es für den geständigen Beschuldigten im Hinblick auf die zu erwartende Verurteilung keinen wesentlichen Unterschied mehr machte, ob er die Eheleute Wappler nun um 40 bis 50 oder nur 28 Taler erleichtert hatte. Ein weiteres Geständnis Mays betraf den Diebstahl der Billardbälle in Limbach:

Ich gestehe zu, am 31. Mai v. J. in der alten Brauerei zu Limbach einen Satz Billardbälle entwendet und in Chemnitz verkauft zu haben.

Man las dem Beschuldigten die Aussagen des Gastwirts Wünschmann und Minna Clara Fiedlers vor, die zudem den Wert der entwendeten Billardbälle (Taxe) bestimmt hatten. May erklärte daraufhin:

Ich leugne nicht, die von Wünschmann erwähnten Billardbälle zu der von ihm und der Fiedler angegebenen Zeit und auf die von ihm bemerkte Weise entwendet zu haben. Gegen die Taxe habe ich nichts einzuwenden.

Da man bei May eine weitere Urkunde mit der Überschrift ‚Acta betr. in Sachen der Erbschaft des Particuliers' und datiert ‚Dresden, den 24. Mai 1869 G. O. Burton pp' gefunden hatte, wurde er auch zu ihrem beabsichtigten Verwendungszweck befragt:

Diese Urkunde habe ich in rechtswidriger Absicht gefälscht. Ich habe aber keinen Gebrauch davon gemacht, namentlich auch nicht gegen die Wapplerschen Eheleute.

Eine weitere Tat, einen Zigarrendiebstahl, leugnete May entschieden ab. Dagegen gestand er auf

Vorhalt zu, dass er in der Nacht vom 3. zum 4. Juni 1869 aus dem Stalle des Gastwirts Schreier in Bräunsdorf ein Pferd samt Trense, Reitpeitsche und Halsriemen entwendet und an den Pferdeschlächter Voigt in Höckendorf für 15 Thaler verhandelt habe. Auf Vorhalt der Taxen wegen der Wertbestimmung, daß er dagegen nichts einzuwenden habe.

Als Nächstes ging es um den Vorfall vom 2. Juli in Hohenstein, der zu Mays Festnahme geführt hatte. Es wurde von dem Befragten sofort eingeräumt, dass er aus dem Kegelschube des Restaurateurs [sic!] Engelhardt in Hohenstein mittelst nächtlichen Einsteigens in ein Fenster desselben an frei dagelegenen Sachen die [...] erwähnte Cigarrenpfeife, welche unter seinen Effecten vorgefunden worden, entwendet habe. May leugnete aber, die ebenfalls ihm beigemessene Entwendung einer Tabakspfeife und eines Paars Gummischuhe. Ferner [...] leugnete May die Entwendung von 6 Flaschen mit Schnaps aus dem Büffetschranke. Er sagte, daß er kein Schnapsliebhaber sei. May leugnete [...] den Versuch der gewaltsamen Oeffnung des Schlosses am Büffetschrank. Das habe er nicht getan. Man schiebe nun alles auf ihn.

Von besonderer Brisanz für Mays Situation war der Umstand, dass er bei seiner Verhaftung Widerstand geleistet hatte und im Besitz einer Pistole gewesen war, was er auch gar nicht zu leugnen versuchte:

Ich gestehe dasjenige, was Engelhardt und Gündel hierbei in Bezug auf meine Widersetzung ausgesagt haben, allenthalben zu.

May war sich aber wohl bewusst gewesen, wie fatal sich der Umstand auswirken konnte, dass er sich im Besitz einer Schusswaffe befunden hatte, als er sich gegen den Zugriff wehrte. Entsprechend vorsichtig und klarstellend klang seine Aussage:

Nur habe ich beide keinesfalls mit Mord bedroht oder bedrohen wollen, wenn ich schon zugeben muss, daß das bei mir gehabte Pistol geladen und mit Zündhütchen versehen gewesen ist.

Dass es bei seiner Festnahme auch zu einem Wortwechsel gekommen war, leugnete May nicht:

Ich stelle nämlich nicht in Abrede, zu Gündel geäussert zu haben: ‚Wenn Sie auch Ihrer zwei sind, ich käme doch fort, wenn ich wollte.‘ Aber ich meinte damit nur: ‚wenn ich von meiner versteckten – Pistole Gebrauch machen wollte, so wollte ich mich auch frei machen.‘

May gestand ein, dass er die Pistole zur Hand nahm; zum Motiv äußerte er sich geschickt:

Ich hatte gar nicht die Absicht, mich der Waffe zu bedienen zur Befreiung. Als ich die Pistole hervorbrachte, wollte ich nicht damit schiessen, sondern sie nur weglegen zu den anderen Sachen. Ich wollte mich ihrer entledigen, damit sie nicht etwa unfreiwillig losginge und kein Unglück passieren sollte. Gündel griff nur falsch zu, deshalb hielt ich sie fest, als er sie mir entriss. Sie hätte leicht losgehen können. Das wollte ich vermeiden, deshalb habe ich festgehalten.

Die Vernehmung wandte sich dem Diebstahlsvorwurf im Hause von Mays Taufpaten Weißpflog zu. Zunächst wurden dem Beschuldigten die Aussagen vor dem Gerichtsamt Hohenstein-Ernstthal vorgelesen. May gab an:

Ich habe den Diebstahl bei Weissflog verübt. Ich erkenne die Aussagen Weissflogs als richtig an mit Ausnahme aber des Umstandes, daß ich mich in das Haus weder vor Eintritt der Nachtzeit eingeschlichen noch daß ich die Haustüre mittels Nachschlüsseln geöffnet habe. Vielmehr stand die Haustüre offen. Ich habe kein verschlossenes Behältnis gewaltsam oder mittels Nachschlüssel geöffnet. Am Nähkästchen stak der Schlüssel, soviel ich weiss.

Des Weiteren wurde May auch mit Beschuldigungen konfrontiert, die er tatsächlich nicht begangen hatte. Abschließend gab er auf Befragen des Untersuchungsrichters zu Protokoll:

Seit meiner Flucht habe ich kein Verbrechen begangen. Ich bin zwar nie in Arbeit seitdem gewesen, aber durch gutwillige freiwillige Gaben guter Leute habe ich mich erhalten. Weder Diebstahl noch Betrügereien habe ich seitdem verübt.

Damit endete Mays erste Vernehmung an jenem Tag. Zwei Tage später, am 17. März, erfolgte die Fortsetzung. Der Untersuchungsrichter machte May mit dem Eröffnungsbeschluss bekannt, der den Weg zur Hauptverhandlung vor dem Bezirksgericht Mittweida frei machte. May erhielt nochmals Gelegenheit, sich zu den Einzelheiten zu äußern. Er erklärte:

Ich bleibe bei meinen am 15. März d. J. abgelegten Zugeständnisse und sonst erstatteten Aussagen allenthalben stehen.

Erneut wurden ihm die Anzeige und das Vernehmungsprotokoll Weißpflogs vorgelesen.

Ich gestehe die Entwendung der in der Anzeige [...] sowie im Protokolle [...] aufgeführten Gegenstände zu. Dagegen weiss ich von einer Brieftasche und von Waschseife nichts. Kinderwagen und Schirmlampe habe ich verkauft. Die Brille mit Futteral, die beiden Geldtäschchen und die Dietriche sind unter meinen Effecten und mir von Herrn Staatsanwalt schon einmal vorgelegt worden. Dasselbe ist der Fall mit dem im Engelhardtschen Kegelschub von mir entwendeten Cigarrenpfeifchen und dem Handtuche.

Man hielt dem Beschuldigten die Aussage Krauses und Feistels vor, woraufhin er erklärte:

Was Krause in Bezug auf die falschen Vorspiegelungen, mittels deren ich von ihm die Summe von 30 Thalern 25 Groschen erlangte, gesagt hat, ist richtig. Ich erkenne überhaupt seine Aussagen mit der von mir bei meiner vorgestern erfolgten Vernehmung erwähnten Modification als richtig an. Dasselbe ist auch der Fall mit Feistels Aussagen. Ich gebe nämlich zu, mich der Festnahme durch die Drohung, mit der von mir vorgehaltenen Pistole schiessen zu wollen, widersetzt zu haben. Dagegen verneine ich, daß ich mich durch diese Drohung im Besitze des durch Betrug erlangten Geldes habe behaupten wollen. Ich habe auch alles Silbergeld weggeworfen und nicht etwa 20 Groschen behalten.
Bemerken muss ich noch, dass das mir von Krause eingehändigte Geld nur in 30 Thalern bestanden hat, nämlich in 23 Thalern Cassenbillets und 7 Thalern Silbergeld.
Das bei mir geführte Pistol war nicht geladen.

Auch die Aussagen Johann Gottlieb Schreiers wurden May erneut vorgelesen, die er ebenfalls als zutreffend anerkannte:

Ich erkenne die Aussagen Schreiers als richtig an. Ich wiederhole mein Geständnis, das ihm entwendete Pferd samt Reitpeitsche, Trense und Halsriemen in der von ihm angegebenen Weise entwendet zu haben. Voigt hatte mich noch nicht bezahlt. Ich machte mich schnell aus dem Staube, weil ich mich verfolgt wusste.

Die Vernehmung wurde mit einem Befragen zur Person abgeschlossen. Nach Erfassen der persönlichen Angaben wurde dem Beschuldigten eine letzte Gelegenheit zu einer Einlassung gegeben. May verzichtete darauf. Anschließend verbrachte man ihn wieder in seine Haftzelle zurück. Das Untersuchungsverfahren war somit beendet. Es folgte der Eröffnungsbeschluss des Hauptverfahrens gegen Karl May vor dem Bezirksgericht Mittweida. Während der Untersuchungshaft verfasste May vermutlich das an den Atheismus Ludwig Feuerbachs (1804-1872) erinnernde Fragment *Ange et Diable*.

Mittweida, im Tal der Tschopau gelegen, zählte 1870 ca. 8.800 Einwohner und war auch Sitz des Bezirksgerichts Mittweida, eines von 19 sächsischen Bezirksgerichten, dem die Gerichtsämter Mittweida, Hainichen, Nossen, Waldheim, Burgstädt, Rochlitz, Penig, Hartha und Geringswalde angehörten. Bezirksgericht und Gerichtsämter lagen im Zuständigkeitsbereich des Leipziger Appellationsgerichts. Das Bezirksgericht Mittweida wurde am 13. April 1870 Schauplatz einer der düstersten Stunden im Leben Karl Mays. An jenem Tag fand die Hauptverhandlung[166] über alle seine seit dem 29. März 1869 verübten Delikte statt. Das Gericht setzte sich zusammen aus dem Richter Direktor Georg Hermann Wirthgen, Gerichtsrat Robert Alexander Lincke und Ferdinand Alfred [?] Leonhardt. Die Entscheidung lautete:

Urteil

des Königl. Bezirksgerichts Mittweida
vom 13. April 1870

In der Untersuchung wider Karl Friedrich May erkennt auf Grund der heute stattgefundenen öffentlich mündlichen

Verhandlung das Königl. Bezirksgericht zu Mittweida für Recht:
daß Karl Friedrich May wegen einfachen Diebstahls, ausgezeichneten Diebstahls, Betruges, und Betruges unter erschwerenden Umständen, Widersetzung gegen erlaubte Selbsthilfe und Fälschung bez. mit Rücksicht auf seine Rückfälligkeit [...] mit Zuchthausstrafe in der Dauer von 4 Jahren zu belegen, auch die aufgelaufenen Untersuchungskosten abzustatten schuldig ist.

Mittweida, am 13. April 1870
Das Königl. Bezirksgericht.
(gez.) Wirthgen, Lincke, Leonhardt

Entscheidungsgründe

Der Angeklagte Karl Friedrich May, geb. 25. Februar 1842 in Ernstthal, Sohn eines dortigen noch am Leben befindlichen Webers, hat, wie von ihm selbst angegeben wurde, eine nicht gewöhnliche Erziehung genossen und ist auf den Seminarien zu Waldenburg und später zu Plauen zum Lehrer gebildet worden. Nach beendetem Kursus und nach beendigter Prüfung zum Schulamtskandidat ist der Angeklagte gegen Ende des Jahres 1861 als Hilfslehrer in Glauchau und bald darauf als Lehrer an der Fabrikschule zu Alt-Chemnitz angestellt worden.
Bereits im Jahre 1862 hat indes May den Verlust dieser Stellung dadurch verschuldet, daß er einen gemeinen Diebstahl verübte und eine bei dem Gerichtsamt Chemnitz ihm zuerkannte 6 wöchige Gefängnisstrafe vom 6. September bis 20. Oktober 1862 verbüßt hat.
Gleicher Gestalt ist der im Jahre 1865 wegen im Jahre 1864 unter erschwerenden Umständen verübten gemeinen Betruges bei dem Bezirksamt Leipzig geführte Prozeß und unter Berücksichtigung seiner Rückfälligkeit ist er zu 4 Jahren 1 Monat Arbeitshaus verurteilt worden und hat diese Strafe vom 14. Juni 1865 ab, jedoch infolge eingetretener Begnadigung nur bis zum 2. November 1868 verbüßt.

Dies alles ist durch die dem Angeklagten in der Hauptverhandlung vorgehaltenen auf dem den Akten vorgehefteten Personalbogen ersichtlichen amtlichen Skizzen und durch die bezüglichen Zugeständnisse des Angeklagten tatsächlich festgestellt worden.

Kaum aus der Strafanstalt zurückgekehrt, hat der Angeklagte seine verbrecherische Tätigkeit aufs neue begonnen und eine Reihe von Verbrechen verübt, wegen deren er anderweit zur Untersuchung gezogen wurde, welch letztere in der am 13. April 1870 stattgefundenen Hauptverhandlung zum Abschluß gelangt ist.

Nach den in solchen von dem Angeklagten abgelegten umfassenden und glaubhaften, auch mit den sonstigen ihm vorgehaltenen und von ihm ausdrücklich als richtig anerkannten Erhebungen übereinstimmenden Zugeständnissen ist folgendes als tatsächlich festgestellt zu betrachten.

[Wiedergabe der Einzeltaten]

VIII.

Bei der am 2. Juli erfolgten Arretur des Angeklagten sind in dessen Besitz zwei Schriftstücke vorgefunden, welche, mit Nr. 25 und 26 bezeichnet, in der Hauptverhandlung vorgelegen haben und welche der Angeklagte rekognosziert und geständig in der Absicht gefertigt hat, um davon bei Ausführung seiner Betrügereien und Schwindeleien Gebrauch zu machen. Das eine dieser Schriftstücke, mit Nr. 25 bezeichnet, trägt die Aufschrift „Polizeiliche Legitimation" und die gefälschte Unterschrift:

Dresden, am 19. Juni 1869
Dr. Schwarze
Generalstaatsanwalt

und soll dem Inhalte nach den Inhaber zu Recherchierungen nach falschem Papier- und Silbergeld ermächtigen, während das zweite Schriftstück Nr. 26 die Ueberschrift:
„Akta betr. In Sachen der Erbschaft des Partikuliers ..."
und folgende Unterschrift trägt:

Dresden, am 24. Mai 1869

Vereinigtes deutsch-amerikanisches Konsulat
G. D. Burton
Amerikanischer Generalkonsul
Heinrich v. Sybel
Sächsischer Generalkonsul.

Der Inhalt dieses Schriftstückes bezieht sich auf die Erbschaft eines in Cincinnati angeblich verstorbenen Partikuliers, dessen Name jedoch noch offen gelassen wurde und auf einen angeblich von dem Dr. Schaffrath nach den unbekannten Erben haftbar erlassenen öffentlichen Ausruf.

Daß der Angeklagte von diesen Schriftstücken irgendwie Gebrauch gemacht habe, ist von ihm in Abrede gestellt, ihm auch nicht nachgewiesen worden. Es fällt daher dem Angeklagten insoweit das Verbrechen der Fälschung offensichtlicher Urkunden im Sinne der Vorschriften Art. 311, Abs. 2 revid. Strafgesetzbuchs zur Last.

Bezüglich der Abmessung der von dem Angeklagten verübten Verbrechen halber verwirkte Strafen hat der Gerichtshof zunächst die wiederholte Straffälligkeit zu berücksichtigen gehabt, dem mehrfach vorhandenen Ersuchen aber unter dem Umstande, unter dem Ersatzleistung von den Verletzten verlangt wurde, einigen Wert nicht beilegen können und übrigens den für angemessen erachtet, von der Bestimmung Art. 299³ revid. Strafgesetzbuchs soweit es tunlich ist, Gebrauch zu machen.

[Berechnung der Strafen].[167]

Da man May nicht nachweisen konnte, dass sein Doppel-Terzerol sowohl bei seiner Verfolgung am 10. April 1869 als auch bei seiner Verhaftung am 2. Juli 1869 geladen gewesen war, entfiel eine Bestrafung wegen Bedrohung mit Mord nach Art 204 des SächsStGB, der eine Arbeits- oder Zuchthausstrafe bis zu 10 Jahren vorsah. Die Schadensumme betrug insgesamt 106 Taler, 12 Neugroschen und 3 Pfennige – eine bescheidene kriminelle Ausbeute. Karl Mays Pflichtverteidiger, der Advokat Karl Hugo Haase (1827-1873) aus Hainichen bei Mittweida, legte pflichtgemäß Berufung gegen das Urteil ein. Das Berufungsschreiben spiegelt die Lustlosigkeit und das Desinteresse des Routineanwalts wider:

> Die dem Angeklagten in erstinstanzlicher Erkenntniß zuerkannte Strafe halte ich nur deßwillen für zu hoch, weil nicht sowohl Schlechtigkeit und Böswilligkeit den Angeklagten zu den Verbrechen getrieben zu haben scheinen, als vielmehr grenzenloser Leichtsinn und die angeborene Kunst, den Leuten etwas vorzumachen und daraus Gewinn zu ziehen. Die ganze Persönlichkeit des Angeklagten machte in der Hauptverhandlung den Eindruck eines komischen Menschen, der gewissermaßen aus Übermuth auf der Anklagebank zu sitzen schien. Und auch in den Acten kennzeichnen sich die meisten seiner Verbrechen in ihrer Ausführung mehr als leichtsinnige Streiche wie als böswillige Verbrechen, wennschon ich anerkenne, daß der Angeklagte ein gemeinschädliches Individuum ist [...]. Hiermit glaube ich, das Wenige, was für den Angeklagten spricht, herangezogen zu haben [...].[168]

Diese Einschätzung eröffnet die Vermutung, dass May seinen eigenen Gerichtsverhandlungen ohne besondere Ernsthaftigkeit beiwohnte. Auch sein Romanwerk zeigt später häufig groteske, aberwitzige Verhandlungen. Während der Ich-Erzähler fehlerhaften Anschuldigungen meist souverän entgegentritt, verwandeln sich die Richter in burleske Karikaturen.

Ein Höhepunkt der absurden Gerichtsszenen im May'schen Werk findet sich *Im Reiche des silbernen Löwen II* (heute Bd. 27, *Bei den Trümmern von Babylon*), wenn Kara Ben Nemsi und Hadschi Halef Omar als Angeklagte der Verhandlung auf den Rücken ihrer Pferde beiwohnen:

> *„Der Herr Vorsitzende hatte sich unser Erscheinen vor seinen Schranken ganz anders gedacht. Er sah uns aus weit geöffneten, erstaunter Augen an und rief uns zornig zu:*
>
> *‚Wie könnt ihr es wagen, zu Pferd und bewaffnet vor uns zu erscheinen! Herunter von den Pferden und weg mit euren Waffen!'*

‚Ich halte es für besser, dass wir sitzen bleiben', antwortete ich in ruhigem Ton.

‚Es ist euch hier keine eigene Meinung gestattet, ihr habt nur zu gehorchen!', entgegnete er in demselben befehlenden Ton wie vorher.

‚Wir sind ja gehorsam, und zwar gerade indem wir sitzen bleiben. Wir gehorchen nämlich der Notwendigkeit.'

‚Was ist das für eine Ausrede? Ich verstehe dich nicht. Sprich deutlicher!'

‚Wenn meine Vermutung richtig ist, hat man dir von unsern Pferden erzählt?', fragte ich.

‚Natürlich! Diese Bestien sind es ja, wegen deren wir euch wahrscheinlich das Todesurteil sprechen werden!'

‚Wir können diesem Urteil vom Sattel aus ruhig entgegensehen. Stiegen wir aber ab, so könnte leicht etwas geschehen, was euch den Stoff zu einer neuen Anklage gäbe.'" [169]

Dieses Verhalten markiert auf verschiedenen Ebenen vor allem eines: Distanz zum Geschehen. Im realen juristischen Alltag sitzt der Angeklagte bei seiner Vernehmung – das war auch schon zu Mays Strafzeiten so – in einer untergeordneten Sitzposition. In den meisten Gerichtssälen rangieren die Richter auf einem kleinen Podest, also höher als der Angeklagte. In dieser Romanszene ist das anders: Kara Ben Nemsi und Hadschi Halef Omar sprechen von oben herab – und zwar nicht nur bildlich, sondern auch wirklich – zum Gericht und sie werden diese Distanz im entscheidenden Augenblick dazu nutzen, sich durch einen kühnen Sprung über die Mauer von der Gerichtsverhandlung zu entfernen. Karl May äußerte sich außerhalb seiner Romanwelt meist positiv über den Richterstand und die Vorzüge der deutschen Justiz:

„Ich habe keinen einzigen Richter kennen gelernt, auch unter denen, welche gegen mich entschieden, dem ich einen Vorwurf machen könnte. Die zahlreichen Prozesse, zu denen meine Gegner mich förmlich zwingen, geben mir reichliche Gelegenheit, Erfahrungen zu machen, und ich muß sagen, daß ich alle diese Herren, sowohl Straf- als auch Zivilrichter, nur hochachten kann." [170]

Aber wenn auch May keine offene Kritik an der deutschen Justiz aussprach, so nutzte er seine Erzählungen dennoch indirekt, indem er seine Erfahrungen und Ansichten auf die türkische Rechtspflege transferierte. Eine andere Form kritischer Auseinandersetzung mit der Justiz war dem vorbestraften Autor des katholischen *Hausschatzes* zu jener Zeit vermutlich als zu gewagt erschienen. Auf diese geschickte Weise teilte May dennoch seine Vorstellungen von Justiz und Gerechtigkeit mit.

Das Sächsische Oberappellationsgericht Dresden wies in seiner Entscheidung vom 16. Mai 1870 die Berufung gegen das erstinstanzliche Urteil ab.[171]

V. Karl May im Zuchthaus Waldheim

Die Kleinstadt Waldheim verfügte nicht nur über die erste Zigarrenfabrikation, sondern auch über eines der berüchtigsten Zuchthäuser Deutschlands.

Karl May wurde am Dienstag, den 3. Mai 1870, vom Bezirksgerichtsgefängnis Mittweida in die Strafanstalt überführt. Das Zuchthaus Waldheim ist nicht nur die älteste Strafvollzugseinrichtung Sachsens, sondern ganz Deutschlands. Am 4. April 1716 war das erste sächsische Zucht-, Waisen- und Armenhaus in dem zuvor leerstehenden, renovierten Schloss in Waldheim eröffnet worden.[172]

Waldheim genoss schon in den Jahren der Inhaftierung Mays einen besonders üblen Ruf. Die Maigefangenen des Dresdner Aufstandes von 1849 verbüßten hier fast vollständig ihre Haftstrafen. Als im Jahre 1862 der letzte von ihnen frei kam, begann eine Pressekampagne gegen die angeblich unhaltbaren Zustände in Waldheim. Es kursierten Vorwürfe, wonach in Waldheim eine überdurchschnittlich hohe Sterblichkeit in Folge der überaus schlechten Verwaltung und einer grausamen Behandlung durch das Personal herrsche. Als Antwort auf diesen Vorwurf stellte das preußische statistische Büro eine Zahlenübersicht vor, aus der für Waldheim die Durchschnittszahl von 36 Toten auf 1.000 Häftlinge für die Jahre 1840 bis 1863 hervorging. Dies entsprach dem Durchschnitt deutscher Zuchthäuser. Allerdings konnte festgestellt werden, dass ausgerechnet für die Jahre 1871-73 in Waldheim eine deutlich erhöhte Sterblichkeit vorlag, also genau in jener Zeit, in der May dort inhaftiert war. Demnach stieg der Prozentsatz der Todesfälle von zuletzt 1,81% wieder auf 4,58% an. Als Grund für diese Erhöhung wurde die in jenen Jahren zu verzeichnende Überfüllung des Zuchthauses vermutet.[173]

Karl May war der einzige Neuling, der an jenem 3. Mai 1870 in das Zuchthaus Waldheim eingeliefert wurde. Das Einlieferungsschreiben an die Zuchthausdirektion wies ausdrücklich auf Mays „Gefährlichkeit"[174] hin. Die Waldheimer Aufnahmeprozedur wird in *Die Juweleninsel* (GW Bd. 46) von May authentisch wiedergegeben:

„Die Schlösser klirrten und die Riegel rasselten, dann war es still. Die fürchterliche Umgebung verfehlte ihren Eindruck nicht auf den Gefangenen. Es war ihm, als hätte ihm jemand vor den Kopf geschlagen. Er ließ sich auf dem alten, hölzernen Schemel nieder und legte das Gesicht in beide Hände. So saß er lange Zeit, bis die Schlösser wieder klirrten und die Riegel abermals rasselten. Der Aufseher öffnete zum zweiten Mal.

‚Komm!'

Er folgte willig aus der Zelle heraus und durch mehrere Gänge bis in einen größeren von Wasserdunst erfüllten Raum, welcher durch niedrige, dünne Holzwände in mehrere Abteilungen geschieden war. In jeder derselben stand eine Badewanne und ein Schemel dabei. Auf einem dieser Schemel lagen einige Kleidungsstücke und dabei stand ein schmächtiger Mann, der Schere und Kamm in der Hand hielt. Er trug eine Jacke und Hose von braunem Tuch und hatte harte rindlederne Schuhe an den Füßen. Die Haare waren ihm kurz geschoren, dennoch aber sah man es ihm an, daß er früher gute Tage gesehen haben musste.

‚Nummer Zwei, hier kommt Zuwachs!', meinte der Aufseher. ‚Kleide ihn ein! Ich habe jetzt anderweitig zu tun! Aber macht mir keine Dummheiten! In einer halben Stunde bin ich wieder hier.'

Er ging und schloss hinter sich ab. Die beiden befanden sich allein in dem Raum.

‚Vierundsiebzig, setze dich!'

‚Wer?'

‚Du! Du hast jetzt keinen Namen mehr, sondern die Nummer vierundsiebzig: Nur bei dieser wirst Du genannt!'

‚Donnerwetter, das ist hübsch!'

‚Fluche nicht!', flüsterte der Mann. Dann fügte er lauter hinzu: ‚Setzen sollst du dich, habe ich gesagt. Oder hörst du schwer?'

Hartmann ließ sich auf dem Schemel nieder. Der andere griff zu Kamm und Schere.

‚Was soll denn das werden, he?', fragte der Schiffer.

‚Die Haare müssen herunter. Dann badest du dich und ziehst die Anstaltskleidung an. Die deinige kommt in diesen Sack, der deine Nummer hat, und wird aufgehoben, bis du wieder entlassen wirst.'

‚Na, dann zu, wenn es nicht anders möglich ist!'

Das Schneiden des Haares begann."[175]

Mays Bekleidungsnummer war die Nr. 402.[176]

Als Nächstes erfolgte eine erste Unterredung mit einem der beiden Anstaltsgeistlichen. Anschließend kam es zur ärztlichen Untersuchung. In Waldheim fungierten zu diesem Zeitpunkt als erster und zweiter Anstaltsarzt Dr. Theodor Zillich (1815-1872) und Dr. Carl Hermann Marhold (1822-1897). Über die Einzelheiten dieser Untersuchung ist nichts bekannt. Als Rückfalltäter wurde der Neuankömmling in die dritte, strengste Disziplinarklasse eingestuft. Hinzu kam, dass er als ein raffinierter und gefährlicher Verbrecher angekündigt worden war. Im Einlieferungsschreiben des Bezirksgerichts Mittweida vom 2. Mai 1870 heißt es:

Die Mutter lebt noch. Er hat 4 Geschwister, von denen 2 verheiratet sind. – May ist von 1856 bis 1859 auf dem Seminar in Waldenburg und von 1859 bis 1861 auf dem Seminar in Plauen zum Lehrer ausgebildet worden und hat nicht nur in Plauen das Schulamtscandidatenexamen bestanden, sondern als Lehrer einige Zeit fungirt in Glauchau und Altchemnitz. May ist am 26. Juli 1869 bei Gelegenheit einer von H. Staatsanwalt Taube unternommenen Expedition, bei welcher er nach Bräunsdorf transportirt wurde, obwohl gefesselt, dem Transporteur entsprungen und hat lange Zeit nicht wiedererlangt werden können. Endlich ist er Anfang d. J. in der Nähe von Tetschen i. B. aufgegriffen und nachdem er die Behörden über seine Persönlichkeit längere Zeit zu täuschen versucht hatte, an das unterzeichnete Gericht ausgeliefert worden.

Schon sehr bald nach seiner Einlieferung in Waldheim etwa von Mitte 1870 bis längstens Mitte 1871 hielt sich May in Isolierhaft auf. Die Isolierung stellte zu diesem Zeitpunkt eine reine Disziplinierungsmaßnahme dar. Als Verschärfung der Zuchthausstrafe war sie schon 1868 durch das Revidierte Strafgesetzbuch abgeschafft worden. Über den Grund dieser Disziplinierungsmaßnahme ist nichts bekannt. In einer Aufstellung[177] des Zellenhausinspektors Gottlob Friedrich Tunger (1829-?) vom 15. Februar 1871 findet sich am Schluss der Eintrag:

Außer obenbezeichneten Züchtlingen befinden sich noch wegen Verdachts des Entweichens und Neigung zu grobem Unfug, Widersetzlichkeit und Gewaltthaten in Isolirung die Züchtlinge: [...] May [...], welche jedoch gegenwärtig noch nicht drei Jahre lang isolirt sind. (2 Jahre, absteigend bis zu 1 Monat).[178]

Diese Aufstellung erfolgte auf Beschluss des sächsischen Innenministeriums vom 4./11. Februar 1871 und erfragte insbesondere, welche und wie viele Züchtlinge sich zu diesem Zeitpunkt bereits drei und mehr Jahre in Isolierhaft befanden.

Anders als noch in Schloss Osterstein verbrachte May seine Isolierhaft nicht auf Grund eines eigenen Antrags, sondern wegen eines unbekannten Vergehens. Isolierung bedeutete für May jedoch nicht die absolute Isolierung, die nur in Ausnahmefällen zulässig war. Gemeint war nur der nächtliche Aufenthalt eines Häftlings in seiner Zelle. Aber auch diese Einschränkung ließ sich in der Waldheimer Strafvollzugspraxis jener Jahre nicht durchgehend verwirklichen. Von den 1.093 männlichen und 298 weiblichen Züchtlingen der Anstalt Ende Oktober 1872 konnte lediglich die Hälfte des Nachts in einer Einzelzelle untergebracht werden.

Auch ein Häftling in Isolierhaft musste arbeiten, so auch May. Anfang der 70er-Jahre des 19. Jahrhunderts untergliederten sich die Arbeitsbereiche in Möbeltischlerei, Schneiderei, Tuchschuh- und Militärtuch-Macherei, Weberei baumwollener Schirmstoffe, Leineweberei, Zigarren-Fabrikation, Strumpfwirkerei, Serpentin-Schleiferei und anderes mehr.

„Man teilte mich derjenigen Beschäftigung zu, in der grad Arbeiter gebraucht wurden. Ich wurde Zigarrenmacher." [179]

Die Zigarrenproduktion in Waldheim belief sich allein für das Jahr 1872 auf stolze 15 Millionen Zigarren.[180] Dabei erforderte die Tätigkeit für den einzelnen Arbeiter „dieselben Handgriffe täglich, wöchentlich in hundert-, ja tausendfacher Wiederholung, daher bald zur Routine geworden und zu einem automatisch ablaufenden Bewegungsrhythmus erstarrt"[181] – nicht die ideale Tätigkeit für einen fantasiebegabten Menschen wie May.

Isolierhaft bedeutete „strengste Kontrolle, absolutes Schweigegebot, fast völlige Abgeschiedenheit, monotone Arbeit und weitgehende geistige Abschirmung. Eine Abwechslung boten lediglich der Besuch kirchlicher Veranstaltungen (sonntäglicher und wöchentliche Betstunden), die ohnehin seltenen Gespräche mit den Geistlichen, die (bestimmt schon weniger angenehmen) Auftritte der kontrollierenden Beamten, die Ablieferung der Arbeitsergebnisse bzw. die gleichzeitige Übernahme neuen Arbeitsmaterials, sowie – nach erfülltem Pensum – die verordnete Sonn- bzw. Feiertagslektüre. Am Schulunterricht hat er [May] als gemaßregelter Rückfalltäter nicht teilnehmen können."[182]

Der bereits erwähnte Isolierhausinspektor Krell berichtet über die Folgen einer beinahe totalen räumlichen und geistigen Isolierung:

„Die an dem Gefangenen zuerst ersichtliche Wirkung der Zelle, der sich kein Einziger entziehen kann, ist eine mehr oder weniger vortretende Abmagerung. [...] Diese Abmagerung erfolgt bis zu einem gewissen Grade, etwa bis zum 4ten beziehendlich 6ten Monate. Es erfolgt ein Stillstand, wohl wieder ein Zunehmen der Körperfülle und ein normales Auftreten des Hungers [...]. Es zeigt sich an dem Zellengefangenen ferner eine grosse Neigung der Haut zu erhöhter Transpiration. [...] Mit der Zeit nimmt diese übergrosse Transpiration etwas ab, allein die Haut fühlt sich stets feucht an. Die Hände der Zellengefangenen fühlen sich immer feucht und kühl an. Vielerlei Arbeiten werden dadurch sehr erschwert. Aus dieser Wirkung erklärt sich die überaus grosse Empfänglichkeit der Isolirten für jeden Wechel der Witterung. Alle Zellengefangenen sind sehr geneigt, sich zu verkühlen und rheumatische Schmerzen kommen ausserordentlich häufig vor [...]. Eine weitere Folge ist erhöhte Reizbarkeit des Nervenlebens. [...] Die Aeusserungen dieser Wirkung sind ausserordentlich mannigfaltig. Sie zeigt sich durch übergrosse Aengstlichkeit, namentlich Zittern in den Knieen; durch heftiges Weinen; durch Seufzen und Stöhnen; durch heftiges Träumen; durch Schlaflosigkeit, durch eingebildete Krankheitserscheinungen, sogar durch Hallucinationen [...]."[183]

Das Entstehen psychischer Störungen war vorprogrammiert.

Es ist anzunehmen, dass sich bei May während der Isolierhaft die ersten Symptome einer aufkommenden Haftpsychose zeigten. Dass es nicht zu einem offenen Ausbruch der Krankheit kam, lag nach Hainer Plaul an mindestens drei Faktoren. „Zunächst seine noch rechtzeitige Rückversetzung in Kollektivhaft", was vermutlich im Sommer 1871 erfolgte. „Zum anderen, sofern er hin und wieder einen Relaps[184] – selbst in milder Form – erlegen gewesen sein sollte, ist es vielleicht der Fürsorge jenes Arztes zu danken, der im August 1872 als zweiter Anstaltsarzt nach Waldheim kam: Adolf Emil Knecht. [...] Der dritte Faktor endlich, der bei May den offenen Krankheitsausbruch mit verhindern half, dürfte in den Hafterleichterungen zu sehen sein, die ihm schon relativ früh zuteil wurden."[185]

Der von Plaul angesprochene Adolf Emil Knecht (1846-1915) war als psychiatrisch vorgebildeter Arzt 1872 in den sächsischen Staatsdienst übernommen und als zweiter Anstaltsarzt am Zuchthaus Waldheim eingesetzt worden.[186] Knecht vertrat vor allem im Hinblick auf die Behandlung von psychisch kranken Rechtsbrechern eine sehr eigenständige psychiatrische Auffassung. Die Anwendung mechanischer Zwangsmittel, auch die Isolierung der erkrankten oder bereits krank eingelieferten Gefangenen traten bei ihm deutlich in den Hintergrund. Bei Knecht lag auch die Zahl der als psychisch krank erkannten Strafgefangenen deutlich höher als bei seinen Berufskollegen, da er eher bereit war, die ärztliche Position in den Vordergrund zu stellen. Mehr als andere Anstaltsärzte ging Knecht den Ursachen der psychischen Erkrankungen und ihrer Auswirkungen auf das kriminelle Verhalten auf den Grund. So schätzte er die Häufigkeit von psychischen Störungen im Zuchthaus Waldheim auf ca. 3%, von denen nur ein Teil wirklich erkannt und behandelt werden könne.[187] Bei zwei Dritteln der in Haft Erkrankten sei es in den ersten zwei Jahren ihrer Strafzeit zum Krankheitsausbruch gekommen. 42% aller Kranken hätten an sekundären Seelenstörungen gelitten. An zweiter Stelle in der von Knecht angegebenen Diagnosenhäufigkeit stand mit 22,5% ‚Melancholie', an dritter die ‚Seelenstörung mit Epilepsie' (13,1%), gefolgt von ‚Idiotie und Imbezillität' (10,1%), ‚Manie' (6,6%) und ‚paralytischen Seelenstörungen' (6,5%). Die Delikte, deretwegen die Kranken zu Zuchthausstrafen verurteilt worden waren, hätten zu 56,5% in ‚Eigenthumsvergehen' bestanden, zu 10,1% in ‚Unzucht mit Kindern', zu 8,9% in ‚Brandstiftung', zu 7,7% in Mord oder Mordversuch, zu 4,7% in Raub, zu 3,6% in Meineid, zu je 3% in ‚Todtschlag und Körperverletzung' bzw. ‚Desertion oder schwerer Insubordination' usw. Die Altersgruppe der 18- bis 25-Jährigen sowie der 30- bis 40-Jährigen seien in einem bedeutend höheren Prozentsatz als bei Gesunden vertreten gewesen.

Ob bei May eine schwere psychische Erkrankung vorlag, lässt sich aus keinen Unterlagen ersehen. Er selber weist später aber darauf hin. Die Rückgliederung in die Kollektivhaft brachte ihn wieder in den Kontakt mit anderen Häftlingen, eine Sozialisierungsmaßnahme, die trotz bestehenden, aber in der Praxis durchbrechbaren Redeverbotes wichtig war. Neben dieser Rückversetzung ergab sich für May eine weitere günstige „*Schickung*"[188], die er in seiner Autobiografie eingehend beschrieb:

„Die Anstaltskirche in Waldheim hatte eine protestantische und eine katholische Gemeinde. Der katholische Katechet (Anstaltslehrer) fungierte während des katholischen Gottesdienstes als Organist. [...] Der Katechet kam in meine Zelle, unterhielt sich eine Weile mit mir und ging dann fort, ohne mir etwas zu sagen. Einige Tage später kam auch der katholische Geistliche. Auch er entfernte sich nach kurzer Zeit, ohne daß er sich über den Grund seines Besuches äußerte. Aber am nächsten Tage wurde ich in die Kirche geführt, an die Orgel gesetzt, bekam Noten vorgelegt und mußte spielen. Die Herren Beamten saßen unten im Schiff der Kirche so, daß ich sie nicht sah. Bei mir war nur der Katechet, der mir die Aufgaben vorlegte. Ich bestand die Prüfung und mußte vor dem Direktor erscheinen, der mir eröffnete, daß ich zum Organisten bestellt sei und mich also sehr gut zu führen habe, um dieses Vertrauens würdig zu sein. Das war der Anfang, aus dem sich so sehr viel für mich und mein Innenleben entwickelte." [189]

Das Orgelspiel bewertete May selber später als eine Art Therapeutikum:

„Bei den Klängen der Orgel fand ich mich wieder zu mir zurück. [...] Als ich entlassen wurde, war ich geheilt, vollständig geheilt! Nur durch den Orgelklang." [190]

Der erwähnte Katechet war der in Bautzen-Niederseide geborene Johannes Peter Kochta (1824-1886). Kochta hatte am 1. Juli 1866 unter Erteilung der Staatsdienereigenschaft und im Range eines Oberbeamten seine Tätigkeit als katholischer Anstaltskatechet am Zuchthaus Waldheim begonnen.

„Er war nur Lehrer, ohne akademischen Hintergrund, aber

ein Ehrenmann in jeder Beziehung, human wie selten Einer und von einer so reichen erzieherischen, psychologischen Erfahrung, daß das, was er meinte, einen viel größeren Wert für mich besaß, als ganze Stöße von gelehrten Büchern."[191]

Im katholischen Sprachgebrauch wird die Bezeichnung Katechet vor allem für die nicht im Schuldienst tätigen Religionslehrer gebraucht, die etwa als Seelsorgehelfer[innen] oder auch Beicht- und Firmkatecheten tätig sind.[192]

Kochtas besondere Bedeutung bestand darin, dass er für eine Versetzung Mays in die zweite Disziplinarklasse sorgte, was vermutlich Ende 1871 oder Anfang 1872 erfolgte.

Diese Versetzung, aber vor allem auch weitere positive Bewertungen Mays durch den Katecheten, möglicherweise auch dessen Anregungen veranlassten den Häftling schließlich im Frühjahr 1872 zur Stellung eines Gnadengesuchs. Am 30. April 1872 wurde jedoch vom Sächsischen Justizministerium in Person des Ministerialrats Christian Wilhelm Ludwig Abeken im Namen des sächsischen Kronprinzen Friedrich August Albert (1828-1902), der ab 1873 König von Sachsen wurde, entschieden:

> S. Kg. Hoheit der Kronprinz im Auftrag und Stellvertretung Sr. Maj. des Kgs haben auf Anrufen Allerhöchster Gnade sich nicht bewogen gefühlt [...] Begnadigung eintreten zu lassen.[193]

Nachdem sich die Hoffnung auf eine vorzeitige Haftentlassung zerschlagen hatte, galt es für May noch mehr, sich in den allgemeinen Anstaltsbetrieb einzupassen. Ohne dass bislang amtliche Belege dafür vorliegen, berichtete May über seinen Kontakt zu dem Visitationsaufseher Carl August Leistner (1818-?), damals Dirigent des Waldheimer „Sträflings-Musikchor, dem etwa 30-40 Sänger und 12 Blechbläser angehörten".[194]

„Ich erzählte ihm von meiner musikalischen Beschäftigung in Zwickau. Da brachte er mir schleunigst Noten, um mir eine Probeaufgabe zu erteilen. Ich bestand auch diese Prüfung, und von nun an war dafür gesorgt, daß ich nicht verhindert wurde, in meiner freien Zeit nach meinen Zielen zu streben."[195]

Möglicherweise kam es 1873 zu einer Mitgliedschaft Mays im Bläserkorps der Anstalt. Ein weiteres Amt bekleidete der junge Ernstthaler Häftling für wenige Woche zu Beginn des Jahres 1874 in der Betreuung der Gefangenen-Bibliothek. Während seiner Beschäftigung im Bibliotheksdienst kam es im Frühjahr zu einem Vorfall, der in erhalten gebliebenen Akten[196] nachzulesen ist. So gab am 1. März der

Züchtling No. 153, Hering, [...] ein neues Buch beschmutzt zurück. Am 3. März, als man bei der Durchsicht und Rückordnung der abgegebenen Bände die Sache bemerkte, brachte der Katechet August Leopold Barth (1823-1884), dem die Verwaltung der Gefangenen-Bibliothek oblag, den ‚Fall‘ zur Kenntnis. Es erfolgte zunächst eine Rücksprache bei dem Häftling Karl Julius Hering (1839-?), der

glaubte, daß das Buch, als er's bekommen, rein gewesen. Er soll's nicht beschmutzt haben. Zunächst noch Züch. No. 402 zu befragen, der den Bücherwechsel mit zu besorgen hat.

Nun musste May zu dem Vorfall Stellung beziehen.

Züchtling, No. 402, Mai giebt an, daß das Buch bereits schmutzig gewesen sei, wie es pp. Hering erhalten habe,

ergab die Nachfrage bei May, der sich mit dieser Auskunft in einen inhaltlichen Widerspruch zu Hering setzte. Das Ergebnis war, dass man Hering Glauben schenkte und entschied,

Züch. No. 402 ist fernerweit nicht mehr mit dem Austheilen der Bücher zu beschäftigen.

Der erste protestantische Anstaltsgeistliche Christian Gottlob Fischer (1855-1893), der auch die Oberaufsicht über Barth und die Verwaltung der Gefangenen-Bibliothek innehatte, urteilte wenig später – vermutlich motiviert durch die Buch-Affäre – über Karl Mays moralische Befähigung:

kalt, gleichgiltig, glatt, hochmüthig.[197]

Neben den nachgewiesenen Beschäftigungen Mays stellt sich natürlich auch anlässlich der Waldheimer Inhaftierung die Frage nach seiner literarischen Tätigkeit. Diese ist jedoch so gut wie ausgeschlossen. Allerdings erschienen während Mays Zuchthauszeit nachweislich im *Neuen deutschen Reichsboten*[198] erste literarische Zeugnisse. Es handelt sich um die vermutlich bei einem Preisausschreiben eingereichten Gedichte *Meine einstige Grabschrift*, *Mein Liebchen* und *Gerechter Tadel*.[199] Der in ihnen sich spiegelnde biografische Hintergrund lässt auf eine Entstehungszeit von 1869 schließen.[200]

Am 2. Mai 1874 wurde May schließlich aus dem Zuchthaus entlassen. Anders als noch bei seiner Entlassung aus Schloss Osterstein, entließ man ihn dieses Mal als Angehörigen der zweiten Disziplinarklasse ohne Vertrauenszeugnis. Da May unter anderem wegen Diebstahls mit Zuchthaus bestraft worden war, stellte man ihn – entsprechend auch den Regelungen des Bundes- und Reichsstrafgesetzbuchs – zudem für die nächsten zwei Jahre unter Polizeiaufsicht. Über deren Dauer, die maximal fünf Jahre betragen konnte, entschied damals die höhere Landespolizeibehörde, in Sachsen die Kreisdirektion Leipzig. Etwa Mitte April 1874 wurde von der Waldheimer Anstaltsleitung ein Gutachten erstellt und der Kreisdirektion Leipzig eingereicht, auf dessen Grundlage dann die zwei Jahre Polizeiaufsicht für Karl May verhängt wurden. Im Demissionsschein, der zugleich die Stelle des Passes vertrat, war die genaue Marschroute angegeben, von welcher der Entlassene nicht abweichen durfte. May wurde angewiesen „spätestens den 4n. Mai 1874 in Ernstthal einzutreffen".[201] Ferner erhielt May noch einen Heimatschein ausgehändigt, zudem ein Signalement[202] zwecks Identifizierung.

VI. Resozialisierung durch Schriftstellerei (1874-1878)

Nach seiner Haftentlassung kehrte Karl May zunächst einmal nach Ernstthal in sein Elternhaus zurück. Immerhin fand er trotz seiner Vorstrafen wieder die Aufnahme im vertrauten Kreis seiner Familie und ihrer Bekannten. Ausgrenzung oder Ächtung des Vorbestraften und seiner Angehörigen fand nicht statt, denn die Weber und Strumpfwirker, allesamt einfache Leute, ließen einen der Ihren nicht so ohne Weiteres fallen. Sehr deutlich wird diese tolerante Haltung auch durch die Selbstverständlichkeit, mit der in den Folgejahren in die Familie May eingeheiratet wurde.

Seit dem 3. Mai 1874 befand sich May nun unter der Aufsicht des Ratspolizeiwachtmeisters Christian Friedrich Dost (1828-1902), der fortan ein wachsames Auge auf den ehemaligen Zuchthäusler zu werfen hatte. Vergeblich beantragte dieser beim Bürgermeister einen Auslandspass. Dieses Bemühen zeigt an, dass May wenig Zuversicht in seine berufliche und persönliche Zukunft in der Heimat hatte.

Ob in der ersten Zeit der wiedererlangten Freiheit bereits Manuskripte veröffentlicht wurden, lässt sich heute nicht mehr feststellen, wenngleich überliefert ist, dass er literarisch tätig war. So soll ein Eckfensterplatz im Gasthaus ‚Zur Stadt Glauchau' ein bevorzugter Schreibort gewesen sein. Entsprechend äußerte er sich später anlässlich einer Vernehmung vor dem Landgericht Dresden vom 6. April 1908:

„Nach Verbüßung meiner letzten Strafe im Jahre 1874 bin ich wieder nach Ernstthal gegangen, habe dort bei meinen Eltern gewohnt, und bin ebenfalls wieder schriftstellerisch für mehrere Zeitungen tätig geworden."[203]

Nähere Angaben zu den Zeitschriften machte er nicht, weshalb eine Nachprüfung des Sachverhalts schwierig ist. Dennoch muss man davon ausgehen, dass May in jedem Fall den literarischen Weg einschlagen wollte. Und erneut verband er seine beruflichen Hoffnungen mit dem Namen Münchmeyer. Der bereits früher bestandene Kontakt dürfte während der Zuchthauszeit vollends abgebrochen gewesen sein – vor allem auch bedingt durch den Umstand, dass ihm in Waldheim jegliche literarische Tätigkeit verboten war.

„Wollte er mit Münchmeyer oder auch mit anderen Verlagen, auf die ihn vielleicht die Produkte umherziehender Kolporteure hinwiesen, in Verbindung treten, so bestanden die größten Erfolgsaussichten freilich nur dann, wenn er gute

Manuskripte anbieten konnte. Also hieß es arbeiten. Wir werden daher kaum fehlgehen, wenn wir annehmen, daß einige von den erhalten gebliebenen Fragmenten aus der Frühzeit in den Monaten zwischen Mai 1874 und März 1875 entstanden sind."[204]

Unter den Arbeiten jener Zeit findet sich auch auch der Versuch zu einem Gefängnisroman mit dem Titel *Hinter den Mauern. Licht- und Schattenbilder aus dem Leben der Vervehmten von Karl May* (in GW 79, *Old Shatterhand in der Heimat*). Wie Christoph F. Lorenz feststellt, sind hier „bereits die Grundzüge mancher Handlungsstränge erkennbar, die der Schriftsteller später im *Verlorenen Sohn* verarbeiten und ausführen sollte."[205]

Im März 1875 erhielt May Besuch aus Dresden. Der bereits erwähnte Kolportageverleger H. G. Münchmeyer und sein Bruder sahen in ihm ihren neuen Mitarbeiter. Sie boten ihm eine Redakteursstelle im Verlag an und May nahm das Angebot dankbar an. Für ein jährliches Salär von 600 Talern sollte er fortan in Dresden leben und arbeiten. Am 8. März reiste er in die Elbmetrople ab. Schon vier Tage später erhielt die Kriminalpolizei in Dresden eine Anzeige darüber, dass „der unter Polizeiaufsicht stehende May daselbst eine Redakteursstelle angetreten habe und, daß derselbe neben dieser Funktion auch seine frühere verbrecherische Laufbahn teilweise wieder betreten dürfte."[206]

Es handelte sich um eine schlichte Denunziation ohne sachlichen Hintergrund, ausgeführt vom Hohensteiner Gendarm-Brigadier Friedrich Frenzel (1833-1912), wobei der pflichtbewusste Staatsdiener irrtümlich nur von einem Jahr Polizeiaufsicht ausging.

Die Dresdner Polizei-Direktion verfügte daraufhin am 15. März die Ausweisung des Jungredakteurs. Es handelte sich hierbei um einen behördlichen Vorgang, der im ersten Moment das Ende der soeben begonnenen Resozialisation befürchten ließ. Deutlich klingt der Schock zwischen den Zeilen durch, die May in einer längeren Eingabe vom 16. März an die Dresdner Polizei-Direktion richtete:

„Wer da weiß, wie schwer es dem entlassenen Strafgefangenen wird, sich aus dem Schmutze emporzuarbeiten, der wird begreiflich finden, daß ich mit innigster Freude und Genugtuung dem Rufe gefolgt und in die gebotene Stellung eingetreten bin. [...] Die hohe Königliche Polizei-Direktion wolle in Rücksicht darauf, daß meine Stellung eine fixierte und sichere ist und mir nach Verlauf von fünf Wochen der Aufenthalt in Dresden doch gestattet sein würde, einmal gütige Nachsicht hegen und mich durch die Domicil-Verweigerung nicht in Not und neue Schande stürzen! Sollte diese Bitte erfüllt werden, so würde ich in steter Dankbarkeit der Humanität gedenken, welche meinen Eltern die bitterste Kränkung erspart und mir das Fundament läßt, auf welchem ich mir eine bessere Zukunft errichten möchte."[207]

Die Humanität der Behörden ignorierte auch dieses Mal Mays Bitte. Man bestand höheren Ortes auf der Ausweisung und forderte May am 24. März auf, Dresden binnen drei Tagen zu verlassen. Am 27. März saß er wieder in Ernstthal. „Die Ausweisung war" – wie Roxin befindet, „ungerechtfertigt und hätte leicht – wie frühere behördliche Überreaktionen – seine Laufbahn ein weiteres Mal zerstören können. Aber diesmal überwand May den Schock: Es gelang ihm, seine redaktionelle Tätigkeit von Ernstthal aus zu leiten und daneben auch literarisch zu arbeiten. Im August des Jahres gelang ihm jedoch eine Aufhebung des Ausweisungsbeschlusses zu erwirken, sodass er nun nach Dresden zurückkehren konnte. Gegen Ende des Jahres 1875 verlegte er sogar seine Wohnung in das Verlagsgebäude Münchmeyers, wo auch dieser selbst mit seiner Familie lebte."[208]

Im Münchmeyer-Verlag betreute der Neuredakteur zunächst als Nachfolger von Otto Freitag (1839-1899) die Zeitschrift *Der Beobachter an der Elbe*, die er zum Herbst 1875 hin auslaufen ließ. An ihre Stelle traten ab September 1875 das *Deutsche Familienblatt* und *Schacht und Hütte*. Beide Blätter hatten keine sehr lange Laufzeit. Während *Schacht und Hütte* nur einen Jahrgang erlebte, erschien das *Deutsche Familienblatt* ein weiteres Jahr. Eine vierte Zeitschrift unter der redaktionellen Leitung Mays, die *Feierstunden am häus-*

lichen Heerde erschien von September 1876 bis September 1877.

Neben seiner Tätigkeit als Redakteur der genannten Zeitschriften versorgte May alle vier Publikationen mit eigenen Autorenbeiträgen. Hierunter zählt auch die Wildwesterzählung *Old Firehand* (in GW 71, *Old Firehand*), in der erstmalig der Apatschenhäuptling Winnetou auftritt, wenngleich sich die Persönlichkeit der berühmtesten Romanfigur hier noch deutlich von jener ausgereiften Gestalt des Edelindianers unterscheidet, als die May sie später schildern sollte. Auch in anderen Zeitschriften außerhalb des Münchmeyer-Verlages veröffentlichte er erfolgreich vereinzelte Novellen und Humoresken.

Es gelang May gleichermaßen, sich als Redakteur zu profilieren wie auch als Autor in der Literaturszene des damaligen Zeitschriftenmarktes Fuß zu fassen. Somit bot sich ihm, anders als nach seiner Entlassung aus Schloss Osterstein, tatsächlich die realistische Möglichkeit einer Resozialisierung durch die Ausübung eines existenzsichernden Berufes als Redakteur und Schriftsteller.

Die wichtigste Beziehung knüpfte er in jener Zeit jedoch zu Emma Pollmer (1856-1917), einer als Vollwaise im Haus ihres Großvaters Christian Gotthilf Pollmer (1807-1880) aufgewachsene Lokalschönheit aus Hohenstein. May hatte sie bei einem Besuch in der Heimat kennengelernt. Die Beziehung war von Anfang an problematisch, da sich Emma Pollmers Großvater wenig davon angetan zeigte. Dabei waren es weniger Mays Vorstrafen, die den alten Pollmer auf Distanz gehen ließen, als vielmehr die Aussicht, dass sich die Enkeltochter an einen hungerleidenden Literaten zu verschenken drohte.

Doch auch von neuen juristischen Verwicklungen blieb May nicht verschont. So meldeten die *Dresdner Nachrichten* vom 25. Mai 1875 über das Ergebnis einer „Oeffentliche[n] Gerichtssitzung am 21. u. 22. Mai [...] – Johann Schumann war wegen Beleidigung Carl May's zu 15 Mark Strafe verurtheilt (worden), wogegen er erfolglos Einspruch erhob."[209]

Die nachgewiesene Faktenlage zu diesem Fall erschöpft sich mit dieser Mitteilung. Es lässt sich lediglich daraus schlussfolgern, dass ein Beleidigungsverfahren vor dem Amtsgericht Dresden stattgefunden hatte, dessen Urteil nach eingelegtem Einspruch (Berufung) im anschließenden Instanzenweg vor dem Landgericht Dresden bestätigt worden war. Wer Johann Schumann war und mit was er Karl May beleidigt hatte, ist leider nicht bekannt.

Zu einer Zeit, als Karl May noch im Zuchthaus Waldheim einsaß, erschienen 1874 im Münchmeyer-Verlag zwei umfangreiche Lieferungsromane. Der umständliche und umfangreiche Titel des einen Werkes war:

Die Geheimnisse der Venustempel aller Zeiten und Völker oder die Sinnenlust und ihre Priesterinnen. Geschichte der Prostitution und ihrer Entstehung, sowie die Darstellung ihrer Folgen auf die Entwickelung der Menschheit.

Der zweite nicht weniger langatmige Titel lautete:

Die Geschlechtskrankheiten des Menschen und ihre Heilung. Mit besonderer Berücksichtigung der Syphilis, ihrer Entstehung und Folgen. Mit über 100 allopatischen, sowie homöopathischen Reception versehen, zur Heilung aller Krankheiten, welche die Geschlechtsorgane betreffen.

Wesentlich zum Entstehen dieser Lieferungswerke beigetragen hatte der seit 1873 im Verlag tätige Redakteur Otto Freitag. Nach Mays Darstellung soll Freitag zumindest das erste der beiden Aufklärungsbücher, den *Venustempel*, als Alleinverfasser in die Welt gesetzt haben. Und dieses Buch soll auch der Grund dafür gewesen sein, dass Freitag Anfang 1875 aus dem Verlag ausschied, weil man von Verlagsseite aus seinen Redakteur „*an dem Gewinn, den das Werk brachte, nicht partizipieren ließ.*"[210]

Tatsächlich handelte es sich um das recht dreiste Plagiat eines im Berliner Verlag von Dr. Langmann herausgegebenen Lieferungswerkes. Als verantwortlicher Verleger fungierte Friedrich Louis Münchmeyer.

Aus einer Pressemeldung geht hervor, dass „unmittelbar nach dem Erscheinen des ersten Heftes des in einzelnen Lieferungen erscheinenden Werkes die hiesige Polizei wegen dessen bedenklichen Inhalts mit der hiesigen Justizbehörde sich ins Vernehmen gesetzt [hat], man hat von Gerichtswegen aber die Schrift als eine unzüchtige nicht angesehen. Der entgegengesetzten Ansicht sind aber eine Anzahl anderer Gerichtsbehörden in Preußen und Baiern gewesen, in welchen Ländern das Werk im Colportirwege massenhaft vertrieben worden zu sein scheint. Diese Behörden haben dasselbe als unzüchtig verurtheilt und ist auf deren Requisition seiner Zeit mehrfach gegen dessen Verleger hier vorgegangen und auf Vernichtung der Platten und vorgefundenen Exemplare erkannt worden, wobei derselbe versichert hat, daß er das Werk nicht mehr vertreibe und noch vorhandene Exemplare selbst vernichtet habe."[211]

Demnach hatte es im Laufe der Zeit Hausdurchsuchungen im Verlagsgebäude und alsbald Verbreitungsverbote gegeben, so in Bayern als auch bereits am 16. September 1874 in Preußen – noch bevor das Gesamtwerk komplett ausgeliefert worden war. Hinsichtlich beider Werke befand auch das K. K. Landesgericht am 16. Dezember 1874 in Wien als Preßgericht auf Antrag der K. K. Staatsanwaltschaft, dass ihr Inhalt „das Vergehen nach § 516 St. G. begründe, und es wird nach § 499 St. P. O. das Verbot der Weiterverbreitung dieser Druckschrift ausgesprochen."[212]

Der Hauptgrund für die Einstellung Mays als Redakteur im Münchmeyer-Verlag lag im Weggang Otto Freitags. May sollte zwar primär als Zeitschriftenredakteur tätig werden, doch nicht auf diesen Bereich beschränkt bleiben. Vielmehr dachte man im Verlag an eine modifizierte Neuausgabe des verbotenen Materials. So verfasste May im Laufe des Jahres 1875 vermutlich auftragsgemäß anonyme Beiträge für das 1876 erscheinende Lieferungswerk *Das Buch der Liebe. Wissenschaftliche Darstellung der Liebe nach ihrem Wesen, ihrer Bestimmung, ihrer Geschichte und ihren geschlechtlichen Folgen*. Münchmeyers Absicht war es, Restbestände des 1874 verbotenen Aufklärungsbuches *Die Geschlechtskrankheiten des Menschen und ihre Heilung* wieder neu auf den Markt zu bringen. Es sollte versteckt Teil eines neuen Gesamtwerkes mit dem Titel *Buch der Liebe* (heute GW 87, *Das Buch der Liebe*) werden. May dürfte mit seinen Vorstudien im Sommer 1875 begonnen haben. Das verbotene medizinische Werk bildet als *Zweite Abtheilung (Die Liebe nach ihren geschlechtlichen Folgen. Geschlechts-, Frauen- und Kinderkrankheiten, Wochenbett und Anleitung zur Selbstheilung)* – wahrscheinlich von May geringfügig entschärft – den Hauptteil und sollte vermutlich 848 oder, einschließlich eines Anhangs, 894 Seiten umfassen. Von May stammen die erste Abteilung, in der die Liebe nach ihrem Wesen und ihrer Bestimmung behandelt wird (144 Seiten), und die abschließende *Dritte Abtheilung (Die Liebe und ihre Geschichte. Darstellung des Einflusses der Liebe und ihrer Negationen auf die Entwickelung der menschlichen Gesellschaft)*, die wahrscheinlich auf 256, vielleicht auch 304 Seiten angelegt war und in der – von einem Dritten? – Teile des ebenfalls 1874 verbotenen Lieferungswerkes *Venustempel* eingearbeitet wurden. Was nun den Inhalt betrifft, so beschreibt May in der ersten Abteilung die verschiedenen Ausprägungen der Liebe.

„Das Hauptaugenmerk gilt der Geschlechtsliebe. Der Mensch, das Ebenbild Gottes, habe die Aufgabe, als Mann die göttliche Allmacht, als Frau die göttliche Liebe zu offenbaren; die Bedeutung der Ehe liege darin, daß sich hier aktive Männlichkeit und passive Weiblichkeit zum Menschen in Gottes Sinn ergänzten. Die Gegensätze strebten dabei zum Ausgleich."[213]

Die dritte Abteilung wirkt durch die untergemischten Textteile des *Venustempels* uneinheitlich. „Schilderungen der gastlichen, religiösen und legalen Prostitution im Altertum oder des aktuellen Dirnenwesens kontrastieren zum Anliegen, ausgehend von der Identität der Liebe mit Gott die geschichtliche Entwicklung des Gottesbegriffs darzustellen."[214] Anschließend versuchte May, die Vereinbarkeit der modernen Evolutionstheorie mit der Vorstellung eines persönlichen Gottes zu beweisen.

Das Werk kam schließlich in Teillieferungen in 14-tägigem Erscheinungsrythmus ab Herbst 1875 auf den Markt. Nur wenige Monate nach Beginn des Erscheinens, am 23. Februar 1876, kam es erneut zu einer folgenschweren polizeilichen Aktion im Verlagsgebäude.

„Eine Tages veranlasste mich Münchmeyer, in die Stadt zu gehen und einige Aufträge für ihn zu besorgen. Er hatte das sehr eilig, obgleich es sich um gar nichts wichtiges handelte. Das fiel mir auf. Es schien, als ob er mich für einige Stunden aus dem Geschäft zu entfernen wünsche. Ich spioniere nie, beeilte mich also keineswegs, hielt mich aber auch nicht länger auf, als nötig war, und kam darum weit eher heim, als er erwartet hatte. Er geriet dadurch in hohe Verlegenheit, denn es gab da eine Menge Polizisten, die nach etwas suchten, was sie nicht finden sollten."[215]

Die *Dresdner Nachrichten* vermeldeten in ihrer Nr. 55 vom 24. Februar 1876: „Gestern Vormittag erschienen in dem Hause Nr. 14 des Jagdwegs, worin sich die Münchmeyer'sche Verlagsbuchhandlung befindet, unvermuthet eine größere Anzahl Criminalpolizisten und nahmen alsbald gleichzeitig in allen zu der betr. Buchhandlung gehörigen Localitäten eine gründliche Durchsuchung vor. Dieselbe galt, wie uns mitgetheilt wird, einem im Verlage jener Buchhandlung erschienen Werke, ‚Die Geheimnisse der Venustempel aller Zeiten und Völker oder die Sinnenlust und ihre Priesterinnen', welches schon seit einigen Jahren in ganz Deutschland massenhaft im Colportagewege verbreitet worden sein soll, ohne daß man dasselbe früher beanstandet hat. Wir werden über die Sache an competenter Stelle weitere Erkundigung einziehen und deren Resultat mittheilen."

May konstatierte später:

„Ich sollte nichts davon wissen, sollte es wenigstens erst dann erfahren, wenn es vorüber sei. Darum hatte er mir Aufträge gegeben, um mich fernzuhalten. Ausserdem traute er weder meinen Augen, noch meiner Ehrlichkeit."

Die Staatsanwaltschaft Dresden erhob im Laufe des Frühjahrs vor dem Amtsgericht Dresden Anklage gegen Friedrich Louis Münchmeyer und Genossen. Amtliche Akten sind nicht mehr vorhanden. In den Findbüchern des Dresdner Staatsarchivs findet sich zu einem Verfahren vor dem Amtsgericht Dresden der Vermerk: „Karl May, Schriftsteller, schreibt angeblich unsittliche Bücher für Verlag Münchmeyer, 1875".[216] Festgehalten ist auch das Ergebnis: „Wird freigesprochen, klag- und straffrei." Demnach war May als einer der angeklagten Genossen nicht bestraft worden. Ein weiterer Vermerk besagt: „Hauptklage gegen Verlag Münchmeyer, Dresden, 1875". Was war geschehen? Es hatte offenbar vor dem Amtsgericht Dresden ein Strafverfahren gegeben, bei dem Karl May, als Verfasser des *Buchs der Liebe* freigesprochen worden war. Über den Grund seiner Freisprechung berichtet eine vertrauliche Mitteilung des Verlegers Adalbert Fischer an seinen Rechtsanwalt Dr. Felix Bondi vom 5. Juli 1905: „Ferner fand ich ein Urteil, worin Karl May als Mitarbeiter bzw. Redakteur des Venustempels usw. angeklagt ist, des unsittlichsten Buches, was je im Verlage H. G. Münchmeyer erschien! Er wird aber schließlich freigesprochen, weil er einige Stellen gemildert hat usw."[217]

Das Verfahren gegen andere Angeklagte war jedoch zu deren Ungunsten ausgegangen. Gegen die Verurteilung war Einspruch eingelegt worden. Eine Notiz in den *Dresdner Nachrichten*, Nr. 345 vom 8. Dezember 1876, kündigte an: „Einsprüche: Heute Vormittag 9 in geheimer Sitzung wider Friedrich Louis Münchmeyer u. Genossen wegen Vergehen gegen die Sittlichkeit."

Dass es bei diesem Verfahren auch um *Das Buch der Liebe* ging, lässt sich dem Umstand entnehmen, dass nur in diesem Buch Friedrich Louis Münchmeyer als verantwortlicher Verleger auf der Titelseite kenntlich gemacht wurde. Eine Woche später wussten die *Dresdner Nachrichten*, Nr. 351 vom 16. Dezember 1876 über die Verhandlung zu berichten:

„Der hiesige Verlagsbuchhändler Friedrich Louis Münchmeyer und Friedrich Wilhelm Gleißner hier waren in erster Instanz wegen des Verkaufs von Büchern, deren Inhalt gegen die Sittlichkeit verstieß, zu Geldstrafen von je 200 Mark verurtheilt worden. Beide erhoben Einspruch, der in geheimer

Sitzung verhandelt wurde und nach einer erfolgreichen Vertheidigung durch Herrn Adv. Dr. Kunath mit der völligen Freisprechung endete."

Das Buch der Liebe wurde in Österreich am 9. Mai 1877 verboten, da das Buch nach Auffassung der Justizbehörden „durch bildliche Darstellungen [...] die Sittlichkeit oder Schamhaftigkeit gröblich und auf eine öffentliches Ärgernis erregende Art" im Sinne des § 516 des Strafgesetzbuchs von 1852 verletzte.

Verbote in Deutschland hat es dagegen offenbar nicht gegeben. Jahrzehnte nach Abfassung des Buches setzte sich May u. a. in seiner Kampfschrift *Ein Schundverlag* noch einmal mit dem Werk auseinander.

Eine Erwähnung der eigenen Verfassereigenschaft fehlt. Im Gegenteil! May gibt an, der *Venustempel* „*existierte schon lange Zeit vorher, ehe ich die Redaktion übernahm, und wurde in den ersten Wochen sorgfältig vor mir geheimgehalten [...]. Der ‚Venustempel', später auch noch ‚Buch der Liebe' genannt, war ein Buch, welches auf die allergemeinste Sinnenlust spekulierte. Die jedem Hefte beigegebenen phrynischen*[218] *Buntdruckbilder waren nackt und frech im höchsten Grade. Hunderte von Textzeichnungen illustrierten die Begattung und ihren Verlauf in jeder, sogar der unnatürlichsten Weise.*"[219]

An anderer Stelle klagt der Schriftsteller ausdrücklich:

„*Man hat mich aus prozessualen Gründen fälschlicher Weise beschuldigt, für Münchmeyer das ‚Buch der Liebe' geschrieben zu haben. Wie kann ich beweisen, daß dies unwahr ist?*"[220]

Dass May entgegen seiner Aussage doch ein Mitverfasser des Buches war, geht u. a. aus dem Umstand hervor, dass er im Rahmen eines Prozessvergleichs mit dem Verleger Adalbert Fischer (des Käufers des Münchmeyer-Verlags) ein *Buch der Liebe*-Fragment, nämlich einen Druckbogen von 16 Seiten, ausgehändigt bekam. Auf einem neutralen Umschlag, in den der Bogen eingeheftet ist, befindet sich die handschriftliche Notiz Karl Mays:

„*Das / ‚Buch der Liebe', / welches ich von Fischer / zurückerhalten habe. / K. May.*"[221]

Der Schriftsteller bekannte sich damit eindeutig als Verfasser des Textes. Die Verleugnung der Autorenschaft war für die Auseinandersetzungen in den Gerichtsverfahren nach der Jahrhundertwende wichtig. Es ging May aus prozesstaktischen Gründen darum, die Unmoral des Münchmeyer-Verlags, seiner Verleger und Mitarbeiter darzulegen. Damit wollte er den gegen ihn vorgebrachten Vorwurf der Urheberschaft sittlich anstößiger Texte von sich weisen.

VII. Ermittlungen ‚in Sachen Mord' (1878-1879)

Am 31. Januar 1878 las man in den *Dresdner Nachrichten* von einem tragischen Vorfall in einem kleinen erzgebirgischen Dorf:

„Am 26. früh wurde der Barbier Poller [sic] aus Hohnstein in dem Pferdestalle des Gasthofes ‚zum braven Bergmann' in Niederwürschnitz todt aufgefunden. Pollmer hatte Abends zuvor, in hohem Grade betrunken, in der Wirthsstube des Gasthofs verkehrt und sind die Untersuchungen über seinen plötzlichen Tod im Gange."

Der Verstorbene Emil Eduard Pollmer war der Onkel von Karl Mays Verlobter Emma, deren Eltern nicht mehr lebten, weshalb die junge Frau im Haushalt ihres Großvaters aufgewachsen war.

Was war geschehen?

Den Ermittlungen zufolge war Emmas Onkel am 25. Januar 1878, offenbar sinnlos betrunken, auf der Straße von einem Pferdefuhrwerk überfahren und dabei getötet worden. Der Befund wurde zu den Akten genommen und der Fall behördlich für erledigt erklärt. Emmas Großvater – der Vater des Verunglückten – vermochte sich mit diesem amtlichen Ergebnis nicht abzufinden.

Zu jener Zeit wohnte Karl May zusammen mit Emma Pollmer in Dresden. Es wird bei einem der heimatlichen Besuche im Hause des Schwiegergroßvaters gewesen sein, als dieser ihn bat, den Todesfall in Niederwürschnitz zu untersuchen. Der alte Mann vermutete einen Mord oder ein ähnliches Verbrechen hinter dem Tod seines Sohnes. May sagte zu, sich um die Angelegenheit zu kümmern, und begab sich im April des Jahres auf eine Reise zum vermeintlichen Tatort, um selbst Ermittlungen durchzuführen.

Karl May gab seine Identität nicht zu erkennen, als er verschiedene Personen, die am fraglichen Todesabend von Emil Pollmer in irgendeiner Weise zugegen gewesen waren, nach den Hintergründen befragte. Das Ergebnis seiner Ermittlungen war die Bestätigung der offiziellen Unglücksversion: Der Onkel von Mays Verlobter hatte stark angetrunken in einem Gasthof eine Schlägerei angezettelt und war deshalb vor die Tür gesetzt worden. Anschließend war er in seinem benebelten Zustand von einem Fuhrwerk überrollt worden und in einem angrenzenden Pferdestall verstorben. Kein Totschlag. Kein Mord.

Der Ortsgendarm, Brigadier Ernst Oswald[222], brachte den Vorgang gehorsamst bei der Staatsanwaltschaft in Chemnitz zur Anzeige, wobei die Identität Mays schnell ermittelt war. Der Vorwurf, der sofort im Raum stand, war der der Amtsanmaßung.

Auffällig bei der Anzeige war neben einer Sachverhaltswiedergabe und der Erwähnung der Vorbestraftheit auch der Hinweis, May sei Sozialdemokrat durch und durch und solle gegenwärtig Schriftsteller der Sozialdemokratischen Blätter sein. Dieser Hinweis sollte offenkundig zur Voreingenommenheit gegen May beitragen. In einer Zeit, in der die Obrigkeit um ihren Machtanspruch bangte, sahen auch viele getreue Staatsdiener in der Sozialdemokratie eine Gefahr. Der damalige Reichskanzler Bismarck befürchtete „ernsthaft eine unmittelbare revolutionäre Bedrohung der monarchisch-konservativen Ordnung Europas [...]. Die Überschätzung der sozialistischen Revolutionsgefahr veranlaßte Bismarck zu dem verhängnisvollen Entschluß, die sozialistische Partei durch ein Ausnahmegesetz zu unterdrücken."[223] Im Oktober 1878 verabschiedete der Reichstag schließlich mit 221 gegen

149 Stimmen das ‚Gesetz gegen die gemeingefährlichen Bestrebungen der Sozialdemokratie'.

Es erfolgte die Vernehmung der verschiedensten Zeugen. Das Vernehmungsprotokoll[224] vom 23. Mai 1878 existiert noch.

So sprach der Zeuge und Gastwirt Karl Eduard Huth davon, dass „ein anständig gekleideter Mann in meinem Gasthofe" erschienen sei. „

Er sagte, daß er Redakteur einer Zeitung in Leipzig sei und nannte mir auch seinen Namen, auf den ich mich jedoch leider nicht mehr besinnen kann – Mai sagte er nicht – und gab vor, daß er die Ursache des Todes des Ende Januar des Jahres in meinem Gasthof des verstorbenen Pollmer zu erörtern habe. Er hätte in einem Chemnitzer Blatt – das er nicht nannte – gelesen, daß Pollmer infolge von erhaltenen Schlägen verstorben sei und er komme, um der Sache auf den Grund zu gehen.

Der nächste Zeuge, der Schuhmacher Ludwig Kossuth Jähn, sagte aus, er habe über den Vorfall dasselbe geantwortet,

was ich früher dem Herrn Staatsanwalt angegeben hatte. Er äußerte sodann ‚Wenn der Staatsanwalt nicht richtig gehandelt hat, laß ich ihn einstecken – zu was sind denn die Kerle da?!'

Auf die Frage, welche Position er denn bekleide, habe der Fremde geantwortet:

‚Er sei von der Regierung eingesetzt und etwas höheres, wie der Staatsanwalt.' Der Fremde hat sich auch dahin geäußert, er wolle den Leichnam wieder ausgraben lassen. Einen bestimmten Titel hat sich der Unbekannte nicht beigelegt.

Der dritte Zeuge, der Bergarbeiter Ernst Ferdinand John, berichtete:

Ich war eines Vormittags in der Sonntagschen Restauration, als ein Fremder eintrat und sich erkundigte, ob nicht vor einiger Zeit ein Mann hier überfahren worden wäre. Wir bejahten dies und äußerte er hierauf: ‚Es ist doch gar nicht möglich, daß ein Mensch, der überfahren ist, noch so weit laufen kann. Ich werde den Leichnam ausgraben lassen.' Wir meinten, es hieße doch, man sollte die Todten ruhen lassen, worauf er antwortete: ‚Das ist mein Dienst, daß ich dies untersuche, ich lasse ihn wieder ausgraben und so und so viel – er nannte eine bestimmte Anzahl – Ärzte herkommen: wenn der Staatsanwalt nicht richtig gehandelt hat, lasse ich ihn einstecken; ich bin dazu von der Regierung eingesetzt.' Einen bestimmten Titel und Namen nannte er nicht.

Als vierter und letzter Zeuge hatte der Bergarbeiter Friedrich August John auszusagen:

Als ich Ende April des Jahres eines Tages mit meinem Bruder in der Sonntagschen Schankwirtschaft war, kam auch ein Fremder herein, ließ sich ein Glas Bier geben und frug, wie weit es von hier bis zum Gastwirth Huth wäre. Wir erwiderten, höchstens 4-5 Minuten. Er frug nun, ob nicht vor Kurzem hier ein Mann erschlagen worden und gestorben sei. Wir entgegneten, soviel wir wußten, sei er gestorben. Er äußerte, er wolle das untersuchen. [...] Er sagte u. A., wenn der Staatsanwalt falsch gehandelt hätte, wollte er ihn einstecken lassen; er wäre etwas höheres, als der Staatsanwalt, er wäre von der Regierung eingesetzt. Er gab sich keinen bestimmten Titel.

Natürlich musste auch der Tatverdächtige Karl May zu den Vorfällen befragt werden. Am 11. Juni 1878 erschien der Schriftsteller im Gerichtsamt Dresden zur Vernehmung, die der Untersuchungsrichter Assessor Haase durchführte. Einleitend wurde er zu seinen persönlichen Verhältnissen gefragt. Dabei gab May u. a. auf die Frage nach seinem Familienstand wahrheitswidrig an:

Ja, ich bin verheiratet.

Tatsächlich würde er Emma Pollmer erst am 17. August 1880 standesamtlich und am 12. September 1880 kirchlich heiraten. Vermutlich wollte er im laufenden Ermittlungsverfahren geordnete sittliche Verhältnisse suggerieren.

Seine Sichtweise zum gesamten Vorfall klang wie folgt:

Es ging das Gerücht, daß Pollmer förmlich erschlagen worden sei. Bei dem angeblichen Morde sollten der Oekonom Hübsch von Niederlungwitz bei Hohenstein und der Schleifer Heß aus letzterem Orte zugegen gewesen sein. Diese hetzten meinen Schwiegervater, den Chirurg Pollmer in Hohenstein, auf, welcher mir den Auftrag ertheilte, mich nach der Sachbewandnis an Ort und Stelle zu erkundigen, um mich dann beruhigen zu können. Ich ging zunächst zu dem Gastwirth Huth in Niederwürschnitz bei dem der Todesfall stattfand. Es kann im April ds. J. gewesen sein, den Tag weiß ich nicht mehr. Dann begab ich mich in die Sonntagssche Restauration in Ober- oder vielleicht Neu-Oelsnitz, einem Orte, der mit Niederwürschnitz zusammenhängt. Ich habe in diesen Orten blos Erkundigungen eingezogen. Es ist mir nicht eingefallen, jemanden zu vernehmen. Ich weiß nicht, was eine Vernehmung ist. Auch habe ich mich bei dieser Gelegenheit nicht für einen Staatsanwalt ausgegeben und nicht Aeßerungen, wie sei mir soeben vorgehalten gethan. Höchstens habe ich gesagt, daß, wenn Pollmer eines natürlichen Todes gestorben sei, muß die Leiche wieder untersucht werden. Ich habe mit Huth hierüber gesprochen, auch in der Sonntagsschen Restauration mit mehreren Leuten. Diese kenne ich jedoch nicht, da ich das erste Mal in die obenbezeichneten Orte gekommen bin. Es herrschte unter den Bergarbeitern große Aufregung wegen des Pollmerschen Todesfall und sie hetzten mich sogar gegen den Staatsanwalt auf. [225]

Auf spezielles Befragen, wie sich May bei seinen Erkundigungen vor Ort vorgestellt habe, sagte der Schriftsteller aus, dass er sich u. a. – wie einer der Zeugen auch bestätigt hatte – als Redakteur ausgegeben habe.

Er stritt die anderen Äußerungen der Zeugen ab, so u. a. seine vermeintliche Ankündigung, den Staatsanwalt einstecken zu lassen, falls dieser nicht richtig gehandelt hätte; „ebenso verneint er, daß er gesagt habe, er sei von der Regierung eingesetzt und Etwas höheres als nur der Staatsanwalt". Im Hinblick auf den zu untersuchenden Vorfall selber gab May interessanterweise an, dass der Ökonom Hübsch von Niederlungwitz bei Hohenstein und der Schleifer Hesse aus letzterem Ort den vermeintlichen ‚Mordfall Eduard Emil Pollmer' erst ins Rollen gebracht hätten, als sie den Vater des Toten diesbezüglich aufhetzten. Es hatte sich demnach um keine originäre Einbildung des alten Pollmer gehandelt, der nicht hatte akzeptieren können, dass sein einziger Sohn selbstverschuldetes Opfer eines Unfalls geworden war, sondern um gewöhnlichen Dorfklatsch und Gerüchte, die zum Auslöser der May'schen Aktivitäten geworden waren.

Die Staatsanwaltschaft Chemnitz hatte genug gehört und erhob Anklage gegen Karl May wegen des Vorwurfs, er habe „unbefugt sich mit Ausübung eines öffentlichen Amtes befasst".[226]

Beim Gerichtsamt Stollberg bekräftigte der Schriftsteller am 15. Oktober 1878 noch einmal seine Unschuld, doch nutzten derlei Beteuerungen nichts. Gegenüberstellungen wurden angeordnet. Wenige Passagen aus dem Protokoll der Gegenüberstellung[227] belegen Mays schwierige Position. An einer Stelle heißt es:

Jähn: Nein, ich weiß bestimmt, daß Sie sich äußerten: „Wenn der Staatsanwalt nicht richtig gehandelt hat, lasse ich ihn einstecken – zu was sind denn die Kerle da!"
May: *Da haben Sie nicht richtig gehört, ich habe erzählt, daß Hesse sich so ausgesprochen hat.*
Jähn: Ich kann beschwören, daß Sie sich in dieser Weise ausgesprochen haben.

Eine andere Stelle bei dem Zeugen August Friedrich John lautet:

Jahn [sic!]: Sie äußerten hierauf, Sie hätten viel Interesse daran, wenn der Staatsanwalt falsch gehandelt hätte, ließen Sie ihn einstecken; Sie wären von der Regierung eingesetzt und höher als der Staatsanwalt.
May: *Ich erkläre dies für einen Irrthum.*

Doch so sehr May auch in seinem Sinne insistierte, so blieben die beiden Zeugen doch bei ihren jeweiligen Darstellungen, sodass der Schriftsteller erklärte, auf weitere Gegenüberstellung zu verzichten. Und so entschied das Gerichtsamt Stollberg am 9. Januar 1879:

In der Untersuchung gegen
Carl Friedrich May erkennt das
unterzeichnete
Königl. Gerichtsamt
für Recht:

Weil genannter May, wie seines Leugnens ungeachtet durch die in der Hauptsache mit einander übereinstimmenden zeugeneidlichen Aussagen [...] und den übrigen Ergebnissen der geführten Untersuchung thatsächlich festgestellt worden ist, am 25. April 1878 nach Niederwürschnitz gekommen ist, sich in der Sonntag'schen Restauration dem Wirth Sonntag und den Zeugen Jähn und den beiden Gebrüdern John gegenüber für einen höheren, von der Regierung angestellten Beamten, welcher in Betreff der von der Königlichen Staatsanwaltschaft zu Chemnitz vorgenommenen gerichtlichen Aufhebung des am 26. Januar vorigen Js. in einem Stalle des Huth'schen Gasthofes todt aufgefundenen Barbiers Pollmer Erörterungen anzustellen habe, ausgegeben und eine Befragung Jähn's und der Gebrüder John über diese Seiten der nurgedachten Königlichen Staatsanwaltschaft geschehenen amtlichen Erörterungen vorgenommen hat, ohne hierzu ein Recht zu haben, mithin unbefugt sich mit Ausübung eines öffentlichen Amtes befaßt hat, so ist deshalb eingangsgedachter May nach § 132 des Reichsstrafgesetzbuches
   Drei Wochen lang mit Gefängniß
zu bestrafen, sowie die Kosten der Untersuchung zu berichtigen verbunden.
     Von Rechts - Wegen!

Das Königliche Gerichtsamt
Stollberg, am 9. Januar 1879
S. Gerichtsamt Stollberg   Repmann Assessor[228]

Das Urteil wirft auch im Nachhinein Fragen auf. Neben dem Kuriosum, dass das Gericht bei den Zeugennamen in ein gehöriges Durcheinander geraten war, erwies es sich auch in rechtlicher Hinsicht als desorientiert. Schon der gerichtlichen Feststellung, dass sich May amtliche Qualitäten angemaßt hätte, muss mit Skepsis begegnet werden. So gehörte es bereits zur May'schen Tatzeit zur unbedingten tatbestandlichen Voraussetzung des Delikts, dass es sich um ein existierendes und nicht etwa um ein fingiertes Amt gehandelt haben musste.[229] Das Reichsgericht hatte sich in einer früheren Entscheidung darüber, was denn eigentlich unter einem öffentlichen Amt zu verstehen sei, dahingehend geäußert, dass es sich um „diejenige Stellung [handle], vermöge deren jemand dazu berufen ist, im Dienste des Reiches oder im unmittelbaren oder mittelbaren Dienste eines Bundesstaates als Organ der Staatsgewalt für die Durchführung der Zwecke des Staates tätig zu sein."[230]

Zu den Beamten in diesem Sinne zählen nur diejenigen Personen, die nach den einschlägigen beamtenrechtlichen Vorschriften durch eine dafür zuständige Stelle in ein Beamtenverhältnis berufen worden sind. Ein förmliches beamtenmäßiges Amt hatte sich May aber gerade nicht angemaßt. Bezeichnungen, wie „Redakteur" oder er „sei von der Regierung eingesetzt und etwas höheres, wie der Staatsanwalt" entsprachen dieser Begrifflichkeit nicht. Außerdem fehlte es an einer vermeintlichen Amtshandlung. Damals wie heute ist es jedem Privatmann erlaubt, andere Personen nach dem Hergang eines Unglückes zu befragen.

Damit war gegen Karl May zum vierten Mal eine Freiheitsstrafe ausgesprochen worden. Durch seinen Glauchauer Anwalt Ernst Friedrich Grimm legte er mit Schriftsatz vom 8. Februar 1879 Berufung[231] ein. Das Erstaunliche an Grimms Schriftsatz ist die Tatsache, dass er mit keinem Wort auf die Fragwürdigkeit einer tatbestandlichen Einordnung als Amtsanmaßung eingeht. Der Advokat verrannte sich vielmehr in der Darlegung vermeintlicher formeller Fehler bei der Zeugenbefragung. Am 12. Mai 1879 kam es zur

Berufungsverhandlung vor dem Königlichen Bezirksgericht Chemnitz[232], an der weder May noch sein Anwalt teilnahmen. Die fehlerhafte Verteidigung musste zur Bestätigung des erstinstanzlichen Urteils führen, was dann auch der Fall war. Es blieb bei der Verurteilung zu drei Wochen Gefängnis.

Auch die Berufungsinstanz kam zu dem fatalen Fehlergebnis, dass sich May ein öffentliches Amt angemaßt und unbefugt eine Amtshandlung vorgenommen hätte. Grimms Darlegungen waren, wie kaum anders zu erwarten gewesen war, völlig ins Leere gegangen.

Als letzter Weg verblieb für May nur noch der Gnadenweg *An Seine Majestät Herrn Albert König von Sachsen zu Dresden*[233], ein Bittgesuch voller Demut und Angst, die mühsam erworbene bescheidene Existenz wieder zu verlieren. Doch auch diese Möglichkeit blieb erfolglos und wurde am 29. Juli 1879 abgewiesen.[234]

Der Schriftsteller musste sich in sein Schicksal ergeben. Die Verbüßung der Strafe in seiner Heimatstadt war ihm äußerst unangenehm. Aus diesem Grund richtete er noch am gleichen Tag die Bitte an das Gerichtsamt Stollberg, die unausweichliche Strafverbüßung nicht im Gerichtsamt Hohenstein-Ernstthal, sondern in Stollberg antreten zu dürfen. Aber selbst diese Bitte wurde abgelehnt. Gleichzeitig wurde er zur Strafverbüßung angehalten. May „ersucht noch um Bewilligung einer Frist von 8 Tagen, weil er sich zur Fortsetzung seiner begonnenen literarischen Arbeiten noch die nöthigen Bücher in Leipzig verschaffen müsse. Auf die Versicherung des Angeklagten, daß er Montag, den I. September ds. J., seine Strafhaft Abends 8 Uhr antreten werde, wird ihm diese Frist gewährt."[235]

Vom 1. bis 22. September 1879 verbrachte der Schriftsteller seine Strafe im Gerichtsgefängnis von Hohenstein-Ernstthal. Es sollte die letzte Inhaftierung im Leben Karl Mays sein.

VIII. Karl Mays Kriminalität

Warum beging ein Mann wie Karl May Straftaten? Was waren die Ursachen dafür, dass jemand, dem eine bürgerliche Existenz offengestanden hatte, zum Dieb und Hochstapler wurde? Aus der Darstellung der May'schen Straftaten ergibt sich nicht zwangsläufig auch die Erklärung für ihre Ursächlichkeit. Der Schriftsteller selber bekannte: *„Daß ich ein ‚Vorbestrafter' bin, werde ich der Welt nicht verschweigen"* [236], und er bemühte sich in seinen autobiografischen Schriften auch um eine eigene Erklärung.

1. Karl Mays kriminologische Selbstbetrachtung

Bei den eigenen Erklärungsversuchen ragt vor allem die Autobiografie *Mein Leben und Streben* heraus. Es ist nicht ungewöhnlich, wenn Künstler ihr eigenes Leben in autobiografischen Schilderungen wiedergeben; ebenso häufig finden sich derartige Schilderungen von ehemaligen Straftätern. May war beides: Künstler und ehemaliger Straftäter. Warum ausgerechnet ehemalige Straftäter den Weg in die Schriftstellerei finden, vor allem aber, warum sie über ihr Leben schreiben, hat viel mit der Pragmatik lebensgeschichtlicher Darstellungen zu tun. *Mein Leben und Streben* ist dafür ein Paradebeispiel. Nicht grundlos weist auch Hainer Plaul darauf hin, „daß diese Selbstschilderung mehr Dichtung denn Wahrheit, mehr Traum denn Wirklichkeit enthalte."[237] Das ist kein ungewöhnlicher Vorgang, sondern das zu erwartende Ergebnis von Selbstschilderungen des eigenen Lebens, denn sie „zeigen den Menschen so, wie er sich selbst sieht oder wie er sich gesehen wissen will."[238] Als bezeichnend mögen in diesem Sinne auch Max Frischs Worte gelten: „Jeder Mensch erfindet sich früher oder später eine Geschichte, die er für sein Leben hält."[239]

Mays Lebenserinnerungen folgen keiner chronologischen Abfolge von der Geburt bis zum Zeitpunkt der Niederschrift. Der Dichter wählt stattdessen sehr gezielt einzelne Lebensabschnitte aus. Besondere Beachtung erfahren Kindheit und Jugend, die Jahre der Haft sowie die gerichtlichen Auseinandersetzungen während des letzten Lebensjahrzehnts. Andererseits integriert er auch Fakten, Ereignisse und Handlungen in seine Autobiografie, die es in Wirklichkeit nachweislich nicht gegeben hat, wie etwa das in diesem Text so wichtige Märchenbuch *Der Hakawati*. Solche und andere Veränderungen von Sachverhalten begegnen dem Leser in auffälliger Häufigkeit. Es werden Personen verändert, Daten umgestellt, Handlungen und Ereignisse in ihren Abläufen manipuliert. Mays Text reproduziert nicht persönliche Vergangenheit, sondern gestaltet sie neu.

In anekdotischer Form schildert der Schriftsteller in den ersten Kapiteln das soziale Elend, in dem er als Webersohn aufwuchs. In vielen Einzelheiten skizziert May vor allem die wirtschaftliche Not, in der seine Familie lebte, die sich mit vereinten Kräften bemühte, dem begabten Sohn zumindest die Lehrerausbildung finanziell zu ermöglichen. Im Kapitel *Seminar- und Lehrerzeit* verdichten sich diese Erlebnisse zu dokumentarischer Präzision; von hier aus gewinnt May die Kraft, den Weg in jene Unheilzeit zu beschreiben, *„welche für mich und für jeden Menschenfreund die schrecklichste, für den Psychologen aber die interessanteste ist"*[240], also die seiner Vorstrafen und Inhaftierungen, die mit *Im Abgrund* überschrieben werden. Der Schriftsteller gibt keine bloße Beschreibung von Lebensvorgängen wider, sondern bietet auch Erklärungen zu den Hintergründen. Soziologen „klassifizieren Darstellungen von Lebensgeschichten als ‚praktische Erklärungen'".[241] Sie gehen davon aus, dass sich Selbstbiografien von Straftätern als Rechtfertigungen und Entschuldigungen einordnen lassen. „Rechtfertigungen sind praktische Erklärungen, in denen man die Verantwortung für die fragliche Handlung übernimmt, die dieser Handlung zugeschriebene negative Eigenschaft jedoch bestreitet. [...] Entschuldigungen sind praktische Erklärungen, in denen man eingesteht, daß die fragliche Handlung schlecht, falsch oder unangenehm ist, die volle Verantwortlichkeit jedoch bestreitet."[242]

Auch Mays Lebenserinnerungen lassen sich unter diesem Blickwinkel betrachten. Die Schilderung des Waldenburger Kerzendiebstahls wird mit der Darstellung seiner ärmlichen Verhältnisse eingeleitet, die es noch nicht einmal erlaubten, dass sich die Familie zu Weihnachten Kerzen leisten konnte:

„Es gab keine Lichte für den Weihnachtsleuchter. Sogar die hölzernen Engel der kleineren Schwestern sollten ohne Lichte sein. Zu diesen Engeln gehörten drei kleine Lichte, das Stück für fünf oder sechs Pfennige; aber wenn diese achtzehn Pfennige zu andern, notwendigeren Dingen gebraucht wurden, so hatte man sich eben zu fügen. Das tat mir wehe." [243]

Die Darstellung verrät das Fehlen eines Unrechtbewusstseins. Die desolaten häuslichen Verhältnisse ließen Mays Meinung nach durchaus die Ansichnahme der Weihnachtslichte zu. Und offenbar arglos trat der Seminarist deshalb auch der Seminarleitung gegenüber:

„Der Herr Direktor kam in eigener Person, den ‚Diebstahl' zu untersuchen. Ich gestand sehr ruhig ein, was ich getan hatte, und gab den ‚Raub', den ich begangen hatte, zurück. Ich dachte wahrhaftig nichts Arges. Er aber nannte mich einen ‚infernalischen Charakter' und rief die Lehrerkonferenz zusammen, über mich und meine Strafe zu entscheiden. Schon nach einer halben Stunde wurde sie mir verkündet. Ich war aus dem Seminar entlassen und konnte gehen, wohin es mir beliebte." [244]

Das gleiche Schema wiederholt sich bei der Darstellung der Altchemnitzer Uhrenaffäre. Wieder leitet May die Tatbeschreibung mit einer Schilderung der ärmlichen familiären Verhältnisse ein; wieder ist es eine traurige Geschichte, die erzählt wird:

„Ich besaß nicht einmal eine Uhr, die doch für einen Lehrer, der sich nach Minuten zu richten hat, fast unentbehrlich ist." [245]

Das ständige Ausleihen der Kollegenuhr ist nicht nur demütigend; es hat einen entscheidenden Anteil an Mays erstem Konflikt mit der Justiz, als er in die Weihnachtsferien fuhr. Und wieder betont May sein fehlendes Bewusstsein, unrechtmäßig gehandelt zu haben.

„Die Uhr zurückzulassen, daran hatte ich in meiner Ferien-

freude nicht gedacht. Als ich bemerkte, daß sie sich in meiner Tasche befand, war mir das sehr gleichgültig. Ich war mir ja nicht der geringsten unlautern Absicht bewußt [...]." ²⁴⁶

Dass er von Scheunpflug angezeigt worden war und dass die Behörden in ihm einen Straftäter sahen, erschütterte ihn zutiefst. Seine *„Bestürzung war unbeschreiblich. [...] ich war ein – – – Dieb!"* ²⁴⁷

Damit enden die episodischen Schilderungen der May'schen Verfehlungen aus eigener Sicht. Es fällt auf, dass es sich bei beiden Vorfällen um juristisch gesehen zweifelhafte Vorgänge handelt, die recht präzise beschrieben werden. Das legt die Vermutung nahe, dass sich May, gerade weil er sich zu Unrecht angeklagt und bestraft sah, auch zu den Vorgängen detailliert äußern konnte. Dabei gibt er dem Leser Entschuldigungen darüber ab, wie es zu den Vorfällen gekommen war. Als typische Entschuldigungen verweist man in der Soziologie unter anderem auch auf die Einführung von Sündenböcken. Unter Sündenböcken sind Personen zu verstehen, die die „Bewertung von Handlungen steuern, also die Situation des Sich-Verantworten-Müssens produzieren; sie werden als Personen gesehen, die den Handelnden in Zwangssituationen bringen oder Affekthandlungen hervorrufen."²⁴⁸

May führt mehrere Sündenböcke dieser Art ins Feld, um die Konflikte in Waldenburg und in Altchemnitz erklären: Da sind zum einen der Mitschüler und der Seminardirektor in Waldenburg, die allesamt das ihre zu seinem Unglück beitragen. Und in Altchemnitz ist es der Kollege Scheunpflug, dem eine maßgebliche Rolle als Verursacher des May'schen Elends zukommt. Nur auf Grund seiner Anzeige kommt es zu einem Strafverfahren gegen May, das letztlich zu seiner Verurteilung führt und die Entlassung aus dem Schuldienst zur Folge hat. Ein ganz anderes Bild bietet Mays Darstellung der Serienstraftaten, die ihn ins Arbeitshaus und Zuchthaus brachten. Hier lehnt er eine Schilderung der tatbestandlichen Einzelheiten schlicht und einfach ab:

„Es kann mir nicht einfallen, die Missetaten, die mir vorgeworfen werden, hier aufzuzählen." ²⁴⁹

Also unterließ er das auch. Eine „detaillierte Schilderung seiner Vergehen, deren Einzelheiten er in der Erinnerung wohl auch weitgehend verdrängt hatte, hätte seine seelische Kraft überfordert" – vermutet Roxin.[250] Stattdessen tritt May in eine ausführliche Verantwortlichkeitserörterung ein. Er führt Merkmale schwerer psychischer Störungen auf und spricht von Gedächtnisstörungen:

„Ich möchte aus wichtigen psychologischen Gründen gern Alles so offen und ausführlich wie möglich erzählen, kann das aber leider nicht, weil das Alles infolge ganz eigenartiger, seelischer Zustände, über die ich im nächsten Kapitel zu berichten haben werde, aus meiner Erinnerung ausgestrichen ist."[251]

In zahlreichen Passagen beschreibt May auch Halluzinationen, erwähnt Stimmen in seinem Kopf und gebraucht den Begriff der Bewusstseinsspaltung:

„Es bildete sich bei mir das Bewußtsein heraus, daß ich kein Ganzes mehr sei, sondern eine gespaltene Persönlichkeit, ganz dem neuen Lehrsatze entsprechend, nicht Einzelwesen, sondern Drama ist der Mensch. In diesem Drama gab es verschiedene, handelnde Persönlichkeiten, die sich bald gar nicht, bald aber auch sehr genau von einander unterschieden."[252]

Entsprechend heißt es in einer Passage:

„Wenn ich nicht tat, was diese lauten Stimmen in mir verlangten, wurde ich von ihnen mit Hohngelächter, mit Flüchen und Verwünschungen überschüttet, nicht nur stundenlang, sondern halbe Tage und ganze Nächte lang."[253]

Interessanterweise gesteht May an einer anderen Stelle:

„Ich war seelenkrank, aber nicht geisteskrank."[254]

Der Straftäter Karl May sah sich nicht mehr auf der Anklagebank, sondern mehr in der Rolle des Kranken und Märtyrers, dem die Gesellschaft Unrecht angetan hatte.

2. Die kriminologische Karl-May-Forschung

Um dem ‚Fall Karl May' Gerechtigkeit widerfahren zu lassen, erscheint es notwendig, alle greifbaren Fakten und historischen Zusammenhänge sprechen zu lassen. Die tatbestandliche Rekonstruktion der Straftaten und die Beschreibung der Inhaftierungen Mays ließen sich im Vorangegangenen weitgehend exakt wiedergeben; schwieriger erscheint die kriminologische Analyse. Als maßgebliche Grundlage wird man die Ergebnisse der Arbeiten von Claus Roxin[255] heranziehen können. In seinem ersten Essay[256] aus dem Jahr 1971 demaskierte Roxin die durch den Journalisten Rudolf Lebius zu Lebzeiten Mays aufgebrachte Einordnung des Dichters als ‚geborenen Verbrecher'. Lebius – von dem noch ausführlich zu sprechen sein wird – hatte auf eine kriminologische Typisierung zurückgegriffen, die eng mit dem Namen des italienischen Kriminalanthropologen Cesare Lombroso (1835-1909) verknüpft ist. Mit dem Begriff des ‚geborenen Verbrechers' war im ausgehenden 19. Jahrhundert ein von der evolutionären Entwicklung ausgesparter ‚atavistischer' Mensch bezeichnet worden, zu dem die Kriminalität ‚wesensmäßig', also anthropologisch, hinzugehöre. Lombroso vertrat die Auffassung, dass durch ein Stehenbleiben in einer archaischen Phase der Entwicklung das degenerierte Individuum einer Art Urrasse ähnle. Es fänden sich zahlreiche andere atavistische Merkmale, Stigmata, die seinen anormalen Zustand beweisen würden. Hierzu zählte der Mediziner im einzelnen körperliche Auffälligkeiten im Bereich des Schädels (z. B. riesige Unterkiefer, hohe Backenknochen, hervorstehende Augenwülste, große Augenhöhlen, fliehende Stirn, Asymmetrie des Gesichts, handförmige oder anliegende Ohren), aber auch anderer Körperteile (z. B. Spannweite der Arme, große Füße und Hände, einzeln stehende Handlinien) und im Bereich der Sinnesphysiologie (z. B. hohe Sehschärfe, herabgesetzte Sinnes- und Schmerzempfindlichkeit). Damit wurde eine phänotypische Verwandschaft mit primitiven, wilden Volksstämmen behauptet, die sich auch in häufigen Tätowierungen und Charaktereigenschaften wie Gefühlskälte, Rachsucht, Ruhelosigkeit, Eitelkeit, vorherrschender Sinnlichkeit und emotionaler Labilität zeige. Den evolutionistischen Theorien Darwins folgend erblickte Lombroso hierin die Widerspiegelung eines früheren, rückschrittlichen

Stadiums der menschlichen Entwicklung. Lombroso sah eine Bedrohung der Gesellschaft durch Degeneration. Roxin widerlegte diese Einordnung Mays:

„Von den körperlichen Merkmalen des Lombrososchen Typs (fliehende Stirn, ‚tierische' Entwicklung der Kauwerkzeuge usw.) wies May nicht ein einziges auf [...]. Es ist nicht richtig, daß sich Straffällige durch irgendwelche körperlichen Merkmale vom Durchschnittsbürger unterscheiden. Es gibt auch keine ‚geborenen Verbrecher'. Richtig ist nur, daß jedermann mit Fähigkeiten und Anlagen geboren wird, die sich unter dem Eindruck äußerer (meist familiärer oder sozialer) Bedingungen positiv oder negativ auswirken können. Potentielle Straftäter sind wir alle."[257]

Bestätigt wird Roxins grundsätzliche Einschätzung der Lombrososchen Lehre von den Ergebnissen der modernen Dunkelfeldstudien[258], wonach alle kriminalbiologischen Erklärungsversuche kriminellen Verhaltens als widerlegt gelten, weil sie schlicht und einfach nicht bestätigt wurden. Aus alledem lässt sich die Schlussfolgerung ableiten, dass Lombrosos Lehre vom ‚geborenen Verbrecher' bereits zu dessen Lebzeiten und erst recht heutzutage keine ernsthafte wissenschaftliche Erklärung bietet. Roxin verweist stattdessen zutreffenderweise auf die Lebensbedingungen und Fantasiebegabung als wesentliche Kriminalitätsursachen bei Karl May; er führt dabei die ungewöhnliche, abenteuerlich-hochstaplerische Art der May'schen Verfehlungen mit ihren charakterlichen, familiären, sozialen und staatlich-gesellschaftlichen Bedingungen zu einem gemeinsamen psychologischen und kriminologischen Erklärungsmodell zusammen. Bei Karl May habe zunächst einmal eine Sozialisationsstörung vorgelegen, deren Ursache Roxin durch die Liebesversagungen in Mays Kindheit ausgelöst sah. Das Defizit an selbst erfahrener Liebe müsse ihm „seine eigene Liebesfähigkeit geschädigt und ihm zeitlebens die emotionale Ausgewogenheit und die gefestigte Persönlichkeitsstruktur versagt haben, die in der Regel nur bei intensiver mütterlicher Zuwendung in den ersten Lebensjahren zustande kommt. Die dadurch bedingte

Kontaktschwäche, der Rückzug der emotionalen Besetzung vom Objekt, vom anderen Menschen, auf das eigene Ich, hat den jungen May (und nicht nur den jungen) zu einer ausgeprägt narzisstischen Persönlichkeit werden lassen; und der bekannte Mechanismus von Frustration und Aggression hat die psychische Disposition geschaffen, die eine Kompensation von Demütigungen und Minderwertigkeitsgefühlen durch kriminelle Handlungen überhaupt erst möglich macht."[259]

Zu den Umständen, die bei May zu dieser Störung geführt haben, weist der Jurist auf Herkunft und soziale Bedingungen hin:

„May entstammt der den Kriminologen wohlbekannten kinderreichen Unterschichtfamilie, deren Angehörige unter den Straffälligen immer weit überrepräsentiert gewesen sind. Es ist klar, dass eine Mutter, die in den frühen Jahren Mays quasi ununterbrochen mit Kindsgeburten beschäftigt war, die aber daneben bei äußerster Armut eine vielköpfige Familie zu versorgen und auch noch beim Erwerb des notdürftigsten Lebensunterhaltes mitzuarbeiten hatte, beim besten Willen nicht die Geborgenheit geben konnte, die ein krankes, blindes und dadurch doppelt isoliertes und liebebedürftiges Kind so dringend gebraucht hätte. *Liebe muss sein, selbst im allerärmsten Leben*[260], sagt May in seiner Autobiografie; unter den sozialen Bedingungen, die hier gegeben waren, aber konnte sie kaum sein."[261]

Dieses schon so früh erfahrene Defizit an Zuwendung habe eine psychologische Kompensation gesucht und in der Fantasie des Kindes und Heranwachsenden gefunden.

Das Elend und die nicht hinreichende Gelegenheit zu emotionaler Bindung mussten von vornherein eine Abwendung von der Realität und die Abkapselung in einem autistischen Binnenreich von Wunschfantasien begünstigen. Die Grenzen von Wirklichem und Erdachtem verwischten dabei zunehmend, sodass sich bei May das psychiatrische Erscheinungsbild der ‚pseudologia phantastica', gezeigt habe. Dabei handelt es sich um eine „Gemütsverfassung, die sich von der des Durchschnittsbürgers durch die verminderte Fähigkeit unterscheidet, Imagination und Realität klar auseinanderzuhalten. Sie beruht anscheinend darauf, dass das ‚Ich' die Kontrolle über die tagträumerischen Wunscherfüllungsfantasien des Unbewussten verliert, ein Zustand, der sich von harmloseren Formen der Exzentrik und traumgängerischer Versponnenheit bis zu erheblichen Graden des Pathologischen steigern kann. Solche Wesenszüge waren bei May zeitweise sehr stark ausgeprägt und sind die Ursache für zahlreiche Absonderlichkeiten seines irdischen Wandels, die ihm im bürgerlichen Leben immer wieder Schwierigkeiten gemacht haben. Alle Autoren, die diese Erscheinung beschrieben haben, stimmen darin überein, dass solche pseudologischen Züge mit größerer oder geringerer Intensität besonders bei vier Verkörperungen des Menschlichen auftreten: beim Kinde, beim Schauspieler, beim Dichter und beim Hochstapler. [...] Um aber auf die Straftaten zurückzukommen, so wird aus diesem Zusammenhang deutlich, dass Mays Hochstapeleien und Amtsanmaßungen, aber auch der Pferdediebstahl, das Zerbrechen der Fesseln und die Flucht in die böhmischen Wälder als gelebte Abenteuerromane und in der Realität ausagierte Fantasievorstellungen nur eine andere Ausprägung derselben Wesensart waren, die ihn später zum Dichter gemacht und seinen literarischen Erfolg wie sein bürgerliches Scheitern begründet hat."[262]

Die Einordnung Mays als pseudologischer Typ nahmen im Übrigen bereits vor Roxin auch der May-Forscher Otto Forst-Battaglia (1889-1965) und der May-Verleger Euchar Albrecht Schmid (1884-1951) vor. So sprach Forst-Battaglia davon, dass Mays autobiografische Beschreibungen „klassische Schilderung hysterischer Dämmerzustände erkennen [ließen], an denen dieser zeitlebens gelitten hat und die zusammen mit einer Pseudologia phantastica sowohl den jungen ‚Verbrecher' als auch den späteren Supermann der Reiseerzählungen erklären."[263]

Und Schmid äußerte sich in einem Brief an Erich Wulffen: „Ich selber war, unter uns gesagt, stets der Meinung, dass

May pathologisch zu werten sei, wenigstens in der Richtung der Pseudologia phantastica."[264]

Roxin sieht die pseudologische Grundverfassung Mays auch als ursächlich für dessen extrovertiertes Verhalten in der Öffentlichkeit an, vor allem für die Zuschaustellung der Old-Shatterhand-Legende, „wenn May ganz nach Art seiner Romanfiguren in den Masken gelehrter oder beamteter Personen auftrat und sich bemühte, Kranke zu heilen oder vermeintliche Verbrechen aufzuklären. In derselben Richtung liegt es, wenn er später Fotografien im Kostüm Old Shatterhands oder Kara Ben Nemsis von sich anfertigen ließ und alle seine Geschichten als selbst erlebt ausgab. Er wußte diese Abenteuer aus dem Stegreif so suggestiv vorzutragen, dass er auch als mündlicher Erzähler große Menschenmengen faszinierte. Es ist überliefert, dass er einmal in München im Foyer seines Hotels zu erzählen begann und dass die Zuhörer schließlich bis weit auf die Straße hinaus standen, eine Verkehrsstörung verursachten und von der Feuerwehr auseinandergetrieben werden mussten. Er stellte dabei die unmöglichsten Behauptungen über seine Taten und Fähigkeiten auf, steigerte sich aber so überzeugungskräftig in seine Fantasien hinein, dass selbst die Pressereporter gläubig berichteten, May spreche 1200 (!) Sprachen, habe Amerika – das er in Wirklichkeit nie gesehen hatte! – schon mehr als zwanzigmal bereist und wolle jetzt gerade zu einem Besuch seines Hadschi Halef Omar nach Mesopotamien aufbrechen. Wenn er im privaten Kreise vom Tode Winnetous erzählte, saß er tränenüberströmt da, weil ihm die Erinnerung daran zu nahe ging. Auch wenn er ganz allein bei der Arbeit saß – er schrieb oft mehrere Tage und Nächte hindurch – sprach, lachte und weinte er mit seinen Figuren."[265]

Mit diesen bereits aufgezeigten Erklärungsmustern erschöpft sich jedoch nicht die kriminologische Erklärung für Karl Mays Straftaten. Vielmehr schließt sich der Interpretation seines Individualverhaltens die Frage nach dem maßgeblichen Kriminalitätsverständnis an. „Die Wurzeln der Kriminalität sind nicht adäquat als bloße Gefährdungsmomente für künftiges soziales Unheil zu erfassen. Vielmehr vermag sogar eine dichterische Veranlagung zu einem dichtenden Schauspieler und so zu Versuchen zu führen, die Welt den eigenen Vorstellungen anzupassen. Das gefährliche, die Realitätsgrenze überschreitende Spiel ermöglicht Faszinationen, ohne die wir erheblich ärmer wären."[266]

So zeigt Roxin, dass in der schöpferischen Fantasie Mays gleichermaßen künstlerische Befähigungen wie auch kriminelle Kräfte verborgen lagen. Ähnliches hatte – auch über den ‚Fall Karl May' hinaus – bereits Erich Wulffen konstatiert, dessen zentrales wissenschaftliches und literarisches Thema die Beziehung zwischen Kunst und Verbrechen war.[267] Vor allem auch in einem speziell auf Karl May bezogenen Aufsatz[268] versuchte er „die eigentümlichen psychologischen Zusammenhänge, die sich zwischen künstlerischem Gestalten aller Art und verbrecherischer Tätigkeit finden können, eingehend nachzuweisen [...]. Dabei war es vor allem die Psychologie des Hochstaplers, welche die meisten interessanten Vergleiche und Abwandlungen desselben psychologischen Gesetzes zuließ."[269]

In seinem Werk *Psychologie des Verbrechers* ist u. a. die Rede von „einem noch lebenden sehr bekannten deutschen Schriftsteller, der in seiner Jugend wegen Dibereien und Betrügereien lange Freiheitsstrafen zu verbüßen hatte".[270] Bei ihm ließe „sich der feine psychologische Zusammenhang zwischen seinem ehemaligen Verbrechertum und seinem Schriftstellertum aktenmäßig nachweisen. Das Exotische, Phantastische, Fascinierende, welches seine Schriften so spannend macht, trat auch bei seinen Straftaten hervor."[271]

Wulffen ließ es sich auch nicht nehmen, gegenüber der Forensisch-psychiatrischen Vereinigung zu Dresden am 10. Januar 1908 „den Fall eines bekannten Mannes" mitzuteilen, „der sowohl ein guter Dichter wie ein ausgezeichneter Schwindler war."[272]

Auch im Nachlass des Forschers findet sich eine Skizze, deren Fazit lautet: „Also: Ausleben seiner Triebe im Schrifttum, zugleich Selbstbestrafung, Sühne, auch Rehabilitation, in seinem Testament Stiftung zu Gunsten armer Schriftsteller aus Geldern mittels Gaunerstückchen auf dem Papier."[273]

Ein solches Fazit deckt sich folgerichtig mit Roxins Darlegungen. Der Strafrechtsgelehrte geht in seinen kriminologischen Untersuchungen allerdings noch weiter und zeigt mit dem ‚Fall Karl May‘ auch die Dynamik der Rückfälligkeit auf:

„Vor allem wird an raschen und tendenziell schweren Folgetaten deutlich, wie verhängnisvoll besonders harte, die Lebensumstände negierende Strafen zu wirken vermögen. Ihre Würze erlangt die Analyse [Roxins] u. a. dadurch, dass May seine nachfolgenden Taten als Rache für eine ungerechtfertigte Abstempelung zum Verbrecher bezeichnet [...]."[274]

Damit bestätigte May ein theoretisches Konzept, das erst Jahrzehnte nach seinem Tode entwickelt wurde und auf das sich Roxin zur Erklärung der Serienstraftaten des Dichters bezieht, den sogenannten labeling approach. „Diese Lehre geht davon aus, dass leichtere Formen sozialabweichenden Verhaltens ubiquitär sind, d. h. mehr oder weniger von allen Menschen, besonders im Jugendlichen- und Heranwachsenden-Alter, an den Tag gelegt werden, dass aber nur ein geringer Bruchteil dieser Verstöße von den Instanzen sozialer Kontrolle zur Kenntnis genommen und verfolgt wird. Diejenigen, die unter solchen Umständen verurteilt werden, sind danach an sich nicht wesentlich anders als andere auch, werden aber durch die Behörden mit dem Etikett des Kriminellen versehen und in eine Rolle gedrängt, die sie gesellschaftlich diskriminiert und weiteren Stigmatisierungen Vorschub leistet. Die Delinquenz ist also, wenn man dem folgt, nicht so sehr ein sozialschädliches Verhalten des Täters als vielmehr ein Produkt der Strafverfolgung. Autoren, die diesen Ansatz mit marxistischen Auffassungen verbinden, fügen ihm meist die Hypothese hinzu, dass die Selektion der Kriminalisierten schichtenspezifisch erfolge, d. h. dass vorzugsweise Angehörige der Unterschicht durch die Privilegierten an den Rand der Gesellschaft gedrängt würden."[275]

Für Roxin stellt das Zustandekommen von Mays Delinquenz ein Paradebeispiel dieses Erklärungsansatzes dar:

„Denn die Taten, die ihn auf die schiefe Bahn gebracht haben, der Kerzendiebstahl und die unbefugte Benutzung einer fremden Taschenuhr – wobei auch die Unbefugtheit noch nicht einmal zweifelsfrei ist – sind wirklich bagatellarische Unregelmäßigkeiten, deren Unwertgehalt durch die soziale Not des Handelnden noch weiter reduziert wird. Normverstöße vergleichbarer und schlimmerer Art kommen bei den meisten Heranwachsenden vor und werden in aller Regel ohne die Einschaltung von Ministerien und Gerichten so erledigt, dass dem jungen Mann keine schweren und dauernden Nachteile daraus entstehen. Auch nach der damaligen Rechtslage wäre es ohne weiteres möglich gewesen, den Vorfall mit den Kerzen seminarintern durch einen Verweis zu regeln und bei dem unklaren Vorwurf der Gebrauchsanmaßung mit der Begründung zu einer Einstellung zu kommen, es sei dem Beschuldigten nicht zu widerlegen, dass er irrtümlich eine Einwilligung des Eigentümers angenommen habe. Wenn diese Wege nicht beschritten und auch nicht glimpfliche Sanktionen verhängt, sondern statt dessen Maßnahmen ergriffen wurden, die für den Betroffenen eine Vernichtung der mit äußerster Anstrengung errungenen bürgerlichen Existenz bedeuten mussten, dann hat die ‚Definitionsmacht' der Instanzen sozialer Kontrolle hier tatsächlich eine Zuschreibung von Kriminalität bewirkt, deren verhängnisvolle weitere Folgen von vornherein naheliegen mussten. Denn wer durch eine solche staatliche Überreaktion zwangsweise aus der einigermaßen geebneten Lebensbahn geworfen wird und in der bürgerlichen Gesellschaft nicht wieder Fuß fassen kann, wird leicht die ihm zudiktierte Rolle des Kriminellen halb aus Not, halb aus Trotz und Resignation übernehmen und erst jetzt aus eigenem Entschluss werden, als was er bisher etikettiert worden war. So hat es jedenfalls auch May selbst gesehen. In einem kurzen, von ihm nicht veröffentlichten Text unter dem Titel ‚Meine Beichte'[276] schreibt er im Alter über seinen Zustand, den er als ‚seelische Depression' schildert: ‚Ich begann nicht mich, sondern andere zu beschuldigen: den hinterlistigen, grausamen Eigentümer der Uhr, den

Staatsanwalt, den Untersuchungsrichter und alle anderen Personen, die in dieser Sache gegen mich zu tun gehabt hatten. Ich sann auf Rache [...]. Diese Rache sollte darin bestehen, dass ich, der durch die Bestrafung unter die Verbrecher Geworfene, nun auch wirklich Verbrechen beging. Nach meiner Ansicht hatte man mich dann auf dem Gewissen, und am Jüngsten Tage war Gott dann gezwungen, die ganze verruchte Schwefelbande, die mich und die Meinen so elend gemacht hatte, in die Hölle zu schleudern.'
Es ist erstaunlich, wie genau May hier aus eigener Erfahrung ein erst Jahrzehnte später entwickeltes theoretisches Konzept bestätigt."[277]

Auch Albert Hellwig (1880-1951) führte aus, dass in vielen Fällen „Strafe nicht günstig auf den Verbrecher einwirkt. Sie verbittert den Täter, bringt ihn in eine scharfe gegensätzliche Stellung zum Staat und setzt so selbst wieder neue Ursachen des Verbrechens.[278]"

Erklärungsproblematisch scheint auf den ersten Blick allerdings, dass trotz aller bedrückenden und demütigenden Erfahrungen, trotz der verneintlichen Etikettierung als Straftäter Karl May die Rückkehr ins bürgerliche Leben gelang.

„Man kann diese Zäsur auch kaum ausreichend mit dem zunehmend beachteten Alterungsphänomen erklären, dass negative Karrieren mit rückläufiger Vitalität ihr Ende finden, gleichsam auslaufen. Hier setzt Roxins rettende Theorie der ‚geglückten Selbstresozialisierung' ein, die May durch seine Schriftstellerei ermöglicht worden sei. Da jede Resozialisation letztlich selbst geleistet werden muss, ist mit ‚Selbst' der ungewöhnliche von May geschaffene autodidaktische Rahmen gemeint: die eigene Initiative, die eigene Ausbildung der fachlichen Fähigkeiten und die selbst organisierte praktische Verwirklichung des ganzen Unternehmens. [...] Die [...] als gefährlich, weil kriminalitätsbegünstigend erkannte ‚pseudologische' Ader wird – das schräge Bild sei ausnahmsweise erlaubt – nunmehr gleichsam zur Goldader. Die endlosen Geschichten ermöglichen nicht nur das schadlose Ausleben von Größenphantasien und damit die Kompensation früher erlittener Demütigungen, sondern bringen dem Autor zugleich viel Anerkennung, weil sie immer wieder auf ähnliche verdeckte Wünsche einer breiten Leserschaft stoßen."[279]

So macht Roxin die Janusköpfigkeit im ‚Fall Karl May' deutlich, bei dem neben der ungünstigen sozialen Ausgangslage, die pseudologische Grundkonstitution Kriminalität förderte, aber auch überwinden half.

3. Karl Mays Zurechnungsfähigkeit

Noch problematischer als die Erforschung der Ursachen bei Karl Mays Straffälligkeit, erweist sich die Frage, in welcher geistig-seelischen Verfassung er seine Taten beging. Lagen möglicherweise die Voraussetzungen für die Feststellung einer Unzurechnungsfähigkeit bzw. Schuldunfähigkeit vor? Es stellt sich demnach die konkrete Frage, inwieweit und ob überhaupt May bei Begehung seiner Straftaten in seiner Einsichts- und Steuerungsfähigkeit beeinträchtigt war. Normalerweise sind Einsicht und Steuerung im Handlungsablauf so eng verknüpft, dass eine exakte Unterscheidung kaum möglich ist.

Dabei wird vom medizinischen Sachverständigen eine empirisch-vergleichende Einschätzung[280] mit anderen Menschen in entsprechenden Situationen verlangt, während dem Gericht die Entscheidung darüber bleibt, ob die psychische Konstitution des Täters einen solchen Zustand erreicht hat, dass die Einsichts- oder Steuerungsfähigkeit als ausgeschlossen oder erheblich vermindert anzusehen ist.[281]

Die Einsichtsfähigkeit bezieht sich auf die Intaktheit der intellektuellen Funktionen und der Realitätswahrnehmungen, wobei es in den meisten Fällen möglich ist, sich auf das allgemeine Intelligenzniveau des Täters zu beziehen. Man könnte ab einem gewissen Intelligenzquotienten abwärts generell Schuldunfähigkeit annehmen, d. h. gegenüber einer kleinen Minderheit, die durch eine schwere psychische Beeinträchtigung gekennzeichnet ist, auf jeden Strafverfolgungsanspruch verzichten.²⁸² Dass Mays Intelligenz in jedem Fall eine Einsichtsfähigkeit seines strafrechtlichen Handelns in diesem Sinne zuließ, dürfte außer Zweifel stehen. Würde man jedoch nur auf die Einsichtsfähigkeit abstellen, würde man übersehen, dass der Unrechtsgehalt der meisten Straftaten auch für den erheblich Minderbegabten einsehbar ist. Bedeutsamer ist daher in den meisten Fällen die Beeinträchtigung des Täters, sich emotional mit einer Situation auseinanderzusetzen, d. h. der Steuerungsfähigkeit seiner Handlungen. Dabei ist zu hinterfragen, ob der Täter in der Lage war, die aufkommenden kriminellen Handlungsimpulse zu kontrollieren bzw. mit ihnen in angemessener Weise umzugehen. Je schwerwiegender psychische Erkrankungen sind, desto gravierender sind oftmals ihre Auswirkungen auf die Steuerungsfähigkeit.

In der Karl-May-Forschung wurden im Laufe der Jahre mehrere sehr unterschiedliche Auffassungen über den psychischen Gesundheitszustand des Dichters während seiner Strafzeiten geäußert. Nach Otto Rubner[283] litt May lebenslang unter einer ‚Konversionsneurose', die früher als ‚hysterische Neurose' bezeichnet wurde; einem psychischen Konflikt, der sich in körperliche Symptome – krampfartige Anfälle, Stottern, Ticks und motorische Lähmungen – verwandelt und dessen vermutliche Ursache die Hemmung einer Motivbefriedigung, die Kränkung durch Verweigerung einer Wunscherfüllung ist. Im Rahmen dieser Neurose hätte May „eine sehr erhebliche Fantasie (entwickelt), die in der Jugendzeit zu seinen einfallsreichen Delikten und später zu seiner schriftstellerischen Produktivität [...] führte."[284] Aufgrund dieser Diagnose gelangt der Mediziner zur normativen Schlussfolgerung, dass „man Karl May für alle seine Taten als uneingeschränkt schuldfähig ansehen [müsse]."[285]

Rubners Auffassung erscheint bereits insofern ausgeschlossen, da May keine der beschriebenen körperlichen Symptome einer ‚Konversionsneurose' aufwies.

Zu einem ganz anderen Ergebnis als Rubner gelangt sein Kollege Kurt Langer[286]. Ausgehend von Wollschlägers Vermutung „paranoider Erscheinungsbilder"[287] bei May, bemüht sich Langer um eine Präzisierung dieses Krankheitsbildes. Der Schriftsteller habe „an einem sogenannten Borderline-Syndrom [gelitten], einem Grenzzustand zwischen Neurose und Psychose bzw. einer schweren Neurose mit Neigung zu psychotischen Eskalationen. Bei der Beurteilung seiner Straftaten würde ein heutiger psychiatrischer Gutachter dem Gericht die Anwendung des § 20 StGB (Schuldunfähigkeit wegen seelischer Störungen) empfohlen haben."[288]

In die Richtung einer fehlenden strafrechtlichen Verantwortlichkeit Mays urteilte schon der Schulreformer Ludwig Gurlitt (1855-1931): „Mays glänzende Seelenschilderung sei dem Studium der Nervenärzte dringend empfohlen. Ich bin fest überzeugt, daß sie auf schwere Hysterie diagnostizieren und erbliche Belastung durch Alkoholismus feststellen werden."[289]

Auch Karl-Heinz Strobl kam zu einer vergleichbaren Einschätzung, als er ausführte:

„Wenn je ein Verbrecher durch inneren Zwang entschuldbar war, dann Karl May [...]".Strobl wollte es „psychologisch glaubhaft vorkommen, daß zu gewissen Zeiten eine Spaltung in ein Doppel-Ich stattfand und die entscheidenden Geschehnisse unter getrübten Bewusstseinszuständen und bei aufgehobener oder wesentlich eingeschränkter moralischer Verantwortung stattfanden."[290]

Zu einem ähnlichen Ergebnis – wenn auch medizinisch begründet – gelangt der australische Arzt William E. Thomas (*1933): *Karl May would have been found not guilty!*[291] war 1998 nicht nur der Titel eines Aufsatzes, sondern auch das Ergebnis einer These, die von einer Unzurechnungsfähigkeit des Straftäters May ausgeht. Einzelheiten zu dieser Auffassung folgten in einem größeren Aufsatz,[292] in dem ausführlich das Krankheitsbild einer dissoziativen Identitätsstörung (D.I.D.) bei Karl May für die Jahre zwischen 1862 bis 1878 diagnostiziert wird. Es handelt sich hierbei um eine Störung, bei der zwei oder mehr Persönlichkeiten in einem Individuum existieren und immer eine dieser Persönlichkeiten sichtbar ist, während die anderen unsichtbar bleiben. Jede dieser Persönlichkeiten verfügt über vollständig eigene Erinnerungen, Verhaltensweisen und Vorlieben.[293] In der Klassifizierung der psychischen Störungen durch die Weltgesundheitsorganisation wird diese Störung unter der Gruppe der ‚sonstigen dissoziativen Störungen' als multiple Persönlichkeitsstörung geführt. Thomas steht auf dem Standpunkt, dass bei May alle Kriterien von D.I.D. vorgelegen hätten. Sowohl Dr. med. Heilig, der Polizei-Oberleutnant von Wolframsdorf als auch alle anderen hochstaplerischen Rollen Mays seien psychologisch betrachtet jeweils eigenständige Persönlichkeiten mit eigenen Identitäten gewesen. Als ausgewertete Quelle für diese Einordnung verweist Thomas in erster Linie auf die Autobiografie des Schriftstellers, die „sehr gut die vier notwendigen Kriterien"[294] beschreibe. So geht Thomas u. a. auf die mittlerweile in Fachkreisen umstrittene Blindheit Mays in den ersten vier Lebensjahren ein. Dann zitiert er Mays vermeintliche Gedächtnisstörungen in Bezug auf Gerichtsverhandlungen und Inhaftierungen in Waldheim. Später seien auch Halluzinationen aufgetreten. Thomas unterstellt der May'schen Darstellung kriminologische Authentizität und erblickt Belege für dieses Krankheitsbild auch im Romanwerk des Dichters. Zudem habe ihn sein Verteidiger vor Gericht als einen komischen Menschen bezeichnet, der gewissermaßen aus Übermut auf der Anklagebank zu sitzen schien. May sei – verursacht durch Flashbacks – von Halluzinationen, Panikattacken und Phobien geplagt gewesen. Durch die Einwirkung Kochtas in Waldheim hätten sich die Symptome nach einigen Wochen zurückgebildet und nach der Entlassung 1874 habe May nicht mehr an den entsprechenden Symptomen gelitten. Man könne also sagen, er sei im Zuchthaus geheilt worden.

Die Auffassung von Thomas erscheint aus mehreren Gründen fraglich. In der modernen forensischen Psychiatrik gilt die Diagnose einer multiplen Persönlichkeit, wie sie im diagnostischen Manual der Amerikanischen Psychiatrischen Gesellschaft früher angewandt wurde, als ein iatrogenes

Artefakt und wird zur Begutachtung innerhalb eines Strafverfahrens nicht mehr als diskussionswürdig betrachtet,[295] jedenfalls nicht vor deutschen Gerichten. Das Zweifelhafte an dieser Absolutheit der Thomas'schen These beginnt schon mit der Heranziehung vom Mays *Mein Leben und Streben* als wesentlicher Diagnosegrundlage. Wie unzuverlässig derartige Selbsteinschätzungen von Betroffenen sind, noch dazu ein halbes Menschenleben später und zudem noch aus der Feder eines fantasievollen Dichters stammend, lässt sich durch Vergleich mit den allgemeinen empirischen Ergebnissen der forensischen Aussagepsychologie leicht belegen.

Auffälligerweise war wenige Jahre vor Abfassung der Autobiografie noch nicht die Rede von einer gespaltenen Persönlichkeit. Freimütig bekannte May noch 1905, *„sich vor langer Zeit, vor ungefähr 40 Jahren, zu einigen Old Shatterhandstreichen gezwungen gesehen"*[296] zu haben. Diese Erklärung deutet kein Vagantentum multipler Persönlichkeiten bei May an, sondern bekennt in allerdings verharmlosender Weise die Begehung von Straftaten durch die eine Persönlichkeit des Schriftstellers. Da nach 1905 die Diskussion um Mays Vorstrafen in der Öffentlichkeit immer heftiger geführt wurde, sah sich der Schriftsteller zu einer intensiven Beschäftigung mit seiner Delinquenz und ihren Ursachen genötigt. Schon auf Grund der juristischen Brisanz dieses Themas – vor allem im Hinblick auf die Gerichtsverfahren mit Lebius – hatte er dabei offenkundig von Anfang an keine einfache Ereignisniederschrift im Sinn gehabt. Dass er sich dabei auch Fachleuten gegenüber begreiflich machen wollte, belegt der Besitz entsprechender Literatur und zeigt auch ein synoptischer Vergleich Hainer Plauls[297] zwischen Mays Autobiografie und Wilhelm Griesingers *Die Pathologie und Therapie der psychischen Krankheiten*, das sich in Mays Bibliothek befand. Bestätigt wird dieser Eindruck auch durch ein Eingeständnis Mays:

„Ich hatte in jenen vergangenen Tagen genugsam Zeit und Gelegenheit, die höchst wichtige Frage der Criminalität, besonders aber die Ursache des Rückfalles zu studieren. Ich beschäftigte mich mit diesem Studium auch weiterhin."[298]

Der Mediziner Johannes Zeilinger erläutert – mit Hinweis auf u. a. Ian Hacking[299] –, „daß Mays Schilderungen [...] ganz sicher auch nur annähernd nicht die Kriterien einer multiplen Persönlichkeit [erfüllen würden]. [...] Vor allem in den USA hat die Diskussion um die Existenz von multiplen Persönlichkeiten obsessive Formen angenommen, da die Psychogenese dieser Störung hauptsächlich durch frühkindlichen Mißbrauch und Inzest erklärt wird und so viele labile Menschen zur Darbietung einer Persönlichkeitsspaltung animiert."[300]

Natürlich enthalten Mays autobiografische Schilderungen auch einige dissoziative Elemente, doch können solche auch bei vielen anderen psychischen Störungen auftreten. Aber hier nun die ‚multiple Persönlichkeit' ins Spiel zu bringen, ist mehr als gewagt. Eine multiple Persönlichkeit bringt immer wieder die gleichen Personen in die Öffentlichkeit, also hätte Dr. med. Heilig immer wieder auftreten müssen. Keine Hochstaplerrolle Mays trat aber mehr als einmal auf. Der Grund hierfür erscheint simpel: Der Schwerpunkt der May'schen Straftaten bestand (vor allem bei den Serienstraftaten) in Hochstapeleien bzw. Betrügereien. Zum charakteristischen Täterbild eines erfolgreichen Hochstaplers gehört das Vorspielen einer überzeugenden Rolle, d. h. die Annahme einer falschen Identität. Bildungsstand und Fantasie ermöglichten es May ohne Weiteres, in die Identitäten gesellschaftlich anerkannter Personen zu schlüpfen. Jede dieser Identitäten, ob nun Dr. med. Heilig, der Polizeileutnant von Wolframsdorf oder das Mitglied der Geheimpolizei, riefen bei den getäuschten Tatopfern so viel Respekt hervor, dass man bereitwillig Kleidungsstücke oder vermeintliches Falschgeld herausgab. Jede dieser Identitäten erschien nur einmal und verschwand wieder, sobald sie erfolgreich agiert hatte. Auffallend war auch die planvolle Vorgehensweise Mays, der teilweise erst Zimmer anmietete und die Opfer zu sich kommen ließ, um ihnen einen ordnungsgemäßen Auftrag vorzugaukeln. All das spricht dafür, dass May ein sehr geschickter Betrüger war, der das Handwerkszeug eines Hochstaplers ausgezeichnet beherrschte. Dass er jede seiner Rollen nur einmal spielte, lässt sich dadurch erklären, dass er sich auf Grund der ausgeschriebenen Steckbriefe dem Wiedererkennungseffekt und damit seiner Festnahme entziehen wollte.

Nicht grundlos wird gerne von den Köpenickiaden Mays gesprochen und tatsächlich erinnert Mays hochstaplerisches Verhalten an den Jahrzehnte später auftretenden Schuster Wilhelm Voigt (1849-1922), der ebenfalls die Identität einer gesellschaftlichen Respektsperson, eines Hauptmanns, annahm, um am 16. Oktober 1906 vor dem Rathaus in Köpenick aufzumarschieren und sich die Kasse aushändigen zu lassen.[301]

Entlarvend ist weiter der Umstand, dass May bei seiner Arretierung 1865 nach einigem Zögern zugab, Karl Friedrich May zu heißen, und dann auf Vorhalt auch seine anderen Hochstaplerrollen als Ferdinand Lohse und Dr. med. Heilig eingestand. Er war sich dieser Rollen und dessen, was er innerhalb derselben getan hatte, also durchaus bewusst. Als echter multipler Persönlichkeit wäre ihm das nie und nimmer möglich gewesen. Der These von Thomas muss daher widersprochen werden; zumal seine Behauptung, dass D.I.D. und das Krankheitsbild der ‚multiple Persönlichkeiten' voneinander zu unterscheiden wären, unter Hinweis auf den vollen Wortlaut von ‚DSM-IV: 300.14 Dissociative Identity Disorder (formely Multiple Personality Disorder)' wissenschaftlich schlicht unzutreffend ist.[302]

Der Umstand, dass May während seiner Delinquenzzeit (und auch darüber hinaus) keine sehr stabilisierte Ich-Struktur besaß, darf nicht dazu verführen, in seinen Rollenspielen psychiatrische Spaltungserscheinungen zu erblicken, wie dies von Thomas angenommen wird. Durchführung und Ablauf der Serienstraftaten zeigen vielmehr gelungene Inszenierungen eines Betrügers, der wusste und wollte, was er tat, um an das Eigentum seiner Opfer zu gelangen. Auf diesen Umstand wies bereits Gabriele Wolff zutreffend hin, als sie formulierte: „In einem Dämmerzustand wird May seine Straftaten nicht begangen haben, dagegen sprechen die sorgfältige Planung und das kaltblütige Auftreten, kurz: das Vorsätzliche seines Tuns."[303]

Auch Roxin glaubt „nicht an einen verantwortungsausschließenden Identitätsverlust etwa in dem Sinne, daß May bei seinen Auftritten tatsächlich nicht mehr gewußt habe, wer er eigentlich sei. Ob dergleichen, also eine perfekte Persönlichkeitsspaltung, überhaupt vorkommt, ist ja schon psychiatrisch umstritten und wenig belegt. Dagegen läßt sich, wie ich immer schon gesagt habe, sehr gut – und auch noch in den späteren Jahren Mays – das Erscheinungsbild aufweisen, das man früher als pseudologia phantastica bezeichnete: also ein Sichhineinspielen in phantasierte Rollen, das mit einem erheblichen Realitätsverlust einherging und in vielen seiner Äußerungsformen auch heute noch dem unbefangenen Beurteiler als pathologisch, ‚verrückt', erscheint. May wird nicht wirklich geglaubt haben, er sei ‚Heilig' oder ‚Old Shatterhand', aber er identifizierte sich mit solchen Phantasmen doch weit mehr, als es der Normalmensch vermöchte. Daß er daher oft die Bodenhaftung, die Fähigkeit zur objektiven Beurteilung der Wirklichkeit, zum guten Teil verlor, läßt sich aus vielen Lebenszeugnissen entnehmen. Daß daraus ein Identitätsproblem resultierte, hat schon Stolte gezeigt (‚Mein Name sei Wadenbach'). Thomas hat also wohl im Ansatz etwas Richtiges gesehen – schon May sprach ja von der ‚Spaltung des menschlichen Inneren' und liebte das Motto ‚Nicht Einzelwesen, sondern Drama ist der Mensch' – aber er geht wohl in seinen Folgerungen zu weit. Ich würde eher von einer Identitätsstörung als von einem Identitätsverlust sprechen. Auf die ‚Zurechnungsfähigkeit' hat dies alles noch keinen Einfluß. Man wird z. B. Mays Auftreten zur Zeit der Old-Shatterhand-Legende, etwa bei May-Clubs in München oder bei verschiedenen Leseraudienzen, zwar als ‚nicht ganz normal' beurteilen, seine Zurechnungsfähigkeit aber nicht anzweifeln. Wenn freilich, wie in Mays Jugend, zu der phantastisch-pseudologischen Gemütsverfassung auch noch eine schwere narzistische Neurose hinzukommt, wie man sie May mit Recht attestiert hat, wird man doch wohl schon von einer erheblichen seelischen Störung und einer dadurch verminderten Schuldfähigkeit sprechen können."[304]

Wie Roxin hiermit andeutet, kann man bei May durchaus das Vorliegen einer erheblichen psychischen Störung vermuten. Ernstzunehmende Anhaltspunkte für deren Vorliegen und damit zumindest einer verminderten Schuldfähigkeit skizziert auch Zeilinger. Er attestiert „May eine Persönlichkeitsstörung [...], die sicher für die Adoleszenz und das frühe Erwachsenenalter sowohl Kriterien einer dissozialen wie auch narzißtischen und damit kombinierten Persönlichkeitsstörung erfüllt, aber auch in vielen Merkmalen bis ins hohe Alter nachweisbar ist. Zusätzlich lassen sich auch hinreichende Indizien anführen, die die These einer affektiven Erkrankung Mays mit einem hohen Grad an Wahrscheinlichkeit ausstatten. Diese affektive Störung war vor allem durch anhaltende hypomanische Episoden geprägt, besaß aber auch phasenweise einen erkennbaren bipolaren Charakter. Schwerere depressive Episoden sind biographisch nicht eindeutig überliefert, die bekannteren depressiven Episoden des Seniums weisen auch reaktive Elemente auf."[305]

In eine ähnliche Richtung geht auch das in Auszügen publizierte Gutachten des Psychiaters Edgar Bayer, der im Fall May vom Vorliegen einer „Kombination von dissozialer und narzißtischer Persönlichkeitsstörung" ausgeht: „Bei May handelt es sich um einen Charakter, der (nach der Verbüßung seiner Straftaten) gerade noch im äußersten Normbereich gesellschaftlicher Übereinkünfte einzuordnen wäre. [...] Die Frage, ob aus heutiger Sicht bei May zum Zeitpunkt seiner Straftaten eine Einschränkung der Schuldfähigkeit vorgelegen haben könnte, ist offen. [...] Wenn man die Persönlichkeitsstörung als wahrscheinlichste Erkrankung ansieht, ist Schuldunfähigkeit ausgeschlossen. In Betracht kommt aber eine partielle Einschränkung der Schuldfähigkeit aufgrund der Persönlichkeitsstörung und der Würdigung seiner sozialen Umstände in Kindheit, Jugend und zum Zeitpunkt der Straftaten, wobei seine schwierige Biographie als entlastendes Moment bezeichnet werden müßte."[306]

Geht man also davon aus, dass bei May zum Zeitpunkt der Tatausführungen krankhafte seelische Störungen vorgelegen haben, so lässt sich hieraus noch nicht ableiten, wie tiefgreifend diese Störungen auf seine strafrechtlich relevante Einsichts- und Steuerungsfähigkeit wirkten. Entscheidend ist der Schweregrad der zu diagnostizierenden psychischen Störung,[307] zu der mangels authentischer Untersuchungsmaterialien keine verlässlichen Angaben gemacht werden können. Bei Persönlichkeitsstörungen gelangt die Rechtsprechung im Übrigen nur sehr selten zum vollständigen Ausschluss der Verantwortlichkeit. Diese restriktive Haltung wird von der Mehrzahl der Psychiater unterstützt.[308] Man wird dies daher auch bei May zu beachten haben. An dieser Stelle sei jedoch darauf hingewiesen, dass es zu Zeiten des Sächsischen Strafgesetzbuches wie auch des ab 1871 geltenden Strafgesetzbuches für das Deutsche Reich keine Regelung über eine verminderte Zurechnungsfähigkeit gab. Die Überlegungen zu einer verminderten Verantwortlichkeit betreffen deshalb alleine die akademische Frage, wie May heutzutage strafrechtlich zu beurteilen wäre. Zumindest bei Begehung der Serienstraftaten, die zu den langen Freiheitsstrafen im Arbeitshaus und Zuchthaus geführt hatten, spricht einiges dafür, dass bei ihm die Voraussetzung für eine verminderte Schuldfähigkeit vorgelegen hätte.

Würde man Karl May diese also nach der heutiger Gesetzeslage zubilligen, käme als Maßregel die Unterbringung in einem psychiatrischen Krankenhaus in Betracht, die in der Regel vor der Strafe vollzogen und auf diese angerechnet wird.[309] Es könnte jedoch auch eine Freiheitsstrafe verhängt werden, wobei May in eine sozialtherapeutische Anstalt verlegt würde.[310]

27) **Unbekannter,** 28—32 J. alt, ca. 72" lang, schmächtig, blasser Gesichtsfarbe, dunkelbraunen Haares, ohne Bart, bekleidet mit Rock, Weste und Hosen von braunem geblich schimmerndem Stoffe, die Hosen mit schwarzem Gallon versehen, ferner braunen spitzen Filzhut, Siegelring und knotigen Stock tragend, ist am 2. Osterfeiertag bei einem Krämer in Wiederau erschienen, hat sich für den Polizeilieutenant **von Wolframsdorf** aus Leipzig ausgegeben, behauptet, daß er Recherchen wegen falschen Papiergeldes anzustellen habe, auch aus der Kasse des Krämers 1 Zehnthalerschein als angeblich unächt und 1 vergoldete Cylinderuhr als angeblich gestohlen in Beschlag genommen und ist damit verschwunden. Wird zum Zwecke der Ermittelung des Betrügers bekannt gemacht. Mittweida, d. 1/4. 69. Der Staatsanwalt: Taube.

---

56) **Unbekannter.** Größe: mittel; Haare: braun, lang; Bart: brauner dünner Schnurrbart; Kleidung: breitkrämpiger hellbrauner Filzhut, hellbrauner Rock u. Weste, Beinkleider von gleicher Farbe mit schwarzen Galons. Derselbe hat in hies. Gegend einen Betrug in der Weise ausgeführt, daß er sich als Mitglied der geheimen Polizei ausgegeben, welches Recherchen nach falschem Papiergeld anzustellen habe, sich unter diesem Vorwand in Besitz von circa 30 Thlr Geld gesetzt hat u. mit diesem geflohen ist. Auf der Flucht hat er die Nacheilenden durch Vorhalten eines Pistols an seiner Arretur verhindert. Der Betrüger ist jedenfalls identisch mit dem unterm 1. l. Ms. von der K. Staatsanwaltschaft Mittweida Verfolgten (s. Bd. XIX., S. 169, Nr. 27 u. S. 180, Nr. 37). Auf der Flucht ist demselben eine kleine Marke von Pappe entfallen, auf welcher mit blauem Stempel die Namen „Julius **Metzner** Oberlungwitz" aufgedrückt sind. G.=A. Crimmitschau, den 10/4. 69.*)
*) Der Kreisobergend. Schwarzenberg u. der Obergend. Prasser halten den von Mittweida aus verfolgten Betrüger für den früher als angebl. Dr. med. **Heilig** aufgetret. vormal. Schullehrer Carl Friedr. **May** s. Ernstthal, 28 J. alt (s. Bd. XII., S. 54, zu Nr. 20), dessen Signal. mit dem des Betrügers vollständig übereinstimmt. Die Red.

*Steckbriefe vom 2. und 13. April 1869,
mit denen nach Karl May gefahndet wurde*

Anmerkungen

Aus Umfangsgründen werden Titel, auf die in den Anmerkungen mehrfach verwiesen wird, in der Regel ab der zweiten Nennung innerhalb des jeweiligen Anmerkungsblocks abgekürzt. Bei der ersten, bibliografisch vollständigen Nennung wird mit (→) auf das im Folgenden verwendete Kürzel angezeigt. Eine Übersicht aller verwendeten Abkürzungen findet sich auf Seite 618.

[1] Claus Roxin im Gespräch mit Dr. Dieter Lehner. Fernsehinterview in BR-alpha vom 22.07.1999

[2] Dieter Sudhoff: *Einleitung*. In: Dieter Sudhoff/Hans-Dieter Steinmetz: *Karl-May-Chronik. Band I 1842-1896*. Bamberg 2005 (→ Sudhoff/Steinmetz: *KMC I*), S.11

[3] Jack London wurde alleine dreimal während seiner Reporterreise im Russisch-Japanischen Krieg (1904-1905) verhaftet, inhaftiert und zuletzt mit der Todesstrafe bedroht. Der amerikanische Präsident Theodor Roosevelt erlangte mit einem persönlichen Telegramm seine Freilassung und Auslieferung. Vgl. Rüdiger Barth/Marc Bielefeld: *Wilde Dichter. Die größten Abenteurer der Weltliteratur*. München 2005, S. 67-136.

[4] Karl May: *Mein Leben und Streben*. Freiburg 1910 (→ May: *Mein Leben*), S. 8

[5] Claus Roxin: *Mays Leben* (→ Roxin: *Mays Leben*). In: *Karl-May-Handbuch*. Hrsg. von Gert Ueding in Zusammenarbeit mit Klaus Rettner (→ Ueding: *Handbuch*). Würzburg 2001², S. 62-123 (73)

[6] May: *Mein Leben*, S. 10

[7] Eine ausführliche Darstellung der sozialen Herkunft und Jugend findet sich u. a. in Christian Heermann: *Winnetous Blutsbruder. Karl-May-Biografie* (→ Heermann: *Blutsbruder*). Bamberg 2002, S. 94

[8] May: *Mein Leben*, S. 95f.

[9] Ebd., S. 93

[10] Ebd., S. 101

[11] Fr. W. Schütze: Bericht an das Schönburgische Gesammtconsistorium zu Glauchau v. 28.12.1859. Ministerium für Volksbildung – Bei-Akten 20023, Bl. 5f. In: Bernhard Kosciuszko und Klaus Ludwig (Hrsg.): *Der Seminarist und Lehrer Karl May. Eine Dokumentation der Aktenbestände*. Reprint der Karl-May-Gesellschaft. Hamburg 1999 (→ Kosciuszko/Ludwig: *Seminarist*), S. 61-64

[12] Johann Paul Freiherr v. Falkenstein: Beschluss v. 17.01.1860. Ministerium des Cultus und öffentlichen Unterrichts. Acta, die gegen Zöglinge des Schullehrer-Seminars zu Waldenburg angezeigten Vergehen und deshalb geführten Disciplinaruntersuchungen betr. (1859). HStA Dresden: Gesammt-Consistorium Glauchau. In: Klaus Hoffmann: *Der Lichtwochner am Seminar Waldenburg. Eine Dokumentation über Karl Mays erstes Delikt (1859)* (→ Hoffmann: *Lichtwochner*). In: *Jahrbuch der Karl-May-Gesellschaft* (→ *Jb-KMG*) 1976. Hamburg 1976, S. 92-104 (98)

[13] Ebd., S. 100

[14] Roxin: *Mays Leben*, S. 76

[15] Karl May: Gnadengesuch v. 6.3.1860 an das Ministerium des Cultus und öffentlichen Unterrichts. In: Hoffmann: *Lichtwochner*, S. 92-104 (102)

¹⁶ Johann Paul Freiherr v. Falkenstein: Beschluss v. 15.3.1860. Ministerium des Cultus und öffentlichen Unterrichts. HStA Dresden: Akte Kreisschulrat Glauchau Nr. 54, Blatt 164 Landesarchiv Glauchau. Nach Mitteilung von Klaus Hoffmann. In: Kosciuszko/Ludwig: *Seminarist*, S. 178

¹⁷ Friedrich Wilhelm Eduard Neumann/[?] Böttiger: Schreiben v. 21.3.1860. Fürstlich und Gräflich Schönburgisches Gesammt-Consistorium. Stadtarchiv Plauen: Akten des Königlichen Schullehrer-Seminars Plauen, Akte SA 62a, Blatt 194. In: Kosciuszko/Ludwig: *Seminarist*, S. 179

¹⁸ Wolfgang Hallmann/Christian Heermann: *Reisen zu Karl May. Erinnerungsstätten in Berlin, Sachsen-Anhalt, Sachsen und Thüringen*. Mit einer Einleitung von Franz Hoffmann. Zwickau 1992, S. 242

¹⁹ Ebd.

²⁰ Kreisarchiv Chemnitzer Land Glauchau: Acta die Sitzungen und die übrige Thätigkeit des Schulvorstandes zu Glauchau betreffend. Ergangen bei der ersten Localschulinspection Glauchau 1861 und 1862 – Akte Kreisschulrat Glauchau Nr. 71, Bl. 172. Protokoll der Anzeige Ernst Theodor Meinholds v. 17.10.1861. In: Kosciuszko/Ludwig: *Seminarist*, S. 308f.

²¹ Ev.-Luth. Pfarramt St. Trinitatis Hohenstein-Ernstthal: Acta Kirchen- und Pfarramtssachen betr. 1856ff. – B I 4 Loc. 2. In: Kosciuszko/Ludwig: *Seminarist*, S. 309f. ++ Hans-Dieter Steinmetz: *„Ein unglückliches Opfer der Verkennung". Unbekanntes Dokument zur Meinhold-Affäre gefunden*. In: *Karl-May-Haus-Informationen* (→ *KMHI*), Nr. 10 / 1997 (→ Steinmetz: *Opfer*), S. 5-10 (6-7)

²² Ev.-Luth. Pfarramt St. Trinitatis Hohenstein-Ernstthal: Acta Kirchen- und Pfarramtssachen betr. 1856ff. – B I 4 Loc. 2. In: Kosciuszko/Ludwig: *Seminarist*, S. 309f.

²³ Steinmetz: *Opfer*, S. 8

²⁴ Hainer Plaul: *Dokumente über Karl Mays Anstellung und Abgang als Fabrikschullehrer in Altchemnitz*. In: *KMHI*, Nr. 10 / 1997, S. 10-20 (12f.)

²⁵ Superintendent Otto: Brief an Superintendantur Chemnitz v. 14.11.1861. Stadtarchiv Chemnitz – Akte A I 12/4, Bl. 7-9. In: Kosciuszko/Ludwig: *Seminarist*, S. 344ff.

²⁶ Registrat zum Brief des Superintendenten Otto an Superintendantur Chemnitz v. 14.11.1861. Stadtarchiv Chemnitz – Akte A I 12/4, Bl. 7-9 (9). In: Kosciuszko/Ludwig: *Seminarist*, S. 345ff.

²⁷ Ebd.

²⁸ Hainer Plaul: *Die Sache mit der Uhr. Zwei Ergänzungen zu Karl Mays erstem Kriminaldelikt*. In: *KMHI*, Nr. 19 / 2005, S. 44-49

²⁹ May: *Mein Leben*, S. 103ff.

³⁰ Superintendentur Chemnitz: Schreiben an die Kreis-Direction Zwickau vom 26.10.1861. In: Kosciuszko/Ludwig: *Seminarist*, S. 327

³¹ Ebd., S. 104

³² Heinrich May: Brief an Superintendant Robert Kohl v. 26.12.1861. Stadtarchiv Chemnitz – Akte A I /12/4 - Bl.13. In: Kosciuszko/Ludwig: *Seminarist*, S. 362f.

³³ Gerichtsamt Chemnitz: Brief an die Superintendantur Chemnitz v. 27.12.1861. Stadtarchiv Chemnitz – Akte A I 12/4 - Bl.12. In: Kosciuszko/Ludwig: *Seminarist*, S. 364f.

³⁴ Gerichtsamt Chemnitz – II/IV M 64. Ergangen 1861

³⁵ Art. 330 des XIII. Strafgesetzbuchs für das Königreich Sachsen: Entwendungen, deren Gegenstand keinen Schätzungswerth hat (vergl. Art. 295), oder welche ohne die

Absicht, das Entwendete sich zuzueignen und dadurch sich oder Anderen einen unrechtmäßigen Gewinn zu verschaffen, verübt worden, sind, woselbst sie nicht als bloße Selbsthülfe (Art. 247) erscheinen, mit Gefängnis bis zu vier Monaten oder Arbeitshaus bis zu zwei Jahren zu bestrafen. War die Absicht nur darauf gerichtet, den Gegenstand in den Augen des Verletzten zu verwenden, oder kann dem Gegenstande wegen seiner Geringfügigkeit kein Werth beigelegt werden (vergl. jedoch Art. 295 zweiter Absatz), so tritt Geldbuße bis zu zehn Thalern ein. War die Absicht auf zeitweilige Benutzung der Sache gerichtet, so besteht die Strafe in Geldbuße bis zu Einhundert und fünfzig Thalern oder Gefängniß bis zu sechs Wochen. Mit gleichen Strafen werden unter den obgedachten Voraussetzungen auch Beeinträchtigungen fremder Vermögensrechte durch betrügerische Handlungen und widerrechtliches, mit Gefahr oder Nachtheil für den Eigenthümer verbundenes Gebahren mit fremden, im Gewahrsam des Thäters befindlichen Sachen geahndet. Ein Strafverfahren findet wegen der in diesem Artikel erwähnten Vergehungen nur auf Antrag statt. War die Absicht auf Beschädigung oder Zerstörung der fremden Sache gerichtet, so sind die Bestimmungen der Art. 335, 336 anzuwenden.

[36] *Leipziger Tageblatt und Anzeiger. Amtsblatt des Königl. Bezirksgerichts und des Raths der Stadt Leipzig.* No. 161, den 10.6.1865, S. 3574-3575 (3574)

[37] Gerichtsamt Chemnitz: Brief an die Superintendantur Chemnitz v. 20.5.1863. Stadtarchiv Chemnitz – Akte A I 12/4, Bl. 21. In: Kosciuszko/Ludwig: *Seminarist*, S. 379f.

[38] May: *Mein Leben*, S. 107

[39] Roxin: *Mays Leben*, S. 78

[40] Gerichtsamt Chemnitz: Brief an die Superintendantur Chemnitz v. 20.5.1863. Stadtarchiv Chemnitz – Akte A I 12/4, Bl. 21. In: Kosciuszko/Ludwig: *Seminarist*, S. 379ff.

[41] Registrat zum Brief des Superintendenten Otto an die Superintendantur Chemnitz v. 14.11.1861. Stadtarchiv Chemnitz – Akte A I 12/4, Bl. 7-9 (9). In: Kosciuszko/Ludwig: *Seminarist*, S. 345ff.

[42] Diaconus Pfützner: Brief an die Superintendantur Chemnitz v. 11.12.1861. Stadtarchiv Chemnitz – Akte A I/12/4, Bl. 10. In: Kosciuszko/Ludwig: *Seminarist*, S. 360f.

[43] May: Mein *Leben*, S. 108

[44] Ernst Bloch: *Ueber Karl Mays sämtliche Werke.* In: *Frankfurter Zeitung. Literaturblatt.* Beilage. 63. Jg., Nr. 90 v. 31.3.1929

[45] Michael Lemke: *Roxins Essays über Karl May, das Strafrecht und die Literatur.* In: *Goltdammer's Archiv für Strafrecht.* 153. Jg. 2006, S. 314-317 (315)

[46] May: *Mein Leben*, S. 110

[47] Ministerium des Cultus an Kreis-Direction Zwickau v. 20.6.1863. Acta, den Schulamtscandidaten Carl Friedrich Mai aus Ernstthal betr., Sächsisches Hauptstaatsarchiv Dresden (Ministerium für Volksbildung) – Sig. Nr.20024. In: Kosciuszko/Ludwig: *Seminarist*, S. 390f.

[48] *Königlich Sächsisches Gendarmerieblatt.* Zehnter Band (Juli bis December 1864). Dresden 1864, S. 42 [22]

[49] Ebd.

[50] Ebd., S. 92 [17]

[51] *Die Ecce der Fürsten- und Landesschule Grimma im Jahre 1888.* X. Heft, Grimma

1888; zit. nach Klaus Hoffmann: *Karl May als »Räuberhauptmann« oder Die Verfolgung rund um die sächsische Erde. Karl Mays Straftaten und sein Aufenthalt 1868 bis 1870*, 1. Teil (→ Hoffmann: *Räuberhauptmann*). In: *Jb-KMG 1972/73*. Hamburg 1972, S. 215-247 (233)

[52] *Königlich Sächsisches Gendarmerieblatt*. Zehnter Band (Juli bis December 1864). Dresden 1864, S. 123

[53] Ebd., S. 92

[54] *Sächsisches Gendarmerieblatt* v. 20.8.1864. In: Gerhard Klußmeier/Hainer Plaul: *Karl May. Biographie in Dokumenten und Bildern*. Hildesheim/Zürich/New York 1992², S. 46

[55] Kgl. Amtsgericht Hohenstein-Ernstthal. Registrande I 1864, Nr. 5395. Karl May ./. Richard Krügel. Privatklageverfahren, Bl. 47

[56] Sudhoff/Steinmetz: *KMC I*, S. 123

[57] Claus Roxin: *Bemerkungen zu Karl Mays Orientroman. Karl-May-Studien*. Band 1. Hrsg. von Dieter Sudhoff und Hartmut Vollmer. Paderborn 1991, S. 83-112 (97)

[58] Ebd., S. 98

[59] Polizeiamt Leipzig Nr. 80463. In: Rudolf Lebius: *Die Zeugen Karl May und Klara May. Ein Beitrag zur Kriminalgeschichte unserer Zeit*. Reprint der Ausgabe Berlin-Charlottenburg 1910. Mit einer Einführung von Jürgen Wehnert. *Veröffentlichungen aus dem Karl-May-Archiv*. Hrsg. v. Michael Petzel und Jürgen Wehnert. Lütjenburg 1991, S. 11

[60] Stadtarchiv Leipzig. Polizeiamt der Stadt Leipzig, Nr. 7, Bl. 9; wiedergegeben bei Hainer Plaul: *Alte Spuren. Über Karl Mays Aufenthalt zwischen Mitte Dezember 1864 und Anfang Juni 1865* (→ Plaul: *Alte Spuren*). In: *Jb-KMG 1972/73*. Hamburg 1972, S. 195-214 (197f.)

[61] Plaul: *Alte Spuren*, S. 198 unter Verweis auf Leipziger Tageblatt und Anzeiger v. 10.6.1865, S. 3574

[62] *Königlich Sächsisches Gendarmerieblatt* v. 19.12.1864. *Königlich Sächsisches Gendarmerieblatt*. Zehnter Band (Juli bis December 1864), S. 292, Nr. 19

[63] *Leipziger Tageblatt und Anzeiger* vom 10.6.1865

[64] *Leipziger Tageblatt und Anzeiger* v. 20.3.1865, zit. nach Plaul: *Alte Spuren*, S. 204

[65] Plaul: *Alte Spuren*, S. 205f.

[66] Stadtarchiv Leipzig. Polizeiamt der Stadt Leipzig Nr. 7, Akten des Polizeiamts der Stadt Leipzig, Carl Friedrich May aus Ernstthal betreffend. Ergangen im Jahre 1865 – I. 80463, Bl. 1a-2b, in: Hans Buchwitz: *Ein Dossier mit Geschichte. Die Leipziger Polizeiakte Karl Mays* (→ Buchwitz: *Dossier*). In: *KMHI* Nr.11 / 1998, S. 32-46 (38f.)

[67] *Leipziger Tageblatt und Anzeiger*. Anzeige, zit. nach Heermann: *Blutsbruder*, S. 94

[68] Ebd.

[69] Plaul: *Alte Spuren*, S. 207

[70] Stadtarchiv Leipzig. Polizeiamt Leipzig Nr. 7, Akten des Polizeiamts der Stadt Leipzig, Carl Friedrich May aus Ernstthal betreffend. Ergangen im Jahre 1865 – I. 80463, Bl. 2b-2a. In: Buchwitz: *Dossier*, S. 39

[71] Polizeidiener Ernst Adolph Hermann Beutner (1830-?); Polizeidiener Friedrich Ernst Wolf (?) – Vgl. Buchwitz: *Dossier*, S. 45, Anmerkung 30.

[72] Ebd., S. 40f.

[73] Stadtarchiv Leipzig. Polizeiamt der Stadt Leipzig Nr. 7 – I. 80463, Bl. 6a-8a. In: Buchwitz: *Dossier*, S. 40f.

[74] Plaul: *Alte Spuren*, S. 209

[75] Kgl. Bezirksgericht Leipzig: Urteil v. 8.6.1865. Strafverfahren ./. Karl May – II/IV M 64. Zit. Nach: *Leipziger Tageblatt und Anzeiger*, Nr. 161 v. 10.6.1865

[76] Art. 285 Ziff. 3 SächsStGB: Der Betrug wird bestraft: [...] 3. in anderen Fällen treten die Strafen des einfachen Diebstahls (Art. 276).

[77] Art. 276 Ziff. 3 SächsStGB: Der Diebstahl ohne die in Art. 277 bis mit 280 angegebenen erschwerenden Umstände wird bestraft: [...] 3) bei einem Betrage über fünfzig Thaler mit Arbeitshaus von Einem bis zu vier Jahren.

[78] Art. 78 Abs. 1 und 2 SächsStGB: Liegen mehrere von einer und derselben Person durch verschiedene Handlungen begangene Verbrechen zur Bestrafung vor, so ist wegen dieser sämmtlichen Verbrechen auf eine Gesammtstrafe zu erkennen, welche durch Erhöhung derjenigen Strafe, die für das schwerste derselben (vergl. Auch Art. 81.), wenn es allein zur Bestrafung vorläge, zu erkennen sein würde, gebildet wird. Handlungen, welche als Fortsetzung eines und desselben Verbrechens anzusehen sind, können nicht als eine Mehrzahl von Verbrechen in Betracht gezogen werden. Die wegen mehrerer durch verschiedene Handlungen begangener Verbrechen zu erkennende Gesammtstrafe kann bis auf das Doppelte der Strafe des schwersten Verbrechens aufsteigen, darf jedoch dabei den Höchstbetrag, welchen nach Art. 32 zeitliche Freiheitsstrafen überhaupt nicht übersteigen sollen, nicht überschreiten. Vergl. jedoch Art. 299.

[79] Art. 84 Abs. 2 SächsStGB: Bei der Abmessung der Erhöhung hat der Richter, nächst der Anzahl und der Schwere der früher verbüßten gleichartigen Verbrechen, vorzüglich zu berücksichtigen, ob die Wiederholungen derselben in entfernteren, oder in näheren Zwischenräumen auf einander gefolgt sind. Der Rückfall verliert die Eigenschaft eines Strafeerhöhungsgrundes, wenn seit der Verbüßung der Strafe wegen des früheren Vergehens bis zur Verübung des neuen, dafern ersteres zu den von Amtswegen zu betrafenden gehört, eine fünfzehnjährige, wenn es zu den auf Antrag zu bestrafenden gehört, eine einjährige Frist abgelaufen ist, und der Thäter in dieser kein Verbrechen derselben oder gleicher Art (Art. 83) begangen hat.

[80] George von Zahn: *Bericht über eine im Auftrage des Ministeriums des Inneren im Jahre 1856 in Begleitung des Strafanstaltsdirectors etc. d'Alinge bewirkten Bereisung auswärtiger Strafanstalten*. Dresden 1857

[81] Hainer Plaul: *Besserung durch Individualisierung. Über Karl Mays Aufenthalt im Arbeitshaus zu Zwickau von Juni 1865 bis November 1868* (→ Plaul: *Besserung*). In: *Jb-KMG 1975*, Hamburg 1974, S. 127-199 (128)

[82] Ebd., S. 140

[83] Vgl. André Thieme: *Das Gefängniswesen in Deutschland speziell im Königreich Sachsen an der Wende v. 19. zum 20. Jahrhundert* (→ Thieme: *Gefängniswesen*). In: *Humaner Strafvollzug und politischer Mißbrauch. Zur Geschichte der Strafvollzugsanstalten in Bautzen 1904 bis 2000*. Schriftenreihe des Sächsischen Staatsministeriums der Justiz. Band 10. Hrsg. von Karl Wilhelm Fricke. Dresden 1999, S. 11-12

[84] Eugene d'Alinge: *Bessrung auf dem Wege der Individualisierung. Erfahrungen eines Praktikers über den Strafvollzug in der Gegenwart. Ein Wort an Alle, die sich für Verbesserungen im Strafvollzug interessiren, insbesonderheit an die Beamten der Strafanstalten, den Richterstand, die Polizeibeamten, die Vorstände der Gemeinden und deren Geistliche* (→ d'Alinge: *Individualisierung*). Leipzig 1865, S. 20-22

[85] André Thieme: *Zur Entwicklung des deutschen Gefängniswesens und besonders des*

Strafvollzugs im Königreich Sachsen nach 1800. In: *Hinter Gittern. Drei Jahrhunderte Strafvollzug in Sachsen*. Begleitband zur Ausstellung des Sächsischen Staatsministeriums der Justiz, des Stadtmuseums Dresden und des Strafvollzugsmuseums Ludwigsburg im Stadtmuseum Dresden v. 16.7. bis 15.10.1998, S. 20-33 (27)

[86] Vgl. Thieme: *Gefängniswesen*, S. 12

[87] d'Alinge: *Individualisierung*, S. 40-43

[88] Thieme: *Gefängniswesen*, S. 19

[89] Plaul: *Besserung*, S. 141

[90] Vgl. Handtabelle der Strafanstalt Zwickau 1863-1865, abgedruckt bei Otto Forst-Battaglia: *Karl May. Ein Leben, ein Traum* (→ Forst-Battaglia: *Karl May*). Zürich-Leipzig-Wien 1931, S. 13

[91] Plaul: *Besserung*, S. 141

[92] Ebd., S. 142f.

[93] May: *Mein Leben*, S. 126f.

[94] Ebd., S. 126

[95] Ebd., S. 127-129

[96] Hartmut Kühne/Christoph F. Lorenz: *Karl May und die Musik*. Sonderband zu den *Gesammelten Werken Karl May's*. Bamberg 1999, S. 16

[97] Vgl. Thieme: *Gefängniswesen*, S. 20

[98] Werner Poppe: *May in Zwickau*. In: *Mitteilungen der Karl-May-Gesellschaft* (→ *M-KMG*) Nr. 9 / 1971, S. 14-17 (16)

[99] Vgl. Thieme: *Gefängniswesen*, S. 22f.

[100] Plaul: *Besserung*, S. 132

[101] May: *Mein Leben*, S. 129f.

[102] *Die Strafanstalten Deutschlands*. Heidelberg 1866, S. 54 (= Separatheft d. BlfGk)

[103] May: *Mein Leben*, S. 129

[104] Vgl. Alexander Krell: *Bericht an die Direktion der Königlich Sächsischen Strafanstalt Zwickau, erstattet am 7. August 1868*. In: *Das Zellenhaus bei der Strafanstalt Zwickau. Erfahrungen und Beobachtungen über die Einzelhaft. Zwei Berichte*. Zwickau 1969, S. 23f.

[105] d'Alinge: *Individualisierung*, S. 46

[106] Vgl. Plaul: *Besserung*, S. 156f.

[107] May: *Mein Leben*, S. 131

[108] Plaul: *Besserung*, S. 176

[109] May: *Mein Leben*, S. 152

[110] Karl May: *Repertorium C. May*. In: Karl May: *Old Shatterhand in der Heimat und andere Erzählungen aus der Werkstatt von Karl May. Karl May's Gesammelte Werke* Band 79. Bamberg 1997, S. 272-289

[111] Hermann Wiedenroth: *Fragmente, Entwürfe und Pläne*. In: Ueding: *Handbuch*, S. 491

[112] May: *Mein Leben*, S. 152

[113] Plaul: *Besserung*, S. 180f.

[114] Karl May: *Offene Briefe eines Gefangenen*. In: Karl May: *Old Shatterhand in der Heimat*. GW Band 79, S. 259-260

[115] Plaul: *Besserung*, S. 174f.

[116] Karl May: *Weihnachtsabend*. In: Karl May: *Weihnacht*. GW Band 24. Bamberg, S. 13

[117] May: *Mein Leben*, S. 131

[118] Hainer Plaul: *Anmerkungen*. In: Karl May: *Mein Leben und Streben / Karl May. Vorwort, Anmerkungen, Nachwort, Sach-, Personen- und geographisches Namensregister von Hainer Plaul. Nachdruck der Ausgabe Freiburg i. Br.*, 3. Nachdruck-Auflage, Hildesheim; New York 1997, Rdnr. 124

[119] d'Alinge: *Individualisierung*, S. 91

[120] May: *Mein Leben*, S. 152f.

[121] Handtabelle der Strafanstalt Zwickau 1863-1865, abgedruckt bei Forst-Battaglia: *Karl May*, S. 13

[122] Stadtarchiv Leipzig, Polizeiamt der Stadt Leipzig, Nr. 7, Bl. 10

[123] d'Alinge: *Individualisierung*, S. 86

[124] *Claus Roxin: Ein geborener Verbrecher. Karl May vor dem Königlichen Landgericht in Moabit. In: Jb-KMG 1989*, Hamburg 1989, S. 9-36 (16)

[125] Roxin: *Mays Leben*, S. 81

[126] May: *Mein Leben*, S. 160f.

[127] Roxin: *Mays Leben*, S. 81

[128] May: *Mein Leben*, S. 158f.

[129] *Königlich Sächsisches Gendarmerieblatt.* 19. Band (Januar bis Juni 1869), S. 169, Nr. 27

[130] Ebd., S. 180, Nr. 37

[131] Bericht des Obergendarms Prasser v. 12.4.1869. In: Hoffmann: *Räuberhauptmann*, S. 216

[132] Karl May: Brief an die Eltern v. 20.4.1869. In: Hoffmann: *Räuberhauptmann*, S. 221f.

[133] Sudhoff/Steinmetz: *KMC I*, S. 151

[134] Sudhoff/Steinmetz: *KMC I*, S. 153

[135] Hoffmann: *Räuberhauptmann*, S. 227

[136] Ebd., S. 227f.

[137] *Königlich Sächsisches Gendarmerieblatt*, Nr. 45 v. 8. Juni 1869

[138] Unter ‚Partikulier' versteht man in der Binnenschifffahrt einen Schiffseigentümer, der auch selber (als Kapitän) fährt.

[139] Hoffmann: *Räuberhauptmann*, S. 228f.

[140] *Königlich Sächsisches Gendarmerieblatt* v. 15.6.1869

[141] Hoffmann: *Räuberhauptmann*, S. 231

[142] *Mittweidaer Tageblatt* v. 14.7.1859

[143] Zitiert nach Hoffmann: *Räuberhauptmann*, S. 233.

[144] Hans-Dieter Steinmetz: *Schatten der Vergangenheit* (→ Steinmetz: *Schatten*). In: *Karl May auf sächsischen Pfaden*. Sonderband zu den *Gesammelten Werken Karl May's*. Hrsg. v. Christian Heermann. Bamberg 1999, S. 194-274 (232f.)

[145] Kgl. Bezirksgericht Mittweida: Untersuchungsakten wider den ehemaligen Schullehrer Karl Friedrich May aus Ernstthal 1869 Vol. I., Bl. 115 ff. In: Steinmetz: *Schatten*, S. 248-252

[146] Brezel, auch Bretze, ist im Ganovenjargon der Ausdruck für Handfessel.

[147] *Königlich Sächsisches Gendarmerieblatt* v. 27.7.1868

[148] *Glauchauer Tageblatt und Anzeiger* v. 30.7.1869; *Leipziger Tageblatt und Anzeiger* v. 28.7.1869; *Mittweidaer Wochenblatt* v. 31.7.1869 und *Zwickauer Wochenblatt* v. 29.7.1869

[149] Hoffmann: *Räuberhauptmann«*, S. 235

[150] *Wochenblatt für Limbach und Umgebung*, Nr. 95 v. 12.8.1869

[151] *Eberhardt's Allgemeiner Polizei-Anzeiger* v. 2.2.1870

¹⁵² Vgl. Peter Becker: *Verderbnis und Entartung: Eine Geschichte der Kriminologie des 19. Jahrhunderts als Diskurs und Praxis* (→ Becker: *Verderbnis*). Göttingen 2002, S. 184

¹⁵³ Vgl. Franz Andreas Wennmohs: *Ueber Gauner und über das zweckmäßigste, vielmehr einzige Mittel zur Tilgung dieses Uebels*, Bd. 1, *Schilderung des Gauners nach seiner Menge und Schädlichkeit, in seinem Betriebe, nach seinem Aeußern und als Inquisiten*. Güstrow 1823, S. 36f. und 42f.

¹⁵⁴ *Eberhardt's Allgemeiner Polizei-Anzeiger* v. 2.2.1870

¹⁵⁵ Becker: *Verderbnis*, S. 228

¹⁵⁶ Klaus Hoffmann: *Plantagenbesitzer auf der Insel Martinique: Über Karl Mays Gastspiel im Königreich Böhmen 1869/70*. In: *Karl May und Österreich*. Hrsg. von Wilhelm Brauneder. Husum 1996, S. 43-50 (44)

¹⁵⁷ *Eberhardt's Allgemeiner Polizei-Anzeiger* v. 2.2.1870

¹⁵⁸ Karl May: Brief an Frau Felber v. 16.12.1894. In: *Alfred Schneider: Karl May und seine Hamburger Freunde Carl und Lisbeth Felber*. In: *Jb-KMG 1970*. Hamburg 1970, 163-172 (164)

¹⁵⁹ Karl May: *Winnetou*. Erster Band. GW Band 7. Bamberg 1992, S. 260f.

¹⁶⁰ *Eberhardt's Allgemeiner Polizei-Anzeiger* v. 2.2.1870

¹⁶¹ Staatsanwaltschaft Dresden: Telegramm v. 2.2.1870 an die Bezirkshauptmannschaft Tetschen. In: Steinmetz: *Schatten*, S. 238

¹⁶² Aus den Mittweida-Akten, erfasst von Erich Wulffen zum Zwecke der Erstellung seines Manuskriptes „Karl Mays Inferno". Eine Veröffentlichung der „May/Wadenbach"-Briefe erfolgte bei Hoffmann: *Zeitgenössisches über ein unwürdiges Mitglied der Lehrerstandes. Pressestimmen aus dem Königreich Sachsen*. In: *Jb-KMG 1971*, S. 110-121(119f.)

¹⁶³ Steinmetz: *Schatten*, S. 238

¹⁶⁴ *Eberhardt's Allgemeiner Polizei-Anzeiger* v. 16.3.1870

¹⁶⁵ Kgl. Bezirksgericht Mittweida: Untersuchungsakten wider den ehemaligen Schullehrer Karl Friedrich May aus Ernstthal 1869 Vol. I., Bl. 218 ff.. In: Steinmetz: *Schatten*, S. 194-274 (254-260)

¹⁶⁶ Kgl. Bezirksgericht Mittweida. Strafverfahren ./. Karl May – Abt. II. Nr. 771; vgl. Steinmetz: *Schatten*, S. 194-274.

¹⁶⁷ Kgl. Bezirksgericht Mittweida: Urteil vom 13.4.1870. Strafverfahren ./. Karl May – Abt. II. Nr. 771. In: Rudolf Lebius: *Die Zeugen Karl May und Klara May. Ein Beitrag zur Kriminalgeschichte unserer Zeit*. Reprint der Ausgabe Berlin-Charlottenburg 1910. Mit einer Einführung von Jürgen Wehnert. *Veröffentlichungen aus dem Karl-May-Archiv*. Hrsg. v. Michael Petzel und Jürgen Wehnert. Lütjenburg 199, S. 13-17

¹⁶⁸ Nach Aktenauszügen von Erich Wulffen, zit. nach Hoffmann: *Räuberhauptmann*, S. 242

¹⁶⁹ Karl May: *Bei den Trümmern von Babylon*. GW Band 27. Bamberg 2000, S. 121f.

¹⁷⁰ May: *Mein Leben*, S. 157

¹⁷¹ Vgl. Steinmetz: *Schatten*, S. 194-274 (230).

¹⁷² H. Weissling (Hrsg.): *Waldheim – die Perle des Zschopautales*. 1991, S. 15 und 17

¹⁷³ Büttner: *Das Gesundheitswesen und die gesundheitlichen Verhältnisse des Zucht-, Waisen- und Armenhauses und späteren Zucht- und Korrektionshauses Waldheim (Sachsen) seit seiner Gründung im Jahre 1716 bis 1900*, Diss. Leipzig 1942

¹⁷⁴ Hoffmann: *Räuberhauptmann*, S. 242

¹⁷⁵ Karl May: *Die Juweleninsel*. GW Band 46. Bamberg 1953, S. 9f.

[176] HStA Dresden: Akte Zuchthaus Waldheim Nr. 388: Personaltabelle auf das 1. Halbjahr 1870, lf. Nr. 889

[177] HStA: Dresden: Akte Zuchthaus Waldheim Nr. 63: die Isolirhaft betreffend. 1863-1897, S. 72 b

[178] Nach Aktenauszügen von Erich Wulffen; wiedergegeben bei Hainer Plaul: *Resozialisierung durch »progressiven Strafvollzug«. Über Karl Mays Aufenthalt im Zuchthaus zu Waldheim von Mai 1870 bis Mai 1874* (→ Plaul: *Resozialisierung*). In: *Jb-KMG 1976*, Hamburg 1976, S. 105-170 (127)

[179] May: *Mein Leben*, S. 170

[180] Vgl. Robert Waldmüller: *Ein Tag im Zuchthause* (→ Waldmüller: *Ein Tag*). In: *Im neuen Reich. Wochenschrift für das Leben des deutschen Volkes in Staat, Wissenschaft und Kunst*. 3. Jg., 1873, 1. Bd., Heft 11, S. 415

[181] Plaul: *Resozialisierung*, S. 133

[182] Ebd., S. 135

[183] August Krell: *Bericht an die Direction der Königlich Sächsischen Strafanstalt Zwickau, erstattet am 7. August 1868*. In: *Das Zellenhaus bei der Strafanstalt Zwickau. Erfahrungen und Beobachtungen über die Einzelhaft. Zwei Berichte*. Zwickau 1869, S. 48-50

[184] Relaps = Rückfall

[185] Plaul: *Resozialisierung*, S. 137

[186] Sonja Schröter: *Psychiatrie in Waldheim/Sachsen von ihren Anfängen bis zum Ende des zweiten Weltkrieges (1716-1946) – Ein Beitrag zur Geschichte der Forensischen Psychiatrie in Deutschland*. Universität Leipzig, Dissertation. 1994, S. 35-39

[187] Adolf Knecht: *Die Irrenstation bei der Strafanstalt Waldheim*. In: *Allgemeine Zeitschrift für Psychiatrie und Psychisch-Gerichtliche Medizin* 37 (1881) S. 154, 157-159

[188] May: *Mein Leben*, S. 171

[189] Ebd., S. 170f.

[190] Karl May: *Meine Beichte*, 2. Fassung (1.7.1908). In: *„Ich". Karl Mays Leben und Werk*. GW Band 34. Bamberg 2009[42], S. 25-30

[191] May: *Mein Leben*, S. 172f.

[192] *Katechetisches Wörterbuch*. Hrsg. von L. Lentner. Freiburg i. Br. O. J., S. 170

[193] Steinmetz: *Schatten*, S. 194-274 (230)

[194] Waldmüller: *Ein Tag*, S. 410

[195] May: *Mein Leben*, S. 172

[196] HStA Dresden: Acta der Königl. Sächs. Landes-Anstalt zu Schloß Waldheim, die Anstalts-Bibliothek betr., Zuchthaus Waldheim Nr. 391, S. 169-169b

[197] Pfarrarchiv St. Trinitatis Hohenstein-Ernstthal: Akte B XXVI 1 Loc. 18. Tabellarische Notiz, den Züchtling Karl Friedrich May aus Ernstthal betreffend (lose Zettel-Einlage; unpaginiert)

[198] C.M.: *Meine einstige Grabschrift*; C. M.: *Mein Liebchen* und C. May: *Gerechter Tadel*. In: *Neuer deutscher Reichsbote. Deutscher Haus- und Geschichts-Kalender*. Stolpen, Jg. 1873, S. 76, 80, 81

[199] Vgl. Sudhoff/Steinmetz: *KMC I*, S. 182

[200] Vgl. Peter Richter/Jürgen Wehnert: *Einleitung*. In: *Karl May. Ein wohlgemeintes Wort. Frühe Texte aus dem „Neuen deutschen Reichsboten" 1872-1886*. Lütjenburg 1994, S. 13

[201] Stadtarchiv Leipzig. Polizeiamt der Stadt Leipzig, Nr. 7, Bl. 11

[202] Signalement = Behördliche Personenbeschreibung

²⁰³ Karl May: Vernehmung v. 6.4.1908. Kgl. Landgericht Dresden: Strafverfahren ./. Karl May & Genossen – 2. V. 21/07, Bl. 1-7. In: Hainer Plaul: *Redakteur auf Zeit. Über Karl Mays Aufenthalt und Tätigkeit von Mai 1874 bis Dezember 1877* (→ Plaul: *Redakteur*). In: *Jb-KMG 1977*. Hamburg 1977, S. 114-217 (122)

²⁰⁴ Plaul: *Redakteur*, S. 114-217 (122)

²⁰⁵ Christoph F. Lorenz: *Fragmente aus der Frühzeit Mays*. In: Karl May: *Old Shatterhand in der Heimat* . GW Band 79, S. 254-258 (255)

²⁰⁶ Friedrich Julius Frenzel: Mitteilung an die Kriminalpolizei Dresden vom 12.03.1875. Zit. nach: Albert Hellwig: *Die kriminalpsychologische Seite des Karl-May-Problems* (→ Hellwig: *Die krim.psych. Seite*). In: *Karl-May-Jahrbuch* (→ *KM-Jb*) 1920, S. 187-250 (201)

²⁰⁷ Karl May: Bittgesuch an die Dresdener Polizei-Direktion v. 16.3.1875 (Auszug). In: Hellwig: *Die krim.psych. Seite*, S. 187-250 (202-203) ++ wiederabgedruckt bei Plaul: *Redakteur*, S. 114-217 (149f.)

²⁰⁸ Roxin: *Mays Leben*, S. 87

²⁰⁹ *Dresdner Nachrichten*, Nr. 145 v. 25.5.1875, S. 2, Sp. 1

²¹⁰ May: *Mein Leben*, S. 184

²¹¹ *Dresdner Nachrichten*, Nr. 56 v. 25.2.1876, S. 2, Sp. 1

²¹² *Amtsblatt zur Wiener Zeitung und Central-Anzeiger für Handel u. Gewerbe*, Wien, Nr. 293 v. 22.12.1874, Titelseite

²¹³ Dieter Sudhoff: *Das Buch der Liebe*. In: Ueding: *Handbuch*, S. 458-460 (458f.)

²¹⁴ Ebd., S. 459

²¹⁵ Karl May: *Ein Schundverlag*. (→ May: *Ein Schundverlag*). In: Karl May: *Am Marterpfahl. Karl Mays Leidensweg, Autobiografische Schriften*. GW Band 83. Bamberg 2001, S. 25-204 (293-294)

²¹⁶ HStA Dresden: Findbücher. Amtsgericht Dresden, Verzeichnis der zur Abgabe an das Königliche Hauptstaatsarchiv ausgeschiedenen alten Akten: AG Dresden, Abgabe vom 22.X.1918 VIII.3, Seite 374b

²¹⁷ Adalbert Fischer: Brief an Dr. Felix Bondi vom 5.7.1905. In: Karl May: *Das Buch der Liebe*. Reprint. Band II (Kommentarband). Hrsg. von Gernot Kunze, im Auftrag der KMG. Hamburg 1988, Anlage 11/1, S. 221-228

²¹⁸ Phryne = Hetäre

²¹⁹ May: *Ein Schundverlag*, S. 65, 66 und 68

²²⁰ May: *Mein Leben*, S. 220

²²¹ Karl May: Notiz [Datum unbekannt]. In: May: *Das Buch der Liebe*. GW 83. Bamberg 2006, S. 9

²²² Akte Stollberg Nr. 129, Blatt 1, 1b und 2. In: Fritz Maschke: *Karl May und Emma Pollmer. Die Geschichte einer Ehe. Beiträge zur Karl-May-Forschung*. Band 3 (→ Maschke: *Emma Pollmer*). Bamberg 1972, S. 139-140

²²³ Karl Erich Born: *Von der Reichsgründung bis zum Ersten Weltkrieg*. München ¹⁵1994, S. 127

²²⁴ Königlich Sächsisches Gerichtsamt Stollberg, Protokoll der Aussage von Karl Eduard Huth vom 23.05.1878, Akte Stollberg, Blatt 3-6b. In: Maschke: *Emma Pollmer*, S. 141-143

²²⁵ Königlich Sächsisches Gerichtsamt Stollberg, Protokoll der Vernehmung Karl Mays vom 11.06.1878, Akte Stollberg, Blatt 8-11. In: Maschke: *Emma Pollmer*, S. 144-147

²²⁶ Königliche Staatsanwaltschaft Chemnitz, Beschluss vom 21.06.1878, Akte Stollberg, Bl. 12. In: Maschke: *Emma Pollmer*, S. 148

²²⁷ Kgl. Gerichtsamt Stollberg: Protokoll der Gegenüberstellungen vom 25.10.1878, Akte Stollberg, Bl. 34-39. In: Maschke: *Emma Pollmer*, S. 162-163

²²⁸ Königliches Gerichtsamt Stollberg: Urteil vom 09.01.1879, Akte Stollberg Bl. 44-45. In: Maschke: *Emma Pollmer*, S. 172

²²⁹ Max May: *Die Amtsanmaßung. § 132 Str.G.B.* Inaugural-Dissertation, Borna-Leipzig 1905, S. 39

²³⁰ Reichsgericht, I. Strafsenat, Urteil vom 13.03.1884. In: RStG Bd. 10, S. 199-203 (200)

²³¹ Karl May: Berufungseinlegung vom 6.2.1879, Akte Stollberg, Bl. 47-47b. In: Maschke: *Emma Pollmer*, S. 174

²³² Königliches Bezirksgericht Chemnitz, Protokoll der Berufungsverhandlung vom 12.05.1879, Akte Stollberg, Bl. 62-65. In: Maschke: *Emma Pollmer*, S. 186-187

²³³ Karl May: Gnadengesuch vom 02.07.1879, Akte Stollberg, Bl. 68-69. In: Maschke: *Emma Pollmer*, S. 189-190

²³⁴ Königlich Sächsisches Justizministerium: Mitteilung vom 29.07.1879, Akte Stollberg, Bl. 71. In: Maschke: *Emma Pollmer*, S. 192

²³⁵ Königliches Gerichtsamt Hohenstein-Ernstthal, Registratur vom 25. August 1879, Akte Stollberg, Bl. 71. In: Maschke: *Emma Pollmer*, S. 192

²³⁶ May: *Meine Beichte*. In: *„Ich"*. GW Band 34. Bamberg 2009⁴², S. 24

²³⁷ Hainer Plaul: *Anmerkungen*. In: Karl May: *Mein Leben und Streben / Karl May*. Vorwort, Anmerkungen, Nachwort, Sach-, Personen- und geographisches Namensregister von Hainer Plaul. Nachdruck der Ausgabe Freiburg i. Br., 3. Nachdruck-Auflage, Hildesheim; New York 1997, S. 530

²³⁸ Ludwig Gurlitt: *Gerechtigkeit für Karl May!* (→ Gurlitt: *Gerechtigkeit*). In: *„Ich"*. GW Band 34. Bamberg 2009⁴², S. 465-581 (482)

²³⁹ Max Frisch: *Mein Name sei Gantenbein*. Frankfurt 1968, S. 46

²⁴⁰ May: *Mein Leben*, S. 109

²⁴¹ Marvin B. Scott/Stanford M. Lyman: *Praktische Erklärungen* (→ Scott/Lyman: *Erklärungen*). In: Manfred Anwärter/Edith Kirch/Manfred Schröter (Hrsg.): *Seminar: Kommunikation, Interaktion, Identität*. Frankfurt 1976, S. 74

²⁴² Ebd., S. 75

²⁴³ May: *Mein Leben* und, S. 101

²⁴⁴ Ebd., S. 102

²⁴⁵ Ebd., S. 103

²⁴⁶ Ebd., S. 105

²⁴⁷ Ebd., S. 107

²⁴⁸ Scott/Lyman: *Erklärungen*, S. 175

²⁴⁹ May: *Mein Leben*, S. 169

²⁵⁰ Claus Roxin: *Karl May, das Strafrecht und die Literatur* (→ Roxin: *Strafrecht*). In: *„Ich"*. GW Band 34. Bamberg 2009⁴², S. 583-617 (585)

²⁵¹ May: *Mein Leben*, S. 107

²⁵² Ebd., S. 145

²⁵³ Ebd., S. 154

²⁵⁴ Ebd., S. 111

²⁵⁵ Claus Roxin: *Vorläufige Bemerkungen über die Straftaten Karl Mays* (→ Roxin:

Bemerkungen). In: *Jb-KMG 1971*. Hamburg 1971, S. 74-109; ders.: *Karl May, das Strafrecht und die Literatur*. In: *Jb-KMG 1978*. Hamburg 1978, S. 8-36; Wiederabdruck in: *„Ich"*. GW Band 34. Bamberg 2009[42], S. 583-617; ders.: *Ein geborener ‚Verbrecher'. Karl May vor dem Königlichen Landgericht in Moabit.* In: *Jb-KMG 1989*. Husum 1989, S. 9-36

[256] Roxin: *Bemerkungen*, S. 74-109

[257] Ebd., S. 78

[258] Unter dem Begriff Dunkelfeld versteht man die Summe aller Delikte, die den Strafverfolgungsbehörden nicht bekannt werden und deshalb auch nicht in die Polizeiliche Kriminalstatistik eingehen. Die Methoden, mit denen Kriminologen das Dunkelfeld zu erforschen versuchen, sind den empirischen Sozialwissenschaften entlehnt; vgl. Nachweise bei Hans-Jürgen Schneider: *Kriminologie*. Berlin/New York 1987, S. 182-221

[259] Roxin:*Strafrecht*, S. 598

[260] May: *Mein Leben*, S. 37

[261] Roxin:*Strafrecht*, S. 600

[262] Ebd., S. 602-603

[263] Otto Forst-Battaglia: *Karl May. Traum eines Lebens. Leben eines Träumers. Beiträge zur Karl-May-Forschung*. Band 1. Herausgegeben von Heinz Stolte. Bamberg 1966, S. 46

[264] Euchar Albrecht Schmid: Brief an Erich Wulffen v. 26.6.1928. In: Jürgen Seul: *Erich Wulffen – Ein Leben zwischen Kunst und Verbrechen* (II). In: *M-KMG* 154/2007, S. 10-24 (17)

[265] Roxin: *Strafrecht*, S. 601-602

[266] Michael Walter: *Über Karl May und sein Werk. Einige kriminologische Gedanken* (→ Walter: *Über Karl May*). In: *Goldtdammer's Archiv für Strafrecht*. 153. Jg. 2006, S. 389-393 (391)

[267] Vgl. Erich Wulffen: *Der Läuterungsgedanke bei Karl May*. In: *KM-Jb 1923*. Herausgegeben von Max Finke und Euchar Albrecht Schmid. Radebeul 1922, S. 109-122; ders.: *Kunst und Verbrechen* (→ Wulffen: *Verbrechen*). In: *KM-Jb 1925*. Radebeul 1924, S. 267-318; ders.: *Im Reiche der Schelme* (→ Wulffen: *Schelme*). In: *KM-Jb 1926*. Radebeul 1926, S. 63-130; ders.: *Das Kriminelle in der Weltliteratur*. In: *KM-Jb 1927*. Radebeul 1927, S. 238-295

[268] Wulffen: *Verbrechen*, S. 267-318

[269] Wulffen: *Schelme*, 63-130 (63)

[270] Erich Wulffen: *Psychologie des Verbrechers. Ein Handbuch für Juristen, Ärzte, Pädagogen und Gebildete aller Stände. Enzyklopädie der modernen Kriminalistik*. 2 Bände, Berlin-Lichterfelde 1908, Bd. I, S. 173

[271] Ebd.

[272] *Allgemeine Zeitschrift für Psychiatrie und Psychisch-Gerichtliche Medizin*, Bd. 66, 1909, S. 1075

[273] Nachlass Erich Wulffen. In: Sächsische Landesbibliothek – Staats- und Universitätsbibliothek Dresden, Msc v. Dresd. App. 1832

[274] Walter: *Über Karl May*, S. 391

[275] Roxin: *Strafrecht*, S. 593-594

[276] May: *Meine Beichte*, 2. Fassung (1.7.1908). In: *„Ich"*. GW Band 34[42], S. 20

[277] Roxin: *Strafrecht*, S. 594-595

²⁷⁸ Albert Hellwig: *Die kriminalpsychologische Seite des Karl-May-Problems*. In: *KMJb 1920*, S. 187-250 (214)

²⁷⁹ Walter: *Über Karl May*, S. 391-392

²⁸⁰ Günter Kaiser: *Kriminologie. Ein Lehrbuch*, Stuttgart ²1988, § 105 Rdnr. 20

²⁸¹ K. Foerster: *Der psychiatrische Sachverständige zwischen Norm und Empirie*. In: *Neue Juristische Wochenschrift 1983*, S. 2049-2053 (2052)

²⁸² Wilfried Rasch: *Forensische Psychiatrie*. Stuttgart/Berlin/Köln ²1999, S. 73

²⁸³ Otto Rubner: *Der sächsische Phantast. Eine Pathografie Karl Mays*. In: *Jb-KMG 2003*. Husum 2003, S. 17-66 (59f.)

²⁸⁴ Ebd., S. 59

²⁸⁵ Ebd., S. 58

²⁸⁶ Kurt Langer: *Der psychische Gesundheitszustand Karl Mays. Eine psychiatrisch-tiefenpsychologische Untersuchung* (→ Langer: *Gesundheitszustand*). In: *Jb-KMG 1978*. Hamburg 1978, S. 168-173

²⁸⁷ Hans Wollschläger: *„Die sogenannte Spaltung des menschlichen Innern, ein Bild der Menschheitsfrage überhaupt". Materialien zu einer Charakteranalyse Karl Mays*. In: *Jb-KMG 1972/73*. Hamburg 1972, S. 14f.

²⁸⁸ Langer: *Gesundheitszustand*, S. 172

²⁸⁹ Gurlitt: *Gerechtigkeit*. In: *„Ich"*. GW Band 34. Bamberg 2009⁴², S. 421-536 (518f.)

²⁹⁰ Karl-Heinz Strobl: *Scham und Maske*. In: *»Ich«. Karl Mays Leben und Werk. Karl May's Gesammelte Werke* Band 34. Bamberg 1976³⁰, S. 545-579 (557f.)

²⁹¹ William E. Thomas: *Karl May would have been found NOT GUILTY*. In: *KMG-Nachrichten* Nr. 118/1998, S. 42

²⁹² William E. Thomas: *Karl May und die ‚Dissoziative Identitätsstörung'* (→ Thomas: *Identitätsstörung*). In: *Jb-KMG 2000*. Husum 2000, S. 195-231

²⁹³ Weltgesundheitsorganisation: *Internationale Klassifikation psychischer Störungen*. ICD-10, Kapitel V (F). Bern u.a. ²1993, S. 182

²⁹⁴ Thomas: *Identitätsstörung*, S. 226

²⁹⁵ Vgl. Wilfried Rasch: *Forensische Psychiatrie*. Stuttgart/Berlin/Köln ²1999, S. 61

²⁹⁶ Karl May: Brief an Sascha Schneider v. 31.5.1905. In: Karl May: *Briefwechsel mit Sascha Schneider. Karl May's Gesammelte Werke und Briefe*. Band 93. Hrsg. v. Hartmut Vollmer / Hans-Dieter Steinmetz. Bamberg 2009, S. 150-154 (152)

²⁹⁷ Hainer Plaul: *Anmerkungen*. In: Karl May: *Mein Leben und Streben / Karl May*. Vorwort, Anmerkungen, Nachwort, Sach-, Personen- und geographisches Namensregister von Hainer Plaul. Nachdruck der Ausgabe Freiburg i. Br., 3. Nachdruck-Auflage, Hildesheim; New York 1997, S. 522-529

²⁹⁸ Karl May: *Eingabe an den Untersuchungsrichter Larrass*. In: Rudolf Lebius: *Die Zeugen Karl May und Klara May. Ein Beitrag zur Kriminalgeschichte unserer Zeit*. Reprint der Ausgabe Berlin-Charlottenburg 1910. Mit einer Einführung von Jürgen Wehnert. *Veröffentlichungen aus dem Karl-May-Archiv*. Hrsg. v. Michael Petzel und Jürgen Wehnert. Lütjenburg 199, S. 90

²⁹⁹ Ian Hacking: *Multiple Persönlichkeit. Zur Geschichte der Seele in der Moderne*. München-Wien 1996

³⁰⁰ Johannes Zeilinger: *Autor in fabula. Karl Mays Psychopathologie und die Bedeutung der Medizin in seinem Orientzyklus. Materialien zum Werk Karl Mays*. Band 2 (→ Zeilinger: *Autor in fabula*). Husum 2000, S. 48f.

³⁰¹ Vgl. den Fall des „Hauptmanns von Köpenick". – z.B. bei Curt Riess: *Prozesse die unsere Welt bewegten*. Düsseldorf 1992, S. 193-221

³⁰² Johannes Zeilinger: Brief an den Verfasser v. 31.12.2000

³⁰³ Gabriele Wolff: *Versuch über die Persönlichkeit Karl May*. Sonderheft der Karl-May-Gesellschaft Nr. 45/1983, S. 16

³⁰⁴ Claus Roxin: Brief an den Verfasser v. 15.3.2003

³⁰⁵ Zeilinger: *Autor in fabula*, S. 91

³⁰⁶ Edgar Bayer: Unpubliziertes Typoskript v. 14.9.2003. In: Hermann Wohlgschaft: *Karl May. Leben und Werk. Karl Mays Werke*. Abteilung IX, Materialien Band I.1. Bargfeld 2005. Erster Band, S. 221f.

³⁰⁷ Vgl. Wilfried Rasch: *Forensische Psychiatrie*. Stuttgart/Berlin/Köln ²1999, S. 249.

³⁰⁸ Vgl. Wilfried Rasch: *Die psychiatrisch-psychologische Beurteilung der sogenannten anderen seelischen Abartigkeiten*. Stv 11 (1991), S. 131.

³⁰⁹ § 67 StGB: (1) Wird die Unterbringung in einer Anstalt nach den §§ 63 und 64 neben einer Freiheitsstrafe angeordnet, so wird die Maßregel vor der Strafe vollzogen. [...] (4) Wird die Maßregel ganz oder zum Teil vor der Strafe vollzogen, so wird die Zeit des Vollzugs der Maßregel auf die Strafe angerechnet, bis zwei Drittel der Strafe erledigt sind.

³¹⁰ § 9 StVollzG: (1) Ein Gefangener soll mit seiner Zustimmung in eine sozialtherapeutische Anstalt verlegt werden, wenn die besonderen therapeutischen Mittel und sozialen Hilfen dieser Anstalt zu seiner Resozialisierung angezeigt sind. Er kann wieder zurückverlegt werden, wenn mit diesen Mitteln und Hilfen dort voraussichtlich kein Erfolg erzielt werden kann. Die §§ 8 und 85 bleiben unberührt. (2) Die Verlegung bedarf der Zustimmung des Leiters der sozialtherapeutischen Anstalt.

2. Teil:
Prozesse der Aufstiegsjahre

I. Der literarische Aufstieg (1880-1887)

Nach der ‚Affäre Stollberg' geriet Karl May viele Jahre nicht mehr mit der Justiz in Kontakt. Die 80er-Jahre waren zunächst von seiner Fronarbeit als Kolportageschriftsteller für den Verlag H. G. Münchmeyer geprägt, bei dem er ja bereits zwischen 1875 und Februar 1877 als Redakteur angestellt gewesen war. Der findige Verleger hatte es noch einmal geschafft, seinen ehemaligen Mitarbeiter zur Mitwirkung für seinen Verlag zu bewegen.

Dass über dieser zweiten Mitarbeit ein juristisches Damoklesschwert schwebte, das erst viele Jahre nach der erneuten Beendigung schweren Schaden anrichtete, wird an anderer Stelle noch einmal ausführlich dargestellt. Für die Jahre nach Stollberg bedeutete die Kolportagearbeit für May zunächst einmal ein immenses Arbeitsaufkommen. Doch während sein Arbeitseifer enorm war und die umfangreichen Fortsetzungsromane *Das Waldröschen oder die Rächerjagd rund um die Erde*[1], *Die Liebe des Ulanen*[2], *Der verlorne Sohn oder der Fürst des Elends*[3], *Deutsche Herzen – Deutsche Helden*[4] und *Der Weg zum Glück*[5] entstanden, blieb das Honorar vergleichsweise bescheiden.

Für die erste Auflage des *Waldröschen* bis zu 20.000 Exemplaren bekam May 35 Mark pro Heft, wobei der Gesamtumfang des Romans 109 Hefte umfasste. Da offiziell nie mehr als 20.000 Exemplare verkauft wurden, erhielt der Schriftsteller insgesamt nur 3.815 Mark als Honorar. Dieses Entgelt entsprach ungefähr 1,75 % des Ladenpreises. Dass in Wirklichkeit im Laufe der Jahre eine wesentlich höhere Anzahl verkauft wurde, sollte sich erst später herausstellen und noch verschiedene Gerichtsinstanzen beschäftigen. Die anderen Kolportageromane erbrachten im Übrigen aufgrund von Honorarerhöhungen insgesamt 5.000 bis 6.000 Mark.

Wenn auch der Autorenanteil am wirtschaftlichen Erfolg seiner Kolportageromane vergleichsweise gering ausfiel, erzielte May in jenen Jahren ein Schriftstellergehalt, das etwa dreimal so hoch war wie sein Einkommen in den Jahren zuvor. Es entsprach sogar den Bezügen eines akademisch gebildeten Beamten, wenngleich man immer den enormen Arbeitsaufwand in Relation dazu stellen muss. Die durch das Kolportagegeschäft erreichte Honorarsituation ermöglichte dem Schriftsteller einen bürgerlichen Lebensstil mit Gästerunden und Landpartien. Ausdruck dieses Lebenstils war auch der Umzug nach Dresden am 7. April 1883. Äußerlich verlief Mays Leben in der zweiten Münchmeyer-Zeit ereignisarm, denn der Zwang zum pausenlosen Schreiben schloss andere Kontakte und Betätigungen fast völlig aus.

Trotz der gesicherten wirtschaftlichen Situation als Kolportageschriftsteller und der damit verbundenen Verbesserung der Lebensumstände nutzte May im Herbst 1886 die Gelegenheit, sich auch als Literat zu verbessern. Dabei nahm er jedoch erhebliche finanzielle Abstriche in Kauf.

Durch Vermittlung des bekannten Bibliografen Joseph Kürschner (1853-1902), der für den Verleger Wilhelm Spemann (1844-1910) die damals weit verbreitete Monatsschrift *Vom Fels zum Meer* redigierte, für die auch May früher zwei Beiträge geliefert hatte, kam er im Herbst 1886 mit Spemann in Verbindung. Dieser bot ihm an, für die neugegründete Zeitschrift *Der gute Kamerad*, die am 1. Januar 1887 ihren Erscheinungsbeginn hatte, als Autor zu arbeiten. May schrieb für die Zeitschrift *Der Sohn des Bärenjägers* (heute in GW Band 35, *Unter Geiern*), eine Jugenderzählung, die zwischen Januar und September 1887 erschien. Die Veröffentlichung hatte großen Erfolg, sodass May das Angebot einer dauerhaften Autorenanstellung für die Zeitschrift erhielt. Das Engagement für Spemann beendete Mays Geschäftsbeziehung zum Hause Münchmeyer endgültig. Ein gerade begonnener sechster Kolportageroman namens *Delilah* blieb fragmentarisch und ist verschollen.

II. Zivil- und Strafprozesse (1887-1891)

Während durch die Mitarbeit bei Spemann und dem katholischen *Deutschen Hausschatz in Wort und Bild* von Friedrich Pustet (1831-1902) in Regensburg, für den er bereits seit einigen Jahren schrieb, Mays literarische Reifung voranschritt, wurde die wirtschaftliche Situation des Schriftstellers wieder schlechter. Er begann über seine Verhältnisse zu leben. Lebensstil und Einkünfte passten nicht mehr zueinander, wenngleich May keine besonders üppigen Ausgaben tätigte.

1. Mietschulden, Weinrechnungen und andere Streitigkeiten

Im Frühjahr 1887 zogen Karl und Emma May von der Dresdner Johannstadt nach Dresden-Seevorstadt, Schnorrstraße 31[1]. Der Vermieter war der Schankwirt Johann August Nitsche (1844-1908), der den Mays seine Mietwohnung für einen Jahrszins von 1.050 Mark überließ.

Die verminderten Honorarzahlungen machten sich nun bemerkbar. Hinzu kam, dass May die nicht unerheblichen Pflegekosten für seinen schwerkranken Vater übernahm. Diese Veränderungen dürften dazu geführt haben, dass die Mays nochmals umzogen:

"Ich machte Schluß und zog von Dresden fort, nach Kötzschenbroda, dem äußersten Punkt seiner Vorortsperipherie."[6]

Die verschlechterte Einnahmesituation und die Zusatzkosten durch den kranken Vater gipfelten letzlich darin, dass May mit der Zahlung der Miete nicht mehr nachkam. Es folgte eine Klage[7] des Vermieters auf Zahlung des rückständigen Mietzinses seit dem 1. Juli 1888 vor dem Königlichen Amtsgericht Dresden.

Am 28. September konnte der Schriftsteller die Rückstände in Höhe von 275 Mark zahlen. In den nächsten Tagen zogen die Mays wieder aus der Wohnung aus.

Zu jener Zeit war er auch ein großer Weinliebhaber. Bei

der Weinhandlung A. Stiebitz & Co., Inhaber Joachim H. Fickel, in der Dresdener Neustadt bezog er seinen Wein, aber offenbar ohne die anlaufenden Rechnungen begleichen zu können. Auch hier folgte eine Zahlungsklage[8] vor dem Königlichen Amtsgericht Dresden. Vermutlich kam es zu einer Verurteilung Mays nebst Übernahme von Zinsen und Kosten.

May machte in jener Zeit auch Schulden bei dem Fleischermeister und Gastwirt Karl Dankegott Leuschner (1821-1892) in Stetzsch, nordwestlich von Dresden. Erneut kam es zu einer Zahlungsklage[9] vor dem Amtsgericht Dresden, bei der davon ausgegangen werden muss, dass May verurteilt wurde, Zinsen und Kosten zu tragen.

Nach mehreren Umzügen innerhalb des Dresdner Stadtgebietes zogen die Mays am 1. Oktober 1888 in die Villa ‚Idylle' in der Kötzschenbrodaer Schützenstraße 6. Die Inhaberin Alma Freifrau von Wagner (1842-1931), eine Dresdner Hauptmannswitwe, vereinbarte mit ihrem neuen Mieter einen Jahreszins von 800 Mark. Der Betrag war in vierteljährlichen Raten von 200 Mark zahlbar und lag noch immer deutlich über dem, was sich der aufstrebende Schriftsteller leisten konnte.

„Ich verließ Dresden nun für ganz und zog nach der Lössnitz, in den entlegensten Ort derselben, nach Kötzschenbroda, wo ich eine ganze Villa mietete, um der einzige Herr meiner Haustür zu sein."[10]

Kurze Zeit nach der Leuschner-Klage reichte Mays neue Vermieterin erstmalig eine Klage[11] wegen überfälligen Mietzins gegen ihn ein. Einzelheiten zu dem Verfahren sind nicht bekannt. Am Mietverhältnis änderte der Rechtsstreit offensichtlich nichts, denn May blieb zunächst Mieter der Villa. Vermutlich hatte er doch noch gezahlt, woraufhin die Klage zurückgezogen worden war. Aber offensichtlich wiederholte sich die Zahlungssäumnis, sodass sehr bald der nächste mietrechtliche Konflikt entstand.

May war nun nicht mehr in der Lage, den Mietzins in Höhe von 200 Mark für das erste Quartal 1890 an seine Vermieterin zu leisten. Der Aktenbestand des deshalb in Gang kommenden Verfahrens hat sich bis heute erhalten.[12] So kam es zunächst am 14. Januar 1890 zur Klageerhebung der Freifrau von Wagner durch ihren Rechtsanwalt Carl August Hippe:

An
das Königliche Amtsgericht
Dresden.

Klage

der Frau Freifrau von Wagner Hauptmannswitve in Dresden,
Klägerin
wider
Herrn Dr. phil. Karl May, Schriftsteller in Kötzschenbroda, Schützenstraße 6
Beklagten,
200 M.– betr.

Laut Mietvertrags vom 1. Oktober 1888 hat Beklagter die der Klägerin gehörige Villa Schützenstraße 6 in Kötzschenbroda für jährlich 800 M. – „ermietet und sich verpflichtet, diesen Mietzins in vierteljährlichen Raten von je 200 M. – " am 1. jeden Quartals im Voraus an die Klägerin zu bezahlen.
  Beweis: Mietvertrag.
Er hat auch die ermietete Villa am 1. Oktober 1888 bezogen und übergeben erhalten und noch gegenwärtig mietweise inne.
  Beweis: Zeugen.
Er hat jedoch den am 1. Januar dss. Js. fällig gewesenen Mietzins bisher nicht berichtigt.
Namens der Klägerin erhebe ich daher Klage und lade den Beklagten vor das Königliche Amtsgericht Dresden zu dem anzuberaumenden Termin zur mündlichen Verhandlung des Rechtsstreits.
Ich werde beantragen, den Beklagten kostenpflichtig zur Zahlung von 200 M – " nebst 5 % Zinsen seit 1. Januar ds. Js. zu verurteilen und das Urteil für vollständig vollstreck-

bar zu erklären. Prozessvollmacht hinterlege ich auf der Gerichtsschreiberei.

Dresden, am 14. Januar 1890.

Hippe
Rechtsanwalt[13]

Durch den zuständigen Amtsrichter Dr. Werner Rossbach wurde für den 24. Januar 1890, vormittags 9 Uhr der Verhandlungstermin in der Landhausstraße 9 III angesetzt. Da Karl May weder persönlich erschien noch durch einen Rechtsanwalt vertreten wurde, erging am 24. Januar 1890 Versäumnisurteil gegen ihn:

Im Namen des Königs!

In Sachen

der Freifrau verw. Hauptmann Alma von Wagner in Dresden, vertreten durch RA. Hippe, daselbst, als Proceßbevollmächtigten,

Klägerin,
gegen den Schriftsteller Dr. phil. Karl May in Kötzschenbroda,

Beklagten,
wegen 200 Mk s. A. Mietzinsforderung,
erkennt das Königliche Amtsgericht zu Dresden durch den AR. Dr. Rossbach,
nachdem Klägerin aus dem Mietvertrage vom 1. Oktober 1888 auf Zahlung von 200 Mk. nebst 6 % Zinsen seit 1. Januar 1890 als am 1. Januar 1890 fällige, vierteljährlich im Voraus zu bezahlende Mietzinsrate für die vom Beklagten ermietete und bewohnte Villa Schützenstraße 6 in Kötzschenbroda geklagt & unter Vortrag der Klagtatsachen bei dem Nichterscheinen des Beklagten in dem Termine zur mündlichen Verhandlung vom 24.ten Januar 1890 beantragt hat, das Versäumnißurteil zu erlassen – und dasselbe für vorläufig vollstreckbar zu erklären –, auch die gehörig erfolgte Ladung durch Vorlegung der Urkunde über Klagzustellung vom 20. ten Januar 1890 nachgewiesen hat, in Erwägung,

dass hiernach das den Klagantrag rechtfertigende thatsächliche mündliche Vorbringen der Klägerin als zugestanden anzunehmen ist, in Gemäßheit der §§ 296, 87 – 649 No. 4 der Civilproceßordnung für Recht:
Beklagter wird verurteilt, der Klägerin 200 Mk (Zweihundert Mk.) nebst 5 % Zinsen seit 1. Januar 1890 zu zahlen und die Kosten des Rechtsstreits zu tragen.
– Dieses Urtheil wird für vorläufig erklärt. –
Dr. Roßbach[14]

Neben dem Klageanspruch der Vermieterin hatte May auf Grund des gegen ihn ausgesprochenen Versäumnisurteils auch die Kosten für den gegnerischen Rechtsanwalt zu leisten. Der entsprechende Kostenfestsetzungsbeschluss[15] erging am 28. Januar 1890 und wurde von Emma May zwei Tage später in Abwesenheit ihres Mannes in Empfang genommen. Immerhin blieben die Mays trotz ihres juristischen Konflikts mit der Vermieterin noch über ein Jahr, bis April 1891, Bewohner der Villa ‚Idylle'. Dann zogen sie in eine preiswertere Mietwohnung in der Lößnitzstraße 11 in Kötzschenbroda.

Ein weiterer juristischer Konflikt entspann sich in jener Zeit des literarischen Aufstiegs mit dem Dresdner Zigarrenhändler Julius Balder. Neben der Vorliebe für Wein gehörte auch die Leidenschaft für Zigarren zum Schriftstelleralltag. May bezog Zigarren in großen Mengen von dem erwähnten Händler, ohne die Rechnungen begleichen zu können. Eine solche Rechnung vom 13. Juli 1890 wurde schließlich zum Gegenstand einer Zahlungsklage[16] über 125 Mark. Der Fortgang des Verfahrens ist zwar unbekannt, jedoch ist auf Grund des unzweifelhaften Tatbestandes von einer Verurteilung Mays als säumigem Käufer auszugehen.

Durch den Verkauf des Wohnhauses Lößnitzstraße 11 wurde ein erneuter Umzug fällig. Das neue Domizil der Mays wurde ab dem 8. April 1891 die Villa „Agnes" von Friedrich Wilhelm Sauerzapf in der Nizzastraße 1d in Oberlößnitz. Da May weiterhin finanzielle Probleme plagten, konnte er sehr bald auch den Mietzins für die neue Villa nicht aufbringen. Dies scheint umso erstaunlicher, als gerade in jenen Jahren so erfolgreiche Erzählungen wie *Der Schatz im Silbersee* (1889) und *Der Mahdi* (1890) veröffentlicht worden waren bzw. in wöchentlichen Lieferungen gerade erschienen. „Der Verlag Spemannn in Stuttgart (bzw. ab 1890 der Union-Verlag) entrichtete genauso wie Pustet in Regensburg ein Honorar von je 1 Mark pro Manuskriptseite."[17] In dieser Situation lieh sich May am 7. Januar 1891 das Geld für die fällige Quartalsmiete bei dem Kaufmann Johann Christoph Schwarz in Kötzschenbroda. Es handelte sich um 325 Mark, die er binnen fünf Tagen zurückzuzahlen versprach. Immerhin schaffte er es, termingerecht 300 Mark zurückzubringen. Doch nach nur wenigen Tagen musste er sich erneut 100 Mark zu den ohnehin noch schuldigen 25 Mark hinzuleihen, weil er seine Mittel „ganz ausgegeben habe und mit seiner Familie ohne Mittel sei"[18].

Als die Rückzahlung des geliehenen Geldes nicht erfolgte, erwirkte Schwarz gegen May am 9. September 1891 einen Zahlungsbefehl[19] auf Rückzahlung eines Darlehens nebst 5 % Zinsen. Nachdem der Schriftsteller dem Zahlungsbefehl widersprach, sah sich der Kaufmann gezwungen, seine Forderung in einem gerichtlichen Verfahren geltend zu machen. Schwarz erhob am 24. September 1891 eine Klage auf Rückzahlung gegen May:

Ich lade den Beklagten zur mündlichen Verhandlung des Rechtsstreites vor das Königliche Amtsgericht zu Dresden und werde beantragen: denselben zur Bezahlung von 125 M nebst 5 % Zinsen seit dem 9. September 1891 zu verurtheilen, das Urtheil auch für vorläufig vollstreckbar zu erklären.[20]

Der Verhandlungstermin wurde für den 21. Oktober, 9 Uhr, vor dem Amtsgericht Dresden bestimmt – und wieder blieb der Beklagte der Verhandlung fern. Folgerichtig kam es zu einem erneuten Versäumnisurteil gegen May, der zur Zahlung von 125 Mark nebst Zinsen und Gerichtskosten verurteilt wurde.

Noch im selben Jahr, am 16. November, folgte die Zustellung der nächsten Klageschrift[21]. Dieses Mal handelte es sich um eine Zahlungsklage, eingereicht durch den Restaurantbesitzers Louis Vogel, der May am 1. Juli 1877 insgesamt 50 Mark geliehen hatte, ohne sie zurückerhalten zu haben. Im Zusammenhang mit seiner Lokalaufgabe war ihm bei Durchsicht der Geschäftsunterlagen Mays alter Schuldschein aufgefallen. Da sich May der Rückzahlung – auch einem eingeschalteten Gerichtsvollzieher gegenüber – als störrisch erwiesen hatte, waren noch weitere Kosten durch sogenannte Protest- und Retourspesen in Höhe von 10 Mark 80 entstanden.

Vor dem Amtsgericht Dresden kam es am 25. November 1891 zur Verhandlung. Das Gericht verurteilte May zur Zahlung von 60 Mark 80 nebst 5 % Zinsen seit dem 1. Oktober 1877 sowie zur Tragung der Kosten.

Inzwischen hatte sich für den Schriftsteller der glückliche Kontakt mit dem Freiburger Verleger Friedrich Ernst Fehsenfeld (1853-1933) ergeben. Das Ende seiner finanzieller Misere und damit auch das Ende von Zahlungsklagen fällt eng mit dem Abschluss des Verlagsvertrags mit Fehsenfeld am 17. November 1891 zusammen, der ab 1892 Karl Mays *Gesammelte Reiseromane* herauszugeben begann und dem Schriftsteller ein gesichertes Auskommen bescherte. Die Zahlung erster Vorschüsse durch Fehsenfeld versetzten Karl May in die Lage, Kosten wie die durch den Vogel-Prozess nunmehr ohne Weiteres begleichen zu können.

In einem Zivilverfahren vor dem Amtsgericht Dresden[22] verklagte das Dienstmädchen Alma Eulitz den Schriftsteller wegen nicht gezahltem Lohn. Klaus Hoffmann[23] zufolge behielt der Schriftsteller in diesem Verfahren Recht. Nähere Einzelheiten sind leider nicht bekannt.

2. Der Lilié-Prozess

Karl May pflegte im Laufe seines Schriftstellerlebens nur sehr wenig Kontakt zu Kollegen, Freundschaften bildeten eher die Ausnahme. Zu den wenigen bekannten Schriftstellerfreunden zählte zeitweise Moritz Lilié (1835-1904).

Zu seiner Person haben die May-Forscher Hainer Plaul[24] und Hans-Dieter Steinmetz[25] umfangreiches biografisches Material zusammengetragen. Selber gab Lilié in einem Bewerbungsschreiben an die *Zittauer Nachrichten* vom 24. November 1891 über sich folgende Auskunft:

„Mein Geburtsort ist Chemnitz, mein Studium in Nationalökonomie und den schönen Wissenschaften absolvierte ich an der Universität Leipzig. In den Jahren 1865 und 1866 war ich in der Redaktion der in Braunschweig erscheinenden ‚Westermann'schen Monatshefte‘ tätig, übernahm dann die verantwortliche Herausgabe des von Hans Wachenhusen begründeten ‚Hausfreund‘ in Leipzig und trat nach dem Besitzwechsel dieses Blattes in die Redaktion der ‚Gartenlaube‘ ein, um endlich im Jahre 1876 einem Ruf des Buchhändlers Weineck in Dresden zur literarischen Leitung seines belletristischen Verlages zu folgen. Bis zu meiner Übersiedlung nach Dresden schrieb ich nebenbei während eines Zeitraumes von fünf Jahren die Kritiken über bildende Kunst für das ‚Leipziger Tageblatt‘, ebenso lieferte ich hin und wieder der wissenschaftlichen Beilage zur ‚Leipziger Zeitung‘ geeignete Beiträge."[26]

1880 verließ er Dresden auf Grund der Insolvenz seines Arbeitgebers und siedelte nach Kötzschenbroda über, wo er zwischen 1882 und 1886 als verantwortlicher Redakteur der *Kötzschenbrodaer Zeitung und Anzeiger* fungierte. Wann sich Karl May und Moritz Lilié kennenlernten steht nicht ganz zweifelsfrei fest. Wahrscheinlich ist, dass dies 1888 geschah, als beide räumlich sehr nahe beieinander in Kötzschenbroda wohnten.

Zusammen mit May gehörte Lilié seit 1888 einem Radebeuler Stammtisch an, an dem der Spitzname ‚Lügen-May‘ kursierte. Von Frühjahr 1890 bis April 1891 waren sie zudem auch im selben Kegelklub. Fest stehen auch gemeinsame Wanderungen. Die wirtschaftlichen Probleme Liliés führten zu einer Unterstützung durch den literarisch zu jener Zeit bereits erfolgreichen May. Dieser verschaffte Lilié möglicherweise auch Zugang zu seinem eigenen langjährig wichtigsten Publikationsorgan, dem katholischen *Deutschen* des Pustet-Verlags, denn auffälligerweise wurden ab dem Zeitpunkt des engen Kontakts beider Schriftsteller im *Hausschatz* auch Beiträge Liliés veröffentlicht. Aus dieser Zeit rührte auch Liliés Kenntnis von der Autorschaft Mays an den Münchmeyer-Romanen her; er ließ sich von May mit Geld aushelfen und erwartete von ihm – offenbar im Jahr 1892 – auch die Rettung aus einer Ehrenschuld, die Lilié zu begleichen hatte.

„Da kam die Zeit, wo er [Lilié] *fest darauf gerechnet hatte und es höchst notwendig brauchte. Es handelte sich um seine Ehre. Aber gerade da war sie* [Emma May] *gegen alle weiteren Gaben und griff derart in die Kasse ein, dass es mir unmöglich war, Lilies Erwartungen zu entsprechen. Es kam zwischen ihm und ihr zu einer höchst aufgeregten Szene, deren Folgen dann nur ich zu tragen hatte."*[27]

Demnach soll es Emma May gewesen sein, die Lilié beleidigt habe. Diese Darstellung erscheint unzutreffend, denn es war höchstwahrscheinlich der Dichter selbst, „der sich zu derartigen Äußerungen hatte hinreißen lassen, und zwar höchstwahrscheinlich im gemeinsamen Kegelklub, also vor Zeugen. Denn Moritz Lilie strengte daraufhin vor dem Amtsgericht Dresden ein Strafverfahren gegen May – und nicht etwa gegen dessen Frau – wegen Beleidigung an. May, der oft sehr empfindlich reagierte, muss sich durch irgendetwas verletzt gefühlt haben. Leider wissen wir nicht wodurch. Aber anders ist seine schroffe Reaktion nicht zu erklären. Der Vorfall ereignete sich irgendwann im Jahr 1892, der genaue Zeitpunkt ist heute nicht mehr bekannt."[28]

Bei der Klage muss es sich um eine Privatklage wegen verleumderischer Beleidigung gehandelt haben. Ein Schriftsatz vom 25. September 1909, den der Journalist Rudolf Lebius veröffentlichte, bezieht sich auf eine von Karl May unterschriebene Erklärung von 1892, derzufolge er sich zu solchen Äußerungen „gegen einen inzwischen verstorbenen Schriftsteller" bekennt. Der Rechtsanwalt Felix Bondi erhielt von Adalbert Fischer in einem Schreiben vom 5. Juli 1905 die Mitteilung:

„May soll (im Klub ‚Kegelei') einem gewissen Dr. Lilié ein Schriftstück gegeben zu haben, worin er bekennt, dass er ein Verleumder ist."[29]

Diese Erklärung veranlasste Lilié zur Klagerücknahme. Später erklärte Karl May:

„Lilie rächte sich in genau derselben Weise, wie er beleidigt worden war, das heißt, gemein, und war dann derjenige, der Herrn Adalbert Fischer verführte, meine Werke von Pauline Münchmeyer zu kaufen und mich (…) dann auszubeuten."[30]

Ob dem wirklich so war, wird – wie auch die näheren Umstände, die zu dem Verfahren geführt haben – vermutlich nie geklärt werden können.

3. Der falsche Doktortitel

In einer weiteren Angelegenheit, die jedoch nie den Weg zu den Justizbehörden gefunden hat, bewegte sich Karl May auf strafrechtlich relevantem Parkett: Nach seinem Bekunden soll es sein Verleger H. G. Münchmeyer gewesen sein, der ihn im Laufe der folgenden Jahre gegenüber Dritten als Doktor vorgestellt habe, obwohl dem Schriftsteller ein solcher akademischer Grad nicht zustand. May gibt viele Jahre später eine Schilderung der dazu führenden Umstände:

„Am Abend […] erklärte mir Münchmeyer, dass wir, wenn es mir recht sei, von jetzt an allabendlich ausgehen würden, um, meist mit seinem Bruder Fritz, eine Partie Billard oder Skat zu spielen. Ich willigte ein. Wir gingen nach der Ammonstraße. Dort gab es […] eine kleine Wirtschaft mit Billard. Als wir in die Stube traten, stellte er mich den anwesenden Gästen, die meist Handwerker waren, mit den Worten vor: ‚Meine Herren, mein neuer Redakteur, Herr Doktor Karl May!'"[31]

Als May auf dem gemeinsamen Heimweg gefragt habe, warum er als Doktor vorgestellt worden sei, habe Münchmeyer geantwortet:

„*Das sei so Sitte, sagte er. Jeder bessere Schriftsteller, besonders aber jeder Redakteur sei so zu nennen. [...] Wer sich diesen Titel nicht gefallen lasse, der mache dem Geschäfte Schaden; er werde mich also öffentlich immer ‚Doktor' nennen, unter vier Augen aber stets nur ‚lieber Karl'. [...] Ich wurde infolgedessen von jedermann Doktor genannt, auch von Frau Münchmeyer und ihren Töchtern [...].*"[32]

Als falscher Doktor, als Dr. med. Heilig, früherer Militair, hatte sich May schon 1864 während seiner Straftatenzeit ausgegeben, als Dr. phil. meldete er sich im Oktober 1888 beim Gemeindeamt in Kötzschenbroda an und auch in den Folgejahren führte er – da gab es keinen H. G. Münchmeyer mehr, der das von ihm verlangt hätte – unberechtigterweise den Doktortitel.

„Im Schriftverkehr mit Verlegern und Redakteuren hatte er sich seit Jahren als Doktor betiteln lassen. [...] Auch im 2. Jahrgang (1880) von Kürschners Literaturkalender war May mit dem Doktortitel verzeichnet. Es hieß dort – wohl kaum ohne Hinzutun des Schriftstellers – May, Dr. [ab 1884 Dr. phil] Karl. Journalist. Redakteur."[33]

Vermutlich zu Beginn des Jahres 1892 hatte der Schriftsteller mit dem Berliner ‚Informationsinstitut für wissenschaftliche Zwecke. Spezialität: Promotionswesen' Kontakt aufgenommen, um den Doktortitel zu erlangen. Die Antwort des Direktors des Instituts, Dr. Hermann Grünfeld, vom 25. Februar 1892 lautete:

„Sehr geehrter Herr! Ihre Promotion ist an einigen Universitäten zulässig und durchführbar, vorausgesetzt, dass Sie gewillt sind, sich in <u>drei</u> Fächern für das Doctorat vorzubereiten [...]."[34]

May war offenbar nicht gewillt, denn die Ableistung etwaiger Prüfungen für das Doktorat lassen sich nicht belegen. Stattdessen trat er in der Öffentlichkeit unbehelligt von den Behörden als *Dr. Karl May, genannt Old Shatterhand* auf. Der erste amtliche Anstoß stammte schließlich vom Dresdener Polizeipräsidenten Albin Hugo Le Maistre, der in einem Schreiben vom 14. Oktober 1898 an den Amtshauptmann Kurt von Burgsdorff mitteilte:

„Ein sogen. Schriftsteller Dr. May habe dadurch die Aufmerksamkeit auf sich gezogen, daß er sich den ständig oder vorübergehend hier weilenden Mitgliedern des Mecklenb. Fürstenhauses zu nähern gewußt hat und sich dieser Beziehungen gelegentlich rühmt. Der Mann entpuppt sich bei näherer Prüfung als ein vorbestrafter Schwindler und Hochstapler, namentlich auch in der Richtung, daß er seine schriftstellerische Tätigkeit auf dem Gebiet von überseeischen Reiseschilderungen pp. entfaltet, wobei es [sic!] sich den Anschein gibt, als ob er über Selbsterlebtes und Selbstgesehenes berichtet, während er in Wahrheit dem Vernehmen nach über die deutschen und österreichischen Grenzen nicht weit hinausgekommen sein dürfte. – Ew. Hochwohlgeboren auf ihn aufmerksam zu machen halte ich mich auch deshalb verpflichtet, weil May unter der Flagge eines Dr. philosophiae segelt, jedenfalls ohne zur Führung dieses Titels berechtigt zu sein."[35]

Nur einen Tag später wurde der Sächsischen Amtshauptmannschaft Dresden-Neustadt vom Radebeuler Gemeindevorstand eine „Strafnotifikation mit dem Bemerken [überreicht], daß May sich Dr. phil nennt, auch sein Namensschild an der Villa so lautet."[36]

Diese Anzeige führte zu einer Untersuchung durch die Amtshauptmannschaft Dresden-Neustadt. Ihre Zuständigkeit im vorliegenden Fall resultierte aus der seit 1873 bestehenden Organisationsstruktur der sächsischen Verwaltung und Behörden.[37] Vorher hatten die Gerichtsämter neben der Justiz- auch zugleich die Verwaltungshoheit innegehabt. 1856 waren 14 Amtshauptmannschaften geschaffen worden, die in Verwaltungsangelegenheiten über den Gerichtsämtern standen, während in Justizangelegenheiten auf der zweiten Ebene nun die neuen 19 Bezirksgerichte zuständig waren. Eine weitere Verwaltungsreform hatte schließlich für eine

Trennung von Verwaltung und Justiz auf der untersten Ebene gesorgt. Die Gerichtsämter hatten die Verwaltungshoheit verloren und waren nur noch Justizbehörden. Als unterste Verwaltungsbehörden waren die Amtshauptmannschaften an ihre Stelle getreten. Diese führten – als festorganisierte, bürokratische Behörden mit dem Amtshauptmann an der Spitze – die Aufsicht über die Gemeinden, überwachten die örtliche Polizeiverwaltung oder übten diese, soweit sie der Gemeinde nicht überlassen war, selbst aus. Zu den Polizeiangelegenheiten, für die die Amtshauptmannschaften zuständig waren, gehörten außer der Sicherheitspolizei, der Aufsicht über Handel, Gewerbe sowie die Land- und Forstwirtschaft u. a. auch Angelegenheiten des Personalstandswesens[38] – also Angelegenheiten, die die Führung von akademischen Titeln betrafen.

Am 10. November 1898 kam es zu einer Vernehmung Mays durch die Amtshauptmannschaft Dresden, die von Assessor Dr. Eduard Heusch durchgeführt wurde:

„Ich habe den Dr. Titel von der Universität Rouen in Frankreich verliehen erhalten", erklärte May. *„Nur in Ansehung des amerikanischen Dr. Titels habe ich Genehmigung (zur Führung des Titels in Deutschland bezw. Sachsen) für erforderlich gehalten. – Im Laufe der Vernehmlassung gab er an, daß er große Reisen gemacht, u. a. lange Jahre in China gewesen sei und dabei eine dem Dr. Titel gleiche oder noch höherstehende Würde erworben habe."*[39]

May wurde nun die Führung des Doktortitels untersagt. Strafrechtliche Schritte wurden nicht eingeleitet, obwohl für eine Verurteilung nach § 360 Nr. 8 StGB[40] der einschlägige Tatbestand erfüllt war. Claus Roxin vermutet, dass den Behörden der falsche Doktortitel nicht wichtig genug gewesen sei. Es handelte sich nach damaligem Recht „um ein Bagatelldelikt, dessen Strafbarkeit May vermutlich nicht bekannt war."[41]

Als der Schriftsteller wenige Jahre später ein von der ‚Universitas Germana Americana' (Deutsch-Amerikanische Universität) am 9. Dezember 1902 ausgestelltes Doktordiplom auf Grund seines Werkes *Im Reiche des silbernen Löwen* erworben hatte, bemühte er sich um eine offizielle Genehmigung zur Führung des Doktortitels. Ihm wurde jedoch im März 1903 durch Schreiben des Ministeriums des Kultus und öffentlichen Unterrichts die Genehmigung zur Führung des Doktortitels verweigert, da man zur Feststellung gelangt war, „daß es nach den hinsichtlich ausländischer Doktortitel festgehaltenen Grundsätzen zu seinem Bedauern außer Stande ist, die nachgesuchte Genehmigung zu erteilen".[42]

Dass der Schriftsteller lange Zeit unbehelligt als Doktor auftreten konnte, hängt mit dem Umstand zusammen, dass es „weder in Sachsen noch in Preußen ausdrückliche Bestimmungen darüber gab, wer zur Führung des Doktortitels befugt sei, um daran eine unbefugte Annahme feststellen zu können."[43]

Nunmehr waren Mays Möglichkeiten zur berechtigten Führung eines Doktortitels endgültig gescheitert. Zu seinem Glück schlossen sich an die jahrelange unberechtigte Führung des akademischen Grades keine strafrechtlichen Sanktionen an.

Karl und Emma May in den 1890er-Jahren

Anmerkungen

Aus Umfangsgründen werden Titel, auf die in den Anmerkungen mehrfach verwiesen wird, in der Regel ab der zweiten Nennung innerhalb des jeweiligen Anmerkungsblocks abgekürzt. Bei der ersten, bibliografisch vollständigen Nennung wird mit (→) auf das im Folgenden verwendete Kürzel angezeigt. Eine Übersicht aller verwendeten Abkürzungen findet sich auf Seite 618.

[1] Karl May (Pseudonym: Capitain Ramon Diaz de la Escosura): *Waldröschen oder Die Rächerjagd rund um die Erde. Großer Enthüllungsroman über die Geheimnisse der menschlichen Gesellschaft*, 109 Lieferungen. Dresden 1882-1884

[2] Karl May (anonym): *Die Liebe des Ulanen. Original-Roman aus der Zeit des deutsch-französischen Krieges*. In: *Deutscher Wanderer*. Dresden 1883-1885

[3] Karl May (anonym): *Der verlorne Sohn oder Der Fürst des Elends*. 101 Lieferungen. Dresden 1883-1885

[4] Karl May (anonym): *Deutsche Herzen - Deutsche Helden. Roman vom Verfasser ‚Waldröschen', ‚Fürst des Elends' u. ‚Weg zum Glück'*. 109 Lieferungen. Dresden 1885-1887

[5] Karl May: *Der Weg zum Glück. Roman aus dem Leben Ludwig des Zweiten*. 109 Lieferungen. Dresden 1886-1887

[6] Karl May: *Mein Leben und Streben*. Freiburg 1910, S. 207

[7] Kgl. Amtsgericht Dresden: Zivilverfahren Johann August Nitsche ./. Dr. phil Karl May – Cg. VI 1247/88

[8] Kgl. Amtsgericht Dresden: Zivilverfahren A. Stiebitz & Co. ./. Dr. C. F. May – Cg. VI 13/89

[9] Kgl. Amtsgericht Dresden: Zivilverfahren Dankegott Leuschner ./. Dr. phil Carl May – Cg. VI 1831/89

[10] Karl May: *Ein Schundverlag*.(→ May: *Ein Schundverlag*). In: Karl May: *Am Marterpfahl. Karl Mays Leidensweg, Autobiografische Schriften*. GW Band 83. Bamberg 2001, S. 25-204 (127-128)

[11] Freifrau von Wagner ./. Dr. Carl May. Zivilverfahren wegen rückständigen Mietzins. Kgl. Amtsgericht Dresden – Aktenzeichen (→ AZ): Cg. VI 1850/89

[12] Freifrau von Wagner ./. Dr. phil. Karl May: Klage auf Zahlung von rückständigem Mietzins nebst Zinsen. Königlich Sächsisches Amtsgericht Dresden, AZ G.S. Bg. VII 59/90. Hauptstaatsarchiv Dresden. Akte Amtsgericht Dresden Nr. 2971, Blätter 1 bis 11. In: *Fritz Maschke: Karl May und Emma Pollmer. Die Geschichte einer Ehe. Beiträge zur Karl-May-Forschung*. Band 3 (→ Maschke: *Emma Pollmer*). Bamberg 1972, S. 198-205

[13] Zivilverfahren: Freifrau von Wagner ./. Dr. phil. Karl May: Klage auf Zahlung von rückständigem Mietzins nebst Zinsen. Königlich Sächsisches Amtsgericht Dresden, AZ G.S. Bg. VII 59/90. Hauptstaatsarchiv Dresden. Akte Amtsgericht Dresden Nr. 2971, Blätter 1 bis 2. In: Maschke: *Emma Pollmer*, S. 198f.

[14] Kgl. Amtsgericht Dresden: Zivilverfahren Freifrau von Wagner ./. Dr. phil. Karl

May – G.S. Cg. VII 59/90, Akte Amtsgericht Dresden Nr. 2971, Blätter 5 und 5b. In: Maschke: *Emma Pollmer*, S. 200f.

[15] Kgl. Amtsgericht Dresden: Zivilverfahren Freifrau von Wagner ./. Dr. phil. Karl May – G.S. Cg. VII 59/90, Akte Amtsgericht Dresden Nr. 2971, Blatt 8. In: Maschke: *Emma Pollmer*, S. 203

[16] Kgl. Amtsgericht Dresden: Zivilverfahren Julius Balder ./. Dr. phil Carl May – G.S. Cg VII 1043/90, Akte Amtsgericht Dresden Nr. 2971, Blatt 2. Maschke: *Emma Pollmer*, S. 207

[17] Roland Schmid: *Die Entstehungszeiten der Reiseerzählungen.* In: *Karl May's gesammelte Reiseerzählungen. Band XXIII. Auf fremden Pfaden.* Anhang. Bamberg 1984 (Reprint der Freiburger Erstausgabe v. 1897), S. A 22

[18] Maschke: *Emma Pollmer*, S. 398

[19] Vgl. Kgl. Amtsgericht Dresden: Zahlungsbefehl v. 9.9.1891. Zivilverfahren J. Schwarz ./. Karl May – M 5953/91. Blatt 1b. Maschke: *Emma Pollmer*, S. 206

[20] Kgl. Amtsgericht Dresden: Zivilverfahren J. Schwarz ./. Karl May – G. S. Cg VII 1595/91, Blätter 1 bis 2. In: Maschke: *Emma Pollmer*, S. 203, S. 206f.

[21] Kgl. Amtsgericht Dresden: Zivilverfahren Louis Vogel ./. Dr. Carl May – Cg. VII 1892/91. Hauptstaatsarchiv Dresden Nr. 299 (fragmentarisch), Blätter 3 bis 3b. In: Maschke: *Emma Pollmer*, S. 207-208

[22] Kgl. Amtsgericht Dresden: Zivilverfahren Alma Eulitz ./. Dr. Carl May – Cg. VI 919/18. Hans-Dieter Steinmetz: *Zur ‚Dienstmädchen-Hypothese'. Hinweis auf Privatklage eines Dienstmädchens gegen May 1888+1889).* In: *Mitteilungen der Karl-May-Gesellschaft* (→ *M-KMG*) Nr. 43/1980

[23] Klaus Hoffmann: *Karl May. Leben und Werk.* Radebeul 1988, S. 54

[24] Hainer Plaul: *Über Moritz Lilie und seine Bekanntschaft mit Karl May* (→ Plaul: *Moritz Lilie*) In: *KMH-Informationen* (→ *KMHI*), Nr. 20 / 2007, S. 59

[25] Hans-Dieter Steinmetz: *Karl May und Moritz Lilie.* In: *M-KMG* Nr. 94 / 1992, S. 20-22

[26] Persönliche Mitteilung einer Nachfahrin an Hainer Plaul, zit. nach: Plaul: *Moritz Lilie*, S. 47-48

[27] Karl May: *Frau Pollmer, eine psychologische Studie.* In: Karl May: *Von Ehefrauen und Ehrenmännern. Biografische und polemische Schriften 1899-1910.* GW Band 85. Bamberg 2004, S. 25-144 (136)

[28] Plaul: *Moritz Lilie*, S. 51

[29] Adalbert Fischer: Brief an Dr. Felix Bondi v. 5.7.1905. In: Karl May: *Das Buch der Liebe.* Reprint. Band II (Kommentarband). Hrsg. von Gernot Kunze, im Auftrag der KMG. Hamburg 1988, Anlage 11/1, S. 223

[30] Karl May: *Frau Pollmer, eine psychologische Studie.* In: Karl May: *Von Ehefrauen und Ehrenmännern.* GW Band 85, S. 136-137

[31] Karl May: *Ein Schundverlag*, S. 54

[32] Ebd., S. 55-56

[33] Hermann Wohlschaft: *Karl May. Leben und Werk. Karl Mays Werke.* Abteilung IX, Materialien Band I.1. Bargfeld 2005. Erster Band, S. 755

[34] Hermann Grünfeld: Brief an Karl May vom 25.02.1892, zit. nach: Christian Heermann: *Winnetous Blutsbruder. Karl-May-Biografie.* Bamberg 2002, S. 302

[35] Le Maistre: Brief v. 14.10.1898 an Kurt von Burgsdorff. zit. nach: Rudolf Lebius: *Die Zeugen Karl May und Klara May. Ein Beitrag zur Kriminalgeschichte unserer*

Zeit. Reprint der Ausgabe Berlin-Charlottenburg 1910. (→ *Lebius-Reprint*). Mit einer Einführung von Jürgen Wehnert. *Veröffentlichungen aus dem Karl-May-Archiv* Hrsg. v. Michael Petzel und Jürgen Wehnert. Lütjenburg 1991, S. 320

[36] Gemeindevorstand Radebeul: Brief an Kurt von Burgsdorff. In: Akten der Kg. Sächs. Amtshauptmannschaft Dresden-Neustadt 1898 – 1943 II 98 zu XIV I. 30, Blatt 1, zit. nach: *Lebius-Reprint*, S. 319-321 (319)

[37] Gesetz, die Organisation der Behörden für die innere Verwaltung betreffend, v.21.4.1873. In: *Gesetz- und Verordnungsblatt für das Königreich Sachsen vom Jahre 1873*, S. 275 ff.

[38] Vgl. Erich Merkel: *Sächsische Bürgerkunde. Ein gemeinverständlicher Abriss der Verfassung und Verwaltung in Sachsen und dem deutschen Reiche.* Leipzig 1913

[39] Karl May: Aussage v. 10.11.1898. In: Akten der Kg. Sächs. Amtshauptmannschaft Dresden N. 1898 – 1943 II 98 zu XIV I. 30 (Blatt 6), zit. nach: *Lebius-Reprint*, S. 319-321 (320)

[40] § 360 Nr. 8 RStGB: Mit Geldstrafe bis zu einhundertfünfzig Mark oder mit Haft wird bestraft: [...] 8) wer unbefugt eine Uniform, eine Amtskleidung, ein Amtszeichen, einen Orden oder ein Ehrenzeichen trägt, oder Titel, Würden oder Adelsprädikate annimmt, ingleichen wer sich eins ihm nicht zukommenden Namens einem zuständigen Beamten gegenüber bedient [...].

[41] Claus Roxin: *Mays Leben.* In: *Karl-May-Handbuch.* Hrsg. von Gert Ueding in Zusammenarbeit mit Klaus Rettner. Würzburg 2001², S. 62-123 (99)

[42] Sächsisches Kultusministerium: Brief v. 17.3.1903. In: Dieter Sudhoff/Hans-Dieter Steinmetz: *Karl-May-Chronik Band III 1902-1905*, Bamberg 2005, S. 225

[43] Hans-Dieter Steinmetz: *„Is das nich der Dres'ner Doktor ...?". Zu Karl Mays freiem Umgang mit dem Doktortitel.* In: *KMHI* Nr. 13 / 2000, S. 1-27 (8)

3. Teil:
Der Ehescheidungsprozess

I. Die Weltreise und ihre Folgen

Die Zeit der Jahrhundertwende 1899-1900 brachte auch im Leben Karl Mays bedeutsame Veränderungen mit sich. Diese betrafen sowohl sein Leben als auch sein Werk, wenngleich sich für Letzteres bereits seit einigen Jahren ein Wandel angedeutet hatte. Seinem Verleger Friedrich Ernst Fehsenfeld hatte der Schriftsteller am 13. März 1899 über das zugesandte Manuskript seines Reiseromans *Am Jenseits*[1] (GW Band 25) geschrieben:

„Lesen Sie die Correcturen von Band 25? Ja? Dann werden Sie bemerkt haben, daß Karl May jetzt beginnt, mit seinen eigentlichen Absichten herauszurücken. Es handelt sich um eine wohlvorbereitete, großartige Bewegung auf religiös-ethischsozialem Gebiete".[2]

May hatte als Schriftsteller begonnen, sich von seinen alten Schreibmustern, den alten Motiven abzuwenden bzw. diese weiterzuentwickeln. Er wolle *„wenigstens noch 30 Bände schreiben, nun, da ich erst eigentlich mit meiner Aufgabe beginne. Die bisherigen Bände waren nur dazu geschrieben, mir eine möglichst große Zahl von Lesern als Arbeitsfeld zu schaffen."*[3]

Mit *Am Jenseits* wurde eine neue schriftstellerische Phase, aber auch eine Selbstanalyse eingeleitet. Es kam zu einer „kritische[n] Selbsthinterfragung des Menschen und Schriftstellers Karl May in der Lebenskrise der Jahre 1898/99. Radikaler als in früheren Werken rechnet der Autor nun ab: mit den Fehlern so mancher Personen aus dem Bekanntenkreis, aber auch, was man nicht überlesen darf, mit den eigenen Sünden."[4]

Nach der Veröffentlichung des Romans trat May seine schon lange geplante große Orientreise an. Erstmals betrat er zumindest teilweise die orientalischen Stätten seiner Kara-Ben-Nemsi-Welt. Die Reise währte 16 Monate – von März 1899 bis Juli 1900. Der Verlauf der Reise ist fast lückenlos dokumentiert worden (GW 82, *In fernen Zonen*). Sie begann zunächst alleine. Die Trennung von der Heimat, von seiner Frau Emma, fiel ihm schwer:

„Das war in Genua für mich ein böses Scheiden. Ich habe an derselben Stelle gestanden, bis nach zwei Stunden das Land verschwunden war."[5]

Aus Ägypten trafen in der ersten Reisezeit noch fantastische Mitteilungen in der Heimat ein, berichtete May u. a. davon, weiterzureisen in den *„Sudan; dann über Mekka nach Arabien zu Hadschi Halef, Persien, Indien"*.[6]

Die Wirklichkeit verlief anders. Den omnipotenten Kara Ben Nemsi gab es auf dieser Reise nicht; stattdessen reiste ein alternder Schriftsteller durch das Morgenland auf der Suche nach sich selbst, erfüllt von Einsamkeit und Unsicherheit. Am 2. Mai 1899 schrieb er enttäuscht an seine Frau:

„Heut vor 4 Wochen sind wir von einander geschieden. Ich habe Dir so häufig geschrieben, Du mir aber nach hier kein einziges Mal! [...] Ich kann natürlich nicht von hier fort ohne eine Nachricht von Dir und versäumte also kostbare Zeit ganz unnütz."[7]

Erst auf diesen Brief hin erhielt er schließlich Post von Emma wie auch von Klara Plöhn. May setzte die Reise fort und fand *„das Leben des Orients so inhaltlos, so oberflächlich, schmutzig und lärmvoll"*[8]. Er sah den Orient nun so, wie er wirklich war. Die äußere Realität zerstörte die innere Romantik. Dies musste Auswirkungen haben; die neuen Erkenntnisse – die *„gigantischen Eindrücke"*[9] des Morgenlandes – verstärkten Mays gewandelte Ansichten und Ziele, die sich in *Am Jenseits* bereits angedeutet hatten:

„Alle meine bisherigen Bände sind <u>nur</u> Einleitung, nur Vorbereitung [...]. Ich trete erst jetzt an meine <u>eigentliche</u> Aufgabe".[10]

Vor der Weiterreise schloss der Schriftsteller einen Dienstvertrag mit dem arabischen Diener Sejd Hassan, der ihn für ein Jahr begleiten sollte und dem er im Roman *Et in terra pax* (GW 30, *Und Friede auf Erden*) als Sejjid Omar ein literarisches Denkmal setzte. Ein Hadschi Halef Omar wurde der reale Diener jedoch nicht.

Von Ägypten aus ging es nach Palästina, wo die Krisensymptome und inneren Kämpfe zunahmen. Von Jaffa aus schrieb May an Emma:

„Heut, meine liebe Emma, sind es 52 Tage, also 7 ½ Wochen, seit Du mir das letzte Mal geschrieben hast. Und das war so wenig! [...] In dieser Beziehung bin ich wirklich so arm, so bitter arm, wie fast kein anderer Mensch!!!"[11]

Während die Reiseerlebnisse ihre eigene Wirkung auf den Schriftsteller ausübten, brach in der Heimat der Sturm der Kritik gegen ihn los.

„Was lange fällig war, ist eingetroffen"[12]: Der Anspruch von Selbsterlebtem zu schreiben, wurde in der Presse angegriffen. Die Zeitungsartikel erreichten May in Palästina. „Er reagiert", so Wollschläger, „als sei die Kritik, die ihn so lange verschont hat, jetzt ein wahrer Mordanschlag." May verfasste unter dem Namen seines Freundes Richard Plöhn seitenlange Erwiderungen an die Presse und zeigte seine Verletztheit.

Von Palästina aus kehrte der Dichter nach Ägypten zurück. Deutliche Veränderungen machten sich bemerkbar. So entsagte er nun auch dem Rauchen, nachdem er zuvor bereits auf Fleisch verzichtet hatte. Auf der Weiterreise nach Arabien auf dem Suezkanal verabschiedete er sich von dem Idealbild seiner Romanwelt, vom *„früheren Karl"*, dem Romancier im Gewande Old Shatterhands: *„Der ist mit großer Ceremonie von mir in das rothe Meer versenkt worden, mit Schiffssteinkohlen, die ihn auf den Grund gezogen haben [...]."*[13]

Neben Resignation und Depression plagten ihn massive physische und psychische Erschöpfungserscheinungen. Dennoch wurde die beschwerliche Reise fortgesetzt. Über Aden ging es weiter nach dem indischen Colombo. Von dort berichtete er wieder im Old-Shatterhand-Stil in die Heimat, er sei *„hinter Menschenjägern her, welche nach Zwangsarbeitern für die Outlander Gesellschaften in Transvaal jagten"*[14]; auch von der Entdeckung *„eines orientalischen Klondyke"* war die Rede. Der *„frühere Karl"* tauchte für einzelne Momente wieder auf.

Im Oktober ging es nach Sumatra, wo May Anfang November eintraf und einen Nervenzusammenbruch erlitt.

„Die Katastrophe traf ihn jäh und mit einem Schlag. An einem einzigen Tag, einem Novembertag des Jahres 1899 [...] unter fernöstlichem Himmel, brach das gesamte Innengefüge seiner Existenz in sich zusammen."[15]

Das Ereignis war „nach Wollschlägers Bewertung nur mit einem einzigen Ereignis der Geistesgeschichte vergleichbar [...]: dem Zusammenbruch Nietzsches in Turin am 3. Januar 1889. Nur dass Karl May nicht wahnsinnig wurde, sondern sich selbst, innerlich gestärkt wiederfand."[16]

Von Padang aus lud May, nachdem er sich wieder einigermaßen erholt hatte, seine Ehefrau Emma sowie das Ehepaar Plöhn ein, den zweiten Teil der Weltreise mit ihm gemeinsam zu absolvieren. In der Weihnachtszeit 1899 traf man sich im italienischen Arenzano. Das Zusammentreffen zwischen den Eheleuten May fiel nach der achtmonatigen Trennung kühl aus:

„Der Empfang, den ich fand, war keines Wiedersehens werth, und das einzige Interesse, welches sie für die beiden Neuangekommenen besaß, richtete sich anstatt auf mich, auf das hoch interessante arabische Spielzeug, als welches sie den Diener betrachtete [...]."[17]

Wegen einer schweren Erkrankung Richard Plöhns konnte die gemeinsame Weiterreise erst am 15. März 1900 angetreten werden. Die beiden Ehepaare besuchten in den nächsten Monaten Ägypten und Palästina. Während May vom Besuch der biblischen Stätten zutiefst bewegt wurde, stand er seiner Ehefrau immer kritischer gegenüber:

„Sie begann, nachzurechnen, zu zählen, zu feilschen, zu handeln, zu schimpfen, zu raisoniren. Sie blamirte uns täglich, oft sogar fast stündlich. Sie drohte, mir dies Alles daheim wieder abzusparen."[18]

Dass May sämtliche Reisekosten der beiden Paare trug, dürfte Emma Pollmer nicht ganz zu Unrecht mit einer gewissen Besorgnis betrachtet haben. Sie unterschätzte bei der geäußerten Kritik aber vermutlich die Wirkung, die diese

Kritik auch im Zusammenhang mit Mays innerer Entwicklung auf den Fortgang der Ehe haben musste. Dass alles im Wandel war, begriff sie offenbar nicht.

Während der Schriftsteller neue Sujets für die Zeit nach der Heimkehr sammelte und damit ein – literarisch betrachtet – durchaus positives Ergebnis von seiner Weltreise mitnehmen sollte, leitete diese auch das Ende seiner Ehe ein. Kurz vor der Abreise aus Damaskus Richtung Beirut am 11. Juni 1900 verfasste May ein bezeichnendes Gedicht an seine Frau: *„Du zürnst mit mir, weil ich oft so streng gewesen; / Du dachtest nicht den innern Gründen nach; [...]. Nun werd ich Dir kein strenges Wort mehr sagen; / Ich laß dich gehen, so wie du eben gehst. / Ich will dich schweigend mit mir aufwärts tragen; / Vielleicht, vielleicht, daß du mich dann verstehst. / Wenn nicht, so liebst du deine alten Ketten / Und willst hinab, anstatt mit mir hinauf. / Dann möge dich der liebe Herrgott retten; / Ich hoffe es, noch geb ich Dich nicht auf!"*[19]

Vor allem der zweite Aufenthalt in Palästina setzte eine besondere literarische und persönliche Entwicklung in Gang.

„Ich habe außer dem Äußerlichen auch so viel, so viel Innerliches erlebt, und Palästina ist in geistiger Beziehung noch heut das Land, darinnen Milch und Honig fließt. Ich bringe davon mit!"[20]

Zahlreiche Eindrücke und Personen dieses Reiseabschnitts flossen in Mays Spätwerk ein und prägten es auf symbolträchtige Weise. Für Emma May vollzog sich damit ein Wandel bei ihrem Ehemann, den sie nicht mitbekam. Sie konnte ihm, „der sich immer weiter von seiner und ihrer Lebensweise entfernt, nicht mehr folgen", wie Wollschläger konstatierte.[21]

„Mays Hoffnung, seine Ehe mit Emma würde im Lichte des Orientes auf wunderbare Weise gerettet werden, war allerdings, wie wir gesehen haben, unhaltbar. Die Veränderung seiner Persönlichkeit – seine wachsende Neigung zur Innerlichkeit – vertiefte noch eher die Kluft. Seine Veredelungsbestrebungen fand Emma gewiß übertrieben."[22]

In Istanbul erlitt May schließlich Ende Juni, Anfang Juli

1900 einen zweiten Nervenzusammenbruch, der befürchten ließ, „man müsse ihn einer Irrenanstalt zuführen".[23]

Es dauerte etwa eine Woche, bis sich der Zustand des Schriftstellers wieder gebessert und gefestigt hatte. Am 7. Juli 1900 erfolgte die Abreise aus Istanbul.

In demselben Maße, in dem sich May von seiner Ehefrau Emma entfernte, kam es spätestens seit der gemeinsamen Reise zu einer geistig-seelischen Annäherung zu Klara Plöhn. So widmete der Schriftsteller am 24. April 1899 Klara Plöhn, die Mausel genannt wurde, in einem ihr geschenkten Bildband die Verse:

„Ein Mausel, das man herzlich liebt / Und ihm nichts aus Kairo giebt, / Das kann sich leicht von Einem wenden, / Drum will ich ihm dies Album senden, / Und einen treuen Gruß noch mit, / Das giebt der Liebe neuen Kitt."[24]

Ein anderer Vers vom 10. Juni 1899 lautet: *„Meine Klara laß ich nicht, / Und wenn das Aug im Tode bricht, / Denn sie ist mir ungeheuer / Werthvoll und darum sehr theuer!"*[25]

May war auch der Überzeugung, dass – anders als seine Ehefrau – Klara Plöhn seinem neuen literarischen Weg folgen könnte:

„Sie [Klara] war in künstlerischen Anschauungen erzogen und hatte einen sehr guten, offenen Blick für Alles, was sich Köstliches ihr bot. Ich begann, zu erkennen, dass sie doch vielleicht nicht das ‚Gänschen' sei, für das ich sie bisher gehalten hatte."[26]

Am 31. Juli 1900 kehrten die beiden Ehepaare nach Radebeul zurück. Nach der Heimkehr stellte May seinen späteren Bekundungen zufolge das Fehlen wichtiger Geschäftsbriefe aus seiner früheren Korrespondenz mit H. G. Münchmeyer und dessen Verlag fest.

„Es handelte sich hierbei um die alten Briefe, Karten und Notizen Münchmeyers, die ich mir so heilig aufhob, um, falls ich ja beschwindelt werden sollte, durch diese vollgültigen Beweise einem langen, zweifelhaften Prozesse vorbeugen zu können."[27]

Das Fehlen dieser Briefe sollte sowohl für das Scheidungsverfahren der Eheleute May, aber noch mehr für den ersten spektakulären Münchmeyer-Prozess von 1902-1907 von erheblicher Bedeutung werden. Überliefert ist von May folgende Szene zwischen den Eheleuten:

„,Wo sind sie, die Dokumente?' fragte ich.
Da gab es kein gutes Wort, keine Entschuldigung, keine Bitte. [...] Sie ballte die Fäuste, stampfte mit dem Fuße und antwortete: ,Verbrannt habe ich sie!'
Mir war, als habe mich jemand mit einer Keule auf den Kopf geschlagen."[28]

May hegte den Verdacht, dass seine Frau die Briefe an Pauline Münchmeyer ausgehändigt habe. Dass diese Briefe tatsächlich existiert haben, steht für Gabriele Wolff[29] zweifelsfrei fest. Geht man davon aus, dass diese Mutmaßung zutrifft, lässt sich als Motivation für Emma Mays Handlungsweise lediglich ihre aus den 1880er-Jahren bereits herrührende Freundschaft mit der Verlegerwitwe anführen. Ob sie ihrem Mann vorsätzlich schaden wollte, erscheint zumindest fraglich, da diesen Briefen im Ernstfall – der dann ja tatsächlich eintreten sollte – auch eine finanzielle Wertigkeit anhaftete und das Finanzielle schon immer Emmas besondere Wertschätzung genoss. Neben diesem geschäftlichen Vorkommnis beanstandete May auch das sonstige Verhalten seiner Ehefrau:

„Nach der endlichen Heimkehr meiner Frau von Genua hat sie sich zu Hause betragen, als ob ich überhaupt bereits gestorben sei. Vor allen Dingen wurde der Verkehr mit dem jetzigen Regierungsbaumeister [Max Welte] *inniger gestaltet. Er war der Verführte, der ihrer Kraft gehorchen musste. Sie trieben Spiritismus miteinander. Ich habe ihm verziehen und wünsche nicht, daß ihm ein Leid geschehe. [...] Dann wurde Frau Häussler, das Kaninchen, eingeladen und blieb wochenlang bei ihr, um Spiritismus, Liebesbrunst und andere Dinge zu treiben. Auch die mannhafte, schlagfertige Frau Dittrich wurde herbeigezogen."*[30]

Der jugendliche Verehrer seiner Frau, Max Welte (1877-1934) und ihr Umgang mit den intellektuell eher sparsam veranlagten Freundinnen Haeußler und Dittrich verstärkten Mays Abstand zu Emma. Eine weitere entscheidende Entwicklung auf dem Weg zum Ende der Ehe wurde mit dem

Tode seines besten Freundes Richard Plöhn am 14. Februar 1901 eingeleitet. Nur kurze Zeit später verließ May das eheliche Schlafzimmer und lehnte jeden weiteren Geschlechtsverkehr mit seiner Ehefrau ab, da er „höheren Zielen zustrebe und sich von der Materie frei machen wollte".[31] Der Umstand, dass Klara Plöhn nunmehr alleinstehend war, wird zumindest nicht ohne Einfluss auf Mays Entscheidung gewesen sein. „Der Tod Richard Plöhns hatte, unbeschadet der Trauer, eine neue Konstellation im engsten Beziehungsfeld geschaffen: Klara war frei; und Karl May stand – offensichtlich – vor der Wahl zwischen Emma und Klara. Schon 1901, sofort nach dem Tode des Gatten, war Klara auf Betreiben ihrer Intimfreundin Emma fast täglich in der Villa Shatterhand zu Gast. Und bei seinen Geschäfts- und Erholungsreisen – z. B. in die Schweiz, Mitte September bis Anfang Oktober 1901 – ließ sich May von den beiden Frauen begleiten: Im Rigi-Kulm-Hotel bei Luzern belegten Dr. Karl May mit Frau u. Schwester drei benachbarte Zimmer."[32]

Es entstand eine fatale Dreiecksbeziehung voller Konflikte und Spannungen. Von besonderer Brisanz erwies sich auch das lesbische Verhältnis zwischen den Frauen, dass Gabriele Wolff eindrucksvoll in ihrer Studie nachwies.[33] Emma verband mit dieser Beziehung den Zweck „erotischer Ersatzbefriedigung"[34] und Klara gab zu: „Emma richtete mich durch ihre heitere Art auf, ich unterlag ihrem Wesen. Sie war immer lieb zu mir in den Tagen des Leidens."[35]

Parallel zur sexuellen Beziehung zwischen den beiden Frauen, entwickelte sich zwischen Klara Plöhn und Karl May eine enge seelische Nähe. Der Schriftsteller hatte die Witwe um die Jahresmitte 1902 als seine offizielle Sekretärin eingestellt, die für ein Jahresgehalt von 3.000 Mark unter dem Pseudonym Emma May die Leserbriefe Mays beantwortete.

Die ständige Nähe zwischen May und Klara führte wiederum bald zu einer veränderten Einstellung der Witwe gegenüber ihrer Freundin:

„Das Beisammenleben in denselben Räumen duldete kein Verbergen; es wurde alles offenbar. Frau Plöhn sah jetzt vor Augen,

was ich so lange Jahre hindurch verheimlicht hatte. Der sogenannte Engel entpuppte sich als Satan, ja sogar als Bestie, und alle Verleumdung, dass ich ein Tyrann sei, kam nun an den Tag."[36]

Emma May wurde für ihren Gatten immer mehr zur „*Bestie*" – und Klara Plöhn musste sich alsbald entscheiden, auf wessen Seite sie stehen wollte.

II. Die Ehescheidung
1. Eine Scheidungsreise

Die Umstände, die zu Karl Mays Ehescheidung führten, gehören auf den ersten Blick zu den negativen und moralisch zweifelhaften Höhepunkten im Leben des Schriftstellers. Für die Beurteilung dieser Vorgänge sind allerdings gerade die juristischen Hintergründe von besonderer Wichtigkeit, um auch die Beweggründe für Mays scheinbar hartherziges Vorgehen besser verstehen zu können. Der entscheidende Rechtssatz der damals geltenden Eherechtsordnung sah für die Möglichkeit einer Scheidung anders als heutzutage das Schuldprinzip vor, denn es bestand zu Mays Zeit kein Zweifel an dem Grundsatz, dass die Ehe auf Lebenszeit geschlossen wurde und nur durch den Tod eines Ehegatten endete. Nach diesem Grundsatz war es folgerichtig, dass die Scheidung einer Ehe grundsätzlich nur vom Unschuldigen gegen den Schuldigen erreicht werden konnte und nur, wenn die Ehe durch schwere Eheverfehlungen des Schuldigen unheilbar zerrüttet worden war.

Im Jahre 1900 war ein einheitliches deutsches Scheidungsrecht in Kraft getreten. Als Scheidungsgründe waren Ehebruch, Lebensnachstellung, böswilliges Verlassen, schuldhafte Zerrüttung der Ehe durch schwere Pflichtverletzung oder unsittliches Verhalten[37] sowie Geisteskrankheiten als anerkannte Scheidungsgründe eingeführt worden.[38]

Die Ehescheidung verstand sich somit nur als rechtlicher Schutz gegen den Schuldigen. Scheidung ‚aus Willkür' oder auf der Grundlage einer Vereinbarung der Ehegatten war unzulässig. Daher bildeten Ehescheidungen auch statistisch gesehen eine Ausnahme. Im Deutschen Reich wurden z. B. im Jahr 1900 nur 7.982 Ehen geschieden.[39]

Dass gerade Mays Ehe zu den eher seltenen Scheidungsfällen jener Zeit führen würde, musste gerade die Öffentlichkeit und Freunde erstaunen. Dieses Erstaunen begründete sich jedoch auf der wiederum sehr verblüffenden Naivität, mit der viele Menschen nicht nur an die Authentizität von Karl May und Old Shatterhand respektive Kara Ben Nemsi glaubten, sondern auch Mays öffentliche Beschreibungen seiner Ehe und seiner ersten Ehefrau Emma für reale Darstellungen hielten – was sie nachweislich nicht waren.

Nur wenige Jahre vor der Eskalation der Ereignisse hatte der Schriftsteller im März 1898 in München vor einer Schar von Pressevertretern und Verehrern verkündet, seine Ehe mit Emma Pollmer sei dadurch zu Stande gekommen, dass er, als er schwer verletzt von einer Reise zurückkam, von einer Professorentochter – Emma – mit größter Hingabe gepflegt wurde. Und da diese Dame außerdem Nscho-tschi, der Schwester Winnetous, sehr ähnelte, habe er sie zu seiner Frau gemacht. Bei anderen Gelegenheiten waren von May ähnlich fantastische Geschichten präsentiert worden. Dabei malte er öffentlich sein Eheleben als ein funktionierendes Gebilde aus.

„Meine gute Frau befindet sich in einer Naturheilanstalt, um die Folgen der Influenza fortzujagen. Ich sage Ihnen, es ist entsetzlich, verheirathet und doch ohne Frau zu sein, nämlich wenn man sie so lieb hat, wie ich die meinige."[40]

Der literarische Wandel Mays im Zuge seiner Weltreise ging augenfällig einher mit dem Niedergang seiner Ehe. So wie sich der Schriftsteller nach der Heimkehr endgültig von der Abenteuerwelt seiner Romane verabschiedete, so ging er mit Vehemenz auf Distanz zu seiner langjährigen Ehefrau. Betrachtet man die gesetzlichen Scheidungsgründe, wird man manches moralisch zu beanstandende Verhalten des Schriftstellers besser einordnen können.

Das entscheidende Ereignis, das die Trennung zwischen den Eheleuten May in Gang setzte und schließlich zur Scheidung führte, war die gemeinsame Reise mit Klara Plöhn, begonnen am 21. Juli 1902, zum Hotel Penegal auf der Mendel bei Bozen. Es handelte sich dabei von vornherein um keine bloße Erholungsreise, sondern um den vermutlich geplanten Loslösungsakt eines Ehemanns von seiner bisherigen Lebensgefährtin. Allen alarmierenden äußeren Anzeichen zum Trotz scheint Emma Pollmer der wahre Grund der Reise zu dritt nicht bewusst gewesen zu sein:

„Im Juli 1902, nachdem mein Mann gerade damals seinen dreibändigen Reiseroman *Im Reiche des silbernen Löwen* vollendet hatte, entschloß er sich, mit mir und Frau Plöhn eine längere Erholungsreise zu unternehmen. Er wollte längere Zeit auf die Mentel [sic!] bei Bozen. [...] Die Frau Plöhn wurde selbstverständlich auf Kosten meines Mannes wieder mitgenommen."[41]

„Ich reiste nicht allein; meine Frau sollte mit, und Frau Plöhn ebenso. Sie war ja meine Sekretärin, und wir hatten, so lange wir Plöhns kannten, alle Reisen nur in ihrer Gesellschaft gemacht. Es verstand sich also ganz von selbst, dass Frau Plöhn auch diesmal mit uns kam. Einige Tage vor der Abreise nahm ich meine Frau sehr ernst, aber trotzdem in Güte vor. Ich sagte ihr, dass diese Reise eine letzte Probe mit ihr sei. Dass sie unser Haus nie wieder betreten und ich mich ganz unbedingt von ihr scheiden lassen werde, falls sie mir nicht untrügliche Beweise erbringe, dass sie fest entschlossen sei, sich zu ändern."[42]

Dass die Plöhns das Ehepaar May auf allen Reisen begleitet hatten, entsprach nicht den Tatsachen – so hatten u. a. die großen Leser-Besuchsreisen von 1897 und 1898 ohne die Plöhns stattgefunden.

Ein für das spätere Scheidungsverfahren nicht unerhebliches Detail besteht darin, dass May seiner Frau einen Tag vor der Reise noch tausend Mark für persönliche Bedürfnisse übergab; dennoch nahm sie weitere 6.000 Mark an sich und übergab sie heimlich Klaras Mutter Wilhelmine Beibler zur Aufbewahrung.

Am 21. Juli 1902 brach man auf – und schon zwei oder drei Tage später in Berlin *„stahl sie* [Emma May] *mir in meiner und Frau Plöhns Gegenwart einen Hundertmarkschein, den sie Frau Plöhn mit den Worten entgegenhielt: ‚Siehst Du, Mausel, so muss man es machen! Nur immer so viel Geld nehmen wie möglich! Es ist besser, wir haben's!' Dieser Hundertmarkschein gehörte zu einer größeren Summe Papiergeldes, welches ich in einem ledernen Portefeuille aufbewahrte. Um dieses Portefeuille war ein starkes, breites Gummiband geschlungen. Es steckte außerdem in einem starken Wertbrief-Kuvert. Und dieses Kuvert steckte wieder in der geheimen Innentasche meiner Weste, die mit einem Extraknopf verschlossen war. Diese Weste hatte meine Frau abzubürsten, eine Arbeit von zirka zwei Minuten. Dass sie es in dieser kurzen Zeit und in unserer Gegenwart fertig brachte, diesen Hundertmarkschein aus den vielen Umhüllungen herauszubringen, zeugt von einer Fingerfertigkeit und Raffiniertheit, die sehr lange Jahre geübt sein muss, ehe sie einen solchen hohen Grad erreicht!"*[43]

Die Einordnung des Vorgangs als kriminelle Handlung lässt sich nicht nur als moralischer Vorwurf an die damalige Ehegattin auffassen, denn er besaß vielmehr im Zusammenhang mit der späteren Scheidung eine erhebliche rechtliche Bedeutung. Diebstahl oder Unterschlagung gegenüber Ehegatten galt bei Vorliegen weiterer Voraussetzungen nach § 1568 BGB[44] als Scheidungsgrund. Zu diesen weiteren Voraussetzungen zählte der Gesetzgeber, dass das ehewidrige Verhalten zu einer Zerrüttung der ehelichen Verhältnisse führte und diese Zerrüttung eben durch das Verhalten des stehlenden bzw. unterschlagenden Ehegatten verschuldet wurde.

Klara Plöhn bestätigte Mays Darstellung des Vorgangs später:

„Wir wohnten zusammen im Central-Hotel. Beim Ausbürsten einer Weste ihres Mannes nahm die Beklagte aus einer Westentasche und aus der darin befindlichen Brieftasche einen in einem Kuvert verschlossenen Hundertmarkschein, den sie mir mit den Worten zeigte: ‚So muß man es machen.

Nur immer soviel nehmen wie möglich. Es ist besser, wir haben es.' Nachträglich hat die Beklagte mir erzählt, sie habe es ihrem Manne abgeschworen, das Geld gestohlen zu haben."⁴⁵

Emma gab am 13. Dezember 1907 vor dem Landgericht Dresden eine eigene Version des Vorgangs wieder:

Eines Tages in Berlin schickte mich die Plöhn wieder zu Wertheim, um ihr einen Unterrock zu kaufen. Ich hatte mir vorher einen geholt; sie verlangte von mir, daß ich ihr denselben holen solle. Da ich gerade kein Geld mehr hatte, nahm ich aus der Brieftasche meines Mannes, die sich in seiner Weste befand, beim Ausbürsten derselben einen Hundertmarkschein. [...] Dies tat ich aber nicht heimlich, sondern in Gegenwart meines Mannes.⁴⁶

Ihre Aussage, dass May den Vorgang tatsächlich mitbekommen hätte, korrigierte sie vor den Dresdner Richtern auf Nachfragen:

Es ist möglich, daß mein Mann das Herausnehmen des Hundertmarkscheines nicht gesehen hat. Richtiger wäre es vielleicht gewesen, wenn ich es meinem Manne gesagt hätte. Ich bin fest überzeugt, daß mir mein Mann den Hundertmarkschein gegeben hätte, wenn ich ihn gebeten hätte, zumal, da es sich um die Plöhn handelte.

Demzufolge hatte Emma Pollmer entweder mit Mays Einwilligung und damit rechtmäßig oder aber irrtümlich gehandelt, was in beiden Fällen ein rechtswidriges Verhalten ausschloss.

Im Berliner Centralhotel herrschte jedenfalls ein frostigfeindliches Klima zwischen den Eheleuten. Über den Grund urteilten beide Eheleute recht unterschiedlich:

"Berlin bekam mir gut" – so May. *"Daheim hatte ich nichts zu essen bekommen. Der Magen war verschmachtet; er versagte den Dienst. In meinem Berliner Hotel gab es Kleinigkeiten, die ich genießen konnte, und einen guten, reinen, stärkenden Wein dazu. Ich lebte langsam wieder auf. Frau Plöhn freute sich darüber. Aber als meine Frau diese glückliche Wandlung bemerkte, verbot sie es uns, im Hotel zu essen. Sie wollte uns nur*

Aschingers Bierhalle erlauben, wo es nur Speisen gab, die mich vollends hingerichtet hätten. Natürlich wehrte ich mich gegen diese Teufelei und Frau Plöhn gab mir Recht. Hierauf gab es die gewöhnliche, entsetzliche Szene [...]. Ich, dem sie soeben erst 6.000 Mark und dann noch einen Hundertmarkschein gestohlen hatte, wagte es einmal, für 30 Pfennige Himbeeren zu kaufen, und hatte da einen Skandal und Widerstand zu überwinden, der nicht mehr menschlich, sondern tierisch war! [...] Es wurde immer klarer und offenbarer, dass sie wünschte, es möge mit mir alle werden. Sie that alles Mögliche, was sie hierzu beizutragen vermochte, und es wäre ihr wohl auch gelungen, wenn nicht Frau Plöhn über mich gewacht hätte wie eine Tochter über ihren Vater, der ermordet werden soll. [...] Von nun an erschien es mir nicht mehr geraten, mein Hotelzimmer neben das meiner Frau zu legen. Es war mir zu gefährlich."[47]

Der Hinweis auf die Gefahr, in der er sich zu befinden glaubte, wurde allerdings nicht Thema im späteren Scheidungsverfahren. Eine Lebensgefährdung wäre – wenn sie tatsächlich vorgelegen hätte – als scheidungsbegründend geltend zu machen gewesen. Emma hätte in diesem Fall eine gegen Mays Leben gerichtete absichtliche Handlung vollzogen haben müssen. Nur außerhalb des Scheidungsverfahrens suggerierte May die Sorge um sein Leben als den wahren Grund dafür, die Verbindungstür zwischen den Zimmern zu verriegeln oder gar nicht mehr neben Emma zu wohnen, nicht den oder die ‚Diebstähle' von Geld.

Emma empfand den Berlin-Aufenthalt natürlich anders, wie sie ebenfalls in jener bereits erwähnten Vernehmung vor dem Dresdner Landgericht am 13. Dezember 1907 kundtat:

In Berlin wohnten wir, wie immer, im ‚Zentral-Hotel' in der Friedrichstraße und zwar bewohnten wir drei Zimmer. Mein Zimmer befand sich in der Mitte zwischen dem meines Mannes und dem der verw. Frau Plöhn. Ich schlief damals auf Reisen nie mit meinem Manne in einem Zimmer, und zwar weil er nachts arbeitete und mich nicht stören wollte.[48]

In derselben Vernehmung gab sie jedoch auch zu, dass ein

Geschlechtsverkehr zwischen den Eheleuten seit ungefähr einem Jahr „aufgegeben" worden sei und auch deshalb ein getrenntes Schlafen inzwischen normal gewesen war.

Schon in Berlin fing die Plöhn an, mich gegen meinen Mann aufzuhetzen. Ich mußte auf ihre Veranlassung bald das, bald jenes an ihm tadeln, sodaß er böse auf mich wurde und wenig mit mir sprach. Weiter verstand es die Plöhn, mich in Berlin immer und immer wieder zu Einkäufen fortzuschicken, um nur mit meinem Manne zusammen allein sein zu können. Sie hat mich zu wiederholten Malen meiner festen Ueberzeugung nach lediglich aus diesem Grunde zur Besorgung von Einkäufen zu Wertheim geschickt.

May hatte sich im Laufe seiner Ehezeit des Öfteren über die Einkaufstouren seiner Frau geärgert, sodass die Berliner Wertheim-Besuche offene Wunden berührten:

„*Sie machte in Berlin die unsinnigsten Ausgaben*", klagte der Dichter, „*kaufte seidene Blusen, die man nur drei-, viermal tragen konnte, zu außerordentlichen Preisen. Verwendete Hunderte auf höchst auffallende Promenadenmäntel, die nur von Straßendirnen getragen werden, um die Blicke der Lüsternen auf sich zu ziehen. Das Schlimmste war, dass sie die gute, bescheidene und sehr schamhafte Frau Plöhn zwang, einen dito Mantel zu tragen, und mir, als ich in meinem einfachen Anzug hinter ihnen herging, vor allen Passanten zurief: ‚Du siehst aus wie unser Louis!' Mit diesem einen Wort, dem auf der ganzen Erde kein anderes gleicht, war für mich die Scheidung ausgesprochen.*"[49]

Neben der Verschwendungssucht verletzte den Schriftsteller tief das Wort „*Louis*", das nichts anderes als Zuhälter bedeutet. Gabriele Wolff[50] vertritt den Standpunkt: „May faßt den Begriff des Zuhälters in einem realistischen und seinen Wesenskern erfassenden Sinn auf. Er denkt an den seinerzeit wohl vorherrschenden nicht-gewalttätigen Typus des Zuhälters, jenen, der seine Huren zunächst mit sexuellen Mitteln bis zur Hörigkeit an sich bindet, sie später bei Bedarf auch immer mal wieder sexuell belohnt und der dadurch überhaupt erst in die Lage versetzt wird, die Frauen herzlos, rücksichtslos, verachtend auszubeuten, indem er sie auf den Strich schickt."

Aus Emmas Sicht sah der Tag so aus:

In Berlin kaufte ich mir einen keineswegs auffälligen Mantel für 125 Mark. Die Frau Plöhn bekam im Einverständnis meines Mannes einen Mantel für denselben Preis. Beide Mäntel hat mein Mann bezahlt. – Mein Mann zog sich immer sehr nachlässig an. So trug er meistenteils zusammengesetzte Anzüge und nur selten einen kompletten Anzug. Ich habe ihn wiederholt darum gebeten, einen kompletten Anzug anzuziehen. Ich meinte es damit nur gut mit ihm. Eines morgens kam auch die Plöhn in mein Zimmer in Berlin und sagte zu mir: „Nein! Du sollst einmal sehen, wie der Kerl sich wieder angezogen hat. Er sieht schauderhaft aus." Beim Mittagessen habe ich mich auf diese Hetzereien der Plöhn dazu verleiten lassen, zu meinem Manne zu sagen: „er solle sich doch nicht so anziehen, er sehe wirklich so aus, wie unser Louis." Diese Aeußerung ist mir nur so herausgefahren. Ich habe sie gar nicht so gemeint, wie sie später aufgefaßt worden ist. Ich habe mich zu ihr nur durch die Bemerkung der Plöhn am selben Morgen hinreißen lassen. Mein Mann war natürlich über diese Aeußerung sehr gekränkt und verstimmt. Später in München und in Bozen habe ich ihn dann deswegen um Verzeihung gebeten, die er mir auch hat zuteil werden lassen.[51]

Neben den Beleidigungen und Kaufvorgängen kam es während des Berliner Aufenthalts zu einer Umquartierung innerhalb des Centralhotels:

Eines nachmittags, nachdem wir schon ungefähr zwei Wochen in Berlin waren, kam die Plöhn plötzlich ganz aufgeregt in mein Zimmer und erklärte mir, ihr Zimmer wäre ihr zu laut, sie könne nicht schlafen und ich müßte mein Zimmer mit dem ihrigen vertauschen. Sie erklärte mir ferner, daß sie des Nachts, wenn der Einfluß über sie käme, bei Lärm nichts schreiben könne. Dies bewog mich, mein Zimmer mit dem ihrigen zu vertauschen, sodaß sich ihr Zimmer nunmehr zwischen meinem und meines Mannes Zimmer befand.

Klara Plöhn stellte sich also auch in dieser Hinsicht bereits symbolisch deutlich zwischen die Ehefrau und ihren Gatten.

Ob Klara, die Emmas schwachen Punkt, ihren spiritistischen Glauben – denn das war gemeint mit dem nachts unter Einfluss schreiben –, sehr gut kannte, Mays Wunsch nach einer räumlichen Entfernung von Emma tatsächlich auf die beschriebene Art und Weise umsetzte, lässt sich nicht beweisen, aber ausgeschlossen erscheint es im Licht der nachfolgenden Ereignisse keineswegs.

An jenem Abend des 2. August 1902 geriet May in eine tiefe depressive Stimung. Vieles spricht dafür, dass Klara Plöhn zu ihm gegangen war und ihn tröstete. Er schrieb darüber jedenfalls ein Gedicht, unter dem er die Notiz *„Sonnabend, den 2. August 02. Abends 10 3/4 Uhr. Berlin, Centralhotel. Zimmer 330-332"* anbrachte und das sich einzig und allein als Dank für eine Zuwendung Klaras lesen lässt, die aber zugleich auch eine Entscheidung herbeigeführt hat: *„Was du mir gabst, das ward noch nie gegeben; / Was du mir nahmst, das gabst du doppelt mir. / Was du mir gabst, ist ein vereintes Leben; / Was du mir nahmst, das bin ich nun mit Dir!"*[52]

Für May scheint an jenem Abend endgültig eine Entscheidung gegen Emma und für ein zukünftiges gemeinsames Leben mit Klara Plöhn gefallen zu sein. Dennoch bereitete ihm der Entschluss zur Trennung *„schwere, innerliche Kämpfe [...]. Aufrichtig gestanden, neige ich sehr zu der katholischen Betrachtung der Ehe, daß diese ein Sakrament sei. Wenn ich nicht dieser Ansicht wäre, so hätte ich diesen Schritt schon längst getan und nicht erst dann, als es meine Gesundheit, mein Leben und meine ganze innere und äußere Existenz zu retten galt."*[53]

Die nächste Reisestation war Hamburg.

„In Hamburg wiederholte sich genau dasselbe Spiel. Sie [Emma] kaufte sich sofort noch mehrere schandbar teure Blusen. Sie saß nicht mit im Hotel, um nicht sehen zu müssen, dass ich

einen Willen hatte und das bekam, was ich wollte. Sie ging allein in den teuren Ratskeller speisen und spie dann in den Zwischenzeiten die angesammelte Galle über uns aus. Frau Plöhn begann wohl zu ahnen, dass dies zum Schluss führen müsse. Sie gab gute Worte, sie bat für die Bestie. Ich war still dazu. Bei diesem Schweigen wurde ihr bange. Sie bat mich, ihre Mutter nach Leipzig kommen lassen zu dürfen; vielleicht gelinge es der alten, guten Frau, das drohende Unheil abzuwenden. Ich erfüllte diesen Wunsch."[54]

Aus Sicht von Emma klingt das so:

Von Berlin reisten wir dann nach Hamburg, woselbst wir uns ungefähr 14 Tage aufhielten. Auch dort verstand es die Plöhn, es so einzurichten, daß sie das Zimmer bekam, das in der Mitte zwischen meinem und meines Mannes Zimmer lag. – Die Verhetzungen der Plöhn meinem Manne gegenüber gingen immer weiter. Ins Gesicht war sie zu mir sehr liebenswürdig und hinter meinem Rücken hat sie mich, wie ich fest überzeugt bin, meinem Mann gegenüber immer schlecht gemacht. Sie machte mich dann glauben, daß mein Mann sehr böse auf mich und verstimmt sei, sodaß ich nicht den Mut fand, mich einmal mit ihm auszusprechen. [...] Als mich die Plöhn einmal fragte, was mir sei, und ich antwortete, ich hielte den Verkehr zwischen ihr und meinem Manne, sowie ihre ganze Art nicht mehr aus, erklärte sie mir: „Sei nur gut, meine Miez, es bekommt jeder das, wonach er strebt."[55]

Inzwischen wird auch Emma unmissverständlich die Annäherung zwischen ihrem Ehemann und der gemeinsamen Freundin bewusst geworden sein.

Am Montag, den 18. August 1902, wurde die Reise nach Leipzig zum Hotel Hauffe fortgesetzt. Klara Plöhns Mutter – auch von May später Mutter genannt – reiste nach.

„Die Mutter kam. Sie wohnte bei uns im Hotel. Sie sprach in herzlicher, aufrichtiger, ehrlicher Liebe auf das unglückselige Frauenzimmer ein. Sie versuchte, unsere Hände ineinander zu legen – – – vergeblich! Und als auch Frau Plöhn das Wort ergriff, um sie zur Abbitte zu bewegen, rief sie zornig aus: ‚Ich mag

ihn nicht! Nimm doch du ihn, wenn er dir so gefällt! Ich werfe ihn dir hin. Gib ihm einen Kuss und hebe ihn auf!' Dann ging sie hin und kaufte sich noch einige luxuriöse Blusen! Die Mutter von Frau Plöhn reiste unverrichteter Sache heim. Sie wollte ihre Tochter mitnehmen; diese aber sah, dass es mit meiner Gesundheit nicht besser, sondern schlimmer wurde. Das Wohlerbefinden in Berlin war nur ein Aufflackern gewesen, welches der Pollmersche Dämon sofort wieder niedergetreten hatte. Übrigens war sie ja meine Sekretärin."[56]

Emma beschrieb die Leipziger Situation wie folgt:

Nach Leipzig ließ die Plöhn ihre Mutter, die verwitwete Beibler, nachgekommen [sic!]; zu welchem Zwecke, weiß ich nicht. In Leipzig versuchte ich zweimal, eine Aussprache mit meinem Manne herbeizuführen und mich mit ihm wieder zu versöhnen. Das zweite Mal war die verwitwete Beibler zugegen. Auf ihre Aufforderung an meinen Mann, wir sollten uns doch versöhnen, erklärte er mir: „Das ist gar nicht nötig." Dies ärgerte mich so, daß ich sein Zimmer verließ und zur Plöhn ging. Auf ihre Frage, wie es stände, ob wir uns versöhnt hätten, antwortete ich ihr. „Nein. Du kannst ihn ja kriegen, wenn du ihn haben willst." Auch diese Aeußerung, die ich in Erregung tat, war nicht so gemeint, wie sie mir in dem Ehescheidungsprozeß ausgelegt worden ist. [...] Auch in Leipzig hat es die Plöhn verstanden, mich immer wegzuschicken; um Einkäufe zu machen, nur, damit sie mit meinem Manne allein bleiben konnte. Ueber diese Einkäufe, die nach der Ansicht der Plöhn für den Aufenthalt auf der Mentel gemacht werden mußten, war mein Mann auch immer sehr böse. In Leipzig begann die Plöhn, auf den Bruch zwischen mir und meinem Manne hinzuarbeiten.[57]

Der Bruch zwischen den Eheleuten war im Grunde vollzogen, wenngleich umgekehrt die Beziehung zwischen Karl May und Klara Plöhn noch nicht offen von beiden eingestanden wurde. Dies war aus juristischer Sicht auch vorteilhaft für den Schriftsteller, denn Ehebruch wäre seinerseits ein Scheidungsgrund gewesen, den er geliefert hätte. Praktische

Konsequenzen zog May noch nicht. Stattdessen wurde die Reise fortgesetzt. Nächste Station war München, Hotel Leinefelder.

Dort ergriff Klara Plöhn die Initiative, indem sie May *„mit thränendem Auge"* offenbarte, dass Emma ihm über Jahre hinweg *„36.000 Mark"*[58] als heimliche Notpfennige für kommende schlechte Zeiten beiseite geschafft und dem Ehepaar Plöhn zur Aufbewahrung gegeben habe. Wie Wohlgschaft zutreffend kommentiert, beugte Klara Plöhn mit diesem Geständnis der Gefahr „einer möglichen Erpressung durch Emma vor, riskierte aber, daß May sie, als Emmas Komplizin, ebenso verurteilen könnte wie die eigentliche Täterin. Doch May sprach Klara, wie diese erhofft hatte, vollständig frei."[59]

Der Vorwurf der Geldunterschlagung traf allein Emma.

Inzwischen verschlechterte sich Mays Gesundheitszustand:

„Ich war wie ein Licht, welches im letzten Flackern ist. Dieses Weib, dieses Scheusal aber tat nichts dergleichen. Sie spazierte fröhlich in der Stadt herum und wenn sie dann in das Hotel kam, führte sie Szenen auf, die mehr als widerlich waren. Sie verlangte, als ich mich einmal mit einer Frage in ihr Zimmer verirrte, von mir geküsst zu werden. Ich verwies ihr solche Scherze. Da ging sie zu Frau Plöhn und erzählte ihr, dass es soeben ein Liebesabenteuer zwischen ihr und mir gegeben habe, mit Küssen und so weiter. Dass sie Lügen gestraft wurde, beschämte sie nicht im Geringsten. Aber sie nahm Rache dafür, indem sie die freche Behauptung aufstellte, dass wir miteinander Ehebruch trieben. Wir beide! Ich, der ich so nahe am Tode stand, dass ich schon nicht mehr laut reden konnte, sondern nur noch halb hörbar hauchte! Und die arme Frau Plöhn, die von all den Verrücktheiten, Vorwürfen, Kämpfen und Sorgen, die sie in dieser Zeit ertragen hatte, so angegriffen und niedergedrückt war, fast am Verzweifeln stand! Und Ehebruch!"[60]

Dass Emma inzwischen von Ehebruch ausging, zeigt ihre Version der gerade aus Karls Sicht berichteten Ereignisse vom 24. August 1902:

Eines Sonntags brachte mir die Plöhn in München Rosen in mein Zimmer. Kurze Zeit darauf trat mein Mann in mein

Zimmer. Ich ging auf ihn zu und küßte ihn. Als die Plöhn das sah, wurde sie bleich und verließ sofort das Zimmer. Ich bat darauf meinen Mann, er solle mir doch verzeihen. Ich würde ihm in Zukunft alles zu liebe tun. Darauf küßte er mich, verzieh mir und sagte: „Deinen Körper habe ich besessen, nicht Deine Seele, die muß ich haben, die lasse ich nicht." Als ich ihm dann noch etwas liebes sagte, meinte er: „Dafür mußt du noch extra einen Kuß haben," drückte mir die Hand und weinte."[61]

Emmas Darstellung wirkt wenig glaubhaft. Wahrscheinlicher ist dagegen, dass sie, wie May berichtet, nachgesandte Post an Klara Plöhn unberechtigt öffnete. Realistischer erscheint auch seine Eröffnung des Scheidungsbegehrens:

„Dort gab es im Hotel Leinefelder die entscheidende Aussprache. Die Pollmer war mit der Scheidung einverstanden. Sie stellte nur die eine Bedingung, dass sie völlig frei sein und so viel Geld erhalten werde, wie sie zu einem sorgenlosen Leben brauche. Als ich ihr das zusagte, fragte sie gar nicht, welche Scheidegründe ich angeben werde, und versprach sogar, sich gar nicht zu wehren, nur um baldmöglichst geschieden zu sein. So waren wir also einig!"[62]

Aus jenen Münchener Tagen ist noch eine Äußerung Emmas überliefert:

Am nächsten Tage bat ich meinen Mann auf seinem Zimmer um einen Kuss. Er aber erklärte: ‚Die Toten küssen nicht.' Damit hat er meiner Ansicht nach im spiritistischen Sinne sagen wollen, daß er für mich tot sei.[63]

Die Weiterreise konnte nach alledem nur in das Ende der Ehe münden. Das luxuriöse Hotel Penegal auf der Mendel in Bozen war das von vornherein vereinbarte Reiseziel gewesen. Eigentümer des Hotels war das Ehepaar Alois und Maria Schrott (1853-1934).

Am Mittwoch, dem 27. August 1902, reiste das Trio mit dem Orient-Express nach Bozen:

Ich mußte allein in einem Abteil fahren, während mein Mann mit der Plöhn zusammen in einem anderen Abteil fuhr. Allerdings hat mein Mann zunächst, aber nur zum Schein zehn Minuten mit mir zusammen gesessen. In Bozen wurden sofort zwei Wagen genommen. In dem einen sollte ich allein fahren, während in dem anderen die Plöhn mit meinem Manne zusammen nach der Mentel fahren sollte. Als ich mich daraufhin weigerte, versprach mir die Plöhn, daß sie nur die erste Hälfte des Weges mit meinem Manne zusammen fahren werde und daß ich die zweite Hälfte mit ihm fahren sollte. Daß die Plöhn aber gar nicht die Absicht hatte, mir meinen Mann für die zweite Hälfte des Weges abzugeben, geht schon daraus hervor, daß sie mich unter der Angabe, noch etwas Obst besorgen zu wollen, in Bozen vorausschickte. [...] Aus der Zusage der Plöhn, daß ich die zweite Hälfte des Weges mit meinem Manne fahren dürfte, wurde nichts. Auf der Rast während der Reise erklärte mir die Plöhn: „Aus dem Zusammenfahren von Dir mit Karl wird nichts, meine Miez! Wir wollen uns heiraten." Ich wußte einen Moment nicht, was ich sagen sollte und sagte harmlos: „Was wollt Ihr? Heiraten wollt Ihr Euch?" Als sie „Ja" sagte, erklärte ich ihr, daß ich meine Rechte bis zum letzten Atemzuge verteidigen würde. Mein Mann kam dazu. Auf seine Frage, weswegen wir uns zankten, antwortete die Plöhn: „Wir sprechen von der Heirat." Mein Mann sagte: „Sprich nicht davon." Dann setzte er hinzu, mit mir würde er „kurzen Prozeß" machen."[64]

Ob Klara Plöhn tatsächlich solche Heiratsabsichten geäußert hatte, lässt sich nicht bestätigen. Jedenfalls verlief die Fahrt nach Bozen auch in Mays Erinnerung ähnlich wie bei Emma:

„Es ging also von München direkt nach Bozen. Dort angekommen, beschloss ich, die Stadt gar nicht zu berühren, sondern direkt per Geschirr hinauf nach der Mendel zu fahren. Ich war zum Sterben schwach, nahm aber dennoch diese Anstrengung auf mich, weil ich fühlte, dass es mit mir nur schlimmer anstatt besser werden könne, so lange dieser auch jetzt noch unaufhörlich saugende Vampir in meiner Nähe sei."[65]

May trug sich im Gästebuch des Hotel Penegal als Dr. Karl Friedrich ein. Beide Eheleute empfanden die eskalierende

Situation als unerträglich. Zur Mittwochnacht erklärte Emma nur lapidar, dass Klara und Karl nebeneinanderliegende Zimmer in der üblichen Zimmerverteilung hatten (also Klara in der Mitte), die durch eine Verbindungstür miteinander verbunden gewesen seien:

„Nachts hörte ich wieder, daß die Plöhn und mein Mann zusammen waren",[66] behauptete Emma nachher. Am Morgen des 28. August 1902 suchte Emma Pollmer ihren Ehegatten in dessen Zimmer auf:

Er stand gerade auf. In diesem Augenblick trat auch die Plöhn herein, trotzdem mein Mann noch nicht angezogen war. Sie warf mir einen vernichtenden Blick zu und rief: „Daß du es weißt, wir müssen fort von hier. Hier muß schnell gehandelt werden. Du darfst uns nicht mehr sehen, Du mußt uns überhaupt für tot halten. Du mußt dich ganz in den Gedanken hinein leben, daß wir beide tot für dich sind. Karl wird dich durch eine Rente so stellen, daß Du fein leben kannst und keine Sorgen hast. Du passest gar nicht für Karl, hast nie für ihn gepaßt." Darauf schluchzte ich: „Mein Gott, wir haben doch zweiundzwanzig Jahre zusammen gelebt und immer zusammen gepaßt und sollen nun nicht mehr zusammen passen? Das ist ja furchtbar! Was soll denn da aus mir werden?!" Die Plöhn erwiderte kalt: „Ja, der Ertrinkende klammert sich ja immer an den Strohhalm." Als ich mich mit Bitten an meinen Mann wandte, sagte er: „Es ist traurig, daß es soweit gekommen ist."[67]

Als Nächstes tat auch der Spiritismus das Seinige zur Beendigung der May'schen Ehe.

In der Nacht zum 29. August 1902 glaubte Emma durch die Zimmerwand hindurch zu hören, wie Klara Plöhn „unter Einfluß" schreibt, May diese Blätter liest, um dann mit zweimaligem lauten „Hurra!" in Klaras Bett, das an der Verbindungstür zwischen Klaras und seinem Zimmer steht, zu steigen. Am Morgen sei May erschienen:

Acht Uhr morgens kam mein Mann in mein Zimmer und legte mir ein Paar Bogen vor mit dem Bemerken, die auf dem

Bogen stehenden Worte habe die Plöhn in der Nacht „unter Einfluß" geschrieben.[68]

Auf diesem Bogen stand nach gerichtlicher Einlassung von Emma:

„Wenn Du jetzt nicht unseren Willen tust und das unterschreibst, was dir Karl vorlegt, dann wehe! wehe! wehe! Du mußt bis zum 10. Oktober auf der Mendel bleiben." Es stand noch mehr oben, aber auf den Inhalt besinne ich mich nicht mehr. Gleichzeitig verlangte mein Mann von mir, ich sollte ein Schriftstück unterzeichnen, auf dem es hieß, wir liebten uns nicht mehr und könnten infolgedessen nicht mehr zusammen leben; ich sollte es seinem Edelmute überlassen, welche Rente er mir in Zukunft aussetzen wolle und in welcher Weise er mir Unterhalt gewähren würde. Ich weigerte mich, dieses Schriftstück zu unterzeichnen [...]. Mein Mann verließ mein Zimmer, ließ aber den Zettel zurück. Schließlich habe ich den Zettel doch unterschrieben. Wie ich dazu gekommen bin, ist mir heute noch rätselhaft. Ich kann es mir nur so erklären, daß ich in unzurechnungsfähigem Zustande war.[69]

Auffallend ist, dass sich Emma nicht auf spiritistischen Zwang berief, der sie zur Unterschriftsleistung veranlasst habe, sondern auf ‚Unzurechnungsfähigkeit'.

Der Wortlaut des erwähnten Schriftstücks, das sie unterschrieb, lautete:

Ich Endesunterzeichnete erkläre hiermit, dass ich wegen gegenseitiger, unüberwindlicher Abneigung ein weiteres Zusammenleben mit meinem bisherigen Ehemann, dem Schriftsteller Herrn Karl May in Radebeul, für vollständig unmöglich halte und ihm darum meine unwiderrufliche Zustimmung zur Scheidung unserer Ehe gegeben habe. In Beziehung auf alle etwa hiermit zusammenhängenden pekuniären Angelegenheiten werde ich mich einzig und allein auf sein Gerechtigkeitsgefühl verlassen und erkläre also, mich aller Ansprüche hierauf zu enthalten.[70]

Über den weiteren Ablauf jenes Morgens gab May später an:

„Sie [Emma Pollmer] *behauptete, sie wisse, dass wir miteinander geschlafen hätten, denn sie habe gehört, dass ich mit einem lauten ‚Hurrah!' zu Frau Plöhn in das Bett gesprungen sei. Um Gottes willen! Das war ja gar nicht auszuhalten, wie das nach seelischem Mist und moralischer Jauche stank! Ich ließ mir nur noch einige Zeilen unterschreiben, dass es mit unserer Liebe aus sei und dass sie in die Scheidung willige. Das geschah nicht etwa des Scheidungsprozesses, sondern meiner Seelenruhe wegen. Diese Zeilen waren für meinen innern Richter, auf den ich mehr als andere Leute gebe. Dann reisten wir ab, und zwar direkt nach Radebeul, nach Hause. Ganz selbstverständlich traf ich vorher da oben die Anordnungen, die mir als nötig erschienen."*[71]

Die Einwilligungserklärung trägt das Datum von Freitag, den 29. August 1902 und ist mit dem Zusatz, dass Emma sie *„bereitwillig, nicht etwa gezwungen"* unterschrieben habe, versehen. Emmas Behauptung über vollzogenen Geschlechtsverkehr mit Klara entrüstete May derart, dass er das ‚Beweisstück N° 4', eine Postkarte von Emma an Max Welte vom 26. März 1898 aus München, verbittert kommentieren musste, denn der Text lautet: „Hurrah, jetzt sind wir wieder auf deutschen [!] Boden, u. zwar in dem schönen München [.] Endlich ein Hoffnungsstrahl auf baldiges frohes Wiedersehen."[72]

Hierzu vermerkte May noch:

„N° 4. Dieses ‚Hurrah' und dieser ‚Hoffnungsstrahl' sprechen ganze Bände! Ich erinnere daran, daß ich als todtkranker Mann auf der Mendel mit einem lauten ‚Hurrah' in das Bett der Frau Plöhn gesprungen sein soll. Das soll im Jahre 2 geschehen sein. Die Pollmer aber schreit schon 98 ‚Hurrah!' Der Schluß ist leicht zu ziehen."[73]

Karl Mays Abschied von der Mendel nahte:

Ehe mein Mann mit der Plöhn [...] abreiste, so Emma, sagte er noch zu mir, es würde ja alles wieder gut, sie kämen wieder und würden mich holen. Er forderte mich außerdem auf, mein Zimmer bis vormittags 12 Uhr nicht zu verlassen. Dies wahrscheinlich deswegen, damit ich ihnen nicht nachreisen sollte. [...] Hervorheben will ich noch, daß mein Mann [...] fragte, wie viel Geld ich noch hätte, und auf meine Antwort, daß ich noch 800 Mark hätte, gab er mir noch einen Tausendmarkschein.[74]

Für den 30. August planten Karl May und Klara Plöhn ihre Abreise nach Radebeul. Zum Abschied hinterließ der Dichter noch eine eindeutige Anweisung an Emma:

„Hier hast du tausend Mark; sind sie alle, sende ich mehr. Nun höre: Ich befehle dir nicht, hier zu bleiben, aber ich bitte dich darum."[75]

Ob es wirklich nur eine Bitte war, erscheint fraglich. Wie schon das sächsische Recht, so sah vor allem auch das Bürgerliche Gesetzbuch ein Aufenthaltbestimmungsrecht der Ehefrau durch den Ehemann vor. Und May lag viel daran, die Scheidungsangelegenheit in seinem Sinne zu regeln, ohne durch die räumliche Nähe seiner Nochgattin darin beeinträchtigt zu werden.

„‚Ich leite unsere Scheidung ein und muss also stets wissen, wo du bist, um deine Adresse angeben zu können. Ich werde darum den Wirt ersuchen, mir sofort zu telegrafieren, falls du die Mendel verlässt, ohne dass ich es weiß. Es bleibt dir unbenommen, dir einen Anwalt zu nehmen und dich zu verteidigen. Geschieden aber werden wir doch! Meine Scheidungsgründe werden dir zugeschickt. Nur allein auf dich kommt es an, ob du leugnest oder eingestehst, ob du dich verteidigst oder nicht und ob ich nur das Gericht oder auch meine Güte sprechen lasse!' Hierauf bat ich die Bedienung, sich der Pollmer anzunehmen und es ihr an nichts fehlen zu lassen. Dann reiste ich ab, direkt nach Dresden, Frau Plöhn, die hier oben vollständig überflüssig war, natürlich mit."[76]

Mit der sich Emma annehmenden Bedienung meinte der Schriftsteller die Hotelbesitzerin Maria Schrott, von der die verlassene Ehefrau zutreffend annahm:

Ich bin der festen Ueberzeugung, daß mein Mann und die Plöhn der Schrott Anweisung gegeben hatten, mich auf der Mendel festzuhalten.[77]

Die Wirtin hatte tatsächlich spezielle Instruktionen von May erhalten; insbesondere noch das Nachsenden von Post, bedenklicherweise auch die an ‚Emma May' adressierte. Briefe und Depeschen gingen daher beständig zwischen Radebeul und der Mendel hin und her.

Maria Schrott selber erklärte später dazu:

Ich glaube kaum, daß ich mich hätte bestimmen lassen, Briefe an Frau May zu unterschlagen und an Herrn May oder Andere zu versenden. Ganz unmöglich ist es nicht, daß es vielleicht in einem einzigen Falle auf Ersuchen Mays geschah.[78]

Tatsächlich wandte sich Maria Schrott regelmäßig an May, um ihrem „Versprechen gemäß, Ihnen von Zeit zu Zeit Bericht über Ihre Frau Gemahlin zu erstatten".[79] Die auf diese Weise beschattete Noch-Gemahlin hatte inzwischen Angst bekommen und wandte sich an den Bauingenieur Max Welte:

Da ich Angst bekam, mein Mann könne sich vielleicht [sic!] auf Grund des von mir unterschriebenen Schriftstücks von mir scheiden lassen, schrieb ich an den Ingenieur Welte nach Dresden und bat ihn, er möchte einen dortigen Rechtsanwalt zu meinem Schutze in Anspruch nehmen. Eine Antwort auf diesen Brief habe ich nicht bekommen, obgleich Herr Welte mir versichert hat, mir geantwortet zu haben.[80]

Der Bruch am Ende der gemeinsamen Reise war jedenfalls vollzogen.

2. Das Scheidungsverfahren

Weil Karl May die Ehescheidung so schnell wie möglich abwickeln wollte, suchte er in Dresden gleich nach seiner Heimkehr die Kanzlei von Rechtsanwalt Dr. Rudolf Bernstein auf. Da der aber gerade unerreichbar war, beauftragte er dessen Kollegen Rechtsanwalt Andreas Merkel. Dieser klärte den Schriftsteller sehr rasch darüber auf, dass Emmas Erklärung keine ausreichende Grundlage für die Herbeiführung eines Scheidungsurteils darstellte. Es mangelte schlicht am Vorliegen konkreter Beschuldigungen. Diese konkreten Gründe wurden nun für die Scheidungsklage zusammengestellt:

An das
Königl. Landgericht VII. Zivilkammer
<u>Dresden.</u>

Klage

des Schriftstellers Karl Friedrich May in Radebeul,

Kläger,

vertreten durch Rechtsanwalt Merkel in Dresden

gegen

dessen Ehefrau Emma Lina May geb. Pollmer zur Zeit unter dem Namen Frau Dr. Friedrich im Hotel Penegal Mendelpaß bei Bozen,

Beklagte,

wegen Ehescheidung.

Kläger klagt gegen Beklagte auf Ehescheidung, ladet Beklagte vor das Königl. Landgericht Dresden VII. Zivilkammer zu dem anberaumten Termin zur mündlichen Verhandlung des Rechtsstreits, fordert sie auf, einen bei dem Prozessgericht zugelassenen Anwalt zu bestellen und wird beantragen:

die Ehe der Parteien zu scheiden.

Zur Begründung bringe ich vor:

1. die Parteien haben sich am 17. August 1880 verheiratet.
   Beweis: die Heiratsurkunde Anlage A
2. die Parteien sind kirchlich getraut, evang.-luth. Konfession und kinderlos.
3. Der Ehemann ist Staatsangehöriger des Königreichs Sachsen und hat seinen Wohnsitz in Radebeul, wo er ein Grundstück besitzt.
4. Parteien leben seit Ende August 1902 getrennt und seit etwa 1 ½ Jahr ohne Geschlechtsverkehr.
5. Die Ehefrau hat den Kläger seit Jahren fortgesetzt heimlich bestohlen und ihm aus den Kleidern und aus der Weste, sobald sie Gelegenheit dazu hatte, heimlich Beträge von 100

M. und mehr weggenommen und das Gestohlene in unnützen Anschaffungen verschwendet, es auch heimlich verborgt.
Beweis: persönliche Vernehmung.
6. Sie hat fortgesetzt dem Ehemann heimlich Geschäftsbriefe, die für ihn in seinem Beruf außerordentlich wichtig waren, unterschlagen und ihn dadurch schwer geschädigt. Die unterschlagenen Briefe hat sie teils in ihrem Schreibtisch verborgen, teils heimlich verbrannt. Kürzlich hat der Kläger etwa 60 solcher versteckter Briefe aufgefunden.
Beweis: Frau Rentier Plöhn in Radebeul als Zeugin.
7. Frau Plöhn weiß auch, daß die Beklagte dem Kläger in den letzten Jahren etwa 40000 M. heimlich gestohlen und das Geld Herrn Rentier Plöhn geliehen hat, um hohe Zinsen zu erlangen. Das hat der Kläger erst in der vergangenen Woche nach der Trennung der Parteien durch Frau Plöhn erfahren.
8. Dem Kläger, der einer der gelesensten Schriftsteller Deutschlands ist, ist es bei seiner geistigen Beanlagung und bei seiner Herzensbildung nicht möglich, mit einer Person, die ihn bestohlen hat, als Ehemann weiter zu leben.

Die Beklagte hat durch ihr Gebahren die durch die Ehe begründeten Pflichten schwer verletzt und dadurch und durch den Diebstahl eine so tiefe Zerrüttung des ehelichen Verhältnisses verschuldet, daß dem Kläger die Fortsetzung der Ehe nicht zugemutet werden kann.

Mit Rücksicht auf die weite Entfernung der Parteien von einander und da der Kläger versichert, daß eine Aussöhnung ihm unmöglich sei, bitte ich vom Erfordernis eines Sühnetermins abzusehen. Ich bitte um Zustellung der Klage die zuständige Behörde ersuchen zu wollen.
Hierzu Vollmacht.

In größter Hochachtung
Dresden, den 10. September 1902
gez. Rechtsanwalt Merkel.[81]

Die Scheidungsklage wurde Emma am 22. September zugestellt. Am 3. Oktober erreichte der Schriftsteller eine einstweilige Verfügung auf Getrenntleben.

In jener Zeit erhielt Emma eine Vielzahl gehässiger Briefe aus Radebeul. In einem dieser Briefe untersagte ihr der Schriftsteller, noch einmal die Villa Shatterhand zu betreten. Er bezeichnete sie als eine Verbrecherin, die ins Zuchthaus gehöre. Es sei gut, dass sie sich nicht, wie angekündigt, nach München begeben habe, denn dort wäre sie andernfalls von der Polizei in Empfang genommen worden. Diese Drohbriefe, deren Ziel die Einschüchterung der Noch-Ehefrau war, spielten bei der Ehescheidung eine wichtige Rolle. Der Erste, der die Briefe sah, war Justizrat Jakob Kunreuther, der im Oktober 1902 wie Emma im Forsthaus ‚Greif' logierte. Kunreuther konnte aber nicht für sie auftreten, weil er seine Anwaltspraxis nicht mehr ausübte. Er legte ihr nahe, einen beim Landgericht Dresden zugelassenen Anwalt zu nehmen.

Emma Pollmer habe ihm mitgeteilt, dass sie

durch die Machinationen einer fremden Frau, die ihren [...] Ehemann beherrsche, sehr zu leiden habe und daß jene Frauensperson dahin trachte, die May'sche Ehe zu lösen, um den May heiraten zu können. Durch die mir vorgelegten Schriftstücke, deren detaillierten Inhalt ich nicht mehr anzugeben vermag, wurde das Vorbringen der Frau May mir glaubhaft gemacht. Ich erinnere mich auch, daß die Tendenz der Schriftstücke dahin ging, Frau May von Dresden fern zu halten, um ihrem Ehemann die Ehescheidungsklage zu erleichtern.[82]

May selber räumte in seiner weder den Gerichten noch der Öffentlichkeit zu Lebzeiten zugänglich gemachten Studie ein: *„Als ich sie dann infolge der Drohung, Frau Plöhn zur Hure machen zu wollen, und weil wir sie überhaupt jedes Attentats für fähig hielten, davon abhalten wollte, zu uns nach Dresden zu kommen, schrieb sie mir am 19./10.2 aus Bozen: ‚Deine Drohungen schrecken mich nicht. Es ist gar nicht daran zu denken, daß ich eine passive Rolle spiele.' Und als sie dann in Dresden war* [nach Rechtskraft der Scheidung] *und im Hospiz wohnte, schrieb sie: ‚Denn Karls wütende Briefe haben mich nicht auf der Mendel zurückgehalten. Dazu habe ich gelacht.*

Seine ganzen Drohungen waren dummes Geschwätz!" Die Behauptung, dass ich sie da oben festgehalten habe, wird also von ihr selbst widerlegt. Zudem: Bei einer so perversen, eigenwilligen und hypnotischen Person sind ganz andere Maßstäbe nötig als bei andern, normalen Menschen. Was bei den Letzteren beleidigend oder bedrohend wirkt, darüber wird von der Anomalie und Abnormität nur gespottet und gelacht, und wenn in unsern Briefen an diese Frau Pollmer einige starke Buchstaben vorgekommen sind, so haben sie bei dieser Dämonin höchstens grad entgegengesetzt, nicht aber einschüchternd gewirkt."[83]

Der Notwehrcharakter etwaiger Bedrohungen wird hier betont, gleichzeitig wird aber bestritten, dass überhaupt böse Briefe geschrieben wurden. Von der Mendel erwartete May in jenen Tagen Telegramme, die sich vorrangig mit Emma Pollmers Absichten befassten, über die die Hotelwirtin den Schriftsteller in fortwährende Kenntnis versetzte. May hatte Emma ja die Auflage gemacht, bis zum 10. Oktober im Hotel Penegal zu bleiben.

Am 8. Oktober erhielt sie nun seine briefliche Erlaubnis, von der Mendel nach Bozen überzusiedeln, da das Hotel schloss. Nur wenige Tage später trafen auch die Nocheheleute im Hotel wieder aufeinander. May trug Emma auf, bis zum Ende des Prozesses in Bozen zu verbleiben.

„Sie spielte die alte Kommödie, ganz wie auf der Mendel. Sie sank vor mir nieder, hob die gefalteten Hände zu mir empor und flehte um einen Kuss. [...] Sie schwor wieder, dass sie der Scheidung nicht das Geringste in den Weg legen werde. Nur verstoßen solle ich sie nicht."[84]

Gleichzeitig bot sie Mays Äußerungen zufolge an, *„als Köchin"* bei ihm und Klara Plöhn arbeiten und leben zu wollen. Im selben Atemzug soll sie allerdings auch angedroht haben, *„Frau Plöhn zur Hure machen zu wollen"*.

Der Schriftsteller blieb hart und ging auf keine ihrer Drohungen und Angebote ein.

In Bozen konsultierte Emma den dortigen Rechtsanwalt Dr. Viktor Perathoner, der ihr vermutlich einen Eilbrief an May vom 19. Oktober vorformulierte:

Deine Klageschrift erschreckt mich nicht, ebenso wenig wie Deine Drohungen. Aus Gründen die Du kennst, will ich Dir aber kein Hindernis in den Weg legen, vorausgesetzt, daß mir standesgemäß Auskommen für meine Lebenszeit in einer Weise sicher gestellt wird, daß ich ruhig in die Zukunft sehen kann. Bevor das in gesetzmäßiger und rechtsgültiger Form geordnet ist, ist gar nicht daran zu denken, daß ich eine passive Rolle spiele. Der richtige, von Dir einzuschlagende Weg ist der, daß Du mir mitteilst, ich solle einen Rechtsanwalt annehmen. Dieser kann alsdann mit Deinem Rechtsanwalt sich in Verbindung setzen, und beide können dann diejenigen Punkte festlegen, welche geeignet sind, mich ruhig in die Zukunft sehen zu lassen. Ich erwarte Deine Erklärung bis längstens den 24. dieses Früh. Sollte bis dahin keine Antwort in für mich befriedigender Weise erfolgen, so bin ich gezwungen noch am selben Tage nach Dresden zu fahren und meine Rechte zu wahren. Da der Verhandlungstermin bereits auf den 29 Oktober anberaumt ist, die Zeit daher drängt, so erwarte ich von Dir insbesondere über die Höhe des Betrages, den Du Dich zu meinem Lebensunterhalt zu zahlen bereit erklärst, ein rechtsverbindliches Angebot. Kann ich mit diesem Angebot einverstanden sein, so bleibt der auf den 29.10.02 anberaumte Termin beiderseits unbesucht, und ich erkläre mich bereit, in eine einverständliche Scheidung zu willigen. Dann muß ich noch bitten, mir die Erlaubnis zu erteilen, daß ich mir die Möbel aus der Villa nehmen kann, die zu einer kleinen Wohnung nötig sind, auch die dazu gehörige Wäsche und selbstverständlich alle meine Kleider und sonstigen kleinen Sächelchen.[85]

May erblickte in diesem Brief den Ausdruck *„gemeinster Hässlichkeit"*, der zu Tage fördere, dass es Emma nicht *„um die Ehe, sondern nur um den Mammon und um das lüsterne Leben war."*[86] In Wirklichkeit war es das kurze selbstbewusste Aufflackern von Widerstand einer verlassenen Ehefrau, die um ihre Rechte kämpfte.

Zwei Tage später traf ein reuiges Telegramm in der Villa Shatterhand ein, in dem Emma bat: „schicke sofort den expressbrief zurück sonst bin ich am 29 im termin bin beeinflusst worden zu schreiben will lieber deinen willen thun warte bis 24 früh"[87]

Sie sei, so May, wohl darauf aufmerksam gemacht worden, dass ihr *"dieser Brief gerichtlich schaden könne"*.[88]

Dem Verhandlungstermin vom 29. Oktober blieben beide Parteien fern. Emma erschien auch nicht zum Anhörungstermin am 7. November. Als erneuter Scheidungstermin wurde der 3. Dezember festgesetzt. Mittlerweile war Emma aus finanziellen Gründen in die Pension Villa Lehner gezogen, wo sie bis März 1903 wohnen bleiben sollte. Heimlich, das heißt, ohne Mays Wissen, wurde sie dort gelegentlich von Klara Pöhn besucht. Trotz des laufenden Scheidungsverfahrens unterhielten die Frauen noch immer eine besondere Verbindung.

„Wenn außer Dir und mir niemand etwas von diesen Zeilen erfährt, schreibe ich Dir wieder, vor allen Dingen sage mir aber wie es Dir geht."[89]

Die beiden begannen eine heimliche Korrespondenz zu führen, die umso befremdlicher wirkt, vergegenwärtigt man sich, dass die Briefe, von denen auch May offiziell – vor allem im Rahmen der rechtlichen Auseinandersetzungen – wusste und die er teilweise Klara Plöhn diktierte, recht gehässigen Inhalts waren. Diese zwiespältige Haltung beruhte auf dem Umstand, dass zwischen den beiden Frauen lange Zeit eine Intimbeziehung bestanden hatte, von der May wusste. Nach einer erneuten Terminverlegung fand die Verhandlung vor dem Kgl. Landgericht Dresden nun am 22. Dezember statt. Als erste Zeugin jenes Tages wurde Klara Plöhn zu den von May angeführten Scheidungsgründen vernommen:

[1.] Ich weiß aus den eigenen Erzählungen der Beklagten, daß sie fortgesetzt heimlich dem Kläger in den verschiedensten Beträgen Geld weggenommen hat, um, wie sie angab, verfügbares Kapital zu besitzen, damit sie leben könne, wenn ihr Mann nicht mehr sein würde. Bis zu dem vor etwa 2 Jahren erfolgten Tode meines Mannes hat sie diesem 36000 M. zum Aufbewahren gebracht und durch ihn zinsbar anlegen

lassen. Als Darlehen hat mein Mann dieses Geld nicht empfangen. Seit dem Tode meines Mannes hat sie mir kein Geld mehr gebracht, wohl aber meiner Mutter insgesamt 5500 M.. Im Herbst 1902 habe ich das noch in meiner Verwahrung befindliche Geld dem Kläger zurückgegeben.
Im Juli 1902 war ich mit den Parteien in Berlin. Wir wohnten zusammen im Central-Hotel. Beim Ausbürsten einer Weste ihres Mannes nahm die Beklagte aus einer Westentasche und aus der darin befindlichen Brieftasche einen in einem Kuvert verschlossenen Hundertmarkschein, den sie mir den Worten zeigte: „So muß man es machen. Nur immer soviel nehmen wie möglich. Es ist besser, wir haben es." Nachträglich hat die Beklagte mir erzählt, sie habe es ihrem Manne abgeschworen, das Geld gestohlen zu haben. Ferner hat die Beklagte mir erzählt, daß sie nachts unter dem Kopfkissen ihres Mannes, während dieser schlief, wiederholt Geld weggenommen habe, einmal sei sie dabei erwischt worden, sie habe aber dabei so getan, als ob sie zufällig mit der Hand unter das Kopfkissen gegriffen habe. Von diesen Gelddiebstählen habe ich erst im Herbst 1902 den Kläger in Kenntnis gesetzt, da ich diese Behandlungsweise des Klägers nicht länger mit ansehen konnte. Die Beklagte verbrauchte sinnlos viel Geld für sich. Sie hatte immer viel Geld. Sie bekam reichliches Wirtschaftsgeld. Die Beträge kann ich nicht angeben.
2. Nach dem im Herbst 1902 erfolgten Bruch zwischen den Parteien habe ich im Beisein des Klägers ganze Pakwe [sic!] Briefe überall im Hause versteckt vorgefunden, darunter einen vom Kläger schon lange vermißten Verlagsvertrag, der unter den Dienstbüchern des Dienstmädchens eingeschlossen war in einem Vertikow, wo die Beklagte nur Sachen der Dienstboten aufbewahrte. Mir hat die Beklagte erzählt, daß sie nur Bettelbriefe oder Briefe, die von Leserinnen des Klägers an diesen gerichtet waren, in den Ofen geworfen habe. Kürzlich hat mir die Beklagte gesagt, daß sie die vorgefundenen Briefe von ihrem Mann zum Aufbewahren erhalten habe.
3. Die Beklagte hat jahrelang in der gehässigsten Weise ihren Mann behandelt. Er war ihr lästig; sie wollte ihn los sein

und auch nicht für ihn kochen. Sie äußerte auch: „Das ist mir ganz egal, ob er etwas ißt oder nicht." Sie hat ihn auch mit gemeinen Schimpfworten belegt, wie „Saukerl", „Alter Ekel", und ist auf ihn immer wie eine Furie losgegangen, wobei sie äußerte: „Es ist mir eine Wonne, wenn ich es dem Kerl recht stecken kann."

Der Kläger dagegen blieb stets still dabei. Als vor etwa 2 Jahren mein Mann starb, äußerte sie zu mir: „Ich wünschte, ich wäre an Deiner Stelle, ich würde mich nicht abgrämen."

Als sie mich wiederholt auf den Friedhof gehen sah, äußerte sie zu mir: „Ich würde nicht auf den Friedhof gehen."

Wiederholt hat sie zu mir gesagt, sie wäre froh, wenn sie allein wäre, sie wolle das Leben genießen.

4. Bei dem bereits erwähnten Aufenthalt in Berlin hatte sich die Beklagte einen eleganten auffälligen Mantel gekauft. Der Kläger ging in seinem schlichten Anzug neben uns her. Vor dem Bismarckdenkmal trat sie abseits von ihm und schrie ihm so laut zu, daß ich es hörte: „Weißt Du, Du siehst aus wie unser Louis." Als ich sie hierüber zur Rede stellte, äußerte sie: „So muß man es dem Kerl sagen. Das Derbste ist gerade gut für ihn, sonst zieht es nicht." Dieser Vorfall war der Anlaß zum Bruch zwischen den Parteien. An diesem Abend blieb der Kläger für sich allein im Zimmer und weinte. Ich drang vergeblich in die Beklagte, Abbitte zu leisten. Sie erklärte mir: „Nein, so muß es kommen, nur so kann man den Kerl klein kriegen und durchsetzen, was man will. Nur das zieht, wenn man ihm so gemein kommt."[90]

Karl Mays zweite Zeugin war die Mutter von Klara Plöhn, Wilhelmine Beibler, mit der der Schriftsteller in bestem Einvernehmen stand:

Ich weiß aus Mitteilungen der Beklagten, daß sie ihrem Manne nach und nach etwa 40000 M. entwendet hat. Den größten Teil davon hat sie meinem verstorbenen Schwiegersohn zur Aufbewahrung gegeben, nach dessen Tode hat sie mir nach und nach etwa 6000 M. gebracht, von denen sie ausdrücklich angab, daß sie sie ihrem Manne weggenommen

habe. Ich habe ihm dieses Geld im Herbst 1902 zurückgegeben.
Auch hat mir die Beklagte wiederholt erzählt, daß sie an ihren Mann gerichtete Briefe aus Neugier oder, um ihn zu ärgern, weggenommen habe.
Fortgesetzt hat sie ihn mit den gemeinsten Ausdrücken beschimpft: „Verrücktes Luder", „Alter Ekel", „Saukerl" usw. Ferner äußerte sie einmal: „Der Saukerl hat wieder nicht gefressen."
Wiederholt hat sie gesagt: „Es ist meine Wonne, ihm so recht weh zu tun."
Als der Mann meiner Tochter gestorben war, äußerte sie: „Ich wollte an Deiner Stelle sein, ich wollte nicht soviel auf den Gottesacker laufen."[91]

Am 7. Januar 1903 folgte in Abwesenheit von Emma der nächste Verhandlungstermin. Ihr Fehlen mag zweierlei Gründe gehabt haben: Zum einen oblag May als Ehegatte auch das Recht, ihr gerichtliche Aussagen verbieten zu können, zum anderen spekulierte sie auf eine ausreichende Unterhaltsausstattung, die bei wohlgefälligem Verhalten höher auszufallen versprach. Ob May seiner Nochehefrau tatsächlich die gerichtliche Aussage verbot, lässt sich allerdings nicht belegen. Und ohne, dass Emma auch nur an einem Verhandlungstermin anwesend gewesen war, kam es am 14. Januar 1903 zur Verkündung des Scheidungsurteils der 11. Zivilkammer des Landgerichts Dresden unter dem Vorsitz des Landgerichtsdirektors Clemens Feurich (1855-1927):

Im Namen des Königs!

In Sachen des Schriftstellers Karl Friedrich May, in Radebeul,
Kläger,
– Prozessbevollmächtigter: Rechtsanwalt Merkel in Dresden –
gegen
dessen Ehefrau Emma Lina May, geb. Pollmer, zur Zeit in Dorf Bozen (Tirol) Villa Lehner
Beklagte,
– Prozessbevollmächtigter: Rechtsanwalt ./. –

wegen Ehescheidung

erkennt die elfte Zivilkammer des Königlichen Landgerichts zu Dresden unter Mitwirkung des Landgerichtsdirektors Dr. Feurich, der Landrichter Jentzsch und Hauffe für Recht:
Die am 17. August 1880 geschlossene Ehe der Parteien wird geschieden.
Die Beklagte trägt die Schuld an der Scheidung und wird verurteilt, die Kosten des Rechtsstreits einschließlich derjenigen der vorausgegangenen einstweiligen Verfügung C Ar VII 240/02 zu tragen.

Tatbestand.

I.

Der Kläger hat beantragt, seine mit der Beklagten am 17. August 1880 geschlossenen Ehe zu scheiden und hat behauptet:

1.) Er habe die Ehe mit der Beklagten am bezeichneten Tage vor dem Kgl. Standesamt Hohenstein-Ernstthal geschlossen, lebe von ihr seit Ende August 1902 getrennt und seit etwa 1 ½ Jahren ohne Geschlechtsverkehr:
beide Teile gehörten der evangelisch-lutherischen Religion an; er sei sächsischer Staatsuntertan und zur Zeit der am 22. September 1902 an die Beklagte erfolgten Klagezustellung in Radebeul wohnhaft gewesen. Zur Klagebegründung hat er folgendes vorgebracht:

2.) Seit Jahren habe ihn die Beklagte fortgesetzt heimlich bestohlen; sie habe ihm aus den Kleidern und aus der Weste, sobald dazu Gelegenheit sich geboten, heimlich Beträge von 100 M. und mehr weggenommen, das gestohlene Geld zu unnützen Anschaffungen verschwendet oder auch gegen hohe Zinsen heimlich verborgt!
Dem verstorbenen Rentier Plöhn in Radebeul habe sie, wie Kläger durch dessen Witwe erst im September 1902 erfahren – in den letzten Jahren etwa 40000 M. von dem gestohlenen Gelde geliehen.

3.) Ferner habe die Beklagte ihm fortgesetzt heimlich Geschäftsbriefe, die für seinen Beruf von großer Wichtigkeit gewesen seien, unterschlagen, teils heimlich verbrannt, teils in ihrem Schreibtische verborgen; dadurch habe sie ihn schwer geschädigt; etwa 60 solcher versteckter Briefe habe er nach dem Weggang der Beklagten wieder aufgefunden;

4.) Auch habe sie ihm während der letzten Zeit des Zusammenlebens mit den härtesten Ausdrücken beschimpft und an der Ehre gekränkt.

Dritten Personen gegenüber habe sie ihn als „Kerl, Saukerl, alten Ekel" bezeichnet. Wenn er nichts gegessen, habe sie erklärt: „Ob der Kerl ißt oder nicht, ist mir ganz egal; es ist mir eine Wonne, den Kerl abzuärgern; ich wollte, ich wäre Witwe."

Als er, der Kläger, in Berlin in bescheidenem Anzuge hinter ihr hergegangen sei, habe sie ihm zugerufen. „Du siehst genau so aus, als ob Du unser Louis wärst."

Durch dieses ehrlose und unsittliche Verhalten der Beklagten habe sie eine so tiefe Zerrüttung des ehelichen Verhältnisses verschuldet, daß ihm die Fortsetzung der Ehe nicht zugemutet werden könne.

II.

Die Beklagte, welche nach den Aktenfeststellungen Bl. 6, 9 und 21 vorschriftsgemäß zu den Verhandlungs- und Beweisaufnahmeterminen vom 29. Oktober 1902 laut Zustellungsschein Bl. 6 am 22. September 1902, vom 3. Dezember, 22. Dezember 1902 und 7. Januar 1903 durch Aufgabe der Ladungen zur Post am 11. November und 10. Dezember 1902 geladen worden, ist im Prozesse unvertreten geblieben. Zum Beweise seiner Behauptungen unter I 1, hat der Kläger die Heiratsurkunde Bl. 5 und die Wohnungsbescheinigung Bl. 8 überreicht und vortragen:

Zu I, 2 bis 4 hat er sich auf das Zeugnis der Frau verw. Plöhn und verw. Beibler, beide in Radebeul wohnhaft, berufen. Die Zeugen sind Bl. 17 flg. in Gemäßheit des Beweisbeschlusses Bl. 9b eidlich durch den beauftragten Richter vernommen worden. Auf die dem Prozessgerichte vorgetragenen Verhandlungsprotokolle wird verwiesen.

Auf Antrag des Klägers ist durch einstweilige Verfügung vom 3. Oktober 1902 den Parteien für die Dauer des Rechtsstreits das Getrenntleben gestattet, in diesem Beschluß auch bestimmt worden, daß die Entscheidung wegen der Kosten desselben der Entscheidung in der Hauptsache folgen soll. (C Ar. VII 240/02.)

<u>Entscheidungsgründe.</u>

I.

Auf Grund der oben bezeichneten öffentlichen Urkunden steht fest, daß die Parteien am 17. August 1880 vor dem Kgl. Standesamt zu Ernstthal die Ehe geschlossen haben und dem evangelisch-lutherischen Glauben angehören, daß der Kläger sächsischer Staatsuntertan ist und zur Zeit der am 22. September 1902 an die Beklagte erfolgten Klagezustellung seinen Wohnsitz in Radebeul gehabt hat.

II.

Durch die eidlichen völlig glaubwürdigen Aussagen der Zeugen Plöhn und Beibler ist folgendes erwiesen:

Die Beklagte hat – wie sie der Zeugin Plöhn selbst erzählt hat und der Wahrheit entsprechend angesehen ist – fortgesetzt dem Kläger heimlich Geld entwendet, um nach ihrer eigenen Angabe „verfügbares Kapital zu besitzen, damit sie gut leben könne, wenn ihr Mann nicht mehr sein würde." Sie hat, wie sie derselben Zeugin erzählt hat, unter dem Kopfkissen des Klägers, während dieser geschlafen, wiederholt Geld weggenommen und hat auch im Juli 1902 während eines Reiseaufenthaltes in Berlin aus der in der Westentasche steckenden verschlossenen Brieftasche des Klägers beim Reinigen der Weste einen Hundertmarkschein entwendet und hat ihn erfreut der Plöhn gezeigt und dabei geäußert: „So muß man es machen! Nur immer soviel nehmen als möglich. Es ist besser, wir haben es."

Obgleich die Beklagte – wie die Plöhn bekundet – sehr reichliches Wirtschaftsgeld von ihrem Ehemanne empfing und für sich selbst „sinnlos viel Geld verbrauchte", hatte sie dennoch stets viel Geld zu ihrer Verfügung. Ja, sie hat sogar dem vor etwa 2 Jahren verstorbenen Ehemanne der Zeugin Plöhn nach und nach die Summe von 36000 M. gestohlenen Geldes zur verzinslichen Anlegung und nach Plöhn's Tode der Zeugin Beibler weitere 6000 M. zur Aufbewahrung überbracht, sodaß sich bei der von der Plöhn bezeugten Verschwendung der Beklagten auch nicht annähernd beziffern läßt, welche Summe sie dem Kläger heimlich und widerrechtlich weggenommen und sich selbst zugeeignet hat. Von diesen Gelddiebstählen hat die Plöhn den Kläger erst im Herbst 1902 in Kenntnis gesetzt.

Ferner hat die Beklagte „aus Neugier oder um ihren Mann zu ärgern" wie die Beibler bekundet – fortgesetzt an diesen gerichtete Geschäfts- oder Privatbriefe abgefangen und versteckt oder durch Feuer vernichtet; sie hat auch einen vom Kläger lange Zeit vermissten, für ihn äußerst wichtigen Verlagsvertrag bei Seite gebracht und in ihrem verschlossenen Vertikow unter den Dienstbüchern des Dienstpersonals versteckt. Erst nach dem Weggange der Beklagten ist sowohl dieser Vertrag als eine größere Anzahl Packete solcher Briefe im Hause des Klägers versteckt aufgefunden worden.

Weiter hat die Beklagte nach den übereinstimmenden Angaben beider Zeugen ihren Ehemann Jahre lang in der gehässigsten Weise behandelt. Er war ihr lästig, deshalb wollte sie ihn los sein und wollte für ihn nicht einmal mehr kochen. Sie ist geflissentlich darauf ausgegangen, den Kläger zu kränken und ihm wehzutun, hat ihn auch mit Schimpfworten gemeinster Art wie „Kerl, Saukerl, alter Ekel, verrücktes Luder" belegt und geäußert: „Es wäre ihr eine Wonne, wenn sie es dem Kerl recht stecken könne; sie wäre froh, wenn sie allein wäre, sie wolle das Leben genießen; auf den Friedhof würde sie an sein Grab nicht gehen."

Bei dem bereits oben erwähnten Aufenthalt in Berlin im Sommer 1902 hat die Beklagte, nachdem sie sich einen höchst auffälligen Mantel gekauft hatte, während der Kläger neben ihr im schlichten Anzug gegangen ist, ihm in Gegenwart der Plöhn laut zugerufen: „Du siehst aus wie unser Louis" und ist dabei verächtlich zur Seite getreten. Von der

Plöhn hierüber zur Rede gesetzt, hat die Beklagte geäußert: „So muß man es dem Kerl sagen, das Derbste ist gerade gut für ihn, sonst zieht es nicht!" Dem Drängen der Plöhn, dem hierüber auf's Höchste erregten Kläger Abbitte zu leisten, ist die Beklagte nicht nachgekommen. Sie hat ihr vielmehr erklärt: „Nein, so muß es kommen; nur so kann man den Kerl klein kriegen und durchsetzen, was man will. Nur das zieht, wenn man ihm so gemein kommt!"

Durch die fortgesetzten Gelddiebstähle, sowie durch die Unterschlagung der Briefe und Dokumente hat die Beklagte das Vertrauen des Klägers auf das Schnödeste mißbraucht und verletzt. Sie hat weiter durch die absichtlichen Kränkungen und gemeinen Beschimpfungen ihres Ehemannes die Ehre desselben auf's Tiefste verletzt, durch ihr ganzes Verhalten aber eine ehrlose und unsittliche Gesinnung an den Tag gelegt und dadurch eine so tiefe Zerrüttung des ehelichen Verhältnisses verschuldet, daß dem Kläger – wie des näheren Nachweises nicht bedarf – die Fortsetzung der Ehe mit ihr nicht zugemutet werden kann.

Die beantragte Scheidung der Ehe war daher gemäß § 1568 B. G. B's. gerechtfertigt. Nach § 1574 B. G. B's. war die Beklagte für schuldig an der Scheidung zu erklären.

Die Kosten des Rechtsstreits einschließlich der vorangegangenen einstweiligen Verfügung hat der Beklagte nach §§ 91, 627 Z. P. O. zu tragen.

        gez. Dr. Feurich Jentzsch. Hauffe.[92]

Das Gericht hatte damit die Scheidungsgründe des Klägers Karl May allein auf Grund seiner Einlassungen und der Zeugenaussagen seiner künftigen Ehefrau Klara Plöhn und seiner künftigen Schwiegermutter Wilhelmine Beibler als erwiesen angesehen. Die Vorwürfe der Geldunterschlagung bzw. des Diebstahls, das Verstecken von wichtigen Geschäftsbriefen und fortwährende schwerwiegende Beleidigungen waren somit als ausreichende Scheidungsgründe angesehen worden. Die Ehe ist somit geschieden worden, ohne dass Emma auch nur ein einziges Mal vor Gericht zu Wort gekommen war.

III. Ermittlungen in Sachen Ehescheidungsbetrug

1. Das erste Ermittlungsverfahren von 1903

Am 4. März 1903 wurde die Scheidung von Karl May und Emma Pollmer rechtskräftig. Nur wenige Wochen später, am 30. März, heiratete der Schriftsteller Klara Plöhn.

Die geschiedene Schriftstellergattin suchte in jener Zeit vor allem den Trost ihrer langjährigen Freundin Louise Häußler. Ihr erzählte sie von jenen Drohbriefen Mays, die sie auf der Mendel festgehalten hätten, wobei die Hotelwirtin Helfersdienste geleistet habe.

> Die May zeigte mir damals auch Briefe ihres Mannes, und der Plöhn an sie nach der Mentel, aus denen hervorgehen sollte, daß sie dort durch Drohungen festgehalten worden sei. Ich habe keine Einsicht in die Briefe genommen, weil mir bei Beginn des Lesens [i]hr Inhalt zu widerwärtig erschien [...]. Ich gab der May den Rat, mit den Briefen zu Rechtsanwalt Dr. Thieme zu gehen und diesen um Rat zu fragen. Ich hatte ihr ausdrücklich eingeschärft, diese Briefe ja nicht wieder an ihren Mann und die Plöhn auszuhändigen [...]. Frau May hat meinen Rat auch befolgt und zwar insofern, als sie sich an Herrn Rechtsanwalt Thieme gewendet hat.[93]

Bei Rechtsanwalt Dr. Ludwig Hermann Thieme erschien Emma Pollmer am 17. März 1903; allerdings erklärte dessen Sozius Rechtsanwalt Hans Kohlmann später, dass sie an jenem Tag nur kurz mit Thieme gesprochen habe. Tatsächlich habe er selbst am 18. März 1903 die Anfechtung des rechtskräftigen Scheidungsurteils mit Emma besprochen, was nur durch den Nachweis einer durch die gegnerische Partei in Beziehung auf das Verfahren begangenen Straftat gelingen könne; da das Scheidungsurteil ‚ungeheuerliche Beschuldigungen' gegen Emma enthalte, habe er sich erkundigt, warum sie sich nicht verteidigt habe:

> Sie berichtete mir, sie habe sich auf die Zusicherung May's, er werde sie auch nach der Scheidung reichlich alimentieren, verlassen, sei von ihm auch durch Drohungen eingeschüch-

tert worden. Die Briefe May's legte sie mir vor; ich muß aus ihnen die Ueberzeugung gewonnen haben, daß eine Nötigung vorliege, denn ich habe in meinen Akten neben die Notiz über die Besprechung mit Bleistift geschrieben: ‚Nötigung'. Natürlich kann ich heute nicht sagen, ob allenthalben der Tatbestand der Nötigung vorgelegen hat. Ich habe den Rat zur Strafanzeige mit Rücksicht auf die beabsichtige Restitutionsklage erteilt; es wäre Sache der Staatsanwaltschaft und des Gerichts gewesen, den Tatbestand namentlich in subjektiver Hinsicht – objektiv wird er gegeben gewesen sein – festzustellen.[94]

Kurz darauf habe Frau May ihm das Mandat entzogen; sie habe mitgeteilt, ihr Ehemann habe mit ihr gesprochen und sie hierzu veranlasst. Kohlmann kam zu dem Schluss:

Insbesondere in Sachen May – May habe ich den Auftrag um so lieber mir entziehen lassen, als die Aussichten, ein rechtskräftiges Scheidungsurteil umzustoßen, doch recht gering waren.[95]

Damit scheiterte Emma Pollmers eigener Ansatz, sich gegen das Scheidungsurteil zu wenden. Mit der Mandatsbeendigung wird Kohlmann naturgemäß auch die Briefe wieder an Emma herausgegeben haben; dieser Vorgang allerdings ist, nachdem der konkrete Inhalt der Briefe nicht mehr feststellbar ist, bereits wieder Gegenstand einer Legendenbildung von Emma, deren Entwicklung sich nur schwer nachzeichnen lässt, weil er mit einem zweiten Vorgang zusammenfällt: nämlich der Rückgabe dieser Schreiben an Karl und Klara zu einer Zeit, als Emma noch an ein Zusammenleben zu dritt glaubte. Die Opernsängerin Selma vom Scheidt gibt das, was Mays geschiedene Ehefrau ihr über diesen Vorgang erzählte, wie folgt wieder: Emma Pollmer sei doch nach Dresden gereist und habe die Briefe einem Rechtsanwalt gezeigt. Der habe ihr geraten, dieselben gut aufzuheben. Auch eine Freundin, eine Frau Oberlehrer, habe ihr den gleichen Rat gegeben. Als sie dann am Hause ihres Gatten vorbeigekommen sei, habe sie der Versuchung nicht widerstehen können, hineinzugehen. Hier hätten ihr ihr Mann und Klara Plöhn solange zugesetzt, bis sie die Briefe herausgegeben habe. Beim Verlassen des Hauses habe sie sich bereits gesagt, dass sie mit der Herausgabe eine große Dummheit begangen hätte.[96]

Als ihr dieser [Rechtsanwalt Thieme] aber sagte, daß ihr Mann auf diese Briefe hin sitzen müsse, hat sie sich durch die Plöhn und ihren Mann wieder beeinflussen lassen, die Briefe wieder herauszugeben. Dies hat sie mir erst erzählt, nachdem sie die Briefe bereits nicht mehr hatte. Die jetzt gesch. May stand damals meiner festen Ueberzeugung nach vollkommen unter dem Einflusse und im Banne der Plöhn,[97]

gab Louise Häußler später an. Diese Unfähigkeit Emma Pollmers, ihre eigenen Interessen durchsetzen zu können, mag Louise Häußler schließlich dazu bewogen haben, am 9. Oktober 1903 gegen Karl May und Klara May bei der Dresdner Staatsanwaltschaft Anzeige wegen betrügerischer Handlungen zur Ermöglichung der Ehescheidung einzureichen.[98]

Ihr Ehemann Heinrich Häußler ergänzte mit eigenem Schriftsatz vom 15. Oktober die Anzeige seiner Frau. Mit der Anzeige wurden natürlich auch die Eheleute May konfrontiert. Und offenbar nahm Klara diesbezüglich Kontakt mit Emma auf, was Heinrich Häußler am 31. Oktober zu der Mitteilung veranlasste,

dass die Klara May in Radebeul mit Hilfe des Hypnotismus versucht (habe), die Emma Pollmer zu beeinflussen, damit letztere ihr Zeugnis verweigere.[99]

Die Staatsanwaltschaft lud Emma Pollmer zur Vernehmung[100] vor, die am 3. Oktober in Weimar, wo sie inzwischen wohnte, stattfand. Doch die Vernehmung blieb fruchtlos, da sich die Vorgeladene auf ihr Zeugnisverweigerungsrecht berief.

Es war vermutlich weniger eine im Vorfeld erfolgte hypnotische Beeinflussung, die Emma zur Zeugnisverweigerung veranlasst hatten, sondern mehr die Furcht vor finanziellen Nachteilen durch Rentenverweigerung. Es ist auffällig, dass der Rentenvertrag für Emma erst nach ihrer Zeugnisverweigerung zu Stande kam. Dieser Rentenvertrag trat zudem erst nach Einstellung des Ermittlungsverfahrens vom 30. Dezember 1903 gegen May in Kraft. Vertragsparteien waren Klara May und Emma Pollmer:

<u>Vertrag.</u>

Zwischen
Frau Clara Auguste Wilhelmine verehel. May, verw. gew. Plöhn, geb. Beibler, in Radebeul,
und
Frau Emma Lina Pollmer, in Weimar, ist folgender
Vertrag
gschlossen worden:

§ 1.
Frau May verpflichtet sich, für sich und ihre etwaigen Rechtsnachfolger der Frau Pollmer auf deren Lebenszeit schenkungsweise eine jährliche Rente von 3000 M. für ihre Lebenshaltung in monatlichen Vorauszahlungen von 250 M. vom 1. Juli 1903 ab zu gewähren, die auf die Vergangenheit entfallenden Beträge aber sofort nach rechtsgiltiger Vollziehung und Uebermittelung dieses Vertrages zu zahlen.

§ 2.
Frau Pollmer erkennt die vorbezeichnete Schenkung als solche an. Sie erklärt zudem, daß, wenn ihr irgend welche Ansprüche gegen den Ehemann der Frau May, den Schriftsteller Karl May in Radebeul zustehen sollten, sie hiermit auf alle und jede Ansprüche gegen Herrn May, sie mögen heißen wie sie wollen und auf Rechtsgründen beruhen, wie sie wollen, hiermit ausdrücklich verzichtet und dennoch verspricht, Ansprüche irgend welcher Art weder gerichtlich noch außergerichtlich gegen Herrn Mai [sic!] zu erheben.

§ 3
Das Recht auf Fortbezug der Rente fällt weg, wenn die im Bürgerlichen Gesetzbuch für den Wegfall einer Schenkung aufgeführten Gründe eintreten sollten, zudem
a. im Falle der Wiederverheiratung der Frau Pollmer,

b. im Falle, dass Frau Pollmer ihren Wohnsitz oder dauernden Aufenthalt in Radebeul oder an einem Ort nimmt, der von Radebeul weniger als 100 Kilometer entfernt gelegen ist,
c. falls Frau Pollmer mit irgend einem Anspruche trotz ihres Verzichtes gerichtlich oder außergerichtlich an Herrn May heranzutreten versuchen sollte,
d. falls Frau Pollmer in Zukunft irgend welche Beleidigungen, Verdächtigungen, Verleumdungen oder üble Nachreden sich gegen Herrn May oder dessen Angehörige zu schulden kommen lassen sollte.
Bei einer der vorstehends unter b bis mit d aufgeführten Eventualitäten hat Frau Pollmer auch die sämtlichen empfangenen Rentenbeträge an Frau May oder deren Rechtsnachfolger zurückzugewähren.

§4.

Für den Fall lediglich, daß die Rentenbeträge nicht eintreibbar wären, nachdem Frau May zu deren Zahlung verurteilt wäre, oder daß Frau May die Zahlung der Rentenbeträge unter Bezugnahme auf §§ 519 und 528 des Bürgerlichen Gesetzbuches zu Recht verweigern würde, bleibt es Frau Pollmer unbenommen, ihre vermeintlichen Ansprüche gegen Herrn May zu verfolgen, wogegen der Verzicht auf dieselben im übrigen rechtswirksam bleibt, insbesondere auch für den Fall, daß Frau Pollmer durch eigenes Verschulden in Zuwiderhandlung gegen diesen Vertrag das Recht auf die Rente verwirken sollte.

[...][101]

2. Das zweite Ermittlungsverfahren von 1909

Am 8. Mai 1909 erreichte die Staatsanwaltschaft Dresden eine Mitteilung von Louise Achilles, inzwischen verwitwete Häußler, wonach Emma Pollmer nunmehr auf ihr Zeugnisverweigerungsrecht verzichten und als Zeugin in einem Betrugsverfahren gegen Karl und Klara May aussagen würde. Der Hintergrund für diese nunmehrige Bereitschaft war Mays Einstellung der Rentenzahlung, da sich Emma als Informantin für den Journalisten und May-Gegner Rudolf Lebius zur Verfügung gestellt hatte. Damit erfüllte sie nach Mays Auffassung den Ausschlussgrund für den Bezug der Zahlungen im Sinne des § 3 d des Rentenvertrages. Jetzt konnten die Ermittlungen wieder aufgenommen werden. Federführend war dabei auf Seiten der Staatsanwaltschaft Erich Wulffen. Emma wurde für den 22. Juni vorgeladen und von Amtsgerichtsrat Arthur von Podewils vernommen:

Der Zeugin wurde die Aussage der als Zeugin im Ehescheidungsprozeß vernommenen jetzigen Frau Clara May frühere Plöhn zum Selbstdurchlesen vorgelegt mit der Aufforderung, daraus die falschen Tatsachen anzugeben und die Beweise für die Falschheit derselben zu geben.

1. In dieser Aussage beschäftigt sich Zeuge sub. No. 1 lediglich mit Wiedergabe von Mitteilungen, die ich ihr gegenüber unter 4 Augen gemacht haben soll. Hiergegen kann ich nur aussagen, daß ich niemals solche Mitteilungen gemacht habe und daß die Darstellungen der Zeugin lauter Luftgebilde sind. Da es sich hier nur um Unterredungen unter 4 Augen handelt, kann ich keinen anderen Beweis erbringen, als mein eigenes Zeugnis.

ad. II sind die sämtlichen Angaben unrichtig. Einen Gegenbeweis kann ich aber nicht führen.

ad. III ist es wohl richtig, daß Streitigkeiten in der Ehe zwischen mir und meinem geschiedenen Mann vorkamen. Falsch und reine Luftgebilde sind aber hier die lieblosen Aeußerungen über meinen Mann, die mir Beschuldigte in den Mund legt. Den Gegenbeweis kann ich hier ebenfalls nur durch mein Zeugnis führen.

ad. IV. Hier liegt ganz dieselbe Sache vor, wie in den übrigen Fällen. Die ganze Geschichte mit meinem eleganten Mantel und die daran anknüpfende Scene vor dem Bismarckdenkmal ist das reine Luftgebilde. Richtig ist nur daran, daß mein Mann mir einen neuen Mantel gekauft hat, und daß ich mir in diesem Mantel und in Begleitung meines Mannes und der Plöhn das Bismarckdenkmal ansah. Alles andere ist Phantasie. Da es sich auch hier um eine Scene ohne Zeugen handelt, so kann ich nur mein Zeugnis als Gegenbeweis offerieren. Uebrigens bin ich gern bereit, einer Ladung des Herrn Untersuchungsrichters nach Dresden zu folgen.

Emma May
geb. Pollmer.

Nach der Verhandlung erklärt Zeugin noch:
Wenn die Untersuchung sich gegen meinen Mann richten sollte, würde ich von meinem Zeugnisverweigerungsrecht Gebrauch machen.

Emma May.[102]

Nur wenige Tage später wandte sich Emma an die Staatsanwaltschaft Dresden und teilte mit, dass sie bei ihrer Berliner Vernehmung durch den beauftragten Richter von Podewils im Hinblick auf ihre bedingte Zeugnisverweigerung beeinflusst worden wäre. Nunmehr bat sie um eine neue Zeugenvernehmung. Staatsanwalt Wulffen verfügte jedoch mit Beschluss vom 8. Juli 1909 die erneute Einstellung des Ermittlungsverfahrens, wogegen Luise Achilles und Emma Pollmer Beschwerde einlegten. Wulffen[103] begründete seine Einstellung damit, dass

Frau Pollmer als alleinige Zeugin in Frage kommt. Da sie aber in ihrer Entschließung, als Zeugin aufzutreten, lange Jahre geschwankt hat und die Tatsachen, um die es sich handelt, weit zurück liegen, endlich die Zeugin mit dem Beschuldigten auf gespanntem Fusse stehe, so kann auf ihre alleinige Aussage keinerlei Wert gelegt werden. Es fehlt sonach an Beweisen.

Die Beschwerde hatte insoweit Erfolg, als dass vor dem Amtsgericht Weimar eine erneute Zeugenvernehmung Emmas am 27. August stattfand. Vor dem gleichen Gericht wurde auch ihre Freundin Selma vom Scheidt am 21. September durch Amtsrichter Lemmerzahl vernommen.[104] Dabei konnte Selma vom Scheidt im Wesentlichen nur wiedergeben, was ihr von der Freundin erzählt worden war. Die drei Scheidungsgründe (fortwährende Beleidigungen, Diebstahl von wichtigen Briefen und Geschäftspapieren sowie die Unterschlagung bzw. der Diebstahl von Geld) ließen sich durch diese Zeugin nicht durch eigenes Erleben bestätigen oder widerlegen, denn sie hatte die ehemaligen Eheleute erst nach ihrer Trennung bzw. Scheidung kennengelernt. So blieb Wulffen richtigerweise nichts anderes übrig, als die Verfahrenseinstellung endgültig zu bestätigen:

Die ausführlich vernommene Zeugin vom Scheidt in Weimar kann lediglich bekunden, was die Anzeige-Erstatterin, geschiedene May, erzählt hat. Damit werden nach Lage des Falles die Angaben der Anzeige-Erstatterin nicht glaubwürdiger. Die Aussagen der letzteren sind auch um deswillen mit Vorsicht aufzunehmen, weil ihre Gemütsverfassung, wie der Sachverhalt ergibt, keine ganz normale zu sein scheint. Personen, die als spiritistische Medien tätig sind, leiden erfahrungsgemäß nicht selten an allerlei Einbildungsvorstellungen.[105]

Karl und Klara May kurz nach der Eheschließung 1903

Anmerkungen

Aus Umfangsgründen werden Titel, auf die in den Anmerkungen mehrfach verwiesen wird, in der Regel ab der zweiten Nennung innerhalb des jeweiligen Anmerkungsblocks abgekürzt. Bei der ersten, bibliografisch vollständigen Nennung wird mit (→) auf das im Folgenden verwendete Kürzel angezeigt. Eine Übersicht aller verwendeten Abkürzungen findet sich auf Seite 618.

[1] Karl May: *Am Jenseits. Gesammelte Reiseerzählungen* Bd. XXV. Freiburg 1899

[2] Karl May: Brief an F. E. Fehsenfeld v. 13.3.1899. In: *Briefwechsel mit Friedrich Ernst Fehsenfeld I (1891-1906). Karl May's Gesammelte Werke und Briefe* Band 91. Bamberg 2007, S. 295-298 (295)

[3] Ebd., S. 298

[4] Hermann Wohlgschaft: *Karl May. Leben und Werk 2. Band* (→ Wohlgschaft: *Leben und Werk 2*). *Karl Mays Werke*. Abteilung IX, Materialien Band I.2. Bargfeld 2005, S. 1142

[5] Karl May: Brief an Emma May v. 25.4.1899. In: Ekkehard Bartsch/Hans Wollschläger: *Karl Mays Orientreise 1899/1900* (→ Bartsch/Wollschläger: *Orientreise*). In: *In fernen Zonen. Karl Mays Weltreisen*. GW Band 82. Bamberg 1999, S. 33-232 (51)

[6] Karl May: Postkarte an Johannes Dederle v. 22.4.1899. In: Bartsch/Wollschläger: *Orientreise*, S. 60

[7] Karl May: Brief an Emma May v. 2.5.1899. In: Bartsch/Wollschläger: *Orientreise*, S. 63

[8] Karl May: Brief an Emma May v. 17.5.1899. In: Bartsch/Wollschläger: *Orientreise*, S. 67

[9] Karl May: Manuskriptfragment v. 5.6.1899. In: Bartsch/Wollschläger: *Orientreise*, S. 72

[10] Karl May: Brief an Friedrich Ernst Fehsenfeld v. 10.9.1900. In: *Briefwechsel mit Friedrich Ernst Fehsenfeld I*. GW 91, S. 334-337 (335)

[11] Karl May: Brief an Emma May v. 23.8.1899. In: Bartsch/Wollschläger: *Orientreise*, S. 99f.

[12] Hans Wollschläger: *Karl May. Grundriß eines gebrochenen Lebens* (→ Wollschläger: *Grundriß*). Zürich 1976, S. 98ff.

[13] Karl May: Brief an Richard und Klara Plöhn v. 16.9.1899. In: Bartsch/Wollschläger: *Orientreise*, S. 104

[14] Karl May: Postkarte an das Prager Tagblatt und Tremonia v. 10.10.1899, zit. nach: Manfred Hecker: Die *Entdeckung eines orientalischen Klondyke*. In: *Jahrbuch der Karl-May-Gesellschaft* (→ *Jb-KMG*) *1970*. Hamburg 1970, S. 175

[15] Hans Wollschläger: „*Die sogenannte Spaltung des menschlichen Innern, ein Bild der Menschheitsfrage überhaupt*". *Materialien zu einer Charakteranalyse Karl Mays*. In: *Jb-KMG 1972/73*. Hamburg 1972, S. 54

[16] Wohlgschaft: *Leben und Werk 2*, S. 1185

[17] Karl May: *Frau Pollmer, eine psychologische Studie* (→ May: *Frau Pollmer*). In: Karl May: *Von Ehefrauen und Ehrenmännern. Biografische und polemische Schriften 1899-1910*. GW Band 85. Bamberg 2004, S. 98

[18] Ebd., S. 105

[19] Karl May: Gedicht v. 11.6.1900. In: Bartsch/Wollschläger: *Orientreise*, S. 192f.

[20] Karl May: Brief an Johannes Dederle v. 12.5.1900. In: Bartsch/Wollschläger: *Orientreise*, S. 163

[21] Wollschläger: *Grundriß*, S. 102f.

[22] Wohlgschaft: *Leben und Werk 2*, S. 1203

[23] Claus Roxin: *Mays Leben*. In: *Karl-May-Handbuch*. Hrsg. von Gert Ueding in Zusammenarbeit mit Klaus Rettner. Würzburg 2001², S. 62-123 (100)

[24] Karl May: Widmung v. 24.4.1899. In: Bartsch/Wollschläger: *Orientreise*, S. 61

[25] Klara May: Vers v. 10.6.1899. In: Bartsch/Wollschläger: *Orientreise*, S. 76

[26] May: *Frau Pollmer*, S. 105

[27] Ebd., S. 74

[28] Karl May: *An die 4. Strafkammer des Königlichen Landgerichts III in Berlin* (→ May: *4. Strafkammer*). In: *Am Marterpfahl. Karl Mays Leidensweg. Autobiografische Schriften. Karl May's Gesammelte Werke Band 83*. Bamberg 2001, S. 294-486 (392)

[29] Gabriele Wolff: *Ermittlungen in Sachen Frau Pollmer* (→ Wolff: *Ermittlungen*). In: *Jb-KMG 2001*. Husum 2001, S. 11-352 (64)

[30] May: *Frau Pollmer*, S. 93

[31] Emma Pollmer: Aussage v. 13.12.1907. Kgl. Landgericht Dresden. Strafverfahren ./. Karl May und Genossen – 2 V 21/07. In: Rudolf Lebius: *Die Zeugen Karl May und Klara May. Ein Beitrag zur Kriminalgeschichte unserer Zeit*. Reprint der Ausgabe Berlin-Charlottenburg 1910 (→ *Lebius-Reprint*). Mit einer Einführung von Jürgen Wehnert. *Veröffentlichungen aus dem Karl-May-Archiv*. Hrsg. v. Michael Petzel und Jürgen Wehnert. Lütjenburg 1991, S. 48

[32] Wohlgschaft, *Leben und Werk 2*, S. 1331

[33] Wolff: *Ermittlungen*, S. 11-351

[34] Ebd., S. 121

[35] Klara May: Notiz v. 6.8.1942. In: Fritz Maschke: *Karl May und Emma Pollmer. Die Geschichte einer Ehe. Beiträge zur Karl-May-Forschung. Band 3* (→ Maschke: *Emma Pollmer*). Bamberg 1972, S. 94

[36] May: *4. Strafkammer*, S. 393

[37] § 1568 BGB: Ein Ehegatte kann auf Scheidung klagen, wenn der andere Ehegatte durch schwere Verletzung der durch die Ehe begründeten Pflichten oder durch ehrloses oder unsittliches Verhalten eine so tiefe Zerrüttung des ehelichen Verhältnisses verschuldet hat, daß dem Ehegatten die Fortsetzung der Ehe nicht zugemuthet werden kann. Als schwere Verletzung der Pflichten gilt auch grobe Mißhandlung.

[38] Vgl. dazu Ernst Wolf/Gerhard Lüke/Herbert Hax: *Scheidung und Scheidungsrecht*. Tübingen 1959, S. 54 ff.

[39] Im Vergleich gab es im Jahr 2003 im Bundesgebiet 213.975 Scheidungen. Fast jede dritte Ehe wird heute geschieden.

[40] Karl May: Brief an Emil Seyler v. 14.9.1896. In: Maschke: *Emma Pollmer*, S. 229-230 (230)

[41] Emma Pollmer: Aussage v. 13.12.1907. Kgl. Landgericht Dresden. Strafverfahren ./. Karl May und Genossen – 2 V 21/07. In: *Lebius-Reprint*, S. 48

[42] May: *4. Strafkammer*, S. 394

[43] May: *Frau Pollmer*, S. 121f.

[44] Vgl. Anmerkung 37

⁴⁵ Klara Plöhn: Aussage v. 22.12.1902. Kgl. Landgericht Dresden. Zivilverfahren Karl May ./. Emma May – E. 505/02. In:*Lebius-Reprint*, S. 35

⁴⁶ Emma Pollmer: Aussage v. 13.12.1907. Kgl. Landgericht Dresden. Strafverfahren ./. Karl May und Genossen – 2 V 21/07. In: *Lebius-Reprint*, S. 49

⁴⁷ May: *Frau Pollmer*, 122-123

⁴⁸ Emma Pollmer: Aussage v. 13.12.1907. Kgl. Landgericht Dresden. Strafverfahren ./. Karl May und Genossen – 2 V 21/07. In: *Lebius-Reprint*, S. 48

⁴⁹ May: *Frau Pollmer*, S. 122

⁵⁰ Wolff: *Ermittlungen*, S. 11-351(168)

⁵¹ Emma Pollmer: Aussage v. 13.12.1907. Kgl. Landgericht Dresden. Strafverfahren ./. Karl May und Genossen – 2 V 21/07. In: *Lebius-Reprint*, S. 49ff.

⁵² Karl May: *Wege zum Gipfel – Dramatische Bruchstücke*. In: Karl May: *Abdahn Effendi. Reiseerzählungen und Texte aus dem Spätwerk*. GW Band 81. Bamberg 2000, S. 370-409 (385)

⁵³ Karl May: *Mein Leben und Streben*. Freiburg 1910, S. 252

⁵⁴ May: *Frau Pollmer*, S. 124

⁵⁵ Emma Pollmer: Aussage v. 14.12.1907. Kgl. Landgericht Dresden. Strafverfahren ./. Karl May und Genossen – 2 V 21/07. In: *Lebius-Reprint*, S. 50

⁵⁶ May: *Frau Pollmer*, S. 124

⁵⁷ Emma Pollmer: Aussage v. 14.12.1907. Kgl. Landgericht Dresden. Strafverfahren ./. Karl May und Genossen – 2 V 21/07. In: *Lebius-Reprint*, S. 50f.

⁵⁸ May: *Frau Pollmer*, S. 125

⁵⁹ Wohlgschaft: *Leben und Werk 2*, S. 1341

⁶⁰ May: *Frau Pollmer*, S. 125

⁶¹ Emma Pollmer: Aussage v. 14.12.1907. Kgl. Landgericht Dresden. Strafverfahren ./. Karl May und Genossen – 2 V 21/07. In: *Lebius-Reprint*, S. 51f.

⁶² May: *4. Strafkammer*, S. 395-396

⁶³ Emma Pollmer: Aussage v. 14.12.1907. Kgl. Landgericht Dresden. Strafverfahren ./. Karl May und Genossen – 2 V 21/07. In: *Lebius-Reprint*, S. 53

⁶⁴ Ebd., S. 53f.

⁶⁵ May: *Frau Pollmer*, S. 127-128

⁶⁶ Emma Pollmer: Aussage v. 14.12.1907. Kgl. Landgericht Dresden. Strafverfahren ./. Karl May und Genossen – 2 V 21/07. In: *Lebius-Reprint*, S. 54

⁶⁷ Ebd.

⁶⁸ Ebd., S. 54f.

⁶⁹ Ebd., S. 55

⁷⁰ Emma Pollmer: Erklärung v. 29.8.1902. Kgl. Landgericht Dresden. Karl May ./. Emma Pollmer – E. 505/02. In: May: *Frau Pollmer*, S. 137

⁷¹ May: *Frau Pollmer*, S. 129

⁷² *Karl May ··Prozeß-Schriften Band 1. Frau Pollmer, eine psychologische Studie*. Faksimilewiedergabe der Handschrift und der dazugehörigen Anlagen. Hrsg. von Roland Schmid. Bamberg 1982, S. 56 (vgl. auch S. 951 des Faksimileteils)

⁷³ Ebd., S. 52 (S. 942 des Faksimileteils)

⁷⁴ Emma Pollmer: Aussage v. 14.12.1907. Kgl. Landgericht Dresden. Strafverfahren ./. Karl May und Genossen – 2 V 21/07. In: *Lebius-Reprint*, S. 55f.

⁷⁵ May: *4. Strafkammer*, S. 396

⁷⁶ Ebd., S. 396f.

⁷⁷ Emma Pollmer: Aussage v. 14.12.1907. Kgl. Landgericht Dresden. Strafverfahren ./. Karl May und Genossen – 2 V 21/07. In: *Lebius-Reprint*, S. 55

⁷⁸ Maria Schrott: Aussage v. 9.4.1908. Kgl. Landgericht Dresden. Strafverfahren ./. Karl May und Genossen – 2 V 21/07. In: *Lebius-Reprint*, S. 61

⁷⁹ Maria Schrott: Schreiben an Karl May v. 22.9.1902. In: Anton Haider: *Im Reiche des roten Adlers. Karl May und Tirol.* Hrsg. v. Siegfried Augustin. Bamberg 2006, S. 125-126

⁸⁰ Emma Pollmer: Aussage v. 14.12.1907. Kgl. Landgericht Dresden. Strafverfahren ./. Karl May und Genossen – 2 V 21/07. In: *Lebius-Reprint*, S. 55f.

⁸¹ Andreas Merkel: Klageschrift v. 10.9.1902. Kgl. Landgericht Dresden. Zivilverfahren Karl May ./. Emma Pollmer – E. 505/02. In: *Lebius-Reprint*, S. 30-32

⁸² Kunreuther: Aussage v. 12.2.1908. Kgl. Landgericht Dresden. Strafverfahren ./. Karl May und Genossen – 2 V 21/07. In: *Lebius-Reprint*, S. 66

⁸³ May: *Frau Pollmer*, S. 133

⁸⁴ Ebd., S. 132

⁸⁵ Emma Pollmer: Brief an Karl May v. 19.10.1902. In: Dieter Sudhoff/Hans-Dieter Steinmetz: *Karl-May-Chronik Band III 1902-1905* (→ Sudhoff/Steinmetz: *KMC III*). Bamberg 2005, S. 135

⁸⁶ May: *Frau Pollmer*, S. 139

⁸⁷ Emma Pollmer: Telegramm v. 21.10.1902. In: Sudhoff/Steinmetz: *KMC III*, S. 136

⁸⁸ May: *Frau Pollmer*, S. 139

⁸⁹ Klara Plöhn: Brief an Emma May. Pöllmann-Nachlass. In: Sudhoff/Steinmetz: *KMC III*, S. 144

⁹⁰ Kgl. Landgericht Dresden: Verhandlungsprotokoll v. 22.12.1902. Kgl. Landgericht Dresden. Zivilverfahren Karl May ./. Emma Pollmer – E. 505/02. In: *Lebius-Reprint*, S. 34ff.

⁹¹ Ebd., S. 36

⁹² Karl-May-Archiv der Verlegerfamilie Schmid

⁹³ Louise Häußler: Zeugenaussage v. 2.3.1908. Kgl. Landgericht Dresden. Strafverfahren ./. Karl May und Genossen – 2 V 21/07. In: *Lebius-Reprint*, S. 73f.

⁹⁴ Hans Kohlmann: Erklärung v. 20.2.1908. Kgl. Landgericht Dresden. Strafverfahren ./. Karl May und Genossen – 2 V 21/07. In: *Lebius-Reprint*, S. 69

⁹⁵ Ebd.

⁹⁶ Vgl. Selma vom Scheidt: Aussage vom 21.09.1909. Großherzogliches Amtsgericht Weimar: Karl May und Genossen – St. VIII 201/09 wegen Betrug. In: *Lebius-Reprint*, S. 133-137 (135). – Anmerkung: Die Verfahrenszuordnung von Lebius (St. VIII 556/03) an dieser Stelle ist falsch. Die Aussage der Zeugin fand im Rahmen der Wiederaufnahme der Ermittlungen gegen Karl May (und Genossen) unter Federführung von Staatsanwalt Erich Wulfen statt.

⁹⁷ Louise Häußler: Zeugenaussage v. 2.3.1908. Kgl. Landgericht Dresden. Strafverfahren ./. Karl May und Genossen – 2 V 21/07. In: *Lebius-Reprint*, S. 74

⁹⁸ Kgl. Staatsanwaltschaft Dresden: Ermittlungsverfahren ./. Karl May und Genossen – St. VIII 556/03. In: *Lebius-Reprint*, S. 130

⁹⁹ Kgl. Staatsanwaltschaft Dresden: Aktenübersicht. Kgl. Staatsanwaltschaft Dresden: Ermittlungsverfahren ./. Karl May und Genossen – St. VIII 556/03. In: *Lebius-Reprint*, S. 130

[100] Kgl. Staatsanwaltschaft Dresden: Vernehmungsprotokoll Emma Pollmer v. 3.10.1903. Kgl. Staatsanwaltschaft Dresden: Ermittlungsverfahren ./. Karl May und Genossen – St. VIII 556/03. In: *Lebius-Reprint*, S. 131

[101] Rentenvertrag zwischen Klara May und Emma Pollmer vom 03.11.1903. In: *Lebius-Reprint*, S. 41-42

[102] Kgl. Amtsgericht Berlin-Mitte: Vernehmungsprotokoll v. 22.6.1909. Kgl. Staatsanwaltschaft Dresden: Ermittlungsverfahren ./. Karl May und Genossen – St. VIII 201/09. In: *Lebius-Reprint*, S. 132

[103] Kgl. Staatsanwaltschaft Dresden: Einstellungsbeschluss v. 8.7.1909. Kgl. Staatsanwaltschaft Dresden: Ermittlungsverfahren ./. Karl May und Genossen – VIII 201/09. In: *Lebius-Reprint*, S. 130

[104] Kgl. Staatsanwaltschaft Dresden: Vernehmungsprotokoll Selma vom Scheidt v. 21.9.1903. Kgl. Staatsanwaltschaft Dresden: Ermittlungsverfahren ./. Karl May und Genossen – St. VIII 201/09. In: *Lebius-Reprint*, S. 132-137

[105] Kgl. Staatsanwaltschaft Dresden: Einstellungsbeschluss v. 24.9.1909. Kgl. Staatsanwaltschaft Dresden ./. Karl May und Genossen – VIII 201/09. In: *Lebius-Reprint*, S. 131

4. Teil:
Die Verlags-Prozesse

I. Karl Mays Kolportageromane

Zu den dramatischsten Ereignissen im Leben Karl Mays gehören die sogenannten ‚Münchmeyer-Prozesse' der Jahre 1902 bis 1913. Bei diesem zusammenhängenden Komplex von Verfahren handelte es sich im Kern um Mays Anspruch auf ausstehendes Honorar für die von ihm für den Münchmeyer-Verlag verfassten Werke; damit verbunden war auch sein Anspruch als Urheber auf die Feststellung, dass die Verwertungsrechte an ihn zurückgefallen waren. Am Beginn der Wiederaufnahme der Geschäftsbeziehung zwischen May und Münchmeyer hatte im Spätsommer 1882 eine einwöchige Dresdenreise des Schriftstellers in Begleitung seiner Ehefrau Emma gestanden. Bei einem Spaziergang hatte das Ehepaar den Verleger im Rengerschen Gartenrestaurant am Plauenschen Platz getroffen. Der sorgenvolle Eindruck, den Münchmeyer gemacht habe, dazu die schnell erworbene Fürsprache durch Emma May führten vermutlich rascher und bereitwilliger, als es May später eingestehen wollte, zu seiner Zusage für eine neuerlichen Mitarbeit im Verlag. Es werden trotz aller literarischen Erfolge vor allem finanzielle Gründe gewesen sein, die May seinerzeit dazu veranlassten, auf Münchmeyers Angebot einzugehen:

„Ich erklärte schließlich, daß ich mich vielleicht entschließen könne, den gewünschten Roman zu schreiben, doch nur unter der Bedingung, daß er nach einer bestimmten Zeit mit sämtlichen Rechten wieder an mich zurückfalle. Es dürfte an meinem Manuskripte absolut kein Wort geändert werden; das wisse er ja von früher her. Münchmeyer erklärte, hierauf einzugehen, doch möge ich ihn mit dem Honorar nicht drücken. Er sei in Not und könne nicht viel zahlen. Später, wenn mein Roman gut einschlage, könne er das durch eine ‚feine Gratifikation' ausgleichen. Das klang ja gut. Er bat, ihm keine Zeit zu setzen, an welcher der Roman wieder an mich zurückzufallen habe, sondern lieber eine Abonnentenzahl, nach welcher, sobald sie er-

reicht worden sei, er aufzuhören und mir meine Rechte wiederzugeben habe. Er berechnete, daß er mit sechs- bis siebentausend Abonnenten auf seine Rechnung komme; was darüber hinausgehe, sei Verdienst. Darum schlug ich vor, im Falle, daß ich den Roman schreiben werde, solle Münchmeyer bis zum zwanzigtausendsten Abonnenten gehen dürfen, weiter nicht; dann habe er mir eine ‚feine Gratifikation' zu zahlen, und der Roman falle mit allen Rechten an mich zurück. Ob ich ihn dann gegen das entsprechende Honorar bei ihm oder bei einem andern Verleger weiter erscheinen lasse, sei lediglich meine Sache. Hierauf ging Münchmeyer sofort ein, ich aber gab meine Zusage noch nicht definitiv; ich erklärte, mir die Sache erst noch reiflich überlegen und meine Entscheidung dann morgen geben zu wollen. Münchmeyer kam schon am folgenden Morgen in unser Hotel, um sich meinen Bescheid zu holen. Ich sagte ja, halb freiwillig und halb gezwungen. Meine Frau hatte nicht nachgelassen, bis ich ihr das Versprechen gab, ihm seinen Wunsch zu erfüllen. Er bekam den Roman zu den erwähnten Bedingungen, nämlich nur bis zum zwanzigtausendsten Abonnenten. Dafür hatte er für die Nummer 35 Mark zu bezahlen und beim Schluß eine ‚feine Gratifikation'. Er gab den Handschlag. Unser Kontrakt war also kein schriftlicher, sondern ein mündlicher."[1]

Der Vorgang war insofern bemerkenswert, weil die für den weiteren Verlauf der Ereignisse wichtigen Bedingungen, die May nach eigener Auskunft mit Münchmeyer getroffen hatte, für das Kolportagegeschäft absolut unüblich waren. Gewöhnlich erwarb ein Kolportageverleger an den ihm überlassenen Romanen seiner Autoren das volle Eigentumsrecht und unterlag nicht der Auflage, die Verwertungsrechte nach Erreichen eines bestimmten Umsatzes oder unter einer anderen Bedingung wieder an den Autor zurückgeben zu müssen.

Der Schriftsteller bestand nicht auf einem schriftlichen Vertrag, da Münchmeyer „*grundsätzlich gegen schriftliche Verlagskontrakte*"[2] war; zudem wären sie „*beide Ehrenmänner, deren Wort genüge. Ich konnte hierauf eingehen, weil das damalige Gesetz mich sicherstellte und weil ich Briefe von Münchmeyer besaß, die denselben Wert hatten wie ein schriftlicher*

*Kontrakt"*³, entschuldigte sich May Jahre später. Und er setzte sich unmittelbar an die Arbeit. In den folgenden Wochen und Monaten entstand *Das Waldröschen oder Die Verfolgung rund um die Erde. Großer Enthüllungsroman über die Geheimnisse der menschlichen Gesellschaft* (heute GW Bd. 51-55 und 77, *Schloss Rodriganda, Die Pyramide des Sonnengottes, Benito Juarez, Trapper Geierschnabel, Der sterbende Kaiser* und *Die Kinder des Herzogs*), einer der erfolgreichsten Kolportageromane des 19. Jahrhunderts. Der Erfolg des unter dem eindrucksvollen Autorennamen Capitain Ramon Diaz de la Escosura erscheinenden *Waldröschens* übertraf alle Erwartungen. *„Schon nach einigen Wochen kamen günstige Nachrichten. Der Roman ging"*⁴. Der Auftragsroman erwies sich damit als „eine reine Goldgrube für das Geschäft"⁵, wie der May-Freund Max Dittrich (1844-1917), der selber seit 1870 für Münchmeyer schrieb, später bezeugte. Der Verlag sollte mit dem *Waldröschen* insgesamt einen Umsatz von 5 Millionen Mark verbuchen, ohne dass May je eine Abrechnung oder die versprochene Gratifikation erhielt. Aufgrund des *Waldröschen*-Erfolgs drängte der Verleger den Schriftsteller zur Abfassung weiterer Romane. May willigte ein. In den folgenden Jahren entstanden vier weitere umfangreiche Kolportageromane. Das Honorar für diese Werke war auf 50 Mark pro Heft erhöht worden. Nimmt man die fast 13.000 Seiten zusammen, die May für den Verlag schrieb, ist allein damit für diesen Zeitraum ein Umfang erreicht, der dem Gesamtumfang der *Gesammelten Reiseerzählungen* in späteren Jahren entspricht. Aus heutiger Sicht ist kaum verständlich, warum sich May zu einer derartigen Fronarbeit bewegen ließ, die seine sonstige literarische Weiterentwicklung hemmte und die übrige Textproduktion fast gänzlich zum Erliegen brachte. Als Grund kann hierfür nur der finanzielle Anreiz herangezogen werden, denn wenn er als Autor auch zu wenig am wirtschaftlichen Erfolg beteiligt war, stellte sein Honorar doch ein Dreifaches gegenüber den Einnahmen der Vorjahre dar.

Die Arbeit für den Münchmeyer-Verlag endete mit Mays Engagement beim Verleger Wilhelm Spemann, während der

Verkauf der Kolportageromane weiterlief. Durch seine neuen Verpflichtungen abgelenkt, kümmerte sich May zunächst nicht mehr um das Schicksal seiner Münchmeyerromane, auch nicht um die Abrechungen über den weiterlaufenden Absatz der Werke.

Am 6. April 1892 starb Heinrich Gotthold Münchmeyer in Davos, wo er seine Lungenkrankheit ausheilen wollte. Seine Frau Pauline (1840-1928) führte das Geschäft weiter. May sah den Zeitpunkt für gekommen, die notwendigen Rechnungslegungen über seine beim Münchmeyer-Verlag veröffentlichten Werke vorgelegt zu verlangen. Es handelte sich dabei nicht nur um die fünf großen Kolportageromane, sondern auch um weitere Einzelerzählungen, die in Münchmeyer-Zeitschriften veröffentlicht worden waren und über deren ‚Abrechnungsschicksal' May ebenso wenig wusste. Es handelte sich dabei um *Inn-nu-woh* und *Old Firehand* (beide heute in: GW Bd. 71, *Old Firehand*), *Ein Stücklein vom alten Dessauer* (eine Urfassung von *Der Pflaumendieb*; heute in: GW Bd. 42, *Der alte Dessauer*), *Die Fastnachtsnarren* (in: GW Bd. 72, *Schacht und Hütte*), *Unter Werbern* (unter dem Titel *Seelenverkäufer* in: GW Bd. 42, *Der alte Dessauer*), *Der Gitano* (in: GW Bd. 38, *Halbblut,*) und *Die Polin* (in: GW Bd. 72, *Schacht und Hütte*).

„*Ich wollte den Übergang des Geschäfts an die Erben schleunigst zur Herbeiführung einer Rechnungslegung benutzen, stieß da aber bei meiner Frau [...] auf Widerstand. Sie warf mir Herzlosigkeit und Gefühlsrohheit vor, einen Todesfall geschäftlich auszunutzen. Ich verzichtete also auf das beabsichtigte Vorgehen, zumal ich [...] erfuhr, der verstorbene Münchmeyer habe in seinem Testament bestimmt, dass das Geschäft nicht verkauft werden dürfe. [...] Ich hatte also nicht zu befürchten, durch einen unvermuteten Besitzwechsel in meinen Forderungen gehemmt und beeinträchtigt zu werden; das veranlasste mich, noch länger zu warten.*"[6]

Zweieinhalb Jahre später, im Oktober 1894 – das Verlagsgeschäft lief inzwischen immer schlechter –, wandte sich die Witwe Münchmeyer zum ersten Mal wieder an May.

Sie klagte anlässlich eines Besuchs in der Villa „Shatterhand" *„über schlechten Geschäftsgang und fragte mich, ob ich mich vielleicht bestimmen lassen würde, einen Roman für sie zu schreiben. Das war für mich die beste Gelegenheit, mir über sie klar zu werden. Ich sagte also, dass so etwas nicht ausgeschlossen sei, doch müsse ich mir in diesem Fall ganz genau dieselben Punkte bedingen, die ich damals mit ihrem Mann vereinbart habe."*[7]

Möglicherweise wollte sich May auf diese Art einen Beweis für seine Abmachungen mit dem verstorbenen Verleger verschaffen, indem er mit dessen Witwe einen analogen, die früheren Vertragsinhalte bestätigenden neuen Vertrag schloss. Aber das sind spekulative Vermutungen.

Nach der Wiederaufnahme des Kontaktes trafen sich die Eheleute May und Pauline Münchmeyer häufiger. Vor allem die beiden Frauen pflegten wieder ihre bereits früher bestehende freundschaftliche Beziehung. Noch im Oktober fand im Hause der Witwe schließlich ein Mittagessen statt, dessen Gesprächsinhalt noch zu einem bedeutenden Gegenstand eines langjährigen Prozessverfahrens werden sollte. Bei dem Mittagessen erinnerte der Schriftsteller die Gastgeberin nochmals an die längst fällige Abrechnung der fünf Kolportageromane. Gleichzeitig verlangte er seine Manuskripte zurück, um sie bei Fehsenfeld für seine Gesammelten Reiseromane zu verwerten. Pauline Münchmeyer *„gestand ein, daß die Zwanzigtausend erreicht seien, und zwar bei allen Romanen, nicht nur bei einem; nur müsse es erst noch genau berechnet werden, und das sei in der Kolportage so ungemein schwierig und zeitraubend. Ich möge mich also in Geduld fassen. Was meine Rechte betreffe, so fallen diese mir hiermit wieder zu, ich könne die Romane nun ganz für mich verwenden. Da forderte ich sie auf, mir meine Manuskripte zu schicken, nach denen ich setzen und drucken lassen werde. Sie sagte, die seien verbrannt; sie werde mir an ihrer Stelle die gedruckten Romane senden und sie vorher extra für mich in Leder binden lassen."*[8]

May gab sich schließlich mit den ihm bald darauf übersandten und vom Buchbinder Arthur Meißner (1848-1904) auf Geheiß der Verlegerin extra eingebundenen gedruckten Ausgaben als Belegexemplare zufrieden. Dieser Vorgang ist deshalb wichtig, weil nach Mays späterer Darstellung die Witwe mit der Übersendung der Bücher eingestand, dass sie seine Rechte anerkannte. Eine Abrechnung erhielt May jedoch nach wie vor nicht. Dabei wäre es für die Firma Münchmeyer leicht gewesen, an die im März 1894 an den Buchhändler Mayer in Berlin-Zehlendorf auf dessen Anfrage vom 26. Februar 1894 gegebene Auskunft anzuknüpfen, wonach der Umsatz des *Waldröschen* mit 80.000 Exemplaren angegeben worden war.

Am 27. November 1894 wandte sich ein enger Mitarbeiter von Pauline Münchmeyer, Johann August Walther, in einem Brief an May. Darin bat Walther den Schriftsteller im Auftrag seiner Arbeitgeberin, um „die Lieferung eines neuen Romans pro Heft zu 24 Seiten Oktav wie ‚Waldröschen' 50 M festes Honorar, und je nach 20000 Auflage von 20001 an 2 % Tantieme".[9]

Der Brief belegt zweierlei, zum einen, dass der Münchmeyer-Verlag tatsächlich eine Unterscheidung bei der Honorierung bis zur Auflage von 20.000 Exemplaren zu treffen pflegte – was May immer behauptet hat –, und zum anderen, dass eine Vergütungsvereinbarung für den Mehrumsatz eines Buches ebenfalls zum Vertragsinhalt bei Münchmeyer gehörte. Auch dieser Brief sollte sich daher noch als von großer Wichtigkeit für May erweisen – auch wenn er nicht mehr für den Verlag tätig wurde.

Mays feste Überzeugung, über sein Eigentum an den Kolportageromanen nach Belieben verfügen zu können, spiegelt sich im Nachdruck eines Teils aus dem *Waldröschen* wider, den er in seiner 1895 erschienenen Reiseerzählung *Old Surehand II* (heute GW 19, *Kapitän Kaiman*) veröffentlichte. Umso überraschter wird der Schriftsteller gewesen sein, als er feststellen musste, dass seine alten Kolportageromane noch immer sehr erfolgreich vertrieben wurden. Dies veranlasste ihn am 28. Oktober 1898 zur Nachfrage bei der Verlegerwitwe:

„Ich habe schon im Jahre 1884 zu Herrn H. Münchmeyer und dessen Vertreter Walther gesagt, daß man nicht weiter drucken solle, weil ich die Sachen in Buchform herausgeben werde. Ein Brief Herrn Münchmeyers, der das beweist, befindet sich in meinen Händen. Walther erklärte: ‚Denken Sie alles, nur nicht, daß Sie Geld kriegen werden.' Jetzt nun erfahren wir zu unserem Staunen, daß immerfort flott weitergedruckt worden ist – 14 Jahre lang! Da ich mich sofort erkundigt und dadurch die ungeheure Zahl der verkauften Exemplare erfahren habe, weiß ich, daß es geradezu mehr, viel mehr als ein Reichtum ist, den Sie ohne alle Rücksicht auf mich aus meinen Sachen gezogen haben. Diesen großen Summen gegenüber an das, was ich bekommen habe, nur zu denken, muß ich mich ja schämen. Habe ich doch nicht einmal einen Pfennig von der mir einst versprochenen und wohlverdienten <u>Gratification</u> erhalten, was Ihr Walter stets mit großer Genugtuung belächelt hat."[10]

Angeblich ließ dieser Brief die Verlegerwitwe in Ohnmacht fallen.[11] Eine Klärung kam nicht zu Stande, weshalb die Angelegenheit zunächst im Sande verlief.

II. Die Adalbert-Fischer-Prozesse

Kurz vor Beginn seiner Weltreise erfuhr May von dem Plan Pauline Münchmeyers, das Unternehmen verkaufen zu wollen. Der Schriftsteller warnte sie ausdrücklich davor, auch die Rechte an seinen Romanen mitzuveräußern. Doch die Warnung ging ins Leere. Bereits am 16. März 1899 hatte die Witwe in aller Stille das Geschäft für 175.000 Mark an den ehemaligen Möbelhändler und Leipziger Verlagsbuchhändler Adalbert Fischer (1855-1907) verkauft – inklusive der Romane. Am 30. März teilte der neue Firmeninhaber Karl May den Kauf des Verlags mit, doch der Brief erreichte den sich mittlerweile auf Weltreise befindlichen Schriftsteller nicht mehr. In einem weiteren Schreiben vom 25. April 1899 an May gab der Verleger zu erkennen, dass dessen Romane für ihn „den Hauptwert des gesamten Verlages bilden" und er gesonnen war, „daraus Nutzen zu ziehen".[12] Der Schriftsteller konnte erst fünf Tage später von Kairo aus auf den nachgesendeten Brief reagieren:

„1) Ich reclamiere alle von mir im Verlage von H. G. Münchmeyer, Dresden erschienenen Werke als mein ausschließliches Eigenthum und verbiete den ferneren Druck derselben und ebenso auch den Verkauf der noch vorhandenen Exemplare.

2) Druckt man weiter, so beanspruche ich nach meiner Heimkehr Confiscation aller Exemplare, Platten etc. und 1000 Mark pro Bogen Schadenersatz. Ich kann gerichtlich nachweisen, daß dies der Honorarsatz ist, den ich beziehe.

3) Für die Lüftung meines Pseudonym werde ich eine Buße von 500.000 Mark einfordern und nachweisen, daß dies nicht zu viel ist.

[...] *Sie wollen meine Berühmtheit für Ihren Beutel ausschlachten, und ich soll mein Blut wehrlos und ohne Entschädigung fließen sehen. Ich mache Sie darauf aufmerksam, daß es grad diese Berühmtheit ist, welche mich zur erfolgreichen Vertheidigung befähigt.* [...] *Sie kennen nun mein Verbot. Sie sprechen davon, daß ich Sie später, wenn ich den Prozeß gewinne, bezahlen müsse. Ich werde ihn gewinnen, wie ich schon mehrere gewonnen habe, aber von einer Bezahlung an Sie kann keine Rede sein, da ich Sie nicht veranlaßt habe, den Verlag zu kaufen, ohne sich vorher bei mir zu erkundigen."*[13]

Die Erwiderung des Verlegers lässt die Unvermeidlichkeit eines juristischen Konflikts erahnen:

„Ich kann [...] nur nochmals bemerken, dass ich alle Ihre Forderungen & Drohungen ganz energisch zurückweisen muß & mich in keiner Weise daran kehren werde. Wenn Sie irgend welche Ansprüche zu haben glauben, so wenden Sie sich damit an die Vorbesitzerin der Firma, mir sind Ihre sämmtlichen Verlagswerke der Firma H. G. Münchmeyer, vertraglich, frei von jeder Verpflichtung oder Beschränkung für jetzt & alle Zukunft verkauft worden."[14]

Dennoch suchte Fischer May nach dessen Heimkehr von der Weltreise im August 1900 auf, *„scheinbar, um Frieden mit mir zu schließen"*.[15] Doch während seines Besuchs deutete der Verleger bereits an, dass er Kenntnisse von Mays Vorstrafen besaß. In diesem Wissen sah er ein Druckmittel, das er sogleich einzusetzen gedachte, als er May den Rückkauf seiner Romanrechte für 70.000 Mark anbot und nebenbei erwähnte, dass er von dessen dunkler Vergangenheit wusste.

Doch May lehnte den Vorschlag ab. Ungeachtet dieses Vorgangs erschienen nun die Kolportageromane unter dem Gesamttitel *Karl May's illustrierte Werke*. Die Reaktion des Schriftstellers darauf bestand in der Einreichung einer Unterlassungsklage gegen Fischer am 10. Dezember 1901 wegen unbefugten Nachdrucks der sogenannten Münchmeyer-Romane und Verletzung des Urheberrechts.[16] Davon unbeeindruckt vertrieb Fischer die May-Ausgabe weiter. Im April des Folgejahres erwirkte der Schriftsteller bei Gericht eine einstweilige Verfügung, die den Weiterdruck und Weitervertrieb durch Fischer mit sofortiger Wirkung beschränkte und reglementierte.[17] Diese einstweilige Verfügung regelte, dass nur noch eine bestimmte Anzahl der laufenden Ausgaben vertrieben werden durfte. Die erschienenen Serien durfte Fischer nur noch komplettieren, weitere Werke aber nicht drucken. Von der Verfügung waren betroffen: *Die Liebe des Ulanen*, *Deutsche Herzen – Deutsche Helden*, die Novelle *Wanda*, *Humoresken und Erzählungen* und schließlich: *Das Waldröschen*.

Verbunden war die einstweilige Verfügung noch mit einem Antrag auf Arrest.

Im Zivilprozess ist der Arrest ein Mittel zur Sicherung der künftigen Vollstreckung von Geldforderungen oder solcher Ansprüche, die in Geldforderungen übergehen können. Gleich der einstweiligen Verfügung ist er ein Instrument, das einen Rechtszustand lediglich vorläufig regelt; mit ihm kann nicht die endgültige Befriedigung der Ansprüche des Antragstellers erreicht werden. Seine Anordnung – der Arrestbefehl – erfolgt in einem beschleunigten Verfahren, dem sogenannten Arrestprozess, auf Antrag des Gläubigers. Mit dem Gesuch sind der Anspruch und der Arrestgrund, also die Besorgnis der Vereitelung oder wesentlicher Erschwerung der Vollstreckung des geltend gemachten Anspruchs glaubhaft zu machen. Liegen die Voraussetzungen vor, ergeht entweder ein Arresturteil – wenn es vorher zu einer mündlichen Verhandlung gekommen ist – oder ein Arrestbeschluss – ohne dass vorher mündlich verhandelt wurde.

Die Vollziehung erfolgt nach den Regeln der Zwangsvollstreckung in das Schuldnervermögen – d. h. durch dinglichen Arrest, insbesondere durch Pfändung, Eintragung einer Arresthypothek oder gegen die Person des Schuldners in Form des persönlichen Arrestes, insbesondere durch Haft.

May ging demnach in recht umfassender Weise zivilrechtlich gegen Fischer vor.

Über den Umstand, dass der Dichter mehr als zwei Jahre gewartet hatte, bevor er eine Klage einreichte, ist vielfach spekuliert worden. Der simple Grund bestand darin, dass May keine schriftlichen Zeugnisse über das ihm von H. G. Münchmeyer zugesicherte Urheberrecht vorweisen konnte. Ob sie jemals existiert haben oder ob sie von Emma May vernichtet wurden, wie May öfter behauptet hat, bleibt ungeklärt. Fakt ist: Er hatte keine Dokumente zur Hand.

Mays umfassendes zivilrechtliches Vorgehen brachte Fischer in arge Bedrängnis, sodass er sich im Mai 1902 an den Schriftsteller wandte, um einen Vergleich herbeizuführen.

„Dieser Versuch sollte zwischen Fischer und mir stattfinden, und zwar in einer Weinstube des Kaiserpalasts, wo ich mit ihm zusammentraf. Wir waren allein. [...] Er benutzte diese Abwesenheit anderer Leute, mir zu raten, dafür zu sorgen, dass der Vergleich zu Stande komme, denn ich sei ein vorbestrafter Mensch."[18]

Die Vergleichsverhandlungen scheiterten zunächst, sodass der von May angestrengte Hauptprozess weiterging. Am 12. September 1902 erfolgte die Zulassung von Ida Pauline Münchmeyer als Neben-Intervenientin auf der Seite Fischers, denn die Folgen dieses Verfahrens konnten erhebliche Auswirkungen auch auf die Interessen der Verlegerwitwe ausüben.

Umgekehrt brachte diese prozessuale Entwicklung auch May in eine schwierige Situation. Einerseits machte er sein unbeschränktes Urheberrecht an den Kolportageromanen geltend, andererseits distanzierte er sich öffentlich von den vermeintlich unsittlichen Passagen in den Werken, die nicht von ihm stammen würden.

Am 9. und 10. Februar 1903 verhandelten May und Fischer erneut über einen Vergleich. Und wieder ließ Fischer durchblicken, dass er Einzelheiten über Mays Vorstrafen wusste. May resignierte und von seiner zweiten Frau Klara bestürmt, widersetzte er sich nicht länger.

Es folgte am 11. Februar 1903 ohne Beteiligung von Rechtsanwalt Rudolf Bernstein der Abschluss eines Vergleiches, der – aus Mays Sicht – eher einer Niederlage glich, da er dem Gegner allzu viele Freiheiten überließ:

Erklärung.

Infolge nachstehender Erklärung ist zwischen den streitenden Parteien ein Vergleich abgeschlossen worden, demzufolge Herr Karl May seinen gegen Herrn Adalbert Fischer angestrengten Prozeß freiwillig zurückzieht.

Ich, Karl May, erkläre hiermit, daß Herr Verlagsbuchhändler Adalbert Fischer bei Ankauf der Firma H. G. Münchmeyer sich nach seinem Kaufvertrage in dem Glauben befunden hat, alle Rechte an meinen bei dieser Firma erschienen Werken mit erworben zu haben.

Dresden, im Januar 1902   Karl May.

Ich, Adalbert Fischer, erkläre hiermit: Dafern in den bei H. G. Münchmeyer erschienen Schriften des Herrn Karl May etwas Unsittliches enthalten sein sollte, dies meiner Überzeugung nach nicht aus der Feder des Verfassers stammt, sondern von dritter Seite früher hinein getragen worden ist.

Dresden - Niedersedlitz, im Februar 1903
                                    Adalbert Fischer.[19]

Klara May vermerkte in ihrem Tagebuch:
„Vergleich geschlossen! Es kommt aber keine Freude darü-

ber in mir auf. Karl macht mir einen gebrochenen Eindruck. Der Schurke [Fischer] hat ihm Alles genommen und noch viel mehr verlangt, als er erst wollte. Ich mache mir furchtbare Vorwürfe, daß ich Karl so bestürmt habe."[20]

Die einstweilige Verfügung und auch der Arrestanspruch verloren mit dem Vergleich ihre Wirksamkeit. Zudem zog May seine Klage am 4. Mai 1903 zurück, die Kosten wurden geteilt. Der Vergleich erwies sich für May als wertlos, da Fischer die Kolportageromane unverändert durch *„hunderttausende von Reklame-Ankündigungen in alle Welt hinaus verbreitet*[e]*"*.[21]

Zusätzlich vereinbarten beide Seiten, dass May zwei Bände im Fehsenfeld-Format liefern sollte, wenn Fischer in einem eigenen Regressverfahren gegen Pauline Münchmeyer nicht zu seinem Recht kommen sollte. Fischer hatte die Verlegerwitwe schon 1899 wegen zivilrechtlichen Betrugs bei der Handelskammer des Landgerichts Dresden verklagt, da der vorgerechnete Gewinn des gekauften Münchmeyer-Verlags nicht eingetreten war.

Parallel zu diesem fragwürdigen Anspruch gegen den Schriftsteller übernahm Fischer auch die Herausgabe von Mays *Erzgebirgischen Dorfgeschichten*. Diese Vorgänge verdeutlichen die Schwere, mit der Fischers Drohungen und Hinweise auf die Vorstrafen des Dichters auf May gewirkt haben müssen.

Tatsächlich forderte der Verleger am 15. Januar 1904 von May:

„Auf Grund unseres Vergleiches haben Sie mir nun 2 Bände à la Fehsenfeld neu zu schreiben & muß ich aus geschäftlichen Gründen wissen, wann ich wohl auf den ersten Band rechnen kann!?"[22]

Er sollte vergeblich anfragen. May wich den ihn ständig erreichenden Anfragen aus. Stattdessen begann Fehsenfeld mit der Herausgabe der illustrierten Karl-May-Ausgabe, die im Hause Fischer als Konkurrenz empfunden wurde.

Vermutlich aus diesen Gründen kam es Ende 1904 zu einer Zivilklage[23] Fischers gegen May, deren genaue Einzelheiten nicht vorliegen. Die Anhaltspunkte sprechen dafür, dass es sich hierbei um eine Anfechtung des Vergleichs oder um eine Schadensersatzklage gehandelt hat.

Auch May erkannte schließlich seinen Fehler, sich mit dem Verleger in der getroffenen Weise geeinigt zu haben, und focht durch eine Widerklage[24] im Rahmen des von Fischer eingeleiteten Zivilverfahrens den unseligen Vergleich am 21. Dezember 1904 vor dem Landgericht Dresden an.

Gleichzeitig sah sich der Dichter auch zu strafrechtlichen Schritten genötigt:

„Die Romane werden mit meinem vollen Namen und allen Obszönitäten weitergedruckt. Es ist ja gar nicht anders möglich, als dass ich diesen Vergleich nur infolge einer Zwangslage eingegangen sein kann [...]. Ich habe darum gegen diesen Herrn bei der Staatsanwaltschaft Anzeige erstattet".[25]

Mit den Ermittlungen in dieser Strafsache[26] wurde der junge Staatsanwalt Hans Conrad Seyfert (1869-?) betraut. Klara May bedauerte:

„Es hat mich furchtbar aufgeregt. Die ganze Qual wirkte wieder auf mich. Dann machte es mich betreten, daß da solch ein junger Mensch saß. Was versteht solch ein junges Menschenkind von dem furchtbaren Weh, da[s] uns angethan wurde."[27]

Seyfert lehnte offenkundig eine öffentliche Klageerhebung ab, sodass Mays Anwalt Bernstein schließlich am 6. Juli 1905 beim Oberlandesgericht Dresden einen Antrag auf öffentliche Klageerhebung stellte. Der Antrag wurde jedoch am 20. Juli als unbegründet verworfen,

weil Kläger nach den Vorakten und sonst angestellten Erörterungen, insbesondere den aufgenommenen Zeugenaussagen, in keiner Weise Glauben verdiene.[28]

Am 7. April 1907 starb Fischer plötzlich. Der Prozess mit den Erben lief zunächst weiter, mündete jedoch am 8. Oktober 1907 im Rahmen eines Sühnetermins in einen neuerlichen Vergleich, der auch alle anderen juristischen Streitigkeiten zwischen den Parteien beendete:

Vergleich.

§ 1.

Nachdem die Erben des Herrn Adalbert Fischer, des verstorbenen Inhabers der Firma H.G. Münchmeyer erklärt haben, daß infolge verschiedener im Laufe der Zeit veranlassten Interpolationen nicht behauptet werden kann, dass folgende Werke

Das Waldröschen, Deutsche Herzen, deutsche Helden, Der Weg zum Glück, Der verlorne Sohn, Die Ulanenliebe, Humoreske, Wanda

in ihrer von der Firma H.G. Münchmeyer veröffentlichten Form von Herrn Karl May herrühren, sondern daß nur ihre Grundidee von Herrn Karl May stammt, erklärt dieser, daß er nicht berechtigt ist, der Firma H.G. Münchmeyer bezw. den Erben des Herrn Adalbert Fischer oder seinen Rechtsnachfolger gegenüber den Weiterdruck und den Weitervertrieb obiger Werke zu untersagen.

Herr Karl May erkennt vielmehr an, daß der genannten Firma bezw. den vorgenannten Personen alle Verlags- und Urheberrechte an den erwähnten Werken als eigene Rechte zustehen.

§ 2.

Die Erben des Herrn Adalbert Fischer bezw. die Firma H.G. Münchmeyer erkennen deshalb an, dass sie nicht berechtigt sind, den Namen Karl May von jetzt ab als Verfasser der in § I vorerwähnten Werke auf diesen, in Katalogen, Reclameschriften oder sonstigen für Dritte bestimmten Mitteilungen auf Neudrucken anzubringen. Es ist vielmehr nur der Titel des Werkes ohne Angabe des Autors anzugeben.

§ 3.

Herr Karl May erklärt, daß er sich die Autorenrechte an den Originalen der in § I bezeichneten Werke vorbehält; er verpflichtet sich aber den gesamten in § I erwähnten Personen gegenüber von den ihm hieran etwa zustehenden Urheber- und Verlagsrechten keinen Gebrauch zu machen und sie in dieser oder anderer Form zu veröffentlichen.

§ 4.
Als Gegenleistung hierfür, verpflichten sich die Fischers Erben Herrn Karl May eine Abfindungssumme von M 20 000 zu zahlen und zwar in einjährigen, am 2. Januar eines jeden Jahres fälligen, am 2. Januar 1908 beginnenden Teilzahlungen von je 2000 M dergestalt pünktlich zu bezahlen, daß, wenn sie mit einer Rate ganz oder teilweise länger als 14 Tage über die Fälligkeit hinaus trotz erfolgter schriftlicher Mahnung an Herrn Artur Schubert in Dresden im Rückstande bleiben sollten, sofort der gesamte noch unbezahlte Rest der M 20 000 fällig sein soll.

§ 5.
Herr Karl May verzichtet den Adalbert Fischerschen Erben und der Firma H.G. Münchmeyer gegenüber auf alle Ansprüche auf Ersatz des Schadens oder eines entgangenen Gewinnes, oder auf die etwaige Stellung eines Strafantrages wegen der von Herrn Adalbert Fischer oder seinen Erben erfolgten Druckes und Vertriebes der in § 1 bezeichneten Werke in jeder etwaigen Form oder Sprache der Darstellung. Die Ansprüche des Herrn Karl May gegen Frau Pauline verw. Münchmeyer werden hierdurch nicht berührt.

§ 6.
Wenn auch der Name Karl May auf den Titelblättern der in Frage stehenden Werke auf Neudrucken unbedingt bei Vermeidung einer Vertragsstrafe von 1000 M für jeden Fall der Zuwiderhandlung zu vermeiden ist, genehmigt Herr Karl May die Verwendung und den Vertrieb der noch vorhandenen Exemplare auf denen auf dem Titelblatte der Name Karl May oder die „Norm Karl May" noch steht.
Der gesamte Vorrat mit diesem Titel oder Norm ist Herrn May binnen 14 Tagen mitzuteilen. Neue Exemplare dürfen keinesfalls mit diesem Titel oder Norm gedruckt werden. Der Vertrieb solcher Exemplare muß tunlichst beschleunigt und bis 31. Dezember 1910 beendet sein.

§ 7.
Den ersten Band der Erzgebirgischen Dorfgeschichten anlangend, so ist das Verlagsrecht hieran Herrn Karl May zurückzugeben. Der vorhandene Vorrat dieses Werkes darf aber von der Firma H.G. Münchmeyer für ihre Rechnung abgesetzt werden.

§ 8.
Beide Parteien verpflichten sich, von jetzt ab keine Veröffentlichungen, sei es in den Tagesblättern, sei es in Zeitschriften, sei es in Broschüren oder in sonstigen Abhandlungen, Reclameschriften oder Büchern zu veranlassen, die die Darstellung der bisherigen Differenzen zwischen Herrn Karl May, oder Adalbert Fischer oder die Firma H.G. Münchmeyer oder deren Inhaber zum Zwecke haben und zwar beiderseits bei einer Vertragsstrafe von 1000 M für jeden Fall der Zuwiderhandlung.
Soweit Herr Karl May in seinem Streite gegen Frau Münchmeyer die Firma H.G. Münchmeyer erwähnen muß, muß ein Zusatz beigefügt sein, der die Inhaberschaft von Herrn oder Frau Münchmeyer deutlich erkennbar macht.

§ 9.
Herrn Karl May steht frei, eine der Anlage A zu diesem Vergleich entsprechende Erklärung einmal bekannt zu machen und zwar in dem Deutschen Buchhandels-Börsenblatt sobald er es wünscht. Weitere Veröffentlichungen dürfen von keiner der Parteien veranlasst werden.

§ 10.
Die gerichtlichen Kosten des Rechtsstreits werden geteilt, die außergerichtlichen nicht erstattet.

§ 11.
Hiermit sind alle zwischen den Parteien anhängig gewesenen durch Urteile, Vergleiche oder einstweilige Verfügungen erledigte oder noch schwebende Civil- und Strafprozesse erledigt.

In dem schwebenden Verfahren werden die Gerichtskosten zwischen den Parteien geteilt, die außergerichtlichen nicht erstattet. Die Firma H.G. Münchmeyer wird das Werk „Sonnenstrahlen" nicht weiter veröffentlichen oder vertreiben.

Dresden, den 8. Oktober 1907.
Trummler   Karl May,
Für Frau Charlotte   Frau Elisabeth verw. Fischer in
Schubert Dr. Elb.   Vollmacht durch Arthur Schubert.
RA Dr. Bernstein   Otto Fischer für Herbert Fischer
                            Alfred Sperling für Erna Fischer
                            Albin Ungewiß für Lothar Fischer
                            Arthur Schubert.[29]

Mays Anwalt Bernstein übernahm die Veröffentlichung der vereinbarten Erklärung am 29. Oktober 1907 im *Börsenblatt des Deutschen Buchhandels*.[30]

Die neuerliche Einigung zwischen der Familie Fischer und Karl May war im Vorfeld maßgeblich von Klara May initiiert worden, die sich sowohl mit dem gegnerischen Rechtsanwalt Horst Trummler verständigt als auch auf ihren Gatten eingewirkt hatte, weil sie befürchtete, bei einem Scheitern werde ihren herzkranken Mann der Schlag treffen. Der Schriftsteller selber frohlockte anschließend gegenüber Fehsenfeld:

„Die sämtlichen Inhaber der Firma H. G. Münchmeyer haben vor dem Königlichen Landgericht Dresden zu Protokoll gegeben, daß meine Romane im Laufe der Zeit derart verfälscht worden sind, daß sie unmöglich mehr als Werke von Karl May bezeichnet werden können. Ich habe also nun endgültig gesiegt."[31]

Kein Wort von Vergleich. Kein Wort über die Regelung des Weiterverkaufs der unter seinem Namen erscheinenden Kolportageromane.

III. Der erste Münchmeyer-Prozess

Die laufenden juristischen Auseinandersetzungen mit Fischer hatten auch nach der Klärung aller Verbindlichkeiten verlangt, die zwischen May und Münchmeyer bestanden. Da

May persönlich mit Pauline Münchmeyer zu keiner Einigung gelangt war, reifte in ihm schließlich der Entschluss, Klage zu erheben. Ausschlaggebend war ein Gespräch mit seinem Rechtsanwalt Rudolf Bernstein in der Villa „Shatterhand" am 9. März 1902. Nur wenige Tage später, am 12. März, reichten die Rechtsanwälte Bernstein und Langenhan die Klage ein:

An

das Königliche Landgericht
IV. Kammer für Handelssachen zu Dresden

Klage

des Schriftstellers Karl May in Radebeul, vertreten durch Rechtsanwälte Bernstein und Dr. Langenhan in Dresden,

Klägers,

gegen

die Privata Ida Pauline verw. Münchmeyer frühere Inhaberin des Verlagsgeschäftes unter der Firma H.G. Münchmeyer in Dresden, Jagdweg 13, III.

Beklagte

wegen Forderung.

Begründung.

I.

Kläger hat bereits im Jahre 1875 oder 1876 für die Firma H.G. Münchmeyer, und zwar für die in derem Verlage damals erschienenen Blätter „Deutsches Familienblatt" und „Schacht und Hütte" und noch ein anderes Blatt verschiedentliche Beiträge zum einmaligen Abdruck geliefert.

II.

Ferner hat Kläger in den Jahren 1882 bis 1886 folgende Werke für dieselbe Verlagsfirma geliefert, zunächst den Roman „Waldröschen" sodann die Romane „Deutsche Herzen und Helden", „der verlorene Sohn" und „der Weg zum Glück."
Bedingung war:

1.

Die Werke haben pseudonym zu erscheinen.

2.

Jedes Werk darf nur bis zu 20000 Exemplare gedruckt und verbreitet werden.

3.

Das Honorar des Klägers hat für den Roman „Waldröschen" pro Nummer 35 Mark, pro Nummer der anderen Romane 50 Mark zu betragen.

Ein weiteres Honorar als feine Gratifikation ist für jeden einzelnen Roman zu zahlen, sobald die zulässige Höchstzahl von Exemplaren umgesetzt ist.

4.

Im übrigen behält Kläger über die Werke freies Verfügungsrecht, auch durch jederzeit zulässige Aufnahme in seine gesammelten Werke.

III.

Diese Bedingungen sind für den Roman „Waldröschen" zunächst aufgestellt und sodann auf die übrigen Romane mit den aus Punkt 3 der Bedingungen sich ergebenden einzigen Abweichungen übertragen worden.

Kläger war 1882 bereits ein im In- und Auslande hochgefeierter Schriftsteller, ein in fremde Sprachen übersetzter Autor, den die vornehmsten Verleger des In- und Auslandes um seine Werke angingen und denselben dementsprechend honorirten.

Wenn Kläger sich gleichwohl um ein so geringes festes Honorar, wie Punkt 3 der Bedingungen bezeichnet, für die Verlagsfirma H.G. Münchmeyer thätig zu werden, entschloss, während er anderwärts bedeutend höhere Honorare erhalten konnte, so war der Beweggrund hierfür Mitleid mit der Person des damaligen alleinigen Inhabers der Firma, dem Herrn Münchmeyer, um dessen heruntergekommenen Vermögensverhältnissen aufzuhelfen. Münchmeyer hatte ihn, da er sich von seiner Feder mit Recht glänzende pecuniäre Erfolge versprach, mit bewegten Worten gebeten.

Dieses Motiv war es auch, das den Kläger in den Jahren 1875 und 1884 bestimmte, zumeist völlig unentgeltlich, nur zu einem geringen Teil gegen ein ganz bescheidenes Honorar verschiedentliche, damals entstandene Werke zum einmaligen Abdruck dem fraglichen Verlagsgeschäft zu überlassen, unter anderen Werke mit nachstehenden Titeln:

1. „Aus der Mappe eines Vielgereisten" und zwar
a „Inn – nu – woh",
b „Old Firenhand"
2. „Ein Stücklein vom alten Dessauer"
3. „Die Fastnachtsnarren"
4. „Unter Werbern"
5. „Der Gitano"
6. „Die Polin"

Und zwar für je einen Jahrgang Münchmeyer'scher Zeitschriften.

Die Pseudonymität in Ansehung der vier bezeichneten Romane war vorbehalten worden [...]

IV.

Kläger hat ferner der Verlagsfirma Münchmeyer noch einen Roman, betitelt „die Liebe des Ulanen" und zwar für den Jahrgang 1884 der Zeitschrift „der Deutsche Wanderer", die damals in diesem Verlag erschien, überlassen und zwar auf Bitten Münchmeyers unter Aufgabe der Pseudonymität für diesen Roman, im Hinblick darauf, dass es eine Zeitschrift mit aufgedruckter Jahreszahl war, also nicht als ein Colportagewerk erschien.

[...][32]

Konkret beantragten Karl Mays Anwälte im Namen ihres Mandanten, die beklagte Frau Münchmeyer dazu zu verurteilen:

I.

dem Kläger Rechnung zu legen über die Anzahl der vom Verlagsgeschäfte in Firma H.G. Münchmeyer in Dresden bis zum 16. März gedruckten und verkauften Exemplare der unter den in der Klage bezeichneten Bedingungen zum Verlage dieser Firma überlassenen Romanes „Waldröschen", „Deutsche Herzen und Helden", „der Weg zum Glück", und der „verlorene Sohn", insoweit solche diesen Bedingungen gemäss hergestellt worden sind, und Rechung zu legen über den hierdurch erzielten Reingewinn, sowie ferner dem Kläger Rechung zu legen über die Anzahl der Jahrgänge, in welchen der Roman „die Liebe des Ulanen" vom Jahre 1885 an gedruckt und verbreitet worden ist, sowie darüber, wie viele Exemplare von jedem dieser Hefte vom Jahre 1884 gedruckt und verbreitet worden sind und hierüber allenthalben Rechung zu legen über den durch die Verbreitung aller der Exemplare der Jahrgänge und der Hefte erzielten Reingewinn, endlich dem Kläger Rechung zu legen über die Anzahl der Jahrgänge, in welchem alle übrigen der bezeichneten Verlagsbuchhandlung zum einmaligen Abdruck für nur je einen Jahrgang Münchmeyer'scher Zeitschriften überlassenen Werke des Klägers, insbesondere der in der Klage unter Punkt III 1 – 6 aufgeführten gedruckt und verbreitet worden sind, sowie Rechung zu legen über den durch die Verbreitung dieser Exemplare erzielten Reingewinn.

2.

an den Kläger so viel an baarem Gelde zu zahlen, was dieser auf Grund der Rechnungslegung an der darnach zu berechtigten, in Punkt II No. 3 der Klage erwähnten Gratifikation zu beanspruchen hat, und so viel an baarem Gelde an den Kläger zu bezahlen, als diesem als Entschädigung für den bewirkten Nachdruck und die bewirkte Nachdrucksverbreitung in Berücksichtigung der Rechnungslegung nach richterlichem Ermessen gebührt,

3.

Eventuell wird beantragt, insofern zu einem Urteile auf Rechnungslegung in dem vollen zu 1 bezeichneten Umfange in Ansehung des Entschädigungsanspruches wegen Nachdruckes und Nachdrucksverbreitung nicht das Gericht zu gelangen vermöchte, die Beklagte kostenpflichtig zu verurteilen, dem Kläger für den bewirkten Nachdruck und die bewirkte Nachdrucksverbreitung seiner Werke eine Entschädigung in baarem Gelde in der nach richterlichem Ermessen zu bestimmenden Höhe zu gewähren.

[...]

Am 13. März 1902 wurde die Klageschrift Pauline Münchmeyer zugestellt, die in dem Verfahren von Rechtsanwalt Franz Theodor Wolff vertreten wurde. Das Beweisverfahren wurde eröffnet, Zeugen wurden vernommen. Am 7. Juni gab die Dresdner Prostituierte Bertha Margarete Rosalie Freitag (1870-?) in der Kanzlei von Mays Rechtsanwalt Rudolf Bernstein eine für das Gericht bestimmte Erklärung ab. Die jüngste Tochter des früheren Münchmeyer-Redakteurs Otto Freitag war zwischen 1888 und 1891 als Vorleserin bei Münchmeyer beschäftigt gewesen. Über May soll Münchmeyer geäußert haben:

„Wenn ich nur die vollen Rechte an den Werken hätte, die May für mich geschrieben hat. Ich wollte sie schon ausnützen, da wäre ein Geschäft zu machen."[33]

Angeblich hätte der Verleger eigenhändig die Niederschrift des *Waldröschens* begonnen:

„Wiederholt hat er [...] erklärt: Es ist rasend gegangen das Waldröschen. Mit Waldröschen habe er sein Geschäft in die Höhe gebracht, er sei dem Ruin nahe gewesen, er habe nicht gewusst, was er anfangen sollte, er hätte Bankrott machen müssen, er habe eine halbe Million angesetzt, er habe sein Vorderhaus von dem Gewinn mit erbaut. Es sei ein Treffer gewesen, auch sei es zudem in Amerika gut gegangen."[34]

Genauere Auskünfte könnte Alwin Eichler – der Vertreter Münchmeyers in den Verlagsfilialen von Chicago und New York – geben.

Im Frühjahr verreisten Mays nach Berlin, wo für den 18. März ein Zeugentermin angesetzt war. Pauline Münchmeyer wurde durch die Dresdner Rechtsanwälte Dr. Felix Bondi (1860-1934) und Dr. Hermann Oskar Gerlach (1870-1939) vertreten. Vernommen wurde u. a. der erwähnte Alwin Eichler.

„Gerlach und d. Münchmeyer bearbeiteten Eichler bald eine Stunde vor der Vernehmung. Gerlach packte die Akten zweimal aus und paukte dem Eichler ein, was er sagen sollte. Das saubere Kleeblatt war sehr erregt",[35] wie Klara May in ihrem Tagebuch vermerkt.

Für einen besonderen juristischen Coup sorgte Gerlach dadurch, dass er die jüngste Tochter seiner Mandantin, Elsa Flora Böhler (1873-1961), veranlasste, im November 1903 eine taktische Beleidigungsklage gegen Karl May anzustrengen. Ziel dieser fingierten Klage war es, die Glaubwürdigkeit des Gegners zu erschüttern. Und tatsächlich gelang es, beim Amtsgericht Dresden die Strafakten Mays herbeiziehen, registrieren und gerichtlich feststellen zu lassen. Der Schriftsteller selbst hatte geglaubt, dass man die Zeugnisse seiner dunklen Vergangenheit längst skartiert hatte. Nachdem diese Vorgänge erfolgreich vollzogen worden waren, zog Gerlach die Beleidigungsklage von Flora Böhler gegen May wieder zurück. Er hatte damit erreicht, dass die Einlassungen des Klagegegners angesichts seiner Vorstrafen möglicherweise bei Gericht unglaubhafter erschienen. Er setzte damit in recht boshafter Weise auf das Vorhandensein von Vorurteilen und gesellschaftssoziologischen Ressentiments bei den einzelnen Richtern der Landgerichtskammer gegenüber Karl May.

Die weiteren Zeugenvernehmungen im Münchmeyer-Verfahren erstreckten sich bis zum August 1904. Ein Vergleichsvorschlag Dr. Mayers wurde von May zurückgewiesen.

Vorher tat sich noch ein weiterer juristische Nebenschauplatz auf: So wurde Klara May am 16. April des Jahres mit einer Beleidigungsklage nebst Strafantrag konfrontiert. Sie hatte gegenüber dem Schwiegersohn von Pauline Münchmeyer, Karl Schiller, sprachlich etwas konfus geäußert: „Es hätte können vieles anders, es hätte können ganz anders kommen, wenn – Frau Münchmeyer ehrlich gewesen wäre!"[36]

Die Eröffnung des Hauptverfahrens gegen Mays Ehefrau wurde jedoch am 17. Juni unter der gerichtlichen Begründung abgelehnt, dass Klara May im Rahmen des laufenden Zivilprozesses „in eigenem berechtigten Interesse"[37] gehandelt habe. Die sofortige Beschwerde der Privatklägerin wurde am 6. Juli schließlich durch die 2. Strafkammer des Landgerichts Dresden kostenpflichtig zurückgewiesen.

Bereits in der ersten Instanz des laufenden Zivilprozesses um die Kolportageromane spielte die Verjährungsfrage eine große Rolle und war als entsprechende Einrede von der Münchmeyer-Seite erhoben worden. Der Verjährung kam insofern ein bedeutender Stellenwert zu, als nämlich „nach § 50 des Urheberrechtsgesetzes von 1901 die Verjährungsfrist von 3 Jahren bei einem Anspruch auf Schadensersatz wegen Nachdrucks[38] [galt]. Die Witwe des Verlegers berief sich außerdem auf eine Pauschalabgeltung, wonach der Münchmeyer-Verlag durch einmalige Vergütung gegen Barzahlung das unbeschränkte Verfügungsrecht an allen Werken erworben habe."[39]

Dem aufmerksamen Prozessbeobachter hätte dagegen auffallen müssen, dass Karl May wiederum – anders als in zahlreichen Briefen und Presseartikeln – nicht auf eine Verfälschung seiner Manuskripte hinwies. Denn für diesen Prozess und die hierin geltend gemachten Ansprüche auf Honorarzahlung war es für ihn wichtig gewesen, auch als der voll umfängliche Verfasser bzw. Urheber des *Waldröschens* und der anderen Romane zu gelten. Auf diese prozesstaktische Notwendigkeit wies auch Albrecht Götz von Olenhusen hin:

„Den Parteieid vor Augen, wird May sich wohlweislich gehütet haben, den urheberpersönlichkeitsrechtlichen Aspekt zum Prozessgegenstand zu machen. Er stützte sich allein auf das ihm zustehende Urheberrecht. Der Verlag machte geltend, dass es damals üblich gewesen sei, die ersten 5 Hefte solcher Romane mit 100 000 oder mehr aufzulegen, erst von Heft 6 an zeige sich, wie viele Gesamtexemplare abonniert würden. Im Kolportagehandel gelte die Praxis, dass Autoren ihre Rechte gegen einmalige heftweise Vergütung für alle Zeiten abtreten. Das war in der Tat nicht so ganz abwegig. [...] Die hier verwendete Honorarregelung einer Abgeltung bis 20 000 Auflage, einer feinen Gratifikation für höhere Auflagen bzw. einer Absatzantieme von 2 % zeigt eine deutliche Tendenz in Richtung Erfolgshonorar, wie dies auch durch andere Forschungen[40] nachgewiesen worden ist."[41]

Die 6. Zivilkammer des Landgerichts unter dem Vorsitz des Landgerichtsdirektors Dr. Wilhelm Friedrich gab jedenfalls Karl May mit Urteil vom 26. September 1904 Recht:

6 Cg 276/02

Im Namen des Königs!

In Sachen
des Schriftstellers Karl May in Radebeul

Klägers,

Prozessbevollmächtigte: die Rechtsanwälte Bernstein und Dr. Langenhan in Dresden

gegen

die Witwe Ida Pauline Münchmeyer in Dresden, Jagdweg 13,

Beklagte,

Prozessbevollmächtigte: die Rechtsanwälte Theodor Wolff und Dr. Gerlach in Dresden

wegen Rechnungslegung pp.

erkennt die 6. Zivilkammer des Königlichen Landgericht zu Dresden unter Mitwirkung des Landgerichtsdirektors Dr. Friedrich, der Landrichter Doehn und Dr. Zimmermann für Recht:

Dem Kläger wird folgender Eid auferlegt:

Ich schwöre bei Gott und dem Allmächtigen und Allwissenden

1.) Ich habe mit dem verstorbenen Heinrich Gotthold Münchmeyer 1882, nachdem ich ihn am Tage zuvor zufällig in einer Schankwirtschaft in Dresden getroffen und ihm zugesichert hatte, einen Roman für ihn zu schreiben, bezüglich des „Waldröschens" folgende Bedingungen vereinbart: Der Roman solle unter falschem Namen erscheinen und er solle nur bis zu 20000 Exemplare gedruckt und verbreitet werden. Als Vergütung solle ich für jede Nummer 35 M. und ausserdem, sobald die zulässige Höchstzahl von Exemplaren umgesetzt sei, noch eine „feine Gratifikation" empfangen. Im Übrigen solle ich die freie Verfügung über den Roman, insbesondere auch durch jederzeit zulässige Aufnahme in meine gesamten Werke, behalten.

2.) Diese Bedingungen sind dann später auf die Romane „Deutsche Herzen und Helden", „Der verlorene Sohn" und

„Der Weg zum Glück" übertragen worden, jedoch mit der Massgabe, dass die Vergütung für je eine Nummer der betreffenden Romane nicht bloss 35, sondern 50 M. betragen solle.

3.) Betreffs des Romans „Die Liebe des Ulanen" habe ich 1883 mit Münchmeyern vereinbart, dass ich ihm diesen nur zum einmaligen Abdruck im Jahrgang 1884 des „Deutschen Wanderers" überlassen solle.

4.) Desgleichen habe ich Münchmeyern 1875 und 1884 die sechs Erzählungen „Aus der Mappe eines Vielgereisten" („Inn-nu-woh" und „Old Firehand"), „Ein Stücklein vom alten Dessauer", „Die Fastnachtsnarren", „Unter Werbern", „Der Gitano" und „Die Polin" nur zum einmaligen Abdruck für je einen Jahrgang seiner Zeitschriften überlassen.

5.) Dagegen habe ich mit Münchmeyern bezüglich meiner unter 1 bis 4 aufgeführten Werke nicht vereinbart, dass er an diesen gegen einmalige Vergütung in sofortiger Barzahlung das unbeschränkte Verfügungsrecht erwerben solle.

So wahr mir Gott helfe.

Leistet der Kläger diesen Eid, so soll die Beklagte verurteilt werden, ihm Rechnung zu legen über die Anzahl der von der Firma H.G. Münchmeyer in Dresden bis zum 16. März 1899 gedruckten und verkauften Exemplare der Romane „Waldröschen", „Deutsche Herzen und Helden", „Der Weg zum Glück" und „Der verlorene Sohn" sowie den hierdurch erzielten Reingewinn, ferner über die Anzahl der Jahrgänge des „Deutschen Wanderers", in denen der Roman „Die Liebe des Ulanen" nach seinem erstmaligen Abdruck 1884/85 gedruckt und verbreitet worden ist, sowie die Anzahl der von jedem Jahrgang verbreiteten und gedruckten Exemplare, auch soweit der Roman ausserdem in Sonderheften erschienen ist, die Anzahl der gedruckten und verbreiteten Exemplare dieser Sonderhefte, und den hierdurch erzielten Reingewinn, endlich über die Anzahl der Jahrgänge, in denen die Erählungen „Aus der Mappe eines Vielgereisten" („Inn-nu-woh" und „Old Firehand"), „Ein Stücklein vom alten Dessauer",

„Die Fastnachtsnarren", „Unter Werbern", „Der Gitano" und „Die Polin" in Münchmeyer'schen Zeitschriften gedruckt und verbreitet worden sind, die von jedem Jahrgange gedruckten und verbreiteten Exemplare und den hierdurch erzielten Reingewinn.

[...]

Bei Verweigerung der Eidesleistung soll dagegen der Kläger, insoweit er auf Rechnungslegung geklagt hat, mit der Klage abgewiesen werden.[42]

In seinen Entscheidungsgründen führt das Gericht detailliert aus, warum es der Klage Mays entsprach. Entscheidend sei die Frage gewesen, ob Karl Mays Darstellung des Inhalts seines mit H. G. Münchmeyer geschlossenen Vertrages richtig oder falsch war. Dabei traf den Schriftsteller die Beweislast:

Der Kläger hat die von ihm behauptete Gestaltung des Vertragsverhältnisses mit Münchmeyer zu beweisen. Darauf, dass die Beklagte eine von den gesetzlichen Vorschriften über den Verlagsvertrag abweichende Vereinbarung (S.B.G.B. § 1142) behaupte und sie aus diesem Grunde mit dem Beweise zu belasten sei [...] kann sich der Kläger um deswillen nicht mit Erfolg berufen, weil er selbst ein über jene Vorschriften hinausgehendes oder wenigstens dadurch nicht erschöpfend geregeltes Abkommen seinem Anspruch zu Grunde legt (z. B. Zulässigkeit einer Auflage von 20000 Exemplaren, Vereinbarung der Pseudonymität u.s.w.).

Für Mays Darstellung der Vereinbarungsinhalte mit H. G. Münchmeyer sprachen nach Auffassung des Gerichts einige sehr spezielle Umstände; so zum einen Mays besondere Stellung für den Verlag, die auch die Vereinbarung ungewöhnlicher Abreden glaubhaft erscheinen ließe:

Zunächst kann es nicht zweifelhaft sein, dass der Kläger bei Münchmeyern im Verhältnis zu anderen Schriftstellern eine Ausnahmestellung eingenommen hat.

Daraus hätten sich zahlreiche Vergünstigungen ergeben,

die der Verlag anderen Schriftstellern nicht eingeräumt habe
– was durch die Zeugen belegt worden sei.

Weiterhin wäre May im Hinblick auf den nur einmaligen Abdruck seiner Werke nachweislich auch im Geschäftsverhältnis mit anderen Verlegern so verfahren:

> Der Kläger hat anderen Verlegern, und zwar bereits Mitte der 70er Jahre, seine Werke ebenfalls nur zum einmaligen Abdruck überlassen, wenn schon nur bei Zeitschriften und Kalendern.

Das hatten u. a. renommierte Verleger wie Friedrich Pustet und Kollegen wie Peter Rosegger im Beweisverfahren ausgesagt. Und dass sich H. G. Münchmeyer dahingehend geäußert habe,

> dass ihm sehr viel daran gelegen wäre, die vollen Rechte an den May'schen Werken zu besitzen,

sei durch Zeugen wie Max Dittrich bestätigt worden.

Eine ganz maßgebliche Bedeutung maß das Gericht dem von Emma Pollmer wiedergegebenen Gespräch zwischen ihrem geschiedenen Ehemann und der jetzigen Klagegegnerin kurz nach H. G. Münchmeyers Tod zu. Die Zeugin Emma Pollmer hatte

> bestätigt, dass 1882 bei einer vorläufigen Besprechung des Klägers mit Münchmeyern betreffs des „Waldröschens" die Verlagsbedingungen so getroffen worden seien, wie es jetzt von der Klage behauptet wird, und weiter bekundet, dass der Kläger bald nach dem Tode Münchmeyers bei einem gemeinschaftlichen Mittagsmahle der Beklagten gegenüber, in deren Hause das Mahl abgehalten worden sei, das geistige Eigentum an seinen bei Münchmeyern erschienenen Werken für sich in Anspruch genommen habe. Die Beklagte hat nach der Aussage der Zeugin hiergegen keinen Widerspruch erhoben, ja sogar versprochen, die in den Händen der Firma Münchmeyer befindlichen Belegexemplare der Romane dem Kläger zu liefern, damit er sie selbst drucken und verbreiten lassen könne, und den Kläger noch gebeten, einen neuen Roman für 10000 M. zu schreiben.

Dieser Vorgang sei glaubhaft von weiteren Zeugen wie Meißner, Dittrich und Freitag bestätigt worden und ergebe sich auch in wesentlichen Punkten aus dem Brief Walthers vom 27. November 1894. Die Gründe, die von der Münchmeyer-Seite gegen die Glaubwürdigkeit der Zeugen vorgebracht worden seien, wögen nach Auffassung des Gerichts – selbst wenn sie sich als wahr erweisen würden – nicht so schwer, dass man ihnen Meineide zutrauen würde.

Die Vereinbarungen über das *Waldröschen* sah das Gericht des Weiteren auch auf die anderen Werke Mays als übertragbar an, da es nicht annahm, dass der Schriftsteller hierbei anders verfahren sei. Was zur Niederlage von Pauline Münchmeyer beigetragen hatte, war der Umstand, dass ihre Zeugen zwar ihre Darlegungen bestätigt hätten, aber

> beschränken sie sich doch zumeist nur auf Wiedergabe von Aeusserungen, die Münchmeyer gelegentlich getan hat, oder geben lediglich ihrer Meinung Ausdruck, dass Münchmeyer, wenn die Angaben des Klägers auf Wahrheit beruhten, ihnen hiervon doch sicherlich etwas gesagt haben würde. Das mag auf den ersten Blick für die Beklagte sprechen, verliert jedoch erheblich an Bedeutung, wenn man sich vergegenwärtigt, dass Münchmeyer ein grosses Interesse daran haben musste, die von ihm mit dem Kläger getroffenen Sondervereinbarungen eben, weil sie ausnahmsweise günstig für den Kläger waren, nicht bekannt werden zu lassen, namentlich nicht den andern für ihn arbeitenden Schriftstellern.

Der im ersten Augenblick auffällige Umstand, dass May sehr spät seine Rechte geltend gemacht habe,

> erklärt sich aber ohne Zwang aus dem langjährigen freundschaftlichen Verhältnisse, in dem beide zueinander standen, sowie daraus, dass es, wie auch die Beklagte nicht abredig ist, kaum möglich war, vor Ablauf von etwa zehn Jahren einen klaren Ueberblick über das Geschäftsergebnis zu erlangen.

Im Ermessen des Gerichts stand nun nur noch die Frage,

> die Entscheidung über den Anspruch auf Rechungslegung von einem richterlichen Eid des Klägers abhängig zu ma-

chen. Der Eid hat alles da[s] zu umfassen, was der Kläger als den Inhalt der von ihm mit Münchmeyern über seine hier in Frage stehenden Werke abgeschlossenen Verlagsverträge bezeichnet ist [sic!]. [...]
Darin, dass der Kläger keine unbestrafte Persönlichkeit ist, kann ein ausreichender Grund, ihn den richterlichen Eid vorzuenthalten, schon um deswillen nicht gefunden werden, weil seine Vorstrafen über ein Menschenalter weit zurückliegen.

Doch damit endete lediglich die erste Instanz.

Die Auferlegung eines Parteieids war in Ermangelung anderer Beweismittel erfolgt. Er war allein der Rechtsdisposition des Gerichts unterstellt, hätte also im vorliegenden Fall nicht auf Antrag Mays oder Pauline Münchmeyers erfolgen können. Der Parteieid konnte nur auf Tatsachen bezogen werden, die sich auf eigene Erlebnisse des Schwörenden bezogen.[43]

Alle Versuche der Münchmeyer-Seite im laufenden Verfahren, Mays Glaubwürdigkeit zu untergraben, waren damit gescheitert. Die Handelskammer erachtete die Ableistung eines Eids auf die von May geschilderten Vertragsumstände als geeignetes Beweismittel.

Das Verfahren ging jedoch weiter, da der Münchmeyer-Anwalt Bondi Berufung einlegte. Die ausführliche Begründung erfolgte mit Schriftsatz vom 11. Januar 1905.[44] Darin bemängelte die Beklagte die unchronologische, nonkausale und punktuelle Formulierung des Eides durch das Landgericht und vermisste örtliche, zeitliche und sachliche Konkretisierungen, konkret nähere Verhältnisse der Vereinbarungen.

„Die Vorinstanz habe sich bei der Eidesformulierung einfach an den Wortlaut der klägerischen Behauptungen gehalten, die aber nicht eidesschlüssig seien." Weiter wandte sich die Beklagte „gegen die gewählte Form des Teilurteils", die nur dann „beanzeigt" sei, „wenn das Gericht dazu gelange, die verklagte Partei <u>unbedingt</u> zur Rechnungslegung zu verurteilen, nicht aber bei einer <u>durch Eid bedingten</u> Entscheidung."

Sie bestritt das Bestehen eines Anspruchs auf Rechnungslegung. Selbst wenn aber die Verpflichtung zur Rechnungslegung in der Person des verstorbenen Münchmeyer begründet gewesen sei, so könne doch nicht die Beklagte hierzu verhalten werden. Tatsächlich sei auch die Beklagte zur Rechnungslegung ganz außer Stande. Bis zum Tode ihres Mannes sei überhaupt keine genügende Buchführung vorhanden gewesen, und bei dem Verkauf des Geschäfts an Fischer habe sie diesem alle vorhandenen Geschäftsbücher mitüberlassen. Das ursprüngliche Vertragsverhältnis mit May sei nicht „als Verlags- sondern vielmehr als Werkvertrag oder Kauf" zu beurteilen.

Vor Allem wendet sich aber die Beklagte gegen die Beweisführung der Vorinstanz. Die Beschränkung des Druckes und Vertriebes der Kolportageromane auf eine Höchstzahl von 20000 Exemplaren sei mit den Einrichtungen im Münchmeyerschen Geschäfte unvereinbar gewesen, da die ersten 5 Hefte solcher Romane gewöhnlich in einer Anzahl von 100000 und mehr Stück gedruckt und verbreitet würden und es sich erst etwa von Heft 6 an zeige, wie viel Gesammtexemplare schließlich abonniert seien. Aber auch eine Zusage, wonach die <u>voll abonnierten</u> Exemplare auf eine bestimmte Zahl beschränkt sein sollten, sei nach den Verhältnissen im Kolportagebuchhandel unwahrscheinlich, da die Kosten der Herstellung [...] so erheblich seien, daß der Verleger meist erst nach vielen Jahren und nach Erscheinen von vielen 1000 von Exemplaren durch die Nachlieferungen seine Aussagen decke und Gewinn erziele.

Deshalb sei es im Kolportagehandel feststehende Praxis gewesen,

daß die für ihn arbeitenden Schriftsteller ihre literarischen Erzeugnisse dem Verleger gegen einmalige, heftweise Vergütung für alle Zeiten und ohne Vorbehalt von Rechten irgendwelcher Art abträten."

Die Romane nach dem *Waldröschen* hätten „gelegen wie Blei".

Die weiteren Einlassungen der Beklagten bezogen sich auf die von der Klägerseite benannten Zeugen. Max Dittrich wäre „mit dem Kläger eng befreundet" gewesen und „sei ein wenig glaubhafter Charakter". Darüber hinaus wäre er „gewissermaßen Zeuge in eigener Sache, da er gegen die Beklagte gleichartige Ansprüche erhebe wie der Kläger". Die Zeugin Rosalie Freitag „sei eine unter sittenpolizeilicher Kontrolle stehende, öffentliche Dirne", die „zeitweise in der städtischen Arbeitsanstalt untergebracht gewesen" und „vom Kläger beeinflußt" worden wäre. Emma Pollmer

lebe trotz der Scheidung noch im besten Einvernehmen mit dem Kläger und dessen jetziger Frau, mit der sie gut befreundet sei, und beziehe [...] fortdauernd ihren Lebensunterhalt vom Kläger, sei also von ihm wirtschaftlich abhängig.

In ein völlig anderes Licht stellte die Münchmeyer-Seite ihre eigenen Zeugen:

Dagegen verdienten die von der Beklagten benannten Zeugen, auch soweit es ihre nahen Verwandten seien, die vollste Glaubwürdigkeit, schon in Ansehung ihrer Lebensstellung und des sich daraus ergebenden Veranwortlichkeitsgefühls. [...] Zweifelhaft sei höchstens die Haltung des inzwischen verstorbenen Zeugen Walther.

Entschieden bestritt Pauline Münchmeyer die „Eideswürdigkeit des Klägers" unter Hinweis auf Mays Vorstrafen. Er sei „vorbestraft, u. A. mit 4 Jahren Zuchthaus und Verlust der bürgerlichen Ehrenrechte wegen Eigentumsverbrechen und Betrügereien." Sie beantragte die „Herbeiziehung" und den „Vortrag" der Polizei- und Strafakten.

Ferner nimmt die Beklagte Bezug auf verschiedene in den Zeugenaussagen enthaltene Karakterisierungen des Klägers, namentlich auch Äußerungen einer im Münchmeyerschen Hause lebenden Großmutter, die den Kläger den „Lügen-May" genannt habe, darauf, daß er jahrelang den Doktortitel unbefugt geführt und in Kürschner's Literaturkalender seinen Geburtsort mit „Hohenburg" statt „Hohenstein-Ernstthal" angegeben habe.

281

Als weitere Zeugen für den „lügenhaften Karakter des Klägers" nannte Pauline Münchmeyer im Prozess später:

den Verlagsbuchhändler Adalbert Fischer [...] und dessen Ehefrau, die bestätigen würden, daß ihnen der Kläger als ein Mann von sehr bedenklicher Moral bekannt sei.

Als weiterer Zeuge wurde Paul Schumann benannt,

dem zahlreiche Fälle bekannt seien, in denen sich Kläger als ein lügenhafter Mensch von unlauterer Gesinnung erwiesen habe.

Ein anderer Zeuge sollte der Schriftsteller Friedrich August Julius Mauksch (1856-1914) sein, dem

schon der verstorbene Münchmeyer erzählt habe, Kläger habe ihn bei Ablieferung der Manuskripte wiederholt zu betrügen versucht [...], indem er, um sein nach Schreibseiten bemessenes Honorar zu erhöhen, in die Manuskripte Blätter hineingelegt habe, die gar nicht hineingehörten.

Als „Leumundszeugen für ihre eigene Ehrenhaftigkeit und Wahrheitsliebe" benannte Pauline Münchmeyer u. a. ihren Schwiegersohn Karl Schiller und ihren inzwischen verstorbenen Neffen Gustav Adolf Münchmeyer, dessen protokollierte Aussage als notariell beglaubigte Urkunde vorläge.

In der Folgezeit fanden zahlreiche Beweistermine statt. So bestätigte der Buchbinder Arthur Meißner in seiner Vernehmung vom 16. Juni 1904,

daß er nach dem Tode Münchmeyers die Belegexemplare für die vier großen Kolportageromane <u>auf</u> <u>persönliches</u> <u>Geheiß</u> <u>der</u> <u>Beklagten</u> eingebunden habe, damit sie dem Kläger zugesendet würden.[45]

Da die Belegexemplare als Textgrundlagen für eine Aufnahme in die *Gesammelten Reiseromane* Mays bei Fehsenfeld vorgesehen waren, sprach eine wissentliche Überlassung der Bücher durch Pauline Münchmeyer für Mays Behauptung zur Eigentumslage.

In der mündlichen Verhandlung vor dem Oberlandesgericht Dresden am 28. April 1905 kam es zum Beschluss, die

Aussage von Emma Pollmer zu beeidigen und die Zeugin Rosalie Freitag noch einmal vernehmen zu lassen. Vorgelegt werden sollten auch die den Kläger, die Freitag und den Zeugen Dittrich betreffenden Polizeiakten sowie Mays Strafakten. Auf Mays Widerspruch hin wurde letzterer Beschluss wieder revidiert, da

> dieser Antrag von der Beklagten nicht aus sachlichen Gründen, sondern aus persönlichen Motiven, um damit neues Material zu sammeln und in der Öffentlichkeit gegen ihn vorzugehen, gestellt werde. [...] Die Tatsache der Bestrafungen an sich werde nicht bestritten und sei daher auch gar nicht beweisbedürftig.[46]

In einem weiteren Termin am 16. Mai kamen mehrere Sachverständige zu Wort, die erklärten, dass der Zeuge Arthur Meißner bei seiner Vernehmung vom 16. Juni 1904 an Geistesschwäche gelitten hätte.[47] Während die Münchmeyer-Seite bestrebt war, die Zeugen Mays zu diskreditieren, besann sich der Dichter auf seine literarischen Möglichkeiten. So verfasste er in jener Zeit seine Streitschrift *Ein Schundverlag* (Privatdruck im Juni 1906 im Dresdner Druckhaus von Alwin Risse). Darin charakterisierte May die Praktiken des Münchmeyer-Verlags, berichtete über viele Details aus seiner Redakteurszeit und seiner Tätigkeit als Kolportageautor.

„*Ich trug*, so erläuterte May später, *alle Erfahrungen, welche mir der Münchmeyer-Prozeß brachte, emsig zusammen, um sie unter dem Titel ‚Ein Schundverlag' zu veröffentlichen und dem Deutschen Reichstage vorzulegen.*"[48]

Nach zahllosen Beweisaufnahmen wurde am 5. Februar 1906 vom 2. Zivilsenat des Oberlandesgerichtes Dresden das Urteil verkündet:

2.O.288/04

Im Namen des Königs!

In Sachen
der Witwe Ida Pauline Münchmeyer in Dresden,
Beklagte und Berufungsklägerin,
Prozeßbevollmächtigter: RA. Dr. Felix Bondi

gegen
den Schriftsteller Karl May in Radebeul,
Kläger und Berufungsbeklagten,
Prozeßbevollmächtigter: RA. Klotz,
wegen Rechnungslegung,

erkennt der 2. Zivilsenat des K. S. Oberlandesgerichts unter Mitwirkung des Senatspräsidenten Hallbauer, der Oberlandesgerichtsräte Dr. Schmidt I, Dr. Kormann, Dr. Burdach und Dr. Mayer für Recht:
Die Berufung gegen das am 26. September 1904 verkündete Teilurteil der 6. Zivilkammer des K. Landgerichts zu Dresden wird zurückgewiesen.
Die Kosten der Berufungsinstanz werden der Beklagten auferlegt.

Tatbestand
[...]
Die Berufungsverhandlung hat Folgendes ergeben. [...]

I.

Beklagte bemängelt zunächst die Formulierung des Eides. Dieser wäre chronologisch zu fassen gewesen, so dass Kläger eine vollständige, historisch sich aufbauende Darstellung seiner, im Laufe der Zeit mit Münchmeyer getroffenen Vereinbarungen zu beschwören habe, und zwar in einer geordneten Aufzählung der einzelnen Verhandlungen unter Darstellung wie sich eine aus dem andern entwickelt habe, und unter möglichst genauer Darlegung der zeitlichen Aufeinanderfolge. Das vom Landgerichte beliebte Herausgreifen einzelner Punkte aus einem viele Jahre dauernden Verhältnisse ohne Zusammenhang mit den übrigen Beziehungen sei unzulässig, zumal bei einem richterlichen Eide. [...]
Die Vorinstanz habe sich bei der Eidesformulierung einfach an den Wortlaut der klägerischen Behauptungen gehalten, die aber nicht eidesschlüssig seien. Sie hätte vielmehr durch Ausübung des Fragerechts den Kläger veranlassen sollen, seine Sachdarstellung in der oben angedeuteten Weise zu vervollständigen. Dazu wäre er nicht im Stande gewesen.

2.

Weiter wendet sich die Beklagte gegen die gewählte Form des Teilurteils. Eine solche sei, auch wenn nach § 254 d. Z.P.O. mit der Klage auf Rechnungslegung zugleich die Schädenklage verbunden werde, nur dann beanzeigt, wenn das Gericht dazu gelange, die verklagte Partei unbedingt zur Rechnungslegung zu verurteilen, nicht aber bei einer durch Eid bedingten Entscheidung. Die Vorinstanz hätte von ihren eigenen Standpunkte aus im Falle der Eidesweigerung den Kläger nicht blos mit seinem Anspruche auf Rechnungslegung, sondern in vollem Umfange mit der Klage abweisen und zugleich in die Prozesskosten verurteilen müssen.

3.

Die Beklagte bestreitet ferner das Bestehen eines Anspruchs auf Rechnungslegung. Die Zusicherung einer „feinen Gratifikation" für die vier Kolportageromane, wenn anders sie erfolgt sei, habe kein gesellschaftliches, die Rechenschaftspflicht begründendes Verhältnis geschaffen. Kläger habe, nach seiner eigenen Darstellung, die Gratifikation erhalten sollen, sobald 20000 Exemplare umgesetzt seien. Er habe also nur zu beweisen das Versprechen, sowie den Umsatz von je 20000 Exemplaren. Dieser sei hinsichtlich des „Waldröschens" gar nicht streitig. Ebensowenig folge sein Recht auf Rechnungslegung aus dem Rechte auf Schadensersatz. Die Rechte, die er auf Grund seiner eigenen Sachdarstellung habe, seien nach § 5 c, d vbd. mit § 518 ff. des Urhebergesetzes vom 11. Juni 1870 genau bestimmt und zwar in einer erschöpfenden, landesrechtliche Vorschriften im Zweifel ausschließenden Weise. Von einem Rechte auf Rechnungslegung sei dort nicht die Rede. Sie folge auch nicht aus der Natur der Sache. Am wenigsten erscheine die Rechenschaftspflicht hinsichtlich der Zeitschriftenwerke begründet, da hier von einem Vertragsverhältnisse hinsichtlich des späteren Abdrucks nicht gesprochen werden könne, die Klage insoweit vielmehr als reine Deliktsklage aufzufassen sei. Selbst wenn aber die Verpflichtung zur Rechnungslegung in der Person des verstorbenen Münchmeyer begründet gewesen sei, so könne doch nicht die Beklagte hierzu verhalten werden. Tatsächlich sei auch die Beklagte zur Rechnungslegung ganz außer Stande. Bis zum Tode ihres Mannes sei überhaupt keine genügende Buchführung vorhanden gewesen, und bei dem Verkaufe des Geschäfts an Fischer habe sie diesem alle vorhandenen Geschäftsbücher mitüberlassen.

4.

Ferner verbleibt die Beklagte dabei, dass nach Überschreitung der Grenze von 20000 Exemplaren bez. nach Abdruck der Zeitschriftenwerke in einem Jahrgange Münchmeyerscher Zeitschriften der verstorbene Münchmeyer zum Kläger außerhalb jedes Vertragsverhältnisses gestanden habe, das Verhalten der Beklagten hiernach lediglich gemäß dem Urhebergesetz vom 11. Juni 1870 zu beurteilen und der geltendgemachte Schadensersatzanspruch daher nach § 33 dieses Gesetzes verjährt sei. Zugleich macht sie geltend, dass das ursprüngliche Vertragsverhältnis überhaupt nicht als Verlags- sondern vielmehr als Werkvertrag oder Kauf zu beurteilen sei.

5.

Vor Allem wendet sich aber die Beklagte gegen die Beweiswürdigung der Vorinstanz. Die Beschränkung des Druckes und Vertriebes der Kolportageromane auf eine Höchstzahl von 20000 Exemplaren sei mit den Einrichtungen im Münchmeyerschen Geschäfte unvereinbar gewesen, da die ersten 5 Hefte solcher Romane gewöhnlich in einer Anzahl von 100000 und mehr Stück gedruckt und verbreitet würden und es sich erst etwa von Heft 6 an zeige, wieviel Gesammtexemplare schließlich abonniert seien. Aber auch eine Zusage, wonach die voll abonnierten Exemplare auf eine bestimmte Zahl beschränkt seien sollten, sei nach den Verhältnissen im Kolportagebuchhandel unwahrscheinlich, da hier die Kosten der Herstellung des Vertriebes, namentlich der Anfangslieferungen 1-5, die zur Gewinnung von Abonnenten an die vermittelnden Kolportagebuchhandlungen gratis abgegeben würden, so erheblich seien, daß der Verleger meist erst nach vielen Jahren und nach Erscheinen von vielen 1000 von Exemplaren durch die Nachlieferungen seine Auslagen decke und Gewinn erziele. Das gelte auch von solchen Kolportageromanen, die heftweise in Zeitschriften erschienen, denn die Kolportagezeitschriften seien nichts andres als eine besondere Form der Kolportageromane. Deshalb sei es im Kolportagehandel feststehende Praxis, daß die für ihn arbeitenden Schriftsteller ihre literarischen Erzeugnisse dem Verleger gegen einmalige, heftweise Vergütung für alle Zeiten und ohne Vorbehalt von Rechten irgendwelcher Art abträten. Hierfür bezieht sich die Beklagte auf die von ihr überreichte Druckschrift: „Einführung in die Rechtskunde des Buchhändlers" von F. v. Biedermann S. 288 Ziff. 74 (im Umschlage zwischen Blt. 174 / 175 in Bd. 3), auch beantragt sie hierüber die Vernehmung eines Sachverständigen.

Sodann wendet sich die Beklagte zu den einzelnen Zeugenaussagen. Dittrich sei ein wenig glaubhafter Charakter, seine Aussage auch innerlich unwahrscheinlich; er sei überdies gewissermaßen Zeuge in eigener Sache, da er gegen die Beklagte gleichartige Ansprüche erhebe wie Kläger, und überdies mit dem Kläger eng befreundet, wie dies namentlich eine von ihm verfasste und 1904 bei Weiske in Dresden erschienene, von der Beklagten zu den Akten überreichte Druckschrift: „Karl May und seine Schriften" ergebe. Die Freitag sei eine unter sittenpolizeilicher Kontrolle stehende, öffentliche Dirne; auch zeitweise in der städtischen Arbeitsanstalt untergebracht gewesen; sie sei vom Kläger beeinflußt; nach ihrer Vernehmung im Vorprozesse May ./. Fischer (C Ar II. 17/02), wo sie die Hauptzeugin des Klägers gewesen sei, sei sie, von Gewissensangst gequält, zum Rechtsanwalt Kohlmann, dem damaligen Vertreter der Gegenpartei, gekommen und habe diesem zu Protokoll Mitteilung hiervon gemacht. Ihre Aussage, soweit sie bedauernde Äußerungen Münchmeyers darüber bestätige, daß er nicht die vollen Rechte an den May'schen Schriften besitze, sei auch innerlich unwahrscheinlich, da sie zur Zeit jener angeblichen Äußerungen erst knapp 20 Jahre alt gewesen sei, Münchmeyer also mit ihr kaum über geschäftliche Verhältnisse gesprochen haben werde. Auch die geschiedene May verdiene keinen Glauben; sie lebe trotz der Scheidung noch im besten Einvernehmen mit dem Kläger und dessen jetziger Frau, mit der sie gut befreundet sei, und beziehe, da sie selbst Vermögen nicht besitze und keinerlei Beruf ausübe, fortdauernd ihren Lebensunterhalt vom Kläger, sei also von ihm wirtschaftlich abhängig. Der Zeuge Meißner sei ebenfalls vom Kläger wirtschaftlich abhängig gewesen; er sei übrigens zur Zeit seiner, am 16. Juni 1904 erfolgten Vernehmung rückenmarksleidend und geistesschwach gewesen; am 29. desselben Monats sei er in die Beobachtungsanstalt für Geisteskranke des Dresdener Siechenhauses eingeliefert worden und dort schon am 13. Juli 1904 verstorben. Dagegen verdienten die von der Beklagten benannten Zeugen, auch soweit es ihre nahen Verwandten seien, die vollste Glaubwürdigkeit, schon in Ansehung ihrer Lebensstellung und des sich daraus ergebenden Verantwortlichkeitsgefühls. Es seien durchweg Personen, gegen deren Glaubwürdigkeit sich nicht das Mindeste einwenden lasse. Die Aussagen Eichler's und Dittrich's seien überdies gar nicht im vorliegenden Prozesse oder behufs ihrer Verantwortung in ihm erstattet worden.

Zweifelhaft sei höchstens die Haltung des inzwischen verstorbenen Zeugen Walther. Dessen an den Kläger gerichteter und von diesem beigebrachten Brief sei zwar früher von ihr bestritten worden und werde auch jetzt noch nicht ausdrücklich anerkannt, jedoch verschließe sich die Beklagte dem nicht, daß dieser Brief bei der Ähnlichkeit der Schriftzüge so aussehe, als wenn er von Walther herrühre. Dieser scheine daher ein doppeltes Spiel gespielt zu haben. Was endlich die Philipp anlange, so lege die Vorinstanz bei Würdigung dieser Aussage mit Unrecht alles Gewicht auf die Länge der inzwischen verflossenen Zeit, da die Beklagte erwiesener Maßen in den 2 Jahren, die die Zeugin nach dem Tode Münchmeyers bei dessen Witwe gedient habe, Niemanden außer ihre Verwandten und auch diese nur ganz ausnahmsweise, so gut

wie nie, zu sich geladen, sondern vielmehr für sich allein und von früh bis abends nur dem Geschäfte gelebt habe.
Jedenfalls völlig versagt habe der Beweis rücksichtlich der am Eingange des Tatbestandes unter 2. aufgeführten Romane und der dort unter 3. und 4. genannten Zeitschriftenwerke. Der Schluss, weil es bei „Waldröschen" so vereinbart worden sei, sei anzunehmen, dass auch bei den andern Romanen dasselbe ausgemacht worden sei, sei nicht gerechtfertigt. Hierzu bestreitet die Beklagte nunmehr ausdrücklich, dass die 3 späteren Romane über 20000 Exemplare hinaus gedruckt und verbreitet worden seien; sie hätten vielmehr „gelegen wie Blei".

6.

Endlich bestreitet die Beklagte die Eideswürdigkeit des Klägers. Er sei vorbestraft, u. a. mit 4 Jahren Zuchthaus und Verlust der bürgerlichen Ehrenrechte wegen Eigentumsverbrechen und Betrügereien, sie (die Beklagte) eine Frau von makellosem Rufe und strenger Rechtlichkeit. Der Schluss der Vorinstanz, dass in den Vorstrafen des Klägers, da sie ein Menschenalter zurücklägen, kein Grund gefunden werden könne, ihn nicht zum Eide zuzulassen, würde sich nur dann rechtfertigen lassen, wenn feststände, dass der den Vorstrafen zu Grunde liegende Tatbestand keinen Schluss auf dauernde Charaktereigenschaften erlaube. Es mache sich daher die Heranziehung und der Vortrag der Polizei- und Strafakten erforderlich, die sie beantrage. Ferner nimmt die Beklagte Bezug auf verschiedene in den Zeugenaussagen enthaltene Charakterisierungen des Klägers, namentlich auch Äußerungen einer im Münchmeyerschen Hause lebenden Großmutter, die den Kläger den „Lügen-May" genannt habe, darauf, dass er jahrelang den Doktortitel unbefugt geführt und in Kürschner's Literaturkalender seinen Geburtsort mit „Hohenburg" statt mit „Hohenstein-Ernstthal" angegeben habe. Der Kläger erwidert hierauf mit den umfänglichen Ausführungen in seinem Schriftsatze vom 20. Februar 1905 (Bd. 3 Blatt 187 bis 334) und die Beklagte wiederum mit denjenigen in ihrem Schriftsatze vom 20. März 1905 (Bd. 4 Blt.

1 – 12); beide Parteien stellen die darin angekündigten Beweisanträge. Auf den Inhalt dieser zum Vortrage gebrachten Schriftsätze wird Bezug genommen.[49]

Das Gericht rekapitulierte anschließend die Versuche der Münchmeyer-Seite, Karl May wegen seiner Vorstrafen eidesunwürdig erscheinen zu lassen. Dabei führte man u. a. verschiedene von der Berufungsklägerin benannte Zeugen wie Adalbert Fischer und amtliche Dokumente an. Die Münchmeyer-Seite habe zudem versucht zu beweisen, dass May einzelne Zeugen wie die Prostituierte Freitag in seinem Sinne beeinflusst hätte. Die Herbeiziehung der May'schen Vorstrafenakten hatte das Gericht abgelehnt, da es die entsprechende Beantragung als persönlichen Racheakt und in der Sache wenig dienlich bewertet hatte. Anschließend wurde Mays Vorbringen wiedergegeben:

Der Kläger entgegnet hierauf:

zu 1.)

Das Strafverfahren sei nicht eingestellt worden, weil die Unschuld Fischer's erwiesen sei, sondern deshalb, weil durch die Aussage Klägers allein der volle Schuldbeweis nicht zu erbringen sein würde.

Mit Fischer sei er vollständig verfeindet. Er liege mit ihm im Prozesse wegen Anfechtung des Vergleichs. In diesem Prozesse habe er (Kläger) ebenfalls den Eid zugebilligt erhalten. Fischer habe also das große Interesse, ihn als Lügner hinzustellen, um dort den Eid zu bekommen. Zu den in seine Wissenschaft gestellten Äußerungen Dietrich's werde dieser als Gegenzeuge benannt. Der Zeuge Schumann sei ihm völlig unbekannt. Dass er jemals versucht haben könne, Münchmeyer in der behaupteten Weise über die Höhe des Honorars zu täuschen, sei ganz ausgeschlossen, da er niemals nach Schreibseiten, sondern immer nur nach Druckbogen honoriert worden sei.

zu 2.)

Über die Echtheit der beigebrachten Schriftstücke gibt Kläger keine Erklärung ab, behauptet aber:

zu a.)

Jede Beeinflussung der Zeugin Freitag werde entschieden bestritten. Was die Beklagte über die Veranlassung des Kohlmann'schen Protokolls behaupte, sei direkt erfunden und durch die Freitag widerlegt. Das Protokoll enthalte bei unbefangener Würdigung nichts Belastendes. Dass Kläger sich von der Zeugin habe bestätigen lassen, was sie wisse, könne ihm nicht verargt werden, da er zwecks Erlangung einer einstweiligen Verfügung gewisse Tatsachen habe glaubhaft machen müssen.

zu b. c.)

Mit dem Ausdrucke „Münchmeyer war nie zu einem Kontrakte zu bringen" habe er nur einen schriftlich abgefassten Vertrag gemeint; dass eine Vereinbarung überhaupt stattgefunden habe, bestreite ja die Beklagte selbst nicht. Die Meinung, dass beim Mangel eines schriftlichen Vertrags die gesetzlichen Bestimmungen Platz griffen, enthalte nur eine verfehlte Rechtsansicht, über die er erst von seinem Rechtsanwalte belehrt worden sei.

zu d.

Die Auskünfte seien solange ohne Bedeutung, als nicht der Wortlaut der betreffenden Anfragen vorliege, da man erst dann beurteilen könne, welche Bedeutung die Antworten hätten.

Dietrich habe übrigens dem Kläger, als er ihn um einen Roman gebeten, zugestanden, dass ihm nach 2 Jahren die Autorrechte wieder zustehen würden. Ebenso habe auch der Schriftsteller Emmerich Eim (korrekt: Eiben], der auch für Dietrich geschrieben habe, seine Werke mit Wissen Dietrichs anderweit verwendet. Dietrich habe also in seinem Geschäfte selber nicht nachdem von ihm bestätigten Brauche gehandelt, worüber er als Zeuge benannt werde.

zu e.,

Der Vergleich mit Fischer sei nur verständlich, wenn man sich die Umstände vergegenwärtige, unter denen er abgeschlossen sei. Die Vorstrafen Klägers seien bis dahin nur der Familie Münchmeyer bekannt gewesen. Jetzt sei ihm plötzlich Fischer mit der Drohung entgegengetreten, dass er diese Vorstrafen veröffentlichen werde. Diese Drohung habe auf ihn geradezu fürchterlich eingewirkt, da er inzwischen einen angesehenen Namen und tausend und abertausend dankbarer Leser erworben habe. Nur um das Bekanntwerden der Vorstrafen zu vermeiden, habe er sich entschlossen, den Prozess nicht fortsetzen, sondern durch Vergleich zu beenden, obschon er bereits eine einstweilige Verfügung in Händen gehabt habe. Ihm seien bis dahin die in seine Schriften von dritter Seite eingeschobenen, anstößigen Stellen nicht bekannt gewesen. Nun da die Drohung doch einmal verwirklicht sei, suche er wieder sein altes Ziel, die Romane aus der Welt zu schaffen, zu erreichen. Was speziell Punkt 6 des Vergleiches anlange, so habe ihm Fischer vorgespiegelt gehabt, dass er ein Manuskript „Das Buch der Liebe" von ihm in Händen habe. Er habe ein solches nie geschrieben, Fischer ihm aber stets die Vorlegung des Manuskripts verweigert. Deshalb habe er auch der Aufnahme von Punkt 6 bestanden. Nachmals habe sich herausgestellt, dass Fischer ein solches Manuskript überhaupt nicht in Händen habe. Hierüber werden jetzt Fischer und Rechtsanwalt Trummler als Zeugen benannt.

Kläger widerspricht schließlich noch dem Antrage auf Vorlegung des Doktordiploms, da es sich nicht um eine zum Zwecke der Beweisführung in Bezug genommene Urkunde handle, und benennt, die Beweisaufnahme über Meißner anlangend, noch dessen Ehefrau und einen gewissen Winkler darüber, dass ihm Meißner schon vor 14 Jahren, also zu einer Zeit, wo eine geistige Störung noch gar nicht in Frage gekommen sei, und zwar nicht nur einmal, sondern öfters davon erzählt habe, dass er die Belegexemplare für den Kläger habe binden müssen, die Meißner auch dafür, daß ihr Mann nie gelogen habe. [...][50]

Es folgte die ausführliche Urteilsbegründung:

I.

Die Einwendungen, die der Beklagte sowohl gegen die gewählte Form des Teilurteils, wie gegen die rechtsschlüssige Begründung des Anspruchs auf Rechnungslegung erhoben hat, können nicht als begründet anerkannt werden.

[...]

Die Ansprüche auf die Gratifikation und auf Schadensersatz beruhen in erster Linie auf dem zwischen dem Kläger und dem verstorbenen H.G. Münchmeyer abgeschlossenen Vertrage, mögen daneben auch, wenigstens was die Entschädigungspflicht betrifft, nach § 5.c.d d[es] hier einschlägigen Reichsgesetzes, das Urheberrecht an Schriftwerken pp. betreffend, vom 11. Juni 1870 die gesetzlichen Vorschriften über die Verpflichtung zur Leistung von Schadensersatz wegen unbefugten Nachdruckes in Frage kommen.[51]

Das Gericht ging von einer tatsächlich getroffenen mündlichen Vereinbarung zwischen H. G. Münchmeyer und Karl May aus, dessen rechtlicher Inhalt der Abschluss eines Verlagsvertrags gewesen war.

Der Natur des Verlagsvertrags nach dem hier maßgebenden sächsischen Rechte entspricht es aber durchaus, die Verpflichtung des Verlegers zur Rechnungslegung insoweit als begründet anzuerkennen, als es solcher zur Feststellung der Ansprüche des Schriftstellers bedarf.[52]

Die mündliche Absprache mit dem Verlag sah das Gericht jedenfalls als Verlagsvertrag im Sinne der §§ 1139ff. des Bürgerlichen Gesetzbuchs für das Königreich Sachsen von 1863 an. Es sei kein Werkvertrag mit ganz anderen rechtlichen Folgewirkungen geschlossen worden. Daraus ergäbe sich auch der Anspruch auf Rechnungslegung, mindestens als stillschweigender Teil des Verlagsvertrags.[53] Aus dieser Bewertung der Rechtsnatur des Vertrags resultierte auch die Schlussfolgerung, dass nicht die wesentlich kürzere dreijährige, sondern die 30-jährige Verjährungsfrist des § 195 BGB für Mays Klage griff, die bei Klageerhebung noch nicht abgelaufen war.

Albrecht Götz von Olenhusen befand:

„Die Schwäche der Klage lag darin, dass Karl May erst 1902 gegen den Verlag auf Rechnungslegung und Honorar klagte, also Jahrzehnte nach der Erstauflage des ‚Waldröschen'. Das OLG übernahm hier kurzerhand die ‚unwiderlegliche Darstellung' Mays, ‚erst durch die Reklame, die Fischer nach der Geschäftsübernahme betreffs des Vertriebs vom ‚Waldröschen' verbreitet hat, sichere Kenntnis vom Umfange der Rechtsverletzungen erlangt' zu haben. Damit erweist sich die Argumentation des OLG als relativ großzügig gegenüber dem Kläger. Denn dass dieser spätestens nach dem Tode von Münchmeyer wusste, dass die Romane vom Verlag weiter verlegt würden, geht ja aus seiner eigenen Darstellung hervor. Dass sie anonym auch früher schon weithin und immer wieder verbreitet worden waren, dürfte ihm schwerlich entgangen sein. Dass May gegen Fischer erst 1901 vorging, obwohl dieser die Romane seit 1899 verbreitete und gegen den Verlag Münchmeyer erst ab 1902, erklärt sich wohl zwangloser aus seiner delikaten Situation, die im Urteil mehr als deutlich hervortritt: Gegenüber Fischer war das Zögern ersichtlich bedingt durch die Tatsache, dass dieser unumwunden drohte, Mays Vorstrafen bekannt zu machen. Als Fischer durch einen Vergleich sozusagen ruhig gestellt war, konnte May mit dem Prozess gegen Pauline Münchmeyer beginnen."[54]

Darin ist eine mögliche Erklärung zu erkennen. Sie lässt dennoch die Frage offen, warum May angesichts der Kenntnisse des Hauses Münchmeyer von seinen Vorstrafen bei diesem Prozessgegner weniger Angst gehabt haben sollte?

Der neue vertragswidrige Abdruck von Werken und die Überschreitung der vertraglich oder gesetzlich gestatteten Anzahl von Werken, wurde damals als unerlaubter Nachdruck angesehen.[55] Eine Entschädigungspflicht leitete die Berufungsinstanz aus § 5c des Reichsgesetzes über das Urhebergesetz von 1870 her.

Und den Beweis für die anspruchsbegründenden Tatsachen sah das Gericht durch einzelne Zeugenaussagen und Dokumente als bewiesen an.

Vor allem jenem Brief des Münchmeyer-Mitarbeiters Johann August Walther vom 27. November 1894 wurde eine besondere Wichtigkeit beigemessen:

Dieser Brief beweist zunächst soviel zweifellos, daß die Unterscheidung zwischen einer Auflage bis zu 20000 Exemplaren und einem Mehrumsatze eines Buches behufs Feststellung der Honoraransprüche des Schriftstellers im Münchmeyerschen Geschäfte wohl bekannt war. Aber man wird bei unbefangener Betrachtung den Brief nicht anders auffassen können, als daß diese Unterscheidung ebenso für den neu zu schreibenden Roman wie bereits für [„]Waldröschen["] galt und daß das Erstbestimmte, nach Heften zu bemessende Honorar (etwas Weiteres hat Kläger auch nach Darstellung der Beklagten nicht empfangen) sich nur auf die erste Auflage bezog, so daß also nach Erfüllung dieser Auflage der Verleger eine neue Honorarvereinbarung nachsuchen mußte und in deren Ermangelung das Urheberrecht dem Verfasser zustand.[56]

Dass sich H. G. Münchmeyer nie im Besitz des vollständigen Verwertungsrechts über die May'schen Romane gesehen habe, hätten nach Auffassung des Gerichts die Zeugen Rosalie Freitag und Adalbert Fischer bewiesen:

Die Erstere hat bei ihren wiederholten Vernehmungen [...] eidlich bestätigt, daß ihr gegenüber Münchmeyer oft sein Bedauern darüber ausgesprochen habe, daß er nicht die vollen Rechte an den Schriften des Klägers besitze. Auch von dieser Zeugin hat das Berufungsgericht einen glaubwürdigen Eindruck gewonnen. Wenn die Beklagte die Sache jetzt so darzustellen sucht, daß Münchmeyer bedauert habe, nicht alle Werke Klägers in seinem Verlage zu haben, so erscheint dies offenbar willkürlich und ist auch von der Zeugin ausdrücklich in Abrede gestellt worden. Daß die Zeugin unter sittenpolizeilicher Kontrolle steht, kann nicht dazu führen, ihrer beeideten Aussage schlechthin Glauben zu versagen. [...]

Vor Allem kommt die Aussage Fischer's [...] in Betracht, auf dessen Beeidigung die Parteien verzichtet haben und den die Beklagte jetzt selber benennt. Dieser Zeuge bestätigt, daß er, als nach der Geschäftsübernahme Kläger ihm gegenüber Urheberrechte an seinen Schriften geltend gemacht, Walther'n hierüber Vorbehalte getan und von ihm die Antwort empfangen habe:
„Haben Sie keine Angst wegen May, da brauch' ich nur ein paar Zeilen zu schreiben da ist er ruhig."
Fischer hat später von den Vorstrafen des Klägers erfahren und Walther gefragt, ob er diese mit jener Äußerung gemeint habe. Darauf hat Walther erwidert: „Den machen wir moralisch kaputt, wenn er überhaupt gegen uns vorgeht, den haben wir in der Hand" und „Sobald ich ihm drohe, tritt er zurück." Walther hat auch später dem Zeugen erklärt, daß er von Münchmeyer Vollmacht erhalten habe, mit dem Kläger zu verhandeln, um dessen ganze Werke ins unbeschränkte Eigentum zu bekommen, daß auch schon im Vertragsentwurf aufgesetzt, dessen Unterzeichnung aber vom Kläger verweigert worden sei. [...] Hiernach kann nicht anders angenommen werden, als daß die Firma Münchmeyer tatsächlich nicht die vollen Rechte an den Schriften Klägers besessen, aber gehofft hat, den Kläger mit der Bedrohung durch Veröffentlichung seiner Vorstrafen zum Schweigen bringen zu können.[57]

Im Zusammenhang mit den Vorstrafen Mays hatte sich die Münchmeyer-Seite auch erneut auf eine Eidesunwürdigkeit Mays berufen. Dieser Einwand wurde mit der Begründung abgewiesen:

Nachdem Kläger die Tatsache dieser Bestrafung in dem vollen, von der Beklagten behaupteten Umfange zugestanden hat, konnte davon abgesehen werden, den gesamten Inhalt der Strafakten in der mündlichen Verhandlung der Oeffentlichkeit preiszugeben, da das Berufungsgericht die Ansicht teilt, dass gegenwärtig, nachdem seit diesen Bestrafungen mehr als ein Menschenalter verstrichen ist, und da, wie die

Beklagte selbst nicht anders hat dartun können, der Kläger inzwischen sich vorwurfsfrei geführt hat, ein ihm nachteiliger Schluss aus den Vorstrafen nicht gezogen werden kann. [...]

Schließlich hat das Berufungsgericht auch die Einwendungen der Beklagten gegen die Formelung der dem Kläger zuerkannten Eide nicht als begründet anerkennen können. Das unter Eid gestellte Vorbringen des Klägers enthält eine rechtsschlüssige Begründung derjenigen Ansprüche, die er aus den, den Klagegrund bildenden, zwischen ihm und dem verstorbenen Münchmeyer abgeschlossenen Verlagsverträgen herleitet. Ebenso entspricht die Eidesnorm den Vorschriften des prozessualen Eidesrechts, sofern ihren Gegenstand durchweg bestimmt bezeichnete Tatsachen bilden. Dies gilt namentlich vom Eide unter 2., der die genau und eidesschlüssig bestimmte Tatsache enthält, daß Kläger und Münchmeyer für den Vertrag der dort genannten Romane dieselben Bedingungen, wie zu 1) mit alleiniger Ausnahme eines höheren Honorarsatzes vereinbart haben. Wenn die Beklagte im Übrigen die genaue Angaben von Zeit und Ort jener Vereinbarungen und sonstigen Nebenumständen vermißt, so ist dieser Einwand jedenfalls für den ersten Eid unbegründet, der die Gelegenheit, bei der jene Vereinbarung getroffen worden ist, so bestimmt als möglich bezeichnet. Aber auch im Übrigen ist zu berücksichtigen, daß die vermißte(n) Umstände für die schlüssige Begründung des Anspruchs im vorliegenden Falle ohne Bedeutung sind und daß es sich um Vorgänge handelt, die jetzt mehr als 20 Jahre zurückliegen und bezüglich deren dem Kläger, will man nicht seine Rechtsverfolgung von Haus aus scheitern lassen, eine genaue Kenntnis aller Einzelumstände, insbesondere eine völlig genaue Datierung nicht mehr anzusinnen ist. Es muß daher genügen, daß der Sinn der getroffenen Vereinbarungen so wie hier geschehen, zweifelsfrei festgestellt ist.

Aus diesen Gründen war die Berufung zurückzuweisen und die Beklagte gemäß § 97 Abs. I d. Z.PO mit den Kosten ihres unbegründeten Rechtsmittels zu belasten.[58]

Die Entscheidung des Rechtsstreits ist auch deswegen von besonderem Interesse, weil damals die Diskussion über ein originäres Verlegerrecht an Auftragswerken noch nicht abgeschlossen war. Sie fand ihren Nachhall in der Verlagsordnung des Börsenvereins für den Deutschen Buchhandel von 1893. Dort wurde für Auftragswerke sogar noch ein vollständiger Rechtsübergang auf den Verleger festgelegt (§ 5).[59] Das Berufungsgericht erhob allerdings keinen Beweis über den von der Münchmeyer-Seite behaupteten allgemeinen Geschäftsgebrauch in der Kolportage. Es stützte sich auf die erwiesenen Vereinbarungen zwischen H.G. Münchmeyer und Karl May. Die Verlagsrechte waren daher auf 20.000 Exemplare beschränkt. Die von May dargelegte Vereinbarung wurde in der zweiten Instanz als so wahrscheinlich angesehen, dass der Schriftsteller zum sog. Partei-Eid zugelassen wurde.[60]

Weitgehend unbeachtet von der zeitgenössischen Leser- und Kritikerschar verarbeitete May die juristische Auseinandersetzung in seiner 1902/03 entstehenden Reiseerzählung *Im Reiche des silbernen Löwen III* und *IV*, (heute in: GW Bd. 28 und 29, *Im Reiche des silbernen Löwen* und *Das versteinerte Gebet* (GW Band 29). In der Reiseerzählung taucht die Kolportage, der Schundroman, in Gestalt des Pferdes Kiss-y-Darr auf: May hat hier jedoch nicht nur seine rechtliche Position unmissverständlich literarisch verarbeitet. Man darf die Passagen auch als freimütiges Bekenntnis seiner Urheberschaft und seines uneingeschränkten Autorenstolzes lesen.

Überschwänglich feierte der Dichter seinen prozessualen Erfolg. So schrieb er Fehsenfeld, er „habe den großen Münchmeyer-Prozeß auch in zweiter Instanz, beim Oberlandesgericht <u>gewonnen</u>, und zwar <u>glänzend</u>."[61]

Doch der Prozess war damit noch lange nicht beendet. Pauline Münchmeyer beantragte am 6. April 1906 Revision, was in der Folgezeit das Reichsgericht beschäftigen sollte. Der Antragsschriftsatz ging vier Tage später beim Reichsgericht in Leipzig ein. In der mündlichen Verhandlung vom 20. April vor dem Oberlandesgericht Dresden ging es um den Revisionsantrag von Pauline Münchmeyer, deren Tatbestandsbericht abgelehnt wurde. Drei Tage später wurde der gesamte Revisionsantrag durch das Oberlandesgericht verworfen. Am 9. Mai ging eine neuerliche schriftliche Revisionsbegründung der Münchmeyer-Seite beim Reichsgericht ein, die nunmehr vollumfänglich zugelassen wurde. Erster Termin in der mündlichen Verhandlung vor dem Reichsgericht war der 24. November 1906. Zu diesem Anlass reiste das Ehepaar May bereits am Vortag nach Leipzig. Vertreten wurde der Schriftsteller durch Justizrat Julius Erythropel (1843-1915), während Justizrat Karl Franz Heinrich Malkwitz (1859-1912) die Interessen der Gegenseite wahrnahm. Anfang Dezember fanden weitere Termine statt. Am 9. Januar 1907 kam es zur Entscheidung. May war mit seiner Frau gekommen, um der Urteilsverkündung beizuwohnen. In Anwesenheit ihrer Rechtsvertreter wurde Karl May und Pauline Münchmeyer verkündet:

I 174. 06.

Im Namen des Reichs.

In Sachen

der Witwe Ida Pauline Münchmeyer in Dresden,
Beklagte und Revisionsklägerin,
Prozeßbevollmächtigter: Rechtsanwalt Malkwitz in Leipzig,

wider

den Schriftsteller Karl May in Radebeul,
Kläger und Revisionsbeklagten,
Prozeßbevollmächtigter: Rechtsanwalt Geheimer Justizrat Erythropel in Leipzig

hat das Reichsgericht, I. Zivilsenat,

auf die mündliche Verhandlung vom 9. Januar 1907
unter Mitwirkung:
 des Präsidenten Dr. Planck
 und der Reichsgerichtsräte Dr. Rehbein, Jeß, Dr. Hagens,
 Dr. Sprecher von Bernegg, Dr. Düringer, Berendes
für Recht erkannt:

Die gegen das Urteil des II. Zivilsenats des Königlich Sächsischen Oberlandesgerichts zu Dresden vom 5. Februar 1906 eingelegte Revision wird zurückgewiesen.
Die Kosten der Revisionsinstanz werden der Revisionsklägerin auferlegt.
Von Rechts wegen.

[...]

Entscheidungsgründe.

Die Revision konnte keinen Erfolg haben. Zu den einzelnen Angriffen ist folgendes zu bemerken:
[...]
Der Vorderrichter hat in Gemäßheit des Sächsischen Verlagsrechtes festgestellt, daß dem Kläger auf Grund des behaupteten, mit Münchmeyer abgeschlossenen Vertrages der geltend gemachte Anspruch auf Rechnungslegung zustehen würde. Da die Anwendung des Sächsischen Rechtes für den vorliegenden Fall keinem Bedenken unterliegt und die Revision nach § 549 der Zivilprozeßordnung auf eine Verletzung dieses Rechtes nicht gestützt werden kann, so ist die erwähnte Feststellung materiellrechtlich in keiner Weise nachzuprüfen. Daß neben dem Deliktsanspruch aus §§ 5 u. 18 des Urheberrechtsgesetzes vom 11. Juni 1870 sehr wohl auch ein der Verjährungsvorschrift des § 33 dieses Gesetzes nicht unterliegender Schadensersatzanspruch gegen den Verleger wegen Vertragsverletzung bestehen kann, hat das Reichsgericht bereits in Entscheidungen Bd. 12 S. 108 dargelegt.
Wegen der Formulierung des Eides ist den zutreffenden Ausführungen des Vorderrichters durchaus beizutreten. Selbstverständlich ist der Sinn des Eides zu Nr. 2 der, daß die bei „Waldröschen" vereinbarten Bedingungen mit der behaupteten Modifikation vertragsmäßig auf die drei späteren Romane übertragen sind.

[...]

Ob Kläger überhaupt erklärt hat, daß der Roman „Die Liebe des Ulanen" sich über mehr als zwei Jahrgänge des „Wanderers" erstreckt hat, kann dahingestellt bleiben. Dieser tatsächliche spätere Verlauf der Sache würde durchaus damit vereinbar sein, daß vorher die unter 3 behauptete Vereinbarung getroffen wäre.

[...]

Selbst wenn die Zeugin geschiedene Ehefrau May auch bezüglich ihrer Aussage über ihr gegenwärtiges finanzielles Verhältnis zum Kläger und dessen jetziger Ehefrau hätte beeidigt werden müssen, würde das Urteil nicht auf einem prozessualem Verstoße beruhen, weil der Vorderrichter in dieser Hinsicht die Behauptungen der Beklagten als wahr unterstellt. Da aber nach Zivilprozeßordnung § 393 Abs. 2 in Verbindung mit §§ 393 Abs. 1 Nr. 3 und 383 Abs. 1 Nr. 2 die nachträgliche Beeidigung der Ehefrau May überhaupt dem Ermessen des Vorderrichters unterlag, so war er auch befugt, von der Beeidigung ihre Aussage über die erwähnten persönlichen Umstände auszuschließen.

Hierauf mußte die Revision kostenpflichtig zurückgewiesen werden.

gez. Dr. Planck. Dr. Rehbein. Jeß. Dr. Hagens. Dr. von Sprecher. Dr. Düringer. Berendes.

Das Urteil ist in der öffentlichen Sitzung vom 9. Januar 1907 verkündet und in das am 21. Januar 1907 ausgehängte Verzeichnis eingetragen.[62]

Zum Ausgang des Verfahrens äußerte sich Götz von Olenhusen wie folgt:

„Betrachtet man den Verlauf, dann fällt doch auf, dass hier – wie nicht selten bei Mays Prozessen und in seinem Leben und Werk – ein fantasievolles, zuweilen fantastisches Prozess-Schauspiel gewissermaßen ‚inszeniert' wird – in ähnlicher Weise wie das ‚inszenierte Abenteuer' in seinen Werken und in seinem Leben, mit der erfundenen Identität von Biografie und Kunstfigur (Old Shatterhand und Kara Ben Nemsi). Die Vorsicht bei der Beurteilung ist angebracht bei den für May eintretenden Zeugen: May bot ja nicht nur seine erste Ehefrau auf, mit der er im Grunde total zerstritten war, die sich aber, finanziell von ihm völlig abhängig, wohl auch unter dem Einfluss seiner zweiten Frau Klara auf seine Seite schlug. Ein anderer Zeuge Mays war wegen seines offensichtlich zerrütteten Geisteszustandes angreifbar. Die Tochter eines Münchmeyer-Redakteurs, die für May aussagte, stand als ‚Dirne' unter ‚sittenpolizeilicher Aufsicht'. In dem von beiden Seiten mit allen Mitteln geführten Prozess um Indizien, mündliche Absprachen und Erklärungen lief es auch auf eine Entscheidung zwischen dem ehemaligen Zuchthäusler, dem ‚Lügen-May' einerseits, der Witwe Pauline Münchmeyer andererseits hinaus: letztere, im Prozess als Frau von makellosem Ruf und strenger Rechtlichkeit positioniert, in Mays Darstellung ein Ausbund von Geizkragen und eine Ausbeuterin par excellence. Pauline Münchmeyers Darstellung im Prozess wirkt auch deswegen wenig überzeugend, weil sie anscheinend den Käufer des Verlages, Adalbert Fischer, darüber getäuscht hatte, über alle Rechte, unter anderem an Mays Kolportage-Romanen, verfügen zu dürfen. Nur deshalb dürfte Fischer auch den nicht mehr sonderlich gut gehenden Münchmeyer-Verlag für die damals doch recht erhebliche Summe von 175 000 Mark erworben haben."[63]

Das juristische Obsiegen Mays wurde rechtskräftig, sobald er den vom Landgericht Dresden am 26. September 1904 auferlegten Parteieid leistete. Die Höhe der von Pauline Münchmeyer zu leistenden Entschädigung blieb vorerst offen. Am 11. Februar 1907 legte Karl May in Anwesenheit der Zeugen Max Dittrich, Emma Pollmer, Johanna Spindler und Rosalie Freitag den auferlegten Eid ab und besiegelte damit seinen Anspruch auf Honorar gegen Pauline Münchmeyer. Euphorisch wandte sich der Schriftsteller an Geheimrat Dr. Paul Mayer vom Oberlandesgericht Dresden, der im Berufsverfahren beteiligt gewesen war:

„Es ist mir eine unsagbare Freude, _grad Ihnen_ mittheilen zu können, dass das Urtheil des Königlichen Oberlandesgerichtes vom Reichsgericht vollständig bestätigt worden ist."[64]

IV. Der Meineidsprozess

Am 15. April 1907 erstattete Pauline Münchmeyers Anwalt Gerlach gegen Karl May & Genossen Anzeige bei der Staatsanwaltschaft Dresden wegen Meineids bzw. Partei-Meineids und Verleumdung pp. im Münchmeyer-Prozess. Mit den May-Genossen waren Max Dittrich, Emma Pollmer, Johanna Spindler und Rosalie Freitag gemeint. Zugleich wurde Rudolf Bernstein von einem Vertrauensmann Pauline Münchmeyers, dem Fabrikanten Louis Max Ludwig, wegen Anstiftung zum Meineid angezeigt. Die Voruntersuchung sollte sich ganze 22 Monate hinziehen.[65] Am 25. Mai 1907 ging bei der Staatsanwaltschaft Dresden eine Eingabe Gerlachs ein:

Ich unterbreite der Königl. Staatsanwaltschaft die Mitteilung, dass der Beschuldigte May durch seine jetzige Ehefrau, die sich in solchem Falle als ‚Frau Fischer' ausgeben soll, mehrere Zeugen für die Prozeßsache ihres Mannes zu gewinnen versucht und sie zu Aussagen über Punkte, von denen die Zeugen nichts wussten, zu bestimmen sich vergeblich bemüht hat, so namentlich den in der Anzeige erwähnten Packer [Oskar] Schubert, auch ein früheres Dienstmädchen der Frau Münchmeyer, sowie eine frühere Packerin mit Vornamen Olga [Bormann], welch letztere dies Vorkommen der Frau Münchmeyer zu derem neuen Erstaunen erzählt hat.[66]

Zum Thema Zeugenbeeinflussung durch Karl May machte Pauline Münchmeyer am 30. Mai 1907 ihrem Rechtsanwalt Gerlach ebenfalls eine Mitteilung:

Gleichzeitig bitte ich Sie [...], der Staatsanwaltschaft mitzuteilen, dass die jetzige Frau May bei verschiedenen, in meinem früheren Geschäft tätig gewesenen Arbeitern und Arbeiterinnen persönlich vorgesprochen hat. Aus den Mitteilungen dieser Leute muß ich schließen, daß die Frau May versucht hat, die betreffenden Arbeiter und Arbeiterinnen zu veranlassen, in dem Prozeß May gegen Münchmeyer Aussagen zu tun, die mir zum Nachteil gereichen.[67]

Gerlach kam dieser Aufforderung am 8. Juni nach. Eine

Woche später wurde Pauline Münchmeyer in Dresden im Vorverfahren von der Staatsanwaltschaft vernommen. Am 12. Juli kam es zur Eröffnung der gerichtlichen Voruntersuchung beim Landgericht Dresden. Die zuständigen Ermittlungen der Staatsanwaltschaft führte mit Hans Conrad Seyfert ausgerechnet ein Schulfreund Gerlachs. Von Gerichtsseite wurde Dr. Kurt Theodor Larrass (1874-1949) als Untersuchungsrichter mit der Angelegenheit betraut. Dieses neuerliche Verfahren griff in besonderem Maße Mays Psyche an, wie er unumwunden Bernstein gegenüber zugab:

„Ich halte das einfach nicht mehr aus, denn ich bin kein Gott, sondern auch nur ein Mensch! Du bist ein starker Charakter, aber glaube mir, Du wärst längst wahnsinnig oder todt, wenn Du diese tödtlichen Stiche so immerfort und so lange zu ertragen hättest."[68]

Am 1. November 1907 kam es zu einem für Karl May schicksalsschweren Beschluss: Larrass erließ gegen den Schriftsteller und gegen seine geschiedene Ehefrau Emma Pollmer Durchsuchungsbeschlüsse. Gleichzeitig verhängte er Briefsperren.

In Abwesenheit von Emma Pollmer durchsuchte die Staatsanwaltschaft am 7. November 1907 ihre Weimarer Wohnung und beschlagnahmte Schriftstücke und Bücher. Zwei Tage später erschienen Staatsanwalt Seyfert und Untersuchungsrichter Larrass mit einem Protokollführer und drei Kriminalbeamten im Gefolge morgens vor der Villa „Shatterhand". Klara Mays Tagebuch hielt die schockierenden Eindrücke fest:

„[Wir] waren am Morgen des 9. November noch nicht einmal angezogen, als wir einen Besuch bekamen, wie wir ihn noch nicht erlebt hatten. Ich hatte mir noch nicht einmal das Haar gemacht. Ein Staatsanwalt, ein Untersuchungsrichter und Geheimpolizisten brachen bei uns ein. Sie wollten Haussuchung abhalten. Solch eine furchtbare Angst, mein Herzensmann rege sich auf, daß sein Anfall komme."[69]

Im Durchsuchungsprotokoll ist der Ablauf aus behördlicher Sicht dokumentiert:

Heute vormittag neun Uhr begaben sich die unterzeichneten Beamten des Königlichen Landgerichts Dresden mit Herrn Staatsanwalt Seyfert zwecks [...] Durchsuchung der Wohnräume des Angeschuldigten May und der diesem gehörigen Sachen nach Radebeul. Am Bahnhofe daselbst wurden um ½ 10 Uhr vormittags die drei Criminalgendarmen [Carl Bernhard] Mühl [Dresden], [Heinrich Gustav August] Müller [Schutzmann, Polizeiwache Radebeul] und [Friedrich Arno] Liebers [Dresden] angetroffen. [...] Der Criminalgendarm Liebers hatte durch unauffällige Befragung eines Schornsteinfegers festgestellt, dass der Angeschuldigte May in seiner Wohnung anwesend sei. Hierauf begab man sich nach der in der Kirchstraße 5 gelegenen Villa ‚Shatterhand' des Angeschuldigten May. Erst auf dreimaliges Klingeln öffnete ein Dienstmädchen und gab auf die Frage, ob Herr oder Frau May zu sprechen seien, zur Antwort, daß Beide vor kurzer Zeit nach Dresden gefahren seien. Nach Bekanntgabe des Zweckes des Erscheinens der Unterzeichneten begab man sich in die Wohnung, in der im 1. Obergeschoß die Eheleute May angetroffen wurden. Es wurde ihnen der Zweck der Durchsuchung angegeben, insbesondere wurden sie aufgefordert, die gesamte Correspondenz mit der Firma H. G. Münchmeyer, [Adalbert] Breyer, [August] Walter, [Johanna] Spindler, der geschiedenen May geborenen Pollmer, etwaige Verlagsverträge mit der Firma Münchmeyer usw. herauszugeben. Die Eheleute May erklärten auf Befragen, daß sie die Gewohnheit hätten, sich so frühem Besuch gegenüber verleugnen zu lassen, und daß sie die gesamten Briefe, die die gesch. May geb. Pollmer an sie geschrieben habe, sofort wegen ihres gehässigen Inhalts verbrannt hätten. Weiter erklärte der Angeschuldigte May, daß seine geschiedene Frau seinerzeit, als er einmal verreist gewesen sei, die gesamte Münchmeyersche Correspondenz bei einem Reinemachen verbrannt hätte, wahrscheinlich in der Annahme, daß sie keinen Wert mehr habe. [...] Auf besonderes Befragen des Staatsanwalts Seyfert nach den in dem von diesem von Rechtsanwalt Dr. Gerlach noch überreichten Briefe des Angeschuldigten May an Fischer vom 30. April 1899 erwähnten Briefen Münchmeyers erklärte der Angeschuldigte May, daß er diesen Brief nie besessen habe, daß die Erwähnung dieser Briefe in seinem Schreiben an Fischer vom 30. April 1899 nur „eine Diplomatie" von ihm gewesen sei. [...]. Endlich erklärte noch die verehelichte May auf Befragen, daß sie Anhängerin des Spiritismus sei. Diese Antwort ergänzte der Angeschuldigte May dahin, daß er und seine Ehefrau nicht Anhänger des Spiritismus, sondern Anhänger des Spiritualismus seien. Bei der hierauf vorgenommenen Durchsuchung, die sich auf alle Räume der Wohnung des Angeschuldigten May und sämtliche darin befindlichen Möbel erstreckte, wurden eine große Anzahl Schriftstücke, fernerhin Privatbriefe des Rechtsanwalts Bernstein und seiner Ehefrau an den Angeschuldigten May, Verlagsverträge, Correspondenzen usw. vorgefunden. Insbesondere wurde auch das Doktordiplom des Angeschuldigten May und zwei Hefte in Folioformat mit einzelnen Aufzeichnungen des Angeschuldigten May vorgefunden. Der Angeschuldigte May erklärte, daß die in den Heften enthaltenen Aufzeichnungen von ihm jeden Sonnabend gemacht würden und daß mit den über diesen Aufzeichnungen befindlichen Anreden nur sein ‚Gewissen' gemeint sei. Die in diesen Aufzeichnungen enthaltenen Fragen an sein Gewissen beantwortete ihm dann allemal seine Ehefrau Sonntags, während die Kirchenglocken läuteten. Die sämtlichen für die Untersuchung möglicherweise bedeutsamen Gegenstände, deren Mitnahme geboten schien, wurden von dem Angeklagten May und seiner Ehefrau freiwillig herausgegeben. Einer Beschlagnahme bedurfte es demnach nicht. Die sofortige Anfertigung eines Verzeichnisses der in Gewahrsam genommenen Gegenstände war bei deren großen Anzahl unausführbar. Die in Gewahrsam genommenen Gegenstände wurden in einem von der verehelichten May zur Verfügung gestellten Karton verpackt und nach Beendigung der Durchsuchung (2 Uhr 20 Min. nachmittags) in das Königliche Landgericht am Münchner Platz in das Zimmer des Untersuchungsrichters gebracht.[70]

Ein wenig widersprüchlich wirken die Einlassungen Mays, der mal behauptete, dass die entscheidenden Briefe, die seinen Anspruch an den Kolportageromanen begründen sollten, verbrannt worden seien, während er ihre Existenz im nächsten Moment gänzlich als bloße „Diplomatie" abstritt. Die Hausdurchsuchung wirkte wie ein Schock:

„Aber nun diese Menschen fort sind, sind wir krank. So etwas haben wir nie und nimmer für möglich gehalten. Wir hielten Gerlachs Anzeige für kindisch und glaubten, die ganze Sache sei längst zu Ende."[71]

Am 26. und 27. November 1907 wurde die Buchbinderwitwe Anna Meißner in ihrer Dresdner Wohnung durch Larrass und Expedient Heinrich Andreas Näwy vernommen. Einen Tag später folgte die Vernehmung von Max Winkler, einem Angestellten des Münchmeyer-Verlages:

Den Angeschuldigten May und dessen Ehefrau kenne ich seit langer Zeit. Den Angeschuldigten May habe ich schon im Jahre 1883 kennen gelernt. [...] Mit dem Angeschuldigten May und dessen Ehefrau bin ich das erste Mal in ihrer Wohnung in der Villa in Radebeul mit dem Buchbindermeister Meißner zusammengewesen. Ich bin wiederholt bei den Mays gewesen, habe mit der Frau May in schriftlichem Verkehr gestanden. Ich habe auch wiederholt von Mays Geld bekommen und zwar in Summen von zehn und zwanzig Mark. Einmal habe ich auch 50 oder 100 Mark bekommen. Diese Beträge sollten, wie ich annehme, ein Entgelt für meine Bemühung für Beschaffung von Material in dem Prozeß gegen die Münchmeyer und eine Vergütung für die Unkosten, die ich hatte, sein. Ich habe diese Beträge nicht als Geschenke aufgefasst. Wenn ich bei Mays war, bin ich stets von ihnen gut bewirtet worden.[72]

Weitere Vernehmungen Winklers erfolgten am 3. und 5. Dezember. Gegenüber den Mays verriet er später anlässlich des letzten Termins:

Sobald ich irgend etwas Günstiges für May sagte, zuckte Larrass mit den Achseln und schnitt mit dem Gesicht Fratzen, so daß ich mir das verbat. Da rief er seinen Schreiber als Zeugen an, daß er keine Gesichter geschnitten habe. Dieser aber sah ihn nicht, wie ich.[73]

Am 29. November wurde Johanna Spindler in Reichenberg bei Moritzburg vernommen:

Mein Mann schwärmte für Dr. May. Erst Ende der 80er Jahre habe ich May persönlich kennen gelernt. Seit 1884 hatte mein Mann sein Barbiergeschäft [...] aufgegeben und ist nach Stetzsch gezogen, weil mein Mann sich ganz dem Schriftstellerberuf widmen wollte. [...] In Stetzsch haben wir ungefähr 13 Jahre gewohnt. Dort besuchte May einmal meinen Mann. Bei dieser Gelegenheit lud auch mich May ein, in den dortigen Gasthof zu kommen. Er gab dort Bier den Bauern zum besten und erzählte den Bauern seine Erlebnisse. Mein Mann ist am 7. Februar 1900 in Reichenberg gestorben.[74]

Vom 10. bis 17. Dezember 1907 kam es zur Vernehmung von Emma Pollmer:

Ich bestreite ganz entschieden, in dem Prozeß meines geschiedenen Ehemannes gegen die verw. Münchmeyer wissentlich ein falsches Zeugnis mit einem Eide bekräftigt zu haben. [...] Die im Münchmeyerschen Verlage erschienenen Romane meines Mannes habe ich sämtlich nicht gelesen. Ich kann daher auch nicht angeben, ob etwa darin enthaltene unsittliche oder anstößige Stellen von meinem Ehemann herrühren. Soviel ich allerdings weiß, waren die sämtlichen, bei Münchmeyer erschienen Romane meines Mannes sogenannte Liebesromane. Ich habe sie deshalb nicht gelesen, weil ich mich für Liebesromane nicht interessierte. Mein Mann bekam regelmäßig einen sogenannten Korrekturabzug von Münchmeyer. Beim Durchlesen derselben hat er wiederholt gemerkt, daß in seinen Manuskripten Stellen gestrichen worden sind. Mein Mann war dann immer sehr aufgeregt und hat Münchmeyer wiederholt in seinem Kontor in meiner Gegenwart erklärt, „wenn es wieder vorkäme, daß Stellen in seinen Manuskripten gestrichen würden, würde er kein Wort mehr schreiben...."[75]

Ebenfalls im Dezember richtete May eine Eingabe an Larrass, in der er auch seine Mutmaßung über die Hintergründe der Hausdurchsuchung kundtat:

„Es ist deshalb geschehen, weil Rechtsanwalt Gerlach, der Münchmeyersche Stratege, es so beschlossen hatte, resp. weil es zum alten längst durchschauten Feldzugsplan der Firma Münchmeyer gehörte. Es bildet die Krönung dieses Planes die letzte und rücksichtsloseste Kraftentfaltung des gegen mich gerichteten Komplexes [...]. Ich kannte dieses Komplott. Ich habe [...] diesen Hieb, der ein Sauhieb sondergleichen ist, vorausgesehen; aber ich hielt es nie für möglich, daß es Herrn Gerlach gelingen könne, es bis zur Haussuchung bei mir zu treiben. Er weiß bestimmt, dass ich unschuldig bin, daß er es trotzdem so weit hat treiben können, hat mich seelisch tief gepackt und mir eines meiner schönsten und humansten Ideale geraubt."[76]

Am 20. Dezember 1907 teilte der Detektiv Carl Friedrich Jahncke gegenüber May die Entdeckung mit, dass Gerlach „mit dem in Frage kommenden Staatsanwalt [Seyfert] befreundet ist und dass auch die Ehefrauen in freundschaftlichem Verkehr zu einander stehen. Es ist dies von einem früheren Dienstmädchen des Staatsanwaltes ermittelt worden. [...] Dieselbe erklärte auf Befragen, soweit sie sich besinnen könne, verkehrten die beiden Familien mit einander, auch erinnere sie den Namen Seyfert gehört zu haben und dass sie zu Gesellschaften eingeladen gewesen seien."[77] Ein früheres Dienstmädchen Gerlachs habe gesagt, „dass der Staatsanwalt mit Dr. Gerlach befreundet sei, speziell seien aber die Frauen intim [...]."

Am 6. April 1908 erfolgte die erste Vernehmung Mays durch Larrass. Auf die Frage, ob er etwas auf die Beschuldigungen erwidern wolle, antwortete der Schriftsteller:

Ich bestreite ganz entschieden, in meinem Prozeß gegen die verwitwete Münchmeyer [...] den mir durch bedingtes Endurteil vom 26. September 1904 auferlegten Eid am 11. Fe-

bruar 1907 wissentlich falsch geschworen zu haben. Die von mir in fünf Punkten beschworenen Tatsachen entsprechen allenthalben der reinen Wahrheit.[78]

Auch über die Hintergründe seiner Beziehung zum Hause Münchmeyer gab May Auskunft:

Ungefähr ein Jahr nach Verbüssung meiner letzten Strafe wurde ich von Münchmeyer als Redakteur nach Dresden engagiert. [...] Ich bekam 1800 Mark Gehalt und verdiente ausserdem noch durch meine schriftstellerische Tätigkeit. [...] Ich kann wohl eigentlich behaupten, das Münchmeyersche Geschäft wieder in die Höhe gebracht zu haben. Münchmeyer sowohl wie sein Bruder Fritz Münchmeyer waren grosse Geizhälse. [...] Von meinen Vorstrafen hatten Münchmeyers durch meine eigenen Erzählungen Kenntnis. Ich habe ihnen viel von meinem Leben in der Gefangenenanstalt erzählt. Münchmeyer hat wiederholt den Versuch gemacht, mich zu veranlassen, über mein Leben in der Gefangenenanstalt einen Roman zu schreiben. Der Grund, aus dem Münchmeyer mich als Redakteur engagiert hatte, war für ihn nicht nur meine Tüchtigkeit als Schriftsteller, sondern, wie ich bestimmt annehme, auch meine Vorstrafen, mit denen er von Anfang an geglaubt haben wird, einen Druck auf mich ausüben zu können.

Meine Stellung bei Münchmeyer habe ich nach ungefähr einem Jahr gekündigt [...].

Eine Woche später erfolgte die Fortsetzung seiner Vernehmung. May reiste von einem Berliner Termin an. Auf Befragen nach seinem vermeintlichen Doktortitel gab der Dichter an:

Bemerken will ich noch, daß ich kurz nachdem ich meine Stellung als Redakteur bei Münchmeyer Mitte der 70er Jahre angetreten habe, von diesem und seinem Bruder sofort mit Doktor angeredet wurde. Auf meine Erwiderung daß ich gar nicht Dr. sei, sagte Münchmeyer zu mir, ich müsste mich so nennen lassen, das höbe ihn in die Höhe. Ich bin dann bei Münchmeyers nur noch der Dr. May gewesen. Trotzdem ich mir dies wiederholt verboten habe, ist es weiter dabei geblieben.[79]

Anschließend wurde er nach den Umständen befragt, die zum Vertragsschluss über die Kolportageromane geführt hatten:

Meine Frau war [...] sehr neugierig, den alten Münchmeyer, von dem ich ihr so viel erzählt hatte, kennen zu lernen. Ihrem Wunsche entsprechend ging ich Abends, es war in der Dämmerstunde mit ihr in die mir bekannte Stammkneipe Münchmeyers, in das Rengersche Gartenrestaurant am hiesigen Plauenschen Platze. [...] Er saß da, wie ein Mensch, der mit schweren Sorgen zu kämpfen hatte. [...] Er war sehr erfreut mich wiederzusehen und meine Frau kennen zu lernen [...]. Er sagte mir [...], daß er meine Schreibweise ganz genau kenne, und bat mich, für ihn einen Roman zu schreiben. [...] Ich erklärte schließlich Münchmeyer, ich würde mir die Sache überlegen, setzte aber ausdrücklich hinzu, daß der Roman, falls ich einen für ihn schreiben würde, keinesfalls unter meinem Namen erscheinen dürfe. [...] Als Titel für den zu schreibenden Roman schlug mir Münchmeyer den Titel „Waldröschen" vor. Das Genre des Romans wurde mir überlassen, er sollte jedoch eine Reiseerzählung und möglichst spannend geschrieben sein. Als wir auf die Honorarfrage zu sprechen kamen, erklärte mir Münchmeyer, dass er mir jetzt nicht viel zahlen könne, da er hierzu nicht in der Lage sei. Er wollte mir vorläufig nur ein kleines Honorar zahlen, dann aber, wenn der Roman gut ginge, noch eine feine Gratifikation geben. Ich machte mir weiter zur Bedingung, daß der von mir eventuell zu schreibende Roman nicht sein Eigentum würde und daß er nicht mehr wie 20000 Exemplare drucken dürfe. Ich erklärte Münchmeyer weiter, daß der von mir eventuell zu schreibende Roman in meine gesammelten Werke zu kommen habe. Wie jeder anständige Schriftsteller steuerte auch ich, insbesondere schon damals, darauf hinzu, meine sämtlichen Werke zu sammeln und später einmal gesammelt herauszugeben. Aus den gesammelten Werken schöpft jeder Schriftsteller einmal im Alter seine Einnahmen, wenn er nicht mehr arbeiten kann. Mit den von mir gestellten Bedingungen erklärte sich Münchmeyer schon am selben Abend so ziemlich einverstanden. Wir gingen dann gemeinschaftlich aus Rengers Gartenrestaurant weg, soviel ich mich entsinne, begleitete er uns bis zu unserem Hotel Trompeterschlösschen. Bevor wir uns trennten, erklärte er, am nächsten Morgen zu mir ins Hotel kommen zu wollen, um mit mir, falls ich zu dem Entschluß kommen sollte, den erbetenen Roman zu schreiben, das Nähere zu vereinbaren.

Meine Frau hat mich noch am selben Abend und sogar in der Nacht, als ich einmal wach war, eindringlichst gebeten, für Münchmeyer den Roman zu schreiben und es ihm am nächsten Morgen bei seinem Kommen zuzusagen. Diesen Bitten meiner Frau konnte ich nicht widerstehen, sie verstand es ja, alles durchzusetzen, was sie wollte. Am nächsten Morgen kam Münchmeyer bereits so zeitig in unser Hotel, daß meine Frau noch gar nicht auf war. Die Verhandlung mit ihm fand infolgedessen nur unter 4 Augen statt und zwar im Gastzimmer oder in einem Seperatzimmer des Hotels. Ich sagte Münchmeyer das Schreiben des von ihm erbetenen Romans „Das Waldröschen" unter folgenden Bedingungen, auf die Münchmeyer einging, zu:

Der Roman sollte in 100 Heften erscheinen, das Heft anderthalb Bogen = 24 Seiten. Für das Heft sollte ich 35 Mk. Honorar bekommen, und der Roman sollte unter einem Pseudonym erscheinen. Weiter sollten nicht mehr wie 20000 Exemplare gedruckt werden. Der Roman sollte mein Eigentum bleiben, nach Erfüllung der 20000 Exemplare sollte ich noch eine feine Gratifikation erhalten. Nach diesen getroffenen Vereinbarungen hatte mir Münchmeyer nach Erfüllung der 20000 Exemplare mein Manuskript herauszugeben. Die Höhe der an mich nach Erfüllung der 20000 Exemplare zu zahlenden feinen Gratifikation sollte künftiger Vereinbarung unterliegen.

Den Titel „Waldröschen" oder „Rund um die Erde" hat der von mir geschriebene Roman durch Münchmeyer bekommen.

Der Roman ist dann unter dem von Münchmeyer gewählten Pseudonym „De la Escosura" erschienen.
Schriftlich sind die von mir und Münchmeyer über den von mir zu schreibenden Roman „Das Waldröschen" getroffenen Vereinbarungen nicht fixiert worden. Ich wollte es zwar, Münchmeyer erklärte jedoch, er sei ein Ehrenmann, was er verspreche, halte er. Im Vertrauen auf die Worte Münchmeyers habe ich von einer schriftlichen Fixierung abgesehen.[80]

Zwei Tage später erfuhr der Schriftsteller durch Larrass, dass eigentlich ein anderer Staatsanwalt als Seyfert hätte betraut werden müssen, doch der persönlich Kontakt von Gerlach für eine Aufgabenzuteilung an Seyfert gesorgt hätten. In einem Brief an seinen Rechtsanwalt Ernst Klotz (1858-1908) vom 20. Mai 1908, teilte der Schriftsteller mit, *„dass eigentlich von Rechtswegen nicht Seyfert, sondern ein anderer Staatsanwalt mit meiner Angelegenheit hatte betraut werden müssen. Man habe aber unter dem Aktenstück nicht meinen Namen May (M.), sondern den Namen der ganz nebensächlichen Person Freitag (F.) gegeben, damit Seyfert diese Sache bekomme. [...] Eine Viertelstunde später war ich bei Staatsanwalt Seyfert und warf ihm das entrüstet vor. Er schrak über diese Mitteilung von Larrass und war so verlegen, daß er, beinahe stotternd, mir zugab: ‚Ja, mir scheint allerdings auch, daß Gerlach damit bezweckt hat, daß gerade ich die Sache bekomme!' Zur Entschuldigung und Begütigung fügte er hinzu. ‚Aber es steht doch so, daß die öffentliche Anklage ganz wahrscheinlich nicht erhoben wird, denn es ist ja nichts auf Sie zu bringen!' Unmittelbar vor diesem Geständnisse aber hatte er mir zugeben müssen, dass er der Schulkamerad und Freund von Gerlach sei."*[81]

Diese Einlassung änderte jedoch nichts an der weiteren staatsanwaltlichen Untersuchung durch Seyfert.

In der darauf folgenden Woche bat May um die Aushändigung seines bei der Hausdurchsuchung beschlagnahmten Doktordiploms sowie weiterer „Schriftstücke und Gegenstände, die hier zu der gegenwärtigen Untersuchung nicht gebraucht werden."[82] Es kam zu einem Beschluss, wonach die Rückgabe des May'schen Doktordiploms der deutschamerikanischen Universität in Chicago abgelehnt wurde.

Dieses Doktordiplom kommt als Beweismittel für die gegenwärtige Untersuchung in Betracht und zwar unter anderem auch als Beweismittel zur Feststellung der Glaubwürdigkeit des Angeschuldigten May. [...]
Nach dem bei den Akten befindlichen Doktordiplom ist dem Angeschuldigten May die Würde eines „Dr. phil." am 9. November 1902 von der deutsch-amerikanischen Universität in Chicago auf Grund seiner Dissertation „im Reiche des silbernen Löwen" erteilt worden. Wenn nun auch der Angeschuldigte May geglaubt haben mag, auf Grund dieses Doktordiploms das Recht zur Führung des Doktortitels auch im Inlande erworben zu haben, so ist doch bezeichnend für seine an ihm gerühmte Wahrheitsliebe, daß er sich in einem bei den Akten befindlichen bereits vor Erteilung des Doktordiploms von ihm geschriebenen Briefe mit „Dr. Karl May" unterzeichnet hat und daß auch an seine Leser gerichtete vor der Erteilung des genannten Doktordiploms in Gebrauch genommene Druckschriften bereits mit Dr. Karl May bedruckt worden sind.[83]

Eine Woche später wurde Rechtsanwalt Klotz bei Justizminister Dr. Viktor Alexander von Otto (1852-1912) vorstellig und beschwerte sich über Larrass. Der Minister verwies auf die Möglichkeit eines Befangenheitsantrags. Und tatsächlich stellte Klotz im Auftrag seines Mandanten am 20. Mai einen Antrag auf Befangenheit des Untersuchungsrichters Kurt Larrass. May drängte seinen Anwalt, sein Schreiben dem Landgerichtspräsidenten Dr. Theodor Müller zur Kenntnisnahme zuzuleiten. Der Befangenheitsantrag wurde am 12. Juni 1908 durch die 1. Strafkammer als unbegründet abgelehnt.[84] Das Gericht räumte zwar ein, dass der Untersuchungsrichter unbefugt Mays Manuskript *Frau Pollmer* gezeigt habe, doch konnte aus diesem Verstoß nicht die Begründung für eine Befangenheit hergeleitet werden. May legte am 12. Juni Beschwerde gegen die Entscheidung ein, die jedoch auch am

1. Juli scheiterte.[85] Larrass blieb als Untersuchungsrichter weiterhin mit der Durchführung des Verfahrens betraut.

Nur drei Wochen später, am 20. Juli, starb Mays Rechtsanwalt Klotz. Zu jener Zeit gingen Larrass' Aktivitäten im Meineidsverfahren weiter. So forderte er am 23. Juli vom Polizeiamt Leipzig, „die dort vielleicht noch aufbewahrten gegen den früheren Schullehrer Karl Friedrich May ergangenen Polizeiakten [...] hierher mitzuteilen."[86] Doch gleichgültig, welche Zeugen vernommen und welche Akten herbeigezogen wurden, so blieb es doch bei einem ermittlungstechnischen Stochern im Nebel. Auffällig ist dabei die rüde und intensive Vernehmungsweise durch Larrass, worüber Klara May berichtet:

„Gestern Abend kam Frau Spindler [...] zu mir, aus freiem Willen, von ihrem Gewissen getrieben. Sie ist Zeugin meines Mannes in seinem Prozeß gegen die Münchmeyer gewesen, den er gewonnen hat. Nun ist sie ebenso wie er von der Münchmeyer wegen Meineid denunciert. Assessor Larrass hat sie <u>acht Stunden lang</u> vernommen in ihrer Wohnung, aber nichts auf sie bringen können. Sie hat uns damals, erregt über die ihr widerfahrene Behandlung, davon Mitteilung gemacht; sie verschwieg aber, aus Rücksicht auf uns, bis gestern Abend einen Umstand, der sie tief empörte und seit jener Zeit mit Mißtrauen gegen einen solchen Untersuchungsrichter erfüllte. Nämlich, als Assessor Larrass einsah, daß diese Frau wirklich nichts, als die nackte Wahrheit gesagt hatte, sagte er ihr: ‚May ist ein schwer vorbestrafter Mensch!'"[87]

Die Vorstrafen alleine genügten jedoch nicht, um darauf eine Meineidsanklage aufzubauen. Die entscheidenden Erkenntnisse und Beweise blieben auch in der Folgezeit aus. Aus diesem Grund konnte es sich May leisten, am 31. August 1908 zusammen mit Ehefrau Klara eine Amerikareise anzutreten. In der Meineids-Sache ergingen keine weiteren Ladungen an ihn, wie sich überhaupt die Angelegenheit trotz intensiv geführter Ermittlungen als ergebnislos erwies. Notwendigerweise beantragte Seyfert deshalb am 8. Januar 1909 die Einstellung des Verfahrens gegen Karl May und Genossen:

St. A. Ver. 162/07.

An
das Königliche Landgericht
I. Strafkammer, hier

In der Untersuchungssache gegen den Schriftsteller Karl May in Radebeul und vier Genossen

wird beantragt, die sämtlichen Angeschuldigten in Ansehung der ihnen [...] zur Last gelegten Verbrechen mangels Beweises außer Verfolgung zu setzen.

Die Voruntersuchung hat zwar Umstände zu Tage treten lassen, die die Glaubwürdigkeit des Angeschuldigten May – ganz abgesehen von seinen erheblichen, wegen raffiniertester Betrügereien erfolgten Bestrafungen (Akten des Bezirksgerichts Mittweida Ab. II 771 Vol. I und II) – auch sonst in bedenklichem Lichte erscheinen lassen. [...]
Indessen im Uebrigen hat die Voruntersuchung kein Material ergeben, das die Ueberführung der Angeschuldigten im Sinne des Antrags [...] erwarten ließ. Die in der Anzeige [...] vorgebrachten Indizien sind nicht beweiskräftig genug, da der Hauptzeuge Münchmeyer und auch andere als Zeugen in Betracht kommenden Personen (so Meißner) verstorben sind.

Dresden, am 8. Januar 1909.
Der Königliche Staatsanwalt
gez. Seyfert.[88]

Am 26. Januar 1909 kam es folgerichtig zur Einstellung des Verfahrens. Karl Mays Fazit:

*"Es war mir **sehr lieb**, dass die Voruntersuchung **auf das Allerstrengste** geführt wurde. Sie dauerte **volle zweiundzwanzig Monate** lang; dann war auch dieser, wohl der schwerste Streich von allen, die man gegen mich führte, zurückgewiesen."*[89]

Über die Rangfolge der juristischen Streiche gegen May lässt sich gewiss streiten. Zweifelhaft bleibt auch, dass die Ermittlungsdauer dem Schriftsteller angesichts der damit verbundenen Strapazen tatsächlich *"sehr lieb"* gewesen ist.

V. Der zweite Münchmeyer-Prozess

Nach dem verlorenen ersten Prozess bot der Münchmeyer-Anwalt Oskar Gerlach Karl May zunächst eine Vergleichssumme von 20.000 Mark zu Wohltätigkeitszwecken an. Der Schriftsteller wandte sich deshalb am 16. Februar 1906 an Bernstein:

„Herzlichst willkommen am Montag! Aber bitte, ja nicht so spät!! Bin neugierig, was Du zu der großartigen Splendididadiduditat der Münchmeyerschen Herrschaften sagst."[90]

May lehnte Gerlachs Vergleichsangebot einen Tag später als einen *„juristischen geistigen und moralischen Mummenschanz"*[91] ab. Bernstein erwiderte am 29. Februar, dass „er sich selbst mit 20 Millionen Mark Entschädigung nicht begnügen werde. Die Fronten verhärten sich durch diese unkluge Reaktion, die dazu beiträgt, dass Gerlach Mitte April Anklage wegen Meineids erheben wird."[92] Am 9. März 1906 ließ sich May einzelne Aktenstücke des Münchmeyer-Prozesses durch Bernstein aushändigen, die er diesem mit Begleitschreiben zwei Wochen später zurückgab:

„Deinem Wunsch gemäß sende ich Dir heut Deine Handakten zurück und leg meinen Schriftsatz bei. <u>Dieser ist für das Gericht bestimmt</u>. Ich bitte um eine Abschrift und um dieses mein Concept zurück. Damit die Sache nun schnell geht, bitte ich Dich, Dich möglichst kurz zu fassen. Es genügt wohl, daß Du einige Lücken füllst, die ich gelassen habe, und einige juristische Lichter setzest, wo ich als Laie schreibe. Wir bringen die Akten persönlich nach der Stadt, vermeiden aber, Deine kostbare Zeit und Ruhe zu berauben."[93]

Erstaunlich und bezeichnend ist der Vorgang insofern, als er zeigt, dass nicht der Rechtsanwalt Bernstein berufsgemäß die Federführung in der Vertretung seines Mandanten besaß, sondern May selber die Direktiven vorgab. Bernstein hatte nur die *„juristischen Lichter"* zu setzen, das Wesentliche in der juristischen Darstellung behielt sich May vor.

Zur Berechnung seines Entschädigungsanspruchs wandte sich May an verschiedene Verleger, so am 14. März 1906 an Josef Richard Vilímek (1860-1938) aus Böhmen:

„Wie Sie aus beiliegendem Zeitungsabschnitt ersehen, habe ich meinen großen Verlagsprozeß gegen die Firma Münchmeyer gewonnen. Zur materiellen Grundlage meiner Entschädigungsansprüche an diese Firma haben meine andern Verleger privatim oder gerichtlich nachzuweisen, was sie von mir gedruckt und wie viel sie mir dafür an Honoraren ausgezahlt haben. Ich ziehe den privaten Weg dem gerichtlichen vor, indem ich Sie hiermit ganz ergebenst um einen Konto-Auszug bitte."[94]

Mays Anfrage blieb ohne Erfolg, daher wiederholte er sie im folgenden Jahr:

„Schon einmal theilte ich Ihnen mit, daß ich meinen großen Kolportage-Prozeß gewonnen habe und nun veranlasst worden bin, auch alle meine Verhältnisse zu anderen Verlegern einer Revision zu unterwerfen. Ich bat Sie also um einen ausführlichen Contoauszug, den ich aber unter der Begründung, daß Sie verreist seien, nicht erhielt. Da ich bisher vergeblich gewartet habe und mein Rechtsanwalt mir sagt, daß er diesen Contoauszug nun unbedingt und umgehend brauche, so richte ich die oben erwähnte Bitte in aller Höflichkeit zum zweiten Male an Sie."[95]

Wie schon zuvor erhielt May nur die Antwort, dass Vilímek verreist sei.

Der Münchmeyer-Verlag erklärte auf eine Anfrage Mays hin, dass man „immer gemäßigt gedruckt habe" und „demzufolge das Geschäft nicht so glänzend gewesen" sei, „wie man irrtümlich annimmt." Eine unwahre Behauptung, wie sich noch zeigen sollte.

Die Angaben des Münchmeyer-Verlags konnten Mays Klärungsbedürfnis nicht zufriedenstellen. Bernstein brachte dies auch in einem Schreiben zum Ausdruck. Inzwischen hatte er den Bücherrevisor Paul Droß mit Recherchen beauftragt. Ziel des Auftrags war die Prüfung der Frage, inwieweit kaufmännische Verlagsunterlagen für eine Rechnungslegung aufschlussreich sein konnten. Über diese Frage hatte Droß Karl May bereits am 20. Januar Bericht erstattet. Dieser zeigte sich über Bernsteins Tun ohne seine Zustimmung empört. Der Vorgang lässt darauf schließen, dass – wie schon erwähnt – nicht der Rechtsanwalt, dem diese Aufgabe von

Berufs wegen zustand, sondern der Mandant die Federführung ausüben wollte. Das musste auch Bernstein verärgern:

„Aus Klaras Munde weiss ich, wie sehr Dich seelisch Briefe, die Du von mir erhältst, aufregen. Ich soll gehalten sein, tunlichst wenig und nur das unbedingt Notwendige an Dich zu schreiben. Ich komme damit in ein Dilemma. Schreibe ich an Dich, so werden mir Vorhalte nicht erspart, schreibe ich an Dich nicht, so erhalte ich ebenfalls Vorhalte."[96]

Im gleichen Schreiben bat er May um eine Vollmacht, um die Fischer-Erben zu verklagen und eine einstweilige Verfügung auf Unterlassung zu erwirken. Hintergrund war die kurze Zeit zuvor in Erfahrung gebrachte Tatsache, dass der Münchmeyer-Verlag immer noch Exemplare der *Liebe des Ulanen* mit dem Umschlaghinweis vertrieb, dass das Werk „entgegen allen unwahren Behauptungen [...] von dem berühmten Schriftsteller Karl May in Radebeul (Villa Shatterhand) geschrieben"[97] sei.

Zur Glaubhaftmachung seiner Behauptung, er habe Münchmeyer seine Kolportageromane nur bis zur Auflagenhöhe von 20.000 Exemplaren überlassen, unternahm May das Experiment, mehreren Kolportageverlagen anonym einen fiktiven Roman *Ein Milliardär* anzubieten. Die Verleger sollten eine Erklärung unterschreiben, die besagte: *„Falls der Kolportageroman ‚Ein Milliardär' mir gefällt und ich mich zur Veröffentlichung desselben entschliesse, bin ich bereit, mich bis zu einer Ausgabe von höchstens 20000, sage Zwanzigtausend, im Falle er aber nicht gut gehen sollte, zu beliebig weniger zu verpflichten."*[98]

Der Dresdner Verleger Karl Urban unterschrieb schon einen Tag nach Erhalt der Erklärung das Schriftstück. Bernstein wandte sich am 24. April 1908 an May:

„Wir können zu jeder Zeit und wenn es uns beliebt die Sache weiter betreiben. Das gleiche Recht hat allerdings auch der Gegner. Wie wir die Fortsetzung durch neue Ladung betreiben können, so ebenfalls der Gegner. Bis jetzt hat der Gegner nicht geladen. Ich habe hierauf schon Klara aufmerksam gemacht und es war mein dringlichster Wunsch, dass ich künftig einmal mit der einen Aktion zugleich eine andere, eine Parallelaktion aufnehme, weil meiner Ueberzeugung nach die Parallelaktion das Beste ist, was vorgenommen werden kann, zugleich aber die Parallelaktion die Aktion in der Rechnungslegungssache fördern kann."[99]

In den Folgemonaten geschah nicht viel in der Sache. Am 22. Dezember 1908 kam es dann zum offenen Bruch zwischen May und Bernstein. Der Schriftsteller hatte durchschaut, dass seinem Rechtsanwalt und langjährigen vermeintlichen Freund vor allem aus finanziellen Interessen an einer Ausdehnung der prozessualen Auseinandersetzungen gelegen war.

„Fast in jeder Woche, oft mehrmals, waren B.s unsere Gäste zu Tische. Bei allen Verhandlungen zog B. seine Frau hinzu, ließ sie in den Kaiserpalast kommen und K. M. mußte zahlen. [...] Wertvolle Weihnachts und Geburtstagsgeschenke wurden abgeliefert, da wir allezeit von den betreffenden Tagen genau unterrichtet wurden durch Frau Bernstein. Das letzte, nicht wertvoll genuge Geschenk kam zurück", berichtet eine Aufzeichnung Klara Mays.[100]

Der Dichter suchte sich einen neuen Rechtsvertreter und fand ihn auf Empfehlung von Johannes März in Rechtsanwalt Franz Heinrich Rudolf Netcke (1872-?), an den er sich am 27. Januar 1909 wandte:

„Es handelt sich um außerordentlich hohe Beträge. Die Münchmeyer hat nun Rechnung zu legen, thut es aber nicht. Mein Anwalt war Bernstein. Er aber hat den Prozeß wohl nicht gewonnen. Nun sind schon wieder 2 Jahre vergangen, und er hat noch nichts erreicht. Ich habe ihm mein Mandat entzogen. Ich wollte Rechtsanwalt Giese damit beauftragen, fragte ihn auch schon. Er erklärte sich sofort bereit dazu. Nun ich aber Sie kennen lernte, habe ich ihm wieder abgeschrieben und frage Sie, ob Sie Lust haben, diesen Prozeß zu Ende zu führen."[101]

Netcke war „selbstverständlich gern bereit", Mays „weitere Vertretung zu übernehmen"[102]. Am 15. März 1909 übermittelte der Schriftsteller seinem neuen Rechtsvertreter die Kenntnis zweier Briefe aus der Korrespondenz des Münchmeyer-Verlags mit Otto Maier vom 26. und 27. Februar 1894.

„*Diese beiden Briefe müssen sich noch heut im Besitz von Fischers Erben befinden. Fischer bekam sie von Frau Münchmeyer, als er das Geschäft von ihr kaufte, und er erlaubte mir, Abschrift zu nehmen, um mir zu zeigen, wie sehr er mir nützen könne, wenn ich mich mit ihm vergleiche. Auch hier sehen Sie wieder, wie gewissenlos diese Frau Münchmeyer lügt und schwindelt, denn von ihr ist die Antwort an Otto Maier ausgegangen. Ihr Mann war seit 1892 todt. Nach ihren eigenen Büchern, die mein Bücherrevisor Dross durchgesehen hat, hatte sie schon im Jahre 1885 83000 von Nummer zehn des Waldröschens, im Jahre 1888 aber schon 106.000 von Nummer zehn. Und ihm Jahre 1894 behauptet sie, nur 80.000 zu haben! Und dabei hat mein Revisor nur einzelne Bruchstücke in den Händen gehabt, nicht aber Alles! Ich glaube, diese beiden Briefe werden uns sehr nützlich sein!*"[103]

Netcke seinerseits, der in jenen Tagen auch einen Prozess für Klara May führte, wandte sich am 25. März an seinen Mandanten und gab seine prozessuale Marschroute bekannt:

„*Nach Erledigung des Prozesses für Ihre Frau Gemahlin erscheint es mir nun wünschenswert, die Sache gegen Münchmeyer mit aller Energie in Angriff zu nehmen. Zunächst bitte ich Sie, die Handakten von Rechtsanwalt Bernstein beizuziehen. [...] Dann möchten wir uns einigen, in welcher Höhe wir zunächst den Antrag auf Rechnungslegung nicht fallen lassen, aber ich will, da wir nur Hindernisse auf diesem Wege haben, sofort auf anderem Wege den Zahlungsanspruch begründen und damit schneller vorwärts kommen. Ich halte es für praktischer, die Summe zunächst nicht allzu hoch zu greifen, da, wie Sie ganz richtig sagen, die wirklichen Ansprüche dem Gericht [...] etwas phantastisch erscheinen können, zumal Kollege Bernstein bei dem Vergleichsvorschlag von Gerlach mit 2000 M in einer nicht sehr überlegten Weise geschrieben hatte, dass er wohl 4 Nullen vergessen hätte.*"[104]

May schickte wenige Tage später durch sein Dienstmädchen die Handakten Bernsteins an Netcke. Mays Begleitbrief forderte ein energisches Vorgehen ein:

„Anbei die Handakten Bernsteins über Münchmeyer und Fischer. Erschrecken Sie nicht über die entsetzliche, ganz überflüssige Schreiberei, die von Seiten des Gegners nur den Zweck hatte, möglichst viel Schmutz auf mich zu werfen. Nun aber bitte, möglichst schnell und energisch vor gegen diese Herrschaften! Ich fordere: 1.) Rechnungslegung und Zahlung. 2.) <u>Herausgabe meiner Originalmanuscripte</u>, die nicht Münchmeyer sondern mir gehören. Es sind ca 26000 eng beschriebene Seiten. Ich bitte dringend, ja keinen Schritt zu unternehmen, ohne daß ich es weiß und den betreffenden Schriftsatz gesehen habe. Wir haben es mit raffinierten, gewissenlosen Menschen zu thun, und in dem schriftstellerischen resp. buchhändlerischen Milieu, in dem wir uns bewegen, kenne nur ich mich aus."[105]

Doch mit dem energischen Vorgehen dauerte es zunächst noch ein wenig, was den ungeduldigen May am 31. Mai zu einer Nachfrage bei Netcke veranlasste:

„Ich bitte dringend, mir zu sagen, wann wir beginnen werden! [...] Ich höre, daß es mit der Gesundheit der Münchmeyer so steht, daß man ihren Tod erwartet. Falls wir uns nicht beeilen, kommen uns die Erben zuvor, und wir haben das Nachsehen!"[106]

Netcke erwiderte auf Mays Handlungsaufruf schon am nächsten Tag:

„Es ist ein Drama, das sich in diesen Akten aufbaut. Ich bin nun jederzeit bereit, mit Ihnen in eine detaillierte Besprechung dessen, was zu tun ist, einzutreten." Der Rechtsanwalt beabsichtigte zunächst zu behaupten, „dass mindestens 200.000 komplette Exemplare" des *Waldröschens* „verbreitet worden sind, [...] sodass wir zunächst Teilurteil für die wegen diesem Beitrag ergangene Schadensersatzforderung beantragen könnten."[107]

Mays Reaktion lautete kurz und ungeduldig:

„Die Hauptsache ist, <u>endlich anfangen!</u>"[108]

Netcke bereitete einen umfangreichen Schriftsatz vor, den May zu lesen wünschte, doch die Abfassung nahm längere Zeit in Anspruch als dem Schriftsteller lieb war. Der Verhandlungstermin vor der 6. Zivilkammer des Landgerichts

war auf den 8. Juli 1909 festgesetzt worden. Am 26. Juni schrieb Netcke seinem Mandanten:
„Wir sind nicht auf den Schadensersatz angewiesen, sondern können den gesamten Gewinn beanspruchen, den die Firma Münchmeyer aus dem unberechtigten Druck Ihrer Werke gezogen hat. [...] Ich bitte mir nur jetzt mitzuteilen, in welcher Höhe ich zunächst den Klagantrag fixieren soll. Ich würde die Summe von M 300.000,-- vorschlagen."[109]

May zeigte sich mit der Summe einverstanden und so beantragte Netcke für seinen Mandanten in der Klageschrift vom 5. Juli die Verurteilung Ida Pauline Münchmeyers „unabhängig von der Rechnungslegung" wegen unbefugten Nachdrucks der Kolportageromane zu einem Schadensersatz in Höhe von 300.000 Mark kostenpflichtig zu verurteilen. Außerdem sollte die Beklagte zur Herausgabe der Originalmanuskripte verpflichtet werden. Weitere Forderungen blieben vorbehalten.[110]

Am Verhandlungstermin wurde die Vertagung auf den 11. Oktober durch das Dresdner Landgericht beschlossen. Was bis dahin folgte, waren zum einen erste Zeugenvernehmungen, aber auch eine Replik des Münchmeyer-Anwalts Gerlach vom 25. September.[111]

Gerlach erklärte in seinem Schriftsatz, dass May „pathologisch zur Unwahrheit neige".

Diese Erklärung führte neben weiteren Äußerungen des Münchmeyer-Anwalts zu einer Beleidigungsklage vor dem Amtsgericht Dresden, die aber zurückgewiesen wurde. Auch Anzeigen bei der Anwaltskammer wegen mehrfacher Verletzung der Amtspflicht blieben erfolglos. Der Gerlach'sche Schriftsatz bestätigte die Bearbeitung der Münchmeyer-Romane. Dabei bezifferte er den Umfang der Bearbeitung auf 5%; eine qualitative Veränderung mit tendenziell unsittlichem Inhalt wurde bestritten. Später sollte er dieses Zugeständnis revidieren und nur noch von 1 % Bearbeitung sprechen.

Am 8. Oktober informierte Netcke seinen Mandanten über den Inhalt eines Gesprächs mit dem Landgerichtsdirektor Dr. Georg Clauß:

„Er wünscht, dass ich den ganzen Prozessstoff in gedrängter Form nochmals in eine Darstellung verarbeite."[112]

Da einem solchen richterlichen Ansinnen nicht binnen dreier Tage vor dem Verhandlungstermin nachzukommen war, sah sich Netcke gezwungen, eine Vertagung zu beantragen, die gegen Gerlachs Widerspruch gestattet wurde. Neuer Termin war der 22. November 1909, wobei zur Auflage gemacht wurde, dass der Kläger bis zum 5. November einen Schriftsatz zur Begründung seines Anspruchs einzureichen hatte. Der May'sche Schriftsatz ging am 19. Oktober bei Gericht ein. Netcke bekannte Tage später:

„Ich bemerke schon jetzt, dass ich auf die Anregung des Vorsitzenden eine neue Klagebegründung zu machen, überhaupt nicht eingehen kann. [...] Mein Schriftsatz wird also im Anschluss an die dreifachen Urteile in Ihrem Sinne lediglich aufs Neue den alten Tatbestand in Beschränkung auf das Notwendige enthalten und eine Würdigung der erhobenen Beweise, sowie den Hinweis auf den von Ihnen geleisteten Parteieid. Alles andere erscheint mir gefährlich."[113]

Gegenüber dem Landgericht Dresden erklärte der May-Anwalt schließlich, dass er keine neue Klagebegründung einreichen werde. Netcke begründete seine Haltung:

„Es handelt sich nicht um einen Prozess, der aufs neue zu beginnen ist, sondern um einen Prozess, in dem von beiden Parteien Erklärungen, Repliken etc. gewechselt worden sind. Auf Grund dieser Parteierklärungen ist es zur Feststellung eines Tatbestandes in 3 Instanzen gekommen, der eine Grundlage zunächst für das Zwischenurteil gebildet hat, aber gleichwohl [...] zur Grundlage für die weitere Beurteilung der Sache dienen muss. Ich kann den Kläger nicht der Gefahr aussetzen, dass ein absolut neues Vorbringen [...] der Gegenpartei Gelegenheit geben könnte, früher im Tatbestand festgelegte Gegenerklärungen vollständig anders für die jetzt in Frage stehenden Ansprüche vorzubringen."[114]

Das Gerlach'sche Vorbringen in seinem Schriftsatz vom 25. September würde man ohnehin mit Bestreiten erwidern. Und so kam es ohne vorherige Einreichung einer neuen Klagebegründung am 22. November zur streitigen Verhandlung vor dem Dresdner Landgericht. Nach der Verhandlung deutete Netcke gegenüber Gerlach eine Vergleichsbereitschaft an, auf die der Münchmeyer-Anwalt am nächsten Tag zu sprechen kam.

Gerlach zeigte sich bereit, den „gestern freundlichst angeregten Vergleichsvorschlag auf 50000 M bei Frau Münchmeyer und deren massgeblicher Umgebung" zu befürworten. Voraussetzung dafür sei allerdings, dass May sämtliche Prozesskosten trage und „keine Erklärung von Frau Münchmeyer wider besseres Wissen" verlangen dürfe, weshalb „die Erklärung [...] also <u>höchstens</u> dahin gehen [könnte], dass an den Roman-Manuskripten vielleicht kleine Streichungen durch Herrn Münchmeyer vorgenommen sein mögen". Die Vergleichssumme dürfe mit 10.000 Mark frühestens am 2. April 1910 und mit den restlichen 40.000 Mark frühestens am 2. Oktober 1911 verlangt werden.[115] Netcke betrachtete das Ansinnen mit Misstrauen:

„In Sachen May gegen d. Münchmeyer", so in einem Antwortschreiben an den Kollegen, „habe ich gestern [...] im wohlverstandenen Interesse beider Parteien Ihnen nur die Möglichkeit, wie zu einem Vergleiche zu gelangen wäre, an die Hand gegeben. Die Prozesslage und die Rücksichten für Herrn May verbieten mir, irgend einen Vorschlag zu machen, der dann als Vergleichsvorschlag meiner Partei angesehen werden könnte."[116] Er verwies zudem auf Gerlachs früheres Eingeständnis, dass Mays Manuskripte in einem Umfang von 5 % geändert worden waren. Gerlach antwortete am 16. Dezember darauf:

„Auf der von Ihnen mir freundlichst unter der Hand offerierten Basis war es mir trotz meines Bemühens leider unmöglich, eine Geneigtheit meiner Mandantschaft, insbesondere des Schwiegersohnes meiner Auftraggeberin, Herrn Dr. Schiller, herbeizuführen. Höchstens wurde ich ermächtigt zu einer Rente von 1200 M jährlich für den Kläger bis zu dessen Ableben. Ihre Antragssumme von 300000 M übersteigt nebenbei bemerkt überhaupt das Vermögen der Beklagten."[117]

Eine Antwort unterblieb. Vier Tage später fand die Streitverhandlung vor dem Landgericht Dresden statt. Im Hinblick auf eine Bearbeitung der May'schen Kolportageromane erklärte Gerlach:

„Während Besitzzeit der Beklagten kommt überhaupt keine Aenderung in Betracht, da Mays Schriften nicht mehr ‚gingen'. Aber auch zur Besitzzeit ihres Ehemannes werden Aenderungen von irgendwelcher Bedeutung auf das entschiedenste bestritten!"[118]

Es erfolgte eine Vertagung auf den 18. Januar 1910. Ab Januar 1910 führte Netcke seine Kanzlei gemeinsam mit Rechtsanwalt Eduard Karl Wetzlich (1865-1933) in der Dresdner Moritzstraße 20[II].

Im Termin am 18. Januar 1910 schlug das Gericht die Zahlung einer Schadensersatzsumme von 50.000 Mark vor, die May akzeptiert hätte, aber von der Münchmeyer-Seite abgelehnt wurde. Pauline Münchmeyer war nur bereit zur Zahlung einer Rentenzahlung auf Lebenszeit, was angesichts von Mays Alter kein wirklich großzügiges Entgegenkommen war.

Zeugen wurden vernommen. Einer von ihnen war Max Ludwig, ein Vertrauensmann Pauline Münchmeyers. Seiner Aussage zufolge wären die Romane Karl Mays bis zu einer Auflage von 20.000 Exemplaren ein Verlustgeschäft gewesen. Netcke hielt – gestützt auf Sachverständigenurteile – dagegen, dass Münchmeyer allein durch das *Waldröschen* bei einer Auflage von 100.000 Exemplaren einen unerlaubten Gewinn von 250.000 Mark gemacht haben müsse. Bei Einbeziehung des *Verlorenen Sohns*, des Romans mit der nächsthöchsten Auflage, und einer angenommenen Gratifikation kam er auf einen unerlaubten Reingewinn von wenigstens 300.000 Mark.[119]

Ein weiterer Verhandlungstermin fand am 8. Februar statt, an dessen Schluss das Gericht eine Streitentscheidung für den 22. Februar ankündigte. Doch anstelle einer Streitentscheidung erfolgte an jenem Tag ein Beweisbeschluss. Weitere Zeugenvernehmungen wurden beschlossen; ihre Durchführung dauerte das ganze Jahr. Am 10. Dezember erfolgte die Vernehmung der Sachverständigen:

„Beweisaufnahme durch Vernehmung der Sachverständigen [Adolph] Dähnert und [Richard Hermann Dietrich] Dittrich, sowie [Leberecht Moritz] Rätze. Den Sachverständigen wird aufgegeben, die Akten genau zu studieren und ihre Gutachten zu ergänzen. Anderweitiger Termin soll nach Eingang der Gutachten bestimmt werden", notierte Netcke.[120]

Nachdem ein Großteil der Gutachter und Zeugen vernommen worden war, bestimmte das Landgericht Dresden als Termin zur Fortsetzung der mündlichen Verhandlung den 21. März 1911. Am 7. März sandte May seinem Rechtsanwalt einen Brief H. G. Münchmeyers vom 20. Oktober 1882 an Emma May, den seine *„damalige Frau [...] nur deshalb nicht vernichtet habe, weil Münchmeyer sie da als seinen ‚rettenden Engel' bezeichnet."*[121] Aus dem Brief gehe seine damalige <u>„Ausnahmestellung"</u> bei Münchmeyer hervor. Vermutlich legte May auch Münchmeyers Brief vom 21. Februar 1887 bei. Am Termin vom 21. März 1911 nahm auch der Sachverständige Richard Hermann Dietrich teil. Das Gericht verzichtete auf eine Vereidigung, weil der Gutachter noch Gewinnberechnungen zu weiteren *Waldröschen*-Auflagen beibringen sollte. Der Termin hierfür war der 12. April. Gerlach reichte einen umfassenden Schriftsatz mit dem Hinweis auf Mays Vorstrafen, datiert vom Vortag, ein. Der Schriftsteller antwortete am 23. April seinem Anwalt:

„Ich gebe zu, daß ich gesündigt habe; ich leugne nicht, daß ich bestraft worden bin, vor 40 bis 50 Jahren. Aber was mich damals vor den Richter brachte, das würde mich heut vor den Psychiater bringen, und wenn Herr Rechtsanwalt Gerlach mich nun schon fast zehn Jahre lang als einen verkommenen Menschen schildert, der sich die Unterschiebung aller möglichen schlechten Absichten gefallen lassen muß, so geht er unter dem Schutze des Paragraphen 193 bis zu einem Punkte vor, zu dem ihm höchst wahrscheinlich kein anderer Anwalt folgen würde, und zwingt mir dadurch eine Erklärung in die Hand, welche ich gern vermieden

hätte, weil sie mich in die fatale Lage bringt, eine Vergleichung zwischen mir und der Gegenpartei zu ziehen."[122]

Alle von Gerlach benannten Zeugen lehnte May wegen Inkompetenz oder Befangenheit ab:

„Was sollen alle diese Leute wissen? Soll etwa auch bei jedem dieser Menschen die mehr als berühmte Behauptung aufgestellt werden, dass jede dieser Personen ein ganz besonderer Vertrauter Münchmeyers gewesen sei?!"

Am 22. September 1911 erhielt Netcke die Mitteilung des Landgerichtsdirektors Dr. Walter Rudolf Maier, dass der voraussichtliche abschließende Termin auf den 12. Oktober verlegt worden sei. Einen Tag später empfing May ein Schreiben Gerlachs, in dem dieser mitteilte:

„Sie wollten beim Kläger befürworten, daß er sich mit 30000 M. begnügt ohne jede Erklärung seitens der Beklagten. Ich habe diese neue Basis sofort meiner Partei, insbesondere Herrn Max Ludwig, berichtet, der, wie bekannt, die ausschlaggebende Stimme bei meiner Auftraggeberin hat. Er lehnt den Vorschlag ab und macht folgenden Gegenvorschlag: Herr May zieht die auf 300000 M. erhobene Klage zurück und erklärt, auch weitere Ansprüche an die Erben des Herrn Münchmeyer nicht zu haben. Dagegen verpflichtet sich Herr Ludwig im Beisein des Herrn May sämtliches auf May bezügliches Material an Akten, Briefen, Schriftstücken irgend welcher Art, Photografien und dergl. durch Verbrennen zu beseitigen und auch auf Anfrage dritter Personen nichts davon mündlich zu übermitteln. Er glaubt, daß Herr May alsdann sich leicht wieder rehabilitieren könne, woran ihm doch sicher mehr gelegen ist als an 30000 M."[123]

Eine undatierte Notiz Karl Mays vermerkt, dass der Schriftsteller Karl Heinrich Christian Emmerich-Eiben bereit wäre, *„eidlich auszusagen, daß er alle Colportageromane, welche er für den Sachverständigen Dietrich geschrieben hat, weiter verwerthet und also nicht mit allen Rechten abgetreten hat."*[124]

Netcke schickte Abschriften sämtlicher Gutachten des Münchmeyer-Verfahrens an den Verlagsbuchhändler Otto Maier zwecks Überprüfung. In einem Schreiben Netckes wurde Maier um Bestätigung gebeten, „dass die Kolportage 1882 noch in den Anfängen steckte und kein Gewohnheitsrecht entwickelt hatte, dass die Verleger schon vor einer Auflage von 20.000 Exemplaren verdienten und dass es erst Ende der 80er Jahre zu schriftlichen Verträgen kam, mit denen die Verleger das geistige Eigentum der Autoren unbeschränkt erwarben."[125]

Die gewünschte Bestätigung blieb aus. Maier teilte Netcke mit, dass seine Ansichten im Allgemeinen mit dem Gutachten des Sachverständigen Dähnert übereinstimmten. Da er erst seit 1888 im Kolportagebuchhandel tätig sei, könnte er die früheren Verhältnisse nicht beurteilen. Netckes in seinem Brief geäußerten Ansichten stimmte Maier nicht zu.

Um 9 Uhr des 12. Oktober 1911 fand die nächste Streitverhandlung statt. Während Karl May durch Netcke vertreten war, erschien Pauline Münchmeyer zusammen mit Louis Max Ludwig. Um eine Entscheidung herbeizuführen, setzte Netcke auf der Grundlage des Gutachtens von Richard Hermann Dietrich, der bei einem angenommenen Herstellungspreis von 2 ½ Pfennig und einem Abgabepreis von 5 Pfennig pro Heft einen Gewinn von ca. 2 Mark pro *Waldröschen*-Exemplar errechnet hat, seine Schadensersatzforderung von 300.000 auf 160.000 Mark herab, bezogen auf eine niedrig geschätzte Überschreitung der deutschen Auflage um 80.000 Exemplare (statt anzunehmender 180.000). Netcke beantragte die Herausgabe der Manuskripte zu den fünf Kolportageromanen und den anderen Erzählungen.

Pauline Münchmeyer wollte die Klage im vollen Umfang abgewiesen wissen. Gerlach erhob wie schon früher den Einwand der Verjährung. Für den Fall, dass das Verfahren überhaupt zulässig wäre, bestritt die Beklagte die mündliche Vereinbarung von 1882 zwischen ihrem verstorbenen Ehemann und dem Kläger. Gleichzeitig beschuldigte sie May erneut des Meineids. Zudem wären Mays Gewinn- und Schadensberechnung unerhört hoch. Eine Rückgabe der Manuskripte wäre im Kolportagebuchhandel unüblich und gesetzlich nicht einzufordern. Außerdem wäre anzunehmen, dass May die Handschriften bereits durch Adalbert Fischer zurückerhalten hätte. Bei einer erneuten Vernehmung würde Emma Pollmer aussagen, dass die beschriebene Vereinbarung nicht getroffen worden wäre und dass das vom Kläger behauptete Mittagessen nicht stattgefunden hätte. Einem Vergleichsvorschlag des Vorsitzenden in Höhe von 15.000 Mark stimmte die Beklagte zu, während Netcke ihn mit Blick auf Gerlachs Vergleichsvorschlag vom 23. September ablehnte.[126]

Weitere Beweisaufnahmen wurden durchgeführt. Am 22. Dezember 1911 kam es letztendlich zur entscheidenden Verhandlung. Die 6. Zivilkammer des Landgerichts Dresden unter dem Vorsitz des Landgerichtsdirektors Dr. Rudolf Kraner verurteilte Pauline Münchmeyer zu einer Entschädigungszahlung von 60.000 Mark an Karl May. Da dessen Klageforderung auf 160.000 Mark beziffert worden war, kam es wegen der vom Gericht nicht zugebilligten Differenz zur teilweisen Klageabweisung. Die Streitkosten wurden unter den Parteien aufgehoben. Da sich beide Parteien nicht hatten einigen können, hatte das Landgericht Dresden eine Entscheidung treffen müssen. Auf der Grundlage, dass das *Waldröschen* eine von der Beklagtenseite zugestandene Gesamtauflage von 40.000 Exemplaren aufgewiesen habe, urteilte das Landgericht in seiner Entscheidung:

Auf Grund der Beweisaufnahme ist das Gericht aber zu der Überzeugung gekommen, daß bedeutend mehr Exemplare [...] verkauft worden sind, und schätzt die Menge nach § 286 ZPO auf etwa 100000 Exemplare einschließlich der zulässigen 20000 [...] Begründung: Der Roman „Waldröschen" war ein gutgehender Kolportageroman, ein ‚Schlager' mit ganz besonderem Absatz. Das ist fast gerichtskundig [...] Außerdem kann man ohne weiteres mit der Tatsache rechnen, daß seit dem Abgange jenes Antwortschreibens der Vertrieb des allgemein beliebten „Waldröschen" nicht mit einem Male eingestellt worden ist.[127]

Aufgrund der unterschiedlichen Sachverständigenerklärungen hatte das Gericht den Gesamtgewinn für 80 000 Exemplare schätzen müssen und kam auf die Summe von

60 000 Mark, was einem Honorar von durchschnittlich auf 75 Pfennig für das einzelne Exemplar entsprach.

Schon der verstorbene H. G. Münchmeyer hatte 1885 vor Gericht bestätigt, dass der Gewinn für ein 10-Pfennig-Heft 1½ Pfennige betrage.[128] Der zu Grunde liegende Aktenvorgang (Amtsgericht Dresden) hätte, wäre er vom Landgericht zur Urteilsfindung im Münchmeyer-Prozess herangezogen worden, zur Festlegung eines wesentlich höheren Gewinns geführt! Bei einer Auflage von 80.000 Exemplaren *Waldröschen* hätte der Gewinn 80.000 x 109 x 0,015 = 130.800 Mark, also 1,64 Mark pro Exemplar betragen – das Doppelte von dem, was das Gericht geschätzt hatte.

Dazu kam, dass seit jenem Eingeständnis ein Weitervertrieb stattgefunden hatte, der den entgangenen Gewinn für May noch gesteigert hätte. So hatte Adalbert Fischer sogar eine Auflage von 500.000 Exemplaren genannt. Die Gewinnbeteiligung bei einer Auflage von 80.000 Exemplaren war ein Kompromiss zwischen den unterschiedlichen Aussagen der Sachverständigen Richard Hermann Dietrich und Adolph Dähnert: Dietrich hatte einen Reingewinn von 40.654,72 Mark berechnet, während Dähnert unter Einbeziehung der englischen Ausgaben auf 99.319,50 Mark gekommen war. Der tatsächliche Gewinn Münchmeyers dürfte selbst bei einer hypothetischen Auflage von 80.000 weit über 60.000 Mark hinausgegangen sein. Mays Antrag auf Herausgabe seiner Manuskripte wurde abgewiesen, da er durch sein ganzes Verhalten auf die Rückgabe verzichtet hätte, diese der Beklagten nicht möglich wäre und ein so spätes Rückgabeverlangen gegen Treu und Glauben verstoßen habe.

Zu einer Auszahlung der Schadensersatzsumme an Karl May kam es nie. Nachdem beide Parteien im Januar 1912 Berufung eingelegt hatten, kam das Verfahren vor das Oberlandesgericht Dresden. Noch bevor diese Instanz entscheiden konnte, verstarb Karl May am 30. März 1912. Seine Witwe Klara beendete den Prozess am 31. Januar 1913 in einer öffentlichen Sitzung des 3. Zivilsenats durch Vergleich mit Pauline Münchmeyer. An der Seite der Verlegerwitwe stand neben Oskar Gerlach Oberjustizrat Dr. Emil Körner, während Klara May von Franz Netcke und Dr. Erich Ebert vertreten wurde.

Oeffentliche Sitzung des dritten Zivilsenats des Königlichen Oberlandesgerichts.
Gegenwärtig:
1. Senatspräsident Dr. Haase als Vorsitzender,
2. Oberlandesgerichtsrat Küttner,
3. Oberlandesgerichtsrat Schmarl,
4. Oberlandesgerichtsrat Dr. Degen,
5. Oberlandesgerichtsrat Dr. Tobias,
als beisitzender Richter,
Referendar Ehrenberg als Ger. Schr.

In Sachen

früher des Schriftstellers Carl May in Radebeul, nunmehr seiner Witwe, der Frau Klara May geb. Beibler in Radebeul,
Klägerin,
– Prozessbevollmächtigte: Rechtsanwälte Dr. Ebert & Dr. von Hartleben in Dresden –

gegen

Frau Ida Pauline verw. Münchmeyer in Dresden,
Beklagte,
– Prozessbevollmächtigte: Rechtsanwälte Oberjustizrat Dr. Körner und Dr. Lötzsch in Dresden

wegen einer Forderung,

erscheinen bei Aufruf
I. die Klägerin mit den Rechtsanwälten Netcke & Dr. Ebert,
II. für die Beklagte die Rechtsanwälte Dr. Gerlach und Oberjustizrat Dr. Körner.

Die Parteien schliessen zur Beilegung des Rechtsstreits den aus der verlesenen Protokollanlage ersichtlichen

Vergleich.

Dieser Satz wird vorgelesen und von den Parteien genehmigt.

Dr. Haase,	Ehrenberg,
Vorsitzender,	Gerichtsschreiber.

Zu 3. O.23/11.

> Protokollanlage vom 31. Jan. 1913.
> Vergleich.

Die Klägerin ist überzeugt, dass ihr die von ihrem verstorbenen Ehemanne Karl May erhobenen Klageansprüche gegen Frau Ida Pauline Münchmeyer zustehen. Letztere ist davon überzeugt, dass diese Forderungen unbegründet sind.

Um den über diese Rechtsfragen und Ansprüche seit dem Jahre 1902 schwebenden Prozess aus der Welt zu schaffen und beiden Parteien weitere Kosten und Aufregungen zu ersparen, wird folgender Vergleich geschlossen:

1. Die Beklagte verpflichtet sich, der Klägerin fünfundzwanzigtausend Mark am 1. Oktober 1913 zu bezahlen, bis dahin aber von heute ab mit vier vom Hundert zu verzinsen, wobei die Zinsen am 31. März, 30. Juni und 30. September 1913 zu entrichten sind. Der Beklagten steht es frei, die 25000 M ganz oder in Raten auch schon vor dem 1. Oktober 1913 abzuführen.

2. Die Klägerin verzichtet gegen Empfang der 25000 M auf alle Ansprüche, die ihr gegen die Beklagte oder die deren Erben des im Jahre 1899 verstorbenen Herrn H.G. Münchmeyer zustehen oder zugestanden haben könnten; die Beklagte erklärt, dass ihr keine Ansprüche an den verstorbenen Ehemann der Klägerin oder diese selbst bekannt sind; sie verzichtet aber, falls solche doch vorhanden sein sollten, für ihre eigene Person und die Miterben ihres verstorbenen Ehemannes auf diese Ansprüche und steht dafür ein, dass keine Ansprüche seitens ihrer Miterben gegen die Klägerin erhoben werden.

3. Zur Sicherheit für die Zahlung der 25000 M verpflichtet sich die Beklagte binnen einer Woche die ihr gegen Frau Elisabeth Ludwig in Dresden, Mathildenstrasse 41 zustehende auf deren Grundstück Bl. 758 des Grundbuchs für das vormalige Königl. Stadtgericht Dresden hypothekarisch an I. Stelle eingetragene Forderung von 30 000 M der Klägerin zu verpfänden. Die Kosten der Verpfändung und Löschung übernimmt die Beklagte.

4. Die im Prozess entstandenen Kosten, soweit darüber nicht schon in den Urteilen vom 5. Februar 1906 und 9. Januar 1907 rechtskräftig entschieden ist, werden gegeneinander aufgehoben.

Dresden, den 31. Januar 1913.
Dr. Ebert,
Dr. Emil Körner,
Klara May.

Ausgefertigt am 5. Februar 1913.[129]

Pauline Münchmeyer kam ihrer Zahlungsverpflichtung nach, doch was blieb, waren die „außerordentlich hohen Anwaltskosten"[130], die insgesamt die Vergleichssumme bedeutend überstiegen. Die Verlegerwitwe hatte weniger an Klara May, dafür aber große Summen an das Gericht und an ihre Anwälte zu zahlen.

VI. Ein Nebenprozess: Der Fall Wilhelm Kulicke

Der Dresdner Verlagsbuchhändler Wilhelm Kulicke erhielt folgende Postkarte vom 16. April 1899: *„Sein Wort haltend, sendet aus Egypten den ersten Gruß Ihr ergebener Dr. Karl May."*[131] Der Schriftsteller befand sich gerade auf seiner großen Orientreise und Kulicke war einer von vielen Bekannten, denen er mehr oder weniger viele Belege dieser Reise zukommen ließ.

Zum damaligen Zeitpunkt ließ sich nicht ahnen, dass sich Kulicke zwölf Jahre später einmal in einem Brief an Oskar Gerlach wenden und dieser das Schreiben innerhalb eines gerichtlichen Schriftsatzes gegen Karl May verwenden würde. Tatsächlich geschah dies am 23. Oktober 1911 innerhalb des zweiten großen Münchmeyer-Prozesses. In diesem Brief bezichtigte Kulicke den Schriftsteller der Unwahrhaftigkeit. Konkret warf der Verlagsbuchhändler Karl May einen Postkartenschwindel vor. Damit zielte er auf den Versuch des Schriftstellers ab, mit seinen Postkarten von der Orientreise die Kara-Ben-Nemsi-Legende untermauern zu wollen. Offenbar hatte sich auch Kulicke zuerst durch diese abenteuerlichen Verlautbarungen täuschen lassen. Gerlach war dessen Enttäuschung recht gekommen, sorgte sie doch dafür, dass er im laufenden Verfahren gegen Karl May mit Kulicke einen Sachkenner der Kolportage präsentieren konnte, der sich gegen die Interessen des Schriftstellers äußerte. So urteilte Kulicke[132] u. a. über die von May beeidigte Gratifikationsabrede mit H. G. Münchmeyer, dass „ein Verleger, der einen ‚solchen Vertrag‘ gemacht hätte, [...] ‚[f]ür das Irrenhaus reif‘ gewesen" wäre.

May beantwortete diese Einschätzung ungewohnt locker:

„Ein Verleger, der auf die 20,000 eingeht, ist ein Pfiffikus, der ganz genau weiss, was er will, geht aber ein Verfasser darauf ein, wie May es so vertrauensselig gethan hat, so ist er reif für das Irrenhaus!"[133]

Wegen des vermeintlichen Postkartenschwindels stellte May Strafantrag gegen Kulicke beim Kgl. Amtsgericht Dresden. Gleichzeitig reichte er Privatklage wegen Beleidigung ein.

Anfang Februar 1912 fand schließlich der Termin der Hauptverhandlung statt. Die Berliner *Volkszeitung* berichtete am 13.02.1912:

„Der durch seine vielen Prozesse bekannte Schriftsteller Karl May - Radebeul trat [...] wieder vor dem Schöffengericht in Dresden als Privatkläger gegen den dortigen Verlagsbuchhändler Wilhelm Kulicke auf. Ursache war eine Beleidigung, die der Angeklagte dem Kläger dadurch zugefügt haben soll, daß er in einem Briefe, den er als vertraulich an einen Rechtsanwalt schrieb, Zweifel in die Wahrheitsliebe Mays gesetzt habe. Dieser Brief war in einem anderen Prozesse verwertet worden und dadurch zur Kenntnis Mays gelangt. Kulicke bezweifelte, daß May die Reisen, die er in seinen Werken schildert, auch ausgeführt habe. Auf das Beweisanerbieten Mays ging das Gericht nicht ein, sondern sprach den Angeklagten [...] kostenlos frei."

Der Kulicke-Fall zählt sicherlich zu den überflüssigsten gerichtlichen Verfahren, die May je angestrengt hatte.

VII. Ein böhmischer Prozess

Der Erfolg des deutschen Schriftstellers Karl May übertrug sich in den Jahren seines literarischen Aufstiegs auch sehr bald in das benachbarte Ausland. Nur kurze Zeit nach der Veröffentlichung seiner Jugenderzählung *Der Sohn des Bärenjägers* erhielt May einen Brief seines Verlegers Adolf Spemann vom Union Verlag, Stuttgart:

„Die Verlagbuchhandlung von Jos. R. Vilímek in Prag, in deren Verlage eine Jugendzeitschrift in böhmischer Sprache erscheint, fragt bei mir an, ob ich ihr gestatten würde, die im ‚Guten Kameraden' enthaltene Erzählung ‚Der Sohn des Bärenjägers' frei ins Böhmische übersetzen zu dürfen resp. bearbeiten zu lassen. Ich meinerseits würde dagegen nichts einzuwenden haben, würde auch im anderen Falle nichts einwenden können, da ein Litterarischer Vertrag zwischen Deutschland und Böhmen nicht existirt."[134]

May akzeptierte das Honorar des Verlegers und Druckereiinhabers Josef Richard Vilímek jun. in Höhe von 200 Mark, sodass die *Bärenjäger*-Erzählung in ihrer ersten ausländischen Übersetzung in der Prager Zeitschrift *Unserer Jugend* in zwölf Heften des Jahrgangs 1888 erscheinen konnte. Nun blieb es nicht bei dem einmaligen Abdruck des May'schen Werkes. Im darauffolgenden Jahrgang publizierte Vilímek *Der Geist des Llano estakado*. Die erste tschechische Buchausgabe des *Sohn des Bärenjägers* erfolgte schließlich 1890, also zur gleichen Zeit wie die deutsche, da die Union Deutsche Verlagsgesellschaft ebenfalls 1890 die *Kamerad*-Erzählungen Mays in Buchform herauszugeben begann.

Vilímek besaß ein Gespür für zugkräftige Autoren und schaffte es, trotz der älteren und erfahrenen Konkurrenz und des Vorsprungs anderer Verlagshäuser, bekannte Namen für sein Unternehmen zu gewinnen. Er verlegte viele Übersetzungen und entdeckte eine Reihe von Schriftstellern, die später als die ‚modernen' anerkannt wurden. Zu seinen Autoren zählten u. a. auch Honoré de Balzac, Charles Dickens, Alexandre Dumas (d. Ä.), Jules Verne, H. G. Wells und Emile Zola, sodass sich Karl May in einer bedeutenden

Galerie der Weltliteratur wiederfand. Auch mit dem deutschen Schriftsteller gelang Vilímek ein verlegerischer Erfolg, weshalb er sich am 2. Juni 1897 unmittelbar an diesen wandte, um wegen einer tschechischen Ausgabe von *Die Sklavenkarawane* anzufragen. Dieses Begehren wiederholte er Anfang Juli des Jahres noch einmal und dehnte es dahingehend aus, künftig das „ausschliessliche Recht zur regelmässigen Herausgabe" aller Reiseromane „für die böhmische Sprache"[135] eingeräumt zu bekommen. Es gilt als wahrscheinlich, dass es im Jahr 1898 den ersten persönlichen Kontakt zwischen May und Vilímek gegeben hat. Es hatte sich inzwischen herausgestellt, dass eine bloße Korrespondenz zur Klärung aller geschäftlichen Fragen nicht ausreichte. May besaß natürlich ein hohes Interesse am Abschluss eines für ihn lukrativen und urheberrechtlich günstigen Vertrags. Er selber gab in einem Brief vom 18. Mai 1898 gegenüber Vilímek vor, noch weitere elf Offerten zu besitzen:

„Sie sehen also, Verehrtester, daß auch die Andern nicht, wie Sie meinen, ohne Rücksicht auf den Autor an das Werk gehen wollen. Die Mehrzahl von ihnen sind nicht Verleger sondern Uebersetzer, welche Wiener Buchhändler hinter sich haben und mir die Autorisation honoriren wollen. Also ich habe die Wahl! Nun weiß ich, daß Sie Ihrer Leistungsfähigkeit wegen den Vorzug verdienen, und so würde es mich freuen, wenn ich mit Ihnen einig würde. Nur ist es ein Irrthum, daß ich mit 150 Mrk. einverstanden gewesen sei. Die Fehsenfeldschen Bände enthalten fast doppelt soviel wie die Spemannschen und wie die Verne'schen Werke; ich halte da eine Honorarsteigerung für ganz selbstverständlich und glaube, nicht unbescheiden zu sein, wenn ich 200 Mark sage. Auch möchte ich contractlich festgestellt haben, wie hoch die Auflage für diese 200 Mrk. sein soll."[136]

Der böhmische Verleger hatte May das Angebot unterbreitet, 150 Mark Honorar pro Band oder 900 Mark für den Orientromanzyklus zu zahlen. Gleichzeitig machte Vilímek unter Hinweis auf das österreichische Recht deutlich, dass er die Bände auch ohne Erlaubnis des Schriftstellers publizieren könne. Letztlich zeigte sich Vilímek mit den von May vorgeschlagenen 200 Mark pro Band einverstanden und legte eine Auflage von 5.000 Exemplaren pro Band fest. Nun war es wiederum May, der am 8. Juli 1898 von seinem eigenen Vorschlag abrückte:

„Eine Honorarforderung von 5 deutschen Pfennigen pro Buch, also 250 Mark pro 5000 ist, wie mir Jedermann zugeben wird, so niedrig gegriffen, wie die schriftstellerische Ambition kaum erlaubt; tiefer gehen kann ich nicht und erhoffe dabei die Zahlung der von Ihnen in Angriff genommenen 6 ersten Bände bei Abschluß des Contractes, den ich Ihnen, sobald Sie mir Ihr Einverständniß erklären, sofort zur Unterschrift zusenden werde. Also 5 arme, deutsche Pfennige pro Buch."[137]

Vilímek lehnte Mays neuerliches Vorbringen ab und verwies auf einen Konkurrenzverlag:

„Der Concurrenz-Verleger wich gewiss allen Unterhandlungen mit Ihnen aus und wird einfach eine nicht autorisirte Uebersetzung herausgeben."[138]

Der Hinweis traf zu, denn die Benediktinermönche des Klosters in Groß-Raigern in Mähren planten zu jener Zeit die unerlaubte Übersetzung des Orientzyklus. Auch Vilímek deutete in diesem Zusammenhang wieder an, dass auch er „ohne jede Autorisationsgebühr" veröffentlichen könne. Er bat May darum, sich „binnen 3 Tagen" zu entscheiden. Der Schriftsteller zeigte sich nicht gewillt, diese Frist zu einer verbindlichen Klärung der Honorarfrage zu nutzen, und ging auf den zeitlichen Druck nicht ein. Da der Dichter nicht entsprechend reagierte, entschloss sich Vilímek nun, ohne Erlaubnis in der illustrierten Reihe *Abenteuerliche Reisen* unter dem Sammeltitel *Auf der Spur der bösen Tat* mit dem Abdruck des Orientzyklus zu beginnen. Der Verlag gab ab dem 9. September 1898 zunächst eine Heftausgabe von *Durch die Wüste* heraus, in der Kara Ben Nemsi als Franzose namens Ben Han auftrat. Diese Eigenmächtigkeit blieb May nicht verborgen. Am 12. Oktober reiste er zu einer Unterredung mit Vilímek nach Prag, wo er im ‚Hotel de Saxe' wohnte. Bereits zwei Tage später, am 14. Oktober in der Nr. 283, erschien eine ganzseitige Anzeige in der deutschsprachigen Tageszeitung *Bohemia*, in der May sein Erstaunen kund tat,

*"daß die Verlagsbuchhandlung von Jos. R. Vilímek mit der Herausgabe einer böhmischen Uibersetzung resp. Bearbeitung meiner Reisewerke begonnen hat, und sehe mich dadurch zu folgenden, ebenso öffentlichen Bemerkungen gezwungen: [...] Ich werde selbstverständlich für **meine Rechte** und für die **Unantastbarkeit des ethischen Charakters** meiner Werke mit vollen Kräften einzutreten wissen und begebe mich dabei vertrauensvoll in den Schutz der **literarischen** respective **buchhändlerischen Moral und Ehrenhaftigkeit**, indem ich überzeugt bin, daß kein rechtlich denkender Redacteur diesen Zeilen eine Erwähnung in seinen Spalten versagen wird."*

Die Erklärung Karl Mays erschien am 15. Oktober auch in der Wiener Tageszeitung *Vaterland* unter dem Titel *Eine Verwahrung des Dr. Carl May*. Aber auch tschechische Zeitungen erörterten den Fall. Im ‚Hotel de Saxe' verhandelten May und Vilímek oder möglicherweise auch dessen Rechtsanwalt Dr. Leopold Katz (1854-1927) schließlich miteinander. Dabei kam es zu einer gütlichen Einigung. May erteilte dem Verlag das alleinige Übersetzungsrecht in die tschechische Sprache für die bei Fehlsenfeld erschienenen Werke. Der von Rechtsanwalt Leopold Katz aufgesetzte Vertrag umfasst sieben Paragrafen. Das Ergebnis der Einigung wurde wiederum in der *Bohemia* am 19. Oktober 1898 veröffentlicht. Darin gab May bekannt, dass er sich *"mit der hiesigen Verlagsfirma Jos. R. Vilímek bezüglich der Uibersetzung meiner Werke in die böhmische Sprache gütlich geeinigt habe."* Auf der neu geschaffenen Vertragsgrundlage publizierte Vilímek noch im gleichen Jahr die vereinbarungsgemäß überarbeitete Ausgabe von *Durch die Wüste* als ersten Band des großen Orientzyklus. Tatsächlich wurde die sechsteilige Romanreihe 1900 mit *Der Schut* abgeschlossen. Das Honorar betrug 300 Mark pro Band, also 1.800 Mark für den gesamten Zyklus.

Im Herbst 1900 trat Vilímek seine einzige Reise nach Radebeul an. Es ging um die Herausgabe von *Winnetou I-III*, für die der Verleger ein Gesamthonorar von 900 Mark anbot.

Eine persönliche Absprache über die Festlegung der Modalitäten schien beiden Parteien unumgänglich. Nun kam das Treffen in der Villa „Shatterhand" nicht zu Stande, da sich Vilímek nicht rechtzeitig angemeldet hatte und sich Karl May gerade an diesem Tag in Weimar aufhielt. Letztlich einigten sich Verleger und Autor auf ein Honorar von jeweils 500 Mark pro *Winnetou*-Band bei einer Auflage von 5.000 Exemplaren. Am 26. März 1903 ging May auf eine Anfrage Vilímeks vom 5. Februar nach einer Veröffentlichung der *Sklavenkarawane* ein und fragte gleichzeitig bei seinem tschechischen Verleger an, welche Bände er sonst noch herausgeben wolle. Nicht ohne geschäftliche Raffinesse wies er dabei auch auf seinen nunmehr internationalen Marktwert hin:

„Man bestürmt mich von Wien aus um das Uebersetzungsrecht in das Böhmische, auch aus Graz. Könnten Sie mir vielleicht sagen, auf welche Bände Sie noch reflectiren? Ich möchte das gute Angebot nicht von mir weisen, zumal Sie keine neuen Auflagen mehr zu machen scheinen, und wünsche also, zu wissen, worüber ich verfügen kann."[139]

Am 11. April 1903 teilte Vilímek mit, dass er statt *Die Sklavenkarawane* nunmehr *Orangen und Datteln* (heute GW 10, *Sand des Verderbens*) veröffentlichen wolle. Er überwies sogleich 300 Mark und erklärte zugleich, dass er den Vertrag vom 16. Oktober 1898 – also jenem Tag, als sich beide Parteien in Prag getroffen und über die Übersetzungsrechte verhandelt hatten – als Vereinbarung über die Einräumung der ausschließlichen Übersetzungsrechte erachtete. Einige Monate später bekam May aus Prag eine Nachricht, die ihn veranlasste, genauere Erkundigungen einzuziehen. Vilímek hatte den Schriftsteller von einer Übersetzung unterrichtet, deren Vorrede mit der Überschrift „Allen Liebhabern und Freunden interessanter Lektüre" begann und aus dem Verlag Aloys Hynek stammte. May antwortete am 24. Oktober 1903 überrascht:

„Diese Uebersetzung trifft mich vollständig ahnungslos. Sie fordern mich auf, unnachsichtlich gegen sie vorzugehen. Dazu brauche ich zweierlei: 1. Bitte, senden Sie mir eine genaue, deut-

sche Uebersetzung der Vorrede, welche Milovnikum a pratelum poutaveho cteni! [Allen Liebhabern und Freunden interessanter Lektüre] *überschrieben ist! 2. Schicken Sie mir eine Aufstellung der Werke, welche Sie bis heut von mir gedruckt haben. Und zwar hat diese Aufstellung zu enthalten die böhmischen Titel, die deutschen dabei in Klammern, ferner Jahr, Monat und Tag der Herausgabe, die wievielte Auflage, die Zahl der Exemplare jeder Auflage, die hierfür bezahlte Honorarsumme und den Tag dieser Zahlung.*"[140]

Das als Papiergroßhandlung, Buchbinderei, Verlag und Buchhandlung firmierende Prager Unternehmen Hynek existierte seit Anfang der siebziger Jahre des 19. Jahrhunderts. Zwischen den beiden Verlagen Vilímek und Hynek bestand eine unmittelbare Konkurrenz. Als Hynek z. B. begonnen hatte, Jules Verne zu verlegen, ahmte ihn Vilímek gleich nach. Im Fall Karl May war es umgekehrt. Aus einem Brief Vilímeks vom 21. Dezember 1903 an May geht auch hervor, um welche nicht autorisierte Karl-May-Ausgabe es sich bei diesen Büchern für „Liebhaber und Freunde interessanter Lektüre" handelte:

„Den Inhalt Ihres Geschätzten v. 19. d. höflichst beantwortend, kann ich meine Verwunderung nicht verschweigen, daß Sie heute so schreiben, als ob ich mich bei Ihnen schon über die unbefugte Herausgabe Ihrer Romane ‚Durch drei Welttheile'[141] seitens der Firma A. Hynek Prag nicht beschwert hätte und Sie mir darauf nicht bereits geantwortet hätten. Ich lege die beiden Copien meiner diesbezüglichen Briefe bei, berufe mich auf Ihr Geschätztes vom 24. October a. c. und hoffe, dass Sie nunmehr über die Sache informiert sein werden. Also nicht ich, sondern die Firma A. Hynek in Prag gibt Ihre Romane unbefugt heraus, eine Firma, die bei uns denselben Ruf hat, wie z. B. Münchmeyer in Dresden, und die sich sonst nur mit blutigen Schundromanen zu befassen pflegt, also dem Namen Dr. May keine Ehre macht. Ich benütze diese Gelegenheit, um Ihnen die weitere Herausgabe Ihrer Werke anzumelden, und werde ich mit dem ersten Theile des ‚Im Reiche des silbernen Löwen' fortsetzen.

Da ich mit diesem Werke eine größere Aktion unternehmen will, so beabsichtige ich dasselbe in 6000 Exemplaren herauszugeben, und überweise Ihnen in Gemässheit unseres Vertrages beigeschlossen an Honorar Mrk. 360,- resp. nach Abzug meines Guthabens per Mrk. 60,- den Betrag von Mrk. 300,- mit dem höflichen Ersuchen, mir den Empfang gefälligst bestätigen zu wollen. Schließlich bitte ich noch der uns beide schädigenden unbefugten Herausgabe Ihrer Romane volle Aufmerksamkeit zu widmen und mich gef. von den unternommenen Schritten zu verständigen."[142]

Erstaunlicherweise reagierte May nach Erhalt dieses Schreibens in den folgenden Tagen auf einen Brief, den er selber von Hynek erhalten hatte und der vom 8. Oktober stammte. In seiner Antwort gibt der Schriftsteller an, den Hynek-Brief wegen Abwesenheit erst jetzt erhalten zu haben. Tatsächlich war May wochenlang krank gewesen und hatte den Brief vermutlich schon zur Kenntnis genommen gehabt, ohne bis dato darauf zu antworten. Er tat dies am 30. Dezember:

„Ihr Brief vom 8.10. d. J. kommt wegen längerer Abwesenheit erst heute in meine Hände. Sie wünschen einige meiner Fehsenfeldbände böhmisch herauszugeben. Bevor es mir möglich ist, mich hierüber zu äußern, habe ich mir über eine andere Angelegenheit klar zu werden. Es erscheint nämlich in Ihrem Verlage unter meinem Namen ein Werk, welches ‚Tremi dily svêta‘, ‚Durch drei Welttheile‘ betitelt ist. Ich habe unter diesem Titel niemals etwas verfaßt. Ich habe keinem Menschen erlaubt, irgend einen meiner Titel in diesen Titel umzuändern. Und ich habe überhaupt bisher nur Herrn Vilimek gestattet, Uebersetzungen meiner Arbeiten vorzunehmen. Ich bin darum über ‚Durch drei Welttheile‘ in höchsten Grade erstaunt. Noch niemals hat ein anständiger Verleger eine Übersetzung gebracht, ohne sich erst mit dem Verfasser ins Einvernehmen zu setzen, und da ich Sie für einen geschäftlich anständigen Herrn halte, so kann ich nur annehmen, daß Sie mit diesen ‚Drei Welttheilen‘ von irgend einem Schwindler hintergangen worden sind. Darum bitte ich Sie, mir möglichst umgehend mitzutheilen 1.) Wer der Verfasser dieses Werkes eigentlich ist. 2.) Von wem Sie das Recht

der Übersetzung erhielten. 3.) Was Sie für ein Honorar dafür bezahlten. 4.) Wer Ihnen die Erlaubniß gab, meinen Namen, sogar mit einem Doctortitel, darüber zu setzen? Sie begreifen wohl, daß ich diesen meinen Namen weder zu einem fremden Werke noch zu einer x-beliebigen Bearbeitung oder Übersetzung eines meiner Bücher hergeben kann, ohne auch nur mit einem einzigen Wort darum gefragt zu werden."[143]

Wie sich herausstellte, hatte Hynek eine Vereinbarung vom 21. März 1903 mit dem Münchmeyer-Verlag bzw. dessen neuem Inhaber Adalbert Fischer getroffen. Darin war ihm das Recht einer tschechischen Fassung des Kolportageromans *Deutsche Herzen, Deutsche Helden* (heute GW Bd. 60-63, *Allah il Allah, Der Derwisch, Im Tal des Todes* und *Zobeljäger und Kosak*) eingeräumt worden. May antwortete auf diese Darlegungen nicht mehr. Hynek setzte seine Übersetzungen fort und brachte ohne des Dichters Wissen sogar noch Übersetzungen der Reiseerzählungen, die von der zweifelhaften Fischer-Genehmigung ohnehin nicht erfasst sein konnten. Im September 1904 begann sein Konkurrent Vilímek mit der tschechischen Herausgabe von *Im Reiche des silbernen Löwen I-IV*. Nur Tage später berichtete er May gegenüber von einer Veröffentlichung von *Der Schatz im Silbersee* durch Hynek und bat um die Unterschrift unter eine selbstverfasste Erklärung, nach der „einzig und allein"[144] sein Verlag autorisiert wäre. Die Erklärung vom 17.10.1904 lautete:

„Ich habe nur allein die Firma [Jos. R. Vilímek] *in Prag ermächtigt, meine Schriften in die böhmische Sprache zu übersetzen. Ich kann also nur das, was bei dieser Firma erscheint, als wirklich von mir stammend und wirklich von mir berechtigt anerkennen. Was bei Anderen erscheint, lehne ich ab und behalte mir aber die strafrechtliche Verfolgung vor."*[145]

Bei Vilímek entwickelte sich in der Folgezeit der Verdacht, dass zwischen May und Hynek eine heimliche Vereinbarung bestände, da Letzterer von May unbehelligt 20 Bände herausgab. Diesen Verdacht teilte Vilímek am 3. August 1905 freimütig mit. Der Schriftsteller gab zur Antwort:

„Ich bitte Sie zur Kenntnis zu nehmen, daß ich mich nirgend-

wann und nirgendwo verpflichtet habe, Sie vor Ihren Konkurrenten zu schützen. In unserem Vertrag ist davon kein Wort enthalten. Ich hätte Ihnen auch nichts derartiges zusagen können, da nach den bestehenden Gesetzen, auf deren Geltung Sie mich selbst so nachdrücklich hingewiesen haben, meine Bücher bei Ihnen nicht geschützt sind."[146]

Nun bestand tatsächlich für May zu jener Zeit eine unsichere Urheberrechtslage. Das Rechtsverhältnis zwischen dem Deutschen Reich und der k. und k. Monarchie Österreich-Ungarn bot keine rechtliche Handhabe, um gegen Hynek vorzugehen. Der Staatsvertrag von 1899 zwischen beiden Staaten sah vor, dass die Übersetzungsrechte drei Jahre nach der deutschen Erstveröffentlichung frei würden. Hynek berief sich später darauf, dass May auf alle Anfragen wegen Übersetzungsrechten mit keinem Wort reagiert hätte. Das ist jedoch nicht ganz zutreffend, denn May protestierte mit Brief vom 19. Februar 1908:

„Man sagt mir, daß Sie verschiedene meiner Werke in böhmischer Uebersetzung herausgeben. Ich erinnere mich nicht, mein Jawort dazu gesagt zu haben und ersuche Sie, mir, um <u>gerichtliche Klage zu vermeiden</u>, anzugeben, welche Bücher das wohl sind."[147]

Der Protest war nur zu spät erfolgt. Möglicherweise hatte Mays frühere öffentliche Zurückhaltung auch daran gelegen, dass Hynek auf eine Verbindung mit dem Münchmeyer-Verlag verwiesen hatte und sich May zu jener Zeit bereits im Rechtsstreit mit Pauline Münchmeyer befand.

Auf Mays aktuelle Nachfrage hin übersandte Hynek jedenfalls wunschgemäß eine Liste mit den in seinem Verlag erfolgten Übersetzungen der May-Erzählungen. Es handelt sich um *Satan und Ischariot*, *Im Lande des Mahdi*, *Der Schatz im Silbersee*, *Die Sklavenkarawane* und *Der schwarze Mustang*. Zudem sei gerade das erste Heft von *Das Vermächtnis des Inka* erschienen.

„Ich habe Sie seinerzeit wiederholt um Uebersetzungsrecht für böhmische Sprache ersucht [...]", verteidigte Hynek sein Verhalten, „jedoch keine Antwort erhalten. Aus diesem

Grunde war ich gezwungen, Ihr Werk ohne Ihre Erlaubniß […] herauszugeben."[148]

Von diesen Vorgängen wusste Hyneks Konkurrent Vilímek nichts. Der empfand Mays Verhalten jedenfalls als Vertragsbruch. Seinerseits fühlte er sich nicht mehr an den mit dem Schriftsteller geschlossenen Vertrag vollumfänglich gebunden und gab daraufhin eine billige, nicht illustrierte Ausgabe des Orientzyklus heraus – ohne Mays Wissen. In den nächsten Jahren sanken auch aus diesem Grunde die Honorarzahlungen aus Prag, was May am 15. März 1907 zu Nachfragen über den Kontostand der Honorarzahlungen veranlasste. Er erhielt jedoch keinen aktuellen Stand, sondern den vom 28. Oktober 1903 übermittelt. Am 15. Januar 1908 wiederholte der Schriftsteller den Wunsch nach einer aktuellen Kontostandsmitteilung:

„Ich bat Sie […] um einen ausführlichen Contoauszug, den ich aber unter der Begründung, daß Sie verreist seien, nicht erhielt. Da ich bisher vergeblich auf die Erfüllung dieses höchst einfachen Wunsches gewartet habe und mein Rechtsanwalt mir sagt, daß er diesen Contoauszug nun <u>unbedingt</u> und <u>umgehend</u> brauche, so richte ich die oben erwähnte Bitte in aller Höflichkeit zum zweiten Male an Sie."[149]

Da der Verleger auch dieses Mal nicht antwortete, wandte sich May an den Prager Advokaten Dr. Arthur Freund, der ohne vorher noch einmal mit Vilímek zu korrespondieren, Klage bei Gericht einreichen sollte. Der Rechtsanwalt ging dennoch zunächst den außergerichtlichen Verhandlungsweg, indem er sich mit der Firma Vilímek in Verbindung setzte, um „die umgehende Vorlage der Bücher behufs Büchereinsicht und Eruierung der benötigten Daten" zu fordern.

„Heute Vormittag hat der Direktor mit mir Rücksprache gepflogen und teilte mir mit, dass Herr Vilimek nach Italien verreist sei und 3-4 Wochen ausbleiben werde. Herr Vilimek habe alle Ihre Angelegenheit betreffenden Schriften in seinem Schreibtische versperrt, da er derartige Angelegenheiten persönlich führe und der Direktor ersuche demnach, dass seine Rückkehr abgewartet werde."[150]

Freund bat um Anweisung, wie jetzt zu verfahren wäre; ob May die Rückkehr des Verlegers abwarten oder wirklich sofort klagen wolle. Der Schriftsteller begnügte sich vorerst mit dem Warten auf Vilímek, doch neuerliche Verzögerungen erschöpften seine Geduld schließlich. Und so reichte Freund für seinen Mandanten am 26. März 1908 gegen die Firma Josef Richard Vilímek Klage wegen ‚Gestattung der jederzeitigen Büchereinsicht' beim Handelsgericht der Stadt Prag ein. Zur Klagebeantwortung wurde eine Frist bis zum 2. April gesetzt. Um May zu besänftigen, überwies ihm Vilímek 1.800 Mark an bislang zurückgehaltenem Honorar, was dessen Entschluss, die Klage weiterzuverfolgen, allerdings nicht rückgängig machte.

Am 2. Juni 1908, um 9 Uhr, fand die Verhandlung vor dem Prager Handelsgericht mit den Richtern Vizepräsident Albert Ritter des Loges, Jindřich Ronz und Dr. Robert Isak statt.

Vilímeks Vertreter, Advokat Dr. Leopold Katz, bemühte sich in der Verhandlung vor allem, Mays Glaubwürdigkeit in Frage zu stellen, was ihm jedoch nicht gelang. Nach einer halben Stunde musste Katz klein beigeben und, um weiteren Schaden von seinem Mandanten fern zu halten, in einen Vergleich einwilligen. May wurde darin das Recht zugesprochen, jederzeit Einsicht in die Geschäftsbücher des Klagegegners zu erhalten. Das Verhandlungsprotokoll mit seinem Vergleichsergebnis ist erhalten geblieben. Darin wird festgehalten:

I. Der H. Vertreter der Geklagten Firma Josef R. Vilímek in Prag anerkennt die Verpflichtung, dem Kläger H. Dr. Karl May beziehungsweise dessen Vollbemächtigten, der jedoch nicht aus der Konkurrenz der Klagsbuchhändler und Drucker entnommen werden darf, jederzeit die Einsicht in ihre die Geschäftsverbindung mit H. Dr. Karl May betreffenden Geschäftsbücher zu gestatten.

II. Der H. Dr. Karl May und dessen Rechtsfreund H. Dr. Arthur Freund nehmen diesen Antrag an und lassen von der Klage ab.

III. Das Interesse an dem Streitgegenstand wird einverständlich mit 1500 Kronen bemessen. Die Kosten werden gegenseitig aufgehoben.[151]

Auf Grund dieses Vergleichs sandte Vilímek noch am 13. Juni 1908 einen Kontoauszug über die zwischen 1898 und 1907 bezogenen Honorare sowie eine Bestätigung der böhmischen grafischen Gesellschaft ‚Unie' über die Zahl der Auflagen an Karl May. In der Aufstellung fehlten allerdings die unberechtigt veröffentlichten nicht-illustrierten Nebenauflagen, von denen May nie erfahren hat. Auf diese Druckaufstellung bezog sich der letzte Brief Mays an Vilímek vom 1. August 1908:

„Ihr Contocorrent und die Druckaufstellung der ›Unie‹ – konnte erst heut von mir gelesen werden; ich war verreist. Aus beiden geht auf das Deutlichste hervor, daß mir der Neudruck jahrelang verheimlicht und die Honorarzahlung unterschlagen wurde, obwohl sie contractlich sofort und voraus zu leisten ist. Nun weiß ich, warum ich mein Contocorrent partout nicht bekam, aus dem ich ersehen mußte, daß Sie hinter meinem Rücken gedruckt haben, warum Sie erst dann zahlten, als es Ernst wurde, und warum Sie sich vor den Herrn Richtern nicht sehen ließen, obwohl diese es lebhaft wünschten. [...] Zunächst mache ich Sie darauf aufmerksam, daß Ihre letzte Zahlung von 1800 Mark unzulänglich ist. Es sind schon längst nicht mehr 300 sondern 500 Mark für 5000 zu entrichten. Sie setzen aber sogar Winnetou mit 300 an und für 1000 Stück ‚Im Reiche des silbernen Löwen' nur 60 anstatt 100 Mark. Ich ersuche um postwendende Zusendung der fehlenden Summe oder um Mittheilung, ob ich die Angelegenheit meinem Rechtsanwalt Herrn Dr. Freund übergeben soll."[152]

Ob May tatsächlich Dr. Freund mit einem erneuten juristischen Vorgehen gegen Vilímek beauftragte, ist nicht bekannt. Mit der dritten nicht-illustrierten Auflage der Bände 4-6 von 1909 stellte Vilímek das Erscheinen seiner May-Ausgaben ein.

Ida Pauline Münchmeyer (1840-1928)

Anmerkungen

Aus Umfangsgründen werden Titel, auf die in den Anmerkungen mehrfach verwiesen wird, in der Regel ab der zweiten Nennung innerhalb des jeweiligen Anmerkungsblocks abgekürzt. Bei der ersten, bibliografisch vollständigen Nennung wird mit (→) auf das im Folgenden verwendete Kürzel angezeigt. Eine Übersicht aller verwendeten Abkürzungen findet sich auf Seite 618

[1] Karl May: *Mein Leben und Streben* (→ May: *Mein Leben*). Freiburg 1910, S. 200f.

[2] Karl May: *Ein Schundverlag* (→ May: *Ein Schundverlag*). In: Karl May: *Am Marterpfahl. Karl Mays Leidensweg, Autobiografische Schriften. Karl May's Gesammelte Werke* Band 83. Bamberg 2001, S. 25-204 (111)

[3] Karl May: *Ein Schundverlag und seine Helfershelfer* (→ May: *Helfershelfer*). In: May: *Am Marterpfahl*. GW Band 83, S. 205-293 (212)

[4] May: *Mein Leben*, S. 202

[5] Max Dittrich: Zeugenaussage v. 25.11.1908. Kgl. Landgericht Dresden, 1. Strafkammer: Voruntersuchung ./. Karl May und Genossen [Max Dittrich, Marie Johanna Spindler, Bertha Margarethe Freitag, Emma Pollmer] – 2 V 21/07. In: Rudolf Lebius: *Die Zeugen Karl May und Klara May. Ein Beitrag zur Kriminalgeschichte unserer Zeit*. Reprint der Ausgabe Berlin-Charlottenburg 1910 (→ *Lebius-Reprint*). Mit einer Einführung von Jürgen Wehnert. *Veröffentlichungen aus dem Karl-May-Archiv*. Hrsg. v. Michael Petzel und Jürgen Wehnert. Lütjenburg 1991, S. 113

[6] Karl May: *Frau Pollmer, eine psychologische Studie*. In: Karl May: *Von Ehefrauen und Ehrenmännern. Biografische und polemische Schriften 1899-1910*. GW Band 85. Bamberg 2004, S. 25-144 (76)

[7] May: *Ein Schundverlag*, S. 141

[8] May: *Mein Leben*, S. 241-243

[9] Johann August Walther: Brief an Karl May v. 27.11.1894. Zit. nach Kgl. Oberlandesgericht Dresden: Urteil v. 5.2.1906. Zivilverfahren Ida Pauline Münchmeyer ./. Karl May – 2.O. 228/04. HStA Dresden: OLG Dresden, Akte P 183, Urteile 1904. Blatt 17

[10] Karl May: Brief an Pauline Münchmeyer v. 28.10.1898. In: Dieter Sudhoff/Hans-Dieter Steinmetz: *Karl-May-Chronik Band II 1897-1901* (→ Sudhoff/Steinmetz: *KMC II*). Bamberg 2005, S. 175

[11] Vgl. Klaus Hoffmann: *Nachwort zum Faksimiledruck des Waldröschen*. In: Karl May: *Das Waldröschen oder Die Verfolgung rund um die Erde*. Bd. VI. Hildesheim/New York: Olms Presse 1971, S. 2618-2682 (2631)

[12] Adalbert Fischer: Brief an Karl May v. 25.4.1899. In: Sudhoff/Steinmetz: *KMC II*, S. 229

[13] Karl May: Brief an Adalbert Fischer v. 30.4.1899. In: Sudhoff/Steinmetz: *KMC II*, 230-233

[14] Adalbert Fischer: Brief an Karl May v. 13.5.1899. In: Sudhoff/Steinmetz: *KMC II*, S. 237

[15] May: *Ein Schundverlag*, S. 164

[16] Karl May: Klage v. 10.12.1901. Kgl. Landgericht Dresden: Zivilverfahren Karl May ./. Adalbert Fischer – Cg II 83/02

[17] Karl May: Antrag auf einstweilige Verfügung in Verbindung mit einem Antrag auf Arrest v. April 1902. Kgl. Landgericht Dresden: Zivilverfahren Karl May ./. Adalbert Fischer – C AR II 17/02

[18] May: *Ein Schundverlag*, S. 175

[19] Anzeige aus dem *Börsenblatt des Deutschen Buchhandels*, Nr. 41 v. 19.2.1903

[20] Klara May: Tagebucheintrag v. 10.2.1903. In: Dieter Sudhoff/Hans-Dieter Steinmetz: *Karl-May-Chronik Band III 1902-1905* (→ Sudhoff/Steinmetz: *KMC III*). Bamberg 2005, S. 205

[21] May: *Ein Schundverlag*, S. 178

[22] Adalbert Fischer: Brief an Karl May v. 15.1.1904. In: Steinmetz/Sudhoff: *KMC III*, S. 304

[23] Adalbert Fischer: Klage v. (Ende) 1904. Kgl. Landgericht Dresden: Zivilverfahren Adalbert Fischer ./. Karl May – Aktenzeichen (→ AZ) Cg II 648/04

[24] Karl May: Klage v. 21.12.1904. Kgl. Landgericht Dresden: Zivilverfahren Karl May ./. Adalbert Fischer – 2 Cg 37/05

[25] May: *Ein Schundverlag*, S. 184

[26] Karl May: Strafanzeige vom Dezember 1904. Kgl. Staatsanwaltschaft Dresden : Ermittlungsverfahren ./. Adalbert Fischer – AZ unbekannt

[27] Klara May: Tagebucheintragung v. 20.2.1905. In: Steinmetz/Sudhoff: *KMC III*, S. 462

[28] Kgl. Oberlandesgericht Dresden: Beschluss v. 20.7.1905. Klageerzwingungsverfahren Karl May ./. Adalbert Fischer – AZ unbekannt. In: Steinmetz/Sudhoff: *KMC III*, S. 518

[29] Kgl. Landgericht Dresden: Prozessvergleich v. 8.10.1907. Kgl. Landgericht Dresden: Zivilverfahren Elisabeth Fischer, Charlotte Schubert, Herbert Fischer, Erna Fischer, Lothar Fischer ./. Karl May – Cg II 648/04. Karl-May-Archiv der Verlegerfamilie Schmid

[30] *Börsenblatt des deutschen Buchhandels* v. 29.10.1907

[31] Karl May: Brief an Friedrich Fehsenfeld v. 10.10.1907. In: Dieter Sudhoff/Hans-Dieter Steinmetz: *Karl-May-Chronik Band IV 1906-1909* (→ Sudhoff/Steinmetz: *KMC IV*). Bamberg 2005, S. 291f.

[32] Karl May: Klage v. 12.3.1902. Kgl. Landgericht Dresden, IV. Kammer für Handelssachen: Zivilverfahren Karl May ./. Ida Pauline Münchmeyer – AZ 6 Cg 276/02. Karl-May-Archiv der Verlegerfamilie Schmid

[33] Bertha Margarete Rosalie Freitag: Erklärung v. 7.6.1902. In: Sudhoff/Steinmetz: *KMC III*, S. 66

[34] Ebd.

[35] Klara May: Tagebucheintrag v. 18.3.1903. In: Steinmetz/Sudhoff: *KMC III*, S. 227

[36] Pauline Münchmeyer: Privatklage und Strafantrag v. 16.4.1904. Kgl. Amtsgericht Dresden. Strafverfahren Pauline Münchmeyer ./. Klara May – unbekannt wegen Beleidigung. In: Sudhoff/Steinmetz: *KMC III*, S. 331

[37] Kgl. Amtsgericht Dresden: Beschluss v. 17.6.1904. Privatklageverfahren Pauline Münchmeyer ./. Klara May – unbekannt wegen Beleidigung. In: Sudhoff/Steinmetz: *KMC III*, S. 354

[38] Erwin Riezler: *Deutsches Urheber- und Erfinderrecht*. München, Berlin 1909, S. 130ff.

[39] Albrecht Götz von Olenhusen: *Karl May und das Urheber- und Verlagsrecht im 19. Jahrhundert* (→ Götz von Olenhusen: *Karl May und das ... Verlagsrecht*). In: *Archiv für Urheber- und Medienrecht*. Band 2002/II, S. 427-450 (435)

[40] Harald Steiner: *Das Autorenhonorar, seine Entwicklungsgeschichte vom 17.-19. Jahrhundert*. Wiesbaden 1998, S. 174ff; Henriette Kramer: *Georg von Cotta (1796-1863) als Verleger*. In: AGB 25, 1984, Spalte 1093-1272

[41] Götz von Olenhusen: *Karl May und das ... Verlagsrecht*, S. 435

[42] Kgl. Landgericht Dresden, 6. Zivilkammer: Urteil v. 26.9.1904. Kgl. Landgericht Dresden: Zivilverfahren Karl May ./. Ida Pauline Münchmeyer – AZ 6 Cg 276/02. Karl-May-Archiv der Verlegerfamilie Schmid

[43] Oskar Bülow: *Gemeines deutsches Zivilprozessrecht*. Vorlesungsnachschrift von L. Fechler aus dem Wintersemester 1868/69. Hrsg. u. eingel. v. Johann Braun. Veröffentlicht von Mohr Siebeck. Tübingen 2003, S. 229f.

[44] Felix Bondi: Schriftsatz v. 11.1.1905. In: Sudhoff/Steinmetz: *KMC III*, S. 448-451

[45] Kgl. Oberlandesgericht Dresden, 2. Zivilsenat: Verhandlungstermin v. 16.6.1904. Kgl. Oberlandesgericht Dresden: Zivilverfahren Ida Pauline Münchmeyer ./. Karl May – 2. O. 288/04. In: Sudhoff/Steinmetz: *KMC III*, S. 352

[46] Kgl. Oberlandesgericht Dresden, 2. Zivilsenat: Verhandlungstermin v. 28.4.1905. Kgl. Oberlandesgericht Dresden: Zivilverfahren Ida Pauline Münchmeyer ./. Karl May – 2. O. 288/04. In: Sudhoff/Steinmetz: *KMC III*, S. 502

[47] Kgl. Oberlandesgericht Dresden, 2. Zivilsenat: Verhandlungstermin v. 16.5.1905. Kgl. Oberlandesgericht Dresden: Zivilverfahren Ida Pauline Münchmeyer ./. Karl May – 2. O. 288/04. In: Sudhoff/Steinmetz: *KMC III*, S. 504f.

[48] Karl May: Eingabe v. Dezember 1907. In: Sudhoff/Steinmetz: *KMKC III*, S. 508

[49] Kgl. Oberlandesgericht Dresden, 2. Zivilsenat: Urteil v. 5.2.1906. Kgl. Oberlandesgericht Dresden: Zivilverfahren Ida Pauline Münchmeyer ./. Karl May – 2. O. 288/04. In: Hans-Dieter Steinmetz: *Blick hinter die Kulissen Zur Erstveröffentlichung von Urteilen des Münchmeyer-Prozesses*. (→ Steinmetz: *Kulissen*). In: *Karl-May-Haus-Informationen*, Nr. 14 / 2001, S. 3-41 (8-15)

[50] Ebd., S. 18f.

[51] Ebd., S. 21

[52] Ebd., S. 22

[53] Vgl. Götz von Olenhusen: *Karl May und das ... Verlagsrecht*, S. 436ff.

[54] Ebd., S. 438f.

[55] Vgl. Paul Daude: *Lehrbuch des deutschen literarischen, künstlerischen und gewerblichen Urheberrechts*. Stuttgart 1888, S. 46

[56] Steinmetz: *Kulissen*, S. 24

[57] Ebd., S. 24f.

[58] Ebd., S. 27f.

[59] August Schürmann: *Organisation und Rechtsgewohnheiten des Deutschen Buchhandels, 1. Teil: Die Entwicklung des Deutschen Buchhandels zum Stande der Gegenwart*. Halle 1880, S. 263ff.

[60] Vgl. Götz von Olenhusen: *Karl May und das ... Verlagsrecht*, S. 440f.

[61] Karl May: Brief an Friedrich Fehsenfeld v. 8.2.1906. In: Sudhoff/Steinmetz: *KMC IV*, S. 14

[62] Steinmetz: *Kulissen*, S. 36-40

⁶³ Götz von Olenhusen: *Karl May und das ... Verlagsrecht*, S. 444f.
⁶⁴ Karl May: Brief an Karl Georg Paul Mayer v. 13.2.1907. In: Sudhoff/Steinmetz: *KMC IV*, S. 157-159
⁶⁵ Kgl. Landgericht Dresden, 1. Strafkammer: Voruntersuchung ./. Karl May und Genossen – 2 V. 21/07
⁶⁶ Oskar Gerlach: Eingabe v. 25.5.1907. Kgl. Landgericht Dresden, 1. Strafkammer: Voruntersuchung ./. Karl May und Genossen – 2 V. 21/07. In: Sudhoff/Steinmetz: *KMC IV*, S. 203
⁶⁷ Pauline Münchmeyer: Brief an Oskar Gerlach v. 30.5.1907. Kgl. Landgericht Dresden, 1. Strafkammer: Voruntersuchung ./. Karl May und Genossen – 2 V. 21/07. In: Sudhoff/Steinmetz: *KMC IV*, S. 204
⁶⁸ Karl May: Brief an Rudolf Bernstein v. 23.7.1907. In: Sudhoff/Steinmetz: *KMC IV*, S. 219
⁶⁹ Klara May: Tagebucheintrag v. 9.11.1907. In: Sudhoff/Steinmetz: *KMC IV*, S. 313
⁷⁰ Kgl. Landgericht Dresden: Protokoll der Hausdurchsuchung v. 9.11.1907. Kgl. Landgericht Dresden, 1. Strafkammer: Voruntersuchung ./. Karl May und Genossen – 2 V 21.07. In: *Lebius-Reprint*, S. 79-81
⁷¹ Klara May: Tagebucheintrag v. 9.11.1907. In: Sudhoff/Steinmetz: *KMC IV*, S. 313
⁷² *Lebius-Reprint*, S. 85
⁷³ Klara May: Brief vom 30.05.1908 an unbekannt mit Rezitat Max Winklers vom 24.05.1907 anlässlich eines Besuchs in der Villa Shatterhand. In: *Lebius-Reprint*, S. 108
⁷⁴ Ebd., S. 86
⁷⁵ Ebd., S. 44f.
⁷⁶ Karl May: Eingabe an Kurt Larrass v. Dezember 1907. Kgl. Landgericht Dresden, 1. Strafkammer: Voruntersuchung ./. Karl May und Genossen – 2 V. 21/07. In: *Lebius-Reprint*, S. 88-95
⁷⁷ Carl Friedrich Jahncke: Brief an Karl May v. 20.12.1907. In: Sudhoff/Steinmetz: *KMC IV*, S. 334f.
⁷⁸ Karl May: Aussage v. 6.4.1908. Kgl. Landgericht Dresden, 1. Strafkammer: Voruntersuchung ./. Karl May und Genossen – 2 V. 21/07. In: *Lebius-Reprint*, S. 119-123
⁷⁹ Karl May: Aussage v. 13.4.1908. Kgl. Landgericht Dresden, 1. Strafkammer: Voruntersuchung ./. Karl May und Genossen – 2 V. 21/07. In: *Lebius-Reprint*, 123-126
⁸⁰ Ebd.
⁸¹ Karl May: Brief an Ernst Klotz v. 20.5.1908. In: Sudhoff/Steinmetz: *KMC IV*, S. 379
⁸² Karl May: Aussage v. 22.4.1908. Kgl. Landgericht Dresden, 1. Strafkammer: Voruntersuchung ./. Karl May und Genossen – 2 V. 21/07. In: *Lebius-Reprint*, S. 127
⁸³ Kgl. Landgericht Dresden: Beschluss v. 23.4.1908. Kgl. Landgericht Dresden, 1. Strafkammer: Voruntersuchung ./. Karl May und Genossen – 2 V. 21/07. In: *Lebius-Reprint*, S. 128
⁸⁴ Kgl. Landgericht Dresden, 1. Strafkammer: Beschluss v. 12.6.1908 – 1. S. Reg. 45/08. Kgl. Landgericht Dresden, 1. Strafkammer: Voruntersuchung ./. Karl May und Genossen – 2 V. 21/07. In: *Lebius-Reprint*, S. 110-113
⁸⁵ Karl May: Beschwerde v. 30.6.1908. Kgl. Oberlandesgericht Dresden – AZ unbekannt. Kgl. Landgericht Dresden, 1. Strafkammer: Voruntersuchung ./. Karl May und Genossen – 2 V. 21/07. OLG Dresden 3293, Nr. 400
⁸⁶ Kurt Larrass: Schreiben an das Polizeiamt Leipzig v. 23.7.1908. Kgl. Landgericht

Dresden, 1. Strafkammer: Voruntersuchung ./. Karl May und Genossen – 2 V. 21/07. In: Sudhoff/Steinmetz: *KMC IV*, S. 413

[87] Klara May: Beilage zum Brief Karl Mays an Ernst Klotz v. 19.5.1908. In: Sudhoff/Steinmetz: *KMC IV*, S. 390f.

[88] Conrad Seyfert: Antrag v. 8.1.1908 – St. A. Ver. 162/07. Kgl. Landgericht Dresden, 1. Strafkammer: Voruntersuchung ./. Karl May und Genossen – 2 V. 21/07. In: *Lebius-Reprint*, S. 117-118

[89] May: *Helfershelfer*. In: GW Band 83, S. 205-293 (254)

[90] Karl May: Brief an Rudolf Bernstein v. 16.2.1906. In: Sudhoff/Steinmetz: *KMC IV*, S. 161

[91] Karl May: Brief an Oskar Gerlach v. 17.2.1906. In: Sudhoff/Steinmetz: *KMC IV*, S. 161

[92] Sudhoff/Steinmetz: *KMC IV*, S. 170

[93] Karl May: Brief an Rudolf Bernstein v. 25.3.1907. In: Sudhoff/Steinmetz: *KMC IV*, S. 178f.

[94] Karl May: Brief an Josef Richard Vilimek v. 14.3.1906. In: Sudhoff/Steinmetz: *KMC IV*, S. 175

[95] Karl May: Brief an Josef Richard Vilimek v. 15.1.1907. In: Sudhoff/Steinmetz: *KMC IV*, S. 344

[96] Rudolf Bernstein: Brief an Karl May v. 10.2.1908. In: Sudhoff/Steinmetz: *KMC IV*, S. 349

[97] Karl May: Die Liebe des Ulanen, Umschlaghinweis. In: Sudhoff/Steinmetz: *KMC IV*, S. 344

[98] Karl May: Erklärung an die Kolportageverleger v. 13.2.1908. In: Sudhoff/Steinmetz: *KMC IV*, S. 350

[99] Rudolf Bernstein: Brief an Karl May v. 24.4.1908. In: Sudhoff/Steinmetz: *KMC IV*, S. 385

[100] Klara May: Aufzeichnung. In: Sudhoff/Steinmetz: *KMC IV*, S. 467

[101] Karl May: Brief an Franz Netcke v. 27.1.1909. In: Sudhoff/Steinmetz: *KMC IV*, S. 493f.

[102] Franz Netcke: Brief an Karl May v. 3.2.1909. In: Sudhoff/Steinmetz: *KMC IV*, S. 496

[103] Karl May: Brief an Franz Netcke v. 15.3.1909. In: Sudhoff/Steinmetz: *KMC IV*, S. 507

[104] Franz Netcke: Brief an Karl May v. 25.3.1909. In: Sudhoff/Steinmetz: *KMC IV*, S. 509

[105] Karl May: Brief an Franz Netcke v. 29.3.1909. In: Sudhoff/Steinmetz: *KMC IV*, S. 511

[106] Karl May: Brief an Franz Netcke v. 31.5.1909. In: Sudhoff/Steinmetz: *KMC IV*, S. 529

[107] Franz Netcke: Brief an Karl May v. 1.6.1909. In: Sudhoff/Steinmetz: *KMC IV*, S. 530

[108] Karl May: Brief an Franz Netcke v. 3.6.1909. In: Ebd.

[109] Franz Netcke: Brief an Karl May v. 26.6.1909. In: Sudhoff/Steinmetz: *KMC IV*, S. 537

[110] Franz Netcke: Klage v. 5.7.1909. Kgl. Landesgericht Dresden: Zivilverfahren Karl May ./. Pauline Münchmeyer – 6 Cg 276/02. In: Sudhoff/Steinmetz: *KMC IV*, S. 541

¹¹¹ Oskar Gerlach: Schriftsatz v. 25.9.1909. Kgl. Landesgericht Dresden: Zivilverfahren Karl May ./. Pauline Münchmeyer – 6 Cg 276/02. In: Sudhoff/Steinmetz: *KMC IV*, S. 563

¹¹² Franz Netcke: Brief an Karl May v. 8.10.1909. In: Sudhoff/Steinmetz: *KMC IV*, S. 567

¹¹³ Franz Netcke: Brief an Karl May v. 30.10.1909. In: Sudhoff/Steinmetz: *KMC IV*, S. 574

¹¹⁴ Franz Netcke: Schriftsatz v. 15.11.1909. Kgl. Landesgericht Dresden: Zivilverfahren Karl May ./. Pauline Münchmeyer – 6 Cg 276/02. In: Sudhoff/Steinmetz: *KMC IV*, S. 582

¹¹⁵ Oskar Gerlach: Brief an Franz Netcke v. 23.11.1909. In: Sudhoff/Steinmetz: *KMC IV*, S. 586

¹¹⁶ Franz Netcke: Brief an Oskar Gerlach v. 24.11.1909. In: Sudhoff/Steinmetz: *KMC IV*, S. 586

¹¹⁷ Oskar Gerlach: Brief an Franz Netcke v. 16.12.1909. In: Sudhoff/Steinmetz: *KMC IV*, S. 606

¹¹⁸ Oskar Gerlach: Zuschrift an die Augsburger Postzeitung v. 25.5.1910. In: Sudhoff/Steinmetz: *KMC IV*, S. 611

¹¹⁹ Vgl. Dieter Sudhoff/Hans-Dieter Steinmetz: *Karl-May-Chronik Band V 1910-1912* (→ Sudhoff/Steinmetz: *KMC V*). Bamberg 2006, S. 15-16

¹²⁰ Franz Netcke: Notiz v. 10.12.1910. In: Sudhoff/Steinmetz: *KMC V*, S. 376

¹²¹ Karl May: Brief an Franz Netcke v. 7.3.1911. In: Sudhoff/Steinmetz: *KMC V*, S. 429

¹²² Karl May: Brief an Franz Netcke v. 23.4.1911. In: Sudhoff/Steinmetz: *KMC V*, S. 448-453

¹²³ Oskar Gerlach: Brief an Franz Netcke v. 22.9.1911. In: Sudhoff/Steinmetz: *KMC V*, S. 495-496

¹²⁴ Karl May: undatierte Notiz. In: Sudhoff/Steinmetz: *KMC V*, S. 501

¹²⁵ Franz Netcke: Brief an Otto Maier v. 10.10.1911. In: Sudhoff/Steinmetz: *KMC V*, S. 502

¹²⁶ Vgl. Sudhoff/Steinmetz: *KMC V*, S. 503-504

¹²⁷ Kgl. Landgericht Dresden: Urteil v. 22.12.1911. Kgl. Landgericht Dresden: Zivilverfahren Karl May ./. Pauline Münchmeyer – Cg 6 276/02. Karl-May-Archiv der Verlegerfamilie Schmid

¹²⁸ HStA Dresden: Akten M.D.I. Nr. 3842

¹²⁹ Kgl. Oberlandesgericht Dresden, 3. Zivilsenat: Prozessvergleich v. 31.1.1913. Klara May ./. Ida Pauline Münchmeyer: Zivilverfahren – 3. O. 23/11. Karl-May-Archiv der Verlegerfamilie Schmid

¹³⁰ Euchar Albrecht Schmid: *Die Münchmeyer-Romane*. In: *Karl-May-Jahrbuch 1919*, 2. Jg. Breslau (1918), S. 147-164 (152)

¹³¹ Karl May: Postkarte an Wilhelm Kulicke v. 16.4.1899. In: Sudhoff/Steinmetz: *KMC V*, S. 221

¹³² Wilhelm Kulicke: Brief an Oskar Gerlach [Datum unbekannt]. In: Sudhoff/Steinmetz: *KMC V*, S. 508

¹³³ Karl May: Schriftsatz v. 27.10.1911. Kgl. Amtsgericht Dresden: Strafverfahren Karl May ./. Wilhelm Kulicke – AZ unbekannt. In: Sudhoff/Steinmetz: *KMC V*, S. 508

[134] Adolf Spemann: Brief an Karl May v. 19.1.1888. In: Dieter Sudhoff/Hans-Dieter Steinmetz: *Karl-May-Chronik Band I 1842-1896. 1901* (→ Sudhoff/Steinmetz: *KMC I*). Bamberg 2005, S. 347

[135] Josef Richard Vilimek: Brief an Karl May v. 2.6.1897. In: Sudhoff/Steinmetz: *KMC II*, S. 61f.

[136] Karl May: Brief an Josef Richard Vilimek v. 18.5.1898. In: Karl May: *Briefe an den Verleger Josef R. Vilimek, Prag*. In: *Jahrbuch der Karl-May-Gesellschaft* (→ *Jb-KMG*) *1977*. Hamburg 1977, S. 231-242 (231)

[137] Karl May: Brief an Josef R. Vilimek v. 8.7.1898. In: Sudhoff/Steinmetz: *KMC II*, S. 153

[138] Josef Richard Vilimek: Brief an Karl May v. 9.7.1898. In: Sudhoff/Steinmetz: *KMC II*, S. 154

[139] Karl May: Brief an Josef R. Vilimek v. 26.3.1903. In: Sudhoff/Steinmetz: *KMC III*, S. 233

[140] Karl May: Brief v. 24.10.1903. In: Sudhoff/Steinmetz: *KMC III*, S. 275

[141] Gemeint ist der Karl-May-Roman *Deutsche Herzen – deutsche Helden*.

[142] Josef Richard Vilímek: Brief an Karl May vom 21.12.1903. In: Manfred Hecker/Hans-Dieter Steinmetz: *Karl May in Böhmen*. In: *Jb-KMG 1977*, S. 218-230 (226)

[143] Karl May: Brief vom 30.12.1903 an Alois Hynek. In: Sudhoff/Steinmetz: *KMC III*, S. 299f.

[144] Josef Richard Vilímek: Brief an Karl May v. 24.9.1904. In: Sudhoff/Steinmetz: *KMC III*, S. 388

[145] Karl May: Erklärung v. 17.10.1904. In: Sudhoff/Steinmetz: *KMC III*, S. 400

[146] Karl May: Brief an Josef Richard Vilimek v. September 1905. In: Sudhoff/Steinmetz: *KMC III*, S. 533

[147] Karl May: Brief an Alois Hynek v. 19.2.1908. In: Sudhoff/Steinmetz: *KMC IV*, S. 353

[148] Alois Hynek: Brief an Karl May v. 20.2.1908. In: Sudhoff/Steinmetz: *KMC IV*, S. 354

[149] Karl May: Brief an Josef R. Vilimek v. 15.1.1908. In: Sudhoff/Steinmetz: *KMC IV*, S. 344f.

[150] Arthur Freund: Brief an Karl May v. 28.2.1908. In: Sudhoff/Steinmetz: *KMC IV*, S. 358

[151] K.K. Handels-Gericht Prag, Abteilung IV: Protokoll v. 2.6.1908. Zivilverfahren Karl May ./. Firma Jos. R. Vilemek – IV. Cg IV 31/8 5. In: Manfred Hecker/Hans-Dieter Steinmetz: *Karl May in Böhmen*. In: *Jb-KMG 1977*, S. 218-230 (227f.)

[152] Karl May: Brief an Josef R. Vilimek v. 15.1.1908. In: Sudhoff/Steinmetz: *KMC IV*, S. 414f.

5. Teil:
Karl May und die Presse

I. Die Pressekampagne

Ende der 90er-Jahre des 19. Jahrhunderts befand sich Karl May auf dem Höhepunkt seines Ruhms. Seine Romane wurden in angesehenen Familienzeitschriften abgedruckt, die Auflagen seiner Bücher stiegen beständig. Im Freiburger Verlag von Friedrich Ernst Fehsenfeld erschienen die vielbeachteten *Gesammelten Reiseerzählungen* in mehreren Ausstattungsvarianten. Die Anhängerschaft – von der Gymnasialjugend bis zu Erwachsenen jeglicher beruflicher Couloeur – strömte bewundernd zu Mays Villa „Shatterhand" oder umjubelte den Autor während seiner Leserreisen als wahren Popstar. Der Schriftsteller verstieg sich parallel zur öffentlichen Identifizierung mit dem Ich-Helden seiner Romanwelt, mit Old Shatterhand respektive Kara Ben Nemsi. Im *Deutschen Hausschatz* war 1896 die autobiografische Skizze *Freuden und Leiden eines Vielgelesenen* (heute in GW 79, *Old Shatterhand in der Heimat*) erschienen – ein humoristisches Zeugnis von der Selbstironie Mays, das allerdings in dieser Intention von Lesern und Kritikern verkannt wurde. Dem Text waren zudem acht Fotografien Karl Mays beigefügt, die ihn sowohl in Zivil als auch im Kostüm Old Shatterhands und Kara Ben Nemsis zeigten.

Der Grund für das Entstehen der Old-Shatterhand-Legende wird nicht nur in der einfachen Eitelkeit Karl Mays und dem Entgegenkommen gegenüber den Publikumswünschen zu sehen sein, sondern vor allem auch in dem begreifbaren, aber auf lange Sicht nutzlosen Versuch, die eigene Lebensgeschichte neu schreiben zu wollen. Der Makel der Vorstrafen, die dunklen Jahre der Straftaten und ihre Verbüßung in Gefängnissen, im Arbeits- und im Zuchthaus, sollten verdeckt werden. Wer als Old Shatterhand die weiten Prärien Nordamerikas an der Seite Winnetous durchstreift hatte und mit seinem getreuen Freund und Diener Hadschi Halef Omar viele Jahre durch die Wüste und das wilde Kurdistan geritten war, dessen Vergangenheit musste man nicht in der erzgebirgischen Heimat suchen. Doch diese fantastische öffentliche Verklärung und Maskierung von Leben und Person musste früher oder später die Aufmerksamkeit der Presse hervorrufen.

Dabei wird man bei den publizistischen Gegnern Karl Mays unterscheiden müssen zwischen den meinungsbildenden Stimmen jener Zeit wie Fedor Mamroth, Hermann Cardauns, Carl Muth und Ferdinand Avenarius auf der einen Seite und jenen Epigonen auf der anderen Seite, die wie Paul Schumann, Heinrich Wolgast, Georg Ruseler und Paul Rentschka meist nur auflisteten, was die anderen vorgegeben hatten. Juristisch betrachtet war allen gemeinsam, dass es zwischen ihnen und May keinerlei gerichtliche Streitigkeiten gab – wenngleich der Schriftsteller zahlreiche Gründe für Beleidigungsklagen gehabt hätte. Ihre Angriffe sind jedoch insofern von Bedeutung, als ihre Argumente die Grundlage und den Nährboden für jene Gruppe zumeist geistlicher Pressestimmen wie Ansgar Pöllmann & Co. bildeten, gegen die der Schriftsteller schließlich doch auch juristisch vorging. Und alle diese Gegner unterstützten durch ihre Haltung zu May wie auch durch ihre aktive Mithilfe letztlich den in der deutschen Literaturgeschichte wohl einmalig dastehenden Fall eines wahren Vernichtungsfeldzugs durch den Journalisten Rudolf Lebius, über den noch zu berichten sein wird. Das Unheil im Verhältnis zwischen Karl May und der Presse begann mit einem Artikel des Feuilletonchefs der *Frankfurter Zeitung*, Fedor Mamroth (1851-1907), am 3. Juni 1899. Darin wurde kurz berichtet, dass Mays angeblich jugendverderbende „Werke aus den Bibliotheken mehrerer Mittelschulen ausgeschlossen worden" seien. An diese Mitteilung schloss sich die kritische Auseinandersetzung mit der Old-Shatterhand-Legende an. Abschließend befand Mamroth:

„Wir, die wir sehr nüchtern an die Lektüre von Karl Mays Schriften gegangen sind, fanden, daß sie alle nach einer bestimmten Schablone zurechtgemacht sind, und daß sie von einer ungesunden Roheit strotzen, die durch ihre Verquickung mit einer tendenziösen Verherrlichung des bigotten Christentums nicht gerade angenehmer wirkt. Wir halten also die ganze Karl-May-Literatur für keine erfreuliche Kulturerscheinung."[1]

Mamroth genoss zu jener Zeit den Ruf eines anerkannten Publizisten. Sein Artikel sorgte bei aller Sachlichkeit für den kleinen Auslöser, der die Presselawine gegen Karl May ins Rollen brachte. Der Schriftsteller reagierte unsouverän und heftig. Unter dem Namen seines Freundes Richard Plöhn veröffentlichte er eine lange, mehrteilige Replik in der Dortmunder *Tremonia*. Die *Frankfurter Zeitung* antwortete wiederum mit einer Artikelserie, die in Tonfall und Intensität immer schärfer mit Karl May ins Gericht ging.[2] Literarisch verarbeitete May seine publizistischen Auseinandersetzungen mit Mamroth und dessen Blatt in seiner Reiseerzählung *Im Reiche des silbernen Löwen* (GW 28, *Im Reiche des silbernen Löwen* und GW 29, *Das versteinerte Gebet*), wo er den Publizisten in der Figur des Fürsten der Finsternis *Ahriman Mirza* auftreten lässt. Bei aller Betroffenheit Mays boten Mamroth und seine Artikel wenig juristische Angriffsflächen. Der Vorwurf vom „Kultus der Unwahrheit" etwa ließ sich sehr leicht auf die erlaubte literaturkritische Begründung stützen, dass May ja tatsächlich realitätsfern behauptete, die Old Shatterhand- und Kara-Ben-Nemsi-Abenteuer wirklich erlebt zu haben. Der Schriftsteller sah daher auch von juristischen Schritten ab und antwortete alleine mit literarischen Mitteln.

Aus einzelnen May-kritischen Artikeln erwuchs sehr bald jedoch eine wahre Pressekampagne, an deren Spitze sich rasch die *Kölnische Volkszeitung* und ihr agiler Chefredakteur Hermann Cardauns (1847-1925)[3] setzte. Der Publizist und Historiker gehörte zur katholischen Prominenz jener Zeit. Zu seinen bekanntesten publizistischen Erfolgen zählte die Entlarvung des Gauners Leo Taxil alias Gabriel Jogand-Pagés (1854-1907), der die katholische Öffentlichkeit als angeblich bekehrter Freimaurer irregeführt und Schauergeschichten über die Freimaurerei verbreitet hatte. In seinem Beitrag *Ein ergötzlicher Streit* vom 5. Juli 1899 griff Cardauns bereits den erwähnten Mamroth-Artikel der *Frankfurter Zeitung* auf. In diesem Zuge gewann er in der Folgezeit eine grundsätzlich negative Einstellung zu Karl May. Nach seiner eigenen Darstellung[4] hatte der Chefredakteur 1900 auf dem Münchener Gelehrtenkongress erstmals davon gehört, dass May neben ‚frommen‘ auch ‚pornografische‘ Romane geschrieben habe. Dabei mag Cardauns schon damals der Verdacht gekommen sein, es könne sich bei May um einen „Schwindler à la Taxil" handeln.

Am 6. November 1901 rückte Cardauns an die Spitze der May-Gegner, als er mit einer Vortragsreise, beginnend in Dortmund, anschließend in Elberfeld, Koblenz und Köln, über ‚Literarische Curiosa‘ berichtete. Zum zentralen Vorwurf gegen May wurde für Cardauns die Behauptung, der Schriftsteller habe „abgrundtief Unsittliches" geschrieben. Dieser Vorwurf bezog sich auf Passagen innerhalb der fünf Kolportageromane Mays.

Karl May war damit auf Grund seiner Popularität ungewollt in einen Konflikt mit der Prüderie seiner Zeit geraten. Die Frage der Unzüchtigkeit innerhalb der Gesellschaft und ihre Bekämpfung waren in jenen Jahren zu beherrschenden Themen im wilhelminischen Deutschland geworden. Die Prüderie-Eiferei eskalierte vor allem Ende des 19. Jahrhunderts immer mehr zu einem Angriff gegen die freie Literatur und Kunst. Rechtspolitisch zeigte sich dies in immer neuen Vorlagen und Lesungen über die sogenannte ‚lex Heinze‘, eine Neufassung des ‚Unzüchtigkeitsparagrafen‘ 184 StGB. Die Vorschrift sah ein verschärftes Vorgehen gegen Prostitution und Zuhältertum, aber auch eine Ausweitung des Tatbestandes unzüchtiger Schriften und Abbildungen vor. Es fällt nun auf, dass ausgerechnet in dieser Zeit, in der die Unsittlichkeitsdebatte auch wieder durch den deutschen Blätterwald wehte, der Pustet-Verlag auf eine Autorschaft seines langjährigen Mitarbeiters May an den Kolportageromanen für den Münchmeyer-Verlag aufmerksam wurde.

Als im Januar 1898 der Reichstag erneut über die Neufassung des § 184 StGB debattierte und in der deutschen Öffentlichkeit lebhaft darüber diskutiert wurde, warnte die amerikanische Zeitung *Der Wanderer* im fernen St. Paul in ihrer Ausgabe vom 16. Februar 1898 vor Karl May. Die Warnung blieb jedoch ohne Beachtung, wie auch die Gesetzesnovellierung des § 184 StGB erneut scheiterte. Im März 1899 fand ein dritter Entwurf des neuen § 184 StGB seinen Weg in den Reichstag. Und erneut erhob *Der Wanderer* in seiner Ausgabe vom 23. August 1899 seine warnende Stimme:

„K. M. hat neben seinen Reiseromanen auch noch – nun, sagen wir es gerade heraus! – Schundromane (Die Liebe des Ulanen, Waldröschen u.s.w.) geschrieben."[5]

Während die Warnung vor May noch immer kein Echo fand, kam es am 25. Juni 1900 zur Verabschiedung des neuen § 184 StGB. Sogleich setzte sich die behördliche Maschinerie in Bewegung und suchte – zum Teil sogar unter Zuhilfenahme sogenannter ‚Kunstpatrouillen' der Kriminalpolizei – nach dem Unsittlichen in den Verkaufsregalen der Buchhändler.

Und nachdem sich May und Fischer im März 1901 in der Öffentlichkeit lauthals über die Herausgabe der Kolportageromane gestritten hatten, war es eigentlich nur eine Frage der Zeit gewesen, wann dadurch die Aufmerksamkeit der Tugendwächter vollends geweckt wurde. Der Vorwurf der ‚Unsittlichkeit' bei May fiel erstmals innerhalb einer Leserbriefzuschrift des Pustet-Verlags, die von der Wiener *Reichspost* am 9. Mai 1901 abdruckt wurde und in der es hieß „May sei Herausgeber von Hintertreppenromanen der allerbedenklichsten Sorte, über deren unsittlichen Inhalt man sich durch Autopsie überzeugt habe."[6]

Diese Romane, die zum Teil schon seit 15 Jahren unbeanstandet auf dem Markt waren, wurden plötzlich zu einer wichtigen Angelegenheit in der Beziehung zwischen Pustet und May. Eine entsprechende Nachfrage nach der Verfassereigenschaft Mays hatte der Münchmeyer-Verlag gegenüber Pustet bereitwillig eingestanden, woraufhin May ankündigte, gegen den Dresdner Verlag gerichtlich vorgehen zu wollen – was er jedoch nicht tat.

Bereits einen Monat zuvor hatte dasselbe Blatt vor einer neuen Ausgabe „schmutziger Colportage-Romane" Mays gewarnt.[7] Nach diesen ersten Hindeutungen auf sittlich Anstößiges bei May gehört es zum zweifelhaften Verdienst von Hermann Cardauns, sich ausgiebig dieses Themas angenommen zu haben. Cardauns gebrauchte rasch die Bezeichnung vom ‚Pornografen' Karl May, so u. a. innerhalb der in der *Kölnischen Volkszeitung* veröffentlichten Feststellung, „dass Hr. Karl May als anständiger Reiseschriftsteller mit mehr oder weniger erdichteten Abenteuern in einer katholischen Familienzeitschrift auftrat zu einer Zeit, in welcher pornographische Werke schlimmster Art für Hintertreppenleser erschienen, die in Verlagskatalogen und öffentlichen Erklärungen demselben Herrn May zugeschoben werden."[8]

Nun ergab es sich, dass die *Frankfurter Zeitung* in zwei Aufsätzen mit den Titeln *Gymnasiasten auf dem Kriegspfade. Karl May als Erzieher* vom 22. Juli 1901 und *Die Wahrheit über Karl May* vom 9. November 1901 den angeblich verderblichen Einfluss der Karl-May-Romane auf Jugendliche sowie den unsittlichen Schundliteraturcharakter der Münchmeyer-Romane im Sinne von Cardauns anprangerte.

Der Dichter reagierte auf diese Artikel mit der Herausgabe einer Broschüre unter dem Titel *„Karl May als Erzieher" und „Die Wahrheit über Karl May" oder „Die Gegner Karl Mays in ihrem eigenen Lichte" von einem dankbaren May-Leser*. Sie erschien im Januar 1902 in einer Auflage von 100.000 Exemplaren im Verlag von Fehsenfeld und enthielt 178 zum Teil von May redigierte Leser-Briefe – ein Konvolut naiver, devoter und begeisterter Zuschriften (heute in GW 86, *Der dankbare Leser*).

Der Verlag Bachem reichte umgehend eine Beleidigungsklage gegen Mays Verleger Fehsenfeld beim Amtsgericht Freiburg ein, da man sich wegen unrichtiger Darstellungen zum Abdruck der May-Erzählung *Die Wüstenräuber* (heute in GW 10, *Sand des Verderbens*) in der Ehre verletzt sah. Am 24. Juni 1902 sollte es zu einem Vergleich kommen, bei dem Fehsenfeld ohne Mays Wissen die Unrichtigkeit anerkannte und die Beleidigungen bedauernd zurücknahm. Gleichzeitig stimmte er der Veröffentlichung des Verhandlungsprotokolls und der Übernahme der Verfahrenskosten zu.

Die Broschüre wurde außerhalb des Gerichtssaals zum Anlass einer Generalabrechnung von Cardauns mit May in einem umfassenden Beitrag in den *Historisch-politischen Blättern für das katholische Deutschland*. Darin prangert Cardauns u. a. an, dass May als Protestant „katholisirende Romane" geschrieben und seinem Publikum die Authentizität seiner Ich-Erzählungen vorgegaukelt habe. Der schwerwiegendste Vorwurf des Artikels war dabei jener der Unsittlichkeit, ja, der Pornografie. Bevorzugte Themen der Kolportageromane bildeten nach Meinung des Publizisten „tiefe und tiefste Negligees, durchsichtige Kleider, Nuditäten, üppige Formen, lüsterne Bilder aller Art, furchtbare Rohheiten, Verführung, Sittlichkeitsverbrechen, Ehebruch, gemeine Wüstlings- und Dirnen-Erlebnisse, eine unendliche Bordellgeschichte – oft bis zur Unerträglichkeit ausgemalt, und unzählige Male derart bei den Haaren herbeigezogen, daß man den Zweck, Befriedigung der niedrigsten Instinkte, mit Händen greifen kann."[9]

In weiteren Artikeln unterzog Cardauns angeblich jeden dieser Romane einer vermeintlichen Analyse hinsichtlich ihres (un-)sittlichen Gehaltes und befand, dass in „zwei derselben [...] der Schmutz mehr gelegentlich auf[tritt], obwohl auch hier Scenen von auserlesener Gemeinheit nicht fehlen, drei dagegen sind direkt pornographische Leistungen schlimmster Art."[10] Den Beweis hierfür behauptete Cardauns ebenfalls erbracht zu haben, denn er verkündete öffentlich, dass „auf Grund ausgedehnten Materials als zweifellos fest[stehe], daß May [...] pornographische Leistungen schlimmster Art" verfasst habe. Bei dem „ausgedehnten Material" konnte es sich nur um die Münchmeyer-Ausgabe und die ersten verkauften Bände der Fischer-Ausgabe, keinesfalls aber um die Originalmanuskripte Mays handeln. Diese waren nach Auskunft von Pauline Münchmeyer längst vernichtet gewesen und wären andernfalls wohl auch kaum in den

Besitz des Redakteurs gelangt. Die Fischer-Ausgabe weist gegenüber der Münchmeyer-Ausgabe Kürzungen auf, die von dem Schriftsteller Paul Staberow (1855-1926) ausgeführt worden waren und „die insbesondere die erotischen Passagen"[11] betrafen. Staberow selbst gab hierzu in einem Brief vom 25. Mai 1902 an May an:

„In höflicher Beantwortung Ihrer Fragen erlaube ich mir [...], Ihnen Folgendes der Wahrheit gemäß mitzuteilen: 1) Allerdings habe ich [...] Correkturen an denselben vorgenommen, u. zwar habe ich bis jetzt ‚Helden und Herzen' u. ‚Waldröschen' korrigiert. 2) Meine Correkturen haben sich nur auf stilistische Verbesserungen, Streichungen von heiklen Stellen, die leicht Anstoß hätten erregen können, u. ganz kurze Ergänzungen dieser gestrichenen Stellen erstreckt. Seiten sind mit dieser Correktur nicht gefüllt worden. [...] 4) Die Umarbeitungen sind vorgenommen worden nicht etwa, um den früheren Text interessanter zu machen, sondern weil in der That sich in der ersten Ausgabe Ihrer im Münchmeyerschen Verlage erschienenen Werke große stilistische u. orthographische, ja grammatische Fehler u. vielfach auch sehr obscoene Stellen vorfanden. [...] Ich bin jederzeit bereit, die Wahrheit dieser meiner Angaben eidlich zu erhärten u. mit überzeugenden Beispielen u. Beweisen zu belegen."[12]

Cardauns' Vorwurf, May habe unsittliche Werke verfasst, er sei gar ein Pornograf, entbehre jeder juristischen Sachgrundlage. Den tatbestandlichen Voraussetzungen des § 184 StGB[13] ließen sich in Mays Werk keine Textpassagen zuordnen. Ein Indiz dafür, dass auch die damalige Justiz dies so gesehen haben muss, zeigt sich in dem Umstand, dass weder wegen der Münchmeyer-Ausgabe noch später wegen der Fischer-Ausgabe von Seiten der Behörden ermittelt worden ist. Angesichts des Bekanntheitsgrades von May und dem Presserummel im Zusammenhang mit der Fischer-Ausgabe war auch der Justiz gewiss nicht der Pornografievorwurf gegen den Radebeuler Schriftsteller verborgen geblieben. Ein etwaiger dadurch geweckter Verdacht hat jedoch nie zu einer offiziellen Ermittlung geführt, was sich nur mit einem Mangel an strafwürdigem Material begründen lässt. Man wird Cardauns nur zugutehalten können, dass er in May tatsächlich einen zweiten Taxil erblickte und sich moralisch berechtigt fühlte, den „protestantischen Schwindler", der für seine Werke sogar Empfehlungen der deutschen Bischöfe erlangt hatte, zu entlarven und an den Pranger zu stellen, um Einwänden aus dem liberalen Lager vorzubeugen, die Katholiken seien nach dem Taxil-Schwindel nun auch auf May hereingefallen. Erst als Mays Freunde wie Heinrich Wagner, der Chefredakteur der Passauer *Donauzeitung*, zum Gegenangriff auf Cardauns ansetzten, wehrte sich dieser mit seinem Artikel *Die „Rettung" des Herrn Karl May*.[14] Darin deckte er in sehr viel scharfsinnigerer und gewandterer Weise als in *Herr Karl May von der anderen Seite* jede Schwachstelle der Mayschen Verteidigungsstrategie auf, zerpflückte und sezierte sie und gab sie den Blicken einer erbarmungslosen Öffentlichkeit preis. Insbesondere der Vergleich May-Fischer bot Cardauns Anlass zu allerlei Ironie. Erst nach dem Erscheinen der *Rettung* setzte dann auch eine heftige Zeitungskampagne für und wider May, für und wider Cardauns ein, in die sich auch die *Kölnische Volkszeitung* einschaltete. Und erst jetzt brach auch May sein Schweigen, indem er lange, wütende Flugblätter veröffentlichte. Darin wird deutlich, dass dem eher unpolitischen Karl May die Beziehung Taxil-May-Kulturkampf nicht einsehbar war.

Weitere Kritiker aus den unterschiedlichsten kulturellen Lagern meldeten sich zu Wort:

Der Publizist Carl Borromäus Johann Baptist Muth (1867-1944) beurteilte Mays Werk als „litterarische Geschmacksverderbnis" und sprach im Cardauns'schen Sinne von „reiselitterarischen Taxiliaden"[15]. Ferdinand Avenarius (1856-1923), Schriftsteller und Herausgeber des *Kunstwarts* sowie Gründer des *Dürerbundes*, beschimpfte das Schrifttum seines Radebeuler Kollegen als „eine Art von Volksgehirnerweichung"[16] und sein Dresdner Pendant Dr. Paul Schumann (1855-1927) gelangte zu dem vernichtenden Fazit:

„Die Schriften Karl Mays sind Gift für die Jugend, Gift für das Volk."[17]

Der Hamburger Lehrer Heinrich Wolgast (1860-1920) erblickte in den Ich-Erzählungen Mays eine „unverfälschte Großmäuligkeit, die ernst genommen sein will",[18] während ein anderer publizistisch tätiger Lehrer aus Oldenburg, Georg Ruseler (1866-1920), schrieb:

„Ich will keinem Menschen Böses wünschen; aber ich gönne ihm [May] nicht weitere 10 Jahre seines arbeitsreichen Lebens; denn ich vermute, daß er dann noch 25-30 Romane schreiben würde."[19]

Gegen keinen der aufgeführten Pressegegner ging May juristisch zu Werke, wenngleich manche Äußerung kaum von dem Rechtfertigungsgrund der Wahrnehmung berechtigter Interessen geschützt gewesen wäre. Dennoch wurden diese Pressestimmen in den Prozessen jener Jahre gerne gegen den Schriftsteller verwendet.

II. Die Prozesse im Einzelnen

1. Der Beßler-Praxmarer-Auer-Prozess

Während Karl May vor der Jahrhundertwende vor allem von der katholischen Geistlichkeit in den höchsten Tönen gelobt wurde, verkehrte sich das Bild nach 1900 entschieden. Schlimmer noch: Aus diesem Umfeld erwuchsen May jetzt publizistische Gegner, die entweder für Recherchen wenig Sorgfalt aufwandten oder in der Auswahl ihrer Mittel nicht zimperlich waren. So veröffentlichte am 12. Dezember 1903 Pater Willibrord Beßler (1875-1926) vom Benektinerkloster Seckau bei Leoben in der Steiermark innerhalb einer Briefkasten-Antwort der katholischen Jugendzeitschrift *Stern der Jugend* in Donauwörth anonym folgende Mitteilung:

„Dem bekannten Schriftsteller Karl May wurde vor ein paar Jahren öffentlich nachgewiesen:

1. Daß seine vorgeblich selbsterlebten Taten und Abenteuer pure Erfindung seien.

2. Daß er nicht, wie man vielfach glaubte, Katholik, sondern Protestant sei.

3. Daß er nicht bloß Beiträge in katholische Zeitschriften liefere und selbständige Reiseromane herausgebe, sondern auch unsittliche Schriften verfaßt und unter anderm Namen veröffentlicht habe.

Auf diese gegen ihn öffentlich erhobenen Angriffe hin zeigten sich bei ihm Irrsinnserscheinungen – ob wirkliche oder nur verstellte ist nicht näher bekannt geworden – und wurde er daraufhin tatsächlich in eine Irrenanstalt verbracht. Ob er sich jetzt noch dort befindet, vermögen wir nicht anzugeben."[20]

Vermutlich hatte Karl May erst durch die Zuschrift eines Lesers von der Veröffentlichung in Donauwörth erfahren. Aber das war nicht die einzige Bemerkung über May in der Zeitschrift. Beßler gab auf Anfrage eines Lesers am 20. Februar bekannt:

„Von Karl May gibt es, so hoffen wir, keine Biographie und wenn wir eine wüßten, würden wir sie Ihnen gewiß nicht angeben. Es ist schade um jede Minute, die Sie für diesen Mann verwenden. Gedulden Sie sich noch etwas, der Stern wird in Bälde eine biographische und literar-kritische Skizze über den Winnetou-Sänger bringen."[21]

Karl May stellte in seiner Privatklageschrift vom 11. Mai 1904 Strafantrag gegen den Herausgeber der Zeitschrift, Dr. Johannes Praxmarer (1853-1934), und gegen den Verleger Ludwig Auer (1839-1914). Der Strafantrag bezog sich dabei allein auf den ersten Artikel. Da der Beitrag anonym erschienen war, dauerte es ein wenig, bis May den Namen des Autors herausbekam, sodass der Strafantrag gegen Willibrord Beßler wohl Mitte oder Ende August eingereicht wurde. Für ihn forderte May durch seinen Rechtsanwalt Bernstein „eine angemessene hohe Freiheitsstrafe".[22]

Gegen die unter Punkt 1 und 2 vorgebrachten Mitteilungen des ersten Artikels ließ sich aus Mays Sicht nichts einwenden, wohl aber gegen die Behauptungen in Punkt 3. Interessanterweise beschränkte der Schriftsteller seinen Strafantrag jedoch auf die Behauptung, er sei „tatsächlich in eine

Irrenanstalt verbracht" worden. Der Unsittlichkeitsvorwurf blieb unbeanstandet. Mit einer Bitte wandte sich May am 30. Juni 1904 an seinen Linzer Bekannten Alois Schießer (1866-1945), einen ehemaligen Jurastudenten, den May während seiner Studienzeit finanziell unterstützt hatte und von dem die bekannten Kostümfotos des Schriftstellers aus den 1890er-Jahren stammten. Schießer stand zu jenem Zeitpunkt in Diensten der oberösterreichischen Landesregierung.

„Ich brauche das Strafgesetzbuch Österreichs, um eine Anzeige zu erstatten. Wenn es eine Ausgabe mit Erklärungen giebt, so ziehe ich diese vor. Sie sind Jurist. Bitte, nehmen Sie Inliegendes, um das Buch zu kaufen und mir per +band [=Kreuzband] zuzuschicken. Sodann noch eines: Ich suche nach der Abtei Sakkau [sic!] in Obersteyer. Dort giebt es einen Professor Willibrord Bessler, der in Zeitungen behauptet hat, ich sei gar nie gereist, dazu verrückt geworden und dann thatsächlich in ein Irrenhaus gebracht. Dieser Mensch ist sogar so diabolisch, zu sagen, daß ich den Wahnsinn wahrscheinlich nur simulire. Sie wohnen in Österreich, und es stehen Ihnen die Hilfsmittel zur Verfügung, die ich hier nicht habe. Bitte, können Sie vielleicht einmal nachschlagen, wo diese Abtei Sakkau [sic!] eigentlich liegt und was es da für eine Schule giebt, an welcher dieser Professor Bessler [sic!] wirkt."[23]

Vorausgegangen war dem Ganzen vermutlich eine Korrespondenz Mays mit dem Herausgeber der Zeitschrift, Pfarrer Johannes Praxmarer. Dieser hatte nicht nur den Namen des Autors verraten, sondern ihn auch noch fälschlicherweise als Professor tituliert.

Das Amtsgericht Donauwörth eröffnete am 17. August das Beleidigungsverfahren gegen Ludwig Auer, da er als Drucker und Verleger der Zeitschrift hinreichend verdächtig erschien, „die Beleidigung als eigene Tat gewollt zu haben".[24] Er und May wurden zur Verhandlung am 19. September vorgeladen. Eine Woche vorher wurde dieser Termin auf Antrag des May-Anwalts Bernstein aufgehoben, da am 20. September der Gerichtstermin gegen Pfarrer Praxmarer in Friedberg stattfinden und Beßler zuvor durch österreichische Behörden vernommen werden sollte. Vor dem Amtsgericht Friedberg erschien neben den Parteien auch der Zeuge Hermann Cardauns, der sich allerdings für nicht kompetent hielt, um über Mays Geisteszustand – und nur dieser war durch Beßlers Behauptung in Bezug auf die Irrenhauseinweisung noch inkriminierter Gegenstand der Verhandlung – aussagen zu können.

Am 4. Oktober reiste May gemeinsam mit Klara nach Leoben in der Steiermark, wo die Verhandlung gegen Beßler stattfinden sollte. Die Verhandlung vor dem Kreisgericht Leoben zog sich schließlich über 2 Tage, den 5. und 6. Oktober, hin.

„In den Verhören sagte er als Angeklagter aus, daß er sich an dieser Stelle zur Verfasserschaft der angegebenen Punkte bekenne, <u>aber nur aus Gründen, die hier nicht näher zu erörtern seien</u>!!! Als er dann auch als Zeuge vernommen werden sollte, erklärte er, die Aussage verweigern zu müssen, weil ihm sonst Geldverlust <u>und Schande</u> drohe."[25]

An Beßlers Vorgesetzten, Ildephons Schober (1849-1918), den ersten Abt der Benediktinerabtei Seckau, schrieb May wenige Tage später einen umfangreichen Brief:

„Ich habe ohne weiteres anzunehmen, daß der Verfasser der beiliegenden Artikel weder mich noch meine Bücher kennt. Ebenso wenig kennt er die Folgen in der Weite, welche bei diesem Strafprozeß ganz unausbleiblich sind. Ich meine da nicht die hier vorgesehene Gefängnißstrafe, welche für den vorliegenden Fall in Deutschland <u>bis 5 Jahre</u> betragen kann, sondern etwas noch ganz Anderes, viel Schlimmeres. Es handelt sich nämlich keinesweges nur um eine einfache Civilstrafklage Karl May gegen Praxmarer, Auer und Bessler [sic!], sondern um einen Kampf auf noch ganz anderem Felde. Aber auch schon in Beziehung auf die Civilklage ist die Unbefangenheit des Angeklagten eine geradezu erstaunliche. Er glaubt, alles Mögliche herbeiziehen zu können, was ihm passend erscheint. Das ist aber keineswegs der Fall. Den Klageumfang hat nicht er zu bestimmen, sondern ich, und das habe ich gethan und gehe nicht davon ab. [...] Ich habe also nur folgende Fragen vorzulegen: 1.) Welcher

hierzu beauftragte Psychiater hat mich untersucht? 2.) Welche Irrsinnserscheinungen hat er constatirt? 3.) Auf wessen Veranlassung wurde ich dann einem Irrenhause übergeben? 4.) Welches Irrenhause ist das? 5.) Woher stammt und welchen Zweck hat die Andeutung, daß der Irrsinn nur simulirt sein könne? Da ich mich seit meiner Geburt immerfort der größten geistigen Rüstigkeit erfreut habe und die Anfrage auch ganz anders lautet, als der Angeklagte sie angegeben hat, so liegt die Folge dieses kurzen Verhöres schon jetzt ganz klar vor Augen: Verurtheilung zur Gefängnisstrafe."[26]

Schober antwortete auf Mays Schreiben und gab sich vermittelnd:

„Die Abtei Seckau als solche und ihr Abt haben mit der von Ihnen dargelegten Rechtssache absolut nichts zu thun. Es ist lediglich R. P. Willibrord, der als Correspondent des Stern der Jugend in die Anklage verwickelt wurde und auch diesen guten Pater, bei dem von ‚Haß' gegen Sie niemals die Rede sein kann, darf ich als sein Abt durchaus nicht als einen ‚Prozeßhansl' bezeichnen lassen. Ich hege die feste Überzeugung, daß er den Prozeß nur nothgedrungen aufnimmt u. bei einem Entgegenkommen von Ihrer Seite sicherlich gerne bereit ist, auf andere Weise die Sache zu klären u. zu ordnen."[27]

Am 15. Oktober fand der Verhandlungstermin im Kreisgericht Leoben statt. May wurde von Rechtsanwalt Dr. Hermann Obermayer vertreten. Über den Inhalt der Verhandlung ist wenig bekannt. Tatsächlich kamen sich die Parteien näher, wie ein Brief Mays an Beßler vom Folgetag bereits andeutet:

„‚Es war eine dumme Antwort auf eine dumme Frage', so gestanden Sie gestern offenmüthig ein, und das hat Ihnen meine Sympathie gewonnen. Seien wir nicht länger dumm, sondern lassen wir das Vergangene fallen. Menschen, welche nur das Gute wollen, haben doch wohl andere Aufgaben, als sich gegenseitig zu befehden!"[28]

Noch am gleichen Tag schrieb May auch an Ildephons Schober, dem er von der moralischen Verantwortung des

Redakteurs Praxmarer für die Briefkasten-Notiz berichtete. Beigefügt war dem Schreiben eine Erklärung für Beßler, die dieser unterschreiben sollte.

„*Hätten auch Sie die Güte*", so May gegenüber Schober, „*Ihren Namen als Zeichen der Genehmigung hinzuzufügen, so würde ich befriedigt sein und meinen Strafantrag nicht weiter verfolgen.*"[29]

Der Wortlaut der erwähnten Erklärung lautete:

„*Ich erkläre hiermit der Wahrheit gemäß, daß man mich fälschlicher Weise als ‚Professor' und als ‚Jugendschriftsteller' bezeichnet hat. Es thut mir leid, gegen Karl May geschrieben zu haben, und ich nehme die von ihm gerichtlich incriminirten Worte hiermit in aller Form zurück.*"[30]

Doch weder Beßler noch Schober unterschrieben die Erklärung. Schober pochte vielmehr richtigerweise darauf, dass er mit der Rechtsangelegenheit nichts zu tun hatte, allenfalls eine gütliche Beilegung des Streits wünschte. Beßler formulierte stattdessen eine eigene Erklärung, die er May zukommen ließ:

„Indem ich die mir in Schriftstücken beigelegten Bezeichnungen ‚Professor' und ‚Jugendschriftsteller' auf Wunsch näher dahin bestimme, daß ich Lehrer an der Privat-Gymnasial-Lehranstalt der Abtei Seckau und Korrespondent der Jugendzeitschrift ‚Stern der Jugend' bin, erkläre ich hiermit der Wahrheit gemäß, daß ich die in genannter Zeitschrift (1903 Nro. 25) enthaltene Notiz über Krankheitserscheinungen des Schriftstellers Karl May bedaure und die von ihm gerichtlich inkriminierten Worte in aller Form zurücknehme."[31]

Mit Mays Rechtsanwalt Obermayer wurde ein außergerichtlicher Vergleich über die Beendigung des Rechtsstreits geschlossen. Die Erklärung Beßlers kam öffentlich nur in der Selbstbiografie Mays zum Abdruck.[32] Vier Tage nach dem Zustandekommen der Erklärung traf der Schriftsteller im Cassianeum von Donauwörth den Leiter dieses angesehenen katholischen Instituts und Verleger des *Stern der Jugend* Ludwig Auer. Zwischen ihm und May hatten bereits seit 1895 briefliche Kontakte bestanden, in denen vor allem Auers Hochachtung gegenüber dem Schriftsteller zum Ausdruck kam. Im Gespräch war sogar die Herausgabe einer Jugend-Bibliothek durch May im Auer-Verlag geplant gewesen, die jedoch nicht zur Ausführung gekommen war. Daher darf es nicht verwundern, dass es zwischen beiden zu einer schnellen außergerichtlichen Einigung kam und der Dichter eine Huldigung im Kreise der Institutszöglinge erfuhr, die May einen begeisterten Empfang bereiteten.

*"Schließlich bat mich Herr Direktor Auer, mit ihm nach meinem Zimmer zu gehen, er sei bereit, mir dort nun auch die weitgehendste schriftliche Genugthuung zu geben für Alles, was im ‚Stern der Jugend' gesagt worden sei. Und das ist geschehen."*³³

Ludwig Auer erklärte, dass er *"nie etwas gegen die Person oder die Werke Karl Mays gehabt habe. [...] Ich halte seine Bücher für sehr empfehlenswerth, habe sie stets selbst auch gelesen, lese sie heute noch und lasse sie auch sämmtlichen Schülern meiner Erziehungsanstalt u. deren Lehrern lesen. Es thut mir leid, daß Dr. Praxmarer in einem meiner Blätter, natürlich ohne mein Wissen, gegen diese Bücher geschrieben hat."*³⁴

Übrig blieb damit noch der Rechtsstreit mit dem dritten Gegner in diesem Prozess, mit dem verantwortlichen Redakteur Praxmarer. Dieser kündigte in einem Einschreiben vom 29. Oktober an May einen offenen Brief an, den er in mehreren Zeitungen veröffentlichen wollte. Der Schriftsteller erwiderte in einem ausführlichen Brief vom 30. Oktober u. a.:

"Die Eingeständnisse der bisher erwähnten Herren sind nicht nur juridisch [sic!]*, sondern auch in jeder anderen Beziehung mehr als ausreichend für mich, ihre weitere gerichtliche Verfolgung einzustellen. Ich bin von jedem persönlichen und litterarischen Vorwurf gereinigt und habe die bisherigen Angeklagten <u>als Zeugen gegen den</u> gewonnen, der nun noch übrig bleibt. Gerichtlich zu beleuchten gibt es nun <u>nur noch</u> diejenigen Punkte, welche sich auf die <u>Irrsinnserscheinungen</u> und auf das ‚<u>thatsächlich in eine Irrenanstalt</u>' beziehen."*³⁵

Praxmarer suchte nun May in Nauheim auf, wo er sich wegen des Prozesstermins am Amtsgericht Friedberg aufhielt. Und auch mit diesem dritten Angeklagten kam es zu einer Aussöhnung. Praxmarer gab ebenfalls eine Erklärung ab:

„Was im Stern der Jugend gegen Herrn Karl May geschrieben worden ist und wofür ich als Redakteur verantwortlich wäre, bedaure und nehme ich hiermit zurück."[36]

Damit endete auch der Streit mit diesem Gegner durch außergerichtlichen Vergleich.

2. Der Expeditus-Schmidt-Prozess

Ein weiterer Gegner erwuchs Karl May in Pater Expeditus Schmidt OFM (1868-1939), dem Herausgeber des Blattes *Über den Wassern. Halbmonatsschrift für schöne Literatur.* In der mayfreundlichen *Augsburger Postzeitung* war am 7. Mai 1910 ein kritischer Artikel erschienen, der sich auf eine in *Über den Wassern* erschienene Polemik aus der Feder des Benediktinerpaters Ansgar Pöllmann (1871-1933), auf den im weiteren Verlauf noch ausführlicher einzugehen sein wird, bezog. Pöllmann hatte May mit Paul Verlaine auf eine Stufe gestellt. Daraufhin griff Expeditus Schmidt[37] selber in den Streit ein:

„Herr Expeditus Schmidt schreibt uns: ,In der Erwiderung auf das Schreiben des Herrn Pater Ansgar Pöllmann in Nr. 102 Ihres geschätzten Blattes ziehen Sie den Aufsatz von Dr. Rothenfelder über Oskar Wilde in meiner Zeitschrift als Seitenstück zur Karl-May-Frage heran. Es wäre mir wertvoll, den Einspruch, den ich im Folgenden dagegen erheben muß, in Ihrem Blatte verzeichnet zu sehen. Die Sachlage ist in beiden Fällen durchaus verschieden. Auf der einen Seite ein Mann, der freilich zeitweise tief in den Sumpf der Unsittlichkeit versank, sich aber in schwerster Buße innerlich wieder erhob, und seine spätesten Werke aus diesem Geiste der Erhebung heraus schrieb, ohne dabei eine neugierige Leserschaft im Auge zu haben. Auf der anderen Seite ein Mann, der zu gleicher Zeit unsaubere Kolportage-Romane und frömmelnde Muttergottesgeschichten schrieb.

Diese Gleichzeitigkeit wirft das bezeichnende Licht auf die ›Echtheit‹ der frommen Stimmung in dieser 2. Klasse seiner Arbeiten. Ich glaube, es bedarf nicht weiterer Worte, um das Unzutreffende des von Ihnen herangezogenen Vergleiches zu erweisen.‘ Wir nehmen von dieser Zuschrift gerne Notiz, vermissen aber den Beweis dafür, daß Karl May ‚zu gleicher Zeit unsaubere Kolportage-Romane und frömmelnde Muttergottesgeschichten‘ geschrieben hat. Herr Pater Pöllmann hat das zwar behauptet, aber einen Beweis dafür hat er bis jetzt ebensowenig erbracht wie Herr Dr. Pater Expeditus Schmidt. Und Karl Mays Hauptwerke sind doch seine Reiseerzählungen. So ganz unzutreffend, wie Herr Dr. Pater Expeditus Schmidt meint, ist also unser Vergleich keineswegs."

Der Dichter stellte Strafantrag gegen Expeditus Schmidt vor dem Amtsgericht Dresden, dessen Zuständigkeit der Schriftsteller damit begründete, dass er die *Augsburger Postzeitung* in Radebeul durch die Post beziehe. Die Klage wurde daher an das erst seit 1. Juli 1910 bestehende Amtsgericht Kötzschenbroda abgegeben, das nunmehr für Radebeul örtlich zuständig war. Hier wurde am 17. August das Hauptverfahren eröffnet. Die Hauptverhandlung fand am 26. September statt. Das *Kölner Tageblatt* berichtete:

„Die vielbesprochene Preßgeschichte über das Vorleben und Treiben des Schriftstellers Karl May erlebt heute vor dem Schöffengericht Kötzschenbroda eine neue Auflage. In einem Beleidigungsprozeß gegen den katholischen Schriftsteller P. Expeditus Schmidt tritt Karl May von neuem als Kläger vor die Gerichtsschranken. Diesesmal handelt es sich um die literarische Qualifikation Mays. Wir geben aus der Verhandlung nachstehende Einzelheiten wieder: Zur Verhandlung ist der Angeklagte Pater Expeditus Schmidt nicht persönlich erschienen, sondern nur sein Verteidiger Dr. Siegfried Adler (München). Der Privatkläger Schriftsteller Karl May ist persönlich anwesend. Sein Rechtsbeistand, Rechtsanwalt Dr. Puppe (Berlin), erklärt, daß das persönliche Erscheinen des Angeklagten unbedingt notwendig sei, denn er müsse über die Kenntnis von gewissen Umständen hinsichtlich dieses seit Jahren bestehenden Kampfes wegen Karl May abgefragt werden. Den von R.-A. Adler erhobenen Einwand der Unzuständigkeit weist das Gericht zurück. –

Vert. R.-A. Adler: Der Beklagte gibt zu, daß mit den inkriminierten Stellen in der Augsburger Postzeitung der Privatkläger gemeint sein wird, es wird aber die Absicht der Beleidigung bestritten. Jedoch wollen wir vorsorglich den Wahrheitsbeweis antreten. Er erstreckte sich bezüglich des Punktes, daß der Kläger

unsittliche Bücher geschrieben

hat, einmal auf den Roman ‚Das Waldhäuschen' [sic!] aus dem Jahre 1882, weiter auf Teile des Buches ‚Der verlorene Sohn' insbesondere das Kapitel ‚Die Sklavenschande', das 1890 erschien. Auf der anderen Seite wollen wir beweisen, daß May fromme, katholische Muttergottesgeschichten geschrieben hat, und beziehen uns dafür auf den ‚Deutschen Hausschatz' aus den Jahren 1881, 1882, 1884 und den Regensburger Marienkalender.

Vors.: Herr Privatkläger, geben Sie zu, das geschrieben zu haben? –

Karl May: Nein. Ich gebe aber zu, daß diese Stellen in den Romanen enthalten sind. Mich selbst haben sie empört, sie sind aber von meinem Verleger interpoliert worden. –

Vert. R.-A. Dr. Adler: Mir liegen aber Exemplare vor, die ich vor wenigen Tagen gekauft habe, und die immer noch unter dem Namen May erscheinen. –

R.-A. Dr. Puppe: Die Ausführungen der Gegenseite sind nicht bloß in juristischer, sondern auch in tatsächlicher Beziehung haltlos. Die daraus gezogenen Schlüsse widersprechen jeder Vernunft. Der Privatkläger hat bestritten, Romane geschrieben zu haben. Wenn ein Schriftsteller sich zu einem Roman nicht bekennt, pflegt man sich in literarischen Kreisen mit dieser Erklärung zu begnügen. Hier kann der Beweis nur durch Vorlage der handschriftlichen Originale geführt werden. Die Schriftstellerwelt glaubt Karl May in dieser Beziehung. –

Vert. R.-A. Dr. Adler: Ich kann eine Reihe hervorragender Schriftsteller benennen, die der gegenteiligen Aussicht sind. Ich bin in der Lage, eine Anzahl Zeugen zu benennen, die den Beweis erbringen werden, daß der Privatkläger die unsittlichen Stellen selbst geschrieben hat. Der Privatkläger weiß genau, daß die

Manuskripte vernichtet

worden sind, teilweise mit seinem Zutun. Wir sind aber in der Lage, den Beweis durch Leute zu führen, die die unsittlichen Stellen gelesen, teils gesetzt haben und andernteils die Druckbogen mit der Originalhandschrift kollationiert haben, und die genau die Handschrift des Privatklägers kennen, teilweise auch Briefe von ihm noch in Händen haben. –

Vors.: Sie behaupten also, dass diese Stellen im Original enthalten waren? –

Vert. R.-A. Dr. Adler: Ja. –

R.-A. Dr. Puppe: Ich muß in rechtlicher Beziehung widersprechen. Es soll hier der Versuch gemacht werden, dem Privatkläger einen ihm unmöglichen negativen Beweis aufzuzwingen. Jedoch glauben wir, dass es im Interesse der Ermittlung der objektiven Wahrheit liegt, daß die Zeugen hier gehört werden. –

Vert. R.-A. Dr. Adler: Der Privatkläger hat doch auch das Honorar für den Roman ‚Das Waldhäuschen' [sic!] mit 35 Mk. pro Druckbogen für sich verwendet. Er hat auch mehrfach vor Gericht über das Urheberrecht als Eigentümer verfügt. –

Karl May: Ich habe immer nur über die Romane verfügt, die ich geschrieben habe. Der Verleger selbst hat zugegeben, daß er an den Romanen so viel geändert hat, daß kaum mehr von Karl May als dem Verfasser die Rede sein konnte. –

Vors.: Herr May, dann würde ich es mir doch aber verbeten haben, daß die Romane unter meinem Namen erscheinen. –

Karl May: Das habe ich mir auch verbeten. –

Vert. R.-A. Dr. Adler: Das ist nicht richtig. Hier liegt ja der gerichtliche Vergleich vor, wonach gegen eine Gegenleistung von 20 Romanen diese Romane bis Ende 1910 unter dem Namen Karl May erscheinen würden. –

Karl May: Ich bin nicht gegen den Verleger durchgedrungen. Er hatte nur das Recht, 20000 Exemplare zu drucken, hat aber eine Million abgesetzt. –

Vert. R.-A. Dr. Adler: Es liegt ein Vergleich vor, nach welchem gestattet wird, noch 80000 Exemplare des Romans ‚Das Waldhäuschen' [sic!] unter dem Namen Karl May erscheinen zu lassen. –

Karl May: Zugleich ist aber festgestellt worden, daß die Stellen nicht von mir sind. Ich habe keine Korrekturen bekommen und habe auf die Ehrlichkeit vertraut. –

Vors.: Wie ist das mit dem anderen Punkt? Das geben Sie doch wohl zu, daß Sie

die religiösen Schriften

selbst geschrieben haben. –

Karl May: Religiöse Schriften habe ich nicht geschrieben, sondern nur Reiseerzählungen. –

Vert. R.-A. Dr. Adler: Schon die Ueberschrift, wie ‚Mater dolorosa', besagt, daß wir es mit katholischen Muttergottesgeschichten zu tun haben. –

Karl May: Wenn ich über Aegypten einen Reiseroman schreibe und darin Smyrna erwähne, so habe ich damit doch noch nicht eine Beschreibung von Smyrna gegeben. –

Vors.: Das sind doch wirklich nur Wortklaubereien. –

Der Verteidiger R.-A. Adler erklärt, daß die von ihm benannten Sachverständigen, u. a. Chefredakteur Cardauns, Dr. Pöllmann und Prof. Schumann (Dresden) bekunden sollen, daß die Romane inhaltlich so geschlossen seien, daß unmöglich etwas hinein- oder herausgeschrieben sein könnte. –

R.-A. Puppe: Wenn der Angeklagte hier so umfangreiche Zeugenladungen und Sachverständigenladungen beantragt, möchte ich ersuchen, dem Angeklagten einen gehörigen Kostenvorschuß von mehreren hundert Mark aufzuerlegen. Er ist Klosterbruder, und schließlich könnte man sich darauf berufen, daß diese Kreise arme Leute sind. –

Karl May: Wenn die Herren behaupten, die Romane seien inhaltlich geschlossen, so beweist das nur, daß der betreffende Arbeiter namens Walter meine Romane von Anfang an so bearbeitet hat, daß sie einen abgeschlossenen Charakter erhielten. –

Vert. R.-A. Dr. Adler: Dann hätte auch dem Herrn Walter das Honorar überlassen werden müssen. –

Das Gericht beschließt hierauf, die verlangten Zeugen und Sachverständigen zu laden und für den nächsten Termin das persönliche Erscheinen des Angeklagten P. Expeditus Schmidt anzuordnen. Die Verhandlung wird auf unbestimmte Zeit vertagt. Dem Angeklagten wird außerdem die Zahlung eines Kostenvorschusses von 400 Mark auferlegt."[38]

Entgegen der Einlassungen Karl Mays teilten die Postämter von Radebeul und Kötzschenbroda dem Amtsgericht mit, dass die *Augsburger Postzeitung* im Mai 1910 von ihnen an keinen Empfänger in Radebeul, also auch nicht an May, zugestellt worden sei. Über den weiteren Fortgang des Prozessgeschehens berichtete die *Frankfurter Zeitung* am 4. Juli 1911:

„Daraufhin gab May die Unzuständigkeit des Gerichts Kötzschenbroda zu und machte nunmehr geltend, daß die ‚Augsburger Postzeitung' zur Zeit der Klageerhebung in verschiedenen Exemplaren in Dresden gehalten worden sei. Er beantragte nunmehr die Rückgabe der Rechtssache an das Amtsgericht Dresden; da jedoch das Hauptverfahren in Kötzschenbroda bereits eröffnet war, wurde dieser Antrag abgewiesen. Die 1. Strafkammer des Landgerichts Dresden entschied darauf am 31. Januar 1911 auf eine Beschwerde Mays, daß der Privatkläger die Rückgabe an das Amtsgericht Dresden verlangen könne, betonte aber dabei, daß Karl May seine Angaben zur Begründung der Zuständigkeit ‚wider die Wahrheit' gemacht haben müsse. Durch Beschluß vom 9. Mai 1911 wurde nun die Klage Karl Mays vom Amtsgericht Dresden zurückgewiesen, wobei May die Kosten des Verfahrens zu tragen hatte. Dabei betonte das Amtsgericht wiederum, der Privatkläger (May) müsse die zur Begründung der Zuständigkeit des von ihm angerufenen Gerichts aufgestellten Behauptung, daß er die ‚Augsburger Postzeitung' in Radebeul durch die Post beziehe, ‚wider besseres Wissen' gemacht haben."[39]

3. Der Ansgar-Pöllmann-Prozess

Einen weiteren publizistischen und juristischen Konflikt mit einem Vertreter der Geistlichkeit bildete Karl Mays Streit mit dem Benediktinerpater Ansgar Pöllmann. Als Priester und Kunstverständiger, als Autor und Literaturspezialist – Pöllmann gab von 1903 bis 1907 und von 1911 bis 1913 die *Gottesminne*, eine angesehene Monatsschrift für religiöse Dichtkunst, heraus – besaß der Pater manche Verdienste. Er reihte sich jedoch auch nahtlos in die Reihe der May-Gegner ein, die sich oftmals ungeprüft negativer Klischees und Vorteile anderer Gegner bedienten. Schon seit 1901 hatte sich Pöllmann gegen die Mayschen Kolportageromane gewandt. So sprach er u. a. von dem „Allerweltsschwindler May"[40], ohne dass der auf diese Weise Beschimpfte hiervon zunächst Notiz nahm. Das änderte sich erst, als Pöllmann das Jahr 1910 zu einem richtigen „Kampfjahr, das unter dem Motto ‚Karl May' stand"[41] erkor.

Am 31. Januar 1910 wandte sich May um Beistand bittend – wie im Fall Beßler – an Ildephons Schober als den Vorgesetzten auch Ansgar Pöllmanns.[42] Dabei stand dem Schriftsteller eine Flut von Angriffen aus der Feder des Benediktinerpaters erst noch bevor. Höchstens sechs Tage später wird er den ersten Teil von Pöllmanns *Ein Abenteurer und sein Werk* in *Über den Wassern* vom 25. Januar 1910 in Händen gehabt haben, und nur zwei Tage zuvor war Pöllmanns Leserbrief in der *Freien Stimme* erschienen.[43]

Im Vergleich mit den nachfolgenden Beiträgen des Paters waren das noch recht gemäßigte May-Angriffe. Man ignorierte in Beuron jedoch Mays Bitte, sodass Pöllmann seine Attacken gegen den Schriftsteller verstärkt fortsetzte – so in einem Artikel vom 6. Februar 1910, wieder in der *Freien Stimme*.[44] Trotz seiner Ankündigung stellte May zunächst keinen Strafantrag.

In kurzen Abständen folgten die weiteren Beiträge Pöllmanns in *Über den Wassern* am 10. und 25. Februar und am 10. März 1910.[45] Nach Erscheinen des ersten Artikels meldete die Presse:

„In dem Kampfe gegen May, den ‚berühmten Weltreisenden‘, nimmt jetzt auch ein hervorragender Würdenträger der katholischen Kirche Stellung gegen den ingeniösen Fabulierer."[46]

Die Diskussion um May erhielt eine neue Dimension, und die Kampagne gegen ihn wurde zu einem wahren Inferno für den Angegriffenen. Unabhängig von sachlichen, zum Teil sicherlich auch berechtigten Einwänden gegen das schriftstellerische Werk Mays übertraf das dabei von Pöllmann benutzte Vokabular gegen den Menschen May alles bis dahin gegen ihn Vorgebrachte.

Die Maßlosigkeit dieser Anwürfe kennzeichnete May dann in seiner ersten veröffentlichten Replik treffend als *„eine Provokation zu einem öffentlichen Radau mit Düngergabeln, die erfolgt in einer so beispiellos gehässigen, grausamen Weise, daß jeder Gedanke, das Priestertum des ‚hochwürdigen Verfassers‘ zu berücksichtigen, zur Unmöglichkeit wird."*[47]

May sah jetzt juristische Schritte für angebracht:

„Ich stelle Strafantrag", kündigte der Schriftsteller am 9. April 1910 in der *Freistatt* nun auch öffentlich an, doch wiederum folgte dieser Verlautbarung keine Ausführung. Pöllmann schrieb neue Artikel, die am 10. und 25. April und am 10. Mai in *Über den Wassern* erschienen. May erwiderte die Angriffe zwischen dem 9. April und 11. Juni mit fünf Repliken in der Wiener Wochenschrift *Freistatt*.[48]

„Es wird keinem rechtlich und human denkenden Menschen möglich sein, die Aufsätze ‚Ein Abenteurer und sein Werk‘ als erlaubte Kritik zu betrachten. Es handelt sich vielmehr um die öffentliche Vernichtung meiner schriftstellerischen, bürgerlichen und moralischen Existenz, und zwar in einer beispiellos gehässigen, grausamen Weise, daß jeder Gedanke, das Priestertum des ‚hochwürdigen Verfassers‘ zu berücksichtigen, zur Unmöglichkeit wird. [...] Ich erfahre, daß der ‚hochwürdige Verfasser‘ mich schon vor längerer Zeit in einer seiner Veröffentlichungen einen ‚Allerweltsschwindler‘ genannt hat. Ich erfuhr das erst vor ganz kurzem und stelle Strafantrag. Er bezeichnet mich in seinem Titel als Abenteurer. Ich stelle Strafantrag. Er behauptet, daß

ich mich habe von meiner Frau scheiden lassen, ‚um die Witwe Plöhn heimzuführen'. Ich stelle Strafantrag. Er nennt mich den ‚Dresdener Schmutzliteraten'. Ich stelle Strafantrag. Er droht, mich mit einem Strick aus dem Tempel der deutschen Kunst hinauszupeitschen. Ich stelle Strafantrag. Er behauptet, ich habe meine Originalmanuskripte auf die Seite zu schaffen gewußt. Ich stelle Strafantrag. Er droht, mich ‚als literarischen Dieb zu brandmarken'. Ich stelle Strafantrag."[49]

Während sich May in der *Freistatt* mit Pöllmann auseinandersetzte, hatte dieser vorerst seine *Über den Wassern*-Serie unterbrochen, um in einem weiteren, ebenfalls katholischen Presseorgan – *Die Bücherwelt* – auf ganz andere Weise gegen May vorzugehen. Dieser Beitrag mit der Überschrift *Karl May und sein Geheimnis* enthält in der Sache die meisten Wahrheiten über Karl May. Anders als andere Gegner wusste Pöllmann allerdings auch Positives über den Dichter zu bemerken; so bezeichnete er Mays Alterswerke ohne Einschränkung als symbolische Dichtungen. Das alles steht zwar nur auf den ersten Seiten, lässt aber erkennen, dass Pöllmann Mays Qualitäten durchaus richtig einzuschätzen wusste. Umso unverständlicher ist sein maßloser Angriff. Auch wo sich der Benediktinerpater mit Mays Weltanschauung oder seinen religiösen Texten auseinandersetzte, machte er zutreffende Beobachtungen. In seiner Kritik ist jedoch gleichzeitig eine scharfe Maßregelung des evangelisch-lutherischen Glaubensbekenntnisses enthalten, das bei May immer wieder und zumeist in sehr naiver Form zu Tage tritt. Pöllmanns Hass auf den Mann, den er so gut durchschaut hatte, trieb ihn schließlich zu absurden Stilblüten; so, wenn Pöllmann sich mit Mays Intuitionalismus beschäftigt, dem er eine natürliche Anlage abspricht, wäre hier zu fragen, was Intuition sonst ist, wenn nicht eine natürliche Anlage! Dann doch zumindest wohl eine Gottesgabe. Doch diese Einordnung wäre Pöllmann zweifellos viel zu evangelisch vorgekommen. Oder, wenn Pöllmann sich mit der „äußerlichen" Veredelung von Erzählungen befasste: Wenn man Indianer- und Detektiv-Geschichten ‚äußerlich' veredelt, kann das nur bedeuten, dass sie vom Verlag besser ausgestattet wurden als zuvor. Nur traf das auf May keineswegs zu. Seine Bücher waren nicht besser ausgestattet als die anderer Schriftsteller mit ähnlichen Themen, doch sein *Winnetou* und die anderen Amerika-Erzählungen haben den Indianer-Roman ‚innerlich' veredelt. Ins drastisch Unsachliche geriet Pöllmanns Urteil über Mays Aussöhnung des Orients mit dem Abendland. Das stehe „dem Blödsinn nahe".[50]

Pöllmann startete sogar eine vertrauliche Umfrage zum Thema Karl May. Mit einem Fragebogen, dessen Konzeption nur ein ungünstiges Ergebnis für den Dichter offenbaren konnte, suchte er jetzt das Feld der May-Gegner um eine geschlossene Berufsgruppe, die katholischen Erzieher, zu erweitern. Es steht außer Zweifel, dass sich durch die kaum eine freie Meinungsäußerung zulassende Fragestellung ein im Ergebnis vernichtendes Urteil über den pädagogischen Wert des Schriftstellers ergeben hätte.

„Am 26. Juni 1910 setzte Pöllmann seine *Kritischen Spaziergänge* in *Über den Wassern* mit dem achten Teil seiner Auslassungen gegen May fort und beabsichtigte – so ist es dem Text zu entnehmen –, hier ebenfalls weitere Fortsetzungen folgen zu lassen. Doch die Redaktionen beider Blätter warteten vergeblich auf neue Manuskripte aus Beuron, sodass sich die *Bücherwelt* in ihrer September-Ausgabe [Nr. 12] schließlich zu folgender Notiz veranlasst sah: ‚[...] so verabschiedet sich die Redaktion der Bücherwelt hiermit von Karl May endgültig.' [...] Der Grund für das Ausbleiben weiterer Beiträge – sowohl in der *Bücherwelt* wie auch in *Über den Wassern* – blieb den Lesern verborgen: Am 9. August 1910 hatte May die bereits zu Beginn des Jahres angedrohte Privatklage wegen Beleidigung beim Amtsgericht Dresden gegen Pöllmann erhoben. Zweifellos erwirkte dieser Antrag nicht nur, dass Pöllmann keine weiteren Artikel in diesen Zeitschriften folgen ließ; es wurde ihm auf Grund der Klage Mays disziplinarisch jede weitere Befassung mit dem May-Thema untersagt. So erfolglos – in juristischer Hinsicht – die Abwehr gegen Pöllmann also letztlich blieb – der Pater, einer der engagiertesten Kritiker Mays, nahm danach nie wieder Stellung zu Karl May!

Mays erster Versuch, Pöllmann gerichtlich zu belangen, scheiterte nämlich nach knapp zwei Monaten: ‚Karl May hatte eine gerichtliche Verfolgung zweier Aufsätze angekündigt, die P. Ansgar Pöllmann und OFM (Beuron) in der Radolfzeller ›Freien Stimme‹ Anfang dieses Jahres hatte erscheinen lassen. Es blieb jedoch bei diesen Drohungen und aus der Verjährung zogen natürlich die Zeitungen ihre Folgerungen. So war nun May schließlich wenigstens zu einer Klage gegen Pöllmanns Aufsatz ›Ueber den Wassern‹ gezwungen. Das letzte dieser Essays erschien am 10. Mai. Am 10. August lief die Verjährung ab. Gerade einen Tag vorher, am 9. August, reichte May seine Beleidigungsklage dem Amtsgericht Dresden durch Rechtsanwalt Wetzlich ein. Dessen Münchner Kollege Siegfried Adler als Vertreter des Beklagten bestritt die Zuständigkeit des Dresdener Amtsgerichts und so wurde Karl May am 25. September mit seiner Klage abgewiesen, wobei er natürlich die gesamten Kosten des Verfahrens zu tragen hatte.“[51]

Doch bereits zwei Tage bevor diese Nachricht an die Presse gelangte, unternahm May einen erneuten Versuch, diesmal beim Amtsgericht Kötzschenbroda. Die Rechtsanwälte Wetzlich und Netcke reichten im Auftrag ihres Mandanten mit einem Schriftsatz vom 3. Oktober 1910[52] Privatklage wegen Beleidigung gegen den Benediktinerpater ein:

An das
Königliche Amtsgericht Kötzschenbroda

Privatklage

des Schriftstellers Carl May in Radebeul bei Dresden,

Privatklägers

gegen

den Pater Ansgar Pöllmann in Sigmaringen,

Beschuldigten

wegen Beleidigung

1) In einer in Münster erscheinenden periodischen Zeitschrift „Ueber den Wassern", die herausgegeben wird von

Pater Dr. Schmidt und halbmonatlich erscheint, befindet sich ein langer Aufsatz mit dem Titel „Kritische Spaziergänge. XI. ein Abenteurer und sein Werk." Dieser Aufsatz erscheint bereits seit der Nummer vom 25. Januar und beschäftigt sich ausschließlich mit dem Privatkläger. Dieser Aufsatz, der fortgesetzt wird bis in die neueste Zeit, bis zur Nummer vom 10. Mai gediehen ist und noch weiter fortgesetzt werden soll, enthält schwere Beleidigungen des Privatklägers. In dem Teile des Aufsatzes, der in der Nummer vom 25. Februar erschienen ist, bezeichnet der Beschuldigte den Privatkläger als „einen literarischen Dieb". Ferner kommen schon ihrer Form nach schwer beleidigende Ausdrücke vor [...].

Der umfangreiche Schriftsatz geht nun Punkt für Punkt die aus Klägersicht beleidigenden Passagen und Begriffe der Artikelserie durch. Moniert werden Angriffe auf Mays eheliche Situation mit Klara, was Pöllmann dahingehend kommentiert hatte, „daß May diese zweite Gattin im Jahre 1903 unter wenig erbaulichen Umständen in sein Haus einführte, nachdem er sein rechtmäßiges Weib, mit dem er 23 Jahre zusammengelebt, verstoßen hatte."

Pöllmann hatte den Schriftsteller auch als „Schwindler der Villa Shatterhand" bezeichnet, der sich jahrelang als Katholik ausgegeben habe, obwohl er eigentlich Protestant sei.

Ebenso unwahr sei Mays Behauptung gewesen, ein perfekter Übersetzer der chinesischen Sprache zu sein. Als beleidigend empfand May auch Pöllmanns Auslassung: „Aber keineswegs gleichgiltig ist, daß sich dieser Autor den Doktortitel selbst verliehen hat, daß er darauf schwört, Sprachen und Länder zu kennen, während er sich nur mit dem geistigen Eigentume anderer bereichert."

Gerade letzterer Teilvorwurf – jener des Plagiats – bildete einen wesentlichen Klagepunkt, da Pöllmann Formulierungen gebraucht hatte, wie: „Ich nenne Karl May einen literarischen Dieb" oder „Karl May ist in der Tat ein Abenteurer und Freibeuter auf schriftstellerischem Gebiete, für ewige Zeiten das Musterbeispiel eines literarischen Diebes."

Ein weiterer inkriminierter Vorwurf von Pöllmann bildete Mays Autorschaft an den Münchmeyer'schen Kolportageromanen, die der Benediktinerpater als „Mays Dreckromane", „Mays Schmutzromane" und „Schmutzerzeugnisse der May'schen Phantasie" bezeichnete.

Zu den weiteren persönlichen Angriffen Pöllmanns gegen den Schriftsteller, die dieser nunmehr auch juristisch beanstandet wissen wollte, gehörten Passagen wie: „Daß ernste Pädagogen sich gegen die May'schen Machwerke und Lügenfabrikate aussprechen, versteht sich wohl von selbst." und: „May ist zu dem ein wirrer, unklarer Kopf, ohne jedes logische Gefühl."

Da der Aufsatz bis zur Nummer vom 10. Mai veröffentlicht worden ist, läuft von da ab auch erst die Verjährung des Stranfantrages, denn der ganze Aufsatz, der nur in einzelnen Abschnitten erschienen ist, ist nur eine Tat, die mit dem Erscheinen des Schlusses vollendet sein wird. Die Zeitschrift ist weit verbreitet, insbesondere auch in Dresden und im Dresdner Buchhandel erschienen. Es wird anbei je ein Exemplar der Zeitschrift überreicht.

2) In der in Cöln erscheinenden Periodischen Zeitschrift „Die Bücherwelt" ist gleichfalls ein Aufsatz des Beschuldigten Pater Pöllmann „Gedanken über die Entwickelung der modernen Lyrik" erschienen, in der der Beschuldigte über den Privatkläger auf Seite 152 den Ausdruck „Allerweltsschwindler" gebraucht. Eine Nummer dieser Zeitschrift wird gleichfalls beigefügt. Auch diese Zeitschrift wird im Buchhandel überall, insbesondere auch in Dresden und in Radebeul verbreitet, sodass die Zuständigkeit des Amtsgerichts Kötzschenbroda gegeben ist. Der ganze Aufsatz in der Zeitschrift „Ueber den Wassern" ist beleidigender Natur. Es muss zugestanden werden, dass zwar in den einleitenden Nummern sich der Beschuldigte den Anschein gibt, dass er rein sachlich sich kritisch mit der schriftstellerischen Tätigkeit des Privatklägers befaßt. Bald jedoch ist zu bemerken, dass es ihm mehr daran liegt, persönlich den Privatkläger zu treffen und zu beleidigen. [...]

Wegen dieser Beleidigungen hat der Privatkläger bereits Privatklage beim Königlichen Amtsgericht Dresden erhoben. Diese war jedoch versehentlich beim Amtsgericht Dresden eingereicht worden, während sie beim Amtsgericht Kötzschenbroda erhoben werden musste. Das Amtsgericht Dresden hat meinen Antrag, die Sache an das Amtsgericht Kötzschenbroda der Zuständigkeit halber zur Weiterbehandlung abzugeben, nicht beachtet, vielmehr diese Privatklage wegen Unzuständigkeit des angerufenen Amtsgerichtes Dresden zurückgewiesen. Gegen diesen Beschluß ist vorsorglich eine Beschwerde erhoben worden.

Beweis: Akten des Königlichen Amtsgerichts Dresden 5 P 151/10. Durch die beim Amtsgericht Dresden erhobene Klage und den in derselben enthaltenen Strafantrag ist die Frist zur Stellung derselben gewahrt worden.

Vorsorglich erhebe ich in Vollmacht des Privatklägers nunmehr hiermit Privatklage vor dem Amtsgericht Kötzschenbroda und beantrage, den Beschuldigten wegen öffentlicher resp. verleumderischer Beleidigung nach §§ 185, 186, 187, 200 St.G.B. zu bestrafen und das Hauptverfahren vor dem Königlichen Schöffengericht in Kötzschenbroda stattfinden zu lassen.

Dresden, den 3. Oktober 1910.
Hochachtungsvoll
Wetzlich
Rechtsanwalt.

Der nach Eintreffen des Schriftsatzes am 10. Oktober gefasste Eröffnungsbeschluss wurde vorerst verschoben, um die Zuständigkeit des angerufenen Gerichts festzustellen. Die Erscheinungsorte der inkriminierten Zeitschriften (Münster und Köln) machten eine Anfrage bei den Kaiserlichen Postämtern Radebeul und Kötzschenbroda notwendig, ob und inwieweit Exemplare der Zeitschriften seit dem 1. Januar durch die Post bezogen wurden.

Die Auskünfte der Postämter trafen am 12. und 13. Oktober beim Gericht ein:

„Von den beiden Zeitschriften ‚Über den Wassern' und ‚Die Bücherwelt' sind seit 1. Januar d. J. durch diesseitige Vermittlung keine Exemplare bezogen worden" (Postamt Radebeul) und „Beide Zeitschriften sind im Jahre 1910 durch die Post nicht bezogen worden" (Postamt Kötzschenbroda).[53]

Der Klage war formaljuristisch die Grundlage entzogen! Mit anderen Worten: die Beleidigungen konnten in Kötzschenbroda nicht verfolgt werden, weil diese Zeitschriften von keinem der dortigen Einwohner abonniert waren. Rücksprachen zwischen dem Gericht und den Rechtsanwälten folgten, um den weiteren Fortgang zu eruieren. Da dies zu keinem Ergebnis führte, erging am 11. November die Entscheidung:

Beschluß.

Die Privatklage des Schriftstellers Carl May in Radebeul – Prozeßbevollmächtigter: die Rechtsanwälte Wetzlich und Netcke in Dresden – gegen den Pater Ansgar Pöllmann in Beuron in Sigmaringen wird wegen örtlicher Unzuständigkeit des angerufenen Gerichts zurückgewiesen. Die Kosten des Verfahrens hat der Privatkläger zu tragen.

Gründe: Die Privatklage wird erhoben auf Grund von Beleidigungen, die in der in Münster erscheinenden periodischen Zeitschrift „Über den Wassern" sowie in der in Cöln erscheinenden periodischen Zeitschrift „Die Bücherwelt" enthalten sein sollen. Die Zuständigkeit des angerufenen Gerichts wird auf die Vorschriften des § 7 Abs. 2, S. 2 StPO geprüft, jedoch mit Unrecht, denn nach diesen Vorschriften wäre für die Zuständigkeit des angerufenen Gerichts erforderlich, daß in dessen Bezirk die beiden bezeichneten Zeitschriften zur Tatzeit verbreitet worden sind. Das ist jedoch nicht der Fall gewesen. Denn das Gericht hat nach den angestellten Erörterungen, insbesondere den Auskünften der Postämter Radebeul und Kötzschenbroda, die Überzeugung gewonnen, daß diese beiden Zeitschriften innerhalb seines Bezirks zur Tatzeit überhaupt nicht gelesen, geschweige denn „verbreitet" worden sind. Der Privatkläger selbst hat nach Erfordern andere zwingende Tatsachen zur Begründung der Zuständigkeit des unterzeichneten Gerichts nicht vorzubringen vermocht. Die Privatklage war deshalb unter Belastung des Privatklägers mit den Kosten zurückzuweisen.

Kötzschenbroda, den 11. November
Kgl. Amtsgericht.
Friedrich II.

Am 18. November wurde den Rechtsanwälten dieser Gerichtsentscheid zugestellt, zehn Tage später die Kosten erhoben und der ganze Fall am 30. November 1910 abgeschlossen. Bleibt zu fragen, ob bei etwas überlegterer Taktik das Anliegen Mays Erfolg gehabt hätte? Das Ausweichen auf das Amtsgericht Kötzschenbroda, nachdem die Klage in Dresden zurückgewiesen worden war, belegt ein peinliches Fehlverhalten von Mays Rechtsanwälten. Einen Erfolg zeitigten die Klagen Mays, denn wie bereits erwähnt, schwieg der Pater aus Beuron fortan; aber nicht auf Grund besserer Einsicht, sondern wegen einer Intervention seines Vorgesetzten Schober. Wenn auch einzelne kritische Bemerkungen Pöllmanns nicht gänzlich ins Leere gingen, war sein Vorgehen in der Gesamtheit literarisch und menschlich diffamierend gewesen. Der Benediktinerpater hatte in recht unchristlicher Manier das Konglomerat von Vorwürfen anderer May-Gegner gesammelt und um eigene Angriffspunkte erweitert. „Er frischte zunächst, süffisant, die alten Geschichten wieder auf: den falschen Doktortitel, die perverse Phantasie der Münchmeyer-Romane, das katholische Mäntelchen des Autors der Reiseerzählungen, nicht zuletzt auch die Scheidung von Emma und die Heirat mit Klara. Auf die Haftjahre Mays, die Zeit seiner größten Sesshaftigkeit, spielte der Pater ebenfalls an."[55] Hinzu setzte Pöllmann noch den Vorwurf des Plagiats. Wenn Karl Mays Klagen auch letztlich aus formellen Gründen gescheitert waren, war der Schriftsteller dennoch als moralischer Sieger aus dem Streit hervorgegangen, konnte er doch den Benediktinerpater als Verbündeten der *„Sensations- und Revolverpresse"*[56] vorführen.

4. Der Hock-Heller-Prozess

Auch außerhalb Deutschlands erhoben sich feindselige Pressestimmen gegen Karl May. In der Wiener Hochschulzeitschrift *Das Wissen für Alle* meldete sich der Germanist und Privatdozent Dr. Stefan Hock (1877-1947) zu Wort. Hock war eine der bekanntesten Persönlichkeiten des Wiener Kulturlebens. Dem May-Forscher Wilhelm Brauneder sind im Wesentlichen die nachfolgenden Einzelheiten zu verdanken:[57] Seit 1905 war Hock als Universitätsdozent für Neuere Deutsche Literaturgeschichte in Wien tätig. Zudem hatte er sich als Regisseur und Mitarbeiter von Max Reinhardt sowie als Publizist und Herausgeber von Werken über Franz Grillparzer und Anastasius Grün einen Namen gemacht. Um 1900 hatte sich Hock noch durchaus positiv über May ausgesprochen. In seinem Werk *Die Vampyrsagen und ihre Verwertung durch die deutsche Literatur*[58] schrieb Hock u. a.:

„Das Centrum des Vampyrglaubens ist heute noch die Balkanhalbinsel, und so schildern denn Hans Wachenhusen und Karl May mit genauer Kenntnis von Land und Leuten Vampyrscenen, deren Lebendigkeit man das Erlebnis ansieht." Hock weist darauf hin, dass „der bekannte Jugendschriftsteller in seinem Romane ‚In den Schluchten des Balkan' eine Episode von einem ungarischen Knecht erzählt, der die verstorbene Braut des Bauernsohnes, den er vergiftet hat, um selbst den Hof zu bekommen, für einen Vampyr ausgibt."

Zu jenem Zeitpunkt fiel also noch kein negatives Wort über May. Dies änderte sich später. In seinem Beitrag *Karl May* vom 8. Mai 1910 bezeichnete er den Schriftsteller als „mehrfach abgestraften schweren Verbrecher", „literarischen Dieb" und „gesinnungslosen Heuchler".[59] Intention und Inhalt des Beitrags verraten die geistige Nähe zu den bekannten May-Gegnern in Deutschland – vor allem zu Ansgar Pöllmann. Es ist daher nicht verwunderlich, dass May juristische Schritte einleitete. So erhob er am 23. Juli 1910 gegen Hock und den Herausgeber Hugo Heller (1870-1923) Strafantrag wegen Beleidigung und reichte Privatklage vor dem Straf-

Landesgericht Wien ‚wegen Vergehens gegen die Sicherheit der Ehre' ein.

Der Wohnsitz-Gerichtsstand von Hock war nach § 52 der österreichischen Strafprozessordnung der XIX. Gemeindebezirk Wien-Döbling. Das heute für ganz Wien in Strafsachen zuständige Straf-Bezirksgericht existiert erst seit 1921. Akten zu dem Verfahren sind nicht mehr erhalten. Dieser Vorgang blieb natürlich auch in Mays Heimat seinerzeit nicht unbemerkt. Als Oskar Gerlach von dem Verfahren erfuhr „reiste er nach Wien, besuchte Dr. Hock und dessen Anwalt und stellte sich den Herren in liebenswürdiger Weise zur Verfügung. Die Harmonie war gross. Hocks Anwalt besuchte sogar in Dresden den Anwalt der Kolportageleute. [...] Herr Gerlach verlangte aber nachträglich von seinen Verbündeten eine Entschädigung für seine ‚wertvollen' Mitteilungen in der Höhe von 60 K. Hocks Anwalt sagte uns darüber [am 23.2.1912] im Bureau unseres Anwalts [Dr. Hans Lederer], diese Handlungsweise sei ‚unfair'. Er sprach sich ungünstig über Herrn Gerlach aus", wusste Klara May später zu berichten.[60] Der neue May-Gegner wandte sich am 11. August auch an seinen Gesinnungsgenossen Ansgar Pöllmann:

„Karl May hat mich wegen eines Artikels in meiner Zeitschrift, in dem ich, an den Prozess Lebius anknüpfend, wiederholt vor der Lektüre seiner Schriften warnte und seine Person charakterisierte, bei dem Wiener Landesgerichte angeklagt. Der Prozess wird nach unseren Gesetzen vor Geschworenen geführt und der Wahrheitsbeweis im weitesten Sinne zugelassen. Es ist daher zu hoffen, dass mit diesem Prozesse die Herrlichkeit Mays ein Ende haben werde. Sie wissen aus eigener Erfahrung, wie schwierig es ist, alle relevanten Beweise herbeizuschaffen, und Sie werden es verstehen und verzeihen, wenn ich mich an Sie mit der Bitte wende, mir dabei behilflich zu sein. Um von vorneherein jedes Missverständnis auszuschliessen, muss ich Ihnen mitteilen, dass ich weder katholisch gesinnt noch Katholik bin, dass unsere Zeitschrift, ein vollständig parteiloses Organ, überall dort, wo solche Fragen in Betracht kommen, auf dem Boden wissenschaftlicher Unzielmässigkeit (denn nur das ist die vielberufene Voraussetzungslosigkeit) steht. Unbekümmert um das Resultat forschen, das ist unser Glaubensbekenntnis. Ich kenne Ihr Wirken genau genug, um hoffen zu können, Sie werden auch dem auf einem anderen Boden als Sie Fussenden Ihre Unterstützung nicht versagen in einem Falle, der gemeinsame Kulturinteressen in Bewegung bringt."

Hock bat Pöllmann um Überlassung seiner im *Deutschen Hausschatz* und *Über den Wassern* veröffentlichten May-Aufsätze und frommen Erzählungen.

„Endlich bitte ich Sie um eine knappe Darstellung der Umstände, unter denen sich die Entdeckung der pornographischen Schriften Mays vollzogen hat, und der Momente, die May zur Klage gegen Münchmayer bestimmt haben. [...] Würden Sie unter Umständen einer Vorladung zur Hauptverhandlung Folge leisten? Die Verhandlung wird kaum früher als im Frühjahr 1911 stattfinden. Ihr Erscheinen wäre uns von grösster Bedeutung; denn May behauptet in seiner Klage, ich hätte ihn aus politischen Gründen angegriffen. Er schliesst das daraus, dass ich auf die traurige Haltung des Wiener ‚Vaterlandes' und seines Ablegers, der ‚Freistatt', hinwies. Nun wäre es mir von allergrösster Wichtigkeit, den Geschworenen ad oculos zu demonstrieren, dass die anständigen Katholiken sich längst von May abgewendet haben."[61]

Im Verfahren ‚wegen Vergehens gegen die Sicherheit der Ehre' wollte Hock den Wahrheitsbeweis dafür führen, dass May ein „gesinnungsloser Heuchler" sei und „heuchlerische Frömmelei ihm das Wohlgewollen der Klerikalen eingetragen habe".

Das Wiener Landgericht für Strafsachen ersuchte das Amtsgericht Sigmaringen, Pöllmann als Zeugen zu vernehmen. Zur Vernehmung kam es schließlich am 29. Dezember. Dabei sagte der Benediktinerpater u. a. aus:

„1899 waren seine ‚Reiseerzählungen' im allgemeinen abgeschlossen. Ende 1899 erschien im ‚Deutschen Hausschatz' der Roman ‚Aus dem Reiche des silbernen Löwen'. Mit dieser Erzählung setzt – unter dem Druck des von katholischer

Seite begonnen u. von der ‚Frankfurter Zeitung' fortgesetzten Kampfes gegen May – die symbolische Richtung ein, d. h. May tischte plötzlich die Behauptung auf, seine ‚Reiseerlebnisse' seien ‚figürlich' zu verstehen." Ein wesentlicher Kern der Aussage bestand jedoch auch in der Wiederholung seiner Plagiatsvorwürfe gegen May.[62]

Am 6. April 1911 bat Hock den Benediktinerpater in einem weiteren Schreiben erneut, bei seinem Verhandlungstermin in Wien persönlich zu erscheinen. Das Verfahren zog sich ohne nennenswertes Ergebnis bis zum Folgejahr hin. Der Grund hierfür ist nicht bekannt, dürfte jedoch mit den zahlreichen anderen Prozessen Mays im Zusammenhang stehen, die immer wieder zu wechselseitigen Vertagungen in den verschiedenen Verfahren führten. Zudem litt der Schriftsteller auch immer wieder unter gesundheitlichen Problemen.

Im Rahmen seines letzten öffentlichen Auftritts, dem Vortrag im Wiener Sofiensaal, besuchten Karl und Klara May am 23. März 1912 in Wien Hocks Rechtsanwalt Dr. Hans Lederer in dessen Kanzlei. In Abwesenheit des Klagegegners vereinbarte der Schriftsteller mit Lederer die Rücknahme seines Strafantrags, wenn Hock eine Ehrenerklärung abgab.

Doch zur Umsetzung dieser Vereinbarung sollte es nicht mehr kommen. Karl May verstarb am 30. März 1912. Hock setzte seine Angriffe gegen den inzwischen verstorbenen Schriftsteller in der Wiener Monatsschrift *Der Strom* sogar fort und rechnete hierin Mays Werke „zu den verderblichsten Schriften aller Zeiten".[63] In einem Artikel der Zeitschrift *Forum* berichtete Klara May über das Ende der Auseinandersetzung zwischen Karl May und Stefan Hock:

„Die Klage sollte durch einen Vergleich erledigt werden, da es offenbar Hock nur darauf ankam, sich durch Karl May einen Namen zu machen. Karl May wollte auf einen Vergleich nicht eingehen, aber meinen Bitten gab er doch nach, und ein Vergleich kam im Bureau unseres Anwaltes mit dem Anwalt Hocks zu stande. Am Tage nach dem Vortrag Karl Mays in Wien. Wie bekannt, starb Karl May 8 Tage nach diesem Vortrage. Herr Hock benützte nun dieses Ereignis und liess mir sagen, nun müsse ich auch ohne Vergleich die Klage zurücknehmen und er brauche nicht, wie vereinbart war, die Hälfte der Kosten zu zahlen. Der Fall war interessant, ich ging aber nicht darauf ein, sondern meldete meinem Anwalt, dass ich die Klage unter diesen Umständen fortzusetzen gedächte. Darauf ging Hock an die Leichenschändung."[64]

Dennoch hatte Klara Mays publizistische Gegenwehr insofern Erfolg, dass sie Hock im Juni 1912 zum Abschluss des bereits zugesagten Vergleiches bewegen konnte. Der Artikel hatte für die Witwe des Schriftstellers noch zur Folge, dass Oskar Gerlach sie wegen Beleidigung vor dem Amtsgericht Kötzschenbroda verklagte. Diese Klage wurde am 10. Januar 1913 zurückgewiesen. Das Landgericht Dresden bestätigte die Entscheidung am 28. Januar desselben Jahres.

5. Das Meineidsverfahren ./. Ansgar Pöllmann

Im Zuge seiner Zeugenvernehmung im Hock-Heller-Prozess am 29. Dezember 1910 hatte Ansgar Pöllmann unter anderem seine Plagiatsvorwürfe gegen Karl May wiederholt. Der Schriftsteller erstattete daraufhin Anzeige wegen Meineids gegen den Bendiktinerpater.

Die Staatsanwaltschaft des Landgerichts Hechingen erhielt einen umfangreichen Schriftsatz von Pöllmann:

„Psychologisch ist es durchaus verständlich, daß ein Mann wie May, der eine notorische Verbrecherlaufbahn hinter sich hat [...], dem schon so oft literarisch (u. auch gerichtlich) die blankesten Unwahrheiten nachgewiesen sind, den der Staatsanwalt Wulffen in seiner Arbeit über die ‚Psychologie des Verbrechens' als Beispiel eines ‚pathologischen Schwindlers' anführt, dessen Selbstbiographie ‚Karl May. Mein Leben & Streben' [...] unlängst wegen ihrer Beleidigungen u. falschen Darstellungen gerichtlich unterdrückt worden ist, u. der selbst schon genugsam unter dem Verdachte des Meineids gestanden hat, mit der Waffe einer Meineidsdenunziation gegen unliebsame Zeugen kämpft. Und ebenso psychologisch bezeichnend ist es, daß p. May dies mit großer Ausdauer u.

mit fertigem System tut. Meineidsdenunziationen sind bei May nichts außergewöhnliches mehr [...]. In der Tat hat p. May bereits durch eine seiner schriftstellerischen Hände in einem Wiener Skandalblatte ankündigen lassen, daß gegen den P. Ansgar Pöllmann ein Strafverfahren schwebe. Den bekannten Chefredakteur Dr. Hermann Cardauns in Bonn, der ein ähnliches Zeugnis wie ich gegen p. May abgelegt hat, verschone dieser merkwürdige Mensch, wie mir mitgeteilt wird, selbstverständlich ebenfalls nicht mit einer Meineidsdenunziation. Was meine Aussage in dem Prozesse May ctra Hock betrifft, so bemerke ich, daß meine Zeugenschaft in einer Reihe von Mayprozessen aus meiner literarischen Tätigkeit hervorgeht: mein Zeugnis stellt meine literarische Überzeugung dar, eine auf Grundlage des Studiums gewonnene Überzeugung. Es dürfte somit schon rein philosophisch u. rechtlich genommen schwer sein, in meine Aussage einen Meineid hineinzukonstruieren. Aus der Menge der Beschuldigungspunkte ergibt sich schon die Haltlosigkeit der ganzen famosen May'schen Behauptung."[65]

Ausführlich ging Pöllmann auf die einzelnen von May inkriminierten Zitate der beanstandeten Zeugenaussage ein, die er widerlegen wollte. Die „Meineidsbeschuldigung" sei ein „neuer Beweis zum Charakterbilde des Herrn May". Über das Ergebnis der Meineidsanzeige liegen keine weiteren schriftlichen Dokumente vor, doch ist davon auszugehen, dass es zu keiner Anklageerhebung gegen Pöllmann kam.

Karl May,
der Räuberhauptmann.

Vor dem Charlottenburger Schöffengericht hat es fürchterlich getagt. Was schon seit Jahren gemunkelt und noch vor einer Woche bestritten wurde, liegt offen vor den Augen der staunenden Mitwelt. Ja, Karl May, der Verfasser sittlich-religiöser Reiseromane, ist ein „schwerer Junge". Nach einer frühen Entgleisung, die ihm eine kurze Gefängnisstrafe eintrug, und einem kurzen Debut als Einbrecher, das ihn zum ersten Male ins Zuchthaus brachte, etablierte er sich in den Wäldern des sächsischen Erzgebirges als richtiger Räubersmann. Gemeinsam mit einem Genossen, der vom Militär desertiert war, hauste er in einer Höhle, tief versteckt, plünderte Marktweiber, foppte Gendarmen und erschreckte die ängstliche Menschlichkeit, indem er etwa auf einem Tisch im Dorfkrug die grausamen Worte hinterließ: Hier haben May und Krügel gesessen und eine Bemme mit Wurst gegessen. Als man ihn wieder am Schlafittchen gepackt und auf ein paar Jahre ins Zuchthaus gesteckt hatte, vollzog sich in ihm ein Umschwung. Statt zu Dolch und Dietrich griff er zu Tinte, Feder und Papier. Erst packte er die Menschen bei ihrer schlechten Seite, der Unsittlichkeit, und fabrizierte schlüpfrige Verbrecherromane. Das trug nichts ein — ein Beweis, daß die Welt noch lange nicht so schlecht ist, wie man sie immer macht. Darauf packte er sie an der guten Seite, der braven Dummheit, und förderte Reiseromane aus Licht, die von Edelmut und christlichem Sinne förmlich triefen. Das lohnte. Die Katholiken insbesondere fanden hier ihren Dichter, einen poetisch umfassenden Genius, aber ohne Makel der Gesinnung. Dem tüchtigen Spekulanten rann der goldene Strom in die Hosentaschen, daß sie schwollen. Aeltere Prinzessinnen krönten sein Haupt mit Lorbeer, hohe Herren zogen ihn an ihre Tafel. Er bewohnte eine fürstliche Villa, die von Raritäten und Kostbarkeiten strotzt. Jeder Tag überschwemmte ihn mit Huldigungen in Briefen und Paketen; Rosenkränze aus Jerusalem und nahrhafte Würste, Liebeserklärungen und Kunstwerke flogen ihm ins Haus. Greise und Unmündige sangen sein Lob.

*Einer der vielen Schmähartikel gegen
Karl May aus dem Frühjahr 1910*

Anmerkungen

Aus Umfangsgründen werden Titel, auf die in den Anmerkungen mehrfach verwiesen wird, in der Regel ab der zweiten Nennung innerhalb des jeweiligen Anmerkungsblocks abgekürzt. Bei der ersten, bibliografisch vollständigen Nennung wird mit (→) auf das im Folgenden verwendete Kürzel angezeigt. Eine Übersicht aller verwendeten Abkürzungen findet sich auf Seite 618.

[1] Fedor Mamroth: *Karl May! Frankfurter Zeitung und Handelsblatt. Kleines Feuilleton.* Zweites Morgenblatt, 43. Jg. Nr. 152 v. 3.6.1899. In: Jürgen Seul: *Karl May im Urteil der ‚Frankfurter Zeitung'* (→ Seul: *‚Frankfurter Zeitung'*). Husum 2001, S. 58f.

[2] Vgl. zur Auseinandersetzung: Ebd.

[3] Vgl. zu Leben und Werk von Hermann Cardauns v. a. Christoph F. Lorenz: *„Nachforscher in historischen Dingen". Hermann Cardauns (1847-1925): Publizist, Gelehrter, May-Gegner.* Jahrbuch der Karl-May-Gesellschaft (→ *Jb-KMG*) 1987, S. 188-205

[4] Hermann Cardauns: *Aus dem Leben eines deutschen Redacteurs.* Köln 1912, S. 197

[5] *Der Wanderer* (St. Paul, Minnesota), Nr. 1659 v. 23.8.1899. In: Berhard Kosciuszko: *Im Zentrum der May-Hetze. Die Kölnische Volkszeitung* (→ Kosciuszko: *May-Hetze*). Mit einer Vita Cardauns von Christoph F. Lorenz. Ubstadt 1985. *Materialien zur Karl-May-Forschung* (→ *M-KMF*) Hrsg. v. Karl Serden im Auftrag der Karl-May-Gesellschaft. Bd. 10, S. 78

[6] *Reichspost*, Nr. 106 v. 9.5.1901, zit. nach: Wilhelm Vinzenz: *Karl Mays Reichspost-Briefe. Zur Beziehung Karl Mays zum „Deutschen Hausschatz"* (→ Vinzenz: *Reichspost-Briefe*). Husum 1982, *Jb-KMG 1982*, S. 211-233 (215f.)

[7] *Reichspost*, Nr. 77 v. 3.4.1901, zit. nach Vinzenz: *Reichspost-Briefe*, S. 213

[8] Hermann Cardauns: *Karl May als Erzieher.* Nr. 73 v. 24.1.1902. In: Kosciuszko: *May-Hetze*, S. 6-12

[9] Hermann Cardauns: *Herr Karl May von der anderen Seite.* In: *Historisch-politische Blätter für das katholische Deutschland.* Bd. 129. München 1902, S. 517-540. In: *Jb-KMG 1987*. Husum 1987, S. 206-224

[10] Hermann Cardauns: *Neue litterarische Kuriositäten.* In: *Kölnische Volkszeitung*, Nr. 265 v. 21.3.1902. In: Kosciuszko: *May-Hetze*, S. 16f.

[11] Ralf Harder: *Karl May und seine Münchmeyer-Romane. Eine Analyse zu Autorschaft und Datierung.* In: *M-KMF* Bd. 19. Ubstadt 1996, S. 112

[12] Paul Staberow: Brief an Karl May v. 25.5.1902. In: Dieter Sudhoff/Hans-Dieter Steinmetz: *Karl-May-Chronik Bd. III 1902-1905* (→ Sudhoff/Steinmetz: *KMC III*). Bamberg 2005, S. 62f.

[13] Der § 184 StGB in der Fassung v. 25. Juni 1900 lautete: Mit Gefängniß bis zu Einem Jahre und mit Geldstrafe bis zu eintausend Mark oder mit einer dieser Strafen wird bestraft, wer […] 1. unzüchtige Schriften, Abbildungen oder Darstellungen feilhält, verkauft, vertheilt, an Orten, welche dem Publikum zugänglich sind, ausstellt oder anschlägt oder sonst verbreitet, sie zum Zwecke der Verbreitung herstellt oder zu demselben Zwecke vorräthig hält, ankündigt oder anpreist; 2. unzüchtige Schriften,

Abbildungen oder Darstellungen einer Person unter sechzehn Jahren gegen Entgelt überläßt oder anbietet [...].

[14] Hermann Cardauns: *Die „Rettung" des Herrn Karl May*, Historisch-politische Blätter CXL. S. 286-309. In: *Jb-KMG 1987*, S. 225-242

[15] Veremundus (Carl Muth): *Steht die katholische Belletristik auf der Höhe der Zeit?* Mainz 1898. Auszug über May. Reprint in: Siegfried Augustin: *Für und wider Karl May. Aus des Dichters schwersten Jahren* (→ Augustin: *Für und wider*). In: *M-KMF* Bd. 16. Ubstadt 1995, S. 241-244

[16] Ferdinand Avenarius: *Karl May als Erzieher*. In: *Der Kunstwart*, 2. März-Heft 1902 (15. Jg.). In: Kosciuszko: *May-Hetze*, S. 111f.

[17] Paul Schumann: *Karl May (II. Teil)*. In: *Dresdner Anzeiger* v. 27.11.1904. In: Kosciuszko: *May-Hetze*, S. 144

[18] Heinrich Wolgast: *Das Elend unserer Jugendliteratur. Ein Beitrag zur künstlerischen Erziehung der Jugend*. Leipzig / Berlin ³1905, S. 159 und 162. In: Augustin: *Für und wider*, S. 376-382

[19] Georg Ruseler: *Karl May, eine Gefahr für unsere Jugend*. In: *Nachrichten für Stadt und Land* vom 18.5.1901

[20] Willibrord Beßler: *Briefkastenantwort*. In: *Stern der Jugend. Illustrierte Zeitschrift zur Bildung von Geist und Herz*. 10. Jg., Nr. 25 v. 12.12.1903, S. 400. In: Sudhoff/Steinmetz: *KMC III*, S. 295f.

[21] Willibrord Beßler: *Von Karl May gibt es [...]*. In: *Stern der Jugend*. 11. Jg., Nr. 4 v. 20.2.1904, S. 64

[22] Sudhoff/Steinmetz: *KMC III*, S. 338

[23] Karl May: Brief an Alois Schießer v. 30.6.1904. In: Sudhoff/Steinmetz: *KMC III*, S. 356

[24] Sudhoff/Steinmetz: *KMC III*, S. 370

[25] Karl May: Brief an Ildephons Schober v. 11.10.1904. In: Sudhoff/Steinmetz: *KMC III*, S. 391f.

[26] Sudhoff/Steinmetz: *KMC III*, S 394f.

[27] Ildephons Schober: Brief an Karl May v. 13.10.1904. In: Sudhoff/Steinmetz: *KMC III*, S. 397

[28] Karl May: Brief an Willibrord Beßler v. 16.10.1904. In: Sudhoff/Steinmetz: *KMC III*, S. 398

[29] Karl May: Brief an Ildephons Schober v. 16.10.1904. In: Sudhoff/Steinmetz: *KMC III*, S. 399

[30] Karl May: Erklärung v. 16.10.1904. In: Sudhoff/Steinmetz: *KMC III*, S. 399f.

[31] Willibrord Beßler: Erklärung. In: Karl May: *Mein Leben und Streben* (→ May: *Mein Leben*). Freiburg 1910, S. 291 (dazu auch Randnotiz 353 im Olms-Reprint von *Mein Leben und Streben*, Hildesheim 1975, S. 484*)

[32] May: *Mein Leben*, S. 291

[33] Karl May: Brief an Johannes Praxmarer v. 30.10.1904. In: Sudhoff/Steinmetz: *KMC III*, S. 407

[34] Ludwig Auer: Erklärung v. 24.10.1904. In: Sudhoff/Steinmetz: *KMC III*, S. 407

[35] Karl May: Brief an Johannes Praxmarer v. 30.10.1904. In: Sudhoff/Steinmetz: *KMC III*, S. 410

[36] Johannes Praxmarer: Erklärung v. 31.10.1904. In: Sudhoff/Steinmetz: *KMC III*, S. 411

[37] Expeditus Schmidt: Leserbrief. In: *Augsburger Postzeitung*, Nr. 104 v. 10.5.1910. In: Sudhoff/Steinmetz: *Chronik Bd. V 1910-1912* (→ Sudhoff/Steinmetz: *KMC IV*). Bamberg 2006, S. 143

[38] N.N.: *Der neue May-Prozeß*. In: *Kölner Tageblatt* v. 27.9.1910. In: Kosciuszko: *May-Hetze*, S. 240-242

[39] *Frankfurter Zeitung und Handelsblatt. Gerichtszeitung*. Erstes Morgenblatt, 55. Jg., Nr. 183, 4.7.1911. In: Seul: ‚*Frankfurter Zeitung'*, S. 197f.

[40] Ansgar Pöllmann: *Karl May und sein Geheimnis* . In: *Die Bücherwelt*, Nr. 8, 6. Jg., Mai 1909, S. 152. In: Hansotto Hatzig/Gerhard Klußmeier: *Pöllmann versus May – May versus Pöllmann. Dokumente zum Ende einer Kontroverse ohne Schluß.* In: *Jb-KMG 1982*, S. 245-284 (248-258)

[41] *Sterbechronik über R. P. Ansgar Pöllmann † 20. Juni 1933*. Sonderdruck ohne Verfasserangabe. Ausführlich zitiert bei Hansotto Hatzig: *Streiflichter zur Kontroverse May-Pöllmann*. In: *Jb-KMG 1976*. Hamburg 1976, S. 273-286 (281)

[42] Karl May: Brief an Ildephons Schober v. 31.1.1910. In: Dieter Sudhoff/Hans-Dieter Steinmetz: *Karl-May-Chronik Bd. V 1910-1912* (→ Sudhoff/Steinmetz: *KMC V*). Bamberg 2006, S. 26f.

[43] Ansgar Pöllmann: *Zur Erklärung des Herrn Karl May*. In: *Freie Stimme*, Nr. 23 v. 29.1.1910. In: Gerhard Klußmeier: *„Darum drehen wir den Strick …". Die Pressefehde Karl Mays mit Pater Ansgar Pöllmann in der Radolfzeller Freien Stimme*. In: *Jb-KMG 1979*. Hamburg 1979, S. 328f.

[44] Ansgar Pöllmann: *Zum Kampfe um Karl May*. In: Klußmeier: *„Darum drehen wir den Strick...",* S. 330-332

[45] Ansgar Pöllmann: *Karl Mays literarische Bewertung im Laufe von 30 Jahren (1879-1909)*. In: *Über den Wassern*, Heft 3 v. 10.02.1910; ders.: *Ein literarischer Dieb*. In: *Über den Wassern*, Heft 4 v.25.02.1910; ders.: *Old Shatterhand im Doktorhute und andere Geschichten*. In: *Über den Wassern*, Heft 5 v. 20.03.1910; alle zitiert bei: Hansotto Hatzig: *Streiflichter zur Kontroverse May-Pöllmann*. In: *Jb-KMG 1976*. Hamburg 1976, S.273-286 (281). S. 275f.

[46] *Neue Hamburger Zeitung* v. 8.2.1910. In: Gerhard Klußmeier: *Die Akte Karl May. Die Karl-May-Akte der politischen Polizei im Staatsarchiv Hamburg*. In: *M-KMF* Bd. 4. Ubstadt 1979, S. 6

[47] Karl May: *Auch „Über den Wassern".* In: *Die Freistatt* v. 9.4.1910. In: Karl May: *Auch „Über den Wassern".* In: *Von Ehefrauen und Ehrenmännern. Biografische und polemische Schriften 1899-1910. Karl May's Gesammelte Werke* Band 85. Bamberg 2004, S. 339-391 (339-346)

[48] Die Freistatt-Artikel Mays erschienen am 9.4., 30.4., 14.5., 28.5., 4.6. und 11.6.1910. In: May: *Auch „Über den Wassern".* In: *GW* 85, S. 339-391

[49] May: *Auch „Über den Wassern".* In: *Die Freistatt* v. 9.4.1910. In: *GW* 85, S. 339-346

[50] Ansgar Pöllmann: *Karl May und sein Geheimnis*. In: *Die Bücherwelt*, Nr.8 v. Mai 1910. In: Hatzig/Klußmeier: *Pöllmann versus May – May versus Pöllmann*, S.248-258

[51] *General-Anzeiger des Amtsgerichtsbezirks Kötzschenbroda*, Nr. 162, 5.10.1910. In: Ebd., S. 272f.

[52] Karl May: Privatklage v. 3.10.1910. Kgl. Amtsgericht Kötzschenbroda: Strafverfahren Karl May ./. Ansgar Pöllmann – P 87/10. HStA Dresden, AG Radebeul Nr. 9, Bl. 1-3. In: Ebd., S. 274-278

⁵³ Postämter Radebeul und Kötzschenbroda: Auskünfte v. Oktober 1910 an das AG Kötzschenbroda. In: Ebd.,S.278

⁵⁴ N.N.: *Eine abgewiesene Klage Karl Mays*. In: *General-Anzeiger des Amtsgerichtsbezirks Kötzschenbroda*, Nr. 211, 3. Dezember 1910. In: Ebd., S. 279f.

⁵⁵ Hermann Wohlgschaft: *Karl May. Leben und Werk*. Karl Mays Werke. Abteilung IX, Materialien Bd. I.1. Bargfeld 2005. 3. Bd., S. 1929

⁵⁶ May: *Auch „Über den Wassern"*. In: *Die Freistatt* v. 9.4.1910. In: GW 85, S. 341

⁵⁷ Wilhelm Brauneder: *Vom Saulus zum Paulus: War Stefan Hock ursprünglich ein Anhänger Mays?* In: *Mitteilungen der Karl-May-Gesellschaft* Nr. 144 / 2005 / 144, S. 3-7

⁵⁸ Stefan Hock: *Die Vampyrsagen und ihre Vewertung durch die deutsche Literatur*. In: F. Muncker (Hrsg,): *Forschungen zur Neueren Literaturgeschichte XVII*. Alexander Duncker. Berlin 1900, S. 127f.

⁵⁹ Stefan Hock: *Karl May*. In: *Das Wissen für Alle. Volkstümliche Hochschulvorträge und gemeinverständliche Einzeldarstellungen aus allen Gebieten des Wissens*. 9/1910, S. 201ff.

⁶⁰ Klara May in: *Das Forum* v. 15.6.1912. In: Sudhoff/Steinmetz: *KMC V*, S. 129

⁶¹ Stefan Hock: Brief an Ansgar Pöllmann v. 11.8.1910. In: Nachlass Pöllmann. In: Sudhoff/Steinmetz: *KMC V*, S. 261f.

⁶² Ansgar Pöllmann: Zeugenaussage v. 29.12.1910. k.k.Landesgericht in Strafsachen Wien: Strafverfahren Karl May ./. Stefan Hock und Hugo Heller – Aktenzeichen (→ AZ) unbekannt. In Nachlass Pöllmann. In: Sudhoff/Steinmetz: *KMC V*, S. 389

⁶³ Stefan Hock: Beitrag in: *Der Strom* v. Mai 1912. In: Sudhoff/Steinmetz: *KMC V*, S. 564

⁶⁴ Klara May: Beitrag in *Forum* v. 15.6.1912. In: Sudhoff/Steinmetz: *KMC V*, S. 594

⁶⁵ Ansgar Pöllmann: Schriftsatz v. 15.5.1911. Kgl. Staatsanwaltschaft Hechingen: Ermittlungsverfahren ./. Ansgar Pöllmann – AZ unbekannt . In: Nachlass Pöllmann. In: Sudhoff/Steinmetz: *KMC V*, S. 464

6. Teil:
Karl May und Rudolf Lebius

I. Dresdner Auseinandersetzungen (1904-1905)

Der Journalist Rudolf Lebius (1868-1946) gehört zu den verhängnisvollsten Personen im Leben Karl Mays. Der gebürtige Tilsiter war nach bestandenem Abitur 1890 nach Berlin übergesiedelt, wo er an der Königlichen Friedrich-Wilhelm-Universität (heute Humboldt-Universität) recht erfolglos zahlreiche Fächer, angefangen von Zahnmedizin über Philologie bis zu Rechtswissenschaften und mehr, studierte. Während der Studienzeit machte er auch Bekanntschaft mit den Söhnen des SPD-Reichstagsabgeordneten Wilhelm Liebknecht (1826–1900). Der Tod des Vaters beendete wegen des damit verbundenen Wegfalls der finanziellen Unterstützung das Studentenleben von Rudolf Lebius, der am 2. Juli 1892 „wegen Unfleiß [d. h. Nichtannahme von Veranstaltungen im letzten Semester] aus der Matrikel gelöscht",[1] also exmatrikuliert wurde. Nach mehreren erfolglosen beruflichen Versuchen wandte er sich schließlich dem Journalismus zu. Doch ähnlich konturlos, wie er sich in seiner Studienzeit gezeigt hatte, so agierte Lebius auch beruflich. Er arbeitete zwischen 1894 bis 1898 für verschiedene bürgerliche Zeitungen und suchte gleichzeitig den Kontakt zur sozialdemokratischen Presse, bei der er vermutlich auf Grund seines persönlichen Kontakts zur Familie Liebknecht schließlich Zugang und Anstellung fand. Ab 1898 schrieb Lebius Korrespondenzen für die sozialdemokratische *Rheinische Zeitung* in Köln und betätigte sich als reisender Redakteur für verschiedene deutsche und schweizerische Zeitungen.

Schließlich trat Lebius auch in die SPD ein. Trotz dieses Parteieintritts und seiner Tätigkeit als Journalist für sozialdemokratische Blätter sah er kein Problem darin, daneben weiterhin für bürgerliche Blätter zu schreiben. „Ich will nicht leugnen, daß die gleichzeitige Mitarbeit an politischen Blättern verschiedener Richtung gegen die herkömmlichen

Begriffe von Treu und Glauben verstößt",[2] bekannte er. Am 11. April 1899 wurde er schließlich Redakteur bei der renommierten *Rheinisch-Westfälischen Arbeiter-Zeitung* in Dortmund. Dort bildete er sich zusätzlich zum Parteiredner aus, musste jedoch auf Grund zweier angefochtener Presseartikel zwei Haftstrafen von drei Wochen bzw. drei Monaten verbüßen. Schon zu dieser Zeit hatte sich seine Hoffnung zerschlagen, dort Chefredakteur zu werden, weshalb er ab 1901 sein künftiges berufliches Betätigungsfeld in Dresden suchte. Streitigkeiten mit dem Parteivorstand der SPD führten nicht nur zu juristischen Konflikten, sondern mündeten letztlich im Parteiaustritt. In Dresden arbeitete Lebius zunächst als freier Mitarbeiter der *Sächsischen Arbeiter-Zeitung* sowie als Korrespondent für die *Leipziger Volkszeitung*, den *Vorwärts* und die bürgerliche *Berliner Morgenpost*. Kurz vor seiner Kontaktaufnahme mit Karl May war Lebius Redakteur der neu gegründeten liberalen Sonntagszeitung *Sachsenstimme* (späterer Titel auch *Pilatus*) geworden. Zu diesem Zeitpunkt befand sich die Zeitung in wirtschaftlichen Aufbauschwierigkeiten, unter deren Druck man sich bemühte, populäre Mitarbeiter zu gewinnen und Geldgeber zu finden.

Den Auftakt der verhängnisvollen Beziehung zwischen Lebius und May machte ein Brief vom 8. April 1904, in dem der Journalist anfragte:

„Können Sie mir vielleicht etwas für mein Blatt schreiben? Vielleicht etwas Biographisches, die Art, nach der Sie arbeiten, oder über derartige Einzelheiten, für die sich die deutsche May-Gemeinde interessiert. Ich würde Sie auch gern interviewen."[3]

Karl May lud den Journalisten zu sich in die Villa „Shatterhand" ein und begründete seine Vorgehensweise damit: *„Man darf den Besuch gewisser Journalisten vom Schlage des Herrn Lebius nicht abweisen, zumal wenn sie mit einem, wenn auch noch so kleinen Zeitüngelchen bewaffnet sind, sonst rächen sie sich."*

Am 2. Mai 1904 erschien Lebius in der Villa des Schriftstellers, doch *„durfte er mich nicht interviewen. [...] Ich dul-*

dete das nicht. Er wurde von meiner Frau, die ihn empfing, nur unter der Bedingung zu mir gelassen, daß absolut nichts veröffentlicht werde. Er gab erst ihr und dann auch mir sein Wort darauf."

Neben Karl May und seiner Frau war auch der *„Militärschriftsteller und Redakteur Max Dittrich eingeladen, der an meiner Stelle die Unterhaltung leitete."*[4]

Julius Eduard Maximilian Dittrich (1844-1917), der seit 1891 als freier Schriftsteller in Dresden lebte, gehörte zu den engsten Freunden Mays. Zwischendurch (1899 bis 1902) arbeitete er als Redakteur für verschiedene Zeitungen. Über den Ablauf dieses 2. Mai 1904 berichtet May:

„Lebius trank viel Wein, während ich nur nippte. Er wurde umso lebhafter, je ruhiger und wägsamer ich blieb. Er gab sich alle Mühe, mich und meine Frau davon zu überzeugen, daß er ‚ein ganzer Kerl' sei. So lautete sein Lieblingsausdruck, den er oft brauchte. Er sprach unablässig von seinen Grundsätzen, seinen Ansichten, seinen Plänen, von seiner großen Geschicklichkeit, seinen reichen Erfahrungen und seinen ausgezeichneten Erfolgen als Journalist und Redakteur, Herausgeber und Verleger, Herdenführer und Volkstribun."[5]

Der Journalist präsentierte an jenem Abend seine persönliche Ethik. May erwähnt dabei auch, dass Dittrich angesichts der gehörten Darlegungen, *„einige Male zornig auf [brauste]"* und dass er selber hinausging, *„um den Ekel zu verwinden."*[6]

Ob Dittrichs Zorn tatsächlich so groß war, erscheint zweifelhaft, verließ er doch an jenem Abend gemeinsam mit Rudolf Lebius die Villa „Shatterhand" und wurde zum gelegentlichen Mitarbeiter der *Sachsenstimme*.

„Er schwärmte mir unterwegs", so berichtet Dittrich später, „noch viel von der glänzenden Zukunft der ‚Sachsenstimme' vor und behauptete auch über genügende Mittel zu verfügen. Lebius kam mir angetrunken vor und ich beschloß hinsichtlich seiner Behauptung, im Besitz hinreichender Mittel zu sein, die Probe auf das Exempel zu machen. Ich theilte ihm mit, daß ich für eine fertige Streitschrift über May und seine Werke einen Verleger suche und frug, ob das was für ihn sei.

Lebius bat um Einsichtnahme des Manuscripts und ich stellte es ihm anderntags zu."[7]

Bei dieser Streitschrift handelte es sich um *Karl May und seine Schriften*, jene Abhandlung, die im gleichen Atemzug wie Mays *Friede*-Roman von Paul Schumanns *Dresdner Anzeiger* verrissen werden sollte. Der Grund für Dittrichs Manuskriptüberreichung an Lebius hing vermutlich mit seiner Suche nach einem Verleger für das Werk zusammen. Inzwischen war die Broschüre bereits einigen anderen Verlegern erfolglos angeboten worden.

Aus einem Dankesbrief von Lebius an May vom folgenden Tag geht hervor, dass es während des gemeinsamen Gesprächs in der Villa „Shatterhand" neben der Frage einer Mitarbeit Mays bei der *Sachsenstimme* vor allem um Mays literarisches Werk gegangen war:

„Es will mir scheinen, als ob trotz des kolossalen Absatzes Ihrer Werke der Umsatz noch erheblich gesteigert werden könnte. Meine Buchhändler- und Verlagserfahrungen haben mich gelehrt, daß der Wert einer richtig geleiteten Propaganda und direkten Reklame gar nicht überschätzt werden kann."[8]

Am 11. Juli 1904 kam es zu einem zweiten Gespräch in der Villa „Shatterhand". Dort bekniete Lebius den Schriftsteller, sich *„bei Dittrich dafür zu verwenden, daß dieser ihm, Herrn Lebius, das Werk in Verlag gebe. Er wurde ganz selbstverständlich mit dieser Bitte abgewiesen, und ich schrieb Herrn Max Dittrich, daß ich niemals wieder mit ihm verkehren würde, wenn es ihm einfalle, diesem Manne die Broschüre zu überlassen. Dieser zweite Besuch des Herrn Lebius dauerte höchstens zehn Minuten lang."*[9]

Trotz der bereits erteilten Ablehnung wandte sich Lebius nochmals in einem Brief tags darauf an den Schriftsteller:

„Ich möchte sehr gern die Dittrichsche Broschüre verlegen und würde mir auch die größte Mühe geben, sie zu vertreiben. Durch den Rücktritt von der ‚Sachsenstimme' – offiziell scheide ich erst am 1. Oktober d. J. aus – bin ich aber etwas kapitalschwach geworden. Würden Sie mir vielleicht ein auf drei Jahre laufendes, 5prozentiges Darlehen gewähren? Ich zahle Ihnen die Schuld vielleicht schon in einem Jahre zurück. Als Dank dafür würde ich die Broschüre so lanzieren, daß alle Welt von dem Buche spricht. Ich habe ja auf diesem Gebiete besonders große Erfahrung. Meine Zeitung kommt zu Stande und zwar auf ganz solider Basis. Nun heißt es arbeiten und zeigen, daß man ein ganzer Kerl ist usw. usw."[10]

Karl May beantwortete das Bittschreiben nicht, denn er *„war der Ansicht, daß jemand, der Ehre besitzt, auf ein solches Schweigen nicht weitergehen könne, zumal ich Herrn Lebius mit der Broschüre total abgewiesen hatte."*[11]

Entgegen der eigenen Ankündigung, im Oktober aus der *Sachsenstimme* auszuscheiden, erwarb der Journalist am 4. August 1904 sogar das Blatt, weshalb er nunmehr auch tatsächlich als Herausgeber und Verleger fungierte. Die aktuelle geschäftliche Neuerung nahm er sogleich zum Anlass, sich vier Tage später ein weiteres Mal an Karl May zu wenden:

„Die ‚Sachsenstimme' ist am 4. d. zu vorteilhaften Bedingungen an mich allein übergegangen. Ich kann jetzt schalten und walten, wie ich will. Um mich von dem Drucker etwas unabhängig zu machen, würde ich gern einige tausend Mark (3–6) auf ein halbes Jahr als Darlehen aufnehmen. Ein Risiko ist ausgeschlossen. Hinter mir stehen die jüdischen Interessentenfirmen, die mich, wie die letzte Saison bewiesen hat, in weitgehendem Maße unterstützten. Das Weihnachtsgeschäft bringt wieder alles ein. Würden Sie mir das Darlehen gewähren? Zu Gegenleistungen bin ich gern bereit. Die große Zahl von akademischen Mitarbeitern erhebt mein Blatt über die Mehrzahl der sächsischen Zeitungen. Wir können außerdem die Artikel, auf die Sie Wert legen, an 300 oder mehr deutsche und österreichische Zeitungen versenden und den betreffenden Artikel blau anstreichen. So etwas wirkt unfehlbar. In Dresden lasse ich mein Blatt allen Wirtschaften (1760) zugehen."[12]

Die wirtschaftliche Situation der *Sachsenstimme* war zu diesem Zeitpunkt äußerst prekär. May beantwortete auch dieses letzte Schreiben nicht mehr. In der Folgezeit wandte sich Lebius an Max Dittrich, den er um Vermittlung in der Angelegenheit bat:

„Ich gebe Ihnen für die Vermittlung ein Prozent. Mehr als 10 000 Mk. brauche ich nicht. Ich würde aber auch mit weniger vorlieb nehmen. Das Honorar sende ich am 20. d. wie verabredet. Könnten Sie nicht Dr. May bearbeiten, daß er mir Geld vorschießt?"[13]

Doch statt „Dr. May zu bearbeiten" übergab Dittrich dem Freund diesen, wie auch die nachfolgenden Lebius-Briefe. Der Journalist konnte somit weder die Dittrich-Broschüre herausgeben noch erhielt er ein Darlehen von Karl May. Während noch im September die C. Weiskes Buchhandlung (Georg Schmidt) aus Dresden die erste Auflage der Broschüre publizierte, sollten in der Beziehung zwischen May und Lebius zum ersten Mal Staatsanwaltschaft und Strafgerichte zu Wort kommen. Zunächst traf am 7. September 1904 eine anonyme Postkarte in der Villa „Shatterhand" ein:

„Werter Herr! Ein gewisser Herr Lebius, Redakteur der ‚Sachsenstimme', erzählte einem Herrn, daß er einen Artikel gegen Sie schreibt. Ich habe es im Lokal gerade gehört. Es warnt Sie ein Freund vor dem Manne. B."[14]

Der Schriftsteller ahnte sofort, wer der anonyme Absender der Postkarte war: *„Ueber den Verfasser und den Zweck dieser Karte war ich mir natürlich sofort im Klaren",*[15] erklärte er nachher. Es konnte sich seiner Meinung nach nur um Rudolf Lebius selbst handeln. Wie später festgestellt wurde, war „die anonyme Postkarte Abends 10 Uhr in den Postbriefkasten gegeben [worden], der sich an der damaligen Wohnung des Herrn Lebius (Fürstenstraße) befindet."[16]

Hinter dem *„Zweck dieser Karte"* vermutete der Schriftsteller sofort eine strafrechtlich zu würdigende Motivation: *„Jedenfalls erwartete er* [Lebius] *ganz bestimmt, daß ich auf diese Erpressung hin die 10 000 Mark zahlen werde. Gab ich sie nicht, so waren mir nicht nur der jetzt angedrohte, sondern noch weitere Racheartikel sicher und auch noch anderes dazu, was mich in Besorgnis setzen mußte. Aber ich ließ auch jetzt nichts von mir hören und sah mit gutem Gewissen dem unver-*

meidlichen Artikel[17] *entgegen, der am 11. September 1904 in Nummer 33 des Lebiusschen Blattes, der ‚Sachsenstimme' erschien [...]."*[18]

Lebius selber gab fälschlicherweise später als Erscheinungsdatum den 2. September 1904 an.[19] Es könnte sich bei dieser Falschangabe um eine bewusste Irreführung handeln, da das Datum der Postkarte auf den 7. September 1904 lautete. Der Artikel wäre also – laut Lebius' Zeitangaben – bereits einige Tage vor der Abfassung und Zusendung der Postkarte an May entstanden. Dann aber wäre eine erpresserische Warnung aus der Feder von Lebius vollends absurd gewesen, da die Tat ja bereits vor der Drohung mit ihr erfolgt wäre. Es hätte dann kein logischer Zusammenhang zwischen Artikel und Postkarte bestanden, wenn Lebius als Verfasser von beidem gelten sollte. Der unvermeidliche Artikel in der *Sachsenstimme* erschien am 11. September 1904 und war betitelt mit: „Mehr Licht über Karl May. 160 000 Mark Schriftstellereinkommen. Ein berühmter Dresdner Kolportageschriftsteller".[20]

Schon dieser Artikel offenbart die raffinierte journalistische Mischung aus positiven Aspekten und unkritisch von Dritten übernommenen Abwertungen, die eine vermeintlich objektive Auseinandersetzung suggeriert.

Mit dem Hinweis auf das immense Schriftstellereinkommen verriet Lebius jedoch bereits im Titel seine Neidgefühle, um in den nachfolgenden Zeilen vor allem die schwachen Seiten des Autors durch Wiederholung der bekannten Vorwürfe Fedor Mamroths und anderer Kritiker der Old-Shatterhand-Legende zu betonen. Dazu kommen zumeist schiefe Darstellungen zum Hintergrund der Max-Dittrich-Broschüre wie auch des Münchmeyer-Prozesses. In diesem Artikel vom 11. September schwangen auch stellenweise positive Anklänge mit:

„Ich bin ein May-Bewunderer insofern, als ich seinen Riesenfleiß bewundere. Seine gesammelten Werke füllen bald einen großen Bücherschrank. Ich bewundere ferner seinen großen Erfolg. Heute hat er noch ein Jahreseinkommen von

80 000 Mk. aus seinen Schriften. Bevor die Hüter der Bildung vor etwa 5 Jahren gegen ihn mobil machten, verdiente er, wie er mir selbst mitteilte, das Doppelte. Man denke nicht gering von dem Erfolge. Der Erfolgreiche, der Sieger, der Lebende behält immer Recht. [...]. Ich bewundere May, aber ich sehe auch seine schwachen Seiten. In einem Gespräche mit seiner Gattin hatte ich einmal den Freimut zu fragen, warum Karl May durchaus den Schein aufrecht zu erhalten suche, daß er alle geschilderten Abenteuer wirklich selbst erlebt habe."

Für May bestand sofort ein Zusammenhang zwischen der Ablehnung aller Lebius-Ansinnen und dem Artikel. Der Schriftsteller empörte sich über den Journalisten: *"Er stellte alles auf den Kopf; er drehte alles um! Er legte uns alles, was ihm beliebte, in den Mund, und was wir wirklich gesagt hatten, das verschwieg er, um sich nicht zu blamieren. Dieser Aufsatz enthält über 70 moralische Unsauberkeiten, Verdrehungen und direkte Unwahrheiten. Aber das war nur der Anfang; die Fortsetzungen folgten baldigst nach. Dieser Artikel in Nr. 33 der 'Sachsenstimme' war so gehalten, daß Lebius wieder umlenken konnte, falls ich das Geld nun endlich noch gab."*[21]

Der Lebius-Artikel rief bei May allerdings keine öffentlichen Reaktionen hervor. In der Nr. 34 der *Sachsenstimme* erschien eine Verlagsanzeige Adalbert Fischers, in der Mays Kolportageromane angepriesen wurden.[22] Der Schriftsteller interpretierte diese Anzeige als versteckte Anspielung:

"Und schon in Nr. 34 kam ein sehr deutlicher Wink, der mir sagte, was geschehen werde, falls ich mich nicht zum Zahlen bewegen lasse. Dieser Wink bestand in einer Münchmeyerschen Annonce, die ganze Bände zu mir sprach. Der Besitzer der Firma Münchmeyer hatte nämlich zu mir gesagt: 'Die Veröffentlichung der andern Romane tut Ihnen noch gar nicht viel; aber sobald ich mit dem ‚Verlorenen Sohn' fertig bin und ihn annonciere, sind Sie verloren! Der wird so happig, daß es Ihnen dann unmöglich ist, als Schriftsteller weiter zu existieren!' Und dieser ‚Verlorene Sohn' wurde jetzt in Nr. 34 der ‚Sachsenstimme' annonciert. Das war genau so, als ob mir mit Riesenbuchstaben

geschrieben worden wäre: ‚Nun aber endlich Geld her, sonst geht es in diesem Tone weiter!' Der gefährlichste Erpresser ist der, welcher es in dieser raffinierten Weise anfängt, die noch deutlicher ist, als das gesprochene Wort, aber von keinem Staatsanwalt verfolgt werden kann. Ich gab aber trotzdem nichts."[23]

Gegenüber der Öffentlichkeit schwieg May weiterhin, während der Dresdner Pfarrer Ottmar Hegemann (1869-1917) infolge des Lebius-Artikels in der Münchener Zeitschrift *Die Wartburg* die Forderung aussprach:

„Möchte diesem schlauen Spekulanten und literarischen Schwindler sein vergiftendes Handwerk endlich völlig gelegt werden."[24]

Lebius sah wegen der Hegemann-Forderung die „Diskussion über Karl May [...] durch den ‚Pilatus' wieder in Fluss gekommen."[25]

May befand: *„Man rühmt sich von gewisser Seite, die sogenannte ‚May-Frage' wieder in Fluß gebracht zu haben. [...] Am allerwenigsten aber werde ich mich mit Personen herumbalgen, welche mir, wie ich jedermann und jederzeit nachweisen kann, für 3000, 6000 resp. 10000 Mark die ‚Unterstützung' ihrer Zeitungen anbieten und sodann, nachdem sie von mir abgewiesen worden sind, ihrem Ärger in ganz denselben Zeitungen alle Zügel schießen lassen."*[26]

Weitere Lebius-Artikel erschienen, in denen u. a. von den „krankhaften Schwindeleien"[27] Mays die Rede ist. Die publizistische Auseinandersetzung mit dem Schriftsteller zog die öffentliche Aufmerksamkeit auch auf die *Sachsenstimme*, die wegen ihrer maroden wirtschaftlichen Situation Publicity dringend nötig hatte. Das Besondere an einem weiteren Artikel jener Tage sind erste versteckte Hinweise auf die Vorstrafen des Schriftstellers. So hieß es u. a.:

„Sein Vater war Barbier, seine Mutter Hebamme. Er sollte Lehrer werden. Er wurde es aber nicht. Warum? In seinem Inserat an Prof. Schumann vom 18. Novbr. 1904 deutet May den Grund an. Er spricht von dem Ereignis, ‚das man seine Bestrafung nennt'."

Eine zweite Passage des Artikels lautet: „Es gibt einen Mann, der ganz genau über May Auskunft erteilen könnte, wenn er nur wollte. Das ist der jetzige Inhaber der Münchmeyerschen Druckerei, Herr Fischer."[28]

Wie der Hinweis auf Fischer verriet, gab es deutliche Anhaltspunkte dafür, dass inzwischen über die reine Geschäftsbeziehung, dem Schalten von Werbeinseraten, hinaus über Mays kriminelle Vergangenheit Informationen ausgetauscht worden waren. In einem Artikel mit dem Titel *Amtliches Material über Karl May* vom 18. Dezember 1904 beschränkte sich Lebius schließlich nicht nur auf Andeutungen, sondern ging dazu über, die Öffentlichkeit über die Vorstrafen Karl Mays erstmalig zu informieren:

„Bei Herrn May, der sich als Messias und edel denkender Volkserzieher aufspielt und sich überall als der unschuldig Verfolgte ausgibt, ist es angebracht, bekannt zu geben, dass May zwei Freiheitsstrafen wegen Eigentumsvergehens allerdings vor langer Zeit erlitten hat. Die erste Strafe erhielt er, als er gerade volljährig geworden war. Die zweite Strafe verbüsste er, 28 Jahre alt, von 1870-1874 in Waldheim. In der nächsten Nummer wird es schon möglich sein, zu sagen weshalb."[29]

Erstmalig sprach damit jemand in der Öffentlichkeit von den Vorstrafen Mays, Äußerungen immerhin, die May um sein öffentliches Ansehen fürchten ließen. Lebius stritt später seine Verfasserschaft ab und verwies auf einen „Dresdner Gymnasiast, der sich als gelegentlicher journalistischer Mitarbeiter auf diese Weise sein Taschengeld verdiente. [...] Unter den Mitschülern des jungen Mannes befanden sich Söhne hoher Dresdner Beamte. In der Familie eines dieser Schüler hatte der Vater einiges über den Fall May erzählt. Der Gymnasiast erzählte es in der Schule seinen Mitschülern, darunter unserm Reporter und so gelangte die Enthüllung in die Presse – zum Preise von 10 Pf. für die Zeile."[30]

Der erwähnte Dresdner Gymnasiast soll Kurt Emil Weiße (1888–?) gewesen sein, ein Klassenkamerad von Willibald Gurlitt (1889-1963), einem Sohn von Cornelius Gurlitt (1850-1938). Cornelius Gurlitt wiederum war ein Schwager des Münchmeyer-Anwalts Oskar Gerlach. Weiße selbst sagte innerhalb eines Verfahrens vor dem Amtsgericht Dresden am 11. November 1911 aus, die Behauptungen von Lebius seien unwahr gewesen.[31]

Woher aber stammten dann die Kenntnisse des Journalisten von den Vorstrafen Karl Mays? Die ersten konkreten Angaben darüber wiesen auf eine Verbindung zu Rechtsanwalt Oskar Gerlach hin, der in einem seit Jahren laufenden Zivilverfahren die Verlegerwitwe Pauline Münchmeyer in ihrem Rechtsstreit mit Karl May vertrat. Nur aus diesem Kreis, der von Mays Vorstrafen Kenntnis besaß, kann Lebius seine Angaben bezogen haben.

„Ein anständiger Mensch lässt sich nicht derart beleidigen. Wenn er sich schuldlos fühlt, klagt er & wenn er nicht klagt, so ist das ein Schuldeingeständniss",[32] hatte Lebius einmal Konrad Haenisch geschrieben. Karl May jedenfalls erblickte in dem gesamten Vorgang sowohl eine Beleidigung als auch eine Art Schutzgelderpressung. Hiergegen versuchte er sich nunmehr aktiv zur Wehr zu setzen. Dass der Schriftsteller die Enthüllung seiner Vorstrafen enorm gefürchtet hat, wird noch aufgezeigt und belegt werden können. Aber gerade deshalb war es äußerst gefährlich, jetzt sein Schweigen zu brechen und gegen Lebius am 19. Dezember 1904 eine Anzeige wegen Beleidigung[33] und versuchter Erpressung[34] bei der Staatsanwaltschaft Dresden einzureichen.[35] Als Beweismittel waren die Lebius-Briefe sowie die anonyme Postkarte vom 7. September 1904 beigefügt. Trotz des laufenden Ermittlungsverfahrens gegen Lebius prangten zu Mays verständlicher Entrüstung „*am Weihnachts-Heiligenabend, [...] an den Schaufenstern der Dresdner Buchhändlerläden grosse Plakate, auf denen in weithin sichtbarer, rotfarbiger Riesenschrift die Ankündigung ,Die Vorstrafen Karl Mays' zu lesen war.*"[36]

Nur einen Tag später brachte die *Sachsenstimme* die Falschmeldung, dass die „vier Jahre, die Herr Karl May in Waldheim verbüßte, [...] nach unserer Information die Folge eines Einbruchdiebstahls in einen Uhrenladen [waren]".[37]

Aus einem Brief des Malers Sascha Schneiders geht hervor, wie beharrlich der Schriftsteller auch in seiner nächsten Umgebung das Verdikt der Vorstrafen geheim gehalten hatte:

„Waldheim! Das kann ich schon gar nicht glauben. Dazu bedürfte es schon eines Zugeständnisses Ihrerseits. Sie, der allen fortwährend Gebende, Sie sehen mir nicht nach Diebstahl und Einbruch aus. Sollte, ich sage sollte daran etwas Wahres sein, so müßte ich die näheren Umstände kennen. Und wenn alles wahr wäre, so bin ich der Letzte, der den Stein wirft, denn ich bin mir aller meiner Fehler und Schwachheiten recht wohl bewußt."[38]

Entgegen Mays Erwartung verweigerte die Staatsanwaltschaft Dresden die Erhebung der öffentlichen Anklage gegen Lebius, obwohl der bestellte Bücherrevisor und Sachverständige für Schriftenvergleichung beim Land- und Amtsgericht Max Wilhelm Ludwig Werner unter Zugrundelegung der Lebius-Briefe festgestellt hatte:

Handschriftliches Gutachten.

Eingeholt von der Kgl. Staatsanwaltschaft in Dresden in der Sache May-Lebius wegen Erpressung, Aktenzeichen St. A. V. 653/04, vom vereideten Sachverständigen für Schriftvergleichung beim Königl. Land- und Amtsgericht Dresden, M. Werner.

Dresden, 29. Januar 1905.

Es gilt festzustellen, ob die anonyme Postkarte 6, die den Stempel „Dresden-Altst. 16., 7. 9. 04" trägt und die mit „Rudolf Lebius" unterzeichneten Briefe 1-4, nebst 2 Umschlägen, von ein und derselben Person geschrieben sind. Ergebnis der Untersuchung: Die Postkarte 6 und die Vergleichsproben rühren bestimmt von einer Hand her.[39]

Die Dresdner Grafologin Gudrun von Kügelen untersuchte 1938 – losgelöst von aktuellen Rechtsstreitigkeiten und Parteiinteressen – den Lebius-Brief vom 8. August an Karl May sowie die anonyme Postkarte und bestätigte in ihrem Gutachten das Ergebnis ihres Kollegen Werner 34 Jahre zuvor:

Kurzbearbeitung „Lebius"

Der Schreiber ist feingeistig und intelligent und daneben äusserst lebenstüchtig und praktisch. Mit diesen Eigenschaften ist schon die Fülle und Ausdehnungsmöglichkeit seiner Handlungen gekennzeichnet. Es wäre nicht feststellbar, ob er etwa mehr nach der geistigen oder mehr nach der vorherrschend praktischen Seite als Persönlichkeit in Erscheinung tritt. Sein Einfühlungsvermögen und ein instinktsicherer Spürsinn, dazu psychologisches Feingefühl machen ihn im Umgang recht sicher, zumal ihm auch eine liebenswürdige und gewandte Form nicht fehlt. So stellt er meist schnell eine Vertrauensmöglichkeit mit seiner Umwelt her. Es muss jedoch beachtet werden, dass er stets seinen Vorteil im Auge behält und mit diplomatischer Wendigkeit niemals ganz klar Farbe bekennt. Das Abwägen zwischen Entgegenkommen und Abstandhalten wird äusserst geschickt und schlau durchgeführt.

Die innere Reizbarkeit, vielleicht sogar ein etwas cholerisches Temperament, wird nur sehr genauen Beobachtern ein Warnungssignal sein, den Schreiber nicht durch Widerspruch zu reizen.

Er versteht es sehr gut, Aufgaben zu organisieren, zweckmässig einzuteilen und die Übersicht zu behalten. Und doch dürfte man ihn nicht grosszügig nennen, da er erstens sehr kleinlich sparsam sein kann, andrerseits auch oft zu sehr an kleinen Nebensächlichkeiten haftet. – Neben literarischem und künstlerischem Verständnis wird der Charakter durch ganz primitive materielle Interessen herabgezogen, wodurch die <u>scheinbar</u> ausgeglichene Persönlichkeit disharmonisch und ihr betonter Idealismus ziemlich stark entwertet wird.

Betr. Handschrift R. Lebius im Vergleich mit der anonymen Postkarte.
Der Schriftenvergleich der Handschrift auf der Postkarte vom 7.9.04 mit der Schrift im Briefe des R. Lebius vom 8.8.04 ergibt, dass es sich bei dem Hersteller der anonymen Karte, unterzeichnet mit „B", um den Schreiber R. Lebius

handelt. Es wird hingewiesen auf folgende Übereinstimmungen:
1) Gleiche Bindungsform (Winkel und Winkelarkade)
2) haftende Endzüge an Wortenden
3) linksläufige Endzüge
4) nach rechts lang ausfahrende Endzüge
5) die Formung des Grossbuchstaben lateinisch B
6) „   „   „   „   „ J
7) „   „   „ Kleinbuchstaben t
8) „   „   „   „   „ z
9) das linkskurvige Komma
10) kleine Zitterzüge
11) der Schriftwinkel
12) häufiges Heben des Wortschlusses über die Zeilenbasis
13) die Langlänge des f. wie die des lang-s auf der Karte
14) linksseitige Abflachung der Oberschleife am l und b
15) Umlautzeichen.[40]

Der ablehnende Beschluss der Staatsanwaltschaft vom 14.03.1905 gründete sich u. a. darauf,

daß die in den in Rede stehenden Schriftstücken enthaltenen Fehler (Levius, gewißer, Schatterhend) in Gegensatz stehen zu dem zweifellos flüssigen Bildung verratenden Stil des Beschuldigten. Dafür aber, daß diese Fehler absichtlich gemacht seien, fehlt es an jedem Anhalt. [...] Ist schon aus diesem Grunde eine Ueberführung des Beschuldigten nicht zu erwarten, so erscheint auch aus einem anderen Grunde rein rechtlicher Natur eine Strafverfolgung aussichtslos. Um mit Recht eine Erpressung als vorliegend annehmen zu können, wird man verlangen müssen, daß zunächst das Verhalten des Täters in geschlossener Handlung auf ein erstrebtes Ziel hinarbeitet. Es muß immer zwischen den einzelnen Handlungen, die die Drohung, die Nötigung darstellen, ein innerer, aber zugleich nach außen erkennbarer Zusammenhang besteht [sic!]. Und dieser Zusammenhang muß derart sein, daß jeder, der mit der Sachlage vertraut gemacht wird, diesen Zusammenhang, die Bedeutung der Einzelakte in ihrem Hinwirken auf das erstrebte Ziel erkennen muß. Sobald das nicht der Fall ist, verliert der Zusammenhang die zwingende Natur, die mit Rücksicht auf die Notwendigkeit der Kausalität der einzelnen Akte gefordert werden muß. Ein derartiger Zusammenhang kann nun in den einzelnen Tatsachen, die die Anzeige anführt, nicht gefunden werden. Dazu liegen einmal die Einzelakte zeitlich zu weit auseinander. Sodann aber treten auch sachliche Momente dazwischen, die den Zusammenhang stören. Das ist vor allem der Sachsenstimmen-Artikel vom 11. September 1904, also der zeitlich der anonymen Karte am nächsten liegende. Dieser Artikel stellt sich objektiv als rein sachlich gehaltener dar, der zwar nach manchen Richtungen hin Tadel ausspricht, der aber gleichzeitig verschiedenfach Seiten Mays hervorhebt, die der Verfasser bewundert. Er geht nach keiner Richtung über eine zulässige sachliche Kritik hinaus. Jedenfalls ist er nicht geeignet, auf den unbefangenen Dritten den Eindruck zu machen, als stelle er eine Verwirklichung der in der Karte enthaltenen Drohung vor. Denn eine Drohung muß ein Uebel für den Bedrohten enthalten. In einem solchen Artikel aber und rückschließend in der Ankündigung dieses Artikels kann ein Uebel nicht erblickt werden. Zuzugeben ist nun allerdings, daß an sich – bei der Natur der Erpressung – schon die in der Karte enthaltene Drohung, d. h. die Ankündigung eines Artikels gegen May, ein Uebel darstellen kann, wenn man annimmt, daß bereits durch sie, ohne Rücksicht auf den Inhalt des später erschienenen Artikels, May zu irgend etwas hätte veranlaßt werden können und sollen. Doch fehlt es in der Vorgeschichte, d. h. in der Zeit bis zum 7. 9. 04. an jedem Anhalt dafür, daß Lebius etwas schreiben konnte, was May zu fürchten gehabt hätte. Desgleichen fehlt in der Karte ein irgendwie zwingender Hinweis auf das, was May tun oder lassen soll, wozu May genötigt werden soll. Der Umstand, daß May dem Beschuldigten die erbetene pekuniäre Unterstützung abgeschlagen hat, kann vielmehr auch in dem Sinn für die Karte als Grund verwertet werden, daß die Karte und die nachfolgenden Artikel als Rache für den ablehnenden

Bescheid beabsichtigt waren, nicht aber als Zwangsmittel zu dem Zweck, das Geld doch noch zu erhalten. Die Karte läßt diese Frage jedenfalls ganz offen und es erscheint nicht angängig, in sie die Deutung ohne weiteres hineinzulegen, die ihr May beilegt. Die später nach Monaten erst erschienenen Artikel, die auf die Vorstrafen Mays hindeuten, sind durch die lange dazwischen verflossene Zeit so außer Zusammenhang mit der Karte gebracht, daß sie zu deren Deutung nicht mehr verwertet werden können. Es ist abgelehnt worden, die Strafverfolgung wegen Beleidigung ins Offizialverfahren zu übernehmen.[41]

Betrachtet man die Entscheidungsgründe dieser Einstellung, so erscheint manches Argument in rechtlicher Hinsicht zweifelhaft, aber auch „etwas naiv, wenn man den Hintergrund kennt und die Postkarte zusammen mit der Darlehensforderung und den Artikeln der ‚Sachsenstimme' würdigt".[42]

Die Fragwürdigkeit der Verfahrenseinstellung ergibt sich bereits aus dem auffälligen Umstand, dass die *Sachsenstimme* erst dann mit dem Abdruck von Artikeln über May begann, als dieser über mehrere Wochen hinweg vergeblich um ein Darlehen ‚angebettelt' worden war, und vier Tage nachdem er die anonyme Postkarte erhalten hatte. Zu widersprechen ist auch der Auffassung, dass der Artikel vom 11. September 1904 als „objektiv [...] rein sachlich gehaltene[...]" Äußerung zu bewerten war, denn Lebius hat hier und in den folgenden Artikeln sämtliche Vorwürfe der publizistischen Gegner kolportiert bzw. sensationslüstern aufgegriffen.

Der Beitrag vom 18. Dezember 1904 als Kulminationspunkt der polemischen Spitzen hatte schließlich den schlimmsten Inhalt, die Andeutung von Mays Vorstrafen, in die Öffentlichkeit gebracht. Bei Betrachtung dieser Fakten sprach sehr viel dafür, dass man die Handlungsweise des Rudolf Lebius durchaus als eine versuchte erpresserische Drohung hätte ansehen können.

Eines ausdrücklichen Hinweises auf das abgenötigte Handeln des bedrohten Karl Mays bedurfte es daher nicht, wovon die Staatsanwaltschaft jedoch fälschlicherweise ausging. Qualifizierte man also die anonyme Karte als geeignetes Mittel zur Erzwingung eines Darlehens, so ging auch der staatsanwaltschaftliche Hinweis ins Leere, dass die Karte das von May abgenötigte Verhalten nicht ausdrücklich genannt hatte. Auch der behördliche Hinweis auf die vermeintlich große zeitliche Differenz zwischen dem ersten Artikel vom 11. September und dem vom 18. Dezember 1904, in dem erstmalig von Vorstrafen die Rede war, ließ schwerlich den Kausalzusammenhang zwischen der Drohung und dem Artikel außer Acht. May vermutete zutreffend von jenem Tag an, an dem er die Postkarte erhalten hatte, dass Lebius fortwährend nach Material gegen ihn suchte, um es für seine Artikel in der *Sachsenstimme* zu verwenden, d. h. um Druck auszuüben; es handelte sich dabei um eine Serie von Angriffen in unregelmäßiger Abfolge.

Deren Veröffentlichung wäre mit aller Wahrscheinlichkeit unterblieben, hätte Karl May den im Vorfeld geäußerten Darlehenswünschen Folge geleistet. Der Zusammenhang zwischen den Geldwünschen, der Drohung mittels der Postkarte und der möglichen Veröffentlichung gehässiger und missgünstiger Artikel war augenfällig.

Die Erhebung der öffentlichen Anklage wegen versuchter Erpressung wäre demnach sicherlich vertretbar gewesen; sie unterblieb jedoch aus Gründen der mangelhaften Sachkenntnis auf Seiten der ermittelnden Staatsanwaltschaft, aber auch aus nicht überzeugenden Rechtsgründen.

Gegen den ablehnenden Beschluss der Staatsanwaltschaft legte May durch Rechtanwalt Langenhan Beschwerde ein, die am 26. Mai 1905 nochmals durch Beschluss der Staatsanwaltschaft beim Landgericht Dresden abschlägig beschieden wurde. Der weitere Verfahrensgang in Form eines Klageerzwingungsantrags führte zum Oberlandesgericht Dresden. Dieses entschied am 10. August 1905 endgültig zu Mays Ungunsten.[43]

Später sollte Lebius behaupten „daß in der Geschichte von der anoymen [sic!] Postkarte und dem geheimnisvollen

Briefumschlag irgend eine kriminelle Spitzbüberei Mays"[44] steckte.

Trotz der juristischen Niederlage setzte May in jenen Tagen seinen Abwehrkampf gegen Lebius fort: Der Schriftsteller übermittelte einem Dresdner Konkurrenzblatt der *Sachsenstimme* u. a. sowohl die ‚Bettelbriefe' des Journalisten als auch die anonyme Postkarte. Somit konnte die *Dresdener Rundschau* am 18. März 1905 unter auszugsweiser Wiedergabe des übermittelten Materials einen entlarvenden Artikel über den Inhaber der *Sachsenstimme* herausbringen. Dabei wurde der gesamte Vorgang der Darlehensnachfrage von Lebius aufgedeckt und erläutert:

„Herr Lebius hatte es für gut befunden, sich an einen hiesigen Schriftsteller, der als sehr wohlhabend gilt und in dem Rufe steht, eine offene Hand zu besitzen, heranzudrängen",[45] schrieb die *Dresdener Rundschau*.

Es war Lebius' erste öffentliche Bloßstellung durch eine Publizierung seiner eigenen Briefe und es sollte nicht die letzte bleiben! Der Artikel stachelte allerdings auch seinen Ehrgeiz an, die plötzlich entstandene Bundesgenossenschaft zwischen May und der *Dresdener Rundschau* publizistisch zu bekämpfen. Am 27. März 1905 folgte schließlich anonym die umfassende Reaktion von Lebius auf den *Rundschau*-Artikel. Der Journalist griff darin sowohl Karl May als auch Max Dittrich massiv an, indem er deren Glaubwürdigkeit zu erschüttern suchte. May, so heißt es, „liess sich Eigentumsvergehen zu Schulden kommen, wodurch er ins Gefängnis geriet. Schliesslich kam er wegen schweren Einbruchdiebstahls auf viele Jahre ins Zuchthaus. [...] Redakteur ist May damals bei Münchmeier [sic!] nicht gewesen, weil er unter Polizeiaufsicht stand und nicht im Besitze der bürgerlichen Ehrenrechte war. [...] Infolge seiner grossen Begabung ist er einer der gelesensten deutschen Kolportage-Schriftsteller geworden. Den kriminellen Grundzug seines Wesens hat er aber nicht verloren. Man kann ihn als einen Hochstapler auf dem Gebiete der deutschen Jugendschriftstellerei bezeichnen. Auch andere Schriftsteller haben erdichtete Reiseschilderungen und erdichtete Reiseromane wie er verfasst. Sie haben dann aber auch ohne weiteres diese Tatsache zugegeben. Anders Karl May. Er behauptet noch heute seine Indianergeschichten selbst erlebt zu haben."

Lebius verband wahre Fakten mit bewussten Unwahrheiten und Spekulationen und erzeugte dadurch ein pseudobiografisches missgünstiges Profil über den Schriftsteller. Ebenso verfuhr er in seinen Ausführungen über Max Dittrich:

„Ist er doch von Hause aus Postbeamter. Bei der Post liess er sich Unterschlagungen zu Schulden kommen. Ob er diese Verfehlungen im Gefängnis gesühnt hat, können wir nicht behaupten. [...] Von seiner Frau hatte er keine Kinder, wohl aber zwei von seiner Stieftochter, bevor diese das 16. Lebensjahr erreichte. Die Sache ist inzwischen verjährt. Seine Frau aber, die vor der Welt ihre Enkel als ihre eigenen Kinder ausgab, härmte sich über die Ausschweifungen ihres Mannes zu Tode. Dittrich heiratete nun eine Kellnerin aus dem Münchener Hof. Obgleich seine zweite Frau sehr tolerant war, trieb Dittrich es schliesslich so schlimm, dass eine Ehescheidung unvermeidlich wurde. Mit der 16jährigen im Hause wohnenden Nichte seiner Frau unterhielt er ein mehrjähriges Verhältnis. [...] Seinen Freund May hatte Dittrich bei Münchmeier kennen gelernt, für den er ebenfalls, wie May, arbeitete. Jetzt ist er wegen schweren syphilitischen Nervenleidens Halbinvalide und wird von May z. T. über Wasser gehalten. Er tritt in den May'schen Prozessen als Zeuge für Karl May auf."[46]

Der Inhalt des Artikels veranlasste May, durch seinen Rechtsanwalt Ernst Klotz beim Amtsgericht Dresden Privatklage wegen Beleidigung gegen Lebius zu erheben. Bei der Polizeidirektion Dresden erkundigte er sich noch am selben Tag, ob die Behauptung, er habe 1876 unter Polizeiaufsicht gestanden, tatsächlich wahr sei; ihm sei hiervon nichts bewusst. May überzeugte auch Dittrich auf Grund der schwerwiegenden Anschuldigungen des Artikels gegen ihn davon, ebenfalls mit Hilfe von Rechtsanwalt Klotz eine Privatklage wegen Beleidigung gegen Lebius beim Amtsgericht Dresden einzureichen. Die Attacken von Lebius gegen den Dichter gingen weiter. Nur eine Woche später, am 3. April 1905, erschien ein weiterer Artikel:

„Da unser Streit mit der Rundschau in ausgiebigem Masse die Gerichte beschäftigen wird, so lassen wir uns hier auf die Widerlegung der vielen Beleidigungen nicht weiter ein. [...] Zu erwähnen bleibt noch, dass nicht wir erpicht waren, die Dittrich'sche Broschüre zu verlegen, sondern dass Herr May eifrig bemüht war, uns mit der Broschüre hereinzulegen. Wir wollten die Broschüre nur verlegen, wenn May die Garantie für den Absatz übernahm. Da er es nicht tat, lehnten wir die Verlagsübernahme ab und das war unser Glück. Wir wären andernfalls schwer hereingefallen, denn die Broschüre ist entgegen den May-Dittrich'schen Verheissungen nicht gegangen."[47]

Auch diesen Artikel nahm May zum Anlass, eine Privatklage wegen Beleidigung beim Amtsgericht Dresden einzureichen. Das Hauptverfahren in dieser Privatklagesache fand am 4. Juli statt. Über den Verhandlungsverlauf liegen leider keine Aktenunterlagen vor. Bekannt ist lediglich das Ergebnis, dass „Lebius zu 30 Mark Geldstrafe oder 5 Tagen Haft und zur Tragung der Kosten verurteilt"[48] wurde. In der *Sachsenstimme* gab Lebius später mit einer Mischung nebulöser Andeutungen und Angriffe einen eigenen Prozessbericht wider:

„Ja, wenn die Leute wüssten, wer Karl May ist und zu sein behauptet, dann würden sie gespannter nach dem Kampfplatz hinhorchen und die Ohren spitzen. Wir wissen, wer Karl May ist, aber wir sagen es noch nicht. Ein wenig haben wir schon den Schleier von dem Geheimnis gelüftet. Wir müssten aber schlechte Kartenspieler sein, wenn wir beim Beginn der Partie unsere Trümpfe zeigten. Wir müssten schlechte Strategen sein, wenn wir vorzeitig alle unsere Minen springen liessen. [...] Der strittige Punkt in der Gerichtsverhandlung May gegen Sachsenstimme war herzlich und bedeutend.[49] Herr May fühlte sich beleidigt, dass ihm von uns unterschoben worden war, er habe uns mit der Dittrichschen Broschüre, die uns zum Verlage angeboten worden war, hereinzulegen versucht.

Tatsächlich ist die Broschüre herzlich schlecht gegangen. In vielen Monaten sind nur 1800 Exemplare abgesetzt worden – trotz der angeblichen Million Mayleser. Nach Ansicht des Gerichts ergab die Beweisaufnahme nicht, dass May die Absicht gehegt habe, dem Angeklagten einen Vermögensnachteil zuzufügen und so wurde eine Geldstrafe von 30 Mark ausgesprochen. In der Urteilsbegründung hiess es, der Angeklagte sei durch den von May inspirierten Angriff der Dresdner Rundschau gereizt worden und konnte auf Grund seiner Informationen wohl annehmen, dass er durch die Verlegung der Dittrichschen Broschüre hereingefallen wäre. Völlig auf Seiten Mays stehen ausser dem ‚Beobachter' die ‚Dresdner Neuesten Nachrichten', die sich mit grosser sittlicher Entrüstung für May ins Zeug legen, indem sie gewissermaßen zur Charakterisierung des Prozesses mitteilen, Herr Rechtsanwalt Dr. Bernstein habe auf das schärfste die Art und Weise einer gewissen Presse verurteilt, die jeden anständigen Mann herunter mache. Unseres Wissens hat Herr Bernstein etwas derartiges nicht gesagt. Die Herrn Bernstein in den Mund gelegte Phrase macht vielmehr den Eindruck, als wenn sie auf der Redaktion der Neuesten Nachrichten zur Welt gekommen ist. Tatsächlich ist aber Herr R.-A. Dr. Bernstein für eine besonders strenge Bestrafung des Angeklagten eingetreten, weil die Beleidigung einem so angesehenen Schriftsteller wie Karl May angetan worden wäre. Herr Bernstein kennt Herrn May und dessen dunkle Vergangenheit so genau, wie seine Hosentasche. Wenn er trotzdem in dieser Weise für seinen Freund May eintritt, so ist sein Verhalten wirklich reif, einmal vor der Anwaltskammer daraufhin geprüft zu werden, ob es als standeswürdig erachtet werden kann."[50]

Die Bemerkungen in diesem Artikel über Rudolf Bernstein veranlassten diesen zu einer Privatklage gegen Lebius. So glaubte „Herr Rechtsanwalt Dr. Bernstein, dass in der vorigen Nummer der ‚Sachsenstimme' in beleidigender Weise die Art seiner Vertretung in dem Karl May-Prozesse kritisiert worden sei und hat unseren verantwortlichen Schriftleiter vor den Friedensrichter laden lassen"[51].

Demnach waren innerhalb kürzester Zeit gleich vier Privatklagen wegen Beleidigung, zwei von May, eine von Dittrich und eine von Bernstein gegen Lebius rechtsgängig geworden.

Die Privatklagesache von Rudolf Bernstein fiel ebenso wie Mays zweite Privatklage gegen Lebius in den gleichen Zuständigkeitsbereich der 4. Abteilung des Amtsgerichts Dresden.[52] Das Gericht setzte den Verhandlungstermin für beide Verfahren auf den 3. Oktober 1905 an. Vor diesem Termin schrieb May am 29. September mit berechtigter Besorgnis einen Brief an Rudolf Bernstein, in dem er diesem seine Befürchtung mitteilte:

„Man wird Dienstag auf den Vorstrafen reiten wollen. Soll das wirklich geschehen und ich nur immer wieder öffentlich bloßgestellt werden, so ziehe ich meine Klage einfach zurück. Ich verfolge diese Klage nur dann weiter, wenn ich diese Strafen nicht zuzugeben brauche. Bis jetzt kann Lebius von diesen Strafen nichts Bestimmtes wissen. Es kann weder mich noch meinen Vertreter ein Richter zwingen, etwas einzugestehen, was der Angeklagte zu beweisen hat. Auf keinen Fall darf ich den fürchterlichen Fehler begehen, vor dem versammelten Berichterstattervolk die Vorstrafen zuzugeben. Es würde das mein ganzes Lebenswerk vernichten, und ehe ich das zugebe, will ich lieber sterben! Solange es nur auf Hörensagen beruht und in den Akten steckenbleibt, ist es nicht tödlich."[53]

Es erscheint aus heutiger Sicht unverständlich, dass Bernstein den Rechtsstreit May ./. Lebius angesichts der akuten Gefahr einer Offenlegung der Vorstrafen seines Mandanten fortführte.

Als fatal erwies sich offenbar der Umstand, dass der Baurechtsspezialist Rudolf Bernstein mit der Vertretung in dieser für seinen Mandanten äußerst pikanten strafrechtlichen Angelegenheit überfordert war. Karl Mays begründete Furcht vor einer öffentlichen Bloßstellung in dem Prozess fand in den Überlegungen des Rechtsanwalts jedenfalls keine Beachtung. Auf Grund der Identität des entscheidenden beweiserheblichen Faktums – der Vorstrafen Mays – auch in seinem eigenen Prozess gegen Lebius stellt sich die Frage, ob

Bernsteins rechtsanwaltliche Schutz- und Fürsorgepflicht gegenüber dem Mandanteninteresse nicht den Verzicht auf ein gerichtliches Vorgehen auch in der eigenen Sache nahegelegt hätte. Anscheinend fühlte sich Bernstein jedoch zu sehr in seiner beruflichen Ehre verletzt, als dass er bereit gewesen wäre, die Angriffe auf seine Person zu ignorieren. Zunächst trug Bernstein fatalerweise vor, „von den Vorstrafen Mays nie etwas gehört zu haben". Diese Aussage sollte sich für Karl May von größtem Nachteil erweisen, denn plötzlich rückte seine Vorstrafenproblematik in den Vordergrund. Das Schicksal nahm seinen Lauf, als der „Verteidiger Bernsteins, Rechtsanwalt Klotz, Mitinhaber der Rechtsanwaltsfirma ‚Bernstein, Klotz & Langenhan' [...] die Behauptung, May sei vorbestraft, eine elende Verleumdung [nannte]. Diese Kühnheit ging aber dem Vorsitzenden Amtsgerichtsrat Dr. Herrmann denn doch zu weit. Er schlug mit der Hand vor Erregung auf den Richtertisch und befahl dem Gerichtsdiener, die Strafakten Mays zu holen. Ich sitze hier, sagte er, nicht um die Wahrheit verdunkeln zu helfen, sondern um Wahrheit und Recht zu fördern. Ich werde jetzt das Strafregister Mays verlesen. Vergebens flehte Rechtsanwalt Klotz, von der Verlesung Abstand zu nehmen. Seine Worte wären falsch aufgefaßt worden. Der Vorsitzende verlas nunmehr dennoch in öffentlicher Sitzung aus den Akten, die gegen May ergangenen Urteile. Hierbei wurde auch aus den Leipziger Akten vorgelesen [...]."

Somit war genau der Fall eingetreten, den May am meisten gefürchtet hatte: Was bisher über seine Vorstrafen nur gerüchteweise und unvollständig geäußert worden war, wurde nunmehr vor der versammelten Journalistenschar offiziell ausgebreitet. „Als Rechtsanwalt Bernstein sah, daß ich stenographierte," wusste Lebius später süffisant zu berichten, „stürzte er nach dem Richtertisch und klappte dem Vorsitzenden die Akten zu".[54]

Daraufhin wurde die Privatklage gegen Lebius zurückgenommen. Dies geschah aber nicht *„aus reinem Ekel vor dem Schmutz, in dem ich da waten sollte",*[55] wie May später angab, sondern „aus Furcht vor einem genaueren öffentlichen Bekanntwerden [m]einer Vorstrafen".[56]

Damit war diese Privatklage gescheitert.

Aber auch das andere Verfahren, das der Schriftsteller in der ersten Instanz am 4. Juli 1905 gewonnen hatte, scheiterte in der Berufungsinstanz beim Landgericht Dresden in der Verhandlung unter dem Vorsitz von Landgerichtsdirektor Dr. Arthur Becker am 5. August 1905. Die Berufung hatte May selber angestrengt, da dem Schriftsteller die Geldstrafe für Lebius von 30 Mark in Anbetracht „der Schwere der Lebiusschen Schmähung zu niedrig"[57] erschienen war. Die Freisprechung von Lebius führte May darauf zurück, dass sein *„Anwalt krank geworden war und einen Vertreter stellte, der die Sache führte, ohne orientiert zu sein."*[58]

Tatsächlich hatte sich Mays eigentlicher Rechtsanwalt Rudolf Bernstein im Urlaub befunden und die Sache seinem Kanzleikollegen überlassen.

„Die zweite Instanz hob das vorinstanzliche Urteil auf und sprach Lebius kostenlos frei, da er zur Wahrnehmung berechtigter Interessen gehandelt und die Beleidigungsabsicht auch fehlt. May hat die sämtlichen Kosten zu tragen."[59] Das Gericht war der Überzeugung, „daß der Angeklagte nur versucht habe, den Artikel der ‚Rundschau' zu entkräften [...]. Das Wort ‚hereinlegen' sei wohl eine derbe Bezeichnung, doch sei aus seiner Anwendung noch nicht notwendigerweise auf eine Beleidigungsabsicht zu schließen."[60]

Bernsteins Vertreter war Dr. Hans Langenhan, der 1944 in seinen persönlichen Erinnerungen über das Verfahren berichtete: „Die Hauptverhandlung fand während jenes Urlaubes Bernsteins statt. Ich vertrat ihn. In der Privatklage, die ich in den Handakten Bernsteins studierte, war mit dem Brustton der Überzeugung das Vorliegen von Vorstrafen bestritten worden. In der Hauptverhandlung legte nun aber der Anwalt der Gegenseite einen Strafregisterauszug vor, der 2 oder 3 ziemlich hohe Vorstrafen wegen Diebstahls und Betrugs aus Mays Jugend auswies. Auf meine leise Frage an May, ob diese Vorstrafen stimmten, antwortete er ausweichend, <u>bestritt sie aber nicht</u>, sodass ich in meinem Plaidoyer von der durch öffentliche Urkunde erwiesene [sic!] Tatsache seiner Vorstrafen ausgehen musste und nur die entlastenden Umstände, vor allem seine traurige, ja elende Jugend und die dazwischen liegenden werkerfüllten Jahrzehnte hervorheben konnte, die das Vorgehen der Privatbeklagten trotz Nachweises der Richtigkeit der Vorstrafen <u>als in der Form beleidigend</u> hinstellte. Das hat mir May leider arg verdacht, weil ich die Richtigkeit des Strafregisterauszuges hätte in Zweifel ziehen müssen. Menschlich, allzu menschlich! Hätte er mir nur vorher ein Wort von dieser seiner grundsätzlichen Einstellung gesagt! Zugestanden hat er diese Vorstrafen wohl erst in seinem Selbstbekenntnis, das im ‚Ich-Buch'[61] abgedruckt ist."[62]

Ein Revisionsantrag beim Oberlandesgericht blieb erfolglos.[63]

Es fällt der Hinweis von Langenhan auf, dass die Schriftsätze seines Kollegen Bernstein die Prozesstaktik verfolgt hatten, trotz der bereits erfolgten Bloßstellung Mays vom 3. Oktober auch in diesem weiteren Streitfall die Vorstrafen zu leugnen. Eine solche von Bernstein möglicherweise vorgesehene und sicherlich von May unterstützte Taktik habe jedoch von vornherein keine Aussicht auf Erfolg gehabt. Bei alledem sticht auch Mays Beharrlichkeit ins Auge, mit der er seine Anwälte dazu gedrängt hatte, die Vorstrafen abzustreiten. Zwangsläufig wirft dieses unverständlich erscheinende Verhalten die Frage auf, ob May tatsächlich angenommen hatte, seine Vorstrafen ernsthaft verheimlichen zu können. Der Schriftsteller war nachweislich im Besitz der ab dem 1. Januar 1903 in Kraft getretenen ‚Geschäftsordnung für die Königlich-Sächsischen Justizbehörden'. In diesem Werk, das sich noch heute in seiner Bibliothek befindet, steckt zwischen den Seiten 186 und 187 eine Glückwunschkarte des Dichters. Auf der Rückseite dieser Karte ist in der Handschrift Mays notiert: *„Akten nach dreißig Jahren vernichtet. Geschäftsordnung 186."* Aus § 379 Absatz 2 Ziff. d) dieser Geschäftsordnung geht hervor, dass nach dreißig Jahren die Akten über Civil- und Strafprozesse vernichtet werden. May ging ganz offenkundig davon aus, dass 1905 seine Gefängnis-, Arbeitshaus- und Zuchthausstrafen in keiner existierenden Akte mehr nachgelesen werden konnten, da diese Bestrafungen vor mehr als dreißig Jahre erfolgt waren. Alleine die – vergleichsweise harmlose – Gefängnisstrafe wegen Amtsanmaßung von 1879 musste nach Mays Ansicht noch in einer Akte vorhanden sein. Gabriele Wolff konstatiert, dass „May, der wie die meisten Laien keine Ahnung von der Regel-Ausnahme-Gesetzestechnik hatte, sich leider irrte. Gemäß § 379 Abs. 1 (auf S. 185) galt die regelmäßige Vernichtung nur, soweit die Akten nicht unter § 378 fielen. Und natürlich stand in § 378 das, was auch heute noch so gilt: Von der Vernichtung bleiben ausgeschlossen: Akten von staats- oder kulturgeschichtlichem Interesse; dahin gehören Akten in Strafsachen, die wegen ihres Alters (vor dem Jahr 1650) oder Gegenstandes oder wegen der Person des Verfolgten besonderes Interesse darbieten. Und das war er damals und das ist er immer noch: eine Person, die ‚besonderes Interesse darbietet'."[64]

Obwohl alle juristischen Schritte Mays gegen Lebius in diesen frühen ‚Dresdner Auseinandersetzungen' spätestens in der Berufungsinstanz gescheitert waren, konnte sich Rudolf Lebius nicht in allen Dresdner Verfahren als Sieger fühlen.

Den Ausgangspunkt eines juristischen Misserfolges lieferte der Prozess Max Dittrich ./. Rudolf Lebius. Der ‚Militärschriftsteller' hatte ebenfalls wegen jenes Lebius-Artikels vom 27. März 1905 Beleidigungsklage erhoben. Die in diesem Artikel vorgebrachten Schilderungen eines turbulenten sexuellen Treibens im Hause des „wegen schweren syphilitischen Nervenleidens [h]albinvalide[n]"[65] Dittrich mit einer angeheirateten Nichte und anderen minderjährigen Mädchen hatten diesen gerichtlichen Schritt notwendig werden lassen. Ohne beweiskräftige Fakten vorweisen zu können, hatte Lebius mit dem Artikel den Versuch unternommen, einen Freund des Schriftstellers auf das Schlimmste zu diskreditieren, offenkundig, um auch das Umfeld des Schriftstellers als moralisch verdorben darstellen zu können.

Es fand zunächst ein erstinstanzliches Verfahren vor dem Amtsgericht Dresden statt,[66] über dessen erstaunliches Ergebnis die *Dresdener Rundschau* berichtete: „Daß auch in Dresden bei Preßbeleidigungen zuweilen sonderbare Dinge passieren, lehrt ein Fall, den wir ebenfalls kurz erwähnen wollen. Der ehemalige Herausgeber der ‚Sachsenstimme', Rudolf Lebius, war einer außerordentlich schweren Beleidigung des Militärschriftstellers Max Dittrich angeklagt gewesen, wurde aber vom hiesigen Amtsgericht freigesprochen, obwohl feststand, daß an den beleidigenden Behauptungen kein wahres Wort war. Die geradezu unglaubliche Freisprechung wurde damit begründet, daß Lebius der Meinung gewesen sei, berechtigte Interessen wahrzunehmen, da er wohl geglaubt habe, daß Dittrich uns das Material zu einem Artikel gegen Lebius geliefert habe. Es ist zwar erwiesen, daß Dittrich uns niemals auch nur eine Zeile geliefert hat; es ist ferner erwiesen, daß wir in unseren Artikeln lediglich nur Angriffe des Lebius zurückgewiesen haben; aber dieser hat offen erklärt, daß er durch die ‚Dresdener Rundschau' ruiniert worden sei, und das mag wohl der wesentlichste Grund für die Freisprechung gewesen sein, wenn es uns auch nur zur Ehre gereichen kann, dem Manne das Handwerk gelegt zu haben."[67]

Gegen das überraschende Urteil legte Max Dittrich Berufung bei der 2. Strafkammer des Landgerichts Dresden ein. Doch ebenso überraschend, wie diese erstinstanzliche Entscheidung ausgefallen war, kam auch das Ansinnen von Lebius an Dittrich, „mich brieflich zu bitten, die Klage gegen ihn zurückzuziehen. Ich überließ meinem Rechtsanwalt die Entscheidung. Das Ende vom Liede war, daß ich die Bitte von Lebius erfüllte, nachdem dieser die Anschuldigungen als **unwahr** zurückgezogen und **Abbitte** geleistet hatte, auch die entstandenen **Kosten zu berichten** versprach."[68]

So gab Lebius im gerichtlichen Termin vom 18. November 1905 zu Protokoll: „Ich erkläre, daß ich die gegen den Privatkläger in der ‚Sachsenstimme' vom 27. März 1905 erhobenen, beleidigenden Behauptungen !!! als unwahr !!! hiermit zurücknehme und mein Bedauern über die gedachten [sic!] Äußerungen in der ‚Sachsenstimme' ausdrücke und den Privatkläger deshalb !!! um Verzeihung bitte !!!"[69]

Demnach war ein Prozessvergleich zwischen Dittrich und Lebius geschlossen worden. Inhalt dieses Vergleichs war auf der einen Seite die Klagerücknahme durch Dittrich, während Lebius seine Behauptungen widerrufen und die Prozesskosten übernehmen musste. Zu diesen Kosten zählte auch die Übernahme des Honorars von Rechtsanwalt Klotz, der in einem Brief an May am 17. Juli 1906 berichtete:

„In Sachen Dittrich gegen Lebius habe ich beim Schuldner Lebius wegen meiner Kosten pfänden lassen. Leider ist die Pfändung erfolglos verlaufen."[70]

Die *Dresdener Rundschau* empfand das plötzliche Einlenken von Lebius nicht überraschend: „Verständlich ist das Verhalten des Lebius schon deshalb, weil in zweiter Instanz festgestellt werden konnte, daß der Angeklagte seine Behauptungen sogar wider besseres Wissen veröffentlicht hatte. Dieser Vergleich ist in Wirklichkeit eine bittere Satire auf das freisprechende Erkenntnis der ersten Instanz, das ohnehin kein Mensch verstanden hat."[71]

Rudolf Lebius' eigene Sichtweise dieses Vorgehens klang nachher wie folgt:

„Herr May hat sich an mir dadurch gerächt, daß er durch Verleumdungen meine wirtschaftliche Stellung untergrub und mich in den Bankrott trieb."[72]

Vermutlich wird zumindest Mays Publizierung der Lebius-Briefe und der anonymen Postkarte, verbunden mit seinen Stellungnahmen in der Presse, einen Beitrag zum journalistischen Ende seines Widersachers in Dresden geleistet haben.

II. Berliner Auseinandersetzungen: Die ersten Jahre (1906-1909)

1. Rudolf Lebius wird Gewerkschafter

Über den genauen Zeitpunkt des Umzugs von Rudolf Lebius nach Berlin existieren unterschiedliche Auffassungen. Einige Forscher nehmen an, dass dies unmittelbar nach dem Ende der *Sachsenstimme*, also im Spätsommer oder Herbst 1905 geschah,[73] andere Quellen[74] wiederum sprechen davon, dass er noch bis zum Sommer 1906 in Dresden wohnhaft gewesen sei. Unbestritten ist die Verlagerung seines beruflichen Schwerpunkts nach Berlin im Sommer 1905. Wie erwähnt, hatte sich bereits in der Endphase seines Engagements in Dresden angedeutet, dass sich Lebius einem neuen Betätigungsfeld zuwenden begann. So fungierte bereits eine Nebenausgabe der *Sachsenstimme* seit Juli 1905 für die Hirsch-Dunkerschen Gewerkvereine, einer Arbeitervereinigung, die sich gegen Sozialdemokratie und Gewerkschaften richtete. Da der frühere Sozialdemokrat Lebius der SPD seit etwas mehr als einem Jahr nicht mehr angehörte, engagierte er sich jetzt offen für die ehemalige politische Gegenseite. So fand er seinen Brotverdienst als Redakteur für die *Correspondenz*, das Mitteilungsblatt des Zentralrats der Hirsch-Dunkerschen Gewerkvereine. In dieser Zeit wurde Lebius auf eine Entwicklung in Frankreich aufmerksam, deren Ausgangsereignis im Januar 1904 lag, und die impulsgebend auch für sein Leben werden sollte. Der Franzose Pierre Bietry (1872-1911) hatte mit Unterstützung sowohl industrieller als auch aristokratischer und klerikaler Interessengruppen die ‚Federation nationale des Jaunes de France' gegründet. Die Organisation verstand sich als Dachvereinigung aller wirtschaftsfriedlich-nationalen Arbeiterorganisationen, die den politischen Streik ebenso wie den wirtschaftlichen ablehnten und eine friedliche Zusammenarbeit mit den Unternehmern anstrebten. Auf Grund der von Bietry gewählten offiziellen Organisationskennzeichnung ‚jaunes' (gelb) wurden ab diesem Zeitpunkt alle wirtschaftsfriedlichen Arbeiterorganisationen nur noch als die ‚Gelben' tituliert. In vielen zeitgenössischen Berichten, vornehmlich der sozialdemokratischen Presse, wurde der Begriff ‚Gelbe' fortan als Synonym für „Feiglinge",[75] Streikbrecher usw. verwendet. Schon daran wird erkennbar, dass die Presse der Sozialdemokratie und der freien Gewerkschaften eine gegnerische Haltung zur wirtschaftsfriedlichennationalen Bewegung einnahm und zu den Hauptgegnern der ‚gelben Arbeiterbewegung' wurde.

Rudolf Lebius avancierte zum ideologischen Importeur, nachdem er zu Bietry und anderen Vertretern der französischen ‚gelben Arbeiterbewegung' in Kontakt getreten war, ihre Kongresse besucht und am 29. Juli 1906 einen ausführlichen Bericht über die Bewegung im *Dresdner Anzeiger* veröffentlicht hatte. Lebius unterstützte auch den 1904 gegründeten ‚Reichsverband gegen die Sozialdemokratie' (RgS) mit dem Ziel, alle nichtsozialdemokratischen Kreise gegen die ‚staatsfeindliche Partei' zusammenzuschließen.

Wie schon anlässlich seiner Darlehenswünsche an Karl May, so richtete Lebius in zahllosen Briefen an finanzkräftige Empfänger die Bitte um angemessene pekuniäre Unterstützung. Auch in Berlin verfolgte der Journalist ehrgeizige Ziele; so trug er sich seit Juni 1906 mit dem Gedanken an eine neue eigene Zeitung, für die er insbesondere stetig Geldgeber suchte. Diese Suche führte ihn schließlich im Herbst 1906 zur Firma Siemens. Das Unternehmen befand sich seit einigen Jahren in einer kritischen Situation, was vor allem an seinem Standort Berlin lag. Die Millionenstadt mit ihren engen Wohnvierteln und der hochgezüchteten Fertigwarenindustrie bot einen idealen Nährboden für gewerkschaftliche Organisationen. Um der massiven Einflussnahme des Metallarbeiter-Verbands entgegenzuwirken, stellte sich für den Geheimen Regierungsrat Wilhelm von Siemens (1855-1919), den Firmeninhaber, alsbald die Frage, ob man die nicht gewerkschaftlich organisierten Arbeiter zur Bildung einer eigenen unternehmertreuen Arbeiterorganisation veranlassen könnte. Und so kam es am 14. Juli 1906 in Berlin-Charlottenburg zur Gründung einer wirtschaftsfriedlich-nationalen Arbeiterorganisation, die im Laufe der Zeit alle Berliner Werke der Firma Siemens erfasste. Bis zum Herbst 1906 traten 4.500 Siemens-Arbeiter dem Berliner Unterstützungsverein ihres Unternehmens bei. Der unerwartet große Erfolg führte dazu, dass andere Berliner Fabrikanten bei Siemens anfragten und ähnliche Vereine gründen wollten. Schließlich entschloss sich die Firma Siemens am 8. Dezember 1906 zur Gründung einer ‚Geschäftsstelle zur Förderung der Werkvereinsbewegung in Berlin'.[76]

Und jetzt schlug auch die große Stunde des Rudolf Lebius: Er wurde zum Geschäftsführer ernannt. Die Anstellung ist das Ergebnis eines intensiven Kontaktes, den Lebius seit Monaten mit dem Siemens-Unternehmen gepflegt hatte, und seiner fundierten Kenntnisse für den Aufbau einer wirtschaftsfriedlich-nationalen Werkvereinsbewegung, die nichts anderes darstellte als eine Streikbrecherorganisation.

Die Firma Siemens avancierte auch zum Geldgeber für die wirtschaftsfriedlich-nationale Zeitung, die Lebius schon seit langem im Sinn hatte und die den Titel *Bund* trug. Die geschäftliche Beziehung zwischen Siemens und Lebius entwickelte sich in diesen Jahren zunächst recht fruchtbar. Während Lebius die Geschäftsstelle zur Förderung der Werkvereinsbewegung mit großem Erfolg aufbaute, erklärte sich die Firma Siemens bereit, die Finanzierung der Zeitung durch die Garantie-Abnahme eines gewissen Quantums an Exemplaren zu ermöglichen. So war es möglich, dass am 14. Dezember 1906 die erste Ausgabe des *Bund*[77] erscheinen konnte.

Auf Grund der engen geschäftlichen Verbindung der ‚Geschäftsstelle zur Förderung der Werkvereinsbewegung', deren Geschäftsführer Rudolf Lebius war, und des *Bund*, als dessen Herausgeber er auftrat, kam es im Laufe der Zeit zu einer Verflechtung beider Tätigkeitsfelder. Schon zu Beginn des Jahres 1907 wurde das Redaktionsbüro der Zeitung zum Zentrum der in Berlin sich rasch entwickelnden Werkvereinsbewegung. In enger Zusammenarbeit mit dem Vorstand des Unterstützungsvereins Siemens-Werke suchte Lebius zudem noch die Firmenleitungen und die Arbeiterschaft anderer Betriebe auf, um sie für die Werkvereinsbewegung zu gewinnen. Er wurde somit zum erfolgreichen Motor der deutschen Streikbrecherbewegung. Auf diese Weise gelang dem Journalisten schließlich im Sommer 1907 die „Gründung des ‚Kartells der Berliner gelben Arbeitervereine', das er im Herbst des gleichen Jahres unter Einbeziehung der Unterstützungs- und Werkvereine in Brandenburg und Dresden zum ‚Gelben Arbeitsbund' umgestaltete, der ersten überregionalen Vereinigung von Werkvereinen in Deutschland."[78]

Lebius war damit auf dem Wege, eine zentralistisch aufgebaute Streikbrecherorganisation ins Leben zu rufen. Neben seiner Karriere als Journalist und Gewerkschafter der gelben Arbeiterbewegung versuchte er sich in jenen Jahren erneut als Schriftsteller. Dabei sticht vor allem der Roman *Gärung*[79] heraus, der 1907 im Reichsverbandsverlag veröffentlicht wurde. Die Aufnahme dieses Werkes war unterschiedlich; es wurde sowohl als „Schlüsselroman für die Verhältnisse der Dortmunder Sozialdemokratie um die Jahrhundertwende"[80] bezeichnet wie auch als „erbärmliches Machwerk, dessen grundlegende Motive aus einer aufgepeitschten Berichterstatterphantasie heraus geboren wurden."[81]

Aber es blieb nicht nur bei dieser Art von Schrifttum. In der von dem Reichstagsabgeordneten Wilhelm Bruhn (1869-1951) herausgegeben Zeitung *Die Wahrheit* ließ sich Lebius über die Verbindung von Atavismus und Literatur aus, wobei er sich gegen Ende eines Artikels vom 30. Juni 1906 „der schlechten Jugendliteratur und der atavistischen Literatur" zuwandte und befand: „Hierher gehören auch die Karl Mayschen Reiseschriften, die eine Zeitlang trotz ihrer Blutrünstigkeit von der katholischen Geistlichkeit begünstigt wurden, bis die Enthüllungen über den Verfasser, der fast ein Jahrzehnt im Zuchthaus und Gefängnis wegen fortgesetzter Einbruchsdiebstähle gesessen hat, der Sache ein Ende machte. Karl May gehört aber heute noch zu den gelesensten Jugendschriftstellern auf unseren Gymnasien und Volksschulen. Interessant ist, daß man bei May auch die Ursache des atavistischen Charakters seiner Schriften feststellen kann. Er machte im frühesten Alter eine schwere chronische Krankheit durch, die offenbar kulturhemmend gewirkt hat."⁸²

Der Inhalt des Artikels drang auch zu Karl May vor:

*„Das ist doch wohl nicht mehr menschlich zu nennen! Das ist Kafillerei*⁸³ *und langsame Todschinderei in vollster Öffentlichkeit!"*⁸⁴

Der Schriftsteller verzichtete allerdings auf gerichtliche Schritte.

2. Die ‚*Vorwärts*-Konflikte'

Obwohl sich Karl May aus gesellschaftspolitischen Auseinandersetzungen stets herausgehalten hatte, geriet er im Sommer 1907 ungewollt in einen politischen Konflikt zwischen Lebius und dem sozialdemokratischen Parteiorgan *Vorwärts*. Diese Auseinandersetzung sollte zum Ausgangsereignis einer prozessreichen zweiten Dauerfehde zwischen May und Lebius werden.

In einer Ausgabe des *Bund* war über den Ablauf einer Betriebsversammlung in der Berliner Maschinenfabrik Löwe & Co. berichtet worden. Der *Vorwärts* kommentierte: „Der Bericht des ‚Bund' charakterisiert [...] Herrn L e b i u s! Als Ehrenmann allerdings nicht!"⁸⁵

Der verantwortliche Redakteur dieses *Vorwärts*-Artikels hieß Carl Wermuth (1878-?) und gehörte der Zeitung seit dem 1. März 1906 an.

Nach Erscheinen des Artikels reichte Lebius gegen Wermuth umgehend eine Privatklage wegen Beleidigung beim Amtsgericht Berlin-Mitte ein. Lebius fühlte sich dadurch beleidigt, dass der *Vorwärts* seine Eigenschaft als Ehrenmann in Abrede gestellt hatte. Eine Beleidigungsklage in gleicher Angelegenheit (wohl wegen eines Nachdrucks) reichte der Journalist auch gegen die Redaktion der *Sächsischen Arbeiter-Zeitung* in Dresden ein.

Was für Rudolf Lebius zu einer Frage der Ehre wurde, sollte für Karl May das Ende seiner Friedenszeit mit dem ehemaligen Herausgeber der *Sachsenstimme* mit sich bringen. Mittlerweile hatte May den ersten Münchmeyer-Prozess auch in der letzten Instanz, dem 1. Zivilsenat des Reichsgerichts, gewonnen. Im Anschluss an diesen ersten Rechtsgang schloss sich jetzt ein Vollstreckungsverfahren gegen Pauline Münchmeyer an, dass für den Kläger May manche zu klärende Frage aufwarf. Eine dieser Fragen glaubte der Dichter angeblich durch Lebius klären zu können, wofür es allerdings keine juristischen Anhaltspunkte gibt. Wahrscheinlicher ist, dass May nach dem gerichtlichen Erfolg gegenüber der Verlegerwitwe nunmehr auch seine Streitigkeiten mit Lebius endgültig beenden wollte.

„Ich fuhr zu diesem Zwecke mit meiner Frau nach Berlin. Wir entdeckten seine Wohnung. Wir hörten, daß er ein neues Blatt herausgab, der ‚Bund' genannt. Wir telephonierten ihm. Er bestellte uns nach Café Bauer. Wir folgten dieser seiner Weisung. Er kam mit seiner Frau und deren Schwester. Er beantwortete meine Frage nicht. Er leugnete alles. Ich sagte ihm, daß ich sein neues Blatt sehen möchte. Das war ganz ehrlich gemeint, ohne alle böse Absicht. Er aber begehrte sofort zornig gegen mich auf und fragte drohend: ‚Haben Sie etwas vor? Dann gehe ich auf der Stelle von neuem gegen Sie los! Hier in Berlin gibt es über zwanzig Blätter wie die ›Dresdener Rundschau‹. Die stehen mir alle zu Gebote, wenn ich Sie totmachen will! Hier dauert das gar nicht lang!' Ich antwortete, daß es mir gar nicht einfalle, wieder in den alten Sumpf zu steigen. Meine Frau sagte zu seiner Frau in ruhiger, freundlicher Weise, daß es die schönste Aufgabe verheirateter Frauen sei, versöhnend zu wirken und die Härten des Lebens zu mildern; dann entfernten wir uns. Das war am 2. oder 3. September."[86]

Über den Grund dieses Treffens vertrat Lebius später eine andere Auffassung:

„Als im Jahre 1907 Herr May mir eine Falle stellte – er wollte eine Handhabe bekommen, um mich wegen Verleitung zum Meineid anzuklagen – lud er mich unter falschem Vorwand ins Café Bauer in Berlin. Hier fing er wieder von seinem Darlehn an, worauf ich ihm rundweg erklärte, er solle seine paar Groschen nur für sich behalten."[87]

Vier Wochen später, am 1. Oktober 1907, erhielt Karl

May einen Brief aus Berlin. Der Absender des Schreibens war Carl Wermuth: „Obwohl völlig unbekannt, erlaube ich mir, bei Ihnen einmal anzufragen, ob Sie mir nähere Mitteilungen über einen Herrn Lebius, seinerzeit in Dresden, machen könnten. Genannter Herr, ehemaliger Sozialdemokrat, hat gegen mich als den seinerzeit verantwortlich zeichnenden Redakteur des ‚Vorwärts' die Privatbeleidigungsklage angestrengt. Es wird vor Gericht meine Aufgabe sein müssen, Herrn Lebius als ‚Ehrenmann' zu kennzeichnen. Auf den Rat eines Dresdner Kollegen wende ich mich vertrauensvoll an Sie, ob Sie mir über diesen Herrn vielleicht einige Auskunft geben könnten. Sollte dies der Fall sein, so sehe ich Ihrer Freundlichkeit sehr verbunden entgegen."[88] Jener Dresdner Kollege hatte offenbar Kenntnis von den Auseinandersetzungen zwischen May und Lebius in den Jahren 1904 bis 1905 gehabt. Natürlich lag es für den *Vorwärts*-Redakteur nahe, in May einen Bundesgenossen finden zu können. Doch der Schriftsteller schwieg; seinem eigenen Bekunden nach, weil *„ich verreist war und also auf diesen Wunsch, selbst wenn ich gewollt hätte, nicht eingehen konnte."*[89] Wahrscheinlicher ist, dass May nicht antworten wollte; zum einen, weil er kein Freund der Sozialdemokratie und ihrer Presse war, zum anderen, weil er vermutlich auch nicht wieder in einen Konflikt mit Lebius hineingezogen werden wollte. Ungeachtet dieses Schweigens aus Radebeul wurde May jedoch von Dr. Kurt Rosenfeld (1877-1943), dem Verteidiger Wermuths, in der Klageerwiderungsschrift als Zeuge benannt. Rosenfeld gehörte zu den prominentesten Rechtsanwälten seiner Zeit. Seit 1905 in Berlin tätig, vertrat der Sozialdemokrat als Verteidiger u. a. Rosa Luxemburg (1871-1919) und Carl von Ossietzky (1889-1938).

„May sollte vor allem bezeugen, daß sich Lebius einer Erpressung, die ja unbedingt eine unehrenhafte Handlung darstellt, schuldig gemacht habe, und zwar durch die anonyme Karte an May v. 7.9.1904".[90]

Wieder knapp vier Wochen später erreichte ein weiterer Brief aus Berlin die Villa „Shatterhand". Die Absender dieses

Schreibens vom 26. Oktober 1907 war Martha Lebius und Empfängerin dieses Mal Klara May:

„Als Sie mir vor einigen Monaten im Café Bauer, wohin Sie uns eingeladen hatten, das Wort abnahmen, im Falle eines drohenden Ausbruches des alten Streites mich an Sie zu wenden, wußte ich nicht, was Sie im Auge hatten. Jetzt weiß ich es. Ihr Mann soll als Zeuge auftreten in einer Klage meines Mannes gegen den ‚Vorwärts'. Er ist von dem ‚Vorwärts[']redakteur als Zeuge vorgeschlagen worden. Weder Sie noch ich haben ein Interesse daran, daß der alte Spektakel wieder losgeht. Da ich am Montag meine Eltern in Dresden besuche, wäre es mir lieb, wenn ich Sie bei dieser Gelegenheit in einer Dresdner Conditorei sprechen könnte. Mein Mann liegt seit 2 Monaten an einer Nervenentzündung zu Bett. Eigentlich sollte auch er die Reise zu meinen Eltern mitmachen."[91]

Klara May antwortete. Ob der Wortlaut des Antwortbriefs der Diktion ihres Ehemanns folgte, lässt sich nicht zweifelsfrei feststellen. Es ist jedoch wahrscheinlich, dass Karl May die geistige Feder führte.

„Was ich Ihnen versprochen habe, halte ich auch. Sie sind aber im Irrthum, wenn Sie glauben, daß ich wegen Ihrer Klagesache mit Ihnen sprechen wollte. Ich hatte davon keine Ahnung. Erst durch einen hier eingegangenen Brief (30.10.07) des Redakteurs vom ‚Vorwärts' erfuhr ich davon. Sie können vom Inhalt des Briefs Kenntniß nehmen, wenn Sie hier sind. Heute kann ich Ihnen auch offen sagen, was mich zu jenem Zusammentreffen veranlaßte. In erster Linie war es wegen Herrn Dittrich, in zweiter aber lag mir daran, in der Sache Fischer reinen Wein eingeschenkt zu erhalten. Was ich da wissen wollte, hat sich in der Zwischenzeit so ziemlich erledigt. [...] Kommen Sie ruhig zu mir. Ich werde jederzeit für Sie da sein, wenn Sie mir eine passende Zeit dazu bestimmen."[92]

Der *Vorwärts*-Prozess Lebius contra Wermuth bot, wie beide Ehefrauen natürlich erkannt hatten, die Gefahr neuer Auseinandersetzungen, weshalb auch beide ein Treffen wünschten. In Begleitung ihrer Schwester erschien Martha

Lebius am 29. Oktober 1907 zum Treffen mit Klara May in Radebeul, ohne dass es zu einer Verständigung führte. Aus Sicht von Martha Lebius stand bei ihrem Abschied aus Radebeul stattdessen fest, dass Karl May bei einer Beweisaufnahme im Verfahren ihres Ehemanns gegen Wermuth die Dresdner Vorgänge als Zeuge wiedergeben würde.

Parallel zu den bisher geschilderten Auseinandersetzungen und Abläufen bahnte sich im November 1907 ein weiterer Konflikt zwischen der SPD-Parteizeitung und ihrem Widersacher Lebius an. So hatte der *Vorwärts* in einem Artikel anhand von Bilanzen die enormen Gewinne bestimmter Aktiengesellschaften dargestellt.[93] Rudolf Lebius wiederum nahm die Darstellung zum Anlass einer eigenen Bewertung, die natürlich die Sichtweise derer vertrat, für die der *Bund* als Sprachrohr diente. Innerhalb seines Artikels versäumte es Lebius auch nicht von „bewußter Fälschung" und von „unverschämte[n] und infame[n] Lügen des roten Hetzblattes"[94] zu sprechen. Die auf diese Weise vorgegebene derbe Tonart, veranlasste den *Vorwärts* zu einer ebenfalls heftigen Replik mit komödiantischen Zügen – ohne damit allerdings die Heiterkeit des Kontrahenten erregen zu können. So urteilte das Blatt u. a. „Lebius verstehe von der Nationalökonomie so viel wie der Ochse vom Sonntag."[95]

Der *Bund*-Redakteur reichte eine Beleidigungsklage gegen den verantwortlichen Redakteur dieses Artikels, Hans Weber (1874-?) beim Amtsgericht Berlin-Mitte ein.

Wie schon im Fall des Kollegen Wermuth übernahm auch in diesem Fall Rosenfeld die Verteidigung. Im Vorfeld der gerichtlichen Auseinandersetzung bedachte der beleidigte Lebius den *Vorwärts* mit „einer Schlammflut wüster Schimpfereien",[96] was wiederum dazu führte, dass Rosenfeld eine Widerklage gegen Lebius erhob, da sich nunmehr sein Mandant Weber beleidigt fühlte. Am 4. November 1908 kam es schließlich zur Verhandlung. Das Gericht sah im ‚Ochsen-Zitat' eine formale Beleidigung, die nicht durch den Rechtfertigungsgrund der Wahrnehmung berechtigter Interessen (§ 193 StGB) gedeckt werden konnte. Es verurteilte Weber zu 30 Mark Geldstrafe, während dessen Widerklage abgewiesen wurde. Das Urteil erlangte jedoch keine Rechtskraft, da Rosenfeld Berufung einlegte.

Auch das erste *Vorwärts*-Verfahren verlief in erster Instanz im rechtlichen Ergebnis nicht anders. Vor dem gleichen Gericht fand am Mittwoch, dem 8. Januar 1908, die Verhandlung im Beleidigungsverfahren Lebius ./. Wermuth statt. Rosenfeld bot gleich zu Beginn der Verhandlung den Beweisantrag „daß die Vergangenheit des Klägers eine derartige ist, daß man ihm mit vollem Recht die Eigenschaft als Ehrenmann absprechen könne. Es könne erwiesen werden, daß sich Lebius der Erpressung schuldig gemacht habe. Er habe von dem bekannten, für namhafte liberale Blätter tätigen Reiseschriftsteller Karl May in Dresden ein Darlehen zu erhalten versucht, und als er mit seinem Verlangen abfiel, sei Herrn May durch eine mit ‚L.' unterzeichnete Postkarte mitgeteilt worden, Lebius habe die Absicht, einen Artikel gegen ihn zu schreiben und in der ‚Sachsenpresse' zu veröffentlichen. Also hier habe sich der Kläger als Revolverjournalist betätigt."

Das Gericht sah jedoch in dem Umstand, dass Lebius die Eigenschaft als Ehrenmann abgesprochen worden war, „unter allen Umständen eine Beleidigung, für die kein Wahrheitsbeweis zulässig sei, die auch nicht durch den § 193, auf den sich der Beklagte berief, straflos gemacht werde. Es verurteilte den Beklagten wegen Beleidigung aus § 185 zu einer Geldstrafe von 100 M. und sprach dem Kläger die Befugnis zu, das Urteil im ‚Vorwärts' zu veröffentlichen. Die Beleidigung sei eine schwere, die Strafe würde erheblich höher ausgefallen sein, wenn nicht in der Verhandlung manches zur Sprache gekommen wäre, was den Kläger nicht im besten Lichte erscheinen läßt."[97]

3. Die ‚Kahl-Affäre'

Den *Vorwärts*-Prozessen des Rudolf Lebius kommt in seinen Auseinandersetzungen mit Karl May eine zentrale Bedeutung zu. Sie sind der Ausgangspunkt der entscheidenden

Intention, den Schriftsteller in der Öffentlichkeit und vor den Justizbehörden zu diskreditieren. Lebius war sich des Umstands bewusst, dass sein Verhalten in Dresden als Herausgeber und Redakteur der *Sachsenstimme* moralisch mehr als zweifelhaft erscheinen musste – vor allem, wenn der Zeuge May in den laufenden Verfahren aussagen würde. Es entsprach einer ganz folgerichtigen juristischen Vorgehensweise, dass er die Glaubwürdigkeit des gegen ihn auftretenden Zeugen zu erschüttern versuchte. So folgerichtig und formal zulässig ein solches prozesstaktisches Vorgehen an sich war, so zweifelhaft erwies sich die Durchführungsart. Ein exemplarisches Beispiel dieser nicht gerechtfertigten skrupellosen Vorgehensweise stellt die sogenannte Kahl-Affäre dar.

Ganz offenkundig hatte Lebius bereits vor dem ersten Rechtsgang im Verfahren gegen Wermuth den Plan gefasst, den Radebeuler Erfolgsschriftsteller mit Hilfe einer Broschüre als Zeugen unglaubwürdig erscheinen zu lassen. Um ein möglichst hohes Maß an vermeintlicher Objektivität vorgaukeln zu können, beabsichtigte Lebius, einen Strohmann zu engagieren, der offiziell mit der Abfassung einer Anti-May-Broschüre betraut werden sollte. Als Prozesspartei ließ sich eine solche vermeintliche Objektivität gegenüber der Öffentlichkeit und dem Gericht nicht suggerieren. Über ein Zeitungsinserat vom 1. Oktober 1907 fand der Journalist den Nachwuchs-Schriftsteller Friedrich Wilhelm Kahl (1887-1963), einen jungen Mann, der kurz zuvor erst aus Süddeutschland nach Berlin zugereist war.[98] Kahl durfte seinem eigenen Bekunden zufolge auch für den *Bund* diverse Beiträge beisteuern, sein eigentliches Engagement jedoch wurde ihm von seinem Arbeitgeber sehr bald schon zugewiesen:

„Lebius gab mir auf, eine Arbeit zu schreiben über Männer, bei denen dichterische Tätigkeit und verbrecherische Natur im Zusammenhang stehen. [...] Erst allmählich merkte ich, daß es dem Lebius bei der Arbeit speziell um Karl May zu tun war, er hatte vorher so getan, als ob das oben bezeichnete Problem die Hauptsache sei. Das Material stammte, abgesehen von einem Aufsatz aus der ‚Welt am Montag' (S. 9 der

Broschüre), den ich aufgefunden hatte, ausschließlich von Lebius her; ich will damit nicht sagen, daß er der literarische Urheber dieses Materials war, aber er hat es gesammelt und mir zur Verfügung gestellt."[99]

Während eines anderen gerichtlichen Verfahrens, wurde der Ablauf der Beauftragung ein wenig anders geschildert. So heißt es in einer Urteilsbegründung:

[Kahl] sollte zuerst nur nach Diktat die schriftstellerischen Gedanken des Lebius über den Fall May niederschreiben, da er sich aber gern selbst schriftstellerisch betätigen wollte, so übergab ihm Lebius gegen die bestimmte Entschädigung das von ihm gesammelte Material, um mit dessen Benutzung eine selbständige Arbeit über das Thema ‚Dichtung und Verbrechen' zu fertigen. Die Übergabe des Materials erfolgte im Herbst 1907.[100]

Eine wiederum andere Version des Geschehens gab Lebius selber zum Besten:

„Als die Sozialdemokraten den Karl May als Belastungszeugen gegen mich ausspielten, mußte ich naturgemäß seine Unglaubwürdigkeit dartun. Ich lag aber damals gerade an einer Venenentzündung vier Monate krank danieder. Da fügte es sich, daß ein ausgehungerter junger Schriftsteller hilfesuchend bei mir vorsprach. Ich helfe gern und so schlug ich dem Jüngling vor, täglich einige Stunden als mein Privatsekretär nach meinem Diktat eine May-Broschüre zu schreiben."[101]

Es kann aus heutiger Sicht kein Zweifel darüber bestehen, dass Lebius in Kahl einen Strohmann engagierte, dem die vorrangige Aufgabe zukam, im Hinblick auf die Prozesse seines Auftraggebers eine polemische Anti-May-Schrift zu verfassen, um damit die Glaubwürdigkeit des Zeugen Karl May zu untergraben. Die Frage, ob sich Kahl dieses Hauptmotivs von Anfang an bewusst gewesen war, bleibt unbeantwortet. Sicher ist, „daß Kahl auch dann an dieser Broschüre weiterschrieb, als er absehen konnte, daß sie ihrer Tendenz nach eindeutig gegen May gerichtet war. Soviel geht jedenfalls aus zahlreichen Briefen Kahls an Lebius hervor [...]."[102]

Über sein persönliches Verhältnis zu dem Radebeuler Schriftsteller bekannte der junge Mann:
„Ich hatte in meiner frühesten Jugend Carl-May-Romane gelesen; daß gegen ihn aber etwas vorliege in seiner Vergangenheit, habe ich erst von Lebius erfahren; ich hatte von dieser Sache aus der Presse nichts erfahren."[103]

Unbelastet von störenden Vorkenntnissen und versehen mit einer außerordentlichen Portion Naivität, begab sich Kahl an die Umsetzung des Vorhabens, das vermutlich schon vor dem Verhandlungstermin am 8. Januar 1908 hätte fertiggestellt sein sollen – was jedoch misslang. Am 21. März 1908 kam es zu einem Gespräch zwischen Lebius und Kahl, das auf Grund finanzieller Unstimmigkeiten, aber auch wegen der schleppenden Arbeitsweise notwendig geworden war. Angesichts des immer näher rückenden Termins (3. April 1908) in der Berufungsverhandlung musste Lebius schließlich seine wahren Absichten kundtun, um sein Vorhaben nicht ganz und gar zu gefährden. Erst zwei Wochen vor dem für Lebius so wichtigen Gerichtstermin, erfuhr sein Strohmann definitiv, wofür er eigentlich engagiert worden war. So erklärte Kahl später vor Gericht:

Ich habe erst an diesem Tage [21. März 08] deutlich von Lebius zu hören bekommen, daß die Broschüre speziell den Zweck haben solle, Karl May in einem Rechtsstreit zu bekämpfen [...]. Daß ein solcher in Gang war, wußte ich, erkannte aber nicht, daß sie [die Broschüre] für den speziellen Prozeß dienen sollte [...]. Diese Bemerkung: Die Broschüre müsse bis zum 1. April fertig sein, sonst hätte sie für ihn keinen Sinn mehr, sie würde an die Zeitungen versandt, damit sie auf die Richter wirke, sie werde auch dem Gericht selbst vorgelegt, sobald dies geschähe, sei May als Zeuge kaput: das hat Lebius zu mir gesagt bei dieser Besprechung, auf die ich dann von der Broschüre zurücktrat.[104]

Tatsächlich trat Kahl von dem Projekt – zumindest in der von Lebius gewünschten Zweckausrichtung und Form – zurück. Der Karl-May-Forscher Dr. Hainer Plaul vermutet, dass allein dieser vorrangige juristische Zweck Kahls Missfallen erregt hatte; keinesfalls aber distanzierte sich Kahl von der grundsätzlichen Thematik und ebensowenig von einer in diesem Sinne negativen Abhandlung über May. Kahl teilte Lebius in einem Brief vom 21. März 1908 lediglich mit, die Broschüre in eigenem Namen herausgeben zu wollen und sich weitere Schritte gegen Lebius vorzubehalten. Von einer erteilten Druckerlaubnis wollte er nichts wissen. Damit war nun das Vorhaben für Lebius ganz außerordentlich gefährlich. Und Kahl wusste das. Der Schritt, den er jetzt unternahm, ist wichtig im Hinblick auf alle seine Erklärungen, die er später zu dem gesamten Komplex seiner Mitarbeit an dieser Broschüre abgegeben hat. Und er ist auch wichtig in Bezug auf die Rolle, die in der Folgezeit May hierbei spielen sollte. Kahl wandte sich noch immer nicht an May, sondern strebte erst noch einmal nach einer Einigung mit seinem Auftraggeber. In zwei Briefen vom 23. und 24. März 1908 machte er seine Druckerlaubnis von der schlichten Forderung weiterer Honorarzahlungen abhängig, was Lebius allerdings ablehnte. Es waren demnach keine unterschiedlichen moralischen Auffassungen, die zum Bruch zwischen Kahl und Lebius führten, sondern vor allem finanzielle Gründe. Und obwohl dies so war, erschien am 1. April 1908 eine Broschüre mit dem Titel *Karl May, ein Verderber der deutschen Jugend. Von F. W. Kahl – Basel*.

In ihrer Einleitung wird im Wesentlichen der Lebius-Artikel *Atavistische und Jugend-Litteratur* aus der ‚Wahrheit' vom 30. Juni 1906 wiederholt. Der Hauptteil untergliedert sich in mehrere Abschnitte, die in ihrer Gesamtheit ein buntes Durcheinander von „Halbheiten, Falschheiten, unbewiesene[n] Anschuldigungen und Inkorrektheiten"[105] aufweisen. Erneut werden Vergleiche zu zeitgenössischen Hochstaplern wie dem Hotelgauner Georges Manolescu (1871-1908) und dem bereits erwähnten Leo Taxil gezogen, um eine unmittelbare Gleichstellung dieser Verbrecher mit May herbeizuführen. Mays Vorstrafen finden sich ebenfalls aufgeführt, allerdings mangelt es bei den Deliktsbeschreibungen und Inhaftierungen an korrekten Wiedergaben. Zudem werden die Vorwürfe der namhaftesten May-Gegner wie Ferdinand Avenarius und Hermann Cardauns, aber auch Auszüge aus den Anti-May-Artikeln der *Sachsenstimme* wiedergegeben. Auffallend sind Abänderungen bei Zitaten und auch der offenbar bewusste Einbau von Fehlern. Ebenfalls falsch ist die Zitierung der Vorstrafen Mays aus der *Sachsenstimme*. Vermutlich sollte der Versuch unternommen werden, „die Leser der Broschüre irrezuführen, offenbar, um [...] einen schlecht orientierten Verfasser vorzugeben."[106]

Vor allem sollte niemand auf Anhieb den eigentlichen Verfasser der Broschüre erkennen können. Und dieser eigentliche Verfasser war eben nicht Kahl, sondern Rudolf Lebius selbst, wie sich noch herausstellen sollte! Nach Erscheinen der Broschüre versandte Lebius umgehend Exemplare an die 8. Strafkammer des Landgericht I Berlin wie auch an die Presse. Karl May selber bezeichnete die Broschüre als ein *Mordinstrument* gegen sich. *„In dieser Broschüre maßt Herr Lebius sich an, öffentlich über mich zu Gericht zu sitzen. Ich frage, welcher Gott, welche Obrigkeit, welche Instanz hat ihn dazu eingesetzt und berechtigt?!!! Er selbst!!!"*[107]

Der Schriftsteller stellte Strafanträge gegen den Berliner Verlag H. Walther, namentlich den Inhaber und Geschäftsführer Friedrich Bechly (1869-1926), sowie gegen Rudolf Lebius und Friedrich Wilhelm Kahl wegen *„öffentlicher, verleumderischer Beleidigung"*[108]; des weiteren erklärte er, daß diese Personen *„noch außerdem wegen bandenmäßiger Erpressung staatsanwaltlich zu belangen seien."*[109] Über die zivilrechtliche Seite[110] der Angelegenheit berichtete alsbald u. a. die *Metallarbeiterzeitung*:

„Gegen die Verlagsbuchhandlung Walther strengte May Klage beim Königlichen Landgericht II an (Akten 26.O.56.08), womit er verlangte, daß der Weitervertrieb der Broschüre untersagt werde. Gleichzeitig beantragte May den Erlaß einer einstweiligen Verfügung zu dem gleichen Zweck, indem er hervorhob, daß die Broschüre ohne jeden literarischen Wert sei und allein die Absicht verfolge, den Antragsteller zu beleidigen und finanziell zu schädigen. Nachdem das Gericht dem Antrag auf Erlaß der einstweiligen Verfügung stattgegeben hatte",[111] hielt sich die Broschüre nicht lange im Handel.

An Mays Seite stand in diesem Verfahren Rechtsanwalt Bahn (1873-1952). Dessen Name war aus vielen Sensationsprozessen – u. a. im Fall des Hauptmanns von Köpenick – in der Öffentlichkeit bekannt Die Kanzlei Walter Bahn und Willi Beyer in der Berliner Rathenowerstraße 8 war zur damaligen Zeit ein Zufluchtsort vieler Gestrauchelter aus allen Bevölkerungsschichten. Bahn galt als temperamentvoller Redner hohen Grades und als prozesstaktisch sehr versiert.

Der junge Kahl reagierte auf das Erscheinen der Broschüre unter seinem Namen, von der er nach eigenem Bekunden erst durch eine Mitteilung des Berner *Bunds* vom 14. April 1908 erfahren hatte, mit einem langen persönlichen Brief, in dem er sich sowohl von der Broschüre als auch von Rudolf Lebius distanzierte. Ob hier verspätete Einsicht oder die Angst vor rechtlichen Konsequenzen ausschlaggebend waren, lässt sich nicht mehr eindeutig klären. Dass Letzteres zumindest mit ursächlich war, wird man dem Umstand ablesen können, dass Kahl erst dann zur Feder griff, als zwei Tage zuvor dieselbe Zeitung die Stellungnahme Mays inklusive der von ihm eingeleiteten juristischen Schritte wiedergab.[112]

Wichtig für May war dabei das Anerbieten Kahls in einem Schreiben vom 27. April 1908:

„Ich wäre Ihnen sehr verbunden, wenn Sie mir Gelegenheit bieten würden, Ihnen persönlich zu berichten, wie Herr Lebius gegen Sie arbeitet. Ich werde außerdem an die Zeitungen meine Berichtigung senden, die den Fall klarstellen dürfte! Ich las im Bund außerdem von einer Erpressung, von der mir nichts bekannt ist."[113]

Die Rückäußerung aus Radebeul erfolgte. Sie führte in der Folgezeit dazu, dass Kahl den Schriftsteller mehrfach persönlich aufsuchte. Ein Ergebnis der gemeinsamen Besprechungen waren Berichtigungen, die Kahl an mehrere Redaktionen zum Abdruck versandte. Lebius wandte sich ebenfalls an die Öffentlichkeit:

„In deutschen Zeitungen lese ich den Brief, den Herr Kahl (Kohl) und Sie vor einiger Zeit veröffentlicht haben. Ich teile Ihnen ergebenst mit, daß Herr Kahl für die Broschüre 200 Mk. Honorar erhalten hat. Herr Kahl hat die Broschüre von Anfang bis zu Ende selbst geschrieben. Die wenigen stilistischen Verbesserungen, die ich vornahm, sind ganz unbedeutend. Herr Kahl hat die Schlußkorrektur selbst gelesen und keinen Einspruch gegen die Drucklegung erhoben. [...] Ich hätte selbstverständlich diese Broschüre selbst geschrieben, da ich aber 4 Monate bettlägerig war, war ich dazu nicht in der Lage. Herrn Kahl, der mich wiederholt besuchte, mir seine Not klagte und einen halbverhungerten Eindruck machte, habe ich gesagt, er soll doch eine Broschüre über May schreiben, ich würde ihm einen Verleger besorgen. Da ich ein Interesse an der Broschüre habe, hatte ich ihm eine Unterstützung in Aussicht gestellt. Herr Kahl hat dann im Laufe eines halben Jahres nach und nach 200 Mk. aus mir herausgelockt. Soviel war mir die Sache gar nicht wert. Ich stehe nicht an zu erklären, daß ich jeden Schriftsteller, der Herrn Karl May in seiner wahren Gestalt zeigt, in ähnlicher Weise unterstützen würde. Das tue ich nicht aus Nobleß, sondern aus literarischem Pflichtgefühl."[114]

Die vermeintliche Noblesse veranlasste den so Pflichtbewussten, auch gegenüber dem Geschäftsführer und Besitzer des von May verklagten Verlages, der Firma Hermann Walther GmbH, eine ähnliche Darstellung der Broschürenentstehung abzuliefern. Kahl wiederum gab am 10. September 1908 nachfolgende eidesstattliche Versicherung ab:

Eidesstattliche Versicherung

Die Broschüre wurde ohne mein Wissen und gegen mein ausdrückliches Verbot gedruckt und in Umlauf gesetzt. Herr Lebius gab mir im November vorigen Jahres den Auftrag, ein größeres Werk über „Dichtung und Verbrechen" zu schreiben. Er bezahlte mir zum voraus 100 M. und kurze Zeit darauf weitere 100 M. Ich übernahm den Auftrag, da Herr Lebius nichts davon bemerkte, daß die Arbeit eine Beleidigung von Karl May abgeben müsse. Durch folgende Äußerungen des Herrn Lebius wurde mir der wahre Zweck erst später bekannt, worauf ich mich weigerte, irgend etwas unter dem Gesichtspunkt zu schreiben. Herr Lebius bemerkte unter anderem: „Ich habe am 9. April (korrekt: 3. April) einen Prozeß, in dem May als Zeuge auftritt. Ich habe ein Interesse daran, daß die Broschüre spätestens am 1. April herauskommt. Der Richter wird sie alsdann lesen und dadurch beeinflußt werden. Kommt die Broschüre später heraus, hat sie für mich keinen Zweck mehr. Karl May muß durch diese Broschüre totgemacht werden." Zur Ausarbeitung gab mir Lebius folgende Rezepte: Gehen Sie zu Professor Dr. Kahl und zu Professor Dr. Liszt und versuchen Sie, von diesen Herren einige Bemerkungen über Dichtung und Verbrechen zu erlangen. Die Hauptsache ist, daß wir berühmte Namen hineinbringen: dann zieht die Broschüre.

Über Karl May gab mir Herr Lebius folgende Details: May ist ein geborener Verbrecher. Er ist vielfach vorbestraft und steht unter Polizeiaufsicht. Er darf aus diesem Grunde nicht einmal in eine andere Stadt ziehen. Als ich Herrn Lebius bemerkte, daß solch eine Schmähschrift einen Prozeß nach sich ziehen würde, sagte er, ich sollte mich nur auf sein forensisches Talent verlassen. Sollte es zu einer Klage kommen, so würde man mir, da ich jung und unbestraft sei, glauben, auch dürfte ich schwören, während May nicht. Der Schriftsteller sei übrigens immer mit einem Bein im Zuchthaus; auch er, Lebius, hätte schon mehrfach gesessen, und Vorstrafen dienten nur zur Reklame. Auch bemerkte mir Herr Lebius, daß May mich auf diese Broschüre hin aufsuchen würde. Ich sollte ihm alsdann nur sagen, daß ich von einer solchen Broschüre nichts wisse und daß ich nicht der Verfasser sei.

Zu der Broschüre selbst habe ich noch zu bemerken, daß Herr Lebius nur diesen ganz geringen Teil meines Manuskriptes benutzt hat, daß er diesen mit zahlreichen Zusätzen versehen, und daß er seine Ausführungen dazu setzte, um

das Ganze widerrechtlich unter meinem Namen herauszugeben. Durch Versprechungen versuchte er, zu der endgültigen Form meinen Namen zu erhalten, was ihm aber nicht gelang. Zudem fälschte er den Untertitel in tendenziöser Weise.
Ich bedaure, daß unter meinem Namen eine solche Schmähschrift gegen den beliebten Schriftsteller Karl May veröffentlicht worden ist, und ich betrachte es als meine Pflicht, den wirklichen Verfasser, seine Zwecke und Ziele und die Art, wie er in skrupelloser Weise den Namen unbescholtener Leute mißbraucht, hierdurch zu beleuchten.
gez. F. W. Kahl[115]

Die tätige Reue Kahls in Form der vorangestellten eidesstattlichen Versicherung bewegte auch Friedrich Bechly dazu, am 19. Januar 1909 mit Karl May folgenden Vergleich zu schließen:

Herr Friedrich Bechly, der Geschäftsführer der Verlagsbuchhandlung Hermann Walther G.m.b.H. zu Berlin, welche die Broschüre „Karl May, ein Verderber der deutschen Jugend, von F. W. Kahl, Basel" verlegt hat, erklärt folgendes:

I.

Rudolf Lebius hat mich zur Eingehung des Verlagsgeschäftes durch Vorführung falscher Tatsachen, sowie durch Verheimlichung seiner eigentlichen, mir jetzt verwerflich erscheinenden Absichten und durch die Vorspiegelung bestimmt, daß ein gewisser Kahl der Verfasser sei. Ich habe mich im Laufe des Prozesses und der Vergleichsverhandlungen, insbesondere an der Hand eines eigenständigen Briefes des Herrn Kahl vom 10. September 1908 davon überzeugt, daß Lebius mit wissentlich gefälschten Tatsachen operiert hat, indem er nach der schriftlichen Angabe des Herrn Kahl dessen Namen in bezug auf die Broschüre gemißbraucht hat. Dieser Brief befindet sich in den Akten des Rechtsanwaltes Bahn.

II.

Herr Bechly bedauert noch, auf das Lebiussche Ansinnen eingegangen zu sein, weist eine weitere Beziehung zu diesem

Herrn energisch zurück und versichert Herrn May seiner vollsten Hochachtung.

III.

Die oben unter I gedachte Broschüre verpflichtet sich Herr Bechly, soweit sie in seinem Besitze ist, Herrn May binnen einer Woche zur Vernichtung zuzusenden, und gestattet Herrn May, von seiner Erklärung öffentlich Gebrauch zu machen."[116]

Die prozessuale Folge dieser Erklärung Bechlys war die Rücknahme des Strafantrags durch May. Das Strafverfahren Karl May ./. Friedrich Bechly endete somit an dieser Stelle.

Am 11. Mai 1910 sollte Bechly seine Erklärung infolge des Urteils in einem der zahllosen Berliner Strafverfahren zwischen May und Lebius vor dem Amtsgericht Charlottenburg widerrufen. Als Begründung seines Widerrufs führte er u. a. an, „daß die in meiner Erklärung vom 19. Januar 1909 über R. Lebius enthaltenen Behauptungen nicht den Tatsachen entsprechen [...]. Insbesondere erkläre ich, daß ich jetzt auf Grund des mir bekannt gewordenen freisprechenden Urteils des Schöffengerichts Charlottenburg in Sachen May gegen Lebius und der Gründe dieses Urteils zu der Ansicht gelangt bin, daß Herr Lebius nicht mit wissentlich gefälschten Tatsachen operiert hat und daß er mich nicht durch falsche Vorspiegelungen zu dem damals in Frage stehenden Verlagsgeschäfte bestimmt hat, daß er mir auch keinerlei falsche Tatsachen vorgeführt und mir auch seine eigentlichen Absichten nicht verheimlicht hat."[117] Prozessual sollte der Widerruf ohne Folgen sein.

Die Kontroverse Mays mit Rudolf Lebius in dieser Angelegenheit führte vor dem Königlichen Amtsgericht Berlin-Schöneberg ebenfalls am 19. Mai 1909 zu einem Vergleich,[118] „durch den alle zwischen den Parteien und Frau May und Herrn Lebius bis heute gefallenen Beleidigungen ausgeglichen sein sollen. Die schwebenden Privatklagen werden von den Parteien zurückgezogen. Die Parteien versprechen auch, in Zukunft Frieden zu halten."[119]

4. Der Fortgang der ‚*Vorwärts*-Prozesse‘

Am 3. April 1908 fand schließlich die Hauptverhandlung in der Berufungssache Lebius ./. Wermuth vor der 8. Strafkammer des Landgerichts I in Berlin statt. Die Kammer beschloss entgegen der Entscheidung der Vorinstanz „den Beweisantritt des Beklagten stattzugeben".[120] Insbesondere sollte nunmehr u. a. Beweis darüber erhoben werden, dass Lebius „gleichzeitig Redakteur eines nationalliberalen Blattes, sowie Mitarbeiter einer zentrumsfreundlichen und einiger sozialdemokratischer Zeitungen war", ferner darüber, dass er „von dem Reiseschriftsteller Karl May in Dresden ein Darlehen zu erhalten versucht [habe], wofür Lebius als Gegenleistung in einem von ihm herausgegebenen Blatte ‚Sachsenstimme‘, diskrete Reklame für Mays Schriften machen wollte. Als May sich weigerte, das Darlehen zu geben, habe er eine, vermutlich von Lebius veranlaßte anonyme Postkarte erhalten mit der Mitteilung, Lebius beabsichtige, in seiner ‚Sachsenstimme‘ einen Artikel gegen May zu veröffentlichen."

Mit der Zulassung dieser Beweisanträge durch das Gericht begann die Rechtsposition von Lebius brüchig zu werden. Auch für Karl May hatte dies unmittelbare Konsequenzen; er hatte nunmehr damit zu rechnen, tatsächlich vor dem Landgericht Berlin aussagen zu müssen. Und es war darum auch kein Zufall, dass nur 2 Tage nach dem Beweisbeschluss ein Brief der Redaktion des *Vorwärts* den Schriftsteller erreichte, denn der Anwalt der Gegenseite Rosenfeld beabsichtigte genau das:

„Zu unserem Bedauern haben Sie es bisher unterlassen, sich über die gegen Sie gerichteten Angriffe des Lebius zu äußern resp. uns die notwendigen Beweismittel der ehrabschneiderischen Tätigkeit des Lebius in Bezug auf Ihre Person zur Verfügung zu stellen. Wie ich von meinem Kollegen Wermuth erfuhr, hat Ihre Frau mitgeteilt, daß Sie sich zur Zeit auf Reisen befinden und nicht in der Lage seien, uns mit dem gewünschten Material gegen Lebius zu versehen. Ich hoffe, daß Sie inzwischen von der Reise zurückgekehrt sind [...]."[121]

Tatsächlich belegt dieser Brief, dass May von sich aus keinen Kontakt zum *Vorwärts* gesucht hatte. Dass der Schriftsteller in der Sache jedoch nicht untätig blieb, verdeutlicht der Umstand, dass er just im April 1908 an zwei Zeugenaussagen für die *Vorwärts*-Prozesse arbeitete. Es handelte sich dabei um schriftliche Erklärungen, einmal unter dem Titel *Lebius, der ‚Ehrenmann'*,[122] zum anderen um eine ähnlich lautende titellose Skizze[123] für seine Frau Klara. May bereitete sich demnach ganz bewusst und gezielt auf den Prozess vor, wobei er peinlich bemüht war, sich nach außen hin nicht den geringsten Anschein einer aktiven Beteiligung zu geben. Am 22. September 1908 trafen Lebius und Wermuth wieder vor der 8. Strafkammer des Landgerichts I in Berlin zusammen. Über die Verhandlung berichtete der *Vorwärts* tags darauf. Das Blatt erwähnte u. a, dass in der Zwischenzeit „bereits mehrere auswärts wohnende Zeugen kommissarisch vernommen worden" seien. Diese Zeugen stammten aus dem früheren sozialdemokratischen-journalistischen Umfeld von Lebius. Dabei hatte sich bestätigt, dass Lebius selbst einmal gesagt habe, „er, Lebius habe gleichzeitig für Zeitungen verschiedener politischer Richtungen polemische Artikel geschrieben". In diesem Termin erweiterte Rosenfeld seinen Beweisantritt um die Hintergründe der Kahl-Broschüre, die dazu bestimmt gewesen sei „May als Schriftsteller tot zu machen [...] [und um] noch vor dem Prozeß gegen den Zeugen May Stimmung" zu erzeugen. Das Gericht lehnte diesen Beweisantrag ab, weil es sich nur um persönliche Differenzen zwischen Kahl und Lebius handelte, die erst nach Einleitung des gegenwärtigen Prozesses entstanden seien und deshalb nicht als Beweismittel für diesen Prozess gelten könnten. „Rechtsanwalt Rosenfeld erklärte hierauf, er sei nunmehr gezwungen, weitere Anträge zu stellen. Der Verteidiger machte Zeugen namhaft, welche bekunden können, daß Lebius in einem Gespräch mit Schriftstellern sagte: Gesetz und Moral sei Mumpitz, Geld sei die Hauptsache; bei den Journalisten sei es Grundsatz: Wer uns am meisten zahlt, der hat uns. Wer solche Anschauungen als seinen Grundsatz proklamiert

– sagte der Verteidiger –, der könne doch nicht als Ehrenmann angesehen werden. – Ferner bot der Verteidiger Beweis dafür an, daß Frau Lebius im Auftrage ihres Mannes die Frau des Schriftstellers Karl May ersucht habe, sie möge ihren Mann dahin beeinflussen, daß er in dem gegenwärtigen Prozeß eine unwahre, dem Kläger Lebius günstige Aussage mache."

Mit diesem Beweisantrag war nunmehr auch Klara May als potentielle Zeugin in die Auseinandersetzungen involviert. Dieser Antrag Rosenfelds macht jedoch auch klar, dass die Eheleute May dem *Vorwärts* konkrete Angaben über das Treffen der Schriftstellerfrau mit Martha Lebius gemacht haben mussten und dass sie Wermuth offenkundig doch mit Informationen unterstützten, denn woher hätten die Kenntnisse über das Treffen der Frauen sonst stammen sollen, wenn nicht aus Radebeul?

Wenn auch nicht allen Beweisanträgen der Beklagtenseite stattgegeben wurde, so verlief dieser Verhandlungstermin dennoch ganz im Sinne der Rosenfeldschen Prozeßtaktik:

„Das Gericht beschloss, die Verhandlung zu vertagen und die von der Verteidigung des Beklagten vorgeschlagenen Zeugen zu laden. Zum nächsten Termin sollen als Zeugen geladen werden: [...], Frau Lebius, auch der heute nicht vernommene Zeuge Kahl [...]".[124]

Es fehlten Karl May und Klara May!

Wermuth schrieb Karl May am 4. Oktober 1908 eine weitere Karte, *"aus welcher hervorgeht, daß meine Frau in meiner Abwesenheit nicht auf die Zeugenschaft gegen Lebius eingegangen ist, sondern geantwortet hat, daß sie sich bei einem ‚Kenner', also einem Rechtsanwalt erkundigen werde."*[125]

Den konkreten Inhalt der Karte hat May im Gegensatz zu den anderen Zuschriften von Wermuth bzw. der *Vorwärts*-Redaktion niemals öffentlich oder in einem Privatdruck wiedergegeben. Möglicherweise weil sie verriet, dass eine Beteiligung an der Rosenfeldschen Beweistaktik doch vorhanden war. Anhaltspunkte dafür, dass eine solche Unterstützung stattfand, ergeben sich aus dem Nachfolgenden: Mitten hinein in dieser spannungsvollen Zeit kam es zu einem spektakulären Ereignis, das Lebius' Stellung innerhalb der ‚gelben' Werkvereinsbewegung den Boden entzog: So hatte seine Sekretärin Elisabeth Gerlach in der Zeit zwischen November 1907 bis Juli 1908 heimlich von fast zweihundert Briefen aus der Korrespondenz ihres Vorgesetzten Duplikate angefertigt und diese im Herbst 1908 durch einen Mittelsmann an den Leiter der Berliner Verwaltungsstelle des Deutschen Metallarbeiter-Verbands, Adolf Cohen, verkauft. Von Januar 1909 an wurden diese Briefe zuerst im *Vorwärts* und im *Hamburger Echo*, dann auch in mehreren Provinzblättern der SPD und in der vom Alexander Schlicke Verlag herausgegebenen Sammlung *Der gelbe Sumpf*[126] veröffentlicht. Dies entlarvte die ‚gelbe Arbeiterbewegung' als Streikbrecherorganisation. Der Skandal beendete die guten Kontakte von Lebius zu den führenden Firmenköpfen. Das zeigte sich u. a. in einem Gespräch zwischen dem Direktor des Kabelwerkes Oberschönweide der AEG, Heinrich Peierl, und Dr. Emil Guggenheimer, MAN, in dem Peierl feststellte, „er halte Herrn Lebius direkt für einen Krebsschaden der ganzen Bewegung: derselbe sei in jeder Richtung eine nichts weniger als verachtenswerte Persönlichkeit. Er habe ihm direkt den Verkehr in seinem Werke untersagt und wolle mit einer Sache nichts zu tun haben, bei der Herr Lebius beteiligt sei [...]."[127]

Damit deutete sich bereits das Ende der Gewerkschaftskarriere des Rudolf Lebius an.

Die 8. Strafkammer des Landgerichts I in Berlin hatte am 12. Januar 1909 auch im zweiten *Vorwärts*-Prozess des Lebius (gegen Weber) zu entscheiden. Beide Parteien hatten Berufung eingelegt. Rosenfelds Beweisanträge wurden jedoch in diesem Verfahren abgelehnt, da das Gericht in der Einschätzung, Lebius „verstehe von Nationalökonomie so viel wie der Ochse vom Sonntag"[128] eine Formalbeleidigung erblickte. Der Schutz des § 193 könne dem Redakteur, der keine eigenen Interessen vertritt, nicht zugebilligt werden. Bei Formalbeleidigungen versage überhaupt der § 193. Die von der ersten Instanz verhängte Strafe von 30 Mark treffe das Richtige.

Die Widerklage der Verteidigung wegen beleidigender Lebius-Äußerungen sei abzulehnen, weil der betreffende Artikel sich ebenfalls nicht gegen einen bestimmten Redakteur, sondern gegen den *Vorwärts* im Allgemeinen richtete. Da das Gericht eine Formalbeleidigung gegenüber Lebius als tatbestandlich erfüllt ansah, war die Entscheidung, Weber den Rechtfertigungsgrund der Wahrnehmung berechtigter Interessen nicht zuzubilligen, folgerichtig. Problematisch erschien allerdings, dass das Gericht trotz einer angebotenen Beweiserhebung das Strafmaß festsetzte. Manches, was die Beweiserhebung hätte ergeben können, wäre für die Festsetzung des Strafmaßes von Bedeutung gewesen. Diese rechtlich zweifelhafte Entscheidung wurde von der Revisionsinstanz, dem 2. Strafsenat des Kammergerichts Berlin, am 12. März 1909 folgerichtig auch aufgehoben:

„Der Senat sei [...] mit dem Reichsgericht der Ansicht, daß, wenn es sich um das Strafmaß handele, immer der Beweis der Wahrheit geprüft werden müsse, soweit er angetreten sei, und daß das Gericht dann erst ermessen könne, wie sich die Strafe rechtfertigen lasse. Insoweit Angeklagter verurteilt sei, werde das Urteil aufgehoben nebst tatsächlichen Feststellungen und an das Landgericht zurückverwiesen."[129]

Nunmehr stand auch in diesem Verfahren fest, dass es bei einem prozessualem Fortgang zu einer Beweiserhebung kommen würde, also auch Zeugen, u. a. auch Klara May, geladen werden konnten, um gegen Lebius auszusagen. Dessen Betroffenheit über diese für ihn höchst unliebsame juristische Entwicklung spiegelt sich in seiner Anzeige gegen den *Vorwärts*-Anwalt Rosenfeld bei der Anwaltskammer „wegen standesunwürdigen Verhaltens" wider, weil dieser vor Gericht jene Beweisanträge gestellt hatte, „durch welche die Ehrenhaftigkeit des Herrn Lebius in Frage gestellt wurde. [...] Plädiert der Mann auf mildernde Umstände für alle vergangenen und künftigen Taten? Oder ist er so verzweifelt, daß er nicht mehr weiß, was er tut?"[130]

Die Anzeige gegen den *Vorwärts*-Anwalt gehört sicherlich nicht zu den geschicktesten, weil sinnlosesten Lebius-Schachzügen. Folgerichtig im Sinne seiner grundsätzlichen Taktik war wiederum der jetzt beginnende Versuch, auch Klara Mays Zeugeneigenschaft zu erschüttern.

III. Erster juristischer Nebenschauplatz: Die Emma-Pollmer-Prozesse

Angesichts der sich zuspitzenden Situation in den Berliner Verfahren mit dem *Vorwärts* sah sich Rudolf Lebius veranlasst, Material gegen Karl May als einen der wichtigsten Zeugen des SPD-Blattes zu sammeln. Sein Ziel war es, die Glaubwürdigkeit dieses Zeugen zu demontieren. Einem naheliegenden Gedanken folgend suchte der Journalist zu Jahresfrist 1908/09 die in Weimar lebende geschiedene Ehefrau Mays, Emma Pollmer, auf um sie auszuhorchen. Emma Pollmer beschrieb rückblickend den Vorgang so, als wäre Lebius ein ihr unbekannter Sensationsreporter gewesen, der versprach, nichts von dem Gesagten zu veröffentlichen. Lebius bestritt dieses Versprechen später.[131] Man wird sich fragen müssen, ob der Vorgang, so wie Emma Pollmer ihn beschrieb, wirklich zutreffend sein kann. Dass ein Journalist wie Lebius vom Publizieren aufsehenerregender, möglichst pikanter Geschichten lebte, musste ihr bewusst gewesen sein, als sie sich mit ihm unterhielt. Und Pikantes erzählte sie ihm, so von dubiosen Vorwürfen im Hinblick auf die Ehescheidung des Schriftstellers. Dabei wusste sie besonders Klara Mays Rolle als sogenanntes Schreibmedium zu kennzeichnen.

„Trotz eines bestimmt gegebenen Versprechens erschien kurze Zeit darauf in seinem Blatte ‚Der Bund' der gegen Karl May und seine jetzige Frau gerichtete Artikel ‚Ein spiritistisches Schreibmedium als Hauptzeuge der ›Vorwärts‹-Redaktion' mit Entstellungen und Unwahrheiten, zu denen er aus der Besprechung mit mir keine Veranlassung bekommen hat"[132], erklärte die reuige Emma Pollmer später. Klara May sowie die Bedeutung des Spiritismus im Hause des Schriftstellers stehen im Mittelpunkt des Artikels:

„Anfangs der neunziger Jahre lernten die Plöhns das Ehepaar May in Radebeul kennen. Bald entstand dicke Freundschaft zwischen den Frauen. Just um diese Zeit empfing May den Besuch eines Landsmanns und Jugendfreundes, des Deutschamerikaners Dr. Pfefferkorn. Dieser Mann bekannte sich als Spiritist und erzählte, daß er drüben Bombengeschäfte dadurch mache, daß sich seine Tochter als Schreibmedium von Geisterhand die Rezepte für die Kranken schreiben lasse. May wurde mit Leib und Seele Spiritist, was er freilich vor der Oeffentlichkeit ängstlich verbarg. Er fürchtete, daß die katholische Geistlichkeit, die ja zum Teil seine Schriften empfiehlt, daran Anstoß nehmen konnte. Die Frau Plöhn erfaßte mit sicherem Blick die Lage und erklärte, Schreibmedium zu sein. [...] Die Plöhn horchte die vertrauensselige Emma May aus und erfuhr, daß diese ohne Wissen ihres Mannes 36.000 M. gespart hatte. Frau Emma May hatte nämlich von ihrem Mann zu Weihnachten und zum Geburtstag jeweils einen Tausendmarkschein zum Geschenk erhalten und außerdem vom Wirtschaftsgeld manchen Hundertmarkschein beiseite gelegt. Bald nachdem die Plöhn von dem Schatz der Frau May Kenntnis hatte, brachte sie ihrer Freundin einen Geisterbrief, worin der Emma May von ‚unseren Lieben', d. h. den Seelen ihrer verstorbenen Verwandten, befohlen wurde, dem Richard, d. h. dem Herrn Plöhn, 20.000 M. auszuhändigen. Frau Emma May gehorchte aufs Wort. Nun wurde die Plöhn immer kühner. In kurzer Zeit hatte sie die ganzen 36.000 M. der Emma May in ihrem Besitz."

Der Artikel geht auch auf die Weltreise des Schriftstellers ein:

„1900 machte Karl May, der Weltreisende, seine erste Auslandsreise. Er ging allein nach Ceylon. Frau Plöhn langweilte sich daheim in Radebeul. Die Geister befahlen daher Frau May, mit der Plöhn nach München zu fahren, was geschah. Kaum war Karl May zurückgekehrt, so wiesen ihn die Geister an, nochmals eine Orientreise zu machen; diesmal aber das Plöhnsche Ehepaar mitzunehmen. Die Anweisung wurde befolgt, was 50.000 M. kostete."

Im weiteren Verlauf des Artikels kommt die Bedeutung des Spiritismus für die Ehescheidung Mays wieder ins Spiel:

„Im Herbst 1902 ordnete ein Geisterbrief eine Fahrt Mays mit den beiden Frauen nach Tirol an. Inzwischen war May mit der Plöhn eine Gewissensehe eingegangen."

Nunmehr sei auf dieser Reise der Spiritismus in Form der Geisterbriefe als Druck- und Drohmittel gegen Emma Pollmer eingesetzt worden, nachdem ihr die Trennung von May eröffnet worden war:

„Frau Emma May [...] erhielt den strengsten Befehl, auf dem Höhenhotel zu bleiben, andernfalls werde sie May verhaften lassen. Und Frau May blieb. Es kam Weihnachten. Sie bat, nach Hause kommen zu dürfen. Die Bitte wurde ihr abgeschlagen. Am 14. Februar 1903 kam die Urkunde über die vollzogene Scheidung. Frau May blieb auch jetzt weinend auf dem Berge und wagte nicht, sich zu rühren. Nur einen Trost hatten ihr die Geisterbriefe gespendet. Im Jenseits würde sie wieder mit ihrem Manne vereinigt sein. Im Diesseits dagegen gehörte er mitsamt seinem Gelde der Plöhn. Am 9. März floh Emma May aus ihrem Hotel nach Dresden. Hier gab es mit dem Mayschen Ehepaar stürmische Szenen. Der Frau Emma May wurde befohlen, alle das Paar belastenden Schriftstücke herauszugeben und sie tat es wie im Traum."[133]

Dass der Artikel in der Villa „Shatterhand" wenig Freude auslöste, ist verständlich. Die Informantin Emma Pollmer „geriet nun in Angst" und vermutete richtigerweise, „daß Karl May mich mit dem Artikel in Verbindung bringen und mir meine Rente, auf der allein meine Existenz beruhte, entziehen könnte".[134] Genau das tat Karl May, als er den Dauerauftrag bei der Sächsischen Bank in Dresden sofort löschen ließ, was das Kreditinstitut der Betroffenen am 30. März 1909 unmittelbar mitteilte.[135]

Die Löschung entsprach einer Möglichkeit im Rentenvertrag von 1903 zwischen Emma Pollmer und Klara May, worin sich Mays erste Ehefrau ausdrücklich damit einverstanden erklärt hatte, dass ihr „Recht auf Fortbestand der Rente" wegfalle, „falls Frau Pollmer in Zukunft irgend welche Beleidigungen, Verdächtigungen, Verleumdungen oder üble Nachreden sich gegen Herrn May oder dessen Angehörige zu schulden kommen lassen sollte."[136] Dieser Fall war nun eingetreten und versetzte Emma Pollmer schlagartig in die größte finanzielle Bedrängnis, da sie selber weder Vermögen besaß noch über eine Berufsausbildung verfügte, die ihr den Lebensunterhalt ermöglichte. May beließ es allerdings nicht bei der Renteneinstellung, sondern reichte auch noch eine Privatklage wegen Beleidigung gegen seine geschiedene Ehefrau ein:

An
das Großherzogl. S. Amtsgericht,
Abteilung für Strafsachen, zu Weimar.

Privatklage

des Schriftstellers Karl May in Radebeul-Dresden, vertreten durch die Rechtsanwälte Dr. Günther und Schäfer in Weimar,

gegen

die geschiedene Frau Emma Pollmer (verheiratet gewesene May) in Weimar, Lassenstrasse 3,

wegen Beleidigung.

Die Beschuldigte war in erster Ehe mit dem Privatkläger verheiratet. Die Ehe ist geschieden und sie ist als die Alleinschuldige erklärt worden. Der Privatkläger ist in zweiter Ehe mit Klara May, verwitwet gewesene Plöhn, geb. Beibler, verheiratet. In Nr. 13, Jahrgang IV, der Zeitung „Der Bund", de dato Berlin, Sonntag, den 28. März 1909, ist ein Artikel erschienen, der überschrieben ist: „Ein spiritistisches Schreibmedium als Hauptzeuge der ‚Vorwärts'-Redaktion." Das Material zu diesem Artikel hat die Beschuldigte geliefert. Sie hat es einige Zeit vor dem Erscheinen der Zeitung einem gewissen Lebius mitgeteilt.

Beweis: 1. Die Großherzogl. Kammersängerin Fräulein Selma Scheidt in Weimar,
    2. Herr Lebius in Berlin, als Zeugen.

Insbesondere hat sie folgende Behauptungen aufgestellt:
[Wiederholung des Artikelinhaltes]

Die Beschuldigte hat sich durch diese Mitteilungen der Beleidigung des Privatklägers und dessen Ehefrau schuldig gemacht; sie hat in Beziehung auf beide, wie keiner weiteren Ausführung bedarf, nicht erweislich wahre Tatsachen behauptet, welche sie verächtlich zu machen oder in der öffentlichen Meinung herabzuwürdigen, geeignet sind. Sie hat sonach gegen §§ 185, 186, 73 Str. G. B. verstoßen. Die Behauptungen, Frau Plöhn sei Spiritistin ja sogar Schreibmedium gewesen und ebenso sei Karl May Spiritist, ist wissentlich unwahr.
Beweis: Die Ehefrau des Privatklägers als Zeugin
Wissentlich unwahr ist auch die Behauptung, Frau Plöhn habe auf einen Geisterbrief hin Geld verlangt. Eine Fabel ist es auch, was über die Fahrt nach München und eine zweite Orientreise gesagt ist. Wahr ist nur, daß der Privatkläger auf seiner Reise, die bis Indochina ging, von Sumatra an seine Frau und Plöhns telegraphierte, sie wollten sich in Kairo treffen.
Der Privatkläger hoffte, daß sein Freund Plöhn von seiner Krankheit dort Heilung finden würde. Herrn Plöhn kostete diese Reise 8000 Mark. Wissentlich unwahr ist schließlich auch, daß die Beschuldigte auf der Mentel [sic!] irgendwie festgehalten worden sei. Für die Unwahrheit dieser Behauptungen und die Kenntnis der Beschuldigten hiervon wird allenthalben die Ehefrau des Privatklägers als Zeugin benannt. Insoweit hat sich daher die Beschuldigte auch der verleumderischen Beleidigung nach §§ 187, 73 des Str.-G.-B. schuldig gemacht.
Namens und in Vollmacht des Privatklägers stellen wir hiermit wegen der diesem und seiner Ehefrau zugefügten Beleidigungen Strafantrag, erheben für den Privatkläger selbst und für ihn auch zugleich als Ehemann gegen die Beschuldigte Privatklage und beantragen, das Hauptverfahren vor dem Großherzogl. Schöffengericht Weimar zu eröffnen und die Beschuldigte gemäß §§ 185, 186, 187, 73 St.-G.-B. zu bestrafen.

Weimar, den 16. April 1909.
Rechtsanwälte Dr. Günther und Schäfer.[137]

Zu Recht sah sich Emma Pollmer in ihrer Existenz bedroht. „Nun blieb mir nichts anderes übrig, als mich sofort an Lebius zu wenden, der an der Sache schuld war. Ich fuhr nach Charlottenburg, machte ihn für die Sache verantwortlich und blieb zunächst in Berlin wohnen. Lebius versprach mir, für mich zu sorgen und mir vor allem einen Anwalt zu verschaffen, der sich meiner gegen Karl May annähme."[138]

Lebius reichte die Hilfesuchende an seinen Schwager, Rechtsanwalt Heinrich Medem, weiter. Beide veranlassten Emma Pollmer *„zunächst, auf ihre 3000 Mark Rente zu verzichten, und zwangen sie sodann, ihre Pretiosen*[139] *zu versetzen, damit es ‚nach außen einen besseren Eindruck mache'".*[140]

Das Ziel dieser Vorgehensweise bestand darin, der Öffentlichkeit eine mittellose Frau zu präsentieren, an deren Unglück Karl May schuld war. Als Überbrückungsgeld gab ihr Lebius „200 Mark, über die er sich zunächst Darlehensquittungen ausstellen ließ, während er später sagte, er wolle das Geld überhaupt nicht wieder haben."[141]

In mehreren Briefen Klara Mays fällt das Wort „Prostituierte" über Mays erste Frau und in diesem Zusammenhang wird in einem Schreiben geurteilt: „Von Herrn Lebius wird sie [Emma Pollmer] noch ganz andere Sachen lernen. Sie ist von ihm genau so verkauft, auch mit 200 Mk., wie der Schlossergeselle F. W. Kahl seiner Zeit gedungen wurde, auch gegen ein Honorar von 200 Mk. um May kaput zu machen. Der Kahl war aber ein anständiger Mensch und kam zu May, als er die Schurkerei des Lebius durchschaute, und dadurch sank die hochgeschnellte Wage des Herrn Lebius so tief sie nur konnte. Um diesen Schaden auszuwetzen, ging er nach Weimar, sich neue Kraft zu holen, was ihm auch ausgezeichnet gelang."[142]

In den nun folgenden Schriftsätzen, der Klageerwiderung, den Repliken und Dupliken schoben sich beide Parteien gegenseitig den Hang zum Spiritismus sowie weiteres Fehlverhalten während der gemeinsamen Ehezeit zu. So behauptete Emma Pollmer u. a., dass Karl Mays Jugendfreund Jakob Pfefferkorn den Schriftsteller zum Spiritisten gemacht habe[143] und dass „der Privatkläger und seine jetzige Ehefrau Spiritisten sind, zum mindesten früher gewesen sind",[144] während May durch seine Anwälte nochmals erklären ließ: „nie Anhänger des Spiritismus, wohl aber Gegner jedes spiritistischen Hokuspokus"[145] gewesen zu sein. In den widerstreitenden, sich inhaltlich wiederholenden Schriftsätzen ist auch immer wieder die Rede von Geister- und Drohbriefen im Zusammenhang mit der Trennung der Eheleute Karl und Emma May im Sommer 1902. In einem Schriftsatz Emma Pollmers vom 6. September 1909 wurde auch um die Herbeiziehung von Karl Mays Strafregisters ersucht, diese aber offenbar nicht gewährt. Schließlich verweigerte Lebius am 27. September die Zeugenaussage – vermutlich unter dem rechtlichen Aspekt, sich als Verfasser des inkriminierten Artikels nicht selbst belasten zu müssen. Der Umstand, dass er bei seiner Zeugenvorstellung bei Gericht angab, evangelisch-lutherisch zu sein, veranlasste May zu einer Strafanzeige wegen wahrheitswidriger Zeugenaussage. Was aus dieser Strafanzeige wurde, ist leider nicht bekannt. Man kann jedoch davon ausgehen, dass es zumindest zu keiner Verurteilung von Lebius gekommen ist. Neben den juristischen Aktivitäten, deren Motor Rudolf Lebius war, engagierte sich der Journalist auch außerhalb der Gerichtssäle mit Eifer, um May zu schaden. So wusste Emma Pollmer später im Herbst 1909 zu berichten:

„Mir ist erzählt worden, daß Lebius bei der Schwester Karl Mays gewesen wäre, um in meinem Auftrage Unterstützung und Fürsprache für mich nachzusuchen. Ich habe Lebius nie dazu ermächtigt. Lebius hat mir aber ferner gesagt, er habe sich an den Kommerzienrat Pustet in Regensburg, den langjährigen Freund und früheren Verleger Karl Mays, um Unterstützung für mich gewandt, mit dem Vorwande, Karl May ließe mich verhungern, und die Unterstützung sei zugesagt worden."

Alle diese Aktivitäten bewirkten bei Emma Pollmer keine positive Änderung ihrer bedrohten wirtschaftlichen Situation. Dass es Lebius weniger um ihr Wohl, als vielmehr um aufsehenerregende Publicity gegen May ging, mochte sich ihr in jenen Tagen langsam, aber sicher aufdrängen. Und so fiel erstmalig jene Bemerkung, die eine fatale Entwicklung einleiten sollte:

„Dieses ganze Verhalten von Lebius hat mich schließlich dazu bestimmt, mich zu Bekannten in dem Sinne zu äußern, daß sein Vorgehen ein schuftiges sei, und ich habe dies aus voller Ueberzeugung seiner Handlungsweise gesagt. Diese Bemerkung ist durch einen meiner Bekannten Karl May zu Ohren gekomen, und wie mir gesagt worden ist, schon im Oktober 1909 an Lebius anläßlich eines Strafprozesses weitergegeben worden, ob in derselben Form, weiß ich allerdings nicht."[146]

Wie späteren Schreiben zu entnehmen ist, bezeichnete Emma Pollmer ihren Wohltäter konkret als einen „Schuft, der über Leichen geht".[147]

Gemeint war mit jenem Strafprozess das Weimarer Beleidigungsverfahren Mays gegen sie. Am 22. Oktober fand hier die Vernehmung von Louise Achilles, der Freundin Emma Pollmers, statt. Und so wird es jener Termin gewesen sein, an dem Lebius erstmalig davon erfuhr, dass seine Informantin ihm nicht mehr wohlgesonnen war. Auf seine Reaktion wird später noch einzugehen sein.

In der Verhandlung am 8. November 1909 erklärte Klara May, dass ihr Gatte „zu keiner Zeit Spiritist gewesen" sei. Auch in Bezug auf die eigene Person bestritt sie diese Eigenschaft, insbesondere, dass sie „als Schreibmedium" agiert habe. Sie räumte lediglich ein: „Ich interessiere mich nur für spiritistische Dinge; zu diesem Interesse bin ich durch Frau Pollmer gekommen. Damals war ich noch mit meinem ersten Gatten verheiratet. Die Angeklagte ließ mir keine Ruhe und veranlaßte mich, an spiritistischen Sitzungen in unserer damaligen Villa in Radebeul, Schulstr. teilzunehmen. Es wurde da alles Mögliche vorgenommen. Tischeklopfen, Schreiben und aller mögliche Unsinn. Ich stand allerdings in diesen Sitzungen derart unter dem Einflusse der Angeklagten, daß ich das, was sie wollte, tun mußte. Genau weiß ich aber, daß ich niemals einen solchen Geisterbrief geschrieben habe, in dem ich überhaupt um Geld gebeten hätte." Auch das Zutreffen der anderen Behauptungen des Lebius-Artikels stritt Klara May ab. Abschließend sagte sie aus: „Betreffs der Ueberschrift des den Gegenstand der Privatklage bildenden Artikels im ‚Bund' bemerke ich noch, daß ich nie Artikel spiritistischen oder sonstigen Inhalts für den ‚Vorwärts' geschrieben habe. Ich gehöre auch nicht dieser Partei an."[148]

Da die zweite Zeugin des Verfahrens, eine weitere Freundin von Emma Pollmer, Luise Dietrich, nichts wesentlich Erhellendes beitragen konnte, verblieb allein Klara May als relevante Zeugin. Zu einer gerichtlichen Entscheidung in der Sache kam es an jenem Tag allerdings noch nicht, doch musste Emma Pollmer mit der Möglichkeit rechnen, dass das Amtsgericht der Aussage Klara Mays Glauben schenken würde. In diesem Fall hatte Emma Pollmer mit einer Verurteilung wegen Verleumdung zu rechnen, wenn ihre Behauptung als wissentlich falsch angesehen wurde. Inzwischen war ihre wirtschaftliche Situation derart prekär geworden, dass sie schon aus rein existentiellen Gründen am 1. November 1909 einen Termin bei Mays Rechtsanwälten nur wenige Tage nach der Verhandlung wahrnahm. Ihre Freundin Selma vom Scheidt war dabei. Mays Anwälte schlugen vor, dass Emma Pollmer ihre Behauptungen zurücknehmen sollte; im Gegenzug wollte man die Privatklage Mays gegen sie fallen lassen. Es kam dann zu folgender Erklärung Emmas:

> Von mir aus möchte ich eine gütliche Verständigung mit Herrn Karl May herbeigeführt haben. Ich bin bereit folgendes zu erklären und mit Veröffentlichung dieser Erklärung einverstanden: Die von mir gegen Karl May erhobenen Beschuldigungen kann ich nicht aufrecht erhalten und nehme sie unter dem Ausdruck des Bedauerns zurück. Die Artikel des Herrn Lebius beruhen auf Entstellung von Mitteilungen, die ich Herrn Lebius gemacht habe. Ich verpflichte mich ferner, die entstandenen Kosten zu tragen; schließlich verspreche ich, in Zukunft Herrn und Frau May mit Angriffen und Verdächtigungen irgend welcher Art zu verschonen.[149]

Dass Emma Pollmers Einlenken vor allem von wirtschaftlichen Erwägungen motiviert gewesen war, wurde am 14. Dezember des Jahres deutlich. Vor dem Amtsgericht Weimar widerrief sie ihre Erklärung und machte auch den Grund dafür deutlich:

> Diese Erklärung habe ich aber nur unter der Voraussetzung abgegeben, daß sich der Privatkläger auf einen Vergleich auch wirklich einlassen und daß er mir auch die bisher gezahlte Rente weiter zahlen würde. Wenn der Privatkläger auf einen Vergleich nicht eingehen will, so kann ich natürlich auch nicht die Erklärung abgeben, daß ich die Beschuldigungen nicht mehr aufrecht erhalte und die gestellten Beweisanträge zurückziehe. Das Verfahren mag dann seinen Fortgang nehmen. Ich muß daher auch meine Erklärung widerrufen, da ich sie nur unter der Voraussetzung, daß es zu einem Vergleich kommen würde, abgegeben habe.[150]

Die gegenseitigen Verpflichtungen aus einem möglichen Vergleich waren also durchaus unterschiedlich beurteilt worden. Der Prozess ging weiter. Zeugen sollten für den nächsten Termin am 11. Februar 1910 geladen werden und Klara May schrieb sichtlich schockiert über den unerwarteten Fortgang des Verfahrens an Selma vom Scheidt:

„Die unglückselige Emma will sich zugrunde richten. Sie hat ihre, in Ihrer Gegenwart beim Rechtsanwalt gemachten Aussagen vor Gericht zurückgenommen. Die Frau ist mit Blindheit geschlagen."[151]

In diese Phase der fortgesetzten Auseinandersetzungen zwischen Emma Pollmer und May verschärfte sich die Situation noch dadurch, dass die geschiedene und mittellose Neu-Weimarerin bei der 6. Zivilkammer des Landgerichts Dresden eine Zahlungsklage über 36.000 Reichsmark gegen den Dichter einreichte. Bei der fraglichen Summe handelte es sich um jenes Geld, dass sie während ihrer Ehezeit Richard Plöhn übergeben hatte. Ob Emma Pollmer seinerzeit das Geld wirklich in Zueignungsabsicht weggenommen hatte, muss zumindest bezweifelt werden, denn es wäre in diesem

Fall kaum nachvollziehbar gewesen, dass sie es ausgerechnet dem besten Freund ihres Ehegatten zur Verwahrung gab. Wie auch immer die Abläufe und Motive wirklich ausgesehen haben mochten; Lebius hatte es letztlich geschafft, Emma Pollmer die Rolle der Eigentümerin des Vermögens einzureden und sie zum Rückzahlungsbegehren des angeblich ihr gehörenden Geldes zu überreden. Über dieses überraschende Vorgehen empörte sich Klara May in einem Brief an die inzwischen als Vermittlerin fungierende Selma vom Scheidt:

„Die Unglückliche hat sich durch Lebius zu einer noch verhängnißvolleren Dummheit hinreißen lassen, als alle früheren waren: diese kann sie ins Zuchthaus führen, wenn sie nicht einfach dem Gericht die ganze Sachlage mitteilt und sagt, dass Lebius sie zu diesem Schritt veranlasst hat, dessen Tragweite sie erst jetzt sieht. Emma hat uns nämlich wegen der gestohlenen 36000 Mk verklagt. [...] Emma selbst hat sich in ihren Aussagen widersprochen, indem sie früher behauptete, das Geld vom Wirtschaftsgeld erspart zu haben, und als sie dies nicht aufrecht erhalten konnte, änderte sie ihre Angaben dahin, es seien Geschenke! Alle diese Aussagen stehen fest in den Akten. Man kennt sie!"

Dass Emma Pollmer nur als Spielball im laufenden Münchmeyer-Prozess benutzt werden sollte, da ihre eigene Zahlungsklage kaum Aussicht auf Erfolg hatte, bringt Klara May im gleichen Brief zum Ausdruck:

„Sie will ihre Angaben beeiden, wie tatsächlich in ihrer Klagschrift steht. Sie ist also gewillt, einen nachweislichen Meineid zu schwören! Da sie es hier will, sagen die Gegner, hat sie aller Wahrscheinlichkeit nach es früher schon gethan! Durch diese Klage sind nun wir selbst gezwungen, Emmas Unwahrheiten nachzuweisen und zwar steht die Klage, wohlverstanden genau vor derselben Kammer und vor demselben Richter, der jetzt den zweiten Teil des Münchmeyerprozesses hat. Der Zweck der ganzen Sachen ist, dass Emmas Eid fällt. Ob sie selbst daran mit zu Grunde geht, gilt jenen gleich. Sie ist die einzige vollgültige Zeugin, die damals bei jenem Mittagessen, auf welches Alles ankommt, zugegen war.

Frau Münchmeyer will schwören, dass jenes Essen nie stattgefunden habe, also auch die getroffenen Vereinbarungen nicht gemacht worden sind. Einen Eid hierüber kann Frau Münchmeyer aber nur dann erhalten, wenn Emma kaput gemacht ist. Wir verlieren dadurch den Prozess und stehen als Schwindler da, Emma aber wandert in's Zuchthaus. So ist der teuflische Plan. Emma ist wahnsinnig, wenn sie sich weiter dazu hergiebt, der Spielball dieser Schurken zu sein. Sie kann sich nur retten, wenn sie dem Gericht, in diesem Falle dem Vorsitzenden Landgerichtsdirektor Clauss, 6. Civilkammer, die reine Wahrheit von Anfang an, in einem Brief mitteilt und um seinen Schutz bittet. Sie muss ihm sagen, dass Lebius zu ihr kam, sie aushorchte und dann trotz ihres Verbotes das Gehörte sofort entstellt und verdreht in seiner Zeitung wiedergab so, dass sie jetzt einen Strafprozess deshalb habe. Dann lockte er sie nach Berlin zu seinem Schwager Medem, (der mit Zuchthaus bestraft ist, wegen Unterschlagung von Mündelgeldern); dieser schrieb uns, daß Emma auf ihre Rente verzichte!!! Dadurch kam sie ganz in die Hände des Lebius. Er unterstützte sie nun mit Geld! Lebius veranlasste sie nun, gegen uns Staatsanwaltsanzeigen loszulassen, genau so zwang er sie in der weimarischen Klage, Sachen zu unterschreiben, wovon er wusste, dass nun Karl May sich nicht mehr mit ihr vergleichen konnte. Er hatte sie dadurch getrennt! Auch zu der Klage wegen der 36.000 Mk veranlasste nur er sie! Sie sollte ursprünglich durch Gerlach gehen. Er trägt die Schuld daran, dass sie ihre Rente verloren und dass sie den Prozess in Weimar hat, weil er die Mitteilung, die sie ihm machte, verdreht und entstellt wiedergab."[152]

Als Termin für die Zahlungsklage von Emma Pollmer war sodann der 28. Januar 1910 bestimmt worden. Somit standen sich im Januar 1910 Karl May und seine geschiedene Ehefrau Emma Pollmer in drei laufenden Gerichtsverfahren als Parteien gegenüber; zum einen klagte Emma Pollmer auf Weitergewährung ihrer Rente in Höhe von 3.000 Mark und zum anderen auf Rückzahlung der 36.000 Mark gegen Karl May und Klara May, während der Schriftsteller seine Privatklage wegen Beleidigung durch den ‚Spiritismus'-Artikel aufrechterhielt. Doch keines dieser gerichtlichen Verfahren musste durch Richterspruch entschieden werden, denn Mays Rechtsanwälten gelang es, Vergleichsvereinbarungen mit Emma Pollmer zu treffen, die letztlich auch zur Beendigung aller Verfahren führten. Auch hierfür muss gemutmaßt werden, dass es vorrangig finanzielle Gründe waren, die Mays geschiedene Ehefrau zum Einlenken bewegt hatten. Den Anfang bildete eine außergerichtliche Erklärung Emma Pollmers vom 14. Februar 1910:

> In der Angelegenheit
> Rudolf Lebius und Pater Pöllmann gegen Karl May
> hat Frau Pollmer in Weimar, Karl May's geschiedene Frau,
> folgende Erklärungen zur Veröffentlichung gegeben:
>
> Bezüglich der Vorgänge, welche der im Jahre 1909 gegen Karl May von der Zeitschrift „Der Bund" in Charlottenburg eingeleiteten Hetze und zugleich der Privatklage von Karl May gegen mich, anhängig beim Schöffengericht zu Weimar, zu Grunde liegen, gebe ich folgende wahrheitsgemäße Darstellung: Nach der Scheidung von Karl May bin ich nach Weimar verzogen; meine Existenz war durch eine mir von der jetzigen Frau May in gültiger Form ausgesetzte Rente von M. 3000 jährlich sichergestellt. Ich fühlte mich dort wohl und hatte keine Veranlassung zu Differenzen mit meinem geschiedenen Ehemann.
> Vor ca. Jahresfrist kam der Journalist Lebius aus Charlottenburg, der der wirkliche Leiter der Zeitschrift ›Bund‹ ist, zu mir und suchte mich über Karl May auszufragen. Daß er der Feind von Karl May sei, war mir vollständig unbekannt. Er tat so, als wenn er Mitleid mit mir hätte; er hätte erfahren, daß es mir ungerechter Weise schlecht gegangen sei, schlich sich auf die Art in mein Vertrauen und horchte mich aus. Als ich bemerkte, daß er sich Notizen machte, fing ich an, vorsichtiger zu werden und nahm ihm das Versprechen ab, daß er nichts davon veröffentlichen dürfte. Dieses Versprechen gab er mir ausdrücklich.

Wie ich dann erfahren habe, hat er sich von einem Tag zum andern in Weimar aufgehalten; er hatte schon am ersten Tag versucht, mich zu treffen, aber vergebens; am zweiten Tage ist es ihm dann gelungen. Trotz seines bestimmt gegebenen Versprechens erschien kurze Zeit darauf in seinem Blatte „Der Bund" der gegen Karl May und seine jetzige Frau gerichtete Artikel „Ein spiritistisches Schreibmedium" mit Entstellungen und Unwahrheiten, zu denen er aus der Besprechung mit mir keine Veranlassung bekommen hat. Ich geriet nun in Angst, daß Karl May mich mit dem Artikel in Verbindung bringen und mir meine Rente, auf der allein meine Existenz beruhte, entziehen könnte. Tatsächlich erhielt ich auch nun wenige Zeit später eine Privatklage Karl Mays gegen mich zugestellt, nachdem der kurz vorher fällig gewordene Rentenbetrag auch nicht an mich gelangt war. Nun blieb mir nichts anderes übrig, als mich sofort an Lebius zu wenden, der an der Sache schuld war. Ich fuhr nach Charlottenburg, machte ihn für die Sache verantwortlich und blieb zunächst in Berlin wohnen. Lebius versprach mir, für mich zu sorgen und mir vor allen Dingen einen Anwalt zu verschaffen, der sich meiner gegen Karl May annähme. Bei meinen häufigen Besuchen bei Lebius in Charlottenburg stellte er mir seinen Schwager, den Rechtsanwalt Medem, vor, und dieser nahm nun meine Angelegenheiten in die Hand. Ich sollte von ihm Unterstützung in der Privatklagesache wider mich erhalten. Außerdem sollte ein Prozeß gegen Frau May auf Zahlung von Mk. 36 000, als Erbin ihres ersten Mannes angestellt werden. Ich stellte Medem Vollmacht aus, und dieser erklärte, wie ich später erfahren habe, bereits im Juni 1909 Karl May gegenüber den über Mk. 3000 Rente abgeschlossenen Vertrag für absolut unverbindlich. Er bezeichnete den Vertrag auch mir gegenüber als einen Wisch, den ich hätte nie unterzeichnen dürfen. Ebenfalls habe ich hinterher erfahren, daß Karl May diese Erklärung meines Anwaltes akzeptiert hat.
Die ganze Unterstützung von Lebius bestand nun darin, daß ich hin und wieder zum Essen kam, und schließlich gab er mir auf mein Drängen nach und nach 200 Mark, über die er

sich zunächst Darlehensquittungen ausstellen ließ, während er später sagte, er wolle das Geld überhaupt nicht wieder haben. Später, als ich Miene machte, mich mit Karl May zu versöhnen, drohte er mir Klage über 300 Mark an mit der Bemerkung, die 100 Mark seien wegen der Ansprüche, die ich gestellt habe. In der Zwischenzeit hatte Karl May auch eine Beleidigungsklage gegen Lebius in Charlottenburg anhängig gemacht. Darüber äußerte sich Lebius mir gegenüber auch einmal, und das war im Mai 1909. Er erzählte mir, er habe in diesem Prozesse einen Vergleich mit Karl May abgeschlossen. Weiteres sagte er nicht. Zu derselben Zeit war ich in Berlin, und da fanden die vorhinbezeichneten Besprechungen zwischen Lebius bzw. Medem und mir statt. In dieser ganzen Zeit hat Lebius fortgesetzt mich als Werkzeug gegen Karl May zu benutzen gesucht, indem er sich den Anschein gab, als wenn er bezweckte, mir zu helfen. Ganz besonders ist mir erinnerlich, daß er wiederholt, auf den Münchmeyer-Prozeß zu sprechen kam, auf meine Aussage, die ich in diesem Prozeß als Zeugin erstattet hatte, und daß er versuchte, mich mit dieser Aussage in Widersprüche zu verwickeln, indem er von mir die Erklärung wollte, ich sei zu dieser Aussage von Frau May verleitet worden, wobei ich ihm auf das Bestimmteste widersprochen habe. Ich bin deshalb wiederholt auf den Gedanken gekommen, daß er mit dem Anwalt der Frau Münchmeyer, Gerlach, den er übrigens als seinen Freund bezeichnete, wegen des Prozesses in Beziehung stehen müsse. Es ist mir jetzt bekannt geworden, daß Rechtsanwalt Gerlach eine Vollmacht zu den Akten meines Ehescheidungsprozesses überreicht hat, die ich mich nicht besinnen kann, auf seinen Namen ausgestellt zu haben.[153]

Mit der Ausnutzung von Emma Pollmer als Informantin gegen May hatte Lebius einen ersten juristischen Nebenkriegsschauplatz geschaffen, der die Beteiligten lange beschäftigte.

IV. Der ‚Vernichtungsfeldzug' des Rudolf Lebius
1. Ein Räuberhauptmann und ‚geborener Verbrecher'?

Die berufliche Situation für Rudolf Lebius hatte sich im Sommer 1909 dramatisch verschlechtert, was zum einen auf den Brief-Skandal vom Januar des Jahres, aber auch auf die negative Entwicklung in den *Vorwärts*-Prozessen des Journalisten zurückzuführen war. Lebius wurde für die Unternehmer, die hinter der ‚gelben Arbeiterbewegung' standen, zunehmend zu einer Belastung. Noch bevor die Prozesse mit Wermuth und Weber in die entscheidende und für Lebius vermutlich ungünstige Beweisverfahrensphase gehen konnten, zog er seine Beleidigungsklagen „auf Druck des Gelben Arbeitsbundes"[154] zurück. Dieser für die anderen Beteiligten überraschende Rückzug wurde auch im *Bund* publik gemacht, der am 28. Oktober 1909 vermeldete: „Der Bundesvorstand hat in seiner letzten Sitzung beschlossen, daß die ‚Bund'-Redaktion einen Teil ihrer Prozesse gegen die Sozialdemokratie zurückzunehmen hat."[155] Tatsächlich wurden alle laufenden Klagen zurückgezogen. Damit hatte sich auch die Zeugenschaft für die Eheleute May erledigt.

Obwohl die *Vorwärts*-Prozesse zu Ende waren, setzte Lebius seine Angriffe gegen May unvermindert fort. Der Friede von Berlin-Schöneberg war ohnehin nur von kurzer Dauer gewesen, wie schon aus den bereits erwähnten Strafanzeigen Mays gegen Lebius hervorgeht.

Seinen persönlichen Krieg mit May suchte er mit allen Mitteln fortzusetzen, vermutlich, weil er in seiner Fehde mit dem Schriftsteller auch das Ende seiner gewerkschaftspolitischen Karriere begründet sah. Dieses Ende scheint die Intensität der Bemühungen von Lebius um eine Diskreditierung bzw. „Entlarvung" Mays – wie Lebius es selber nannte – noch erheblich verstärkt zu haben. Der Journalist gebrauchte in diesem Zusammenhang auch einmal den martialischen Begriff vom „Vernichtungsfeldzug"[156] gegen May, was deutlich die hasserfüllte Seelenlage verrät. Im Herbst 1909 ging er daher dazu über, sich kurzerhand in Mays Geburtsort nach der Vergangenheit des Dichters umzuhören und dort die unglaublichsten Geschichten zu erfahren. Er lernte bei seinen investigativen Ermittlungen u. a. den Gartenarbeiter Hieronymus <u>Richard</u> Krügel (1852-1912) kennen, der fantastische Geschichten über die Jugend- und Vagantenzeit Karl Mays zu berichten wusste. Kern seiner frei erfundenen Berichte waren abenteuerliche Schilderungen darüber, dass sein Bruder <u>Louis</u> Napoleon Krügel (1848-1900) einst gemeinsam mit May eine Räuberbande in den erzgebirgischen Wäldern angeführt und zahllose Aufsehen erregende Taten begangen habe. Lebius lernte auch die Witwe des verstorbenen Louis, Marie Anna Krügel (1844-1922) kennen, die den Fantastereien ihres Schwagers nicht widersprach.

Noch während er seine Rechercheergebnisse mit der eigenen Fantasie mischte, um sie publizistisch gegen May zu verwerten, bemerkte er das Abrücken seiner bisherigen Informantin Emma Pollmer. Lebius traf dieses Verhalten doch insgesamt überraschend. Es veranlasste ihn, sich am 12. November 1909 an Emma Pollmers Weimarer Freundin, Selma vom Scheidt, zu wenden:

An die Opernsängerin
Fräulein vom Scheidt
Weimar.

Sehr geehrtes gnädiges Fräulein!
Da ich seiner Zeit mit dem Schriftsteller Karl May, den ich für einen geborenen Verbrecher halte, sehr schlechte Erfahrungen gemacht hatte, so wandte ich mich im Frühjahr diese Jahres an seine geschiedene Gattin, die auch ein Opfer seines kriminellen Egoismus geworden war. Frau Emma bat mich mit Thränen in den Augen, ihr wieder zu ihrem Rechte zu verhelfen. Sie sagte mir, sie hätte seit Jahren nach einem Schriftsteller ausgeschaut, der für ihre Sache auch vor der Öffentlichkeit kämpfen wolle. Sie brachte mir Feder und Papier und diktierte mir alle für einen solchen Kampf wichtigen Angaben.
Als nun May im Verlaufe dieses Kampfes seiner geschiede-

nen Frau die Monatsrente entzog, habe ich Frau Emma mit mehreren hundert Mark unterstützt und ihr gesagt, daß ich ihr bis an ihr Lebensende 100 Mark Monatsrente gewähren würde, falls von May die Rente auf rechtlichem Wege nicht zu erhalten sei. Auf Anraten meines Rechtsanwaltes habe ich allerdings im Hinblick auf meine gerichtliche Einigung mit May verlangt, daß Frau Emma erst einen Teil ihrer Schmucksachen versetzt, weil das nach außen hin einen besseren Eindruck macht. Ich habe mich sodann mit aller Macht des Rechtsschutzes der Frau Emma angenommen und hintereinander folgende Rechtsanwälte mit der Bearbeitung der Mayschen Akten betraut:
1) Rechtsanwalt Medem,
2) Rechtsanwalt Dr. Miethke,
3) Rechtsanwalt Dr. Blau,
4) Geh. Justizrat Überhorst und
5) Rechtsanwalt Dr. Gerlach.
Nachdem ich nun in diesem Rechtkampf mehrere Hundert Mark Verbindlichkeiten eingegangen bin, höre ich plötzlich zu meinem größten Befremden in einem von May verfaßten Schriftsatz, daß Frau Emma, ohne mich und ihre Rechtsanwälte zu benachrichtigen, durch Sie mit May in direkte Verbindung getreten ist. May schreibt sogar, Frau Emma hätte durch Sie ihn erklären lassen: „Lebius sei ein Schuft, der über Leichen geht."
Ich ersuche Sie höflichst um Auskunft, widrigenfalls ich gegen Sie und Frau Emma Privatbeleidigungsklage anstrengen werde. Ich habe auch durch meinen Syndikus Herrn Geheimrat Überhorst Schritte vorbereiten lassen, um wieder zu meinem Gelde zu kommen.
                    Hochachtend!
                    Rudolf Lebius.[157]

Wenige Tage später beschwerte sich der Journalist auch gegenüber Emma Pollmer:

„Ihr eigentümliches Verhalten erregt hier allgemeines Befremden. Nachdem wir auf Ihre Veranlassung einen gewaltigen juristischen Apparat in Bewegung gesetzt haben, gehen

Sie einfach Ihrer Wege und tun so, als wenn die ganze Sache Sie nichts angeht. Die einfachste Anstandspflicht hätte erfordert, zum mindesten meiner Frau einige Ansichtspostkarten zu schreiben, zumal ja meine Frau Ihren Launen stets nachgegeben und sich grosse Kosten und Zeitopfer auferlegt hat. Neuerdings erscheinen in den gerichtlichen Schriftsätzen Mays gegen meine Person allerhand Behauptungen, wofür May Sie als Zeuge anführt. Frau Klara May hat auch auf Grund einer Aussage von Ihnen Privatbeleidigungsklage gegen mich angestrengt. Sie werden es verständlich finden, dass ich mich unter solchen Umständen gegen Sie wehren muss. Wenn Sie nicht binnen 8 Tagen eine befriedigende Auskunft erteilen, werde ich sowohl Sie als [auch] Frl. vom Scheidt wegen verleumderischer Beleidigung verklagen und Ihnen auch einen Zahlungsbefehl über vorläufig 300 Mark zuschicken."[158]

Der Inhalt des Lebius-Briefes an Selma vom Scheidt gelangte in jener Zeit zur Kenntnis Mays, der eigenhändig am 17. Dezember 1909 beim Amtsgericht Charlottenburg eine Privatklage gegen Lebius wegen verleumderischer Beleidigung einreichte und gleichzeitig Strafantrag stellte:

Der oben genannte Rudolf Lebius hat vor kurzer Zeit an die Großherzoglich Sächsische Kammersängerin Selma vom Scheidt in Weimar geschrieben, dass „ich ein geborener Verbrecher sei." Die Dame, die ich hier als Zeugin benenne, hat mir das persönlich mitgeteilt. Ich erhebe hierüber Privatklage, stelle Strafantrag wegen verleumderischer Beleidigung im Sinne der §§ 185, 186, 187 des Strafgesetzbuches und bitte das Hauptverfahren baldigst zu eröffnen.[159]

Nur 2 Tage später, am 19. Dezember 1909, veröffentlichte Lebius als Reaktion darauf einen folgenschweren Artikel über May unter dem Titel *Hinter die Kulissen*. Er hatte dabei seine Recherchen in Hohenstein-Ernstthal auf ganz eigene Art verarbeitet:

„Genosse Carl May stammt aus Hohenstein-Ernsttal im sächsischen Erzgebirge. Seine Mutter, die Hebamme war, verschaffte ihm durch Fürsprache des Hohensteiner Pfarrers eine Freistelle auf dem Lehrerseminar in Waldenburg. Von hier wurde er jedoch wegen verschiedener Diebstähle entlassen. Von einer Anzeige nahm man Abstand. May gelang es, auf einem anderen Seminar anzukommen und dort das Lehrerexamen zu bestehen, worauf er angestellt wurde. Als der neugebackene Lehrer zum Weihnachtsfest nach Hause kam, brachte er seinem Vater als Geschenk eine Uhr und eine Meerschaumpfeife mit: beide Geschenke hatte er seinem Logiswirt entwendet. Wegen dieses Diebstahls wurde er schon am zweiten Weihnachtstage im Hohensteiner Gasthof zu den drei Schwanen, wo er gerade Billard spielte, vom Brigadier verhaftet und erhielt sechs Wochen Gefängnis. Kaum befand sich May wieder in Freiheit, so stahl er dem Schmied Weißpflog einen Ring mit 50 Dietrichen und allerlei Einbruchswerkzeug, und nun lebte er von Einbrüchen. Aufsehen erregte sein Einbruch in einen Uhrenladen in Niederwinkel. Wieder wurde er erwischt und mit vier Jahren Kerker sowie Ueberweisung ans Arbeitshaus bestraft. Das Zuchthaus wurde für Carl May, wie sich später erwies, die hohe Schule des Verbrechertums. Hier lernte er die tausenderlei Kniffe und Pfiffe, mit denen er später den Behörden und der bürgerlichen Gesellschaft ein Schnippchen nach dem anderen schlug. Gleich nach seiner Entlassung aus dem Zuchthaus im Jahre 1869 beging Carl May wieder Diebstähle und wurde steckbrieflich verfolgt. Er flüchtete darauf in die erzgebirgischen Wälder bei Hohenstein, wo er einen früheren Ernsttaler Schulfreund, den fahnenflüchtigen Soldaten Louis Krügel von den Jägern in Freiberg traf. Krügel hatte gerade aus der Kompagniekasse hundert Taler gestohlen und war desertiert. Beide klagten einander ihre Not, schwuren sich ewige Freundschaft und beschlossen mit anderen Bekannten, die namentlich als Hehler tätig wurden, eine Räuberbande zu bilden. Innerhalb der Bande und auch in der öffentlichen Meinung galt Carl May unbestritten als Führer. Den Hauptschlupfwinkel der Räuber, der nie entdeckt worden ist, bildete eine mit Moos und gestohlener Leinwand wohnlich austapezierte Höhle in dem herrschaftlich Waldenburgischen Walde, Abteilung 6, zwischen Grünthal und Langenberg, oberhalb der Kirche. Die Bande unternahm fast täglich räuberische Ueberfälle, namentlich gegen Marktfrauen, die den Wald passierten; ferner wurden fortgesetzt Diebstähle und Einbrüche und sonstige Schwindeleien verübt. Bei der Ausraubung eines Uhrenladens in Waldenburg erbeutete die Bande für 520 Taler Goldwaren. Daneben vergaßen May und Krügel auch das Wildern nicht. Sie legten fleißig Schlingen nach Klein- und Großwild. Zu den Hehlern der Bande gehörten der Wegwärter Vogel in Langenberg, die Witwe Johanna Schramm in Kaufungen und der Landwirt Eduard Gäpner in St. Egidien. Bei diesen fanden auch verschwiegene Gelage statt, wobei der gestohlene Wein in Strömen floß. Da schließlich durch die Räubereien die Wochenmärkte der benachbarten Städte schlecht besucht wurden, denn den Rabensteiner und Meinsdorfer Wald wagten die Frauen nicht mehr zu betreten, erbaten die Städte Hohenstein und Ernsttal von der Regierung die Absendung von Militär. Dieses traf auch ein und begann mit dem Absuchen der Wälder. An der May-Jagd beteiligten sich die Hohensteiner Feuerwehr und der Ernsttaler Turnverein. May und Krügel wurden aber nicht gefunden. Sie hatten sich durch folgende List gerettet. May hatte unter den vielen gestohlenen Kleidungsstücken, die sich in der Räuberhöhle aufgehäuft hatten, auch eine sächsische Gefangenenaufseher-Uniform entdeckt. Diese zog er an, fesselte seinem Freunde Krügel die Hände auf dem Rücken, worauf beide anstandslos die Militärkette durchschritten. Bei einer anderen Razzia entkamen Krügel und May nur dadurch, daß sie in dem Moment, wo zwei Gendarmen die Wirtsstube betraten, aus dem Fenster sprangen und auf den beiden Pferden der Gendarmen die Flucht ergriffen. May gefiel sich in seiner Räuberhauptmannsrolle so sehr, daß er durch seine Prahlereien und Renommistereien oft seine Sicherheit aufs Spiel setzte. So schrieb er einmal im ‚Gasthof zur Katze‘ zwischen Glauchau und Ernsttal auf den Wirtstisch: ‚Hier haben May und Krügel gesessen und haben Brot und Wurst gegessen.' Als die Wirtin den Teller wegnahm, fiel ihr beim Anblick des Verschens vor Schreck fast der Teller aus der Hand. Im Harzer Kegelschub in Hohenstein fand man eines Morgens einen Zettel mit Mays Schriftzügen. Der Zettel enthielt die Worte: ‚Heute habe ich hier genächtigt Carl May, Räuberhauptmann.' Viel Geld verdienten May und Krügel, als sie sich im Altenburgischen in der Verkleidung von Feldmessern mit richtigen Instrumenten und Absteckstangen herumtrieben. Sie erklärten den Bauern, den Auftrag zu haben, die neue Bahnlinie abzustecken. Sie steckten nun die Bahnlinie mit den Feldmesserstangen jeweils so ab, daß der Bahndamm mitten durch die Bauerngrundstücke hindurchging. Gegen die Klagen der Bauern schienen die beiden Feldmesser ihr Ohr zu verschließen. Erst wenn die Bauern zum Geldsäckel griffen, bequemten sich die beiden ‚Beamten', die Bahnlinie zu verlegen. Von dem Bauer Leonhardt in Hermsdorf erhielt May auf diese Weise 800 Taler. Einem Bäckermeister in Milzen wurde ein anderer Streich gespielt. Bei ihm erschien der in Amtsdiener-Uniform gekleidete Krügel und bestellte ihn zum nächsten Tage auf das zuständige Amtsgericht nach Glauchau. Das war ein meilenweiter Weg. Kaum war andern Tags der Bäckermeister fortgegangen, so erschien May ebenfalls in Gerichtsdiener-Uniform und erklärte der Bäckermeisterin, er habe den Auftrag, eine Haussuchung vorzunehmen, denn ihr Mann stehe im Verdacht der Falschmünzerei, weswegen er auch in Glauchau in Untersuchungshaft verbleiben würde. Die zu Tode erschrockene Bäckersfrau holte eilends alles im Hause befindliche Metall- und Papiergeld herbei, was May sofort für beschlagnahmt erklärte. Hierbei ‚verdienten' May und Krügel über 1000 Taler. Der Verhaftung entgingen die Räuber jahrelang, weil sie täglich andere Kleider trugen. Als den beiden in den erzgebirgischen Wäldern der Boden zu heiß wurde, wandten sie sich nach Leipzig. Hier stiegen sie in einem der ersten Hotels ab und ließen sich zur Auswahl einen größeren Posten kostbarer Pelze schicken, mit denen sie schleunigst, ohne zu zahlen, aus dem Hotel entflohen. Jetzt ging's nach dem Süden.

In Mailand bekam May das Nervenfieber. Als er in seinen Fieberphantasien seine ‚Heldentaten' auszuplaudern anfing, bekam Krügel Angst, ergriff die Flucht und kehrte nach Sachsen zurück. Hier wurde er erwischt und vom Kriegsgericht zu sechs Jahren Festung verurteilt, worauf man ihn nach Königstein brachte. Von hier aus unternahm er einen waghalsigen Fluchtversuch mit dem Militärgefangenen Kohle. An 26 zusammengeknüpften Bettüchern ließ er sich an der Festungsmauer und dem Felsen hinabgleiten. Er entkam, während Kohle, als er noch an den Bettüchern kletterte, vom Posten erschossen wurde. Krügel arbeitete dann unerkannt sechs Monate lang als Knecht auf einem Bauerngut, bis er eines Tages von einer Marktfrau, die er einst ausgeraubt hatte, erkannt und der Polizei übergeben wurde. Diesmal erhielt er 22 ½ Jahre Zuchthaus, aber schon im Jahre 1877, als König Johann alle während des Krieges verurteilten sächsischen Soldaten begnadigte, erlangte er die Freiheit. Er wurde dann Waldarbeiter und verblieb in diesem Beruf bis zu seinem Tode, der vor zwei Jahren erfolgte. May unterstützte seinen alten Freund reichlich. Zum Geburtstage schickte er ihm jeweils 500 Mk. Das letzte Mal geschah dies vor drei Jahren. Auch Carl May wurde endlich gefaßt und wieder zu vier Jahren Zuchthaus verurteilt. Als May 1875 endlich frei war – unter Polizeiaufsicht stand er noch in den achtziger Jahren – verlegte er sich auf die Kolportage-Schriftstellerei. Gleichzeitig verfaßte er erdichtete fromme Reiseerzählungen für das katholische Familienblatt ‚Deutscher Hausschatz' in Regensburg. Mays Kolportageschriften, die meist in Erinnerungen aus seinem wechselreichen Verbrecherleben wurzeln, sind stark unsittlich, während die gleichzeitig verfaßten katholischen Erzählungen – May ist Protestant – als sittlich einwandfrei von katholischer Seite empfohlen werden. Seine nunmehrige Frömmigkeit und sein Ruhm als Schriftsteller und Weltreisender trugen ihm die Freundschaft vieler Fürstlichkeiten ein. Die Prinzessin von Waldenburg, eine fromme Dame, lud ihn mehrmals auf ihr Schloß ein, wobei er dann im fürstlichen Wagen von der Bahn abgeholt wurde. Hätten die fürstlichen Herrschaften geahnt, daß ihr Gast der gefeierte Dr. Carl May und der berüchtigte Einbrecher und Räuber Carl May, der noch vor wenigen Jahren die fürstliche Residenz in Angst und Schrecken versetzte, eine Person waren, sie hätten sich nicht schlecht entsetzt. Auch heute verkehrt May in ersten Dresdner Kreisen. Er steht im Briefwechsel mit Fürstlichkeiten, selbst mit Angehörigen regierender Häuser. Er gilt als Millionär, besitzt ein kostbares Automobil und huldigt teuren Launen. So hat er von sich eine Marmorbüste herstellen lassen, die 40.000 Mk. kostete. Bezeichnend ist es, daß May sich nun als wirklicher Weltreisender feiern ließ, während er tatsächlich erst im Jahre 1900, nachdem er seine berühmten Reisebücher längst geschrieben hatte, zum ersten Mal aus Deutschland herauskam. In den neunziger Jahren führte May auf Grund einer amerikanischen Flebbe, d. h. gefälschten Urkunde, die ihm 50 Mk. gekostet hatte, den Doktortitel, bis die sächsische Regierung dem Unfug ein Ende machte. Ueber die höchst abenteuerlichen Taten, die May sonst noch vollbrachte, berichten wir vielleicht ein andermal. Vielleicht kommen alle diese Dinge auch in den Prozessen zur Sprache, die die Bundredaktion noch auszufechten hat. Da wir zu den öffentlichen Verhandlungen die Presse einladen werden, so wird dann für weitere Kreise Gelegenheit sein, Näheres über den größten deutschen Kolportageschriftsteller, dessen Leben selbst ein Kolportageroman ist, zu erfahren."[160]

Der Artikel wurde auch im Charlottenburger Verfahren zur inhaltlichen Argumentationsgrundlage für Lebius. In diesem Verfahren reichte er erst am 22. März 1910 dem Gericht die Klagewiderung ein. Dabei bestritt er zunächst

daß ich in dem Brief an die Kammersängerin Frl. vom Scheidt in Weimar von May behauptet habe, er sei ein geborener Verbrecher. Ich besinne mich nur, daß ich der Dame geschrieben habe, sie würde mit ihrer Vermittlungstätigkeit zwischen May und seiner ersten Frau kein Glück haben. Falls sich aber herausstellen sollte, daß mich hier mein Gedächtnis im Stiche läßt, und daß der Ausdruck gegen May doch gefallen ist, so bestreite ich, den inkriminierten Ausdruck in beleidigender Absicht angewendet zu haben. Meines Wissens stammt dieses Wort „geborener Verbrecher" von dem italienischen Irrenarzt Professor Lombroso, der die Anschauung verfocht, daß man aus der Krankengeschichte (intrauterin oder extrauterin) oder dem Körperbau eines Verbrechers zu erkennen vermöge, ob die Anlage zum Unnormalen bzw. Unmoralischen eine angeborene ist. [...] Daß May aber auch vom juristischen Standpunkt aus als Verbrecher bezeichnet werden kann, dafür trete ich hiermit den Wahrheitsbeweis an.[161]

Anschließend führte Lebius wie schon in seinem Artikel *Hinter die Kulissen* May als Räuberhauptmann vor, der mit seiner Bande in jungen Jahren Marktfrauen überfallen, fortgesetzt Diebstähle, Einbrüche und sonstige Schwindeleien verübt und sich auch als Wilderer betätigt habe. Für diese Behauptungen führte Lebius eine Reihe von Zeugen aus dem heimatlichen Umfeld Mays auf. Das Verbrecherische in Mays Wesen habe sich auch später, als Schriftsteller fortgesetzt. Für diese Behauptungen führte Lebius auch Mays alte Pressegegner Cardauns, Schumann und Pöllmann als Zeugen auf:

Als May aus dem Zuchthause herauskam, verfiel er auf den glücklichen Gedanken, seine Verbrechererinnerungen in Form von Kolportageromanen niederzuschreiben. Einige dieser Schriften gingen, andere nicht. Sein Einkommen war kläglich. Etwas mehr verdiente May erst dann, als der katholische Verlag von Pustet in Regensburg, der den „Deutschen Hausschatz" herausgibt, fromme Reiseerzählungen bei ihm bestellte. Nun schrieb May gleichzeitig fromme katholische Erzählungen und unsittliche Räubergeschichten. [...] Daß Karl May auch ein literarischer Dieb ist, hat Benediktinerpater Dr. Ansgar Pöllmann dieser Tage aufgedeckt.[162]

Auch die Doktortitel-Problematik sowie die Umstände, die zur Ehescheidung des Schriftstellers geführt hatten, wurden thematisiert, um Karl May als ‚geborenen Verbrecher' zu kennzeichnen. Klara May wandte sich nur Tage später an Emma Pollmer: „Hast Du die Originalbriefe von Lebius erhalten, die dieser Dir abgenommen hatte? Wenn ja, sofort an Karl senden: er muss sie prüfen, ob sie dieselben sind wie die <u>Abschriften</u>, die Lebius gesandt hat, die Gemeinheiten des Lebius übertreffen jedes menschliche Mass. Es ist furchtbar."[163]

Vermutlich auf Veranlassung des Dichters forschte Klara May bei Emma Pollmer nach, ob sie Lebius nicht auch im Hinblick auf die von ihm aufgeführten Zeugen aus der Heimatstadt des Schriftstellers hilfreich gewesen war. Verbunden mit der Nachfrage war auch die Aufforderung: „Bitte, sende mir, resp. Karl alle Briefe, die Du, oder Frl. v. Sch. von Lebius erhalten habt. Ihr kennt die Tragweite solcher, Euch vielleicht ganz unwichtig erscheinender Schriftstücke nicht. [...] Denke nur, wie er in dem Brief an Frl. v. Sch. schreibt, er hätte Dich veranlasst erst Deine Schmucksachen zu versetzen, es sähe vor der Oeffentlichkeit besser aus. Als ob Du nötig gehabt hättest Deine Sachen zu versetzen, wenn er nicht alles Elend eingebrockt hätte. Es wird einen furchtbaren Kampf geben. Der Unmensch strebt unter allen Umständen Karl zu vernichten."[164]

Karl May analysierte die Klageerwiderung von Lebius und beantwortete sie in seinem Schriftsatz vom 10. April 1910 zumeist durch rhetorische Gegenfragen nach dem jeweiligen Beweis der 31 einzelnen Behauptungen. Als Anlage beigefügt war dem Schriftsatz auch das corpus delicti – der Klage auslösende Lebius-Brief.

[...] ob der Ausdruck „geborener Verbrecher" von Lombroso oder Lebius stammt, ist gleich. Er hat ihn gegen mich angewendet. Mich auch nur Verbrecher zu nennen, ist unbedingt Beleidigung. Und das Wort „geborener" ist im gewöhnlichen Sprachgebrauch nicht eine Milderung, sondern eine Steigerung der Sache. Die Absicht der Beleidigung kann nicht weggeleugnet werden. Sie folgt schon daraus, dass diese Beleidigung nicht etwa für sich dasteht, sondern dass sie nur ein winziger Teil jener ununterbrochenen Reihe von Beleidigungen ist, die im Jahre 1904 begonnen hat und bis heute nicht ihr Ende fand, obgleich ich nicht die geringste Veranlassung dazu gebe.[165]

Naiv und schlecht beraten, die Bestrafung von Lebius als reine Formsache ansehend, erschien May am Dienstag, dem 12. April 1910, um 11.20 Uhr ohne Rechtsbeistand vor dem Schöffengericht zu Berlin-Charlottenburg. Das erwies sich als sträflicher Leichtsinn, denn die Gesellschaft, die Öffentlichkeit draußen im Lande, die Eltern maylesender Kinder, sie alle wollten Klarheit über den Schriftsteller Karl May, Klarheit über Old Shatterhand. Und wenn es hie und da einem Zeitungsleser nicht um die Person ging, so interessierte ihn doch jedwede Sensation. May jedoch war nur an einer Bestrafung von Lebius wegen verleumderischer Beleidigung gelegen. Er hatte sich derart vorbereitet, dass er jeder Behauptung gegen seine Person, die Lebius aufgestellt hatte, seine Sicht der Dinge entgegenzuhalten gedachte. Der Verlauf der Verhandlung lässt sich anhand zahlreicher und ausführlicher Zeitungsberichte recht genau wiedergeben. Den Vorsitz führte der kurz vor der Pensionierung stehende Amtsgerichtsrat Gerhard Wessel, der wohl infolge allgemeiner Überarbeitung und in Anbetracht noch weiterer unerledigter Fälle beider Parteien zu großer Eile drängte. Während May allein auftrat, erschien Lebius mit einem ganzen Stab von Anwälten – Dr. Carl Walther, Dr. Hans Kretschmann und ihrem Sprecher Paul Bredereck.

Zu Beginn der Verhandlung wurde der Beklagte mit dem fraglichen Brief an Selma vom Scheidt konfrontiert. Lebius erkannte ihn als echt an. Daraufhin stellte Bredereck klar, dass der Beklagte Rudolf Lebius zwar zugebe, den Ausdruck ‚geborener Verbrecher' auf Karl May in jenem Brief angewandt zu haben, doch würde sein Mandant ganz entschieden bestreiten, dass er sich damit strafbar gemacht haben sollte. Anschließend stellte Bredereck für verschiedene Vorgänge aus Mays Vergangenheit Beweisanträge.

Bredereck weiter: „Wir behaupten, dass der Privatkläger schon als Seminarist Diebstähle ausgeführt habe, dass er dann als neugebackener Lehrer zum Weihnachtsfest nach Hause gekommen sei und seinem Vater als Geschenk eine Uhr und eine Meerschaumpfeife mitgebracht habe. Beide

Gegenstände hatte er seinem Logiswirt entwendet. Hierfür ist May mit sechs Wochen Gefängnis verurteilt worden. Kaum war er wieder in Freiheit, als er einen Einbruch in einem Uhrenladen in Niederwinkel ausführte. Wieder wurde er erwischt und mit vier Jahren Kerker sowie Ueberweisung ans Arbeitshaus bestraft. Gleich nach seiner Entlassung aus dem Zuchthaus im Jahre 1869 beging Karl May neue Diebstähle und wurde steckbrieflich verfolgt. Er flüchtete darauf in die erzgebirgischen Wälder bei Hohenstein, wo er einen früheren Ernstthaler Schulfreund, den fahnenflüchtigen Soldaten Louis Krügel, traf. Krügel hatte gerade aus der Kompaniekasse hundert Taler gestohlen und war desertiert. Beide klagten einander ihre Not, schwuren sich ewige Freundschaft und beschlossen mit anderen Bekannten, die namentlich als Hehler tätig waren, eine Räuberbande zu bilden. Innerhalb der Bande und in der öffentlichen Meinung galt Karl May unbestritten als Führer. Den Hauptschlupfwinkel der Räuber, der nie entdeckt worden ist, bildete eine mit Moos und gestohlener Leinwand wohnlich austapezierte Höhle in dem herrschaftlich waldenburgischen Walde. Die Bande unternahm fast täglich räuberische Ueberfälle, namentlich gegen Marktfrauen, die den Wald passierten; ferner wurden fortgesetzt Diebstähle und Einbrüche und sonstige Schwindeleien verübt. Da schließlich durch die Räubereien die Wochenmärkte der benachbarten Städte schlecht besucht wurden, erbaten die Städte Hohenstein und Ernstthal von der Regierung die Absendung von Militär. Dieses traf auch ein und begann mit dem Absuchen der Wälder. An der May-Jagd beteiligten sich die Hohensteiner Feuerwehr und der Ernstthaler Turnverein. May und Krügel wurden aber nicht gefunden. Sie hatten sich durch folgende List gerettet: May hatte unter den vielen gestohlenen Kleidungsstücken, die sich in der Räuberhöhle aufgehäuft hatten, auch eine sächsische Gefangenenaufseheruniform entdeckt. Diese zog er an, fesselte seinem Freunde Krügel die Hände auf dem Rücken, worauf beide anstandslos die Militärkette durchschritten. Bei einer anderen Razzia entkamen Krügel und

May nur dadurch, dass sie in dem Moment, wo zwei Gendarmen die Wirtstube betraten, aus dem Fenster sprangen und auf den beiden Pferden der Gendarmen die Flucht ergriffen. May gefiel sich in seiner Räuberhauptmannsrolle so sehr, dass er durch seine Prahlereien und Renomistereien oft seine Sicherheit aufs Spiel setzte. Der Verhaftung entgingen die Räuber jahrelang, weil sie täglich andere Kleider trugen. Schließlich flüchtete May, als ihm der Boden zu heiß wurde, nach Mailand. Da May hier infolge eines Nervenfiebers zu redselig wurde, bekam Krügel Angst und kehrte nach Deutschland zurück. Schließlich wurden beide gefasst. May wurde wieder zu vier Jahren Zuchthaus verurteilt, die er in den Jahren 1870 bis 1874 in Waldheim verbüßte. Als dann May aus dem Zuchthaus herauskam, verfiel er auf den Gedanken, seine Verbrecher-Erinnerungen in Form von Kolportageromanen niederzuschreiben. Da das Geschäft nicht ging, schrieb er gleichzeitig fromme katholische Erzählungen und unsittliche Räubergeschichten. Diese Tatsachen sollen von uns zunächst behauptet werden. Ich beantrage, die zu diesen Fällen genannten Zeugen kommissarisch zu vernehmen. Auf die literarischen Verbrechen, die Karl May nach unserer Meinung begangen hat, will ich an dieser Stelle noch nicht eingehen. Die Zeugenvernehmung würde sich vielleicht erübrigen, wenn die Personalakten des Privatklägers von der Amtshauptmannschaft Dresden-Neustadt eingefordert werden, die die Angaben bestätigen werden. Sind die Behauptungen des Angeklagten aber wahr, so haben sie doch sicherlich einen erheblichen Einfluß auf die Bemessung der Strafe. Das Kammergericht hat in ähnlichen Fällen entschieden, dass dem Beweisantrage stattzugeben sei. Ich behalte mir vor, wegen der Worte des Privatklägers, ‚Lebius ist ein Schuft, der über Leichen geht', Widerklage zu erheben. Schließlich nehme ich für den Angeklagten den Schutz des § 193 des Strafgesetzbuches in Anspruch."

Die Einlassungen des Anwalts gaben in seinem Eröffnungsplädoyer stellenweise wörtlich die Fantastereien seines Mandanten, die dieser in seinen Artikeln über Karl May –

speziell in jenem vom 19. Dezember 1909 – verbreitet hatte, als juristisch nachweisbare Fakten wieder.

Wie sich nun aus den Zeitungsberichten rekonstruieren lässt, wandte sich der Vorsitzende hierauf May zu:

„Wollen Sie die Strafen zugeben?"

Karl May: „Ich habe das, was mir hier vorgeworfen wird, nicht getan. Wenn das der Fall wäre, wäre ich nicht mehr am Leben; denn wenn ich mit solchen Vorwürfen durchs Leben gehen sollte, hätte ich schon längst den Revolver gebraucht. Ich übergebe dem Gericht meine Antwort..."

Mit diesen Worten überreichte der Schriftsteller dem Gericht ein umfangreiches Schriftstück mit einer längeren Einlassung. Doch der Vorsitzende hielt nichts von umfangreichen zusätzlichen Schriftstücken und wies es zurück:

„Darauf können wir uns unmöglich einlassen. Erkennen Sie an, dass Sie Strafen verbüßt haben?"

May: „Ja, aber nicht die, die mir hier vorgeworfen werden. Ich bin nie Räuberhauptmann gewesen und habe nie eine Tabakspfeife gestohlen."

Vorsitzender: „Also Sie bestreiten, dass die hier vorgetragenen Strafen von Ihnen verbüßt worden sind. Was für Strafen haben Sie verbüßt?"

May: „Ich habe darüber nichts zu sagen. Ich würde mir dadurch für einen späteren Prozeß Schaden zufügen."

Bredereck rief dazwischen: „Gibt der Privatkläger zu, dass er Räuberhauptmann gewesen ist?"

May: „Das ist nicht wahr."

Der Verteidiger von Lebius mahnte erneut den von ihm angebotenen Beweisantrag an. Des Weiteren führte er begründend aus:

„May ist nicht Herr Hinz oder Kunz, sondern eine Persönlichkeit von tiefgehendem Einfluß auf die deutsche Jugend, und da liegt ein öffentliches Interesse vor, daß die Vorwürfe des Beklagten nachgeprüft werden. Die ganze Oeffentlichkeit ist sich darüber klar, dass die Schundliteratur auf May zurückzuführen ist. Deshalb beantrage ich, daß die von mir angebotnen Beweise erhoben werden."

May warf ein: „Ich habe für die Jugend nichts geschrieben, außer den sechs Büchern, die bei Spemann erschienen sind. Ich schreibe für sehr erwachsene Leute und bin ein Christ und gottesgläubiger Mensch. Wenn ich einen Einfluß habe, so ist es ein guter. Ich führe meine Leser zum Glauben und zu einer idealen Lebensführung, eben weil ich früher bestraft worden bin. Ich bin nicht bestraft wegen innerer Schlechtigkeit. Ich will mich aber darüber nicht auslassen."

Der Prozessgegner übte diesbezüglich weniger Zurückhaltung.

Bredereck: „Der Privatkläger hat sich zuerst nicht auf Glauben und Gottesfurcht geworfen, und unsittliche Bücher geschrieben. Erst als er sah, daß mit der Tugend ein größeres Geschäft zu machen ist, hat er sich auf die Jugend geworfen. Es ist bezeichnend, daß er katholischen Tendenzen huldigt, daß er sich von katholischen Zeitungen feiern läßt. Dabei ist er nie Katholik gewesen, sondern evangelischen Glaubens. Aus allen diesen Gründen muß gestattet werden, das ganze Beweismaterial aufzurollen."

Der Vorsitzende war weniger an vergangenen Episoden interessiert, sondern lenkte die Verhandlung wieder zum Anlass des aktuellen Streits zwischen den Parteien.

Vorsitzender: „Weshalb wurde denn der Brief überhaupt geschrieben?"

Die Frage war an Lebius selber gerichtet. Dieser ergriff das Wort und erklärte es für wünschenswert, wenn in der ganzen Sache einmal Klarheit geschaffen würde. In ganz Deutschland seien jetzt Prozesse von Karl May anhängig gemacht worden. May bestreite das gegen ihn Vorgebrachte, und dann schrieben wieder hundert Zeitungen in Deutschland, May sei verleumdet worden. Außerdem sei May nicht das Unschuldslamm, als das er sich gerne sehe. May habe ihn in Dresden bankrott gemacht. Jetzt sei May nach Berlin gekommen und bemühe sich, mit Hilfe des Vorwärts und der Sozialdemokratie, ihn finanziell zu ruinieren.

Vorsitzender: „Weshalb brauchten Sie denn überhaupt der Opernsängerin zu schreiben?"

Lebius: „Ich bin von May durch Prozesse verfolgt worden und deshalb zu der ersten Frau Mays gegangen, um mir Prozeßmaterial zu holen. Als May dies bekannt wurde, entzog er der Frau die 250 Mark monatlichen Zuschuß. Ich habe ihr darauf monatlich 100 Mark gegeben. Die Opernsängerin Fräulein vom Scheidt wollte darauf zwischen den früheren Ehegatten vermitteln. Hierauf schrieb ich ihr diesen Brief."

Vorsitzender: „Daß Sie der Frau monatlich 100 Mark gaben, ist ja sehr edel!"

Karl May, auf dessen Gesicht sich die innere Erregung widerspiegelte, rief aus: „Es ist ja alles nicht wahr; 200 Mark hat er ihr aufgezwungen und jetzt soll sie sogar 300 Mark wieder zurückzahlen."

Lebius: „Jedes Wort, daß Herr May sagt, ist unwahr."

Nach diesem kurzen Wortwechsel zog sich das Gericht zurück, um, wie man annahm, über die von Bredereck und Lebius eingebrachten Beweisanträge zu beraten. Die Beratungszeit währte nur kurz, und gleich nach Wiedererscheinen verkündete Wessel zum Erstaunen aller im Saal das Urteil, das für den Beklagten Rudolf Lebius auf 15 Mark Geldstrafe wegen Beleidigung lautet. Schnell, noch bevor die eigentliche Begründung des Urteils erfolgte, ergriff Bredereck protestierend das Wort. Er konstatierte, dass eine Beschlussfassung über seine Beweisanträge noch nicht erfolgt sei. Ferner fehle sein Plädoyer:

„Ich habe bisher nur zu den Beweisanträgen gesprochen und habe mir ausdrücklich vorbehalten, zu der Anklage selbst noch eingehend zu plädieren. Zu meinem Schlußplädoyer habe ich noch nicht das Wort erhalten."

Der Vorsitzende bemerkte dazu, dass das Urteil irrtümlich ergangen sei und erklärte: „Dann will ich das Urteil noch einmal aussetzen."

Karl May: „Ich denke, es ist eben ein Urteil verkündet worden."

Der Vorsitzende widersprach ihm da: „Es ist kein Urteil verkündet worden."

Wessels Vorgehen deckte sich mit der Strafprozessordnung.

Denn die Urteilsverkündung ist erst mit der mündlichen Bekanntgabe der Gründe beendet, die hier noch nicht erfolgt war. Bis dahin ist das Gericht nicht an seinen Ausspruch gebunden und kann noch wieder in die Verhandlung eintreten. Das Gericht durfte sich also noch korrigieren, so sonderbar ein solcher Vorgang wirken musste.

Bredereck wurde das Wort zum Plädoyer erteilt. Er führte nunmehr zur Verteidigung aus, dass er für seinen Klienten die Wahrnehmung berechtigter Interessen in Anspruch nahm. Noch einmal fasste er die ganze gegen May vorgebrachte Litanei zusammen, angefangen von den Vorstrafen bis hin zur literarischen Tätigkeit, die auch von der Neigung zum Diebstahl und Verbrechen geprägt gewesen sei. Er rezitierte die Plagiatsvorwürfe Pöllmanns sowie die Auswüchse der Old-Shatterhand-Legende. Unter diesen Umständen müsse man doch in Betracht ziehen, ob der Ausdruck, dass dieser Mensch ein ‚geborener Verbrecher' sei, eine Beleidigung enthalte. Auch ohne noch einmal auf die in der Verhandlung beantragten Beweisanträge einzugehen, und weil eine Überschreitung der Wahrnehmung berechtigter Interessen nicht vorliege, beantragte Bredereck die Freisprechung seines Mandanten Rudolf Lebius. Zu guter Letzt merkte er noch an, dass mit Rücksicht auf die jetzt entstandene Situation und um nicht noch alles zu verkomplizieren, er, Bredereck, wegen des von May gebrauchten Ausdrucks ‚Lebius sei ein Schuft, der über Leichen geht', von der Widerklage absehe.

Daraufhin bat Lebius eindringlich, dass man endlich einmal Klarheit über May schaffen müsse.

Lebius: „Ich bitte, die Akten über Karl May bei der Amtshauptmannschaft in Dresden einzufordern. In diesen wird sich ein Brief des Polizeipräsidenten von Dresden befinden. In diesem Briefe wird Karl May ein literarischer Hochstapler genannt. Dieses sei geschehen, weil Karl May an die Redaktion des Dresdner Adreßbuches das Ansuchen richtete, ihn als Doktor Karl May aufzunehmen, er habe seinen Doktor in Frankreich, nach späteren Angaben in Amerika gemacht."

Zum Schluss sollte aber auch der Privatkläger Karl May sein Plädoyer halten dürfen.

Vorsitzender zu May: „Haben Sie noch etwas zu sagen?"

Karl May: „Ich bitte, mir ein bis zwei Stunden Zeit zu geben, um meine Ausführungen zu machen. Nach dem, was hier vorgebracht worden ist, und was man mir zur Last legt, kann ich mich nicht kürzer fassen."

Er hatte, noch während Bredereck wie auch Lebius sprachen, dem Vorsitzenden seine 31 Punkte umfassende Schrift ein letztes Mal vorgelegt. Diesen Schriftsatz gedachte er vorzutragen und damit Punkt für Punkt den Lebius'schen Beweisantrag zu entkräften.

Schon setzte er zum Sprechen an, da schob ihm der Vorsitzende den Schriftsatz wieder zu, ergriff seine Akten und zog sich mit den Schöffen zur neuerlichen Beratung zurück. May wandte sich konsterniert zum Publikum:

Karl May: „Soll ich mir das alles gefallen lassen?"[166]

Doch der Einwand verhallte, nur von wenigen wahrgenommen. Nach einer halbstündigen Beratungszeit kehrte das Gericht wieder zurück. Der Amtsrichter verkündete das Urteil:

[Königliches Amtsgericht Charlottenburg
– Schöffengericht –]

Geschäftsnummer: 35. B. 295/09

Im Namen des Königs!

In der Privatklagesache
des Schriftstellers Karl May in Dresden-Radebeul,
Villa Shatterhand,

Privatklägers,

gegen

den Journalisten Rudolf Lebius in Charlottenburg,
Mommsenstr. 47,
vertreten durch die Rechtsanwälte Paul Bredereck, Dr. Carl Walther und Dr. Kretschmann in Berlin, Friedrichstr. 169,

Angeklagten,

wegen Beleidigung,

hat das Königliche Schöffengericht in Charlottenburg in der Sitzung vom 12. April 1910, an welcher teilgenommen haben:
Amtsgerichtsrat Wessel, als Vorsitzender,
Gärtner Weber und Bankbeamter Lange, als beisitzende Richter,
Diätär Moldenhauer, als Gerichtsschreiber,

für Recht erkannt:

Der Angeklagte wird von der Anklage der Beleidigung freigesprochen.
Die Kosten des Verfahrens fallen dem Privatkläger zur Last.

G r ü n d e:

Der Privatkläger und der Angeklagte stehen auf sehr feindlichem Fusse und befehden sich gegenseitig durch Preßartikel. Am 12. November 1902 schrieb nun der Angeklagte an die Opernsängerin Frl. vom Scheidt, die mit der geschiedenen Ehefrau des Privatklägers, Emma May, in nahem freundschaftlichem Verkehr steht, einen Brief folgenden Inhalts:
[Auszugsweise Wiedergabe des Briefes]
Durch diesen Brief verfolgt der Angeklagte sowohl eigene als fremde Interessen, nämlich die der Ehefrau des Privatklägers; letztere hatte ihn mit der Wahrnehmung ihrer Rechte gegenüber dem Privatkläger betraut. Die Wahrnehmung ihrer Interessen beruhte daher nicht auf ethischen Gründen, wie Mitleid. Da aber der § 193 St.G.B. sich auch auf § 185 bezieht, so kommt in Frage, ob dem Angeklagten wegen der gerügten Ausdrücke der Schutz jenes Paragraphen zuzusprechen ist. Die Bezeichnung „geborener Verbrecher" ist erst neuerdings auf Grund der von Lombroso gemachten Untersuchungen in die gerichtlich-medizinische Wissenschaft eingeführt. Ob nun die von dem Angeklagten ausgesprochene Ansicht zutreffend ist, oder nicht, könnte nur auf Grund eingehender Gutachten von Sachverständigen festgestellt werden. Dagegen sind die aus dem Vorleben des Privatklägers von dem Angeklagten angeführten Begebenheiten noch keineswegs maßgebend. Das Gericht hatte daher keine Ver-

anlassung, die umfangreichen Wahrheitsbeweise, auf die sich Angeklagter bezieht, zu erheben, zumal nur wegen formeller Beleidigung aus § 185 St.G.B. das Verfahren eröffnet ist. Daß Privatkläger bereits mehrfach vorbestraft ist, gibt dieser zu. Auch wenn unter den Vorstrafen sich keine Zuchthausstrafe entgegen der Behauptung des Angeklagten befinden sollte, so ist dennoch aus dem ganzen Zusammenhang des Briefes und der Anwendung des fachmännischen Ausdrucks noch keinesfalls auf eine Absicht der Beleidigung zu schließen. Wie aus dem Briefe weiter hervorgeht, faßt der Angeklagte die Bezeichnung „geborener Verbrecher" als kriminellen Egoismus auf, dem auch seine geschiedene Ehefrau als „Opfer" verfallen sei.

Das Gericht ist daher auf Grund des § 193 St. G. B. zu einer Freisprechung gelangt. Die Kostenentscheidung beruht auf §§ 499, 503 St. P. O.

gez. Wessel.[167]

Das Tagebuch Klara Mays vermerkte zum Ausgang des Verfahrens lediglich: „†††".[168] Karl May selber resümierte fassungslos:

„Heißt das nicht, einen armen Menschen, der sich mit äußerster Willenskraft aus dem Abgrund emporgearbeitet und vierzig Jahre lang oben bewährt hat, mit brutaler Gewalt wieder hinabzuwerfen?"[169]

In ähnlicher Weise fühlte auch sein Verleger Friedrich Ernst Fehsenfeld mit, der u. a. öffentlich mit einem Flugblatt für seinen Autor eintrat und zutreffend Gesellschaft und Justiz anklagte:

„Wie unbarmherzig und heuchlerisch ist die Gesellschaft, die es einem, den sie zu den ihrigen gerechnet hat, nicht vergeben kann, daß er einst ausgestoßen war! Was hat das Gesetz denn dann noch für einen Wert, wenn es nicht wirklich zu sühnen vermag?"[170]

Das Charlottenburger Verfahren stellte Mays schlimmste juristische Niederlage in seinem letzten Lebensjahrzehnt dar.

2. Karl May ./. Rudolf Lebius, Martha Lebius und Hugo Nathanson

Wegen des Artikels *Hinter die Kulissen* bevollmächtigte Karl May am 30. Dezember 1909 die Dresdner Rechtsanwaltsanwaltskanzlei Wetzlich und Netcke, um gegen die Verantwortlichen Strafantrag zu stellen. Zu diesen gehörte neben dem Redakteur Hugo Nathanson auch Martha Lebius, die Ehefrau seines Intimfeindes und Geschäftsführerin des Reformverlages *Der Bund G.m.b.H.*. Der Strafantrag vom 10. Januar 1910 wurde beim Amtsgericht Dresden eingereicht.

In No. 51 des 4. Jahrgangs der Zeitschrift „Der Bund", Organ für die gemeinsamen Interessen der Arbeiter und Arbeitgeber, vom 19. Dezember 1909, befindet sich ein Artikel mit den Eingangsworten „Hinter die Kulissen", in welchem der Schriftsteller Karl May in Radebeul, für den ich hiermit Vollmacht überreiche, auf das Schwerste beleidigt wird. Die Veröffentlichung ist nur ein Teil einer systematischen Hetze in der Presse, die seit Jahren neben einem Civilprozess, den Karl May führt, hergeht. Die Zeitung ist durch den Verlag des „Bund" mit Hilfe von Bureaus über ganz Deutschland verbreitet worden. Originale sind u. a. beim Landgericht Dresden, bei dem der Prozeß spielt, sowie bei der Staatsanwaltschaft Dresden mit dem Poststempel Charlottenburg eingereicht worden.

Verlegerin des „Bund" ist Frau M. Lebius in Charlottenburg, geistiger Leiter der Zeitschrift Rudolf Lebius, daselbst, verantwortlicher Redakteur: Dr. Nathanson. Wer die Beteiligten bei diesem Verfahren sind, woher die Zeitung das Material hat, ist dem Beleidigten unbekannt.

Ich stelle hiermit gegen sämtliche Beteiligten wegen der Veröffentlichung im „Bund" und wegen der Versendung an Behörden und an andere Zeitungen Strafantrag wegen Beleidigung nach §§185, 186, 187 St.G.B. Erhebung von Privatklage behalte ich mir vor.

Dresden, den 10. Januar 1910[171]

Mays Anwalt Netcke stellte zudem am 26. April sowohl

Strafantrag in dieser Sache und erhob des Weiteren weitere Strafanträge wegen Beleidigung gegen Lebius auf Grund der Inhalte zweier Flugblätter (*Flugblatt*, Beilage zu Nr. 2 v. 9. Februar 1910, und *Zum Ende des ‚Vernichtungsfeldzuges'*, 6. März 1910), die als Beilagen zweier *Bund*-Ausgaben veröffentlicht worden waren.[172] In dem ersten inkriminierten Flugblatt heiß es u. a.: „Der Volksmund behauptet zwar, er habe seinerzeit seinen Schwiegergroßvater erwürgt, weil sich dieser der Verheiratung seiner Enkelin widersetzte. Man fand nämlich eines Tages den alten Mann tot auf der Diele liegen. Die Behörde schenkte diesem Gerücht aber keinen Glauben."

Lebius versuchte durch Verbreitung solcher bösartigen Meinungsbilder natürlich erst recht May in der Öffentlichkeit zu diskreditieren. Über das juristische Ergebnis der Flugblätter-Verfahren ist nichts bekannt. Lebius erwiderte erst am 13. Mai:

I.

Das Königl. Amtsgericht-Dresden ist unzuständig, da § 7 Abs. 2 St.P.O. eine Verbreitung der Druckschriften im Bezirk des angerufenen Gerichts voraussetzt. Dass eine solche Verbreitung erfolgt ist, hat der Privatkläger bisher nicht behauptet, evtl. mag er den diesbezüglichen Beweis führen.

II.

Ich bestreite, die von dem Privatkläger angeführten Artikel und Flugblätter verfaßt zu haben.

III.

Wegen der No. 51 des Jahrganges 1909 der Zeitschrift „Der Bund" sowie wegen des bereits Ende Dezember erschienenen Flugblatts ist Verjährung eingetreten. Der Privatkläger hat von den beiden Druckschriften sofort nach ihrem Erscheinen Kenntnis erhalten, was aus den Zuschriften hervorgeht, die er bereits im Dezember 1909 an eine Reihe von Zeitungen gerichtet hat. Die betreffenden Zeitungen sollen vorgelegt werden, falls sich das Gericht für zuständig erklärt. Der Privatkläger ist auch bei einem Nachrichtenbureau auf

Zeitungsausschnitte abonniert und erhält von den über seine Person veröffentlichten Artikeln hierdurch sofort Kenntnis. Schließlich werden dem Privatkläger auch die im „Bund" über ihn erscheinenden Artikel sofort direkt zugesandt. Der Privatkläger wird den Beweis, dass er erst im Februar von dem Flugblatt und den Artikel in No. 51 erfahren hat, nicht führen können.

Dass der Privatkläger am 10. Januar gegen mich Strafantrag gestellt hat, wird als unbekannt bestritten.

IV.

Strafanzeige hat er allerdings gegen mich erstattet; das daraufhin eingeleitete Verfahren ist jedoch eingestellt worden und zwar, wie ich annehmen muß, aus materiellen Gründen, sodass die Erhebung einer Privatklage wegen des der Strafanzeige zugrunde liegenden Artikels nicht mehr möglich ist. Ich glaube nicht, dass der Privatkläger mangels Vorliegens eines öffentlichen Interesses auf dem Weg der Privatklage verwiesen ist, denn wenn die Staatsanwaltschaft auf diesem Standpunkt gestanden hat, so hätte sie zweifellos nicht mehr ein Ermittlungsverfahren eingeleitet und mich verantwortlich vernehmen lassen. Ich bitte die Akten der Staatsanwaltschaft III Berlin 24. G. 539/10 einzufordern, aus denen festzustellen ist, welches der Grund für die Einstellung des Verfahrens war.

V.

Zur Sache selbst mich zu äussern, behalte ich mir vor. Heute will ich nur bemerken, dass für die in den Flugblättern enthaltenen Behauptungen voll und ganz der Wahrheitsbeweis angetreten werden wird. Es werden etwa 50 bis 60 Zeugen von mir benannt werden.

Es wird ausserdem beantragt, sämtliche Strafakten Mays herbeizuziehen. Die Behauptung des Privatklägers, dass ich gegen ihn deshalb vorgegangen sei, weil er mir keine Darlehen gegeben habe, ist eine direkte Erfindung. Ich bin in der Lage, auf Darlehen des Privatklägers nicht angewiesen zu sein. Nicht ich bin der Angreifer, sondern der Privatkläger, der mich in zahllosen Klagen und Strafanzeigen seit Jahren verfolgt, wie ich evtl. nachweisen werde.

VI.

Die meisten in den Flugblättern enthaltenen Behauptungen können überhaupt nicht mehr zum Gegenstand einer neuen Privatklage gemacht werden, da er dieselbe bereits in der Sache 35.B.295/09 des Königl. Amtsgerichts Charlottenburg in dem Schriftsatz vom 10. April 1910 in die damalige Privatklage einbezogen hat. Eine neue Privatklage würde also gegen den Grundsatz: ne bis in idem verstossen. Ich bemerke, dass ich in jener Privatklage freigesprochen bin, weil das Gericht mir die Wahrnehmung berechtigter Interessen zugebilligt und weil es auch den Wahrheitsbeweis für geführt erachtet hat, nachdem der Privatkläger selbst zugegeben hatte, mehrfach vorbestraft zu sein und er auf jede Verteidigung meinen Angriffen gegenüber verzichtete.

Nachdem der Privatkläger sowohl in dieser Sache als auch bei seiner Strafanzeige keinen Erfolg erzielt hat, versucht er es jetzt bei dem Königl. Amtsgericht in Dresden. Wenn der Privatkläger glaubt, auf diese Weise andern deutschen Gerichten ein Schnippchen zu schlagen, so bin ich der festen Ueberzeugung, dass ihm dies nicht gelingen wird.[173]

Der Grundsatz ‚ne bis in idem', auf den Lebius in seinem Schriftsatz verwies, besagt, dass nicht zweimal in derselben Sache geklagt werden darf. ‚Ne bis in idem' beschreibt einen Teilaspekt der sogenannten materiellen Rechtskraft, d. h. ein mit Rechtsmitteln nicht mehr anfechtbares Urteil klärt endgültig und abschließend einen bestimmten Sachverhalt. Dieser Sachverhalt darf dann grundsätzlich nicht mehr zum Gegenstand einer neuen richterlichen Entscheidung gegen den Betroffenen gemacht werden. Mit dieser Bedeutung als Wiederholungsverbot gilt der Grundsatz in allen Rechtsbereichen. Für das Strafrecht resultiert daraus das Verbot einer Doppelbestrafung für den gleichen Tatvorwurf.

Als Beleg für seine Einlassung, dass die Klagepunkte bereits Gegenstand einer weiteren Klage und somit für eine neue

Privatklage nicht mehr heranzuziehen wären, fügte Lebius einen Schriftsatz Mays zum Charlottenburger Prozess bei, um darzulegen, dass May wegen ähnlicher Vorgänge bereits geklagt hatte. Das Gericht forderte May auf, „den Nachweis dafür zu erbringen, daß die den Gegenstand der Privatklage bildenden Druckschriften im Bezirke des KAG Dresden verbreitet worden sind".[174] Bereits zwei Tage später traf die am 4. Juni verfasste Rückäußerung ein, die jedoch eine wenig beweiskräftige Mitteilung enthielt:

Die fraglichen Druckschriften sind im Bezirk des Königlichen Amtsgerichts Dresden verbreitet. Diese Behauptung ist auch aus der Privatklage selbst deutlich zu entnehmen. Der „Bund", der das Organ der sogen. Gelben Gewerkschaft ist, wird dort gelesen, wo sich Mitglieder dieser Gewerkschaft befinden, wovon auch eine grössere Anzahl in Dresden ist. Ebenso ist das Flugblatt im Dresdner Bezirk verbreitet worden, und zwar in diesem gerade erst recht, da es sich ja mit der Person des hier wohnenden Privatklägers beschäftigt. Es schliesst nicht aus, dass der Privatkläger selbst erst später davon Kenntnis erhalten hat.

Es werden hierüber noch Zeugen benannt werden. Vorläufig sei auf das Zeugnis des Herrn Rechtsanwalt Dr. Gerlach in Dresden Bezug genommen, der die beleidigenden Druckschriften erhalten hat.[175]

Im Hinblick auf den Grundsatz ‚ne bis in idem' wies Rechtsanwalt Wetzlich auf das zu diesem Zeitpunkt bereits verkündete Charlottenburger Urteil hin:

Die Privatklage beim Königlichen Amtsgericht Charlottenburg beschäftigt sich lediglich mit einem vom Beschuldigten an eine Schauspielerin Fräulein vom Scheidt gerichteten Brief, wie durch die Akten nachgewiesen werden kann, übrigens auch durch die Ausschlachtung der Hauptverhandlung hierüber durch den Beschuldigten als orts- und gerichtskundig angesehen werden darf.

Da Wetzlich keinen Beweis für die Verbreitung des Artikels und der Flugblätter im Amtsgerichtsbezirk Dresden vorgelegt hatte, beschloss das Gericht am 4. Juni die Einstellung des Verfahrens. Erst ein weiterer Schriftsatz vom 18. Juni konnte konkrete Bezieher des *Bund* in Dresden benennen.[176] Die Zuständigkeit des Amtsgerichts Dresden war somit erwiesen. Um dem Einwand von Lebius – wonach der aktuelle Klageinhalt von May bereits Gegenstand anderer Verfahren gewesen sei – genauer prüfen zu können, veranlasste das Dresdner Gericht am 27. Juni die Herbeiziehung des Charlottenburger Urteils sowie staatsanwaltschaftlicher Ermittlungsakten. Wenige Tage später, am 1. Juli, wurde das Amtsgericht Kötzschenbroda neu eingesetzt, das ab sofort in dieser Angelegenheit zuständig war. Mays Klage wäre unzulässig gewesen, wenn der Schriftsteller wegen derselben Behauptungen Lebius schon vor einem anderen Gericht verklagt hätte. Zur Klärung dieser Frage musste sich das Gericht um die Einsichtnahme in die Akten des Charlottenburger Prozesses bemühen. May hatte auch tatsächlich, wie es Lebius in seiner Klagebeantwortung vom 13. Mai 1910 vortrug, in einem Schriftsatz vom 10. April 1910 einen Großteil der Behauptungen, die den Gegenstand seiner Klage bilden, schon in den Charlottenburger Prozess einzuführen versucht. Doch das Charlottenburger Urteil beschäftigte sich allein mit der Behauptung von Lebius, May sei ein „geborener Verbrecher". May hatte daher noch die Möglichkeit, die beleidigenden Tatsachenbehauptungen von Lebius zum Gegenstand eines neuen Prozesses zu machen. Die Berliner Kollegen lehnten eine Übermittlung der Akten mit dem Hinweis auf ihre Unentbehrlichkeit vor Ort jedoch ab. Daraufhin wurde vom Amtsgericht Kötzschenbroda am 3. August 1910 beschlossen, die hiesige Klagesache bis zur Entscheidung im Charlottenburger Verfahren ruhen zu lassen, „weil in letzterer Sache der Vorwurf, May habe gleichzeitig fromme katholische Erzählungen und unsittliche Räubergeschichten geschrieben, einen Teil des Prozeßgegenstandes bildet, nicht minder in jener Sache eingehende Feststellungen über die Persönlichkeit des Privatklägers getroffen werden müssen, letztere Feststellungen aber und ebenso die rechtskräftige Entscheidung über jenen Vorwurf für die vorliegende Sache von wesentlicher Bedeutung sind, schon aus dem Grunde, weil möglicherweise umfängliche Beweiserhebungen sich verüberflüssigen werden."[177]

Der Vorgang ruhte dadurch lange Zeit, bis ein erneutes Anfragen nach den Akten in Berlin Erfolg hatte. Die Charlottenburger Akten trafen Anfang Juli 1911 in Kötzschenbroda ein, wo sie im Hinblick auf das hier anhängige Verfahren geprüft werden konnten. Diese Prüfung brachte zu Tage, dass das Berufungsverfahren noch immer nicht zur Entscheidung gekommen war, weshalb ein weiteres Ruhen der Kötzschenbrodaer Sache verfügt wurde. Erstaunliche achtzehn Monate waren vergangen, als Mays Anwalt Netcke gegen die Abgabe der Klagesache an das Amtsgericht Kötzschenbroda Beschwerde einlegte.[178] Das Rechtsmittel hatte jedoch keinen Erfolg und wurde durch das Landgericht Dresden am 30. Januar als unbegründet zurückgewiesen.[179] Netcke wandte sich einen Monat später an diese Instanz und regte an, „ob es nicht praktisch ist, auch diese Sache zur Verbindung mit der Hohenstein-Ernstthaler Sache dorthin abzugeben".[180] Gemeint war damit, die vorliegende Klagesache mit jenem Hohenstein-Ernstthaler Privatklageverfahren zu verbinden, dass zu jener Zeit noch zwischen Lebius und den von ihm verklagten May und Horn lief. Das Gericht lehnte jedoch eine solche Verfahrensverbindung ab, da es zum einen an einer gesetzlichen Grundlage mangelte und zum anderen die Parteirollen beider Verfahren umgekehrt waren. Nur wenig später erhielt das Gericht die Mitteilung vom Tod Karl Mays, weshalb das Verfahren wegen der gesetzlichen Bestimmung des § 433 Abs. 1 StPO durch Beschluss vom 31. Mai 1912 eingestellt wurde.[181]

Nach der damaligen Gesetzeslage wäre die Fortführung des Prozesses nach dem Tode des Privatklägers durch dessen Witwe nur bei Verleumdung möglich gewesen, nicht bei einfacher Beleidigung und übler Nachrede. Diese Möglichkeit war Klara May vermutlich als zu vage vorgekommen, sodass sie darauf verzichtete. Unsicher ist lediglich, ob man Lebius ein Handeln wider besseres Wissen und damit eine Verleumdung hätte nachweisen können, denn die Einlassung des Lebius, er habe an die Wahrheit der ihm von Krügel erzählten Geschichten (siehe folgendes Kapitel, Der Krügel-Prozess) geglaubt, hätte sich möglicherweise nicht widerlegen lassen. Umso sicherer aber wäre eine Verurteilung wegen übler Nachrede gewesen. Den Wahrheitsbeweis für die von May beanstandeten Punkte hätte Lebius niemals führen und sich auch nicht auf die Wahrnehmung berechtigter Interessen berufen können. Denn bei derart schwerwiegenden Verunglimpfungen stellt die Rechtsprechung an die Informationspflicht, deren Erfüllung Voraussetzung für die Gewährung dieses Rechtfertigungsgrunds ist, besonders hohe Anforderungen. Dem war Lebius bei der leichtfertigen Art seiner Informationsbeschaffung bei Weitem nicht gerecht geworden.

3. Der Krügel-Prozess

Während Karl May gegen Lebius, dessen Frau Martha sowie Hugo Nathanson sofort juristisch vorgegangen war, vermied er es zunächst einen derartigen Schritt auch gegen den Lebius-Informanten Richard Krügel zu unternehmen; vermutlich, um in ihm einen reumütigen und hilfsbereiten Zeugen zu bekommen. In einem Brief bestellte der Schriftsteller jedenfalls Richard Krügel, sowie die Witwe seines Bruders, Marie Anna, und deren Tochter Auguste Emma Dörrer (1882-1957) am 10. Januar 1910 zur Dresdner Kanzlei seines mit dem Fall beauftragten Rechtsanwalts und Notars Franz H. Rudolf Netcke.[182] Hierbei konnte sich May zum einen die Gewissheit verschaffen, dass Richard Krügel tatsächlich Informant des Lebius und damit als einer der Hauptbeteiligten an der öffentlichen Verunglimpfung Mays anzusehen war. Zum anderen wird sich hierbei, ohne dass es in dem Protokoll zu diesem Treffen niedergelegt wurde, die Autorschaft von Lebius an dem *Bund*-Artikel als gesichert herausgestellt haben, wodurch möglicherweise der Zeitpunkt des Strafantrags gegen Lebius vom selben Tag begründet wird. Das Protokoll des Treffens wurde bei Netcke in Dresden aufgesetzt und später von Mays Rechtsanwalt in Hohenstein-Ernstthal, Dr. Max Hermann Haubold (1854-1923), in einer Abschrift zu den Akten gereicht.[183] Daraus ging hervor, dass die meisten Geschehnisse, die Lebius in seinem Artikel geschildert hatte, nicht von Krügel stammten. Es fällt allerdings auf, dass Krügel den Namen Lebius nicht erwähnte. Es war nur davon die Rede, dass ihn ein Herr von einer Redaktion aufgesucht habe. Dennoch bestand für Karl May kein Zweifel darüber, dass sein Intimfeind aus Berlin jener Besuch im Hause des Gartenarbeiters gewesen war. Der Strafantrag erfolgte schließlich doch noch am 10. März:

> Dieser Artikel ist durch ganz Deutschland, Oesterreich, Schweiz, ja sogar in den Vereinigten Staaten von Amerika verbreitet worden. Ich lege ihn bei. Verfasser dieses Artikels ist ein gewisser Rudolf Lebius, Redakteur des oben erwähnten „Bund". Die Quelle, aus welcher er die beleidigenden Unwahrheiten bezogen hat, ist der auf der ersten Seite benannte Krügel in Ernstthal. Ich erkläre die Verleumdungen dieses Krügel für wissentliche Unwahrheiten [...].[184]

Die bereits am 21. Mai – offensichtlich wiederum von Karl May selbst – aufgesetzte Privatklage traf am 26. Mai beim Amtsgericht in Hohenstein-Ernstthal ein.[185] Der Schriftsteller ließ den Schriftsatz durch seinen mit der Angelegenheit befassten Rechtsanwalt Haubold an das Amtsgericht Hohenstein-Ernstthal übermitteln. Wegen formeller Mängel musste die Privatklage in formgerechter Weise erneuert werden, was schließlich auch geschah:

> An
> das Königliche Amtsgericht
> Hohenstein-Ernstthal.
>
> In Privatklagsachen
> des Schriftstellers Karl May in Dresden-Radebeul,
>   Privatklägers,
> vertreten durch Rechtsanwalt Dr. Haubold in Hohenstein-Ernstthal,

gegen
den Gartenarbeiter Richard Krügel in Hohenstein-Ernstthal, wohnhaft in der Nähe des Neustädter Schießhauses,
Beschuldigten,
wegen Beleidigung,
wird zur Vervollständigung der Privatklage folgendes ausgeführt:
In dem Zeitungsorgan „Der Bund" befindet sich in der anbeifolgenden Nr. 51 unter dem 19. Dezember 1909, einer Sonntagsnummer, also einer besonders gelesenen Nummer, ein Inserat mit der Überschrift „Hinter die Kulissen". Dieses Inserat hat zum Verfasser Rudolf Lebius in Charlottenburg, Mommsenstr. 47, einen Mann, der seit 9 Jahren den Privatkläger persönlich und prozessual verfolgt und ihn wirtschaftlich zu ruinieren sucht dergestalt, daß Karl May, ein bekannter Schriftsteller, seit über 2 Jahren nichts mehr verdient, weil Lebius ihn allerwegen und allerorten derart grundlos mit Schimpf und Unglimpf überhäuft, daß seine, Privatklägers schriftstellerische, moralische und wirtschaftliche Existenz mit gewissenloser Boshaftigkeit untergraben wird und zwar in solchem Maße, daß, wenn man den Aufsatz „Hinter die Kulissen" liest, man unwillkürlich zu dem Ausspruch des Privatklägers kommen muß, daß er tatsächlich nur noch die Karikatur eines Menschen sei. Der Verfasser des Inserats „Hinter die Kulissen" hat die gesamten Unterlagen erhalten von dem Beschuldigten, der um geringen schnöden Mammons willen die gesamten, in dem Inserat aufgetragenen inkriminirten Behauptungen über den Privatkläger rein erfunden und wider besseres Wissen jenem Lebius zugetragen hat. Der Beschuldigte hat auch, wie in der Hauptversammlung nachgewiesen werden soll, schriftlich anerkannt, daß die gesamten über den Privatkläger von ihm aufgestellten inkriminirten Behauptungen erfunden seien und hat, nachdem Privatkläger den Beschuldigten als den Urheber der inkriminirten Behauptungen nach unsäglicher Mühe endlich ermittelt und ihn zur Rede gestellt hatte, den Privatkläger in seiner Privatwohnung aufgesucht und um Verzeihung

gebeten. Die inkriminirten Behauptungen sind dann von Hohenstein-Ernstthal aus in alle Länder nach Österreich, Amerika, England, Schweiz, Frankreich usw. weitergetragen und in jenen ausländischen Zeitungen verbreitet worden, sodaß tatsächlich Privatklägers schriftstellerischer Ruf total vernichtet worden ist. Außer in Hohenstein-Ernstthal sind die ehrenrührigen Behauptungen über den Privatkläger Inhalts des Artikels „Hinter die Kulissen" zunächst noch in Dresden und in Berlin durch die Presse gegangen und in diesen 3 Orten, als den Hauptquellen, von wo aus die ehrenrührigen Behauptungen über den Privatkläger weiter fließen, muß Privatkläger in aller erster Linie seine total ruinirte Ehre wieder herzustellen suchen und sich Genugtuung verschaffen, um von da aus seine Rechte alsdann weiter zu suchen in den ausländischen Zeitungsorganen, in welchen die ehrenrührigen Behauptungen über den Privatkläger weitere Verbreitung gefunden haben.

Es bedarf kaum eines Wortes, daß der Aufsatz „Hinter die Kulissen" die schwersten Beleidigungen enthält. Der Aufsatz enthält eine solche Blütenlese von Vergehen und Verbrechen, die Privatkläger begangen haben soll, daß kaum ein Delikt des Strafgesetzes übrig bleibt, welches Privatkläger nicht begangen hätte.

Privatkläger erhebt daher, nachdem Strafantrag rechtzeitig gestellt worden ist,

Privatklage

und ersucht das Königliche Amtsgericht Hohenstein-Er. das Hauptverfahren vor dem Königlichen Schöffengericht Hohenstein-Er. zu eröffnen und beantragt, den Beschuldigten Krügel gemäß §§ 185, 186, ev. 187, 194 und 200 des R. Str. G. Bs mit empfindlicher Gefängnisstrafe zu belegen, ihm auch die Kosten und Auslagen des Verfahrens aufzuerlegen, sowie dem Privatkläger die Befugnis zuzusprechen, die Verurteilung des Beschuldigten auf dessen Kosten in dem Zeitungsorgan „Der Bund" öffentlich bekannt zu machen, dem Privatkläger auch weiter auf Kosten des Beschuldigten eine Urteilsausfertigung zu erteilen.

Hochachtungsvoll
Hohenstein-Ernstthal, den 7. Juni 1910.
Dr. Haubold
Rechtsanwalt.[186]

Rudolf Lebius, gleichfalls in dieser Angelegenheit verklagt und deshalb mit Richard Krügel in ständiger Verbindung, verfasste dessen Klageerwiderung. Den Platz, an dem der Analphabet Krügel seine Unterschrift machen sollte, markierte er sogleich mit einem Kreuz:

Was ich Herrn Lebius seinerzeit erzählt habe, wissen hier die älteren Einwohner von Hohenstein-Ernstthal und Umgegend samt und sonders. Ich kann das, was ich Herrn Lebius mitgeteilt habe, deshalb auch nicht erfunden und wider besseres Wissen verbreitet haben. Wenn das Gericht die Klage nicht abweist, trete ich den Wahrheitsbeweis an und bitte um Zuziehung der Strafakten des Privatklägers. Da der Privatkläger, wie die Zeitungen geschrieben haben, vor dem Charlottenburger Schöffengericht im April ds. Js. selbst zugegeben hat, fast 10 Jahre im Gefängnis und im Zuchthaus gesessen zu haben, so muss er doch in der Tat schwere Verbrechen begangen haben. Es ist deswegen gar nicht zu verstehen, wie der Privatkläger davon reden kann, dass ich seine Ehre total ruiniert habe. Herr Lebius hat mir allerdings seinerzeit, als ich zu ihm ins Hotel kam, für entgangenen Arbeitsverdienst 5 M Entschädigung gezahlt. Auch hat er die beiden Glas Bier und die Zigarren, die ich mir bestellte, als er seine Rechnung beglich, mitbezahlt. Aber Herr May hat mir ja auch seinerzeit sogar 20 M gegeben, als ich auf seine Einladung hin nach Dresden kam.[187]

Kurz zuvor hatte Rechtsanwalt Haubold die maschinenschriftliche Protokollabschrift zum Treffen Krügels mit May zu den Akten gereicht. Haubold stellte in einem weiteren Schriftsatz mehrere Beweisanträge; der erste bezog sich darauf, dass gegen Lebius „am 29. Juni 1910 wegen gleichen Delicts Berufungstermin vor der Strafkammer des Königlichen Landgerichts Charlottenburg an[steht]. Ich bitte zur künftigen Hauptversammlung vor hiesigem Amtsgericht die Akten des Amtsgerichts bez. Landgerichts Charlottenburg herbeizuziehen." Gemeint war damit das laufende, durch ständige Terminverschiebungen sich verzögernde Berufungsverfahren vor dem Landgericht III in Berlin-Moabit; ein Landgericht Charlottenburg gab es nicht. Daran schloss sich der Antrag an „genannten Lebius als Zeugen vorzuladen".[188]

Der Prozess um den vermeintlich ‚geborenen Verbrecher' Karl May berührte innerhalb der anwaltlichen Schriftsätze Haubolds immer wieder das laufende Hohenstein-Ernstthaler Verfahren gegen Krügel. Das wird auch durch einen Schriftsatz vom 2. Juli deutlich, in dem er ankündigte, mit der Vorlage einer großen Auswahl von Pressestimmen die Begründung des Strafantrags zu untermauern und gleichzeitig zu beweisen, dass „Lebius zu den Angaben, welche den Gegenstand der Aburteilung des Beschuldigten bilden, eine Menge Unwahrheiten hinzugedichtet und zu Angaben, die der Beschuldigte dem Lebius gemacht, noch zehnmal mehr hinzugefügt hat".[189] Obwohl Krügel der Beschuldigte des Verfahrens war, stand längst fest, dass es sich hierbei eigentlich um eine weitere Etappe in den vielen juristischen Auseinandersetzungen zwischen May und Lebius handelte.

Haubold beschränkte die umfassende Beschuldigung Krügels kurze Zeit später „auf die in der Privatklage vom 21. Mai 1910 unter Anklage gestellten Behauptungen, welche in dem Aufsatz ‚Hinter die Kulissen' beginnen mit den Worten: ‚Aufsehen erregte sein Einbruch' bis hin zu den Worten: ‚Das letzte Mal geschah dies vor 3 Jahren'."[190]

Am 16. Juli kam es zum Eröffnungsbeschluss.[191] In der Folgezeit wurden weitere Schriftsätze bei Gericht eingereicht, die kaum wesentlich neue Fakten brachten, Zeugen wurden geladen und behördliche Auskünfte vor allem zu Mays Vergangenheit eingeholt.

Richard Krügel bevollmächtigte den Hohenstein-Ernstthaler Rechtsanwalt Carstanjen mit der Wahrnehmung seiner Interessen; noch am Tag der Verhandlung erteilte Karl May auch seinem Berliner Anwalt Siegfried Puppe für dieses

Verfahren Prozessvollmacht, sodass nunmehr zwei Anwälte seine Interessen wahrnahmen.

Das Protokoll der öffentlichen Verhandlung vom 9. August 1910 vor dem Amtsgericht Hohenstein-Ernstthal weist neben der Teilnahme der Parteien auch das Erscheinen von sieben geladenen Zeugen aus – vornehmlich aus Hohenstein-Ernstthal. Ein Zeuge blieb der Verhandlung entschuldigt fern. Diese begann mit der Vernehmung des Angeklagten, der nachdem seine persönlichen Verhältnisse festgestellt worden waren, zu den einzelnen Anklagepunkten gehört wurde:

Richard Krügel: Mein verstorbener Bruder Louis Napoleon Krügel arbeitete mit mir zusammen als Waldarbeiter bei der Herrschaft Waldenburg. Während der Frühstücks- und Vesperpausen erzählte er immer allerlei Streiche, die er zum Teil mit Karl May ausgeführt hatte. Er erzählte dies so, daß ich es damals alles geglaubt habe. Mein Bruder hat dieselben Sachen auch Anderen erzählt. Sie waren hier allgemein bekannt. Anfang Dezember vorigen Jahres war Lebius 2mal bei mir, das erste Mal war ich nicht zu Hause. Er fragte mich nach einem Tagebuch Louis Krügels, das aber nicht vorhanden war. Er fragte mich dann, ob ich nichts von den Erlebnissen Karl Mays und Louis Krügels wüßte, er wolle einen Kalender herausgeben, in dem deren Erlebnisse humoristisch behandelt werden sollten. Er wollte mir dann Exemplare dieses Kalenders für 10 Pf ablassen, die ich dann für eine Mark weiterverkaufen sollte. Ich wußte damals nicht, daß May noch lebte und erzählte ihm das, was mir mein Bruder erzählt hatte. Lebius schrieb sich dies auf einen Bogen Papier auf, las es mir vor und ließ mich unterschreiben. Ich habe ihm aber nicht alles erzählt, was in dem Artikel der „Bund" steht, auch ist das von mir Gesagte von Lebius noch ausgeschmückt worden. Ich habe Lebius nur 3 Punkte erzählt.

Das Gericht wollte natürlich wissen, welche drei Punkte das waren:

Richard Krügel: Ich habe Lebius erzählt, daß Louis Krügel mir an seinem 52. Geburtstage sein Portemonnaie zeigte, das mit Geld gefüllt war. Er sagte mir, daß er dies von Karl May habe und fügte hinzu: „Solche Freunde mußt du haben!" Das ist aber nur ein einziges Mal vorgekommen, daß er Geld erhalten haben wollte.

Ferner habe ich von dem Einbruche in den Uhrladen in Niederwinkel erzählt, aber ohne Angabe des erzielten Gewinns, desgleichen von dem Bahnabstecken in der Verkleidung von Feldmessern. Das soll aber nicht im Altenburgischen gewesen sein, sondern in Hermsdorf. Mein Bruder hatte mir erzählt, daß sie sich für Landmesser ausgegeben hätten, die Bahn mitten durch das Gut Leonhardts in Hermsdorf legen wollten und von diesem 800 Taler dafür bekommen hätten, daß sie die Bahn anders legten.

Die Geschichte vom Gasthof zur Katze habe ich auch erzählt, ferner, daß Louis Krügel die Compagniekasse gestohlen hätte, daß er von der Festung Königstein mit Kohle einen Fluchtversuch gemacht hätte und daß er zu Zuchthaus verurteilt worden sei.

Das Gericht fragte auch nach der später bekannten Karl-May-Höhle und der in dem Artikel beschriebenen Fahndung durch die Ernstthaler Feuerwehr und die Turnerschaft nach den flüchtigen Karl May und Louis Krügel:

Krügel: Von der Höhle und davon, daß die Feuerwehr und die Turner ausgerückt sind, um May und Krügel zu fangen, habe ich auch erzählt. In der Höhle bin ich selbst gewesen. Daß das Militär ausgerückt ist, habe ich nicht gesagt, auch nichts vom Wildern. Daß Feste und Gelage in der Höhle gefeiert worden sind, habe ich auch erzählt.

Daß Karl May einmal im Harzer Kegelschub genächtigt und mit Louis Krügel und anderen eine Räuberbande gebildet habe, hat Lebius nicht von mir erfahren.

Alles andere, was noch in dem Artikel „Hinter die Kulissen" steht, stammt nicht von mir. Das, was ich gesagt habe, hätte Lebius auch von anderen älteren Hohensteinern erfahren können, da es seinerzeit Wirtshausgespräch war.

Mays Anwälte beschränkten nunmehr die Privatklage auf

die von Krügel jetzt eingestandenen Anklagepunkte. Gleichzeitig gaben sie längere Freiheitsstrafen ihres Mandanten zu und baten daher von einer Verlesung des vorliegenden Mittweidaer Urteils abzusehen. Krügels Verteidiger erklärte sich damit einverstanden. Daraufhin beschloss auch das Gericht einen Verzicht auf die Urteilsverlesung. Weiter ging die Vernehmung in die Richtung, ob es denn durch den Berliner Journalisten zu einer Verleitung zum Meineid gekommen wäre:

Krügel: Lebius hat mir 5 M für Arbeitsversäumnis gegeben und außerdem 2 Glas Bier und 2 Cigarren für mich bezahlt. Gestern hat er mich telegraphisch in's Gewerbehaus bestellt, wo wir von 2 bis 7 Uhr nachmittags zusammen waren. Er hat mir dabei gesagt, daß er mich nach der Verhandlung entschädigen würde, Vorschriften über meine Aussage hat er mir aber nicht gemacht.

Auch die betreuende Rolle von Lebius während des laufenden Verfahrens wurde hinterfragt:

Krügel: Den Schriftsatz vom 28. Juli 1910 [...] hat mir Lebius zugeschickt. Meine Frau hat ihn mir vorgelesen und ich habe ihn unterschrieben.

Im Hinblick auf seine eigene Gutgläubigkeit gab der Angeklagte an:

Krügel: Wenn ich gewußt hätte, daß Karl May noch am Leben sei, hätte ich dem Lebius nichts erzählt. Was mein Bruder mir erzählt hat und was ich dann an Lebius weiter erzählt habe, habe ich für wahr gehalten.

Diese Aussage war für die Frage wichtig, ob man eine Anklage wegen einer Verleumdung noch aufrechterhalten konnte, denn offenbar hatte Krügel nicht wider besseres Wissen gehandelt, sondern die Räubermärchen seines Bruders geglaubt. Noch einmal zu den Beeinflussungsversuchen von Lebius befragt, gab er an:

Krügel: Es ist richtig, daß Lebius gestern bei meiner Frau gewesen ist und ihr 20 M angeboten hat. Es ist auch richtig, daß ich früher einmal dem Zeugen Albani gesagt habe, ich hätte dem Lebius einen Bären aufgebunden.

Anschließend wurden die Auskünfte verschiedener Behörden verlesen, wozu Krügel gehört wurde. Damit endete seine Vernehmung und es folgte die der Zeugen. Die Aussagen dieser Zeugen, u. a. der Witwe des vermeintlichen Räuberkompagnons von May, Hieronymus Richard Krügels und seines Stiefsohns Hermann Richard Albani belegten, wie unglaubhaft die erzählten Anekdoten gewesen waren. Bezeichnend war schon die Aussage der Witwe:

Marie Anna verw. Krügel: Mein verstorbener Mann Louis Krügel erzählte gern allerlei Abenteuer, und zwar erzählte er sie jedes Mal anders. Von Karl May hat er mir aber nichts erzählt. Ich habe meinem Manne schließlich nichts mehr geglaubt. Einmal erzählte er mir auch, daß er von der Feuerwehr im Wald gesucht worden wäre. Auch von seiner Flucht aus der Festung Königstein sprach er zu mir, ich habe es ihm aber nicht geglaubt. Von einer Höhle im Walde, von einem Einbruch in einen Uhrmacherladen, von dem Abstecken der Bahn, sowie von Geldgeschenken Karl Mays hat mir mein Mann aber niemals etwas gesagt. Wenn das letztere wahr wäre, müßte ich es doch gemerkt haben, da hätte ich doch nicht zu waschen brauchen. Daß er mir das Erlebnis in der „Katze" erzählt hat, ist möglich. Infolge der langen Jahre habe ich es aber vergessen.

Ein entsprechendes Licht auf die Wahrhaftigkeit der Räuberhauptmann-Märchen des inkriminierten Artikels warf auch die Aussage Albanis:

Hermann Richard Albani: Mein Stiefvater, der verstorbene Louis Krügel, erzählte immer allerlei Erlebnisse, von denen ich annahm, daß an ihnen nur ein ganz klein wenig wahr sei. Das, was er erzählte, die Streiche, die er mit Karl May ausgeführt haben wollte, war allgemeines Stadtgespräch. Einmal kam der alte Wachtmeister Dost mit einem Brigadier zu uns, und da hat mein Vater bis nachts 2 Uhr erzählt. Der Brigadier spendete damals eine Flasche Wein.

Er erzählte von dem Einbruch in Niederwinkel, von der Feldmesserei, dem Erlebnis in der „Katze", davon, daß die Turner und die Feuerwehr ausgerückt wäre, um sie zu fangen, von der Höhle im Walde. Von Geld, das ihm Karl May geschickt haben soll, hat er damals nichts erzählt. Als mein Vater einmal schwer krank daniederlag, sagte ich zu ihm, er solle sich doch einmal an Karl May wenden, er habe doch früher mit ihm die „Sachen" gemacht. Da antwortete er mir: „Dummer Junge, das ist doch nur meine ‚Luderei' gewesen."

Es kann sein, daß mein Stiefvater dem Angeklagten auch seine Erlebnisse erzählt hat. Der Angeklagte mußte sich aber sagen, daß nicht alles wahr sei; er kannte ja die Art meines Stiefvaters.

Im Mai dieses Jahres traf ich einmal den Angeklagten. Er sagte zu mir: „Na, das ist eine schöne Sache, ich weiß gar nicht, wie ich dazu gekommen bin. Ich habe es bereut und habe damals ein Wort zuviel gesagt. Ich habe dem Lebius einen tüchtigen Bären aufgebunden. Du hättest es aber auch gemacht, wenn es dir der Lebius angeboten hätte. Er wollte einen humoristischen Kalender herausgeben, den ich von ihm für 10 Pf bekommen und für 1 M weiterverkaufen sollte." Ich habe das so aufgefaßt, daß der Angeklagte dem Lebius mehr gesagt hätte, als er verantworten könnte.

Die Aussagen der anderen Zeugen lauteten im Ergebnis ähnlich, sodass nicht alle geladenen Zeugen gehört zu werden brauchten. Auch auf eine Vernehmung von Lebius wurde verzichtet, da das Gericht die Sachlage für genügend geklärt ansah. Die Beweisaufnahme wurde deshalb geschlossen. Die Verhandlung hatte den Beweis dafür geliefert, dass der *Bund*-Artikel *Hinter die Kulissen* unwahre und beleidigende Behauptungen enthielt. Das Verhandlungsprotokoll dokumentiert, dass die Beschuldigungen, die Lebius nicht auf Richard Krügel zurückgeführt hatte, auf Missverständnissen, Ausschmückungen oder Erfindungen des Journalisten beruhten. Die anderen Informationen aber, die Lebius von Krügel erhalten hatte, die dieser zugegeben und auf die May konsequenterweise seine Klage gegen Krügel schließlich beschränkt hat, hatten sich in der Hauptverhandlung als unhaltbar herausgestellt. Der Angeklagte hatte zwar keine der weitergegebenen Anekdoten über den Räuberhauptmann Karl May selbst erfunden, er hatte aber die Anekdoten seines verstorbenen Bruders wiedergegeben, für deren Richtigkeit in der Hauptverhandlung nicht die geringsten Anhaltspunkte hervorgetreten waren. Die inkriminierten Angaben des Artikels ließen sich durch keinen Zeugen bestätigen. Selbst die Witwe und der Stiefsohn des verstorbenen Hieronymus Krügel hatten diesen als Aufschneider gekennzeichnet. Krügel wäre allerdings möglicherweise nicht wegen Verleumdung, sondern wegen übler Nachrede verurteilt worden. Denn es wäre wohl nicht mit letzter Sicherheit nachzuweisen gewesen, dass Richard Krügel die Unwahrheit der Erzählungen seines verstorbenen Bruders erkannt und somit wider besseres Wissen gehandelt hatte, wie es der Tatbestand der Verleumdung voraussetzt. Carstanjen wird seinen Mandanten Krügel sehr schnell über die rechtliche Bedeutung der Situation aufgeklärt haben. Eine Verurteilung Krügels drohte und konnte nur durch einen Widerruf aller beleidigenden Äußerungen erreicht werden. Dies geschah, da auch May auf keine Verurteilung des Waldarbeiters drängte:

Die Parteien schließen hierauf folgenden Vergleich:
Der Angeklagte bedauert, dem Schriftsteller Lebius diejenigen Tatsachen über den Privatkläger erzählt zu haben, die noch den restlichen Teil der erhobenen Privatklage bilden. Er erklärt weiter, daß er diese Angaben ungeprüft weitergegeben habe und nicht aufrecht erhalten könne. Er nimmt infolgedessen diese beleidigenden Angaben zurück.
Der Privatkläger nimmt diese Ehrenerklärung an. Die gerichtlichen Kosten des Verfahrens übernimmt der Angeklagte, die außergerichtlichen werden gegeneinander aufgehoben. Der Privatkläger zieht die Privatklage nebst Strafantrag zurück.

Es wurde deshalb der für alle Beteiligte positive Beschluss verkündet:

Das Verfahren gegen Krügel wird eingestellt, da Privatklage nebst Strafantrag zurückgezogen worden ist. Die Kosten des Verfahrens werden – unbeschadet des geschlossenen Vergleichs – dem Privatkläger auferlegt. (§ 503 StPO).[192]

Das gerichtliche Verfahren May gegen Krügel war somit am 9. August 1910 durch den Vergleich beendet worden. Doch es hatte ein außergerichtliches Nachspiel. So veröffentlichte May am 21. August 1910 ein Protokoll, dessen Zweck in der Entlarvung von Lebius lag:

Gegen Mitte November 1909 kam eines Tages der mir bis dahin unbekannte Journalist Rudolf Lebius aus Charlottenburg in meine Wohnung (es war gegen Abend) und fragte mich, ob ich im Besitze eines Tagebuches meines verstorbenen Bruders Louis Napoleon Krügel sei, er beabsichtige einen humoristischen Kalender herauszugeben und wolle in diesem Kalender einige Taten beschreiben, die mein Bruder Louis Napoleon in hiesiger Gegend mit Karl May vollbracht habe. Ich erwiderte ihm, ein Tagebuch meines Bruders hätte ich nicht. Auf weiteres Befragen sagte ich, daß ich wohl einiges wisse, aber nur das, was mir mein Bruder Louis Napoleon, mit dem ich früher zusammen im Waldenburgschen gearbeitet habe, während der Frühstücks- und Vesperpausen erzählt habe. Lebius bat mich, ihm das zu erzählen, was ich von meinem Bruder gehört hätte und ihn zu diesem Zwecke in das hiesige Hotel „Drei Schwanen" zu begleiten. Er erklärte dazu, ich könne viel Geld dabei verdienen. Ich bin hierauf mit ihm in das Hotel „Drei Schwanen" gegangen und habe dort im Gastzimmer ihm alles erzählt, was ich aus den Erzählungen meines Bruders noch wußte, habe aber dabei Herrn Lebius darauf hingewiesen, ich wisse nicht, ob das, was ich erzähle, auch wahr sei, ich wisse das nur aus den Erzählungen meines Bruders. Herr Lebius schrieb alles nieder, was ich ihm mitteilte und auf sein Ersuchen habe ich die von ihm gefertigte Niederschrift vollzogen. Hierauf entfernte sich Lebius.

Gegen Weihnachten erhielt ich aus Charlottenburg ein Exemplar der Zeitschrift „Der Bund" zugeschickt, in welchem die gröbsten Anschuldigungen gegen Karl May erhoben wurden. Neben Erzählungen, die ich Herrn Lebius nach den Mitteilungen meines Bruders gemacht hatte, waren ein großer Teil solcher Behauptungen aufgestellt, von denen mir mein Bruder nichts mitgeteilt hatte und die ich für durchaus unwahr hielt. Ich ärgerte mich damals sehr darüber, Herrn Lebius überhaupt Mitteilung gemacht zu haben, da ich annahm, daß der Artikel im „Bund" sich lediglich auf meine Mitteilungen stützte und die Zusätze freie Erfindungen des Herrn Lebius waren. Eine Erklärung Herrn Lebius gegenüber habe ich nicht abgegeben.

Nach langer Zeit, wohl im Juni 1910, erhielt ich von Herrn May die Privatklage, in der ich beschuldigt wurde, alles das über Herrn May geäußert zu haben, was in dem vorerwähnten Artikel des „Bund" stand, also auch das, was mir von meinem Bruder Louis Napoleon gar nicht erzählt, sondern meiner Meinung nach von Herrn Lebius erfunden war. Hiervon habe ich sofort Herrn Lebius benachrichtigt und angefragt, was ich nun tun solle. Herr Lebius schrieb, wir seien im Rechte, ich solle die zwei Schriftstücke, die er mir mitschickte, unterschreiben, bei Gericht einreichen, und im Uebrigen mich an Herrn Rechtsanwalt Carstanjen in Hohenstein-Ernstthal wenden. Das habe ich getan.

Am Sonntag, den 7. August 1910, erhielt ich ein Telegramm von Herrn Lebius, in welchem er mich Montag, den 8. August, nachmittags 2 Uhr in das hiesige Hotel „Gewerbehaus" bestellte und sich bereit erklärte, mir den entgehenden Arbeitsverdienst zu ersetzen. Als ich hinkam, war Lebius in einem von ihm ermieteten Zimmer des ersten Stockwerkes. Dort ersuchte er mich, mit ihm in die „Anlagen" spazieren zu gehen, da im Nebenzimmer der Amtsrichter wohne. Wir gingen hierauf in die Parkanlagen des hiesigen Erzgebirgsvereins und dort erklärte mir Lebius, ich brauchte keine Angst zu haben, wir würden den Prozeß gewinnen, ich sollte nur alle in der Klage enthaltenen Punkte aufrecht erhalten und als wahr bezeichnen und sollte so tun, als wenn ich sie alle

selbst mit erlebt hätte und nicht blos aus Mitteilungen meines Bruders wüßte. Er werde die Beweise liefern.
Ich erwiderte ihm, ich könne doch unmöglich das, was ich von meinem Bruder gehört hätte, als eigene Erlebnisse hinstellen, und könne doch die unwahren Angaben des fraglichen Artikels nicht als Tatsache behaupten. Herr Lebius erklärte hierauf, das sei alles Mumpitz, wenn nur zwei oder drei Fälle erwiesen würden, das andere sei Nebensache, ich solle nur so aussagen, wie er mir angegeben habe.
Im weiteren Verlaufe des Gespräches erklärte er, wahrscheinlich würde ich auch in dem Charlottenburger Prozeß als Zeuge abgehört werden, da solle ich dann ebenso aussagen und auch so tun, als wenn ich das, was mein Bruder erzählt hat, und was sonst noch in dem Artikel behauptet werde, selbst mit erlebt hätte. Wenn dann die Prozesse sämtlich vorbei seien und wenn wir siegreich gewesen sein würden, so werde er mir als Belohnung 2000 Mark zahlen. Ich lehnte sofort ab, irgend eine Unwahrheit zu sagen. Lebius wiederholte dann seine Zusicherung, mir 2000 Mark zu zahlen, wenn wir die Prozesse gewinnen würden, noch zwei oder dreimal. Als ich dabei blieb, daß ich keine Unwahrheit sagen würde, erklärte er noch: „Dann sind wir geschiedene Leute." Dieses Gespräch fand statt, als wir uns auf einer Bank an der hiesigen Friedhofstraße niedergelassen hatten. Hierauf haben wir uns zu Rechtsanwalt Carstanjen begeben und mit diesem über die Sache weiter verhandelt. Am 9. August 1910 hat dann die Hauptverhandlung stattgefunden.
Gezahlt hat mir Lebius bisher nichts außer den 3 Mk. 50 Pf. Entschädigung für entgangenen Arbeitslohn vom 7. August, und diesen Betrag hat er mir während unseres Aufenthaltes auf der Bank an der Friedhofstraße gegeben.
Auf Vorlesen erklärt der Zeuge, er habe bereits im November 1909, als Lebius das erstemal bei ihm gewesen sei, 5 Mk. von ihm für seine damalige Arbeitsversäumnis erhalten.
[...]
Es ist richtig, daß mich meine Frau, als Lebius bei ihr gewesen war, in das Hotel „Drei Schwanen" geschickt hat. Das

war mehrere Wochen vor der am 9. August 1910 stattgehabten Hauptverhandlung. Es ist aber möglich und insoweit berichtige ich meine frühere Aussage, daß damals Lebius von mir noch nicht von der Beleidigungsklage, die ich von Herrn May erhalten hatte, benachrichtigt war. Am fraglichen Tage habe ich Herrn Lebius im genannten Hotel getroffen und ihm auf sein Ersuchen die Privatklage, die ich eingesteckt hatte, behändigt. Auch an diesem Tage führte mich Lebius in die Parkanlagen, und schon hier instruierte er mich, ich solle bei den früheren Angaben stehen bleiben, die Beweise werde er beibringen, ich solle mich nicht fürchten, wenn ich bestraft würde, käme er dafür auf. Dabei fragte er mich nach meinem Wochenverdienst und erklärte, als ich diesen Verdienst angab, daß, wenn ich bestraft würde, er meiner Frau zu deren Lebensunterhalt wöchentlich 18 Mk. bezahlen würde, solange meine Haft dauere.[193]

Der Krügel-Fall wirft auf das Verhalten von Rudolf Lebius ein entlarvendes Licht. Er zeigt, dass Richard Krügel von dem Journalisten nur durch unwahre Behauptungen über den Zweck seiner Recherchen und angebliche Verdienstmöglichkeiten zum Reden gebracht worden war. Der Verlauf der Hauptverhandlung in Hohenstein-Ernstthal legt nahe, dass Lebius auf Krügel vor der Verhandlung einzuwirken versucht hat. Das notarielle Protokoll bestätigt diesen Verdacht.

4. Strafanzeigen und Haftanträge

Im Ergebnis war der Prozess für May ein beachtlicher Erfolg, weil ihm die Ehrenerklärung Krügels vor der Öffentlichkeit einen Beweis für die Haltlosigkeit der im *Bund*-Artikel erhobenen Beschuldigungen in die Hand gab.

Mit dem Abschluss des Krügel-Prozesses endeten aber keineswegs die juristischen Aktivitäten in dieser Angelegenheit. Wie u. a. das *Hamburger Morgenblatt* vom 29. August 1910 berichtete, war zunächst durch Mays Anwalt Dr. Puppe „eine Strafanzeige gegen den Redakteur Rudolf Lebius wegen Verleitung zum Meineide" bei der Staatsanwaltschaft am Berliner Landgericht III eingereicht worden. Zum Inhalt der Strafanzeige teilte die Zeitung mit, dass schon „vor dieser Verhandlung der Verdacht aufgetaucht [sei], daß Lebius versucht habe, den Arbeiter Krügel wegen Versprechung von Geldgeschenken zu seinen Gunsten zu stimmen. May sei dieser Vermutung nachgegangen und habe festgestellt, daß tatsächlich Beeinflussungsversuche stattgefunden hätten. Um ganz sicher zu gehen, habe May den kgl. sächs. Notar Oscar Dierks in Hohenstein beauftragt, die Krügelschen Eheleute [sic!] zu Protokoll zu vernehmen. In dieser Vernehmung vom 17. August habe Krügel folgendes ausgesagt: ‚Am 7. Aug. dieses Jahres erhielt ich von Lebius ein Telegramm, in dem er mich zum folgenden Tage in das Hotel ›Gewerbehaus‹ bestellte. Lebius erklärte sich bereit, mir den entgangenen Arbeitsverdienst zu ersetzen. In den Parkanlagen des Erzgebirgsvereins erklärte mir Lebius, ich solle alle in der Klage enthaltenen Punkte aufrecht erhalten und sollte so tun, als wenn ich sie alle miterlebt hätte und nicht nur aus den Erzählungen meines Bruders wüßte. Auf meine Antwort, daß ich doch dann eine falsche Aussage machen müße, erklärte mir Lebius, daß er, wenn alle Prozesse vorbei wären und er siegreich sein würde, mir als Belohnung 2000 Mark zahlen werde. Diese Zusicherung wiederholte Lebius noch öfter.‘ Diese Angaben wurden von Dr. Dierks abgegeben und in Gemäßheit des § 392 Z.P.O. eidlich erhärtet. Auf Grund dieses beeidigten notariellen Protokolls ist darauf die Strafanzeige gegen Lebius erstattet worden."

Neben dieser Strafanzeige beantragte Puppe ferner „wegen Kollusionsgefahr über Lebius die Untersuchungshaft zu verhängen, da die Gefahr nahe liege, dass L. weitere Beeinflussungsversuche unternehme."

Puppe telegrafierte außerdem mehreren Zeitungen, dass Lebius wegen der Krügel-Aussagen tags zuvor um 19 Uhr bereits verhaftet worden wäre. Dieses Vorgehen brachte nun Lebius seinerseits wieder auf den Plan. Er sah sich denunziert und beleidigt. Am 27. August wandte er sich deshalb an die Staatsanwaltschaft in Zwickau:

Charlottenburg, den 27.8.10

An den
Herrn Ersten Staatsanwalt bei[m] Landgericht in Zwickau

Ich erstatte hiermit gegen den Waldarbeiter Richard Krügel, Hohenstein-Ernstthal, Chemnitzerstr. 83 Anzeige wegen Meineid und gegen den Schriftsteller Carl May in Radebeul Anzeige wegen Verleitung zum Meineid. Laut anliegender Beilage des „Vorwärts" hat Krügel beschworen, dass ich ihn mit 2000 M. zu einer falschen zeugeneidlichen Aussage habe bestechen wollen. Diese Behauptung ist direkt unsinnig und sie ist nur von Carl May erfunden worden, wie er schon sonst hunderterlei Teufeleien gegen mich ausgeheckt hat. In meinem Berliner Prozess gegen May kommt es auf Krügel absolut nicht an. Das Gericht hat ihn auch gar nicht als Zeugen geladen. Für die Beurteilung der verbrecherischen Tätigkeit Mays in den siebziger Jahren genügen dem Gericht die aktenmässigen Unterlagen. Zeugenvernehmungen hat das Gericht nur angeordnet über die Ehescheidung Mays und seine literarischen Schwindeleien. Bei dieser klaren Sachlage müsste ich doch den Verstand verloren haben, wenn ich Krügel zu Aussagen hätte verleiten wollen, die direkt widersinnig sind. In all meinen Veröffentlichungen habe ich damals geschrieben, dass Richard Krügel alles nur von Hörensagen weiss. Ausserdem bemerke ich, dass ich nicht so vermögend bin, um mit Tausenden um mich zu werfen. Gleich nachdem ich im Dezember vorigen Jahres den Artikel gegen May veröffentlicht hatte, liess May den Krügel und die verwitwete Krügel zu sich nach Dresden kommen. Mit Hilfe des Fahrradhändlers Alvani [korrekt: Albani] hat er Richard Krügel und dessen Frau unausgesetzt bearbeiten lassen, um ihn zu sich zu gewinnen. Dass dem May und dem Krügel der oben erwähnte Streich zuzutrauen ist, geht aus den Strafakten der beiden hervor. Beide sind vielfach vorbestraft.

gez. R. Lebius[194]

In einem weiteren Schreiben an den Präsidenten des Landgerichts Zwickau tags zuvor hatte Lebius auch darum gebeten, „gegen den Notar Dr. Oskar Dierks in Hohenstein-Ernstthal einzuschreiten wegen Ueberschreitung seiner Amtsbefugnisse".[195]

Zu den Ermittlungen bei allen genannten Strafanzeigen, lässt sich nicht viel sagen, da keine Unterlagen mehr existieren. Da auch die Presse nicht weiter über diese Vorgänge berichtet hat, kann davon ausgegangen werden, dass sowohl gegenüber May und Krügel als auch gegenüber Lebius keine Anklagen erhoben wurden.

V. Prozesse um Prozessschriften

Auf dem Höhepunkt der Auseinandersetzungen mit Rudolf Lebius fasste Karl May den Entschluss, seine Autobiografie zu schreiben. Noch bevor das Charlottenburger Urteil verkündet wurde, sah sich der Schriftsteller genötigt, den unsäglichen Artikeln und gerichtlichen Stellungnahmen seiner Gegner mit einer großen, umfangreichen Schrift entgegenzutreten. Es sollte eine Biografie werden, aber ihre Aufgabe bestand durchaus in mehr als nur der Rekapitulierung und Bilanzierung eines Schriftstellerlebens.

„Ich werde in meiner Selbstbiographie, die ich schon jetzt vorzubereiten beginne, mich nicht im geringsten schonen, sondern jedes Unrecht, dessen ich mir bewußt bin, ehrlich bekennen; denn ich will, wenn ich einst scheide, keine meiner Sünden mit hinübernehmen",[196] bekannte May schon im Januar 1910 gegenüber der Presse. Das Werk setzte sich vor allem mit seiner Herkunft, seinen Vorstrafen sowie mit seinen Auseinandersetzungen mit dem Münchmeyer-Verlag und Pressegegnern, vor allem mit Rudolf Lebius, auseinander. Klara May berichtete Euchar Albrecht Schmid in einem Brief unmittelbar nach Beendigung der Manuskriptniederschrift:

„Mein lieber, guter Mann ist mit seinem Buch fertig. Es hat mich erschüttert. Ich war ganz kaput[,] nachdem ich es im Zusammenhang gelesen [hatte] und kann auch jetzt noch nicht ruhig werden. Es war und ist furchtbar."[197]

Dem Werk kam vor allem eine juristische Bedeutung als Prozessschrift zu, da es unmittelbar nach seinem Erscheinen auch Richtern, Anwälten und Staatsanwälten im Rahmen laufender Verfahren zugeschickt wurde.

„Mein Leben und Streben ist so geschrieben", so May an Fehsenfeld, *„daß es mir die Prozesse gewinnen hilft. Es hat nur diesen Zweck, weiter keinen, trotz des hohen biographischen und psychologischen Werthes, den es besitzt."*[198]

Der Arbeitstitel der Schrift wechselte in seiner Entstehungszeit zwischen *Am Marterpfahl und Pranger* über *Das Problem Karl May von Karl May* zu dem abgeklärten endgültigen Titel *Mein Leben und Streben*. Mit dem Zusatz *Band I* deutete sich eine Fortsetzung an, die May jedoch nie schrieb. Aktuelle Ereignisse, wie das Charlottenburger Urteil waren ebenso unmittelbar in das Buch mit eingeflossen, wie auch größere Teile der Erstfassung eines Schriftsatzes für das Berufungsverfahren *An die 4. Strafkammer des Königlichen Landgerichts III in Berlin* (heute in: *Am Marterpfahl*, GW 83) übernommen wurden. Die Niederschrift des gesamten Buches währte bis Anfang November 1910, sodass Fehsenfeld seine Auslieferung für Ende des Monats ankündigen konnte. Ab Dezember wurde *Mein Leben und Streben* ausgeliefert. Der Anthropologe Friedrich S. Krauss (1859-1938) befand in einer Rezension:

„Für den Psychoanalytiker als den eigentlichen Seelenforscher ist die Arbeit ein kostbares Geschenk. Ohne es selber zu merken, entwirft May von sich ein ganz vortreffliches Bild eines schwer belasteten Neurotikers, der da seine durch eine verpfuschte Jugend krankhaft gesteigerte Sexualität endlich zu einem religiös mystischen Edelmenschentum sublimiert hat."[199]

Lebius empfand die Maysche Autobiografie dagegen weniger als kostbares Geschenk, sondern als beleidigendes Pamphlet gegen seine Person. Er wandte sich deshalb am 16. Dezember 1910 an das Amtsgericht Freiburg, da in dessen

Gerichtsbezirk der Verlag von Friedrich Fehsenfeld ansässig und dort das Buch erschienen war. „Er ließ daher durch seinen Rechtsbeistand eine einstweilige Verfügung herausbringen, durch die der Verlagsbuchhandlung bei einer Strafe von 1000 M. für das Zuwiderhandeln im Einzelfall verboten wird, weitere Exemplare des May'schen Werkes abzusetzen. Gegen diese Verfügung hat May die Anfechtungsklage erhoben, die in der zweiten Hälfte des Januar das Gericht beschäftigen wird."[200]

Zeitgleich hatte Lebius auch eine Unterlassungsklage gegen den weiteren Vertrieb des Buches bei Gericht eingereicht. Auf Grund einer Erkrankung des Schriftstellers fand vor der 8. Zivilkammer des Landgerichts I in Berlin am 27. Januar 1911 die mündliche Verhandlung in Abwesenheit des Beklagten statt. Auch Mays Anwalt Puppe blieb dem Termin fern und zog die Vergnügungen einer Wintersportreise vor. An seiner Stelle schickte er seinen Sozius Franz Hahn zum Termin. Gegenüber seinem Mandanten gab er zuvor an, dass der Termin verschoben worden sei, was offenkundig nicht stimmte und verständlicherweise den Verdruss des Schriftstellers und seiner Frau auslöste, als diese später davon erfuhren. Die Rechtmäßigkeit der einstweiligen Verfügung und die gleichzeitige Unterlassungsklage wurden in dem tatsächlich stattfindenden Termin bestätigt, „da dieses Buch schwere Beleidigungen des Herrn Lebius enthält".[201] Der Vorsitzende Richter befand zudem, dass Mays Werk keinen literarischen Wert besitze. „Die Beklagten beantragten, die einstweilige Verfügung nur unter der Bedingung aufrechtzuerhalten, daß Lebius eine Sicherheit von 20.000 M leiste. Diesen Antrag lehnte jedoch das Gericht ab und erließ ein Urteil dahin, daß die einstweilige Verfügung unbeschränkt aufrechterhalten wird. Außerdem wurden May und sein Verleger verurteilt, die Verbreitung des Buches ‚Mein Leben und Streben' zu unterlassen."

Damit war das Buch nur wenige Tage nach seinem Erscheinen bereits wieder vom Markt verschwunden. Bis zu diesem Zeitpunkt waren erst 500 Exemplare verkauft worden.

Mays Witwe Klara sollte nach dem Tod des Schriftstellers eine bearbeitete Fassung herausgeben, die jedoch auch wieder die gleichen juristischen Probleme wie die Erstfassung erfuhr. Erst die vierte, Anfang 1914 unter der Herausgeberschaft Dr. Euchar Albrecht Schmids im kurz zuvor neu gegründeten Karl-May-Verlag publizierte Fassung blieb juristisch unbeanstandet.

Zeitgleich mit Mays *Mein Leben und Streben* erschien Ende November 1910 auch das Buch *Die Zeugen Karl May und Klara May*. Herausgeber dieser oberflächlich kommentierten Sammlung von Gerichtsakten zu Prozessen Mays war Lebius. Sie sollte laut Untertitel ein *Beitrag zur Kriminalgeschichte unserer Zeit* sein. Vorrangig diente sie aber vor allem als Prozessschrift in den Auseinandersetzungen mit May. Eine wirkliche Struktur und Ordnung ist dem Buch nicht anzusehen und die Konfusion der Zusammenstellung verrät die sehr große Eile, mit der es zusammengestellt war.

„Die Kapitelzählung kommt über Punkt I. nicht hinaus, einheitliche Zwischenüberschriften fehlen. Das Material über die einzelnen Prozesse und sonstigen Auseinandersetzungen Mays ist blockweise abgedruckt, ohne daß ein chronologischer Zusammenhang zwischen den einzelnen Teilen entsteht; womöglich hat Lebius den Stoff genau in der Reihenfolge in Satz gegeben, in der er seiner habhaft werden konnte [...]."[202]

Die Auswahl der Dokumente verfolgte das Ziel, Karl May und seine Frau in der Öffentlichkeit als unglaubwürdig und unglaubhaft darzustellen. Die von Lebius verwendeten Dokumente stellen ein „einseitig ausgewähltes ‚Belastungsmaterial'" gegen den Schriftsteller dar und sollen „die historische ‚Wahrheit' verzerren".[203]

„Das Buch ist eine einzige große Lüge. Ich werde sie enthüllen", schrieb May an Fehsenfeld.[204] Der Schriftsteller machte sich sogar die Mühe, das Werk seines Gegners eingehend zu sezieren. In seiner bereits erwähnten Schrift *An die 4. Strafkammer des Königl. Landgerichtes III in Berlin* zählte er mehr als fünfhundert Übertreibungen, Fälschungen, Verdrehun-

gen, gewissenlose Behauptungen und raffinierte Bosheiten auf.

Sowohl May als auch Lebius versandten ihr jeweiliges Buch an verschiedene Gerichte.

Karl May, Klara May und ihr Rechtsanwalt Siegfried Puppe – der sich gleichfalls durch den Inhalt in seinen Rechten beeinträchtigt sah – beantragten vor dem Landgericht I Berlin eine einstweilige Verfügung gegen den weiteren Vertrieb des Lebius-Buches. Am 13. Dezember 1910 erging der gerichtliche Beschluss gegen Rudolf Lebius, den Spree-Verlag sowie den Inhaber der Druckerei Emil Grüner, dass

> auf Antrag der Antragsteller glaubhaft gemacht [wird], daß die fragliche Broschüre verbreitet wird, welche Beleidigungen der Antragsteller enthält, im Wege der einstweiligen Verfügung angeordnet: Den Antragsgegnern wird bei Vermeidung einer fiskalischen Strafe von 1.000.– Mk. – eintausend Mark – verboten, die Broschüre „Die Zeugen Karl May und Klara May", Ein Beitrag zur Kriminalgeschichte unserer Zeit von Rudolf Lebius fernerhin zu drucken und zu verbreiten.[205]

Das Verbot sollte bestehen bleiben. Die Gerichtsverfahren um die Bücher zeigen, dass beide Kontrahenten ihre Publikationen für den gegenseitigen Kampf instrumentalisierten, sich aber auch gegenseitig blockierten.

VI. Zweiter juristischer Nebenschauplatz: Die Heimatpresse-Prozesse

Die Art und Weise, wie die Presse in den Tagen darauf das Charlottenburger Urteil aufgriff, gehört zu den fragwürdigsten Begleiterscheinungen dieses May-Prozesses. Nahezu die gesamte deutschsprachige Presse berichtete über den sensationellen Ausgang des Verfahrens. Im Tenor war sich die Journaille weitgehend einig, dass man es bei Karl May mit einem gründlich blamierten Kläger zu tun gehabt habe, der endlich als ‚geborener Verbrecher' und ehemaliger Zuchthäusler auch gegenüber der Öffentlichkeit überführt worden sei. So wurde vom „literarischen Schinderhannes", dem „abgestraften Räuber" und vom „Räuberhauptmann" gesprochen und gegenüber der deutschen Öffentlichkeit jenes bösartige von Lebius entworfene biografische Zerrbild als Wahrheit gezeichnet.

Auch in Mays Heimatstadt Hohenstein-Ernstthal erschienen in den Tagen nach dem Charlottenburger Urteil in zwei örtlichen Zeitungen Artikel über den Prozess. Es ist bekannt, dass May einen stets engen Kontakt zu seiner Familie in Hohenstein-Ernstthal unterhielt. Dieser Kontakt war auf Grund der Entfernung meist brieflicher Art gewesen. In der Zeit der schlimmsten Auseinandersetzungen mit seinen Gegnern war es in erster Linie Mays Schwester Christiane Wilhelmine Schöne (1844-1932), die Informationen und einschlägige Zeitungsausschnitte aus Hohenstein-Ernstthal in die Villa „Shatterhand" übermittelte. Sie war es vermutlich auch, die ihren Bruder über die Berichterstattung zu der Charlottenburger Verhandlung in der Heimatpresse in Kenntnis setzte. So veröffentlichte der *Hohenstein-Ernstthaler Anzeiger* in seiner Ausgabe Nr. 83 vom 13. April 1910 ein sogenanntes Privattelegramm aus Charlottenburg über den Ausgang des Verfahrens:

„In dem Beleidigungsprozeß des weit über die Grenzen Deutschlands hinaus bekannten Schriftstellers Carl May gegen den Schriftsteller Rudolf Lebius wegen Beleidigung (Lebius hatte in einem Briefe Carl May einen Räuber und Verbrecher genannt) wurde der Privatbeklagte Lebius freigesprochen und die Kosten des Verfahrens dem Schriftsteller Carl May auferlegt. Das Gericht hat auf Grund des Vorlebens des Privatklägers folgendes als wahr unterstellt: Der Privatkläger ist u. a. mit 4 Jahren 1 Monat Zuchthaus vorbestraft und zwar wegen Betruges und Diebstahls unter erschwerenden Umständen, Fälschungen usw. Es ist ferner festgestellt, daß der Privatkläger Carl May das Leben eines Räuberhauptmanns in den erzgebirgischen Wäldern geführt hat und schon in früher Jugend ein gemeiner Dieb gewesen ist. Außerdem wurde festgestellt, daß er auch als Literat ein

Räuber, Dieb und Hochstapler ist. (Carl May stammt bekanntlich aus Hohenstein-Ernstthal und lebte seit längerer Zeit in Dresden. D. Red.)."

Einen Tag später wurde ein ausführlicher Prozessbericht in der Nr. 84 des *Hohenstein-Ernstthaler Anzeigers* veröffentlicht.[206] Dabei wiederholte der Bericht nicht nur die unmittelbare Vorgeschichte des Prozesses um den Lebius-Brief an Selma vom Scheidt, sondern er rekapitulierte auch die Krügel-Anekdoten des Artikels *Hinter die Kulissen*, die Lebius und seine Anwälte in das Charlottenburger Verfahren eingebracht hatten.

Der Schriftsteller reichte wegen des Artikels vom 13. April Strafantrag und Privatklage beim Amtsgericht Hohenstein-Ernstthal wegen Beleidigung ein, während er wegen des Beitrags vom 14. April zunächst lediglich einen Strafantrag wegen Beleidigung stellte. Beide Male wandte er sich dabei gegen Emil Otto Horn (1871-1940) als verantwortlichen Redakteur des *Hohenstein-Ernstthaler Anzeigers*. Die Schriftsätze Mays wurden von seinem Hohenstein-Ernstthaler Rechtsanwalt Haubold gegengelesen, unterschrieben und am 25. Mai bei Gericht eingereicht.[207]

Horn musste sich in diesem Verfahren als Redakteur auf der Grundlage des § 20 Abs. 2 PreßG[208] für die Artikel verantworten. Während das Amtsgericht hinsichtlich des Artikels vom 14. April noch die Einreichung einer Privatklage abwartete, wurde es wegen des ersten Artikels tätig, indem es auf Mängel in Mays eigenhändiger Privatklageschrift hinwies. Haubold musste diese Mängel durch Präzisierungen und Ergänzungen beheben. Der Rechtsanwalt reichte nunmehr eigenhändig und handschriftlich eine neue Privatklageschrift wegen des Artikels vom 13. April für May bei Gericht ein.[209]

Wenige Tage später setzte Haubold auch wegen des zweiten Artikels eine Privatklage wegen Beleidigung auf.[210]

Zu einer Eröffnung des Verfahrens sollte es jedoch nicht kommen. Die Artikel, die May hier angriff, verfolgten vor allem den Zweck, das heimische Leserpublikum mit Nachrichten über den berühmten aus ihrer Stadt stammenden Schriftsteller Karl May zu unterhalten und hierbei auf das ‚publizistische Trittbrett' des Sensationsjournalismus aufzuspringen, wie dies in den Tagen nach dem Charlottenburger Urteil fast die gesamte deutschsprachige Presse getan hatte. Es wäre Emil Horn äußerst schwer gefallen, die Vorgehensweise seiner Zeitung – d. h. die fehlerhafte und unkritische Übernahme von Gerüchten, Halb- und Unwahrheiten über Karl May – mit der Wahrung berechtigter Interessen (der Information der Leser etwa) zu rechtfertigen. „Denn bei so schweren Verunglimpfungen, wie sie hier vorlagen, stellt die Rechtsprechung an die ‚Informationspflicht', deren Erfüllung Voraussetzung für die Gewährung dieses Rechtfertigungsgrundes ist, besonders hohe Anforderungen."[211] Vor allem die Äußerungen, dass May in seiner Jugendzeit ein Räuberhauptmann und später als Schriftsteller ein literarischer Dieb und Hochstapler gewesen sei, waren nicht durch das Informationsrecht der Presse geschützt, da sie May auf Grund unwahrer Tatsachenbehauptungen in der Öffentlichkeit bloßstellten. Demzufolge hatte Horn eine Bestrafung zumindest in Form der üblen Nachrede in zwei Fällen (da man beide Artikel als rechtlich selbstständige Handlungen betrachten musste) zu erwarten. Dass der Schriftleiter wider besseres Wissen gehandelt hatte, als er die Artikel dem Druck übergab, ließ sich vermutlich nicht beweisen, weshalb eine Bestrafung wegen verleumderischer Beleidigung entfiel. Zieht man nun ähnliche Beleidigungsprozesse dieser Zeit als Maßstab heran, drohte Horn vermutlich eine Geldstrafe im Bereich zwischen 50 und 150 Mark. Doch letztlich einigten sich die Kontrahenten auf einen Vergleich, der mit einem Widerruf der Zeitung am 3. Juli eingeleitet und präzisiert wurde:

Erklärung

in vor dem Königlichen Amtsgericht Hohenstein-Ernstthal anhängigen Privatklagesachen des Schriftstellers Karl May in Dresden-Radebeul, Privatklägers, vertreten durch den

Rechtsanwalt Dr. Haubold in Hohenstein-Ernstthal, gegen den verantwortlichen Redakteur des „Hohenstein-Ernstthaler Anzeigers" in Hohenstein-Ernstthal, Privatbeklagten, wegen Beleidigung.

Zur gütlichen Beilegung der vorgedachten Privatklagsachen P 23/10 und P 26/10 erklärt die unterzeichnete Redaktion:
1., sie zieht die in Nr. 83 ihres Anzeigers unter der Rubrik „Depeschen vom 12. April 1910, Charlottenburg (Privattelegramm)" und die in Nr. 84 ihres Anzeigers unter der Rubrik „Oertliches und Sächsisches", Hohenstein-Ernstthal, 13. April 1910 gebrachten Artikel hiermit zurück, weil dieselben unwahre Behauptungen über den Privatkläger Karl May enthalten;
2., sie bedauert, mit diesen unwahren Behauptungen informiert worden zu sein;
3., sie verpflichtet sich, in ähnlichen Fällen vorher sich beim Privatkläger nach dem wahren Sachverhalt zu erkundigen;
4., sie übernimmt die durch die Privatklagen entstandenen Kosten und die dem Privatkläger erwachsenen notwendigen Auslagen.

Dagegen erklärt Privatkläger, daß er, nachdem die unterzeichnete Redaktion die im Vorstehenden unter Ziffer 1-4 aufgestellten Bedingungen erfüllt hat, die beim Königlichen Amtsgericht Hohenstein-Ernstthal zwischen den Parteien schwebenden Privatklagsachen P 23/10 und P 26/10 nebst Strafantrag zurückzieht.

Hohenstein-Ernstthal, den 30. Juni 1910.
Die Redaktion des Hohenstein-Ernstthaler Anzeigers.

Der Widerruf veranlasste Karl May zur Klagerücknahme – auch in Bezug auf das zweite Verfahren gegen Emil Horn.[212] Beide wurden daraufhin durch das Amtsgericht am 14. Juli 1910 eingestellt.

Auch das zweite Lokalblatt aus Karl Mays Heimatstadt, das *Hohenstein-Ernstthaler Tageblatt*, brachte am 14. April 1910 unter dem Titel *Karl May vor Gericht* einen Bericht über den Charlottenburger Prozess. Anders als das lokale

Konkurrenzblatt wurde der Verhandlungsverlauf zum Teil sehr detailliert wiedergegeben. Zweieinhalb Monate später berichtete die Zeitung noch einmal über das Charlottenburger Urteil. Der Inhalt des Artikels war dabei im Wesentlichen identisch mit einem Artikel der *Täglichen Rundschau* vom 26. Juni: „Der Beleidigungsprozeß unseres Landsmanns Karl May gegen Lebius – wir berichteten szt. ausführlich über die Verhandlungen und ihren Ausgang – dürfte, wie aus Berlin gemeldet wird, frühestens im Winter die Berufungsstrafkammer beschäftigen. Karl May bestreitet, daß er als Jugendschriftsteller anzusehen sei. Er habe lediglich auf besondere Aufforderung hin sechs Erzählungen verfaßt, die für die Jugend bestimmt seien. Er gibt jetzt zu, daß er in seiner Jugend Vorstrafen erlitten habe, was er in der Verhandlung vor dem Schöffengericht bestritten hatte. Er erklärt aber, daß diese länger als 40 Jahre zurückliegen. Seit dieser Zeit habe er sich makellos geführt. May will ferner durch Rechtsanwalt Dr. Puppe vor der Berufungsstrafkammer jetzt den Nachweis führen, daß er sich tatsächlich in den von ihm beschriebenen Ländern aufgehalten habe. Zeugen, u. a. Hotelbesitzer in Südamerika, sollen umgehend über ihre Bekanntschaft mit May vernommen werden. Inzwischen hat auch der Beklagte Lebius ein umfangreiches Material zusammengetragen. Er will aus allen Gegenden Deutschlands Zeugen laden."[213]

Zwei Tage bevor May seine Auseinandersetzungen mit Horn beendete, ging er nunmehr gegen den Druckereibesitzer und Verleger Dr. Alban Frisch (1856-1934) sowie gegen den verantwortlichen Redakteur des *Hohenstein-Ernstthaler Tageblattes*, Wilhelm Eduard Lippacher, gerichtlich vor. Wegen der Artikel vom 14. April und 28. Juni reichte May zunächst einen Strafantrag wegen Beleidigung beim Amtsgericht Hohenstein-Ernstthal ein.[214] Die Erhebung einer Privatklage ließ auf sich warten. Erst mit einem Schreiben vom 16. August wandte sich der Schriftsteller unmittelbar an Frisch.[215] Er teilte ihm mit, Strafantrag gestellt zu haben, und übermittelte ihm die Abschrift seiner Privatklage. May glaubte irrtümlich mit der persönlichen Zusendung einer Abschrift seiner Privatklageschrift an den Beschuldigten eine amtliche Zustellung ersetzen zu können.[216] Der Schriftsteller wandte sich vor allem gegen die Darstellung, er habe im Erzgebirge eine Räuberbande angeführt, habe literarischen Diebstahl begangen sowie gegen mancherlei andere Behauptungen, die Lebius im Zusammenspiel mit Krügel aufgestellt hatte.

Der Jurist Dr. Alban Frisch, der Verfasser der inkriminierten Artikel, war seit 1904 auch Inhaber des *Hohenstein-Ernstthaler Tageblatts*. Der Artikel stellte zwar eine im Wesentlichen wortgetreue Wiedergabe eines Artikels der *Dresdner Nachrichten* dar, er wurde jedoch mit einer eigenen Einleitung versehen, sodass ihm die Gestalt eines eigenständigen Artikels gegeben wurde. Seine Verantwortlichkeit bestand auch für die Übernahme fremder Artikel und ihren Abdruck im eigenen Blatt. Für Wilhelm Lippacher galt presse- und strafrechtlich das Gleiche.

Nachdem im Rahmen des gerichtlichen Vorverfahrens die ersten Schritte von Seiten Karl Mays unternommen worden waren, kam es auch innerhalb der örtlichen Presse zu einem polemischen Schlagabtausch, der allerdings von dritter Seite – von Rudolf Lebius – ausgelöst worden war. Lebius hatte inzwischen von dem Rechtsstreit seines Radebeuler Intimfeinds mit den Verantwortlichen des *Tageblatts* Kenntnis bekommen und einen Leserbrief an die Redaktion des örtlichen Konkurrenzblatts, den *Hohenstein-Ernstthaler Anzeiger* gesandt. Dieser, der sich in üblicher pamphletischer Lesart gegen den Schriftsteller richtete, wurde am 15. August im *Tageblatt* abgedruckt. Zwangsläufig wurde auch May auf den offenen Brief aufmerksam. Er verfasste daher am 19. August seinerseits einen Brief, den Emil Horn vier Tage später ebenfalls als eine Art Gegendarstellung am 23. August 1910 veröffentlichte. Auf diesen Brief hin erklärte das *Tageblatt* tags darauf, „daß wenn May uns überhaupt vor Gericht ziehen sollte, wir k e i n e A b b i t t e leisten und a u c h k e i n e n f a ulen Vergleich eingehen werden, sondern daß wir May und seine literarischen Sünden vor der gesamten deutschen Öffentlichkeit würdigen werden."[217] Dieser Pressestreit sollte zu einer Erweiterung des Privatklageinhalts und zu einem weiteren juristischen Disput führen, über den noch zu berichten sein wird. Am 27. August 1910 wandte sich erstmals der Rechtsanwalt Karl Böhm aus Hohenstein-Ernstthal als Prozessbevollmächtigter Mays an das Amtsgericht Hohenstein-Ernstthal. Böhm reichte alsbald eine ausführliche rechtsanwaltliche Erläuterung zur Privatklage seines Mandanten nach.[218] Außerdem erweiterte er den Klageinhalt noch wegen des Artikels vom 24. August.

Der Schriftsatz zeigte mehr Polemik, wo eigentlich juristische Tiefe gefordert war, um einen objektiven Betrachter den Sachverhalt in tatsächlicher und rechtlicher Hinsicht umfassend aufzuklären. Diese Form der Darstellung verrät leider auch, dass Mays Rechtsvertreter Böhm im Grunde nur das wiederholte, was ihm sein Mandant vorformuliert und was er in dieser und ähnlicher Form seit Jahren in der ihm freundlichen Presse schon geäußert hatte. Die Klageerwiderung von Frisch und Lippacher erfolgte mit Schriftsatz vom 15. Oktober 1910.

Darin wiesen die Angeklagten allerdings rechtsirrtümlich die Verantwortlichkeit einzelner Klagepunkte von sich,

da es sich hier allein, wie sich Kläger sowohl sein Anwalt leichtlich hätten überzeugen können, um die Wiedergabe des Beweisantrags des Verteidigers Lebius', des Rechtsanwaltes Bredereck, handelt, den dieser in öffentlicher Gerichtsverhandlung, vorgetragen hat. Wahrheitsgetreue Berichte über öffentliche Gerichtsverhandlungen sind aber straffrei.

Aber eine solche Auffassung war – wie bereits erwähnt – nicht zutreffend.

Um auch die Wahrhaftigkeit der literarischen Vorwürfe gegen May zu belegen, zitierten und verwiesen sie auf die einschlägigen Artikel von Mamroth & Co., deren Vorwürfe gegen Karl May nicht hätten widerlegt werden können. Aus dieser vermeintlichen Unwiderlegbarkeit leiteten die Angeklagten die Berechtigung und Straflosigkeit ihrer Äußerungen ab.

Für May geradezu vernichtend aber sind die Urteile, die ihm aus der ersten deutschen Presse aller Parteischattierungen mit Ausnahme der Sozialdemokraten, die May ja als den ihren reklamieren, nach dem Charlottenburger Prozeß entgegentönten.[219]

Vergleicht man nun die von Frisch und Lippacher zitierten bzw. erwähnten Zeitungen, die sich neben den ausgesprochenen May-Gegnern auch über den Schriftsteller ausgelassen hatten, mit dem Lebius-Buch *Die Zeugen Karl May und Klara May*, Abschnitt (XIV.), Die Prozeßberichterstattung (14 Pressestimmen zum Charlottenburger Urteil, 30.8.1910), so stellt man fest, dass acht dieser Pressestimmen exakt übernommen worden sind. Interessant ist dies deshalb, da zum Zeitpunkt der Klageerwiderung das Buch noch nicht erschienen war. Vor dem Hintergrund der Tatsache, dass es eine dreistellige Anzahl von Pressestimmen bezüglich des Charlottenburger Urteils gab, die Frisch und Lippacher für ihre Verteidigung hätten auswählen können, lässt die Übereinstimmung in der Artikelauswahl bereits kaum auf einen Zufall schließen.

Dass diese Übereinstimmung tatsächlich kein Zufall war, wird durch einen Schriftsatz Wilhelm Lippachers deutlich, in dem der Redakteur auf einen brieflichen Kontakt mit dem Lebius-Anwalt Paul Bredereck ausdrücklich hinweist.[220] Daraus kann man recht unspekulativ den Schluss ziehen, dass Lebius die von ihm für sein Anti-May-Buch verwendeten Pressestimmen den neuen May-Gegnern in Hohenstein-Ernstthal zugespielt hatte.

Am 5. Dezember 1910 kam es zur gerichtlichen Entscheidung, dass das Verfahren wegen des Artikels vom 24. August nicht eröffnet wurde, wohl aber gegen den anderen.[221] Drei Tage später reichte Böhm zunächst noch einen Schriftsatz seines Mandanten weiter an das Gericht, in dem der Schriftsteller selber zur Klageerwiderung antwortete. Zu den angeblich nicht widerlegten Vorwürfen gegen May als Schriftsteller erklärte dieser:

> *Die Beleidigung liegt in der Behauptung, daß die Vorwürfe nicht widerlegt werden konnten. Sie wurden nämlich widerlegt, und zwar sofort und gründlich.*
> *Indem die beiden Angeschuldigten diese längst widerlegten Vorwürfe für ihre Zwecke hervorheben und neu frisieren, versuchen sie ihre Drohung aus der No. 195 ihres ‚Tageblatts' wahr zu machen ‚sondern daß wir May und seine literarischen Sünden vor der gesamten deutschen Öffentlichkeit würdigen werden.'*
> *Dies tun sie aber indem sie einige Zeitungen meiner Gegner zitieren, in höchst sonderbarer, zur Heiterkeit reizender Weise. Sie bringen nämlich nicht meine Sünden, sondern die Sünden meiner Gegner.*[222]

May wandte sich mit einer sofortigen Beschwerde gegen die Nichteröffnung des Hauptverfahrens im Hinblick auf den Artikel vom 24. August.

Dass die rechtliche Situation alles andere als günstig für die Angeklagten war, mag Frisch und Lippacher im Laufe des Hauptverfahrens bewusst geworden sein. Hierin ist wohl auch der Grund zu sehen, warum es zwischen den beiden und Karl May zur Aufnahme von Vergleichsgesprächen kam. Von May ist bekannt, dass er seinen Gegnern bereitwillig die versöhnende Hand reichte, wenn diese einen Schritt auf ihn zugingen. So kam es auch im vorliegenden Fall zu einem außergerichtlichen Vergleich, dessen Text von Böhm dem Amtsgericht übermittelt wurde:

Privatklagesache May ./. Dr. Frisch u. Gen.

In obiger Sache ist laut des in meiner Hand befindliche Original-Dokumentes folgender Vergleich abgeschlossen worden:

I.)

Dr. Alban Frisch erklärt:

1.) Daß er Karl May nicht habe beleidigen wollen.
2.) Daß er Berichte im Hohenstein-Ernstthaler Tageblatt

nachgedruckt habe, ohne Zeit und Gelegenheit genommen zu haben, dieselben auf ihre Richtigkeit nachzuprüfen.
3.) Daß er in Zukunft nicht in gehässiger oder verletzender Form über Karl May schreiben werde.

II.)

Karl May erklärt:

Daß er Privatklage und Strafantrag gegen Dr. Alban Frisch beim Königl. Amtsgericht Hohenstein-Ernstthal zurückziehen werde.

III.)

Eine Veröffentlichung dieses Ausgleiches findet nicht statt.

Hohenstein-Ernstthal, den 14ten Dezember 1910.
(gez) Dr. Alban Frisch[223]

Die Besonderheit dieses Vergleichs liegt darin, dass May auf eine Veröffentlichung desselben verzichtete. Zwei Tage später zog der Schriftsteller Privatklage und Strafantrag zurück. Auch die sofortige Beschwerde, die noch immer beim Landgericht Zwickau anhängig war, wurde nunmehr zurückgezogen. Zur offiziellen Einstellung des Verfahrens kam es auf Grund des Beschlusses vom 20. Dezember 1910 durch das Amtsgericht Hohenstein-Ernstthal.

Für Karl May war es sehr wichtig, dass gerade die Bewohner seiner Heimatstadt die Streitigkeiten mit Lebius, vor allem auch die damit verbundenen aktuellen Auseinandersetzungen mit Richard Krügel, aus seinem Blickwinkel betrachten konnten. Und so veröffentlichte der Schriftsteller nur drei Tage vor dem Hauptverhandlungstermin im Verfahren gegen Krügel einen offenen Brief in der Lokalpresse, dem *Hohenstein-Ernstthaler Anzeiger*, um die prozessualen Hintergründe zu erläutern.[224] Diesen Brief sandte er nebst einigen anderen Materialien nur einen Tag später auch an den Berliner Publizisten Maximilian Harden, den er um journalistische Hilfe bat. Gegen Alban Frisch bereitete May gerade seine Privatklage wegen Beleidigung vor. Das Pressegesetz verpflichtete den *Hohenstein-Ernstthaler Anzeiger* zu einer Gegendarstellung durch Rudolf Lebius, die am 16. August abgedruckt wurde.[225] Der Berichtigung wurde von May mit einem weiteren umfangreichen Brief begegnet, der juristische Folgen haben sollte.[226]

Lebius fühlte sich durch diesen neuen offenen Brief Mays beleidigt und reichte am 24. September 1910 Privatklage gegen den Redakteur Emil Horn, Dagobert Culp, die Buchdruckereibesitzer und Verleger Horn und Lehmann sowie gegen Karl May ein.[227]

Der Buchdrucker und Verleger Horn war identisch mit dem Redakteur Emil Horn, weshalb die Beschuldigtennennung später korrigiert werden musste. In Mays Auftrag bestritt Rechtsanwalt Siegfried Puppe jedes Bewusstsein und jede Absicht einer Beleidigung. Tage später wies sich Max Haubold als Prozessvertreter aller Beschuldigten aus. In seinen beiden folgenden Schriftsätzen regte er zudem an, dass man erst den Ausgang von Mays Berliner Berufungsverhandlung in der Sache ‚geborener Verbrecher' abwarten solle.

Wenig später zog Lebius seine Privatklage gegen Dagobert Culp und Theodor Emil Lehmann (1873-1919) zurück, hielt sie jedoch gegen Horn und May aufrecht. Mit Beschluss vom 3. Dezember 1910 wurde das Verfahren eröffnet, da der inkriminierte Artikel

> geeignet ist, den Privatkläger in seiner Ehre zu verletzen, der aber außerdem in Beziehung auf den Privatkläger eine Anzahl nicht erweislich wahrer, ehrenkränkender Tatsachen enthält, insbesondere
> a) soweit frühere tatsächliche Behauptungen des Privatklägers als „eine Erfindung" und als „Fabel" bezeichnet werden,
> b) daß der Privatkläger die National-Sozialen direkt an May verraten habe, obwohl er von deren Wohlwollen existiert habe,
> c) die Verleitung zum Meineid durch Versprechen von baren 2.000 M. für klar erwiesen,
> d) so sei Lebius überall herumgelaufen und habe Belohnungen versprochen, damit man gegen ihn [May] aussage,
> e) der Privatkläger habe die geschiedene Frau Mays durch das Versprechen einer lebenslänglichen Rente von monatlich

100 Mk gegen ihn [May] gewonnen und sie sogar gezwungen, ihre Pretiosen zu versetzen, damit man sagen solle, sie sei in dieses Elend nur durch ihn [May] geraten; die 100 Mk habe er aber nie gezahlt,
f) In ähnlicher Weise seien auch die angeblichen eidesstattlichen Versicherungen zustande gekommen,
g) er [Lebius] erscheine überall, um Zeugen zu beeinflussen,
h) er [Lebius] ersinne immer neue Verleumdungen,
i) er biete Tausende, um meineidswillige Zeugen für seine Unwahrheiten zu gewinnen.
k) er habe sich viele Monate lang die größte Mühe gegeben, seine [Mays] Vaterstadt, Verwandten pp. und Geschäftsverbündeten gegen ihn einzunehmen und aufzuwühlen,
l) er gehe mit Meineidsbezahlungen u. ähnlichen Dingen hausieren […]228

In seinem Schriftsatz vom 15. Dezember 1910 beantragte Haubold die Vernehmung von 51 Zeugen, die zu den verschiedenen im Eröffnungsbeschluss angesprochenen Anklagepunkten vernommen werden sollten. Die illustre Zeugenliste führte auch die Namen einiger May-Gegner wie Oskar Gerlach, Ansgar Pöllmann und Expeditus Schmidt auf. Rudolf Lebius wandte sich mit der recht problematischen Begründung gegen die Zeugenvernehmung, dass

May erfahrungsgemäß die Zeugen auf unerhörte Weise beeinflußt. […] Aus der Voruntersuchung gegen May u. Gen. wegen Meineids […] geht hervor, daß May und seine Frau die in Betracht kommenden Zeugen fortgesetzt besuche, zu sich einladen, reichlich mit Geld beschenken und ihnen auch sonst, namentlich zu Weihnachten umfangreiche Weihnachtspräsente gemacht haben.229

Amtsrichter Bach ordnete dennoch die Vernehmung der vielen Zeugen an ihren jeweiligen Wohnorten an. Im April 1911 wechselte die Prozessvertretung für den Schriftsteller von Puppe zu Wetzlich & Netcke über. Die Flut der Prozesse, die Aufregungen der letzten Jahre forderten immer mehr ihren Tribut. May musste Termine absagen. Bezeichnend ist die Vorlage eines Attestes, dass bei May „infolge der Häufung der Termine und der damit verbundenen Aufregungen, ein Nervenleiden ausgebrochen ist, wodurch derselbe geistig ganz unsagbar heruntergekommen und angegriffen ist. Es ist ganz unmöglich – so bestätigt auch noch ein anderer Arzt, Spezialarzt für Nervenleiden in Dresden, den ich, um sicher zu gehen, mit hatte consultieren lassen – daß bei den in Aussicht stehenden Verhandlungen seine Kraft bei den zu erwartenden Häufungen und langen Dauer derselben genugsam aushalten wird."[230] Weitere auch amtsärztliche Atteste bestätigten in der Folgezeit die gesundheitsschädigende Wirkung der Prozessflut auf den Schriftsteller. Eine der wichtigsten Vernehmungen des laufenden Verfahrens fand am 15. September 1911 im badischen Überlingen statt, wo sich der ehemalige Strohmann von Lebius, Friedrich Kahl, den Fragen des Gerichtes zu stellen hatte. Er äußerte sich ausführlich zu den Hintergründen bei der Entstehung der unter seinem Namen erschienenen Broschüre gegen May. Dabei machte er u. a. die Aussage:

Richtig ist, daß Lebius einmal zu mir gesagt hat auf meinen Vorhalt, man könne Unannehmlichkeiten wegen der Broschüre bekommen – das mache nichts, das könne mich als Schriftsteller bekannt machen; er sei selbst schon oft gesessen; <u>ich</u> dürfe schwören, May aber nicht; ich erinnere mich auch ganz bestimmt, daß er auch gesagt hat, May stehe unter Polizeiaufsicht; es sei ihm verboten, in einer Stadt zu wohnen, darum wohne er auch in Radebeul. Er hat auch ganz gewaltig mit seinem „forensischen" Talent geprahlt; an den genauen Wortlaut kann ich mich nicht erinnern. […][231]

Anschließend wurde Kahl vereidigt. Das Protokoll lieferte May den Grund für eine Klage gegen Lebius wegen Beleidigung. Als Grund führte May an:

Durch die eidliche Vernehmung des Zeugen Kahl ist dem Beschuldigten May zur Kenntnis gekommen, daß der Privatkläger zu Kahl mit Bezug auf den Beschuldigten May, als Kahl dem Lebius Vorhalt machte, daß er, Kahl wegen der

Broschüre Unannehmlichkeiten haben könne, geäußert hat: ‚Das mache nichts, das könne ihn, Kahl, als Schriftsteller bekannt machen, er, Lebius, sei selbst schon gesessen, er, Kahl, dürfe schwören, May aber nicht, May stehe unter Polizeiaufsicht, es sei ihm verboten, in einer Stadt zu wohnen, deshalb wohne er in Radebeul.'

Kahl hat weiter eidlich bekundet, daß er auf Grund der Angabe des Lebius der Meinung sei, Karl May stehe tatsächlich unter Polizeiaufsicht.

Unter Polizeiaufsicht stehen aber nur Verbrecher und solche, die sich gewisser Vergehen schuldig gemacht haben. Der Privatkläger hat daher, indem er diese Äußerung mit Bezug auf May dem Zeugen Kahl gegenüber tat, in boshafter und frivoler Gesinnung den Beschuldigten in die Kategorie derer geworfen, welche wegen gewisser, vom Gesetz besonders vorgesehener, von May niemals begangener Verbrechen oder Vergehen ‚unter Polizeiaufsicht stehen.' Privatkläger hat sich daher, wie keiner weiteren Begründung bedarf, gegenüber dem Beschuldigten der Verleumdung bez. üblen Nachrede schuldig gemacht und beantragt der Beschuldigte Bestrafung des Privatklägers nach § 187, 186, 185, 194 des Strafgesetzbuchs, denn Privatkläger hat gewußt, daß Beschuldigter niemals unter Polizeiaufsicht gestanden hat. Privatkläger hat also wider besseres Wissen in Bezug auf den Beschuldigten unwahre Tatsachen behauptet, die den Beschuldigten in der öffentlichen Weise herabzuwürdigen geeignet sind.[232]

Die Widerklage wurde einen Monat später weiter präzisiert und ausgeführt, doch sollte sie keine große Relevanz mehr entfalten.[233] Am 1. April 1912 erhielt das Gericht die Mitteilung, dass Karl May verstorben sei. Wenige Tage später traf die Erwiderung von Lebius auf die Widerklage des verstorbenen Schriftstellers bei Gericht ein. Der Journalist erklärte einleitend:

Ich habe die Widerklage des Herrn May um deswillen nichts erwidert, weil ich der Überzeugung war, daß May nur den Prozeß verschleppen wollte. Alles was auf die Widerklage zu erwidern war, hatte mein Anwalt in der mündlichen Verhandlung vorgebracht.

Anschließend erklärte er in ehrenrühriger Weise:

Der Zeuge Kahl ist völlig unglaubwürdig. Er ist einer von den May'schen Zeugen, über die ich in mehreren Prozessen ausgeführt habe, daß sie im Solde May's ständen.[234]

Lebius führte hiernach seine früheren Argumente gegen May auf, indem er u. a. auf dessen angeblichen Meineid im Münchmeyer-Prozess und die Hintergründe von Mays Scheidung verwies. Im Übrigen beantragte er die Abweisung der Widerklage. Mit Mays Tod endeten naturgemäß die laufenden Verfahren zwischen ihm und Lebius. Horn trat in Vergleichsverhandlungen mit Lebius ein und erklärte sich neben der Kostenübernahme für das Verfahren zur Abgabe einer öffentlichen Erklärung im *Hohenstein-Ernstthaler Anzeiger* bereit, wonach er keinen Anhalt für die gegen den Privatkläger seinerzeit erhobenen Anschuldigungen habe. Dieser Vergleich musste von Horn interessanterweise noch im Rahmen einer Klage auf Vertragserfüllung – erfolgreich – eingefordert werden, sodass der zuständige Amtsrichter in Hohenstein-Ernstthal, Dr. Kirchner, erst am 31. März 1913 die Verfahren insgesamt einstellen konnte.[235]

VII. Dritter juristischer Nebenschauplatz: Die Lu-Fritsch-Verfahren

Als das Charlottenburger Urteil verkündet worden war, fühlte sich eine der glühendsten Karl-May-Verehrerinnen, die damals zwanzigjährige Marie Luise Fritsch (1890-1959), zur aktiven Unterstützung des Verfemten aufgerufen. Mit Leidenschaft und bissiger Feder verfasste die junge Stettinerin auch fünf Artikel unter dem Titel *Die Wahrheit über die Prozesse des Schriftstellers Karl May gegen den Gewerkschaftssekretär Redakteur Rudolf Lebius*. Die beiden ersten Artikel vom 26. August und 2. September 1910, wie die nachfolgenden in der *Stettiner Gerichtszeitung* erschienen, führten zu

Beleidigungsklagen. In zwei gerichtlichen Anläufen versuchte Rudolf Lebius wegen dieser Artikel auch gegen Karl May vorzugehen.

1. Das ‚Stettiner Verfahren‘

Die junge Marie Luise Fritsch ist die wohl „schillerndste Frauengestalt im Freundschaftskreis des alten Karl May".[236] Die am 15. Januar 1890 geborene Tochter eines Fabrikdirektors, entstammte dem Stettiner Finanzadel. Als Zwölfjährige hatte ihr enthusiastisches Interesse für Karl-May-Bücher begonnen. Sie litt und lebte mit Winnetou und den anderen May'schen Helden und war voller Verehrung für den Dichter. Bis zum September 1903 jedenfalls hatte die Schülerin des Stettiner Mädchenlyzeums alle Winnetou-Bände gelesen. In einem Tonbandinterview mit dem Karl-May-Verleger Joachim Schmid (1928-2003) gestand sie später: „Winnetou war meine erste Liebe."[237] Dem jahrelangen Korrespondenzkontakt folgte 1908 nach dem in England bestandenen Bibliothekarinnen-Examen der erste persönliche Kontakt mit Karl May. In diesem Jahr besuchte sie den Schriftsteller in dessen Radebeuler Villa, woraus sich eine äußerst herzliche, innige Beziehung entwickelte. May erkannte in ihr eine liebe Wesensverwandte und identifizierte seine jugendliche Verehrerin mit einer Lieblingsfigur seines Spätwerkes: Merhameh aus dem Alterswerk *Der Mir von Dschinnistan* (in *Ardistan*, GW 31 und *Der Mir von Dschinnistan*, GW 32) und einer Erzählung mit dem Titel *Merhameh* (in *Abdahn Effendi*, GW 81). Für das englische *Novel-Magazine* übersetzte Lu Fritsch 1908 Mays Erzählung *Des Kindes Ruf* (in *Aus dunklem Tann*, GW 43) unter dem Titel *The Call of the Child*.

Während ihrer Arbeit für ein wissenschaftliches Antiquariat erfuhr Lu Fritsch im Frühjahr 1910 von den heftigen Lebius-Angriffen gegen Karl May. In jenem Jahr lernte die junge Frau in Berlin auch den Studienrat Dr. Adolf Droop (1882-1938) kennen. Droop war der Verfasser eines literaturwissenschaftlichen Buches über May mit dem Titel *Karl*

May. Eine Analyse seiner Reise-Erzählungen.[238] Er gehörte zum Kreis derer, die sich in der Öffentlichkeit für den heftig angegriffenen Karl May einsetzten: „Hier hatten sich zwei Karl-May-Fanatiker gefunden und sofort rettungslos ineinander verliebt. Karl May, das gemeinsame Idol ihrer Jugend, bildete die Basis ihrer leidenschaftlichen Liebe, an der auch die Tatsache, daß der angehende Studienrat Dr. Droop verheiratet und Lu Fritsch verlobt war, nichts zu ändern vermochte."[239] Von Mitte bis Ende Juli 1910 hielten sich Adolf Droop und Lu Fritsch erstmals gemeinsam in der Villa „Shatterhand" auf, wo es zu einem intensiven Gedankenaustausch zwischen ihnen und dem Schriftsteller kam. Nur so ist auch erklärbar, dass Lu Fritsch mit einer ungewöhnlichen Informationsfülle im Sommer des Jahres an die Redaktion der *Stettiner Gerichtszeitung* herantreten konnte.

Vor allem zwei Ereignisse im Sommer 1910 ließen Lu Fritsch gegen Rudolf Lebius publizistisch zu Felde ziehen: Das erste Ereignis war der May-Krügel-Prozess im August 1910. Nachdem dieser Prozess mit einem Vergleich geendet hatte, griff Lu Fritsch das Ereignis auf und veröffentlichte am 26. August 1910 einen ausführlichen Kommentar in der Ausgabe Nr. 5 der *Stettiner Gerichtszeitung*. Einleitend werden darin zunächst die Umstände geschildert, die zu den Darlehenswünschen des Journalisten an Karl May führten.

„Die anfänglichen Bitten verwandelten sich in Drohungen – eine anonyme Postkarte erscheint auf der Bildfläche [...]", heißt es in dem Artikel. „Die gerichtliche Feststellung des Ursprungs dieser Karte brach Lebius den Hals. Er verschwand aus Dresden unter Hinterlassung bedeutender Schulden. Allerdings waren seine Artikel gegen May schon erschienen, sie wimmelten von Beleidigungen, deren Bodenlosigkeit jedem vernünftigen Menschen einleuchtete [...]. Dresden lachte. Die sozialdemokratische Partei hatte Lebius aus ihren Reihen ausgewiesen und so wurde er, da er nicht mehr rot werden konnte, gelb – vor Aerger. [...] Der Weg, den Lebius nun beschreitet, ist derartig genial gewählt, daß man – wenn auch vielleicht nach der negativen Richtung hin, Hochachtung vor ihm empfindet. Er diskreditiert May's Ansehen bei den Richtern. Er versucht ihn eidesunwürdig zu machen."

Im Folgenden rekapituliert Lu Fritsch sowohl die Kahl-Affäre als auch die Beziehung zwischen Lebius und Emma Pollmer, aber auch die prozessualen Verwicklungen im Krügel-Prozess. Von besonderes schwerwiegendem Inhalt waren in letzterem Zusammenhang nun Äußerungen über Versuche des Journalisten, Zeugen zum Meineid zu veranlassen:

„Der Prozeß schloß mit einem Vergleich. Es gibt Stimmen, die diesen Ausgang als zu milde kritisieren. Das halte ich für verkehrt. Wozu das arme Instrument die ungeschickte Hand des Meisters entgelten lassen? Der arme Mann war so niedergeschlagen, daß er im Falle einer Bestrafung Selbstmord begangen hätte. Seine Frau hatte am Abend vorher den Kläger aufgesucht und ihm weinend und jammernd ihr Unglück dargestellt. Dieser saubere Herr Lebius war, wie sie wiederholt beteuerte, bei ihr gewesen, um sie durch Geldgeschenke zu einer falschen Aussage zu bewegen. Das ist so sein System. Zu Hohenstein jedoch spielt der Meineid, da er als religiöse Blasphemie empfunden wird, noch eine andere Rolle als in unseren Kulturzentren, wo sich beinahe be[i] jeder Beleidigungsklage Gesellschaften mit beschränkter Haftung bilden: man pfiff Herrn Lebius aus und versuchte ihn zu lynchen. Unter polizeilicher Bedeckung schüttelte er den Staub seiner Ruhmesstätte von den Füßen. Wir machen unsere Leser darauf aufmerksam, daß nach dieser allgemeinen Vorgeschichte in der nächsten Nummer schon sehr eigenartige Enthüllungen über die Sachverständigen des Herrn Lebius folgen werden. Es sind dies 1. der berühmte Hochschullehrer Professor Dr. Brant-Sero aus New York, alias Ontario, 2. der geniale, ästhetische Benediktinermönch Pater Pöllmann, Beuron."

Gegen Ende dieses ersten Lu-Fritsch-Artikels deutete die Stettinerin bereits das zweite Ereignis an, dass sie gegen Lebius mobilisierte, nämlich die angeblichen Enthüllungen sogenannter Sachverständiger, vor allem der ominöse Protest des Indianers John Ojijatheka Brant-Sero. Dieser Indianerprotest, „mit der Photographie des Indianers in einem Maskenballkostüm an alle Zeitungen versandt und von allen Zeitungen kritiklos wiedergegeben",[240] war erstmalig am 28. Juni 1910 im mayfeindlichen *Dresdner Anzeiger* erschienen. Wirklicher Verfasser des Aufsatzes war Rudolf Lebius! Die Hintergründe dazu recherchierte Lu Fritsch auf eigene Faust. „Sie entlarvte den angeblichen Indianerhäuptling Brant Sero als ‚gewöhnlichen Rixdorfer', mietete sich als Detektivin Lebius gegenüber ein und sprach sogar mit dessen Frau."[241] Diese Vorgehensweise brachte der jungen Frau in der Öffentlichkeit sehr bald die Titulierung ‚Mays schöne Spionin' ein. Ihre ‚Spionageergebnisse' fanden am 2. September 1910 Eingang in die *Stettiner Gerichtszeitung*:

„Im Juli erschien im ‚Dresdner Anzeiger' der Protest eines Indianers gegen die Schundliteratur. Dieser Aufsatz in sehr flüssigem Journalistendeutsch geschrieben, enthielt eine sehr oberflächliche, naiv anmutende Kritik des soeben veröffentlichten 4. Bandes vom Winnetou. Dieses Buch ist wie alle vorhergehenden ein Märchen, das, wollte man es zergliedern, sich auf die denkbar einfachsten und wegen ihrer Einfachheit grandiosen Ideen zurückführen läßt. Der Indianer will nun, obwohl er, wie er oben zugibt und ich aus persönlicher Bekanntschaft weiß, kaum ein paar Brocken der deutschen Sprache von sich geben, geschweige denn ihre Bedeutung zu ermessen im Stande ist, diesen Band gelesen haben. In anderer Version heißt es, man habe ihn ihm übersetzt. Da dieser Brant-Sero, die ‚brennende Nelke' jedoch das Umschlagtitelbild, das schon wegen seiner merkwürdigen Auffassung und Gruppierung einen unvergeßlichen Eindruck macht, nicht kannte und wiederholt die naive Frage stellte, ‚was das wäre', nehme ich an, daß Miß Grace Ford in ihrem Bemühen, ihrem Schaustückindianer ein paar Phrasen dieses Buches wenigstens verständlich zu machen, nicht allzu weit gegangen ist. Dieser Indianer wurde von Rudolf Lebius dem Gericht als Sachverständiger vorgeschlagen. [...] Die besten Eigenschaften des Indianers sind eine Heimatliebe, von einer Intensität wie sie nur die verlorenen Kinder einer verlassenen

Rasse empfinden und eine Leichtgläubigkeit, die auf einer harmlos gutmütigen Gemütsrichtung basierend ihn mit gebundenen Händen jedem Gauner und Halunken ausliefern muß. Lebius hatte sich schon zur Zeit seiner seligen Kahlbroschüre stark mit Indianerliteratur befaßt und die geistreiche Entdeckung gemacht, daß Professor Schumann und er in allen amerikanischen Angelegenheiten die kompetentesten Sachverständigen abgeben würden. [...] Und im Dresdner Anzeiger erscheint jener famose Protest, der von S. u. H. mit der Photographie des Indianers in einem Maskenballkostüm an alle Zeitungen versandt und von allen Zeitungen kritiklos wiedergegeben wird. Nicht nur das... Ein Berliner Universitätsprofessor, mit Namen Kurt Breyzig, den die rote Hautfarbe derart blendet, daß er jede Sehkraft verliert, stellt die Rothaut auf das Katheder und läßt sich mit von Herrn Lebius so düpieren, daß er wahrscheinlich auch noch heute auf die Wissenschaftlichkeit und die Lauterkeit seines Indianers schwört, weil – ‚jedes Sachliche sein Seelisches habe' und ein Professor Kurt Breyzig sich einfach nicht täuschen kann. Nun, Herr Professor, bitte, gestatten Sie uns, Sie von Ihrem fundamentalen Irrtum zu befreien. Am 15. April brüstete sich Ihr Schoßkind, von Herrn Lebius zur Vernichtung und zum literarischen Mord des Schriftstellers Karl May für ungefähr 200 M. monatlich engagiert zu sein. In diesem Unternehmen bildeten Sie die Folie! Bitte rechtfertigen Sie Ihre Haltung, die Sie einnahmen und beibehielten, trotzdem wir Sie dahin aufklärten, daß die berühmte Bildung des Indianers in einem täglichen Gewaltkursus und Mastverfahren in der Privatwohnung des Herrn Lebius Mommsenstraße 47 in ihn hineingestopft wurde? Dieser Indianer avanciert zum Mitarbeiter des ‚Berliner Tageblatts', der Hamburger Zeitungen bis ein Blatt, wie die ‚Große Glocke' seine Mitarbeiterschaft ablehnt und die Presse zu ihrem Staunen erfährt, wen sie zu ihrem Bundesgenossen erkoren. Seitdem ist Brant-Sero verschwunden, ob er wieder auf der Bildfläche auftaucht? Als gerichtlicher Sachverständiger hat er seine Rolle zu Ende gespielt."[242]

Rudolf Lebius reichte am 16. September 1910 Privatklage gegen die Verantwortlichen der *Stettiner Gerichtszeitung* ein. Die Privatklageschrift wurde von Lebius selber verfasst. Die auffällige Anzahl orthografischer Fehler lässt vermuten, dass der Schriftsatz in großer Eile angefertigt wurde:

Charlottenburg den 16 September. 1910.

Privatklage

des Schriftstellers Rudolf Lebius in Charlottenburg Mommsenstr. 47,
gegen
1. den Verleger Hans Friedr. Durschnabel Stettin
2. den Redakteur Wilhelm Durschnabel Stettin.
3, den Buchdrucker H. Peters, Stettin
4. Den Schriftsteller Karl May in Radebeul

In der Stettiner Gerichtzeitung erschien in der Nummer 5 und 6 vom 26 August und 2, September 1910 ein Artickel unter dem Titel „Die Wahrheit über die Prozesse des Schriftstellers Karl May gegen den Gewerkschaftssekretär redakteur Rudolf Lebius". Als Verfasserin ist eine Schriftstellerin Lu Fritsch angegeben. Der Beschuldigte zu 1) ist Verleger. der Beschuldigte zu 2) ist Herausgeber, der Beschuldigte zu 3) Drucker der Zeitung. Der Beschuldigte zu 4) ist Verfasser der Artickel oder hat dieselben zum mindesten veranlasst und das erforderliche Material hergegeben.

Beweis: Zeugnis der Schriftstellerin Lu Fritsch, deren Adresse noch angegeben werden soll.

Es mag hier gleich bemerkt werden, dass der Beschuldigte zu 4) das Frl. Lu Fritzsch als detektivin engagiert und für seine Zwecke gebraucht hat.

So hat sie es versucht, sich bei mir Eingang zu verschaffen und mich auszuhorchen, um dem Beschuldigten zu 4) Material für seinen Kampf gegen mich zu besorgen.

Ebenso hat sie es unter allen möglichen Vorspiglungen versucht, sich den Jndianer Beand Sero, welcher gegen den Beschuldigten zu 4) einen Artickel verfasst hat, zu nähren, indem sie in der Pension, in welcher Brant-Sero wohnt, ebenfalls ein Zimmer miten wollte und vorgab, den Brand-Sero zu lieben und desshalb in seiner Nähe sein wollte.

Beweis: Pensionsinhaberin Höltzel-Sheridan.

Die erwähnten Articel welche ich in der Anlage überreiche, strotzen von Beleidigungen gegen mich. die über mich aufgestellten Behauptungen sind durchweg unwahr. Mögen die Beschuldigten für ihre Behauptungen den Wahrheitsbeweis erbringen. Insbesondere erwähne ich folgende beleidigende Stellen:

Es heist in dem Articel vom 25 August, meine anfänglichen Bitten hätten sich in Drohungen verwandelt.

2, ES wird behauptet, dass die gerichtliche Feststellung des Ursprunges einer anonymen Karte mir den Hals gebrochen hätte und dass ich aus Dresden verschwunden sei.

3, Ferner wird gesagt, die soc. Partei hätte mich aus ihren Reihen ausgewiesen.

4. Es wird von Hochachtung gesprochen, die man nach der negativen Seite vor mir empfinde.

5. Es wird mir vorgeworfen, dass ich jede den Beschuldigten zu 4) belastende Aussage mit 10 Mark entlohnt hätte.

6) In ähnlicher Weise wird behauptet – in diesem falle werde ich als der saubere Herr Lebius bezeichnet – dass ich versucht hätte, eine frau Krügel durch Geldgeschenke zu einer falschen Aussage zu bewegen.

7) Schliesslich wird in der No. 5 behauptet, ich sei in Hohenstein Ernstthal ausgepfiffen worden, man habe versucht mich zu lynchen und ich hätte unter Polizeilicher Bedeckung den Staub meiner Ruhmesstätte von den Füssen geschüttelt.

8. in der No. 6 wird gesagt, Herr Professor Breisig habe sich von mir düpiren lassen.

9. Schliesslich ist in dem Articel davon die Rede, dass die Indianer so harmlos und gutmütig sind, dass sie sich mit gebundenen Händen jedem Gauner und Halunken ausliefern. Wie der Zusammenhang ergibt, können sich die letzteren Ausdrücke nur auf mich bezihen. Wie bereits erwähnt, sind die in dem Articel enthaltenen Behauptungen durchweg unwahr und zwar hat sie insbesondere der Beschuldigte zu 4)

wider besseres Wissen aufgestellt. Ich erhebe hirmit gegen die Beschuldigten Privatklage, indem ich sie anklage, mich in Stettin im August und September 1910 durch die Artickel Die Wahrheit über die Prozesse des Schriftstellers Karl May gegen den Gewerkschaftssekretär Rudolf Lebius" beleidigt und dadurch über mich nicht erweisslich wahre Tatsachen veröffentlicht und verbreitet zu haben, die geeignet sind mich in der öffentlichen Meinung herabzusetzen und verächtlich zu machen und zwar öffentlich.
(Vergehen gegen §§ 185 186 200 d. ST. G. B.)
Ich beantrage gegen die Beschuldigten das Hauptverfahren zu eröffnen und die Hauptverhandlung vor dem Kgl. Schöffengericht Stettin stattfinden zu lassen.

gez. Rudolf Lebius.[243]

Mit dem Verleger Hans Friedrich Durschnabel, dem Redakteur Wilhelm Durschnabel und dem Buchdrucker Hans Peters verklagte Rudolf Lebius die drei nach dem Pressegesetz Verantwortlichen der Zeitung.[244] Auffällig ist aber, dass die Privatklage ausgerechnet nicht gegen die Verfasserin erhoben wurde, sondern sich auch gegen Karl May als vierten Beschuldigten richtete. Der Grund hierfür wird in der heftigen Feindschaft zwischen Lebius und May zu sehen sein. Gewiss nicht zu Unrecht vermutete May, dass der *Bund*-Redakteur den Schriftsteller „*vor den Richtern kaput [...] machen*"[245] wollte. Jedes gerichtliche Verfahren gegen May war ihm daher willkommen. Ebenso wird man davon ausgehen können, dass für Lebius die Verurteilung der anderen Beschuldigten zweitrangig war. Wenig Bedeutung wird er auch der offiziellen Verfasserin der Artikel, Lu Fritsch, beigemessen haben, die seiner Überzeugung nach von May „als Detektivin engagiert und für seine Zwecke gebraucht" worden war. Und May war ohnehin, das schien für Lebius festzustehen, der „Verfasser der Artikel oder hat dieselben zum mindesten veranlasst und das erforderliche Material hergegeben".[246] Im Grunde unterstellte Lebius mit seiner Beschuldigung, dass May auf ähnlich versteckte Weise gehandelt habe, wie er selbst z. B.

in der sehr fragwürdigen ‚Kahl-Affäre' oder – aktueller – mit der vorgeblichen, aber von ihm selber verfassten, Literaturkritik des Indianers John Ojijatheka Brant-Sero.

Insgesamt betrachtet bot die Klage von Lebius gegen May von vornherein wenig Aussicht auf Erfolg, da es ihm an Beweisen für eine Verfassereigenschaft des Schriftstellers mangelte. Seine Hoffnung beruhte offenbar alleine auf der Aussage der Mayanhängerin Lu Fritsch.

Am 10. Oktober 1910 eröffnete das Amtsgericht Stettin das Hauptverfahren gegen den Redakteur Wilhelm Durschnabel, während gegen die Beschuldigten Hans Durschnabel, Hans Peters und Karl May die Privatklage

auf Kosten des Privatklägers zurückgewiesen (wurde), da die beiden ersteren beim Bekanntsein des verantwortlichen Redakteurs gemäss § 21 Abs. 2 des Pressgesetzes nicht bestraft werden können, der letztere für die beiden, von der Schriftstellerin Fräulein Lu Fritsch in Berlin, Stendalerstr. 3 verfassten und von ihr unterzeichneten Artikel nicht verantwortlich ist.[247]

Karl May schrieb seinem Anwalt Dr. Puppe in einem undatierten Brief:

„Ich war in der Sache Lebius gegen Durschnabel Mitangeklagter. Ich wurde zwar als solcher ausgeschaltet, hatte aber doch das größte Interesse an der Sache, weil sie sich nur scheinbar gegen Durschnabel, in Wahrheit aber gegen mich richtet."[248]

Für Karl May und seine Mitbeschuldigten Hans Friedrich Durschnabel und Hans Peters endete damit dieses Verfahren. Anders sah es hingegen für den Redakteur Wilhelm Durschnabel aus. Dessen strafrechtliche Verantwortung ergab sich bereits aus dem Wortlaut des Pressegesetzes, wonach der Redakteur einer periodisch erscheinenden Druckschrift für deren Inhalt strafrechtlich verantwortlich ist. Diese Verantwortlichkeit beruhte darauf, dass Durschnabel als Redakteur „die endgültige Entscheidung über den Inhalt der periodischen Druckschrift trifft".[249] Nachdem das Verfahren eröffnet worden war, kam es am 14. Dezember 1910 zur

Verhandlung. Es endete mit der Verurteilung Wilhelm Durschnabels. Die *Stettiner Gerichtszeitung* vom 16. Dezember 1910 über den Prozessausgang:

„Das Urteil [...] lautete auf drei Mark, die niedrigste gesetzlich zulässige Geldstrafe. Außerdem wurde dem ‚Beleidigten' die Befugnis zugesprochen, den Tenor des Urteils einmal auf Kosten des Verurteilten in der ‚Stett. Gerichtszeitung' zu veröffentlichen. Herr Lebius hatte wohl selbst die Empfindung, daß dies Urteil seine ramponierte Ehre unmöglich wieder herstellen kann, und mehr einer moralischen Freisprechung gleichkommt. Er rief dem Angeklagten beim Verlassen des Gerichtssaales noch wutentbrannt zu: ‚Glauben Sie ja nicht, daß Sie damit durchkommen, ich lege sofort Berufung ein!'"[250]

Vom Berufungsverfahren vor der 5. Strafkammer des Landgerichts Stettin liegen zwar keine Unterlagen vor, doch lassen sich einzelne Fakten rekapitulieren. So informierte Lu Fritsch Klara May noch am selben Tag über den Verlauf. Die Verhandlung sei furchtbar gewesen. Sie habe ausgesagt, dass ihr von einem schriftlichen Vertrag zwischen May und Durschnabel nichts bekannt sei. Lebius habe behauptet, sie sei keine Schriftstellerin, sondern nur Kontoristin und habe die Artikel nicht selbst geschrieben, sondern nur unterzeichnet. Zitat Lebius: „Ist Ihnen nicht bekannt, daß der Polizeipräsident von Dresden [Albin Hugo Le Maistre] noch vor kurzer Zeit [1898] vor May als vor einem äußerst gefährlichen Menschen gewarnt habe?"[251]

Wilhelm Durschnabel, der von Mays Rechtsanwalt Puppe vertreten war, wurde schließlich am 29. April 1911 zu 300 Mark Geldstrafe oder einem Monat Gefängnis verurteilt. Vor allem die Prozessführung Puppes – der bereits zu jenem Zeitpunkt Mays Vertrauen verloren hatte – erregte auch Lu Fritschs Unwillen:

„Der Prozess stand übrigens glänzend, und wenn Ihr auf mich gehört und einen andern Anwalt als Puppe geschickt hättet, es wäre trotz Puppes Nachlässigkeit in der Behandlung der Sache vieles gerettet worden. Puppe verdarb alles.

[...] Selbst die Behauptung, dass die Artikel nicht von mir, sondern von Karl May stammen, hat er unwiderlegt gelassen."²⁵²

2. Das ‚Kötzschenbrodaer Verfahren'

Wenn auch das ‚Stettiner Verfahren' ohne eine Eröffnung des Hauptverfahrens gegen Karl May weiterlief, endete damit keineswegs das Bemühen von Rudolf Lebius, den Schriftsteller wegen der Lu-Fritsch-Artikel in der *Stettiner Gerichtszeitung* strafrechtlich zu belangen. Nur 16 Tage nachdem der Stettiner Amtsrichter Grüneberg seinen Beschluss verfügt hatte, ging beim Amtsgericht Kötzschenbroda eine neue Klageschrift von Lebius ein, die May erneut wegen der genannten Artikel zur strafrechtlichen Verantwortung ziehen wollte:

Die als Verfasserin des Artikels bezeichnete Lu Fritsch hat die für die Artikel verwandten Angaben von dem Beschuldigten Carl May. Dieser hat ihr gegenüber die sämtlichen unwahren Tatsachen, die in den Artikeln enthalten sind, behauptet.²⁵³

Beigefügt waren die beiden Lu-Fritsch-Artikel der *Stettiner Gerichtszeitung* vom 26. August und 2. September 1910. Mays Anwalt Puppe erwiderte auf die neuerliche Privatklage:

Es wird der Ei(n)wand der rechtskräftig entschiedenen Sache erhoben. Genau dieselbe Privatklage hatte Lebius in den Akten 16. B. 420/10 des Schöffengerichts Stettin erhoben und war durch Beschluss vom 10. Oktober 1910 rechtskräftig abgewiesen worden. Diesen Umstand verschweigt Lebius jetzt. Das ist wieder mal charakteristisch! Es wird deshalb gebeten, die Akten 16. B. 420/10 des Königlichen Schöffengerichts Stettin herbeizuziehen.²⁵⁴

Doch der zuständige Richter Friedrich beurteilte die Sachlage differenzierter. Beide Parteien äußerten sich in den nächsten Tagen zu der aufgeworfenen Rechtsfrage und beharrten auf den jeweils unterschiedlichen Rechtsstandpunkten. Da die übermittelten Stettiner Akten wenig aufschlussreich waren, wurde am 9. November 1910 die Vernehmung der

Zeugin Lu Fritsch angeordnet. Ein entsprechendes Vernehmungsersuchen ging an das sachlich und örtlich zuständige Berliner Amtsgericht Berlin-Mitte. Schon einen Tag später wurde Lu Fritsch zur Vernehmung geladen, die schließlich am 29. November vor dem Amtsgericht Berlin-Mitte stattfand:

Der Zeugin wurde der anliegende erste Leitartikel der „Stettiner Gerichtszeitung" vom 26/8 c. No 5 vorgelegt unter Vorhalt des § 54 StrP.O. Sie erklärte: Ich will auch auf die Gefahr hin, von Lebius wegen dieses Artikels wegen Beleidigung angeklagt zu werden, rückhaltlos die reine Wahrheit sagen, alle Fragen beantworten und von einem etwaigen Zeugnisverweigerungsrecht keinen Gebrauch zu machen. Alle Daten, die in diesem, von mir verfaßten Artikel in betreff des Lebius vorkommen, stammen nicht aus Mitteilungen, die mir May gemacht hätte. Ich bemerke dazu, daß ich zu den literarischen Verehrern von May gehöre und daß ich selbst durch die jüngsten Vorgänge noch nicht von der moralischen Minderwertigkeit des p. May überzeugt bin. Ich habe daher mit ihm auch nach den Skandalprozessen noch immer verkehrt und ihn sogar in seiner Villa in Radebeul besucht. Unser Verkehr blieb aber stets in den Grenzen der geselligen Freundschaft und beschränkte sich auf Gespräche über litterarische und andere Tagesfragen. Ich entsinne mich niemals, daß bei solchen Gelegenheiten May sich in Beschimpfungen gegen Lebius erging. Die Daten, welche mein Artikel gegen Lebius enthält, stammen sämtlich aus anderen Drucksachen her, die mir zugänglich waren. Es ist dies namentlich die bekannte Broschüre gegen Lebius, deren nähere Bezeichnung mir jetzt entfallen ist. Diese Broschüre enthält die betreffenden Daten, welche ich in meinem Artikel verwendete. Ich bekenne ganz offen, daß ich diesen Artikel geschrieben habe, als Partei gegen Lebius.[255]

Zwischen dem Kötzschenbrodaer Amtsgericht und dem Amtsgericht Berlin-Mitte entstand nun eine Meinungsverschiedenheit wegen der fehlenden Vereidigung der Zeugin.

Nach einem formellen Beschwerdeverfahren beim Kammergericht Berlin, entschied dieses schließlich, dass eine Vereidigung zu erfolgen hatte. Die erneute Vernehmung Lu Fritschs erfolgte am 6. Januar.

Der Zeugin wurden die Leitartikel der „Stettiner Gerichts-Zeitung" vom 26/8 10 No 5 und vom 2/9 10 No 6 vorgelegt und ihre gerichtliche Aussage vom 29/11 fol 15/16 auch vorgelesen. Sie erklärte, nachdem ihr abermals Vorhaltungen im Sinne von § 54 StPO gemacht waren: „Ich bin fest entschlossen, von meinem Zeugnisverweigerungsrecht keinen Gebrauch zu machen, sondern alle Fragen, ohne Rücksicht auf deren Folgen für mich, zu beantworten. Hinsichtlich der Entstehung des mir früher vorgelegten I. Leitartikels vom 26.9.10. wiederhole ich lediglich durchweg die mir vorgelesenen Angaben meiner gerichtlichen Vernehmung vom 29.11.10. Zuzusetzen habe ich hier nur noch, daß mir jetzt der Titel der am Schluß meiner Aussage erwähnten Broschüre in Erinnerung gekommen ist. Es ist dies diejenige Broschüre, die den Titel trägt: ‚An die Königliche Staatsanwaltschaft Charlottenburg' nur den Inhalt der Strafakten c/a Lebius weitergibt. Diese Broschüre ist mir allerdings zugegangen durch Vermittlung der jetzigen Frau Mai. Doch weiß ich nicht, ob der Ehemann Mai davon weiß, daß seine Frau mich durch Zusendung der Broschüre orientiert hat. Was nun den II. Artikel in No 6 betrifft, so habe ich die darin enthaltenen Daten von keiner bestimmten einzelnen Person, die ich namhaft machen könnte, gehört, sondern gesprächsweise von einer Mehrzahl von Personen, aus denen ich mir diesen Artikel dann zusammenstellte. Unter diesen Personen, die mit mir darüber sprachen, befindet sich aber May nicht. Ich verkehrte nämlich z. Z. dieses Artikels in einer Pension in Berlin in der Potsdamerstr.. Hier wohnt auch ein Mann, der meiner Überzeugung nach, ein Indianer war, und in der Angelegenheit ‚May – Lebius' eine zweifelhafte Rolle spielte. Dieser Indianer besprach <u>nun mit anderen</u> dort verkehrenden Personen fortwährend die Angelegenheit ‚May-Lebius'. Aus diesen fortgesetzten Gesprächen, <u>die ich mithörte</u>, schöpfte ich Materialien zu dem II. Artikel. Dieser angebliche Indianer war von Lebius als gerichtlicher Sachverständiger gegen Mai vorgeschlagen."[256]

Im Anschluss an den Termin informierte Lu Fritsch Karl May darüber, dass der „Richter [...] nicht gewusst habe, dass May zum zweiten Mal verheiratet sei, Emma für seine Frau und Klara für seine Freundin gehalten; Brant-Sero halte er nicht für einen Indianer, sondern für einen gewöhnlichen Rixdorfer. Ihr Eid sei eine ungeheure Dummheit gewesen".[257]

Weiter begründete sie ihr Verhalten: „Aber ich musste schwören. Im anderen Falle hätte es ja ausgesehen, als ob ich meine, den Ustad [=May] entlastenden Aussagen im Ernst nicht aufrechterhalten könnte."[258]

Ob diese eidliche Aussage allerdings tatsächlich der Wahrheit entsprochen hatte, muss erheblich bezweifelt werden. Es gibt mehrere begründete Anzeichen und Umstände, die darauf schließen lassen, dass Lu Fritsch einen Meineid geleistet hatte. Da sich May selber in der Zeit nach Charlottenburg ausgiebig und zwangsläufig mit den Angriffen gegen seine Person beschäftigen musste und Lu Fritsch die Vorkommnisse interessiert mitverfolgt haben dürfte, erscheint es lebensfremd, dass sich die beiden weder brieflich noch persönlich – während des Aufenthalts der jungen Frau im Juli 1910 im Haus des Schriftstellers – über die Auseinandersetzungen Mays mit Lebius unterhalten hätten. Wie auch immer sich die Dinge zwischen Karl May und Lu Fritsch wirklich abgespielt hatten: Einen unumstößlichen Beweis für die Behauptungen des Privatklägers gegen May hatte Lebius weder beim Amtsgericht Stettin noch beim Amtsgericht Kötzschenbroda vorweisen können. Sein Vorgehen in beiden Verfahren wirkte schlecht vorbereitet und wenig aussichtsreich. Und so blieb dem Kötzschenbrodaer Amtsgericht am 10. Januar 1911 nichts anderes übrig als die Eröffnung des Verfahrens abzulehnen.[259]

3. Ermittlungen gegen Lu Fritsch

Für Lu Fritsch war die Angelegenheit damit jedoch noch nicht erledigt. Ihr ehemaliger Verlobter Ernst Thiele (1881-?) wandte sich am 28. Januar 1911 in einem Schreiben an Karl May:

„Heute erhielt ich einen Brief, ein Bild seelischer Auflösung, von einer Ihnen wie mir bekannten Dame, von Fräulein Luise Fritsch [...]. Sie schreibt mir, daß Ihr Gegner Lebius sie wegen <u>Meineids</u> und Pressevergehen verfolgen lassen will, sie, dieses halbe Kind. Da mir leider die materiellen Mittel und das geistige Material [...] fehlen, so sehe ich mich veranlaßt das höfliche Ersuchen an Sie zu richten: diesem jungen Menschen, der in antik-heroischer Selbstlosigkeit seinen jungen Körper aufgerieben, seine junge kaum entfaltete Seele zerfasert hat <u>für Sie und Ihr Werk, unbedingt und unverzüglich</u> mit der Tat zu helfen – Worte, mögen es auch noch so schöne sein, nützen nichts [...]. Ich halte es für das Richtigste, wenn Sie Frl. Fritsch <u>sofort </u>einen tüchtigen Rechtsanwalt, dem sie sich vertrauen kann zuweisen d. h. Sie müssen den Anwalt veranlassen, Frl. Fr. übersieht kaum die Sachlage."[260]

Das Ansinnen stieß in der Villa „Shatterhand" auf wenig Verständnis. In harscher Weise antwortete Klara May dem Schreiber:

„Mein Mann liegt krank; er kann Ihnen nicht schreiben; darum tue ich es an seiner Stelle. Sagen Sie einmal, wer und was sind Sie denn eigentlich? Mit welchem Recht treten Sie für Fräulein Fritsch auf, und zwar in dieser Weise und in diesem Ton? [...] Uebrigens hat Fräulein Fritsch gar keinen Grund, seelisch aufgelöst zu sein. Sie hat den besten Anwalt, den sie sich nur wünschen kann, und sie hat nichts Unrechtes gethan; ihr droht also nicht die allergeringste Gefahr. Und was die Hauptsache ist, mein Mann hat sie nicht veranlasst, über Lebius in der Stettiner Gerichtszeitung zu schreiben. Ja, als er es erfuhr, hat er dem Redakteur sogar telegraphirt, den Artickel nicht aufzunehmen. [...] Ich werde Fräulein Fritsch sofort von Ihrem Schreiben benachrichtigen. Und ich werde

Ihren Brief unserem Berliner Anwalt übergeben, damit er die hier nötigen Schritte einleiten möge. Die Sache kommt uns höchst verdächtig vor!"[261]

Am 1. Februar 1911 erreichte eine Aktenanforderung aus Berlin von der dortigen Staatsanwaltschaft beim Landgericht I das Amtsgericht Kötzschenbroda. Man hatte in Berlin die Ermittlungen gegen Lu Fritsch aufgenommen. Nähere Informationen über die Hintergründe dieses Ermittlungsverfahrens sind nicht bekannt. Grundsätzlich musste die Staatsanwaltschaft ihre Ermittlungstätigkeit aufnehmen, wenn sie von dem Verdacht einer Straftat Kenntnis erhalten hatte.[262] Der Anlass hierzu konnte vielfältiger Natur sein. Es konnte sich um Mitteilungen von Behörden und Beamten des Polizei- und Sicherheitsdienstes oder solchen eines Richters in bestimmten Fällen handeln. Denkbar waren auch private Anzeigen oder formelle Strafanträge und nicht zuletzt eigene Wahrnehmungen staatsanwaltschaftlicher Amtspersonen.[263] Im vorliegenden Fall liegt die Vermutung nahe, dass es sich um eine private Anzeige oder einen formellen Strafantrag von Lebius gehandelt hatte. Möglicherweise hatte die Staatsanwaltschaft ihre Ermittlungen auch von sich aus aufgenommen, da sie auf Grund der eigenen Akteneinsicht und Stellungnahme zum Vereidigungsersuchen Kenntnis von dem Fall bekommen hatte. Aber das sind nur Spekulationen, da Belege über den Hintergrund nicht vorhanden sind. Der strafrechtliche Verdacht kann sich im Grunde nur in Richtung eines Meineids der Zeugin Lu Fritsch bewegt haben; ein Verdacht, der sicherlich nicht gänzlich aus der Luft gegriffen wirkt. Lu Fritsch wandte sich daher hilfesuchend an die Mays. Wieder war es Klara May, die ihr in einem Schreiben antwortete:

„Diese ganze Meineidsache ist wieder weiter nichts als Faxe. Lebius und Genossen haben uns schon oft wegen Meineids angezeigt, doch stets vergeblich. Es ist eine Manie von ihm, uns Angst zu machen; weiter hat es keinen Zweck. Und gar nun Du! Und Meineid! Daran ist ja gar nicht zu denken! Merkst Du denn nicht, daß er damit nur auf die

Büsche schlägt, ob Motten auffliegen? Wir haben aber keine. Was Du ausgesagt hast, das ist die reine Wahrheit; das können und werden wir Dir bezeugen. Sei also ruhig und getrost; es kann Dir kein Mensch auch nur das Geringste tun. Auch Deine Anwesenheit bei der Sheridan ist nur für die Feinde gefährlich, für Dich aber höchst ehrenhaft. Man fürchtet nur Dein Zeugnis, eine Aussage, und darum das Gerede vom Meineid, um Dich und das, was Du erzählst, vor dem Richter zu diskreditieren."[264]

Lu Fritsch suchte sich dennoch anwaltlichen Beistand und fand ihn schließlich in dem Berliner Rechtsanwalt Dr. Franz Herz. Für eine gerichtliche Vorladung zum 1. April bat Lu Fritsch Klara May um Zusendung der inkriminierten Artikel aus der *Stettiner Gerichtszeitung*.

Doch letztlich blieb alle Sorge unbegründet, denn das Ermittlungsverfahren wurde Ende April 1911 eingestellt, da man offenbar nicht genügend nachweisbare Anhaltspunkte für eine Anklageerhebung vorliegen hatte.

VIII. Prozesse um Leserbriefe
1. Der *Volksblatt*-Prozess

Aber es waren nicht nur Karl-May-Sympathisanten wie Lu Fritsch, die sich in der Presse für den Schriftsteller artikulierten, auch der Schriftsteller selbst wandte sich immer wieder in teils umfangreichen Leserbriefen an die Öffentlichkeit. So war es am 30. August 1910 das in Wien erscheinende *Deutsche Volksblatt*, das in seiner Morgen-Ausgabe einen Leserbrief Mays veröffentlichte. In diesem Leserbrief geht der Schriftsteller u. a. auf die Ausnutzung der verbitterten Emma Pollmer durch Lebius ein. Auf Drängen des Journalisten habe die geschiedene und auf May wirtschaftlich angewiesene Frau auf ihre Rente und sogar ihre Schmucksachen verzichten müssen.

„Für alles das wurden ihr monatlich hundert Mark auf Lebenszeit versprochen. Sie erhielt aber keinen Pfennig hievon und

mußte sich 1500 Mark anderwärts borgen, um leben zu können."

Weiterhin wirft May seinem Kontrahenten massive Zeugenbeeinflussung im Rahmen des Krügel-Prozesses vor.

"Ich mußte unbedingt wissen, wer an den über mich ausgestreuten lügenhaften Gerüchten der Schuldige sei, ob Lebius oder Krügel. Als Lebius dies hörte, sah er sich in größter Gefahr, reiste verschiedenemal hin und versuchte die dort wohnenden Zeugen durch Geld und andere Angebote auf seine Seite zu bringen. Es gelang ihm nicht. Die Leute waren ehrlich. Ich hatte über dreißig Punkte inkriminiert. Krügel nahm nur fünf auf sich; die anderen blieben auf Lebius sitzen. Krügel nahm seine fünf Punkte zurück und erklärte, daß sie unwahr seien. Alles übrige aber habe Lebius hinzugelogen. [...] Lebius hat Krügel für einen Meineid 2.000 Mark geboten und ihm dieses Angebot dreimal wiederholt. Krügel sollte beschwören, daß alle Lügen des Lebius Wahrheit seien. Ich sei wirklich Räuberhauptmann gewesen und habe alle mir angedichteten Missetaten begangen. Er wisse das ganz genau, denn er habe es nicht etwa nur von anderen gehört, sondern er sei selbst mit dabei gewesen, er habe es persönlich miterlebt. Dieses und vieles andere hat Krügel und ebenso auch seine Frau mit ihrem Eide belegt. [...] Lebius war jahrelang fieberhaft bemüht, zu beweisen, daß May ein Verbrecher sei; May aber braucht jetzt gar nicht nachzuweisen, daß ganz im Gegenteile Lebius einer ist, denn das ist nun schon erwiesen."[265]

Der Abdruck dieses Leserbriefs veranlasste Rudolf Lebius mit Schriftsatz vom 18. November 1910 Privatklage gegen Karl May wegen Beleidigung beim Amtsgericht Kötzschenbroda zu erheben:

An das
Königl. Amtsgericht Kötzschenbroda

Privatklage
des Schriftstellers Rudolf Lebius zu Charlottenburg,
Mommsenstr. 47
gegen

den Schriftsteller Carl May zu Radebeul-Dresden, Villa Shatterhand.

Ich überreiche in der Anlage No. 7779 der in Wien erscheinenden Zeitung „Deutsches Volksblatt" vom 30. August 1910. In dieser Zeitung findet sich unter der Ueberschrift „Die Affären des Reiseschriftstellers Karl May" ein Artikel, in welchem nach einer kurzen Einleitung ein Schreiben des Beschuldigten veröffentlicht wird. Dieses zum Zwecke der Veröffentlichung an die Schriftleitung des „Deutschen Volksblattes" gerichtete Schreiben enthält eine Fülle von Entstellungen und Unwahrheiten über meine Person. Fast alles, was über mich behauptet wird, ist unwahr.

Ich erhebe wegen folgender in dem Artikel enthaltender [sic!] Beleidigungen Privatklage:

1. Der Beschuldigte behauptet von mir, dass ich seiner geschiedenen Ehefrau monatlich 100 Mk. versprochen habe, dass dieselbe aber keinen Pfennig davon erhalten habe.

2. Es wird behauptet, ich sei verschiedene Male nach Hohenstein-Ernstthal gereist und hätte die dort wohnenden Zeugen durch Geld und andere Angebote auf meine Seite zu bringen versucht; ich hätte dem Arbeiter Krügel für einen Meineid 2000 M. geboten und dieses Angebot 3 mal wiederholt. Ich hätte auch anderen Leuten Geld angeboten, damit sie so aussagen sollten, wie ich es von ihnen verlange.

3. wird behauptet, Krügel habe seine 5 Punkte als unwahr zurückgenommen, alles übrige, was ich über den Beschuldigten behauptet hätte, sei von mir hinzu gelogen.

4. Es heisst weiter in dem Artikel, dass ich mich bemüht hätte, zu beweisen, dass May ein Verbrecher sei. Der Beschuldigte fährt dann fort: „May aber braucht jetzt gar nicht nachzuweisen, dass ganz im Gegenteile Lebius einer ist, denn das ist nun schon erwiesen".

Die erwähnten Behauptungen enthalten gegen meine Person gerichtete Beleidigungen. Sie sind unwahr und geeignet, mich verächtlich zu machen und in der öffentlichen Meinung herabzusetzen.

Ich erhebe gegen den Beschuldigten Privatklage,
indem ich ihn anklage, mich durch das an die Schriftleitung des „Deutschen Volksblatts" gerichtete Schreiben vom 23. August 1910, welches zur Veröffentlichung bestimmt war, beleidigt und über mich nicht erweislich wahre Tatsachen behauptet und verbreitet zu haben, welche geeignet sind, mich in der öffentlichen Meinung herabzuwürdigen, und zwar öffentlich. (§ 185, 186, 200 St. G. B.)

Ich beantrage daher,
gegen den Beschuldigten das Hauptverfahren zu eröffnen und eine Hauptverhandlung vor dem Königl. Amtsgericht Kötzschenbroda stattfinden zu lassen.

Rudolf Lebius[266]

Inhaltlich bewegte sich die Privatklage auf sehr dünnem juristischen Eis.

Da war zunächst die Behauptung, dass Lebius „seiner [Mays] geschiedenen Ehefrau monatlich 100 Mk. versprochen habe, dass dieselbe aber keinen Pfennig davon erhalten habe". Wie bereits erwähnt, hatte Emma Pollmer Rudolf Lebius im Frühjahr 1909 Informationen gegeben, aus denen der Journalist jenen diffamierenden *Bund*-Artikel gegen Karl und Klara May geformt hatte. Folge dieses Artikels war zum einen die Entziehung der jährlichen Rente und zum anderen das Privatklageverfahren gegen Emma Pollmer vor dem Großherzoglich Sächsischen Amtsgericht Weimar gewesen. Es entsprach durchaus der Wahrheit, dass Lebius Emma Pollmer eine finanzielle monatliche Unterstützung von 100 Mark auf Lebenszeit versprochen hatte, die er nachweislich wohl nur zwei Mal geleistet und dann auch noch mit Zinsen zurückgefordert hatte. Lebius hatte sein Versprechen einer lebenslangen finanziellen Unterstützung Emma Pollmers nicht eingehalten bzw. nicht einhalten wollen. Mays Behauptung hatte demnach das finanzielle Verhältnis zwischen Lebius und Emma Pollmer recht zutreffend charakterisiert. Ein beleidigender Tatbestand, noch dazu eine üble Nachrede, lag demnach nicht vor.

Besonders brisant waren die Behauptungen in Mays Leserbrief, dass Lebius seinen Informanten Krügel zum Meineid habe veranlassen wollen.

In dem beeidigten, notariellen Protokoll hatte Richard Krügel ausdrücklich ein solches Vorgehen des Journalisten bestätigt. Und letztlich waren die Beeinflussungsversuche durch Lebius ja auch Gegenstand eines – allerdings offenbar ergebnislosen – staatsanwaltschaftlichen Ermittlungsverfahrens vor dem Landgericht Berlin-Moabit geworden. Vieles spricht jedenfalls dafür, dass Mays Behauptung zutreffend war, was ebenfalls eine Bestrafung wegen Beleidigung, auch einer üblen Nachrede, ausgeschlossen hätte. Die dritte inkriminierte Behauptung beinhaltete, Richard Krügel habe seine fünf Punkte als unwahr zurückgenommen und Lebius alles Übrige, was er über Karl May behauptet hatte, hinzugelogen. Tatsächlich war nach Abschluss der Beweisaufnahme des Verfahrens gegen Richard Krügel zwischen ihm und dem Schriftsteller ein Vergleich geschlossen worden, der genau diesen Vorgang rechtlich festhielt. Es wäre Lebius schwer gefallen, May diesbezüglich wegen einer beleidigenden Äußerung zu überführen. Der Schriftsteller bezog sich auf nachweisbare Fakten, deren Kundgabe mitnichten den Tatbestand der üblen Nachrede erfüllte.

Zu Mays Äußerung, dass längst bewiesen sei, dass Lebius ein Verbrecher sei, muss man sich die Regelungen des Strafgesetzbuches zur damaligen Zeit ansehen. Dieses sah eine Dreiteilung der strafbaren Handlungen vor, was in § 1 StGB zum Ausdruck kam.[267] Demnach beging jemand ein Verbrechen, der eine strafbare Handlung ausführte, die mit der Todesstrafe, mit Zuchthaus oder mit Festungshaft von mehr als fünf Jahren geahndet wurde. Lebius war zwar mehrfach wegen Beleidigung auch inhaftiert gewesen, doch es hatte sich niemals um derart sanktionierte Strafverbüßungen gehandelt. Die Behauptung, es sei schon erwiesen, dass Lebius ein Verbrecher war, musste als ehrverletzend und damit beleidigend beurteilt werden.

Mit Schreiben vom 7. Dezember 1910 reichte Lebius als

Beweismittel für seine Privatklage noch sein zu diesem Zeitpunkt nicht verbotenes Buch *Die Zeugen Karl May und Klara May* als Beweismittel bei Gericht ein.

Nur wenige Tage später wurde Karl May beim Amtsgericht Kötzschenbroda vorstellig. Das kurze Protokoll zu dieser Unterredung gibt Auskunft:

Heute erscheint auf Bestellung Herr Schriftsteller Karl May aus Radebeul und erklärt:
Ich gebe zu, den in Nr. 7779 der in Wien erscheinenden Zeitung „Deutsches Volksblatt" vom 30. August 1910 unter der Überschrift „Die Affären des Reiseschriftstellers Karl May" erschienenen Artikel verfaßt und zum Zwecke der Veröffentlichung an die genannte Zeitung gesandt zu haben. Ich werde den Wahrheitsbeweis für die in dem Artikel gemachten Behauptungen antreten.[268]

Interessanterweise versuchte May, der ohne rechtsanwaltliche Begleitung erschienen war, dem Tatvorwurf lediglich in rein materiell-rechtlicher Hinsicht zu begegnen, indem er den *„Wahrheitsbeweis für die in dem Artikel gemachten Behauptungen antreten"* wollte. Er wies offensichtlich nicht auf den Umstand hin, dass bereits in der *Dresdner Woche* ein Artikel mit dem Titel *Zur Affäre Karl May* erschienen war,[269] der inhaltlich mit dem im *Deutschen Volksblatt* fast identisch gewesen ist und gegen den Lebius ebenfalls Privatklage beim Amtsgericht Dresden eingereicht hatte.[270] Wie schon bei anderen Verfahren, so setzte auch der Kötzschenbrodaer Amtsrichter Dr. Friedrich II. das Verfahren am 13. Dezember 1910 erst einmal unter Hinweis auf ein Abwartenwollen des Moabiter Berufungsverfahrens aus, „weil in letzterer Sache eingehende Feststellungen über die Persönlichkeiten der Parteien getroffen werden müssen, die für die vorliegende Sache schon um deswillen von wesentlicher Bedeutung sind, weil wahrscheinlich umfängliche Beweiserhebungen sich dadurch erledigen werden."[271]

Nachdem damit das Verfahren zwar nicht eröffnet worden war, aber der Schwebezustand nicht ausschloss, dass es noch zu einer Eröffnung der Anklage gegen May kommen konnte, schaltete sich dessen Rechtsanwalt Puppe ein. Mit dessen Auftreten änderte sich auch sofort die Verteidigungsstrategie. Was dem Rechtslaien May verborgen geblieben war, fiel seinem Verteidiger sofort auf und wurde zur Grundlage einer geänderten Einlassung. Puppe wies darauf hin, dass wegen eines „in der ‚Dresdner Woche' erschienenen Artikels [...] bereits in den Akten 6. P. 187./10. des Schöffengerichts Dresden Privatklage erhoben worden [sei]. Es würde sich um <u>dieselbe</u> Tat handeln und es könnte eventl. der Beschuldigte dieserhalb nur einmal, § 73. Str. G. B.[272], bestraft werden."[273]

Das Gericht musste natürlich auf diesen gravierenden rechtlichen Hinweis reagieren und erbat sich vom Amtsgericht Dresden die entsprechenden Akten. Der strittige Vergleichsartikel aus der *Dresdner Woche* wurde nunmehr auch zum entscheidenden Faktum im Kötzschenbrodaer Verfahren. Die auch von Dr. Friedrich II festzustellenden Unterschiede zwischen den beiden Artikeln bestanden lediglich in der Einfügung einer Einleitungssequenz vor dem Leserbrief Karl Mays, Zwischenüberschriften, der Schlussformel sowie kleinen formalen Abweichungen. Ansonsten bestand eine völlige Identität. In strafrechtlich relevanter Hinsicht existierte demzufolge kein Unterschied. Zwangsläufig und folgerichtig erging daher am 22. Dezember der Beschluss, das Verfahren gegen Karl May nicht zu eröffnen.[274] Dem Beschluss zufolge bewertete das Gericht die beiden Artikel in der Weise, als habe bei ihrer jeweiligen Veröffentlichung sowohl in der *Dresdner Woche* als auch im *Deutschen Volksblatt* „eine und dieselbe Handlung" im Sinne des § 73 StGB vorgelegen. Eine und dieselbe Handlung konnte jedoch auch nur einmal bestraft werden. Der entscheidende Begriff ist hier jener der „juristische[n] Einheit". Die Privatklage von Lebius musste deshalb als unzulässig zurückgewiesen werden. Lebius gab sich mit der Entscheidung des Gerichts nicht zufrieden. Er legte eine sofortige Beschwerde ein, die jedoch von der Beschwerdekammer beim Landgericht in Dresden am 3. Januar 1912 abgewiesen wurde.[275]

2. Der *Dresdner Woche*-Prozess

In dem bereits erwähnten Privatklageverfahren wegen des Artikels *Zur Affäre Karl May* vom 8. September 1910 in der *Dresdner Woche* hatte sich Rudolf Lebius gegen den Redakteur Voitus von Hamme, Karl May und den Buchdruckereibesitzer Robert Stübner gewandt. Leider exisitieren nur noch Fragmente zu diesem Verfahren, sodass es sich nur kurz in Umrissen skizzieren lässt. Der Inhalt dieser Klage erfuhr von der Klägerseite noch eine Erweiterung, als die *Dresdner Woche* in einem weiteren Artikel mit dem Titel *Die Wahrheit* vom 5. Januar 1911 über den Stettiner Lu-Fritsch-Prozess berichtete. Darin fühlte sich Lebius gleichfalls beleidigt. Zur Verhandlung in dieser Sache kam es erst am 10. Juni 1912. Da Karl May inzwischen verstorben war, schied er als Beklagter aus dem Verfahren aus. „Mit dem Buchdruckereibesitzer Stübner schließt Lebius einen Vergleich, worauf er die gegen jenen erhobene Privatklage samt Strafantrag zurückzieht."[276]

Aus dem noch vorhandenen Aktenmaterial lässt sich entnehmen, dass auch das Verfahren zwischen Lebius und von Hamme durch Vergleich am 10. Januar 1913 beigelegt wurde.[277]

IX. Das Berufungsverfahren von Moabit

Um Rudolf Lebius besser gewappnet gegenübertreten zu können, engagierte Karl May einen der profiliertesten und besten Strafverteidiger Deutschlands, den Berliner Justizrat Erich Sello (1852-1912).[278] Seinen hervorragenden Ruf begründete er besonders durch seine erfolgreiche Verteidigertätigkeit im Neustettiner Synagogenbrandprozess 1883/84. Im Jahr 1900 verteidigte er den wegen Sittlichkeitsvergehen an Minderjährigen angeklagten Berliner Bankier August Sternberg. 1907/09 vertrat Sello in einem pikanten Beleidigungsprozess den Berliner Stadtkommandanten Graf Kuno von Moltke (1847-1923) gegen den mit Sello befreundeten Publizisten und Zeitungsverleger Maximilian Harden (1861-

1927). Neben seiner Verteidigerlaufbahn übte er von 1881 bis 1884 ein Mandat als Reichstagsabgeordneter für die Liberale Vereinigung aus. Ferner war Sello ein hervorragender Literatur- und Shakespearekenner, Kunstsammler und Dichter. Die Mandatsübernahme im Falle May war auf Vermittlung Hardens zu Stande gekommen. An diesen hatte sich May in der Hoffnung auf publizistische Hilfe gewandt.[279] Es war für den Schriftsteller ein langer Weg gewesen zwischen den ersten Auseinandersetzungen und den unzähligen juristischen Gefechten mit Rudolf Lebius bis hin zu jenem 18. Dezember 1911, dem bedeutendsten Tag dieser einzigartigen Feindschaft. Die gesamte nachfolgende Rekonstruktion der Berufungsverhandlung beruht auf zeitgenössischen Presseberichten[280] und dem Augenzeugenbericht von Rudolf Beissel (1894-1986),[281] der als junger Mann damals im Zuhörersaal saß. An diesem 18. Dezember 1911 erschien May vor der Strafkammer in Moabit in Begleitung seines Dresdner Anwalts Netcke und seines neuen Vertreters Sello.

„Wer erstmals von der Turmstraße aus das 1906 fertiggestellte Gerichtsgebäude mit seiner 210 Meter langen Fassade betrachtet und sich nach Betreten des Gebäudes in der eindrucksvollen Eingangshalle wieder findet, dem ist plötzlich bewusst, was mit dem Begriff ‚wilhelminische Einschüchterungsarchitektur' gemeint ist. Egal ob der Besucher in diesem Moment ein gutes oder ein schlechtes Gewissen hat, in der 29 Meter hohen Mittelhalle kommt er sich verdammt klein vor", so Carl-Peter Steinmann.[282]

Die Prozessgegner May und Lebius traten sich in einem der modernsten Justizgebäude Europas gegenüber. May war an diesem Tag nicht der erste Prominente, der das Treppenhaus im Moabiter Kriminalgericht betrat. Auch das Verfahren gegen den Schuster Wilhelm Voigt, den ‚Hauptmann von Köpenick', hatte im Dezember 1906 hier stattgefunden.

Der 18. Dezember 1911 war ein Montag, ein trüber Wintertag. Die ungünstige Wetterlage hinderte an jenem Morgen eine Vielzahl von neugierigen Zuschauern nicht daran, das Treppenhaus des Gerichtsgebäudes zu betreten, um sich kurz nach 9 Uhr im Zuhörerraum einzufinden. Auf dem erhöhten Podium hatten bereits die Richter und unmittelbar davor die gegnerischen Parteien mit ihren Verteidigern im Talar, an der Wandseite der Angeklagte Lebius und an der Fensterseite May Platz genommen.

Der Vorsitzende des Gerichts, Landgerichtsdirektor Theodor Ehrecke, eröffnete die Verhandlung, indem er die Parteien vorstellte und einen Vergleich anregte. Es wäre doch angebracht, dass die Parteien sich nicht weiter bekämpften, sich um ihre Ruhe brächten und ihre Finanzen schädigten. Es handle sich in diesem Prozess doch nur um eine Bagatelle, gewissermaßen um einen Nadelstich gegenüber den Keulenschlägen, die in den anderen schwebenden Prozessen geführt würden. Auch sei doch der Wert des Briefes, in dem die Bezeichnung ‚geborener Verbrecher' gebraucht war, nicht so groß – es sei doch lediglich ein Privatbrief und kein öffentlicher gewesen. Lebius erklärte die Unmöglichkeit eines Vergleichs, da seine Organisation derartiges ausschließe, weil sie die Aufklärung der ehrenrührigen Beschuldigungen, die sich May habe gegen ihn zuschulden kommen lassen und die von der sozialdemokratischen Presse gegen ihn ausgeschlachtet worden seien, verlange.

Netcke nannte als Grundbedingung für einen Vergleich die Erklärung des Angeklagten, dass er May nicht habe beleidigen wollen.

„Wir kommen um diesen Prozeß nicht herum", widersprach Lebius. „Und findet die Beweisaufnahme jetzt nicht statt, dann in einem anderen der schwebenden Prozesse! Und die anderen Prozesse sind ja gerade bis zum Ausgang dieses Prozesses zurückgestellt worden!"

Mays Hauptverteidiger Sello bemerkte, ihm scheine dieses Schlachtfeld denkbar ungeeignet für den Kampf zwischen May und Lebius zu sein, worauf der Anwalt von Lebius Bredereck erwiderte, dann wisse er nicht, warum May überhaupt geklagt habe. Gegen die von Lebius vorgebrachten Tatsachen habe May nichts unternommen, er scheue offenbar die gerichtliche Klarstellung. Darum habe er auch nur wegen des vielleicht formal beleidigenden Ausdrucks ‚geborener Verbrecher' geklagt. Dagegen erklärte Netcke, es seien gegen alle von Lebius aufgestellten Behauptungen Beweisanträge gestellt worden. Es bestehe keine Scheu vor einer Tatsachenoffenbarung. Gegen jedes Flugblatt des *Bund* sei Strafantrag gestellt, wenn auch dieser Prozess nicht auf diesen Flugblättern basiere.

Der Vorsitzende wies den Privatkläger darauf hin, dass er verschiedentlich betont habe, dass er ein gläubiger Christ und Gott ergebener Mann sei und ein christliches Gebot laute: ‚Liebet Eure Feinde, tut wohl denen, die Euch verfolgen.'

Karl May: „Damit kann aber nicht gesagt sein, daß nun alle Welt nach Belieben auf mich losschlagen dürfe. Ich muß mich dagegen verteidigen, sonst wäre ich nicht ein Christ, sondern ein Lump!"

Die Vergleichsverhandlungen scheiterten somit. Eine halbstündige Pause wurde eingelegt, dann begann die Beweisaufnahme. Die Zeugen wurden aufgerufen: Amtsgerichtsrat Wessel, Assistent Moldenhauer, Emma Pollmer, Selma vom Scheidt und Louise Achilles. Die Kammersängerin vom Scheidt bat dringend, sehr bald entlassen zu werden, da sie zu einer nicht aufschiebbaren Probe nach Weimar zurück müsse; wenn sie diese versäume, würde ihre Stellung gefährdet und ihr ein materieller Schaden zugefügt. Bredereck vertrat die Auffassung, dass das Königlich Preußische Gericht vor den großherzoglichen Dienst gehe. Er erkläre sich bereit, eine Klage gegen den Großherzog zu führen, wenn ihr durch Erfüllung ihrer Zeugenpflicht wirklich Schaden erwachsen sollte.

Das Gericht schlug die Bitte der Opernsängerin ab.

Bis auf Amtsgerichtsrat Wessel verließen die Zeugen darauf den Gerichtssaal, um auf dem Flur zu warten, bis sie aufgerufen würden. Dann wurde das Urteil der ersten Instanz verlesen, gegen das May Berufung eingelegt hatte. Im Anschluss daran wurden die Vorstrafen von Lebius, der am 17. Mai 1900 wegen Beleidigung drei Monate Gefängnis und später aus demselben Grund noch einmal drei Wochen Gefängnis erhalten hatte, vorgelesen.

Anschließend kam der Vorsitzende auf die Verhandlung des Charlottenburger Schöffengerichts vom April 1910 zu sprechen. Dort seien sozusagen zwei Urteile verkündet worden – immerhin ein sonderbarer Fall, und angesichts dieser beiden Urteilsverkündungen sei die Sache juristisch zweifelhaft. Der Gerichtshof werde sich die Frage vorlegen müssen, welches Urteil des Schöffengerichts gültig sei. Sollte das erste gelten, dann müsste der Beklagte die Kosten tragen. Es könnte sehr wohl die Absicht einer Beleidigung vorhanden gewesen sein und dann wäre Lebius zweifellos einer groben Beleidigung schuldig.

Um den prozessualen Hintergrund dieses ersten Urteils aufklären zu können, wurden der damalige Vorsitzende, Amtsgerichtsrat Wessel, und Assistent Moldenhauer vernommen. Nach ihrer Meinung war das Urteil damals noch nicht vollständig verkündet gewesen, als Rechtsanwalt Bredereck den Vorsitzenden unterbrochen und dann sein Plädoyer gehalten hatte. Netcke und Sello hielten es dagegen durch das Gerichtsprotokoll für nachgewiesen, dass das auf 15 Mark lautende Urteil schon rechtskräftig verkündet worden sei. Das Gericht ließ die Frage offen, verabschiedete die Zeugen Wessel und Moldenhauer und schritt zur Vernehmung des Beklagten Lebius. Dieser erklärte:

„Ich bin gelegentlich der Unterhandlungen wegen der Herausgabe Mayscher Schriften mit May in Differenzen geraten, die schließlich dazu führten, daß May gegen mich verschiedene Strafanzeigen erstattete und hiervon der Presse Mitteilung machte. Dies wurde von meinen politischen Gegnern, besonders den Sozialdemokraten, ausgebeutet, man ging sogar so weit, zu behaupten, ich sei wegen Erpressung verhaftet worden und würde ins Zuchthaus kommen. Die sozialdemokratische Presse berief sich bei diesen Angriffen gegen mich immer auf Karl May, der als angesehener Jugendschriftsteller bezeichnet wurde. Es lag mir deshalb daran, zu beweisen, daß May unglaubwürdig ist. Ich fuhr deshalb nach Hohenstein-Ernstthal, um mich nach May zu erkundigen. Hier wurde mir geraten, mich an die geschiedene Frau des M., Frau Emma May, geb. Pollmer, zu wenden. Ich fuhr dann im Jahre 1908 nach Weimar und suchte die Frau auf. Frau Pollmer erzählte mir, daß sie Spiritistin sei und ihre Ehe mit Karl May lediglich auf Grund von Geisterbriefen getrennt worden sei. Sie erklärte mir, daß es ihr sehr lieb sei, wenn ich ihr helfen würde. Als May dies erfuhr, entzog er seiner Gattin die Rente von 42000 Mark, so daß ich gezwungen war, ihr hundert Mark pro Monat zu geben. Frau P. erzählte mir weiter, daß sie 42.000 Mark Ersparnisse gemacht habe."

Die jetzige Ehefrau Karl Mays, die früher bei ihm Privatsekretärin war und schon damals zu ihm in näheren Beziehungen gestanden hatte, habe es verstanden, ihr durch Geisterbriefe ihr Vermögen abzunehmen. So habe der verstorbene Großvater einmal geschrieben: „Emma gib sofort Deiner Freundin Klara 3.000 Mark." Als May dann die Absicht hatte, seine Privatsekretärin zu heiraten, haben er und die jetzige Frau ebenfalls zu spiritistischen Mitteln Zuflucht genommen.

Lebius: „Ich riet der Frau Pollmer damals, zuerst auf Rückzahlung der 42000 Mark zu klagen. Als ich erfuhr, daß durch Vermittlung des Fräuleins vom Scheidt Frau Pollmer mit ihrem geschiedenen Ehemann in Verbindung getreten sei, richtete ich an Fräulein vom Scheidt jenen Brief, in dem ich den Ausdruck ‚geborener Verbrecher' brauchte. Ich wollte hiermit lediglich sagen, daß ich May für einen Menschen halte, der aus einem angeborenen Triebe heraus schwindle und überhaupt nicht in der Lage sei, bei der Wahrheit zu bleiben. Fräulein vom Scheidt hat diesen Brief dem Kläger ausgehändigt."

Vorsitzender: „Den Wahrheitsbeweis wollen Sie also folgendermaßen führen – einmal durch die Vorstrafen, die May wirklich erlitten hat, dann durch die Straftaten, die er begangen hat, ohne dafür gerichtlich bestraft zu sein, durch seine pathologische Lügenhaftigkeit, durch die unberechtigte Führung des Doktortitels, durch seine unwahren Angaben über seine Sprachkenntnisse, durch die Tatsache, daß er zu gleicher Zeit unzüchtige und fromme Bücher schrieb, dadurch, daß er in seinen Schriften schwindelhafterweise seine Erzählungen als eigene Erlebnisse hinstellt, daß er die Kenntnis von Ländern vorgibt, die er nie mit eigenen Augen gesehen hat, dadurch daß er ein literarischer Plagiator ist, dadurch, daß er bei der Ehescheidung seine erste Frau durch spiritistische Schwindelmanöver benachteiligt, und schließlich dadurch, daß er noch in den letzten zehn Jahren Diebstahlsgelüste gezeigt hat? Das ist wohl so ziemlich alles?"

Die Frage löste im Zuhörerraum Heiterkeit aus.

„Nicht ganz!", antwortete Lebius.

May habe eine sehr gefährliche Waffe in der Hand: Er verfüge über eine Anzahl von Zeugen, die alles beschwören, was er wünsche, um ihn – Lebius – in der Öffentlichkeit zu blamieren und sich an ihm zu rächen. May sei ein Pferdedieb, er führe den Doktortitel von einer freien amerikanischen Akademie, die aus einem Barbier und einer Hebamme bestehe. In einem Brief an den Verlagsbuchhändler Langenscheidt habe er selbst erklärt, dass seine Erzählungen keine Fantasiegebilde, sondern eigene Erlebnisse seien.

Vorsitzender: „Da wird dann wohl der Einwand der ‚inneren Erlebnisse' gemacht werden können."

Als nächstes wurde der Lebius-Brief an Selma vom Scheidt verlesen. Anschließend befragte Ehrecke den Angeklagten, was er denn 1909, als er den Brief geschrieben habe, schon über May gewusst habe. Er habe gewusst – so Lebius –, dass May wegen Einbruchdiebstahls in einem Uhrenladen verurteilt worden sei. Allerdings sei das Urteil jetzt vernichtet. Er habe gewusst, dass May für den Verlag Münchmeyer in Dresden unzüchtige Kolportageromane geschrieben habe. Durch gefälschte Akten, die er in den Prozessen gegen die Witwe Pauline Münchmeyer durch den späteren Inhaber des Münchmeyer-Verlags Adalbert Fischer habe einschmuggeln lassen, habe er dafür noch ein Honorar von circa 300.000 Mark zu erschwindeln gesucht. Dafür besitze er – Lebius – einen Brief von Fischer. Er habe ferner gewusst, dass May oft die Unwahrheit gesagt habe, so in einer Pressefehde mit Professor Schumann vom *Dresdner Anzeiger*. Er habe gewusst, dass May unwahre Zeugen zur Seite stünden. Bredereck bemühte sich nun den Eindruck zu verwischen, den der Brief seines Mandanten an die Opernsängerin auf die meisten Zuhörer gemacht hatte, und durch einen ganz anders gerichteten Angriff davon ablenken: May wolle auch Chinesisch und Arabisch verstehen und Übersetzungen aus indianischen Büchern gemacht haben. Dabei gäbe es gar keine Bücher in indianischen Sprachen.

Nun aber erhob sich Karl May und erklärte, der soeben verlesene Brief charakterisiere Herrn Lebius wohl genügend. Dann überreichte der Schriftsteller dem Gericht einen Verlagskatalog mit Anzeigen indianischer Bücher, sowie den Katalog seiner Bibliothek, um zu beweisen, dass es sogar sehr schöne Sachen über indianische Dialekte gebe, etwa über die Ursprachen der Indianer und Arbeiten zu den verschiedenen Sprachfamilien. Er selbst habe bloß behauptet, dass er so viel von diesen Sprachen beherrsche, wie er für seine Bücher brauche.

Bredereck: „Wollen Sie behaupten, daß Sie die englische Sprache beherrschen?"

May: „Ich lasse mich hier nicht examinieren! Auch nicht von Indianern wie Ihrem Ojijatheka Brant-Sero! Ich bin hier nicht im Theater, sondern an einem ernsten Ort."

Bredereck: „Wenn man bis zu den Indianern vordringen will, dann muß man mindestens englisch sprechen können."

Netcke verwahrte sich dagegen, dass der Angeklagte hier allerlei Klatsch vorbringe. Er fragte den Angeklagten, ob er alle diese Dinge geprüft oder die Behauptungen nur auf Grund der Angaben einer Frau aufstelle, die ihm gesagt habe, sie glaube alles, was ihr die Karten verkünden. Was der Angeklagte hier vorbringe, sei ein Gemisch von Dichtung und Wahrheit und erst der hundertste Teil sei wahr.

Rechtsanwalt Bredereck: „Wir berufen uns auf die uns vorliegenden Urteile der Gerichte und auf eine große Zahl von Zeugen. Pastor Laube in Hohenstein habe alles bestätigt, was über die verbrecherische Tätigkeit des Herrn May behauptet worden sei. Wir behaupten: Herr May sei etwa so zu beurteilen, wie sich Lombroso über den Typus eines angeborenen Verbrechers ausgedrückt habe."

Auf weiteren Vorhalt von Netcke erklärte Lebius weiter, dass er nicht Klatsch vorbringe. Er gab eine Reihe von Zeugen an, bei denen er sich über das Vorleben Mays eingehend informiert habe. Auf Grund dieser Informationen brachte er noch eine ganze Reihe spezieller Anschuldigungen gegen den Privatkläger vor. Unter anderem behauptete er, dass May seine Villa mit blutgefleckten Skalps angeblich von ihm getöteter Indianer ausstaffiert habe, dass er dort eine silberne Flinte bewahrte, mit der er Hunderte von Indianern niedergeschossen habe, während er nach Auskunft seiner geschiedenen Frau bis zum Jahre 1900 überhaupt nicht aus Sachsen herausgekommen wäre. Er zeigte den May-Freunden in seiner Villa Skalpe und die silberne Flinte und ganze Stöße von Fürstenbildern, die angeblich eigenhändige Widmungen der fürstlichen Persönlichkeiten enthalten sollten, während die Unterschriften, wie er behaupte, von May selbst herrührten. Karl May sei das Urbild des Hauptmanns von Köpenick. Er habe sich als Polizeileutnant ausgegeben, sich in die Wohnungen geschlichen und nach angeblich falschem Geld gesucht. In Wirklichkeit habe er sich die Barschaft der Leute angeeignet. Er habe Pelzdiebstähle begangen. Er wäre ein Pferdedieb gewesen und in einen Uhrenladen eingebrochen. Steckbriefe wären über seine Person angefertigt worden. Er habe als Räuber in den erzgebirgischen Wäldern gelebt. Das habe in Hohenstein-Ernstthal ein gewisser Krügel erzählt, der ein mit Zuchthaus vielfach vorbestrafter Mann sei. Wegen dieser Mitteilungen habe May den Krügel zum Schein verklagt. Damit habe er der Öffentlichkeit aber nur Sand in die Augen gestreut, denn er habe sich mit Krügel abgesprochen und vor Gericht nur Theater gespielt. Er habe Krügel bestochen: Wenn er in der Verhandlung sagte, es sei alles unwahr, dann wollte May die Klage zurückziehen. Die Gegenleistung habe in Geld an Krügel selbst und Sparkassenbücher an dessen Kinder bestanden.

„Und dieser Krügel hat dann von mir behauptet, ich hätte ihn zum Meineid verleitet", rief Lebius entrüstet. „May hat mich deswegen verklagt, ist aber in drei Instanzen abgewiesen worden."

Die Rechtsanwälte Sello und Netcke verwahrten sich wiederholt nachdrücklich dagegen, dass der Angeklagte, anstatt sich auf die Beantwortung der Frage, wie er zu seinen Beschuldigungen gekommen sei, zu beschränken, die Gelegenheit benutze, um wieder eine ganze Flut neuer Anschuldigungen loszulassen.

Der Vorsitzende ließ den Angeklagten sich nun setzen und wandte sich dem Kläger zu:

„Der Privatkläger gibt, was sein Vorleben betrifft, ja wohl zu, dreimal vorbestraft zu sein?"

May: „Daß ich bestraft bin, habe ich nie geleugnet. Das liegt alles weit, weit zurück, es hat sich alles ganz anders zugetragen, wie behauptet wird."

Vorsitzender: „Sie geben folgende drei Vorstrafen zu: In Chemnitz 1862 wegen Diebstahls zu 6 Wochen Gefängnis, 1865 in Leipzig wegen qualifizierten Betruges zu 4 Jahren 1 Monat Arbeitshaus, wo sie 1868 begnadigt wurden, endlich zu Mittweida wegen Diebstahls und Betruges zu 4 Jahren Zuchthaus?"

May: „Das ist richtig; alles andere ist erfunden."

Von der Stollberger Verurteilung zu sechs Wochen Gefängnis wegen Amtsanmaßung hatten Mays Gegner keine Kenntnis erlangt, weshalb der Schriftsteller diese Verurteilung sogar bei dieser gerichtlichen Befragung nicht zugestand. May sei – so gab er ferner an – nie eingefallen, ein Räuberleben zu führen. Was die Briefe betreffe, die er besitze, so seien diese durchaus echt und allerdings auch Briefe von Fürstlichkeiten darunter. Er bat den Gerichtshof, nicht zuzulassen, dass in solcher Menge Schmutz gegen ihn gespritzt werde.

„Ich habe hier eine Zeitung mit einem Bild, das Sie in Ihrem Arbeitszimmer zeigt", bemerkte der Vorsitzende. „Das sieht ja wildromantisch aus."

May bestätigte die Richtigkeit des Bildes und ein Beisitzer wünschte zu wissen, in welcher Beziehung der Privatkläger zu dem ausgestopften Löwen stehe, der da in seinem Arbeitszimmer zu sehen sei. May lehnte eine Auskunft ab, weil er wisse, dass jedes Wort, das er hier dazu sagen würde, in der Öffentlichkeit anders ausgelegt werde.

Bredereck: „Der Privatkläger hat sich auch in dem Kostüm eines amerikanischen Trappers photographieren lassen."

May: „Jeder Schauspieler läßt sich photographieren, wie es ihm beliebt, warum soll sich nicht ein Schriftsteller, der über amerikanische Dinge schreibt, als Trapper abbilden lassen."

Tatsächlich hatte sich beispielsweise auch der Schriftstellerkollege Friedrich Gerstäcker (1816-1872) bereits vor May in exotischem Trappergewand ablichten lassen. Mays öffentliche Darstellungsweise war daher so ungewöhnlich nicht.

Bredereck: „Alles das wird nur angeregt, um die pathologische Lügenhaftigkeit des Privatklägers zu illustrieren."

Vorsitzender: „Ein Verbrechen wären doch solche phantastischen Dinge bei einem Dichter nicht, und ich halte Herrn May für einen Dichter."

Der Gerichtshof zog sich zurück, um über die Beweisaufnahme zu beraten. Nach einer Weile erschienen die Richter wieder und der Vorsitzende verkündete, die Beweisaufnahme solle zunächst auf die Frage beschränkt werden, ob dem Angeklagten der Schutz des § 193 des Strafgesetzbuchs zuzubilligen sei.

Als erste Zeugin wurde Selma vom Scheidt aufgerufen.

Die Opernsängerin ließ sich länger über die Umstände aus, unter den Lebius an sie den Brief mit dem inkriminierten Ausdruck ‚geborener Verbrecher' geschrieben hatte. Frau Pollmer wäre zu ihr gekommen und habe sie gebeten, zu May zu fahren, sagte sie. Dann wäre plötzlich der Brief von Lebius gekommen. Frau Pollmer habe ihr damals gesagt: „Lebius ist ein Schuft, der über Leichen geht." Sie habe eine Dummheit begangen, als sie sich Lebius anvertraute. Sie habe ihn gebeten, nichts zu veröffentlichen, aber das habe er dann doch getan. Sie – Fräulein vom Scheidt – habe May den Brief gegeben, als er sie darum gebeten hatte. May bemerkte dazu nur, die Zeugin wäre damals wegen der Rente bei ihm gewesen und so habe er sie kennengelernt.

Es folgte die Vernehmung von Emma Pollmer. Sie ließ sich längere Zeit auf Vorhalt über ihre Ehescheidung aus. Sie bestätigte, dass sie Lebius nähere Auskünfte über ihren Ehescheidungsprozess gegeben habe; auch darüber, dass ihr von Seiten Mays mit Zuchthaus gedroht worden wäre. So wäre sie durch Drohungen eingeschüchtert und dadurch verhindert worden, in der Ehescheidung ihre Rechte in der gehörigen Weise wahrzunehmen. Sie wies darauf hin, dass auch spiritistische Dinge vorgekommen wären. An einem Abend sei sie mit ihrem Mann allein gewesen, und als sie ihn fragte, was denn nun eigentlich geschehen solle, habe May ihr geantwortet: Er mache die Trennung von dem Ergebnis der spiritistischen Sitzung abhängig. Lebius habe ihr zugeredet, etwas über ihre Erlebnisse mit ihrem Ehemann zu veröffentlichen, sie habe es aber abgelehnt und ihm gesagt, dass er dies nicht dürfe, sonst würde sie die ihr von May bewilligte Rente von jährlich 3.000 Mark verlieren. Richtig sei es, dass als Lebius in Weimar zu ihr kam, sie ihm gesagt habe: „Sie kommen mir wie ein Bote des Himmels; ich habe mir eben die Karten gelegt und diese haben mir gesagt, daß ein blonder Mann zu mir kommen und mir in meiner Not hilfreich zur Seite stehen werde." Sie habe dann, als die Veröffentlichungen des Lebius erschienen, ihre Rente verloren. Im Jahre 1903 wäre sie geschieden und als schuldiger Teil erklärt worden. Es wäre damals ein Vertrag mit der jetzigen Frau des Karl May, die früher seine Sekretärin gewesen, zu Stande gekommen, wonach ihr die Rente gezahlt wurde. Als ihr Letztere entzogen wurde, wäre sie nach Berlin gefahren und habe Lebius nun ihre Not geklagt. Dieser habe sie unterstützt und ihr seit dem Januar eine regelmäßige monatliche Unterstützung zuteil werden lassen. Lebius habe auch ihre Prozesse gegen May geführt. Das habe sie Lebius erzählt.

„Das haben Sie alles gleich einem ganz fremden Mann erzählt?", fragte der Vorsitzende. Emma Pollmer bestätigte das. Auf Befragen bekundete die Zeugin die Unwahrheit der Behauptung, für May aussagen zu wollen, um dadurch ihre Rente wiederzuerhalten. Sello verwies auf eine Erklärung, die die Zeugin in einer Verhandlung mit dem Rechtsanwalt Netcke zu Protokoll gegeben hätte. Darin habe sie erklärt, dass die vom Angeklagten im *Bund* veröffentlichten ‚Enthüllungen' Entstellungen und Unwahrheiten enthielten. Nach längeren Auseinandersetzungen zwischen den Parteien untereinander und mit der Zeugin erklärte sie, dass sie diese Erklärung nur wegen ihrer wirtschaftlichen Situation abgegeben habe und auf diese Weise gern wieder in den Besitz der Rente kommen wollte. Damit war ihre Vernehmung abgeschlossen. Sie nahm auf der Zeugenbank neben Selma vom Scheidt Platz. Die nächste Zeugin war Louise Achilles. Zur Person gab sie an, bereits viermal verheiratet gewesen zu sein, aber sie betonte, dass sie niemals geschieden worden wäre, sondern alle ihre Männer durch den Tod verloren hätte – was zu einer gewissen Heiterkeit im Zuschauersaal führte. Die Zeugin erklärte, May seit 1890 zu kennen. Seit 1901 habe Frau Plöhn, die jetzige Frau May, die an allem schuld sei, versucht, die Eheleute auseinander zu hetzen. Emma Pollmer habe ihr den Hergang des Streits erzählt.

Was sie denn von den Lebius-Veröffentlichungen halte, fragte der Vorsitzende.

Die Zeugin schlug mit der Faust auf den Tisch, vor dem sie stand, und rief, May habe Lebius angegriffen und dieser habe sich nur verteidigt. Nun las ihr Mays Verteidiger Netcke ein von ihr beschworenes Protokoll vor, in dem sie sich ganz anders geäußert hatte. Darauf meinte sie, daran könne sie sich nicht mehr genau erinnern, da habe sie sich damals wohl geirrt. Dann berichtete sie bewegt, Emma Pollmer sei einmal sehr krank gewesen und da habe May, der froh gewesen wäre, seine Ehefrau loszuwerden, ihr einen Heiratsantrag gemacht. Hierauf stand May auf und gab zur Auskunft, Louise Achilles sei früher einmal auch in ihn verliebt gewesen – daher ihre

Leidenschaftlichkeit. Als seine Frau einmal krank gewesen sei, habe man eines Abends in einer Tischrunde im Wirtshaus davon gesprochen. Die Anwesenden hätten alle von der Liebe der Frau Achilles zu ihm gewusst und da habe er im Scherz gesagt, er wolle sie heiraten.

Auf eine Frage des Vorsitzenden musste die Zeugin ihre frühere Liebe zu May eingestehen. Frau Plöhn sei diejenige, die alles verschulde. May und die Pollmer seien unschuldig. Damit war ihre Vernehmung beendet.

Hierauf wurde Bredereck ersucht, seine etwaigen Beweisanträge zu präzisieren. Der Verteidiger beantragte, den Beweis zu erheben, dass dieselbe Meinung wie der Angeklagte über den Privatkläger May auch der Staatsanwalt Wulffen gehabt hat, der in seinem bekannten Werk *Psychologie des Verbrechens* gerade Karl May als ‚geborenen Verbrecher' behandelt habe. Wulffen habe May als Typus des geborenen Verbrechers hingestellt. Diese Einschätzung beruhe auf der Kenntnis der Vorstrafenakten des Privatklägers. Bredereck verlas aus dem Buch die betreffende Stelle. Netcke bestritt diese Einlassung.

May: „Was Herr Wulffen über mich schreibt, ist mir egal. Ich habe ihm geantwortet, daß ich ihn nicht für einen Kriminalpsychologen halte. Staatsanwalt Wulffen hat mir sehr höflich geantwortet."

Bredereck wandte ein, dass schon das Urteil, durch welches May zu vier Jahren Zuchthaus verurteilt wurde, erweise, dass May ein geborener Verbrecher sei. Daraus werde sich ergeben, dass May es sehr gut verstanden habe, allerlei Waren nach Häusern mit zwei Ausgängen kommen zu lassen und nach Entgegennahme der Waren zu verschwinden, dass er einem Bauer, zu dem er in der Maske eines Polizisten gekommen, angeblich, um nach falschem Gelde zu fahnden, sein Geld abgenommen habe und dass er einen Einbruch in einen Uhrenladen ausgeführt habe.

May: „Es ist doch unerhört! Ich habe nie einen Einbruch ausgeführt, niemals in einen Uhrenladen!"

Rechtsanwalt Netcke: „Es handelt sich doch überhaupt

um lange zurückliegende Jugendsünden, ich bitte doch, dem alten Manne solche Quälereien zu ersparen!"

Weitere Beweisanträge des Verteidigers gingen dahin, dass Mays Eltern Kleptomanen gewesen seien. Vor seiner Mutter, die Hebamme gewesen sei, hätten die Leute ihre silbernen Löffel und andere Wertsachen schleunigst weggeschlossen. Außerdem werde Pastor Laube bekunden, dass May selbst schon als Schüler lange Finger gemacht habe.

May: „Wenn das wahr wäre, würde ich wohl niemals in ein Seminar aufgenommen worden sein. Pastor Laube ist ein 80 Jahre alter Mann, der schon etwas schwach ist."

May berief sich weiter auf das Sittenzeugnis seiner Eltern. In Bezug auf die behaupteten, durch May begangenen Pelzdiebstähle griff man von Seiten des Angeklagten auf Leipziger Polizeiakten, in Sachen begangene Pferdediebstähle auf Gerichtsakten von Mittweida, und wegen der Räubertätigkeit auf das Zeugnis des Pastors Laube zu Hohenstein-Ernstthal zurück. Lebius werde bekunden, dass sich May mit dem Verbrecher Krügel in einem erzgebirgischen Walde herumgetrieben und Frauen, die vom Markte heimkehrten, wo sie Eier und andere Produkte verkauft hatten, beraubten. Diese Räubereien hätten einen solchen Umfang angenommen, dass man Feuerwehr und Turnverein aufgeboten und eine lebendige Schutzmauer um den Wald gezogen habe, um die Räuber zu fangen. May habe sich seiner Festnahme sehr sinnig entzogen, er habe aus seinen Kleidervorräten, die in einer Höhle aufbewahrt worden waren, die Uniform einer Gefangenenaufsehers entnommen und angezogen, seinem Kompagnon Louis Krügel die Hände auf den Rücken gebunden und sei mit ihm auf diese Weise unbehelligt durch den Kordon gekommen.

Rechtsanwalt Netcke: „Der Pferdediebstahl wird zugegeben, das Räuberleben wird bestritten."

May: „Die Sache erledigt sich schon dadurch, daß ich zu der Zeit, wo ich die Räubertaten mit Krügel begangen haben soll, gesessen habe."

Auch die ganze örtliche Situation zeige, dass die Behauptung geradezu lächerlich sei. Der ganze Wald, um den es sich handelt, sei in zwei bis drei Minuten zu durchmessen und in diesem Wald sollen zwei Räuber in einer Höhle ein ganzes Lager von Kleidern und dergleichen aufbewahrt haben, und doch recht ‚hellen' Sachsen, die mit Feuerwehrmännern, Turnern und Schützen den Wald umstellt hätten, sollte es nicht gelungen sein, die Räuber zu erwischen. Wenn die Sachen zur Zeit eines Schinderhannes sich abgespielt haben würden, könnte man es vielleicht glauben.

Rechtsanwalt Bredereck: „Wir bitten, statt dieser allgemeinen Bemerkungen doch endlich mal um eine Aufklärung des Privatklägers, warum er denn zu 4 Jahren Arbeitshaus verurteilt worden ist? Darüber schweigt er sich vollständig aus und die Akten sind nicht mehr vorhanden."

Er beantragte ferner Beweiserhebung darüber, dass May gleichzeitig fromme katholische Schriften und unzüchtige Hintertreppenromane verfasst habe. May erklärte dazu, es sei nachgewiesen, dass seine Münchmeyermanuskripte geändert worden seien.

Weitere Beweisanträge bezogen sich auf den vorgegaukelten Doktortitel bei May und dass in einem erschienenen Buche *May als Erzieher* der größte Teil der darin abgedruckten Briefe ‚dankbarer May-Leser' von May selbst verfasst und gefälscht worden seien. In diesem Buche werde May als eine Art Heiland, Messias, Säkularmensch, zweiter Bismarck usw. gefeiert. Ansgar Pöllmann habe ihn einen Plagiator genannt. Als Beweis für sich führte May an, dass er Pöllmann wegen Beleidigung verklagt hätte. Bredereck spielte nochmals auf den Briefwechsel zwischen May und Langenscheidt an, worauf May noch einmal betonte, er schreibe nur, was er selbst erlebt habe.

Zu allen diesen Anträgen wurden von Karl May und seinen Anwälten in jedem einzelnen Fall Gegenanträge gestellt, die die Unwahrheit der aufgestellten Behauptungen dartun sollten.

Rechtsanwalt Netcke erklärte noch, dass Lebius gegen May nur deshalb so scharf vorgehe, weil Letzterer vom *Vorwärts* in einem gegen diesen angestrengten Prozess als Zeuge genannt worden wäre. Die Beweisaufnahme wurde hierauf geschlossen.

Sello vertrat den Standpunkt, dass die Strafkammer noch nicht zuständig wäre, da zwei sich völlig widersprechende Urteile des Schöffengerichts, d. h. also kein Urteil vorliege, welches verwertbar sei. Nach Ausweis des Protokolls des Charlottenburger Schöffengerichts wäre das auf 15 Mark Geldstrafe lautende Urteil schon rite [= genügend] verkündet gewesen. Bei dieser Sachlage müsste das Schöffengericht zunächst noch einmal mit der Klage befasst werden. Zur Sache selbst bestritt Sello, dass dem Angeklagten der Schutz des § 193 des Strafgesetzbuchs zuzubilligen wäre. Lebius wäre unrecht, unbillig, grausam und leichtfertig vorgegangen, es wäre ihm nicht um die objektive Feststellung der Wahrheit gewesen, sondern um die Ausnutzung kritiklosen Materials zur Bekämpfung eines verhassten Gegners. Lebius habe die Vertrauensseligkeit einer verärgerten Frau, die er aufgesucht und ausgehorcht habe, arg missbraucht. Betont müsse noch werden: Dadurch, dass Lebius gewisse Behauptungen gegen den Privatkläger aufgestellt hat, wären diese Behauptungen noch nicht als wahr erwiesen; sie wären bisher beweislos geblieben und könnten nach keiner Richtung hin gegen den Privatkläger in das Feld geführt werden.

Justizrat Sello: „Richtig ist lediglich, daß der Privatkläger, der sich nach schweren Schicksalsschlägen zu einer hochgeachteten Position emporgerungen, vor 40 Jahren sich schwerer Verfehlungen schuldig gemacht hat. Das gibt Herrn Lebius in keiner Weise das Recht, durch einen solchen tödlichen Streich persönlicher Rache seinen Gegner in den Abgrund zurückzuschleudern."

Der Brief des Lebius an die Zeugin vom Scheidt wäre ein Drohbrief, die Behauptungen darin seien größtenteils unwahr. Seine Absicht wäre gewesen, vor einer Einigung zwischen May und der Pollmer zu warnen. Die wissenschaftlichen Thesen des Staatsanwalts Wulffen seien für den Fall unerheblich. Sello zählte noch einmal alle Gründe auf, die in die Waagschale fielen, und beantragte, den Angeklagten zu verurteilen.

Bredereck trat den Ausführungen des Vorredners entschieden entgegen. Er bestand darauf, dass das zweite Urteil des Schöffengerichts gültig wäre, und verlangte für seinen Klienten den Schutz des § 193 StGB. Lebius habe erstens aus eigenen Interessen gehandelt und zweitens zugunsten der Interessen der Frau Pollmer. Er habe sich insbesondere der von ihrem früheren Ehemann ganz unglaublich behandelten, in Not und Bedrängnis geratenen Frau angenommen und er müsse sich dagegen verwahren, irgendwie unmoralisch gehandelt zu haben. Was seine eigenen Interessen anbelange, so wäre Lebius der geistige Führer der nationalen gelben Gewerkschaften geworden, nachdem er seine Pressestrafen als sozialdemokratischer Redakteur erhalten hätte. Damit habe er sich den Hass der Sozialdemokratie zugezogen. Um seinen Wert herabzusetzen, wäre von der sozialdemokratischen Presse immer wieder auf Karl May als Zeugen gegen Lebius Bezug genommen worden. Deshalb habe Lebius das dringende Interesse gehabt, einmal darzulegen, wes Geistes Kind denn dieser Karl May wäre. Zweifellos hätte dieser bei seiner Ehescheidung eine Roheit der moralischen Empfindung bekundet, die ohnegleichen sei, und nach 23-jähriger Ehe die arme Frau schließlich abgeschüttelt. Der Angeklagte habe nach allem, was ihm bekannt war, das Recht gehabt, Karl May als einen geborenen Verbrecher zu bezeichnen. Darum beantragte er seine Freisprechung.

Netcke hielt eine Zurückweisung in die erste Instanz nicht für gegeben und beantragte unter Anschluss an die Ausführungen des Justizrats Sello nach eingehender juristischer und tatsächlicher Darlegungen die Verurteilung des Angeklagten.

Karl May erklärte in seinem Schlusswort u. a., er habe heute so oft und mit bitterer Empfindung hören müssen, dass er ein Verbrecher sei. Es wäre richtig, dass er als Mensch gefehlt habe und in jungen Jahren in den tiefsten Abgrund gesunken wäre. Aber er wäre durch ungeheure Kraftanstrengung wieder gestiegen und es wäre traurig, dass nun Superkluge und

Pharisäer kämen und sich wieder bemühten, ihn abermals von der mühsam erreichten Höhe hinunterzustürzen.

Nach May erhielt Lebius das letzte Wort. Er begann noch einmal die Verbrechen Mays aufzuzählen, bis Netcke aufsprang und sich dagegen verwahrte, dass der Angeklagte immer neue Beleidigungen aufstelle. Daraufhin erklärte der Vorsitzende auch die Plädoyers für geschlossen und das Gericht zog sich zur Urteilsfindung zurück So verging eine halbe Stunde, dann erschien der Gerichtshof wieder und das Urteil wurde verkündet.

Das Gericht vertrat zu Recht die Meinung, dass mit dem freisprechenden Charlottenburger Urteil für Lebius eine rechtsgültige Entscheidung vorlag. Das Berufungsgericht sah es deshalb als zulässig an, ein Urteil fällen zu dürfen, weil es vom Vorliegen eines gültigen erstinstanzlichen Urteils ausging. Andernfalls hätte man die Rechtssache mittels Beschluss an die Erstinstanz zurückverweisen müssen. Da Amtsrichter Wessels an jenem schicksalhaften Apriltag bei seinem ersten Urteilsspruch noch keine mündliche Bekanntgabe der Gründe vorgenommen hatte, hatte er prozessrechtlich zulässig immer wieder neu in die Verhandlung eintreten können – was er dann ja auch getan hatte. Sein zweiter Urteilsspruch erfüllte schließlich – zumindest prozessual – alle Erfordernisse, um als gültig angesehen zu werden.

Die Moabiter Richter sahen in dem Ausdruck ‚geborener Verbrecher' keine wissenschaftliche, sondern eine allgemeine Bezeichnung: ‚geboren' sei so viel wie ‚durch und durch' oder ‚wie es im Buche steht'. Der Lebius-Brief sollte der Aufklärung dienen, aber zugleich auch eine Drohung sein, dass ein Vergleich mit May für Emma Pollmer zum Schaden ausfallen könnte. Der Relativsatz – ‚den ich für einen geborenen Verbrecher halte' – falle aus dem Zweck des Briefes heraus. Die Absicht der Beleidigung wäre da, ja sie wäre durch das ‚geboren' gesteigert. Das Gericht billigte dem Angeklagten an sich den Schutz des § 193 des Strafgesetzbuchs zu, hielt diese Schutzgrenzen aber für überschritten, da die Absicht der Beleidigung dem Gericht nicht zweifelhaft sei. Mit Rücksicht auf die Schwere der Beleidigung verurteilte das Gericht Rudolf Lebius zu 100 Mark Geldstrafe eventuell 20 Tagen Gefängnis und legt ihm die Kosten des Verfahrens auf.

So erfreulich das Urteil im Ergebnis auch für Karl May war, so muss es in streng juristischer Hinsicht als Fehlurteil bezeichnet werden, worauf Claus Roxin bereits hingewiesen hat:

„Dafür war das zweite Urteil freilich der Sache nach unrichtig. Das Gericht hat den Ausdruck ‚geborener Verbrecher' anscheinend sowohl als eine dem Beweise zugängliche Tatsachenbehauptung nach § 186 wie als Formalbeleidigung nach § 185 StGB angesehen. Richtigerweise kam von vornherein nur eine Formalbeleidigung in Betracht, denn Lombrosos schon damals sehr umstrittene und inzwischen längst widerlegte Theorie von der Existenz geborener Verbrecher konnte als diskriminierender Ausdruck im privaten Briefverkehr eines kriminologisch völlig ungebildeten Menschen nicht als Behauptung beweisbarer Fakten gelten. Wenn das Gericht aber einmal annahm, hier sei ein Faktum angesprochen, das durch Sachverständige hätte geklärt werden können, dann hätte der Wahrheitsbeweis erhoben werden müssen, bevor auf § 193 StGB zurückgegriffen wurde;[283] auch eine Beschränkung des Verfahrens auf § 185 StGB, wie sie das Gericht anscheinend vornehmen wollte, wäre dann nicht möglich gewesen. Bei einer Beweisaufnahme hätte sich dann ohne weiteres ergeben, daß ein Mensch, dessen letzte Straftat mehr als 40 Jahre zurücklag, der sich inzwischen zu Ansehen und Wohlstand emporgearbeitet hatte und außerdem nicht ein einziges der von Lombroso angenommenen Merkmale aufwies, keineswegs ein geborener Verbrecher sein konnte. Um das zu erkennen, habe es nicht einmal eines Sachverständigen bedurft. Einer so leichtfertig falschen Tatsachenbehauptung habe dann aber auch nicht der Schutz des § 193 StGB gewährt werden können. Ging man andererseits, wie es richtig gewesen wäre und worauf sich auch das Gericht bei der Entscheidungsfindung anscheinend beschränken wollte, von einer reinen Formalbeleidigung aus, so war darauf entgegen der Meinung des Gerichts § 193 StGB von vornherein nicht anwendbar. Denn diese Bestimmung kommt nach ihrem Wortlaut nicht in Betracht, ‚wenn das Vorhandensein einer Beleidigung aus der Form der Äußerung oder aus den Umständen, unter welchen sie geschah, hervorgeht'. Eine schlimmere Diskriminierung als die Bezeichnung ‚geborener Verbrecher' ist aber kaum denkbar. Es verschlägt demgegenüber nichts, wenn das Gericht unter Hinweis auf die ‚Anwendung des fachmännischen Ausdrucks' an der Beleidigungsabsicht des Angeklagten Lebius zweifelt. Denn erstens kann natürlich eine Beleidigung nicht dadurch gerechtfertigt werden, daß man sie in fachmännische Ausdrücke kleidet; wer einen anderen als verrückt oder idiotisch bezeichnet, begeht auch dann eine Beleidigung, wenn er sich dazu einer psychiatrischen Terminologie bedient. Und zweitens ist nach richtiger, vom Reichsgericht allerdings nicht geteilter Auffassung eine Beleidigungsabsicht für eine Formalbeleidigung überhaupt nicht erforderlich;[284] wenn es für eine Beleidigung nach § 185 StGB einer darauf gerichteten Absicht unbestrittenermaßen nicht bedarf, ist es nicht einzusehen, warum im Rahmen der Wahrnehmung berechtigter Interessen etwas anderes gelten sollte."[285]

Warum war dieses Urteil denkwürdig?

Hans Wollschläger (1935-2007) zufolge bedeutete der Prozess „Mays endgültigen Sieg über den Bösesten der Feinde; obwohl damit nur eins der ausstehenden Urteile, und formell fast ein nebensächliches, gefallen ist, entscheidet es doch sämtliche noch nebelhaft schwebenden Fälle mit".[286] Ähnlich hat es auch Karl May selbst gesehen. In einer Postkarte, auf der er noch am Abend des 18. Dezember dem befreundeten Hamburger Ehepaar Felber den Ausgang des Prozesses mitteilt, schreibt er am Ende: *„Diesem kleinen Siege folgen nun die größeren."*[287]

Diese *„größeren Siege"*, die zu einer Verurteilung von Lebius auch wegen seiner zahlreichen sachlichen Falschbeschuldigungen geführt hätten, wären wohl tatsächlich gefolgt. Aber die kurze Lebenszeit, die Karl May noch blieb, hat es dazu nicht mehr kommen lassen.

Claus Roxin sieht „die Bedeutung des Urteils mehr in der Wirkung, die es auf die literarisch interessierte Öffentlichkeit gehabt hat. Robert Müller (1887-1924), der heute zu Unrecht fast vergessene frühexpressionistische Wiener Dichter, veröffentlichte schon am 1. Februar 1912 im ‚Brenner', einer der damals bedeutendsten Kulturzeitschriften des deutschsprachigen Raumes, einen Essay unter dem Titel: ‚Das Drama Karl Mays'.[288] [...] Robert Müller fasste nun den Plan, Karl May auch vor aller Öffentlichkeit zu rehabilitieren. Er war Leiter des Wiener ‚Akademischen Verbandes für Literatur und Musik', vor dem zu sprechen er Karl May anläßlich seines 70. Geburtstages am 25. Februar 1912 einlud. Karl May nahm an, obwohl er eine schwere Lungenentzündung noch kaum überstanden hatte."[289]

Der Schriftsteller traf am 20. März in Wien ein, wo er im Hotel von der Friedensnobelpreisträgerin Bertha von Suttner (1843-1914) besucht wurde, die ihn bat, in seinem Vortrag auf ihr letztes Buch *Der Menschheit Hochgedanken* hinzuweisen. Mit dem Vortrag verbanden sich also viele Pläne und Hoffnungen und sie gingen in Erfüllung. Die 2.000-3.000 Plätze des Sofiensaals waren an jenem Freitag völlig ausverkauft; viele hatten keinen Einlass gefunden. May sprach weitgehend in freier Rede, über die zwar Notizen und Presseberichte, aber keine Nachschriften erhalten sind. Der Vortrag handelte über sein Leben, über sein Werk und den Weltfriedensgedanken.

Das *Neue Wiener Tagblatt* hielt am 2. April eine Rückschau, die auf Mays Schlusswort in Moabit anspielt: „Und wie er nun hier auf dem Podium im Sophiensaale erschien, tatenbleich und fassungslos, und auf einmal den stürmischen Beifall vernahm, der ihm galt, ging ein freudiges Lächeln über sein Gesicht; und er konnte nachher auch gar nicht aufhören, von dem Glücksgefühl zu sprechen, mit dem ihn dieser Augenblick erfüllte, da er sah, daß man ihn, der sich in so schweren Leiden aus einem Abgrund emporgerungen, seine Jugend nicht entgelten ließ, sondern den in Arbeit alt gewordenen phantasievollen Erzähler in ihm ehrte."[290]

Man wird das Resümee ziehen können, dass hier ein tragisches Leben einen versöhnlichen Ausklang gefunden hat und dass an jenem 22. März der Wiederaufstieg Mays begann. Eigentlich aber hatte er schon am 18. Dezember des Vorjahres in Moabit begonnen. Denn ohne das Landgericht und ohne den Kammervorsitzenden Ehrecke wäre es zu all dem nicht gekommen.

X. Epilog zu Rudolf Lebius

Nach Karl Mays Tod äußerte sich Rudolf Lebius nur noch zweimal – in der Mai- und der Septemberausgabe von 1912 der Zeitung *Der Nationaldemokrat*, dem Nachfolgeblatt des *Bund*, zu seinen Auseinandersetzungen mit dem Schriftsteller. Er vereinigte dieses Blatt mit der nationalistischen und antisemitischen *Staatsbürger-Zeitung*, die er trotz zwischenzeitlichen Verbots während des Ersten Weltkriegs bis mindestens 1921 herausgab. Am 9. Januar 1921 publizierte er dabei unter dem Titel *Ungesühnter Landesverrat* einen aufsehenerregenden Artikel, der seine Angriffe gegen May noch drastischer übertraf. Der Artikel beschäftigte sich mit dem 1914 gegründeten ‚Bund Neues Vaterland', einer pazifistischen Vereinigung, aus der die noch heute bestehende ‚Deutsche Liga für Menschenrechte e. V.' hervorgegangen ist. „Der Liga gehören u. a. an Maximilian Harden, Professor [Albert] Einstein, Professor Foerster, Herr v. Gerlach. Hier liegt ein glatter Landesverrat vor. Wir würden jeden Deutschen, der diese Schufte niederschießt, für die Wohltäter des deutschen Volkes erklären. Wir wundern uns überhaupt, daß sich niemand dazu bereitfindet", schrieb Lebius und wurde wegen Aufforderung zum Mord angeklagt. Er wiederholte seine Aufforderung am 16. Januar und wurde schließlich von der 12. Strafkammer des Landgerichts Berlin zu tausend Mark Geldstrafe verurteilt.

Lebius' zweifelhafte ethische Ansichten waren seit 1918 auch in ganz konkrete politische Aktivitäten gemündet. So hatte er die ‚Nationaldemokratische Partei' (NDP) gegründet, in der er seine nationalistischen und antisemitistischen Gedanken propagierte. „Ohne Einfluß zu gewinnen (bei den Reichstagswahlen vom 6.6.1920 erhielt sie ganze 3995 Stimmen), löste sich die NDP, deren Vorsitzender Lebius war, bereits 1923 wieder auf."[291]

Einer Nachfolgepartei, der ‚Deutschen Republikanischen Demokratischen Partei' erging es in ihrer kurzen Lebensdauer nicht besser. Mit Adolf Hitler führte Lebius einen kontroversen Briefwechsel, da er u. a. dessen Gewalteinstellung gegenüber den Juden ablehnte.

1927 veranlassten finanzielle Schwierigkeiten Lebius zur Aufgabe des Spreeverlags. Die Nachfolgeunternehmungen hielten sich ebenfalls nur sehr kurz. Nach der Machtergreifung der Nationalsozialisten 1933 wurde dem Journalisten und Verleger dann schließlich jede publizistische Tätigkeit verboten. Während er sich anschließend zum Steuerhelfer ausbilden ließ, agitierte er im Dritten Reich gegen den Staat, indem er verdeckt Informationen über die politische und emotionale Situation in Deutschland sammelte. Diese Informationen übergab er an Korrespondenten der *Times* und der *New York Herald Tribune*. Im November 1937 wurde er bei der postalischen Übergabe von Informationen von der Gestapo verhaftet. Es folgte eine Verurteilung und langjährige Inhaftierung, die er zunächst im Zuchthaus Tegel, ab 1939 im KZ Sachsenhausen bei Oranienburg verbrachte. 1943 wurde die Wohnung von Lebius in der Gontardstraße durch einen Luftangriff zerstört, wodurch seine gesamte Bibliothek, Korrespondenzen und sonstigen Dokumente verloren gingen. Erst im vorletzten Kriegsjahr, im April 1944, wurde Rudolf Lebius auf Grund seines schweren Prostataleidens vorzeitig aus der Inhaftierung entlassen. Er kehrte völlig erschüttert und ausgezehrt zur Familie zurück, die mittlerweile in einer neuen Wohnung in der Thüringerstraße wohnte.[292] Am 4. April 1946 starb er schließlich im Beisein seiner Frau und seiner Tochter. Rudolf Lebius bleibt vor allem als unerbittlicher, oftmals äußerst unfairer Intimfeind des Schriftstellers in Erinnerung.

Rudolf Lebius (1868-1946)

Anmerkungen

Aus Umfangsgründen werden Titel, auf die in den Anmerkungen mehrfach verwiesen wird, in der Regel ab der zweiten Nennung innerhalb des jeweiligen Anmerkungsblocks abgekürzt. Bei der ersten, bibliografisch vollständigen Nennung wird mit (→) auf das im Folgenden verwendete Kürzel angezeigt. Eine Übersicht aller verwendeten Abkürzungen findet sich auf Seite 618

[1] W. Schultze v. Universitätsarchiv der Humboldt-Universität zu Berlin: Mitteilung an den Verfasser v. 11.11.1999

[2] Rudolf Lebius: *Erinnerungen eines ehemaligen Sozialdemokraten.* 2. Artikel. *Wie ich Sozialdemokrat wurde. Zuerst Darwinist, dann Sozialist.* In: *Sachsenstimme.* 1. Jg. Nr. 35 v. 25.9.1904, S. 3f. (4). In: Jürgen Seul: *Karl May und Rudolf Lebius: Die Dresdner Prozesse* (→ Seul: *Dresdner Prozesse*). Mit einem Geleitwort von Prof. Dr. Claus Roxin. *Juristische Schriftenreihe der Karl-May-Gesellschaft.* Bd. 4. Hrsg. v. Ruprecht Gammler und Jürgen Seul. Husum 2004, S. 118f.

[3] Rudolf Lebius: Postkarte an Karl May v. 7.4.1902. In: Karl May: *Mein Leben und Streben* (→ May: *Mein Leben*). Freiburg 1910, S. 259

[4] Karl May: *An die 4. Strafkammer des Königlichen Landgerichts III in Berlin* (→ May: *4. Strafkammer*). In: Karl May: *Am Marterpfahl. Karl Mays Leidensweg. Autobiografische Schriften. Gesammelte Werke* Band 83. Bamberg 2001, S. 294-486 (297)

[5] May: *Mein Leben*, S. 260ff.

[6] May: *4. Strafkammer*, S. 297

[7] Max Dittrich: Erklärung v. April 1908. In: Dieter Sudhoff/Hans-Dieter Steinmetz: *Karl-May-Chronik III 1902-1905* (→ Sudhoff/Steinmetz: *KMC III*). Bamberg 2005, S. 336

[8] Rudolf Lebius: Brief an Karl May v. 3.5.1904. In: May: *4. Strafkammer*, S. 300

[9] May: *Mein Leben*, S. 264

[10] Rudolf Lebius: Brief an Karl May v. 12.7.1904, In: May: *4. Strafkammer*, S. 301f.

[11] May: *Mein Leben*, S. 265

[12] Rudolf Lebius: Brief an Karl May v. 8.8.1904. In: May: *Mein Leben*, S. 265f.

[13] Rudolf Lebius: Brief an Max Dittrich v. 15.8.1904. In: May: *Mein Leben*, S. 266

[14] [Rudolf Lebius, anonym]: Postkarte an Karl May v. 7.9.1904. In: May: *Mein Leben*, S. 113

[15] May: *Mein Leben*, S. 268

[16] N. N.: *Herr Lebius im Spiegel der Wahrheit.* In: *Dresdner Woche*, S. 7. In: Seul: *Dresdner Prozesse*, S. 151

[17] Rudolf Lebius: *Mehr Licht über Karl May.* In: *Sachsenstimme. Pilatus. Sächsische Sonntagszeitung.* 1. Jg. Nr. 33 v. 11.9.1904, S. 3f. In: Seul: *Dresdner Prozesse*, S. 32-35

[18] May: *Mein Leben*, S. 268

[19] Vgl. Rudolf Lebius: *Die Zeugen Karl May und Klara May. Ein Beitrag zur Kriminalgeschichte unserer Zeit.* Reprint der Ausgabe Berlin-Charlottenburg 1910 (→ *Lebius-Reprint*). Mit einer Einführung von Jürgen Wehnert. *Veröffentlichungen aus dem Karl-May-Archiv.* Hrsg. v. Michael Petzel und Jürgen Wehnert. Lütjenburg 1991, S. 260

[20] *Sachsenstimme. Pilatus. Sächsische Sonntagszeitung*, 1. Jg. Nr. 33 v. 11.9.1904, S. 3f. In: Seul: *Dresdner Prozesse*, S. 32-35

[21] May: *Mein Leben*, S. 268f.

[22] Verlagsanzeige des Münchmeyer-Verlages: *Allen Karl May-Freunden empfohlen: Karl Mays illustrierte Werke in Lieferungen à 80-96 Seiten zu 30 Pfg.* (...). In: *Sachsenstimme. Pilatus. Sächsische Sonntagszeitung*. 1. Jg. Nr. 34 v. 18.9.1904, S. 8. In: Seul: *Dresdner Prozesse*, S. 117

[23] May: *Mein Leben*, S. 269

[24] Ottmar Hegemann: *Karl May, der katholische Schriftsteller*. In: *Die Wartburg. Organ des Münchener Altertumsvereins. Zeitschrift für Kunst und Gewerbe* v. 9.12.1904

[25] Rudolf Lebius: *Sachsenstimme. Pilatus. Sächsische Sonntagszeitung*. 1. Jg. Nr. 40 v. 30.10.1904, S. 8. In: Seul: *Dresdner Prozesse*, S. 130

[26] Karl May: *An den Dresdner Anzeiger*. In: *Dresdner Nachrichten* v. 5.11.1904. In: Karl May: *Auch ‚Über den Wassern*. In: *Von Ehefrauen und Ehrenmännern. Biografische und polemische Schriften 1899-1910. Karl May's Gesammelte Werke* Band 85. Bamberg 2004, S. 181-186 (181)

[27] Rudolf Lebius: *Karl May und die Sachsenstimme*. In: *Sachsenstimme. Pilatus. Sächsische Sonntagszeitung*. 1. Jg. Nr. 44 v. 27.11.1904. In: Seul: *Dresdner Prozesse*, S. 37f.

[28] Rudolf Lebius: *Zur Mayfrage*. In: *Sachsenstimme. Pilatus. Sächsische Sonntagszeitung*. 1. Jg., Nr. 46 v. 11.12.1904, S. 1f. In: Seul: *Dresdner Prozesse*, S. 38f.

[29] Rudolf Lebius: *Amtliches Material über Karl May*. In: *Sachsenstimme. Pilatus. Sächsische Sonntagszeitung*. 1. Jg. Nr. 47 v. 18. Dezember 1904, S. 2f. In: Seul: *Dresdner Prozesse*, S. 39-41

[30] *Lebius-Reprint*, S. 265

[31] Vgl. Kurt Emil Weiße: Zeugenaussage v. 1.11.1911. Kgl. Amtsgericht Hohenstein-Ernstthal: Strafverfahren Rudolf Lebius ./. Karl May und Genossen – P 47/10. HStA Dresden: AG Hohenstein-Ernstthal Nr. 73-76, Bd. I, Nr. 71, Bl. 54f. – Vgl. Karl May: *4. Strafkammer*, S. 305

[32] Rudolf Lebius: Brief an Konrad Haenisch. v. 3.2.1901. In: Nachlass von Konrad Haenisch. Bundesarchiv Koblenz. „Nachlaß Konrad Haenisch, Akte N 2104/212"

[33] § 185 StGB lautete: Die Beleidigung wird mit Geldstrafe bis zu sechshundert Mark oder mit Haft oder mit Gefängniß bis zu Einem Jahre und, wenn die Beleidigung mittels einer Thätlichkeit begangen wird, mit Geldstrafe bis zu eintausendfünfhundert Mark oder mit Gefängniß bis zu zwei Jahren bestraft.

[34] § 253 StGB lautete: Wer, um sich oder einem Dritten einen rechtswidrigen Vermögensvorteil zu verschaffen, einen Anderen durch Gewalt oder Drohung zu einer Handlung, Duldung oder Unterlassung nötigt, ist wegen Erpressung mit Gefängnis nicht unter einem Monat zu bestrafen. Der Versuch ist strafbar.

[35] Karl May: Strafanzeige v. 19.12.1904. Kgl. Staatsanwaltschaft Dresden: Ermittlungsverfahren ./. Rudolf Lebius – St. A. A. 653/04

[36] Karl May: *Ein Schundverlag*. (→ May: *Ein Schundverlag*). In: Karl May: *Am Marterpfahl. Karl Mays Leidensweg, Autobiografische Schriften. Karl May's Gesammelte Werke* Band 83. Bamberg 2001, S. 205-293 (247)

[37] *Sachsenstimme. Pilatus. Sächsische Sonntagszeitung*, 1. Jg. Nr. 48 v. 25.12.1904. In: Seul: *Dresdner Prozesse*, S. 42

[38] Sascha Schneider: Brief an Karl May v. 25.12.1904. In: Karl May: *Briefwechsel mit Sascha Schneider. Karl May's Gesammelte Werke und Briefe* 93. Bamberg 2009, S.128

[39] M. Werner: Sachverständigengutachten v. 29.1.1905. Kgl. Staatsanwaltschaft Dresden: Ermittlungsverfahren ./. Rudolf Lebius – St. A. V. 653/04. In: N. N.: *Herr Lebius im Spiegel der Wahrheit*. In: *Dresdner Woche*, 4. J., Nr. 31 v. 1.8.1912. In: Seul: *Dresdner Prozesse*, S. 43

[40] Gertrud von Kügelgen: Gutachten v. 14.2.1938. Karl-May-Archiv der Verlegerfamilie Schmid

[41] Kgl. Staatsanwaltschaft Dresden: Einstellungsbeschluss v. 14.3.1905. Kgl. Staatsanwaltschaft Dresden: Ermitt-lungsverfahren ./. Rudolf Lebius – St. A. V. 653/04. In: *Lebius-Reprint*, S. 266ff.

[42] Claus Roxin: *Ein geborener Verbrecher. Karl May vor dem Königlichen Landgericht in Moabit* (→ Roxin: *Ein geborener Verbrecher*). In: Jahrbuch der Karl-May-Gesellschaft (→ *Jb-KMG*) *1989*. Hamburg 1989, S. 9-36 (23)

[43] Kgl. Oberlandesgericht Dresden: Beschluss v. 10.8.1905 – 5 Reg. 418/05. Kgl. Staatsanwaltschaft Dresden: Kgl. Staatsanwaltschaft Dresden: Ermittlungsverfahren ./. Rudolf Lebius – St. A. V. 653/04. In: *Lebius-Reprint*, S. 268f.

[44] Ebd., S. 269

[45] N. N.: *Ein ganzer Kerl*. In: *Dresdner Rundschau*. 14. Jg. Nr. 11 v. 18.3.1905, S. 3f. (3). In: Seul: *Dresdner Prozesse*, S. 47

[46] Rudolf Lebius: *Wer sind die Hintermänner der Dresdner Rundschau*? In: *Sachsenstimme*. 2. Jg. Nr. 12 v. 27.3.1905, S. 1f. In: Seul: *Dresdner Prozesse*, S. 47-51

[47] Rudolf Lebius: *Da unser Streit mit der Rundschau […]*. In: *Sachsenstimme*, 2. Jg. Nr. 13 v. 3.4.1905, S. 3. In: Seul: *Dresdner Prozesse*, S. 52

[48] *Beobachter und Dresdner Justiz-Zeitung*. 3. Jg. Nr. 27 v. 5.7.1905, S. 7. In: Seul: *Dresdner Prozesse*

[49] Recte: „herzlich unbedeutend"

[50] N.N.: *Karl May auf dem Kriegspfad*. In: *Sachsenstimme*, 2. Jg. Nr. 27 v. 8.7.1905, S. 1f. In: Seul: *Dresdner Prozesse*, S. 53-55

[51] N.N.: *Die böse Sachsenstimme*. In: *Sachsenstimme*. 2. Jg. Nr. 28 v. 15.7.1905. In: Seul: *Dresdner Prozesse*, S. 129

[52] Rudolf Lebius: Privatklage [Datum unbekannt]. Kgl. Amtsgericht Dresden, 4. Abt.: Strafverfahren Rudolf Bernstein ./. Rudolf Lebius – 3 P 110/05. – Anlass: Artikel *Karl May auf dem Kriegspfad*

[53] Karl May: Brief an Rudolf Bernstein v. 29.9.1905. In: *„Ich". Karl Mays Leben und Werk*. GW Band 34. Bamberg 2009[42], S. 370f.

[54] In: *Lebius-Reprint*, S. 330

[55] May: *Mein Leben*, S. 271

[56] Hainer Plaul: *Anhang*. In: May: *Mein Leben und Streben*. Vorwort, Anmerkung, Nachwort, Sach-, Personen- und geographisches Namensregister von Hainer Plaul. Nachdruck der Ausgabe Freiburg im Breisgau. 3. Nachdruck-Aufl., Hildesheim, New York: Olms 1997, S. 466, Anmerkung 308

[57] Sudhoff/Steinmetz: *KMC III*, S. 514

[58] May: *Mein Leben*, S. 271

[59] *Dresdner Rundschau* v. 5.8.1905

[60] *Dresdner Anzeiger* v. 29.9.1905

[61] Gemeint ist wohl Karl May: *Mein Leben und Streben*, seit 1916 in GW 34 *Ich* enthalten. 1944 lag die 20. Auflage (1942) vor.

⁶² Hans Langenhan: *Erinnerungen an Karl May*. In: *Karl May in Leipzig*. Heft 10, September 1992, S. 3-8 (6f.)
⁶³ Vgl. *Beobachter und Dresdner Justiz-Zeitung* v. 9.8.1905
⁶⁴ Ebd.
⁶⁵ Lebius: *Wer sind die Hintermänner der Dresdner Rundschau?* S. 2. In: Seul: *Dresdner Prozesse*, S. 47-51
⁶⁶ Max Dietrich: Privatklage [Datum unbekannt]. Kgl. Amtsgericht Dresden: Strafverfahren Max Dittrich ./. Rudolf Lebius – 3 P 64/05; vgl. Kgl. Amtsgericht Hohenstein-Ernstthal: Strafverfahren Rudolf Lebius ./. Emil Horn und Genossen – P 47/10. HStA Dresden: AG Hohenstein-Ernstthal Nr. 73-76. Bd. I, Bl. 155
⁶⁷ N.N.: *Würdig der Gnade*. In: *Dresdner Rundschau*. 14. Jg. Nr. 51 v. 23.12.1905, S. 4. In: Seul: *Dresdner Prozesse*, S. 148
⁶⁸ Max Dittrich: Offener Brief von Mitte Oktober 1909 an die Redaktion des *Vorwärts*; der Abdruck erfolgte unter der Überschrift *Rudolf Lebius, der Vergeßliche*. In: *Vorwärts*, Hauptbl., Nr.244 v. 20.10.1909. Faksimiliert in: Gerhard Klußmeier: *Die Akte Karl May. Die Karl-May-Akte der politischen Polizei im Staatsarchiv Hamburg* (→ Klußmeier: *Akte Karl May*). Materialien zur Karl-May-Forschung. Hrsg. v. Karl Serden im Auftrag der Karl-May-Gesellschaft. Bd. 4. Ubstadt 1979, S. 115; Jürgen Seul: *Karl May, Lebius und der „Vorwärts"* (→ Seul: *KM, Lebius und „Vorwärts"*). *Die Geschichte und Hintergründe einer wechselvollen Auseinandersetzung in der Zeit zwischen 1904 und 1914 im Spiegel des „Vorwärts"*. Edition Wissenschaft. Reihe Germanistik Bd. 17. Marburg/Ahrweiler 1996, S. 148
⁶⁹ Rudolf Lebius: Aussage v. 18.11.1905. Kgl. Landgericht Dresden, 2. Strafkammer: Strafverfahren Max Dittrich ./. Rudolf Lebius – AZ: unbekannt. In: May: *4. Strafkammer*, S. 31
⁷⁰ Ernst Klotz: Brief an Karl May v. 17.7.1906. In: Dieter Sudhoff/Hans-Dieter Steinmetz: *Karl-May-Chronik IV 1906-1909*, Bamberg 2005, S. 49
⁷¹ N. N.: *Würdig der Gnade*. In: *Dresdner Rundschau*. 14. Jg. Nr. 51 v. 23.12.1905, S. 4. In: Seul: *Dresdner Prozesse*, S. 140
⁷² Rudolf Lebius: Eingesandt an die *Neue Züricher Zeitung*. In: May: *4. Strafkammer*, S. 325
⁷³ Jürgen Wehnert: *Einführung*. In: *Lebius-Reprint*, S. VII-XVI (VIII)
⁷⁴ Klaus Mattheier: *Die Gelben. Nationale Arbeiter zwischen Wirtschaftsfrieden und Streik* (→ Mattheier: *Die Gelben*). Hrsg. v. Géza Alföldy, Ferdinand Seibt und Albrecht Timm. Geschichte und Gesellschaft Bochumer Historische Studien. Düsseldorf 1973, S. 51
⁷⁵ Vgl. Paul Umbreit: *Der Stand der gelben Organisationen in Deutschland*. Berlin 1908, S. 8
⁷⁶ Betriebs-Ausschuss-Protokoll v. 8.12.1906 – SAA 4/Lk 14. In: Mattheier: *Die Gelben*, S. 104
⁷⁷ *Der Bund. Organ für die gemeinsamen Interessen der Arbeiter und Arbeitgeber*. Charlottenburg. Von der ersten Ausgabe existiert wahrscheinlich nur noch ein Exemplar. DZA II (Merseburg) 120 BB 1 Nr. 14 Abh. 3a, Bd. 2. *Der Bund* erschien anfangs vierteljährlich; ab Juni 1907 wöchentlich. Auflagenziffern (Schäfer 1972, S. 58f.):

Januar	1907 =	1.000 Exemplare.	Dezember	1910 = 25.000 Exemplare
Februar	1907 =	2.000 Exemplare	Dezember	1911 = 30.000 Exemplare
März	1907 =	4.000 Exemplare	Juni	1912 = 35.000 Exemplare
März	1909 =	20.000 Exemplare	Ende	1912 = 50.000 Exemplare

⁷⁸ Betriebs-Ausschuss Protokoll v. 06.11.1907 – SAA 4/Lk 14. In: Mattheier: *Die Gelben*, S. 105

⁷⁹ Rudolf Lebius: *Gährung. Roman aus dem sozialdemokratischen Parteileben der Gegenwart*. Berlin 1907

⁸⁰ Mattheier: *Die Gelben*, S. 114

⁸¹ Deutschsoziale Blätter, Nr. 28 v. 6.4.1907. In: Klußmeier: *Akte Karl May*, S. 93

⁸² Rudolf Lebius: *Atavistische und Jugend-Litteratur*. In: *Die Wahrheit. Freies Deutsches Wochenblatt*, 2. Jg., Nr. 26 v. 30.6.1906, S. 2f.

⁸³ Kafiller = Schinder, Abdecker

⁸⁴ Karl May: *Ein Schundverlag und seine Helfershelfer* (→ May: *Helfershelfer*). In: May: *Am Marterpfahl*. GW Band 83, S. 357

⁸⁵ N.N.: *Die Ohnsucht der Arbeiterfeinde*. In: *Vorwärts*, 24. Jg., Nr. 172 v. 26.7.1907. In: Seul: *KM, Lebius und „Vorwärts"*, S. 53f.

⁸⁶ May: *Mein Leben*, S. 272

⁸⁷ Hainer Plaul: *Anmerkung*. In: May: *Mein Leben und Streben*. Nachdruck der Ausgabe Freiburg im Breisgau. 3. Nachdruck-Aufl. Hildesheim, New York 1997, Rdnr. 314

⁸⁸ Carl Wermuth: *Brief an Karl May v. 30.9.1907*. In: May: *Mein Leben*, S. 273

⁸⁹ Ebd.

⁹⁰ Hainer Plaul: *Anmerkung*. In: May: *Mein Leben und Streben*. Nachdruck der Ausgabe Freiburg im Breisgau. 3. Nachdruck-Aufl. Hildesheim, New York 1997, Rdnr. 317

⁹¹ Martha Lebius: *Brief an Klara May v. 26.10.1907*. In: *Erklärung der Frau May. Klara Mays Aussage im Lebius-Prozeß (um 1908)*. In: Ekkehard Bartsch: *Archiv-Edition*, Abt. I, Leben, Gruppe a) Biographische Selbstzeugnisse, Heft 5. Bad Segeberg 2000, S. 9

⁹² Klara May [d. i. Karl May]: *Brief an Martha Lebius v. 26.[?]10.1907*, zit. nach: wie vorherige Anm., S. 10

⁹³ N.N.: *100.000 Arbeiter - 64 ½ Millionen Mark Reingewinn*. In: *Vorwärts*, 24. Jg., Nr. 258 v. 8.11.1907

⁹⁴ Rudolf Lebius: *Bericht*. In: *Der Bund*, 2. Jg., Nr. 47 v. 23.11.1907

⁹⁵ N.N.: *Ein gelber Volkswirtschaftler*. In: *Vorwärts*, 24. Jg., Nr. 277 v. 27.11.1907. In: Seul: *KM, Lebius und „Vorwärts"*, S. 67

⁹⁶ N.N.: *Lebius, der ‚Beleidigte'*. In: *Vorwärts*, Nr. 260 v. 5.11.1908. In: Seul: *KM, Lebius und „Vorwärts"*, S. 94-96

⁹⁷ N.N.: *Ist Lebius ein Ehrenmann?* In: *Vorwärts*, Nr. 7, 1. Beiblatt v. 9.1.1908. In: Seul: *KM, Lebius und „Vorwärts"*, S. 71f.

⁹⁸ Hainer Plaul: *Die Kahl-Broschüre. Entstehung und Folgen eines Anti-May-Pamphlets* (→ Plaul: *Kahl-Broschüre*). In: *Jb-KMG 1974*. Hamburg 1973, S. 195-236 (200)

⁹⁹ Friedrich Wilhelm Kahl: Zeugenaussage v. 15.9.1911. Kgl. Amtsgericht Hohenstein-Ernstthal: Strafverfahren Rudolf Lebius ./. Karl May und Genossen – P 47/10. HStA Dresden: AG Hohenstein-Ernstthal Nr. 71, Bl. 48-48b

¹⁰⁰ Kgl. Landgericht Berlin, 4. Strafkammer: Urteil v. 8.7.1910. Kgl. Landgericht III Berlin, 4. Strafkammer: Straf-verfahren Friedrich Kahl ./. Hugo Nathanson – 16. P. 53/10. In: *Lebius-Reprint*, S. 278- 285 (279)

¹⁰¹ *Lebius-Reprint*, S. 276

¹⁰² Hainer Plaul: *Kahl-Broschüre*, S. 201

¹⁰³ Friedrich Wilhelm Kahl: Zeugenaussage v. 15.9.1911. Kgl. Amtsgericht Hohenstein-Ernstthal: Strafverfahren Rudolf Lebius ./. Karl May und Genossen – P 47/10. HStA Dresden: AG Hohenstein-Ernstthal Nr. 71, Bl. 52

[104] Ebd.

[105] Plaul: *Kahl-Broschüre*, S. 213

[106] Ebd., S. 211

[107] May: *Ein Schundverlag*, S. 266

[108] Karl May: Zuschrift an die Redaktion der *Neuen Zürcher Zeitung*. In: *Neue Zürcher Zeitung*, 129. Jg., Nr. 111, 2. Morgenblatt v. 21.4.1908

[109] Karl May: Zuschrift an die Redaktion des Berner *Bund*. In: *Bund*, 59. Jg., Nr. 193, Abendblatt v. 24./25.4.1908

[110] Karl May: Klage [Datum unbekannt]. Kgl. Landgericht Berlin II: Zivilverfahren Karl May ./. Firma Hermann Walther G.m.b.H. –26. O. 56/08

[111] *Metallarbeiter-Zeitung. Organ für die Interessen der Metallarbeiter*, 27. Jg., Nr. 13 v. 27.3.1909

[112] Karl May: Zuschrift an die Redaktion des Berner *Bund*. In: *Bund*, 59. Jg., Nr. 193, Abendblatt v. 24./25.04.1908

[113] Friedrich Wilhelm Kahl: Brief an Karl May v. 27.4.1908. In: Plaul: *Kahl-Broschüre*, S. 214f.

[114] Rudolf Lebius: Stellungnahme. In: *Neue Züricher Zeitung und schweizerisches Handelsblatt*. Zürich, 129. Jg., Nr. 187, 2. Morgenblatt v. 7.7.1908. Zit. nach Plaul: *Kahl-Broschüre*, S. 216f.

[115] Friedrich Wilhelm Kahl: Eidesstattliche Versicherung v. 10.9.1908. In: *Deutsche Metall-Arbeiter-Zeitung*. 27. Jg., Nr. 13 v. 27.3.1909

[116] Prozessvergleich v. 19.1.1909. Kgl: Landgericht Berlin II: Zivilverfahren Karl May./. Firma Hermann Walther G.m.b.H.-26.O. 56/08. Zit. nach Plaul: *Kahl-Broschüre*, S. 219f.

[117] Friedrich Bechly: *Widerruf*. In: *Bund*, 5. Jg., Nr. 20 v. 15.5.1910

[118] Kgl. Amtsgericht Berlin-Schöneberg: Prozessvergleich v. 19.5.1909. Kgl. Amtsgericht Berlin-Schöneberg: Privat-klagesache May ./. Lebius – 20 B. 254/08

[119] *Lebius-Reprint*, S. 288f.

[120] N.N.: *Ist Lebius ein Ehrenmann?* In: *Vorwärts*, 25. Jg., Nr. 81, 2. Beiblatt v. 4.4.1908. In: Seul: *KM, Lebius und „Vorwärts"*, S. 76f.

[121] Redaktion des *Vorwärts*: Brief an Karl May [Datum unbekannt]. In: May: *Mein Leben*, S. 274

[122] Karl May: *Lebius, der ‚Ehrenmann'*. In: *Von Ehefrauen und Ehrenmännern. Biografische und polemische Schriften 1899-1910* v. Karl May. GW 85. Bamberg 2004, S. 395-411

[123] Karl May: [Zeugenaussage für Klara May] In: *Von Ehefrauen und Ehrenmännern*. GW 85. S. 413-417

[124] N.N.: *Ist Lebius ein Ehrenmann?*. In: *Vorwärts*, 25. Jg., Nr. 223, 1. Beiblatt v. 23.9.1908. In: Seul: *KM, Lebius und „Vorwärts"*, S. 90f.

[125] May: *4. Strafkammer*, S. 321

[126] *Der gelbe Sumpf. Ein Blick hinter die Kulissen der gelben Arbeitgeber-Vereine durch Einsichtnahme in einige Lebius-Briefe*. Stuttgart 1908. Druck und Verlag v. Alexander Schlicke & Cie.

[127] Heinrich Peierl, in: MAN-Archiv, Nachlaß Dr. Guggenheimer. ‚Gelbe I'; Auszug aus dem Reisebericht. Berlin, 1.7.1909. Besuch des Herrn Direktor Peierl der AEG. In: Mattheier: *Die Gelben*, S. 112

[128] N.N.: *Lebius vor Gericht*. In: *Vorwärts*, 26. Jg., Nr. 10, 1. Beiblatt v. 13.1.1909. In: Seul: *KM, Lebius und „Vorwärts"*, S. 110-112

[129] N.N.: *Lebius vor dem Kammergericht*. In: *Vorwärts*, 26. Jg., Nr. 65, 2. Beiblatt v. 13.3.1909. In: *KM, Lebius und „Vorwärts"*, S. 126-128

[130] N.N.: *Der Fuchs in Eisen*. In: *Vorwärts*, 26. Jg., Nr. 67, Hauptblatt v. 20.3.1909. In: *KM, Lebius und „Vorwärts"*, S. 130

[131] Lebius: *Anmerkung*. In: *Lebius-Reprint*, S. 167

[132] Emma Pollmer: *Erklärung „In der Angelegenheit Rudolf Lebius und Pater Pöllmann gegen Karl May"* v. 14.02.1910. In: Lebius-Reprint, S. 167

[133] Rudolf Lebius: *Ein spiritistisches Schreibmedium als Hauptzeuge der ‚Vorwärts'-Redaktion*. In: Bund. 4. Jg., Nr. 13 v. 28.3.1909, Beilage

[134] Ebd.

[135] Sächsische Bank Dresden: Schreiben an Emma Pollmer v. 30.03.1909. In: *Lebius-Reprint*, S. 172

[136] Klara May und Emma Pollmer: Rentenvertrag v. 3.11.1903. In: *Lebius-Reprint*, S. 41-43 (41)

[137] Karl May: Privatklage gegen Emma Pollmer v. 17.4.1909. Karl May./. Emma Pollmer. Großherzogliches Sächsisches Amtsgericht Weimar, AZ: B. 39/09. Privatklage wegen Beleidigung. In. *Lebius-Reprint*, S.140-143

[138] Emma Pollmer: In der Angelegenheit Rudolf Lebius und Pater Pöllmann gegen Karl May. Erklärung v. 14.2.1910. In: *Lebius-Reprint*, S. 167-170 (167)

[139] Pretiosen = Kostbarkeiten, Schmucksachen

[140] May: *Mein Leben*, S. 280f.

[141] Emma Pollmer: In der Angelegenheit Rudolf Lebius und Pater Pöllmann gegen Karl May. Erklärung v. 14.2.1910. In: *Lebius-Reprint*, S. 168

[142] Klara May: Brief an Selma v. Scheidt [Datum unbekannt]. In: Kgl. Amtsgericht Kötzschenbroda: Privatklageverfahren Rudolf Lebius ./. Witwe Klara May – P 71/12. HStA Dresden: AG Kötzschenbroda Nr. 8, Anhang Bl. 16 und 18, Brief Nr. 5

[143] Vgl. Dr. Günther und W. Schäfer: Schriftsatz v. 5.6.1909. Großherzoglich Sächsisches Amtsgericht Weimar: Privatklageverfahren Karl May ./. Emma Pollmer – B. 39/09, S. 143

[144] Emma Pollmer: Schriftsatz v. 5.7.1909. Großherzoglich Sächsisches Amtsgericht Weimar: Privatklageverfahren Karl May ./. Emma Pollmer – B. 39/09. In: *Lebius-Reprint*, S. 144-147 (145)

[145] Vgl. Dr. Günther und W. Schäfer: Schriftsatz v. 5.6.1909. Großherzoglich Sächsisches Amtsgericht Weimar: Privatklageverfahren Karl May ./. Emma Pollmer – B. 39/09, S. 143. In: *Lebius-Reprint*, S. 143

[146] Emma Pollmer: In der Angelegenheit Rudolf Lebius und Pater Pöllmann gegen Karl May. Erklärung v. 14.2.1910. In: *Lebius-Reprint*, S. 169

[147] Vgl. Rezitat Klara May: Brief an Selma v. Scheidt v. 10.11.1909. In: Kgl. Amtsgericht Kötzschenbroda: Privatklageverfahren Rudolf Lebius ./. Witwe Klara May – P 71/12. HStA Dresden: AG Kötzschenbroda Nr. 8, Bl. 4, Brief Nr. 2

[148] Klara May: Zeugenaussage v. 8.11.1909. Großherzoglich Sächsisches Amtsgericht Weimar: Privatklageverfahren Karl May ./. Emma Pollmer – B. 39/09. In: *Lebius-Reprint*, S. 154

[149] Ebd.

[150] Emma Pollmer: Aussage v. 14.12.1909. Großherzoglich Sächsisches Amtsgericht

Weimar: Privatklageverfahren Karl May ./. Emma Pollmer – B. 39/09. In: *Lebius-Reprint*, S. 164

[151] Klara May: Brief an Selma v. Scheidt [Datum unbekannt]. Kgl. Amtsgericht Kötzschenbroda: Privatklageverfahren Rudolf Lebius ./. Witwe Klara May – P 71/12. HStA Dresden: Kgl. Amtsgericht Kötzschenbroda Nr. 8, Anhang Bl. 13, Brief Nr. 4

[152] Klara May: Brief an Selma v. Scheidt [Datum unbekannt]. Kgl. Amtsgericht Kötzschenbroda: Privatklageverfahren Rudolf Lebius ./. Witwe Klara May – P 71/12. HStA Dresden: Kgl. Amtsgerichtsgericht Kötzschenbroda Nr. 8, Anhang Bl. 13, Brief Nr. 3

[153] Emma Pollmer: Erklärung *In der Angelegenheit Rudolf Lebius und Pater Pöllmann gegen Karl May* v.14.2.1910. In: *Lebius-Reprint*, S.167-170

[154] Wehnert: *Einführung*. In: *Lebius-Reprint*, S. XII

[155] N.N.: *Dahsel, Rosenfeld & Co.* In: *Bund*, Nr. 255, Hauptblatt v. 28.10.1909

[156] N.N. [d.i. Rudolf Lebius]: *Zum Ende des Vernichtungsfeldzuges* [Flugblatt]. Beilage in: *Bund* v. 30.3.1910. In: *Lebius-Reprint*, S. 321-329

[157] Rudolf Lebius: Brief an Selma vom Scheidt v. 12.11.1909. In: Rudolf Beissel: *Und ich halte Herrn May für einen Dichter... Erinnerungen an Karl Mays letzten Prozeß in Berlin.* In: *Jb-KMG 1970*. Hamburg 1970. S.11-46 (23 f)

[158] Rudolf Lebius: Brief an Emma Pollmer v. 18.11.1909. Karl-May-Archiv der Verlegerfamilie Schmid

[159] Karl May: Privatklageschrift v. 17.12.1909. Kgl. Amtsgericht Berlin-Charlottenburg: Privatklageverfahren Karl May ./. Rudolf Lebius – 35. B. 295/09. In: *Lebius-Reprint*, S. 289

[160] Rudolf Lebius: *Hinter die Kulissen*. In: *Bund*. 4. Jg., Nr. 51 v. 19.12.1909. In: Gerhard Klußmeier: *Die Gerichtsakten zu Prozessen Karl Mays im Staatsarchiv Dresden (I)* (→ Klußmeier: *Gerichtsakten I*). Mit einer juristischen Nachbemerkung von Claus Roxin. In: *Jb-KMG 1980*, S. 137-174 (143-147)

[161] Rudolf Lebius: Klageerwiderung v. 22.3.1910. Kgl. Amtsgericht Charlottenburg: Privatklageverfahren Karl May./. Rudolf Lebius – 35. B. 295/09. In: *Lebius-Reprint*, S.289-296

[162] Ebd.

[163] Klara May: Brief an Emma Pollmer v. 1.4.1910. Kgl. Amtsgericht Kötzschenbroda: Privatklageverfahren Rudolf Lebius ./. Witwe Klara May – P 71/12. HStA Dresden: Kgl. Amtsgerichtsgericht Kötzschenbroda Nr. 8, Anhang Bl. 13, Brief Nr. 3

[164] Klara May: Brief an Emma Pollmer v. Anfang April 1910. Kgl. Amtsgericht Kötzschenbroda: Privatklageverfahren Rudolf Lebius ./. Witwe Klara May – P 71/12. HStA Dresden: Kgl. Amtsgerichtsgericht Kötzschenbroda Nr. 8, Anhang Bl. 1f., Brief Nr. 1

[165] Karl May: Schriftsatz v. 10.4.1910. In: Rudolf Lebius: Schriftsatz v. Rudolf Lebius v. 13.5.1910. Kgl. Amtsgericht Dresden: Privatklageverfahren Karl May ./. Rudolf Lebius – 10 P 73/10, Bl. 9, HStA Dresden, AG Radebeul Nr. 4

[166] Die Darstellung ist eine Zusammenfassung der zumeist übereinstimmenden Presseberichte folgender Blätter: *Düsseldorfer Tageblatt*, 3. Bl. (14.4.1910); *Frankfurter Zeitung und Handelsblatt* (13.4.1910); *Hohenstein-Ernstthaler Tageblatt* (14.4.1910); *Westdeutsche Volkszeitung* (14.4.1910); *Lübecker General-Anzeiger*, 3. Beilage (14.4.1910); *Göttinger Tageblatt* (14.4.1910); *Soester Anzeiger* (13.4.1910); *Hildesheimer Allgemeine Zeitung und General-Anzeigen* (13.4.1910); *Reichenberger Zeitung* (14.4.1910); *Pfälzische Volkszeitung* (14.4.1910) und *Berliner Morgenpost* (13.4.1910).

[167] Kgl. Amtsgericht Charlottenburg: Urteil v. 12.4.1910. Privatklageverfahren Karl May ./. Rudolf Lebius – 35. B. 295/09. In: *Lebius-Reprint*, S. 296-298

[168] Klara May: Tagebucheintrag v. 12.04.1910. In: Dieter Sudhoff/Hans-Dieter Steinmetz: *Karl-May-Chronik V 1910-1912* (→ Sudhoff/Steinmetz: *KMC V*), S. 88

[169] May: *Mein Leben*, S. 125

[170] Friedrich Ernst Fehsenfeld: Flugblatt v. 22.4.1910. In: Karl May: *Briefwechsel mit Friedrich Ernst Fehsenfeld. Zweiter Band 1907-1912*. Hrsg. v. Dieter Sudhoff und Hans-Dieter Steinmetz. Bamberg 2008, S. 257-263 (263)

[171] Karl May: Strafantrag v. 10.1.1910. Kgl. Amtsgericht Dresden: Privatklageverfahren Karl May ./. Rudolf Lebius, Martha Lebius und Hugo Nathanson – 10 P. 73/10 und 10 P. 2/10, Bl. 1. In: Klußmeier: *Gerichtsakten I*, S. 148f.

[172] Rudolf Netcke: Strafanträge v. 26.4.1910. Kgl. Amtsgericht Dresden: Karl May ./. Rudolf Lebius – AZ 10 P. 73/10 und 10 P. 2/10. In: Klußmeier: *Gerichtsakten I*, S. 149f.

[173] Rudolf Lebius: Klageerwiderung v. 13.5.1910. Kgl. Amtsgericht Dresden: Privatklageverfahren Karl May ./. Rudolf Lebius, Martha Lebius und Hugo Nathanson – 10 P. 73/10 und 10 P. 2/10, Bl. 8f. In: Klußmeier: *Gerichtsakten I*, S. 150f.

[174] Dr. Tittel: Schreiben v. 3.6.1910. Kgl. Amtsgericht Dresden: Privatklageverfahren Karl May ./. Rudolf Lebius, Martha Lebius und Hugo Nathanson – 10 P. 73/10 und 10 P. 2/10, Bl. 9. In: Klußmeier: *Gerichtsakten I*, S. 155

[175] Wetzlich: Schriftsatz v. 4.6.1910. Kgl. Amtsgericht Dresden: Privatklageverfahren Karl May ./. Rudolf Lebius, Martha Lebius und Hugo Nathanson – 10 P. 73/10 und 10 P. 2/10, Bl. 12f. In: Klußmeier: *Gerichtsakten I*, S. 155f.

[176] Wetzlich: Schriftsatz v. 18.6.1910. Kgl. Amtsgericht Dresden: Privatklageverfahren Karl May ./. Rudolf Lebius, Martha Lebius und Hugo Nathanson – 10 P. 73/10 und 10 P. 2/10, Bl. 22f. In: Klußmeier: *Gerichtsakten I*, S. 161

[177] Kgl. Amtsgericht Kötzschenroda: Beschluss v. 3.8.1910. Kgl. Amtsgericht Dresden: Privatklageverfahren Karl May ./. Rudolf Lebius, Martha Lebius und Hugo Nathanson – 10 P. 73/10 und 10 P. 2/10, Bl. 27b. In: Klußmeier: *Gerichtsakten I*, S. 162

[178] Rudolf Netcke: Beschwerde v. 16.1.1912. Kgl. Amtsgericht Dresden: Privatklageverfahren Karl May ./. Rudolf Lebius, Martha Lebius und Hugo Nathanson – 10 P. 73/10 und 10 P. 2/10, Bl. 42. In: Klußmeier: *Gerichtsakten I*, S. 166

[179] Kgl. Landgericht Dresden: Beschluss v. 30.1.1912. Kgl. Amtsgericht Dresden: Privatklageverfahren Karl May ./. Rudolf Lebius, Martha Lebius und Hugo Nathanson – 10 P. 73/10 und 10 P. 2/10, Bl. 44. In: Klußmeier: *Gerichtsakten I*, S. 166f.

[180] Rudolf Netcke: Schriftsatz v. 28.2.1912. Kgl. Amtsgericht Dresden: Privatklageverfahren Karl May ./. Rudolf Lebius, Martha Lebius und Hugo Nathanson – 10 P. 73/10 und 10 P. 2/10, Bl. 46. In: Klußmeier: *Gerichtsakten I*, S. 167

[181] Einstellungsbeschluss v. 31.5.1912. Kgl. Amtsgericht Dresden: Privatklageverfahren Karl May ./. Rudolf Lebius, Martha Lebius und Hugo Nathanson – 10 P. 73/10 und 10 P. 2/10, Bl. 51/I. In: Klußmeier: *Gerichtsakten I*, S. 169

[182] Vgl. Richard Krügel: Erklärung v. 20.6.1910. Kgl. Amtsgericht Hohenstein-Ernstthal: Privatklageverfahren Karl May ./. Richard Krügel – P 22/10. HStA Dresden: AG Hohenstein-Ernstthal Nr. 80, Bl. 16b. In: Gerhard Klußmeier: *Die Gerichtsakten zu Prozessen Karl Mays im Staatsarchiv Dresden (II)* (→ Klußmeier: *Gerichtsakten II*). In: *Jb-KMG 1981*, S. 262-299 (269)

[183] Rudolf Netcke: Protokoll v. 10.1.1910. Kgl. Amtsgericht Hohenstein-Ernstthal:

Privatklageverfahren Karl May ./. Richard Krügel – P 22/10. HStA Dresden: AG Hohenstein-Ernstthal Nr. 80, Bl. 14ff. In: Klußmeier: *Gerichtsakten II*, S. 262f.

[184] Karl May: Strafantrag v. 10.3.1910. Kgl. Amtsgericht Hohenstein-Ernstthal: Privatklageverfahren Karl May ./. Richard Krügel – P 22/10. HStA Dresden: AG Hohenstein-Ernstthal Nr. 80, Bl. 1f. In: Klußmeier: *Gerichtsakten II*, S. 265

[185] Karl May: Privatklage v. 21.5.1910. Kgl. Amtsgericht Hohenstein-Ernstthal: Privatklageverfahren Karl May ./. Richard Krügel – P 22/10. HStA Dresden: AG Hohenstein-Ernstthal Nr. 80, Bl. 4. In: Klußmeier: *Gerichtsakten II*, S. 266

[186] Max Haubold: Privatklage v. 7.6.1910. Kgl. Amtsgericht Hohenstein-Ernstthal: Privatklageverfahren Karl May ./. Richard Krügel – P 22/10. HStA Dresden: AG Hohenstein-Ernstthal Nr. 80, Bl. 7-9. In: Klußmeier: *Gerichtsakten II*, S. 267f.

[187] Richard Krügel: Klageerwiderung v. 14.6.1910. Kgl. Amtsgericht Hohenstein-Ernstthal: Privatklageverfahren Karl May ./. Richard Krügel – P 22/10. HStA Dresden: AG Hohenstein-Ernstthal Nr. 80, Bl. 11. In: Klußmeier: *Gerichtsakten II*, S. 269f.

[188] Max Haubold: Schriftsatz v. 18.6.1910. Kgl. Amtsgericht Hohenstein-Ernstthal: Privatklageverfahren Karl May ./. Richard Krügel – P 22/10. HStA Dresden: AG Hohenstein-Ernstthal Nr. 80, Bl. 12f. In: Klußmeier: *Gerichtsakten II*, S. 272

[189] Max Haubold: Schriftsatz v. 2.7.1910. Kgl. Amtsgericht Hohenstein-Ernstthal: Privatklageverfahren Karl May ./. Richard Krügel – P 22/10. HStA Dresden: AG Hohenstein-Ernstthal Nr. 80, Bl. 19-22. In: Klußmeier: *Gerichtsakten II*, S. 272-274

[190] Max Haubold: Schriftsatz v. 11.7.1910. Kgl. Amtsgericht Hohenstein-Ernstthal: Privatklageverfahren Karl May ./. Richard Krügel – P 22/10. HStA Dresden: AG Hohenstein-Ernstthal Nr. 80, Bl. 23f. In: Klußmeier: *Gerichtsakten II*, S. 274f.

[191] Kgl. Amtsgericht Hohenstein-Ernstthal: Eröffnungsbeschluss v. 16.7.1910. Kgl. Amtsgericht Hohenstein-Ernstthal: Privatklageverfahren Karl May ./. Richard Krügel – P 22/10. HStA Dresden: AG Hohenstein-Ernstthal Nr. 80, Bl. 26. In: Klußmeier: *Gerichtsakten II*, S. 275f.

[192] Kgl. Amtsgericht Hohenstein-Ernstthal: Verhandlungsprotokoll v. 9.8.1910. Kgl. Amtsgericht Hohenstein-Ernstthal: Privatklageverfahren Karl May ./. Richard Krügel – P 22/10. HStA Dresden: AG Hohenstein-Ernstthal Nr. 80, Bl. 60-64. In: Klußmeier: *Gerichtsakten II*, S. 284-289

[193] Oskar Dierks: Beeidigtes, notarielles Protokoll v. 17.8.1910. In: *Hohenstein-Ernstthaler Anzeiger*, Nr. 193 v. 21.8.1910, Beilage. In: Klußmeier: *Gerichtsakten II*, S. 290-292

[194] Rudolf Lebius: Strafanzeige v. 27.8.1910. Kgl. Staatsanwaltschaft Zwickau: Ermittlungsverfahren ./. Richard Krügel und Karl May – AZ: unbekannt. Karl-May-Archiv der Verlegerfamilie Schmid

[195] Rudolf Lebius: Schreiben v. 26.8.1910 an den Präsidenten des Kgl. Landgerichts Zwickau. Karl-May-Archiv der Verlegerfamilie Schmid

[196] May: Leserbrief. In: *Freie Stimme*, Nr. 4 v. 6.1.1910

[197] Klara May: Brief an Euchar Albrecht Schmid v. November 1910. In: Sudhoff/Steinmetz: *KMC V*, S. 349

[198] Karl May: Brief an Friedrich Ernst Fehsenfeld v. 14.11.1910. Hermann Wohlgschaft: *Karl May. Leben und Werk*. Karl Mays Werke. Abt. IX, Materialien Bd. I.1. Bargfeld 2005. 3. Bd., S. 1945

[199] Friedrich S. Kraus: *Rezension*. In: *Anthropophyteia*, VIII. Bd., September 1911

[200] *Tägliche Rundschau*, Nr. 612 (Abendausgabe) v. 31.12.1910

[201] *Vossische Zeitung*, Nr. 49 v. 29.1.1911, 1. Beilage, Morgenausgabe

[202] Jürgen Wehnert: *Einführung*. In: *Lebius-Reprint*, S. XIV

[203] Claus Roxin: *Die Zeugen Karl May und Klara May* (Rezension). In: *Neue Juristische Wochenschrift*. 45. Jg. 1992, S. 1299

[204] Karl May: Brief an Friedrich Ernst Fehsenfeld v. 7.12.1910. In: Sudhoff/Steinmetz: *KMC V*, S. 373

[205] Kgl. Landgerichт I Berlin, 8. Zivilkammer: Beschluss v. 13.12.1910 – 23 O 38.10. Kgl. Landgericht I Berlin: Rechtsschutzverfahren Karl May, Klara May und Siegfried Puppe ./. Rudolf Lebius, Spree-Verlag G.m.b.H. und Emil Grüner

[206] Vgl. *Karl May in der Hohenstein-Ernstthaler Lokalpresse 1899-1912. Eine Dokumentation* (→ *Hohenstein-Ernstthaler Lokalpresse*). Hrsg. u. komm. v. Hans-Dieter Steinmetz. Hohenstein-Ernstthal 2001, S. 79

[207] Karl May: Strafantrag und Privatklageschrift v. 21.5.1910. Kgl. Amtsgericht Hohenstein-Ernstthal: Privatklageverfahren Karl May./. Emil Horn – P23/10. HstA Dresden: AG Hohenstein-Ernstthal Nr.71f., Bl. 1f. In: Jürgen Seul: *Karl May./. Emil Horn*. (→ Seul: *May ./. Horn*). *Juristische Schriftenreihe der KMG*. Bd. 1. Hrsg. v. Jürgen Seul. Ahrweiler 1996. S. 11f. und 40f.

[208] Der Wortlaut des § 20 Abs. 2 PreßG in der damaligen Fassung lautet: Ist die Druckschrift eine periodische, so ist der verantwortliche Redakteur als Täter zu bestrafen, wenn nicht durch besondere Umstände die Annahme seiner Täterschaft ausgeschlossen wird.

[209] Max Haubold: Privatklageschrift v. 9.6.1910. Kgl. Amtsgericht Hohenstein-Ernstthal: Privatklageverfahren Karl May ./. Emil Horn – P 23/10. HStA Dresden. Nr. 71f., Bl. 5f. In: Seul: *May ./. Horn*, S. 18f. und 44-46

[210] Max Haubold: Privatklageschrift v. 13.6.1910. Kgl. Amtsgericht Hohenstein-Ernstthal: Privatklageverfahren Karl May ./. Emil Horn – P 26/10. HStA Dresden. Nr.71f., Bl.4f. In: Seul: *May ./. Horn*, S. 20 und 56-58

[211] Claus Roxin: Juristische Nachbemerkung. In: Klußmeier: *Gerichtsakten I*, S. 171

[212] Max Haubold: Schriftsatz v. 13.7.1910. Kgl. Amtsgericht Hohenstein-Ernstthal: Privatklageverfahren Karl May ./. Emil Horn – P 26/10. HStA Dresden. Nr. 71f., Bl. 8a. In: Seul: *May ./. Horn*, S. 33 und 61

[213] N.N.: *Der Beleidigungsprozeß unseres Landsmannes Karl May gegen Lebius*. In: *Hohenstein-Ernstthaler Tageblatt*, Nr. 146, 28.06.1910

[214] Karl May: Strafantrag v. 11.7.1910. Kgl. Amtsgericht Hohenstein-Ernstthal: Privatklageverfahren Karl May ./. Dr. Alban Frisch und Wilhelm Lippacher – P 40/10. HStA Dresden. Nr. 56, Bl. 1f. In: Jürgen Seul: *Karl May ./. Dr. Alban Frisch & Wilhelm Lippacher* (→ Seul: *May ./. Frisch & Lippacher*). *Juristische Schriftenreihe der KMG*. Bd. 2. Hrsg. v. Jürgen Seul. Ahrweiler 1997, S. 16 und 102-104

[215] Mays Brief ist in der Akte nicht enthalten. Ein Abdruck findet sich jedoch u. a. auch bei: Ekkehard Fröde/Wolfgang Hallmann: *Karl-May-Stätten in Hohenstein-Ernstthal*. Hrsg. v. Rat der Stadt Hohenstein-Ernstthal. 1985, S. 29

[216] Karl May: Privatklageschrift v. 15.8.1910. Kgl. Amtsgericht Hohenstein-Ernstthal: Privatklageverfahren Karl May ./. Dr. Alban Frisch und Wilhelm Lippacher – P 40/10. HStA Dresden. Nr. 56, Bl. 4–6. In: Seul: *May ./. Frisch & Lippacher*, S. 19f. und 106-108

[217] *Hohenstein-Ernstthaler Tageblatt*, Nr. 195, 24.8.1910

[218] Karl Böhm: Schriftsatz (Privatklage- und Strafantragserweiterung) vom 16.9.1910.

Kgl. Amtsgericht Hohenstein-Ernstthal: Privatklageverfahren Karl May ./. Dr. Alban Frisch und Wilhelm Lippacher – P 40/10. HStA Dresden. Nr. 56, Bl. 15-17. In: Seul: *May ./. Frisch & Lippacher*, S. 35f. und 120-124

[219] Alban Frisch: Klageerwiderung v. 15.10.1910. Kgl. Amtsgericht Hohenstein-Ernstthal: Privatklagverfahren Karl May ./. Dr. Alban Frisch und Wilhelm Lippacher – P 40/10. HStA Dresden. Nr. 56, Bl. 25-30. In: Seul: *May ./. Frisch & Lippacher*, S. 38-41 und 135-145

[220] Wilhelm Lippacher: Schriftsatz v. 19.10.1910. Kgl. Amtsgericht Hohenstein-Ernstthal: Privatklagverfahren Karl May ./. Dr. Alban Frisch und Wilhelm Lippacher – P 40/10. HStA Dresden. Nr. 56, Bl. 31. In: Seul: *May ./. Frisch & Lippacher*, S. 42f. und 146-149

[221] Kgl. Amtsgericht Hohenstein-Ernstthal: Eröffnungsbeschluss vom 5.12.1910. Kgl. Amtsgericht Hohenstein-Ernstthal: Privatklageverfahren Karl May ./. Dr. Alban Frisch und Wilhelm Lippacher – P 40/10. HStA Dresden. Nr. 56, Bl. 37-39. In: Seul: *May ./. Frisch & Lippacher*, S. 45-47 und 156-158

[222] Karl May: Schriftsatz vom 17.11.1910. Kgl. Amtsgericht Hohenstein-Ernstthal: Privatklageverfahren Karl May ./. Dr. Alban Frisch und Wilhelm Lippacher – P 40/10. HStA Dresden. Nr. 56, Bl. 41-48. In: Seul: *May ./. Frisch & Lippacher*, S. 49-51 und 161-175

[223] Karl May und Alban Frisch: Vergleichsvereinbarung v. 16.12.1910. Kgl. Amtsgericht Hohenstein-Ernstthal: Privatklageverfahren Karl May ./. Dr. Alban Frisch und Wilhelm Lippacher – P 40/10. HStA Dresden. Nr. 56, Bl. 58. In: Seul: *May ./. Frisch & Lippacher*, S. 87 und 188f.

[224] Karl May: Leserbrief vom 4.8.1910. In: *Hohenstein-Ernstthaler Anzeiger*. Nr. 180 v. 6.8.1910. In: *Hohenstein-Ernstthaler Lokalpresse*, S. 83f. und S. 150f.

[225] Rudolf Lebius: *Gegendarstellung vom 12.8.1908*. In: *Hohenstein-Ernstthaler Anzeiger*, Nr. 186 v. 16.8.1910. In: *Hohenstein-Ernstthaler Lokalpresse*, S. 93f. und S. 156

[226] Karl May: Brief vom 19.8.1910. In: *Hohenstein-Ernstthaler Anzeiger*, Nr. 194 v. 23.8.1910. In: *Hohenstein-Ernstthaler Lokalpresse*, S. 98-100 und S. 159f.

[227] Rudolf Lebius: Privatklageschrift v. 24.9.1910. Kgl. Amtsgericht Hohenstein-Ernstthal: Privatklageverfahren Rudolf Lebius ./. Emil Horn, Dagobert Culp, Theodor Emil Lehmann und Karl May. HStA Dresden. Nr. 73-76, Bd. 1, Bl. 1f.

[228] Kgl. Amtsgericht Hohenstein-Ernstthal: Eröffnungsbeschluss v. 3.12.1910. Ebd., Bl. 42

[229] Rudolf Lebius: Schriftsatz v. 17.12.1910. Kgl. Amtsgericht Hohenstein-Ernstthal: Privatklageverfahren Rudolf Lebius ./. Emil Horn, Dagobert Culp, Theodor Emil Lehmann und Karl May – P 47/10. HStA Dresden. Nr. 73-76, Bd. 1, Bl. 59

[230] Kurt Mickel: Attest v. 7.5.1911. Ebd., Bl. 97/2 und 98

[231] Vernehmung von Friedrich Wilhelm Kahl v. 15.9.1911 durch das Großherzoglich-Badische Amtsgericht Überlingen. Ebd., Bd. 2, Bl. 46-53

[232] Max Haubold: Privatklageschrift (Widerklage) v. 11.10.1911. Ebd., Bd. 1, Bl. 120f.

[233] Max Haubold: Schriftsatz (Widerklage) v. 13.11.1911. Ebd., Bl. 125-129

[234] Rudolf Lebius: Schriftsatz (Widerklage) v. 10.4.1912. Ebd., Bl. 162-165

[235] Kgl. Amtsgericht Hohenstein-Ernstthal: Einstellungsbeschluss v. 31.3.1913. Ebd.

[236] Marie Luise Fritsch: *Phantasie am Grabe Winnetous*; zit. nach: Rudolf W. Kipp: *Die Lu-Droop-Story* (→ Kipp: *Lu-Droop-Story*). In: *M-KMG* 37/1978, S. 3

[237] Marie Luise Fritsch: Tonband-Interview mit Joachim Schmid. In: Kipp: *Lu-Droop-Story*, S. 9

[238] Adolf Droop: *Karl May. Eine Analyse seiner Reise-Erzählungen* (→ Droop: *Karl May*). Cöln-Weiden 1909; Reprint Bamberg 1993

[239] Rudolf W. Kipp: *Nachwort*. In: Droop: *Karl May*, S. N 7

[240] *Stettiner Gerichtszeitung*. 1. Jg. Nr. 6 v. 2.9.1910. In: Jürgen Seul: *Rudolf Lebius ./. Karl May: Die Lu-Fritsch-Affäre* (→ Seul: *Lu-Fritsch-Affäre*). Juristische Schriftenreihe der KMG, Bd. 3., Hrsg. v. Ruprecht Gammler und Jürgen Seul. 2. überarb. Aufl., Husum 2009, S. 16-19 und 180-181. Der Artikel aus dem *Dresdner Anzeiger* ist als Faksimile abgedruckt in: Gerhard Klußmeier/Hainer Plaul: *Karl May. Biographie in Dokumenten und Bildern*. Hildesheim u. a. ²1992, S. 266

[241] Kipp: *Lu-Droop-Story*, S. 10

[242] Lu Fritsch: *Die Wahrheit über die Prozesse des Schriftstellers Karl May gegen den Gewerkschaftssekretär Redakteur Rudolf Lebius*. Nr. 6 v. 2. September 1910. In: Seul: *Lu-Fritsch-Affäre*, S. 16-19 und 180-181

[243] Kgl. Amtsgericht Kötzschenbroda: Beilage A. Kgl. Amtsgericht Kötzschenbroda: Privatklageverfahren Rudolf Lebius ./. Karl May – P. 97/10. HStA Dresden: Radebeul Nr. 5, Bl. 5-5e. In: Seul: *Lu-Fritsch-Affäre*, S. 22-24, 28 und 105-111

[244] Der § 21 Abs. 1 PreßG in der damaligen Fassung lautet: Begründet der Inhalt einer Druckschrift den Tatbestand einer strafbaren Handlung, so sind der verantwortliche Redakteur, der Verleger, der Drucker (…), soweit sie nicht nach § 20 als Thäter oder Theilnehmer zu bestrafen sind, wegen Fahrlässigkeit mit Geldstrafe bis zu eintausend Mark oder mit Haft oder mit Festungshaft oder Gefängnis bis zu einem Jahre zu belegen, wenn sie nicht die Anwendung der pflichtgemäßen Sorgfalt oder Umstände nachweisen, welche diese Anwendung unmöglich gemacht haben.

[245] May: *4. Strafkammer*, S. 329

[246] Rudolf Lebius: Privatklage v. 16.9.1910. Kgl. Amtsgericht Stettin: Privatklageverfahren Rudolf Lebius ./. Hans Friedrich Durschnabel, Wilhelm Durschnabel, Hans Peters – 16. B. 420/10. 3. Beilage B der Akte Rudolf Lebius ./. Karl May. Königliches Amtsgericht Kötzschenbroda – P. 97/10. HStA Dresden: Radebeul Nr. 5, Bl. 5b-e. In: Seul: *Lu-Fritsch-Affäre*, S. 23f. und S. 106-109

[247] Kgl. Amtsgericht Stettin: Beschluss v. 10.10.1910. Kgl. Amtsgericht Stettin: Privatklageverfahren Rudolf Lebius ./. Hans Friedrich Durschnabel, Wilhelm Durschnabel, Hans Peters – 16. B. 420/10. 3. Beilage B der Akte Rudolf Lebius ./. Karl May. Königliches Amtsgericht Kötzschenbroda – P. 97/10. HStA Dresden: Radebeul Nr. 5, Bl. 5. In: Seul: *Lu-Fritsch-Affäre*, S. 28 und 110f.

[248] Karl May: [Undatierter] Brief an Siegfried Puppe. In: Sudhoff/Steinmetz: *KMC V*, S. 335

[249] Friedrich Ritzinger: *Das Reichsgesetz über die Presse*, v. 7. Mai 1874. Tübingen 1920, S. 135f.

[250] Vgl. den Nachdruck des Artikels in der *Dresdner Woche* v. 5.1.1911; Faksimile in: Seul: *Dresdner Prozesse*, S. 145-147

[251] Sudhoff/Steinmetz: *KMC V*, S. 435f.

[252] Lu Fritsch: Brief an Klara May v. 15.7.1912. In: Sudhoff/Steinmetz: *KMC V*, S. 476f.

[253] Rudolf Lebius: Privatklage v. 25.10.1910. Kgl. Amtsgericht Kötzschenbroda: Privatklageverfahren Rudolf Lebius ./. Karl May – P 97/10. HStA Dresden: Radebeul Nr. 5, Bl. 1f. In: Seul: *Lu-Fritsch-Affäre*, S. 34f. und 100-103

²⁵⁴ Siegfried Puppe: Schriftsatz v. 2.11.1910. Kgl. Amtsgericht Kötzschenbroda: Privatklageverfahren Rudolf Lebius ./. Karl May – P 97/10. HStA Dresden: Radebeul Nr. 5, Bl. 8. In: Seul: *Lu-Fritsch-Affäre*, S. 37f. und 114f.

²⁵⁵ Lu Fritsch: Zeugenaussage v. 29.11.1910. Kgl. Amtsgericht Kötzschenbroda: Privatklageverfahren Rudolf Lebius ./. Karl May – P 97/10. HStA Dresden: Radebeul Nr. 5, Bl. 15 und 16/1. In: Seul: *Lu-Fritsch-Affäre*, S. 44f. und 125-127

²⁵⁶ Lu Fritsch: Zeugenaussage v. 6.1.1911. Kgl. Amtsgericht Kötzschenbroda: Privatklageverfahren Rudolf Lebius ./. Karl May – P 97/10. HStA Dresden: Radebeul Nr. 5, Bl. 32f. In: Seul: *Lu-Fritsch-Affäre*, S. 61f. und 154-157

²⁵⁷ Vgl. Sudhoff/Steinmetz: *KMC V*, S. 397

²⁵⁸ Lu Fritsch: Brief an Karl May v. Januar 1911. In: Sudhoff/Steinmetz: *KMC V*, S. 397

²⁵⁹ Kgl. Amtsgericht Kötzschenbroda: Beschluss v. 10.1.1911. Kgl. Amtsgericht Kötzschenbroda: Privatklageverfahren Rudolf Lebius ./. Karl May – P 97/10. HStA Dresden: Radebeul Nr. 5, Bl. 34/2 und 35. In: Seul: *Lu-Fritsch-Affäre*, S. 78f. und 159f.

²⁶⁰ Ernst Thiele: Brief an Karl May v. 28.1.1911. In: Sudhoff/Steinmetz: *KMC V*, S. 405

²⁶¹ Klara May: Brief an Ernst Thiele v. 29.1.1911. In: Sudhoff/Steinmetz: *KMC V*, S. 406

²⁶² Der § 158 Abs. 1 StPO in der damaligen Fassung lautet: Sobald die Staatsanwaltschaft durch eine Anzeige oder auf anderem Wege von dem Verdacht einer strafbaren Handlung Kenntniß erhält, hat sie behufs ihrer Entschließung darüber, ob die öffentliche Klage zu erheben ist, den Sachverhalt zu erforschen

²⁶³ Vgl. Ernst Heinrich Rosenfeld: *Der Reichs-Strafprozeß*. Berlin ²1905, S. 283-285

²⁶⁴ Klara May: Brief an Lu Fritsch v. Februar 1911. In: Sudhoff/Steinmetz: *KMC V*, S. 416f.

²⁶⁵ Karl May: Leserbrief v. 23.8.1910. In: *Die Affären des Reiseschriftstellers Karl May. Deutsches Volksblatt*. Wien. 22. Jg. Nr. 7779 v. 30.8.1910. In: Seul: *Dresdner Prozesse*, S. 69-74 und S. 135-137

²⁶⁶ Rudolf Lebius: Privatklage v. 18.11.1910. Kgl. Amtsgericht Kötzschenbroda: Privatklageverfahren Rudolf Lebius ./. Karl May – P 104/10. HStA Dresden: AG Radebeul Nr. 5, Bl. 1f. In: Seul: *Dresdner Prozesse*, S. 74f. und S. 173-175.

²⁶⁷ § 1 StGB: Eine mit dem Tode, mit Zuchthaus, oder mit Festungshaft von mehr als fünf Jahren bedrohte Handlung ist ein Verbrechen. Eine mit Festungshaft bis zu fünf Jahren, mit Gefängnis oder mit Geldstrafe von mehr als einhundertfünfzig Mark bedrohte Handlung ist ein Vergehen. Eine mit Haft oder mit Geldstrafe bis zu einhundertfünfzig Mark bedrohte Handlung ist eine Uebertretung.

²⁶⁸ Karl May: Aussage v. 13.12.1910. Kgl. Amtsgericht Kötzschenbroda: Privatklageverfahren Rudolf Lebius ./. Karl May – P 104/10. HStA Dresden: AG Radebeul Nr. 5, Bl. 6. In: Seul: *Dresdner Prozesse*, S. 84 und S. 179

²⁶⁹ N. N.: *Zur Affäre Karl May*. In: *Dresdner Woche*. Nr. 36 v. 8.9.1910. In: Seul: *Dresdner Prozesse*, S. 87-92 und S. 141-144

²⁷⁰ Rudolf Lebius: Privatklage v. September 1910. Kgl. Amtsgericht Dresden: Privatklageverfahren Rudolf Lebius ./. Voitus von Hamme, Karl May und Robert Stübner – 6. P. 187./10

²⁷¹ Kgl. Amtsgericht Kötzschenbroda: Beschluss v. 14.12.1910. Kgl. Amtsgericht Kötzschenbroda: Privatklageverfahren Rudolf Lebius ./. Karl May – P 104/10. HStA Dresden: AG Radebeul Nr. 5, Bl. 6b. In: Seul: *Dresdner Prozesse*, S. 84f. und S. 180

[272] § 73 StGB: Wenn eine und dieselbe Handlung mehrere Strafgesetze verletzt, so kommt nur dasjenige Gesetz, welches die schwerste Strafe, und bei ungleichen Strafarten dasjenige Gesetz, welches die schwerste Strafart androht, zur Anwendung.

[273] Sigfried Puppe: Schriftsatz v. 14.12.1910. Kgl. Amtsgericht Kötzschenbroda: Privatklageverfahren Rudolf Lebius ./. Karl May – P 104/10. HStA Dresden: AG Radebeul Nr. 5, Bl. 7 und 7b. In: Seul: *Dresdner Prozesse*, S. 85f. und S. 181f.

[274] Kgl. Amtsgericht Kötzschenbroda: Beschluss v. 22.12.1910. Kgl. Amtsgericht Kötzschenbroda: Privatklageverfahren Rudolf Lebius ./. Karl May – P 104/10. HStA Dresden: AG Radebeul Nr. 5, Bl. 9b-11. In: Seul: *Dresdner Prozesse*, S. 93f. und S. 186-189

[275] Kgl. Landgericht Dresden: Beschluss v. 3.1.1912. Kgl. Landgericht Dresden: Privatklageverfahren Rudolf Lebius ./. Karl May – 1 BS 8/11. Str. 1. HStA Dresden: AG Radebeul Nr. 5, Bl. 17. In: Seul: *Dresdner Prozesse*, S. 99f. und S. 198

[276] *Dresdner Nachrichten*. Nr. 159 v. 11.6.1912. In: Seul: *Dresdner Prozesse*, S. 137

[277] Kgl. Amtsgericht Dresden: Aktenvermerk v. 10.1.1913. Kgl. Amtsgericht Dresden: Privatklageverfahren Rudolf Lebius ./. Voitus von Hamme, Karl May und Robert Stübner – 6 P 187/10. In: Kgl. Amtsgericht Kötzschenbroda: Privatklageverfahren Rudolf Lebius ./. Karl May – P 104/10. HStA Dresden: AG Radebeul Nr. 5, Blatt 20. In: Seul: *Dresdner Prozesse*, S. 105f. und S. 204

[278] Vgl. zu Leben und Werk Erich Sellos u. a. Gert Hoffmann: *Erich Sello*. In: Gerd Hoffmann: *Der Prozeß um den Brand der Synagoge in Neustettin. Antisemitismus in Deutschland ausgangs des 19. Jahrhunderts*. Mit einer Einführungsbibliographie und Bibliographischen Anmerkungen zu Ernst Henrici, Hermann Makower, Erich Sello. Schifferstadt 1998, S. 293-305

[279] Karl May: Brief an Maximilian Harden v. 7.8.1910. In Gerhard Klußmeier: *Ein Wind niedriger Gesinnung weht durch Deutschland. Karl May und Maximilian Harden*. In: *Jb-KMG 1977*. Hamburg 1977, S. 103-113 (105f.)

[280] *Vorwärts*, 28. Jg., Nr. 296 v. 19.12.1911, 3. Beilage, *Volks-Zeitung*, Nr. 592 v. 18.12.1911 und Nr. 593 v. 19.12.1911, *Königlich privilegierte Berlinische Zeitung (Vossische Zeitung)* v. 18.12.1911, *Hamburger Echo*, Nr. 297 v. 20.12.1911

[281] Rudolf Beissel: *Und ich halte Herrn May für einen Dichter ... Erinnerungen an Karl Mays letzten Prozeß in Berlin*. In: *Jb-KMG 1970*. Hamburg 1970, S. 11-46

[282] Carl-Peter Steinmann: *Von Karl May zu Helmut Newton. Spurensuche in Berlin*. Berlin 2006, S. 85

[283] Ständige Rechtsprechung des Bundesgerichtshofs. In: Entscheidungen des Bundesgerichtshofs in Strafsachen. Bd. 11 (1958), S. 273-280

[284] Vgl. Adolf Schönke/Horst Schröder: Strafgesetzbuch, Kommentar. 1988²³, § 193, Rdn. 27

[285] Roxin: *Ein geborener Verbrecher*, S. 9-36 (26f.)

[286] Hans Wollschläger: *Karl May. Grundriß eines gebrochenen Lebens*. Zürich 1976, S. 179

[287] Karl May: Postkarte an unbekannt v. 18.11.1911. In: Alfred Schneider: *Karl May und seine Hamburger Freunde Carl und Lisbeth Felber*. In: *Jb-KMG 1970*. Hamburg 1970, S. 163-172 (171)

[288] Robert Müller: *Das Drama Karl Mays*. In: *Der Brenner*, Heft 17 v. 1.2.1912. In: Jb-KMG 1970. Hamburg 1970, S. 98-105

[289] Claus Roxin: *Ein geborener Verbrecher*, S. 9-36 (30f.)

[290] *Neue Wiener Tagblatt* v. 2.4.1912
[291] Wehnert: *Einführung*. In: *Lebius-Reprint*, S. IX
[292] Ludwig Patsch: Mitteilung an den Karl-May-Verlag v. 26.10.1946. Archiv des Karl-May-Verlags

Prozess- und Verfahrensregister

Das vorliegende Buch bemüht sich darum, alle juristischen Konflikte Karl Mays aufzuzeigen; es beansprucht aufgrund der teilweise nur noch fragmentarischen Aktenlage keinen Anspruch auf Vollständigkeit. Es kann immerhin davon ausgegangen werden, dass alle wichtigen Verfahren im Leben des Schriftstellers erfasst und – eingebettet in den Gesamtkontext – erläutert werden.

Zu einzelnen Verfahren, vor allem zu Auseinandersetzungen zwischen Karl May und Rudolf Lebius existieren nachweislich zwar Aktenzeichen oder Hinweise innerhalb der Karl-May-Forschung, doch lassen sich keine Hintergründe mehr ermitteln (Beispiel: Erörterungssache ./. Rudolf Lebius [OLG Dresden 3296], zit. in Sudhoff/Steinmetz: *Karl-May-Chronik* Band III, S. 420, 428, 430).

Das frappierende Ausmaß der May'schen Verwicklungen mit der Justiz wird noch einmal anhand der nachfolgend wiedergegebenen Prozess- und Verfahrensliste auf erschreckende Weise vor Augen geführt. Insgesamt werden 109 Verfahren aufgeführt, wobei Karl May in elf gerichtlichen Auseinandersetzungen zwar kein Verfahrensbeteiligter war, doch hatten diese Verfahren mittelbar mit ihm zu tun oder er war als Zeuge genannt.

(Abkürzungen: AG = Kgl. Amtsgericht, AZ = Aktenzeichen, BG = Kgl. Bezirksgericht, GA = Kgl. Gerichtsamt, K.K. BG = kaiserlich-königliches Bezirksgericht, LG = Kgl. Landgericht, OG = Oberappellationsgericht, OLG = Kgl. Oberlandesgericht, StA = Kgl. Staatsanwaltschaft, KG = Kgl. Kammergericht)

1. Teil

1. Sächsisches Ministerium des Kultus und öffentlichen Unterrichts: Disziplinarverfahren ./. Karl May [Widerrechtliche Ansichnahme von sechs Kerzen aus dem Eigentum des Lehrerseminars Waldenburg]

2. Localschulinspection Glauchau: Disziplinarverfahren ./. Karl May [„Meinhold-Affäre"]

3. GA Chemnitz: Strafverfahren ./. C. F. Mai in Ernstthal – II/IV M 64 wegen Diebstahls
   – OG Zwickau: Berufungsverfahren – AZ unbekannt
   – GA Chemnitz: Gnadenverfahren – AZ unbekannt

4. StA Dresden: Ermittlungsverfahren ./. Carl Friedrich Mai – AZ unbekannt, wegen Verdacht des Betrugs

5. BG Leipzig: Strafverfahren ./. Karl May – II/IV M 64 wegen mehrfachen Betrugs

6. K.K. BG Bensen: Ermittlungsverfahren ./. Karl May – AZ unbekannt, wegen versuchten Diebstahls

7. BG Mittweida. Strafverfahren ./. Karl May – Abt. II. Nr. 771 wegen einfachen Diebstahls, ausgezeichneten Diebstahls, Betruges und Betruges unter erschwerenden Umständen, Widersetzung gegen erlaubte Selbsthilfe und Fälschung

8. AG Dresden: Carl May ./. Johann Schumann – AZ unbekannt, Privatklageverfahren wegen Beleidigung
   – LG Dresden: Berufungsverfahren – AZ unbekannt

9. AG Dresden: Strafverfahren ./. Friedrich Louis Münchmeyer und Genossen [u. a. Karl May] – AZ unbekannt, wegen Schreibens angeblich unsittlicher Bücher für den Verlag Münchmeyer

10. GA Stollberg: Strafverfahren ./. Karl May – Akte Stollberg Nr. 129 wegen Amtsanmaßung
    BG Chemnitz: Berufungsverfahren – AZ unbekannt
    Sächsisches Justizministerium: Begnadigungsverfahren – AZ unbekannt

2. Teil

1. AG Dresden: Johann August Nitsche ./. Dr. phil Karl May – Cg. VI 1247/88. Zahlungsklage wegen rückständigem Mietzins

2. AG Dresden: A. Stiebitz & Co. ./. Dr. C. F. May – Cg. VI 13/89. Zahlungsklage wegen unbezahlter Weinrechungen

3. AG Dresden: Dankegott Leuschner ./. Dr. phil Carl May – Cg. VI 1831/89. Zahlungsklage wegen offener Rechnungen

4. AG Dresden: Freifrau von Wagner ./. Dr. Carl May – Cg. VI 1850/89. Zahlungsklage wegen rückständigem Mietzins

5. AG Dresden: Freifrau von Wagner ./. Dr. phil. Karl May – G.S. Cg. VII 59/90. Zahlungsklage wegen rückständigem Mietzins

6. AG Dresden: Julius Balder ./. Dr. phil Carl May – G.S. Cg VII 1043/90. Zahlungsklage wegen unbezahlter Zigarrenrechnung

7. AG Dresden: Johann Schwarz ./. Karl May – G. S. Cg VII 1595/91. Zahlungsklage wegen Darlehensrückforderung

8. AG Dresden: Louis Vogel ./. Dr. Carl May – Cg. VII 1892/91. Zahlungsklage wegen Darlehensrückforderung

9. AG Dresden: Alma Eulitz ./. Dr. Carl May – Cg. VI 919/18. Zahlungsklage wegen rückständigem Lohn

10. AG Dresden: Moritz Lilié ./. Karl May – AZ unbekannt. Privatklageverfahren wegen Beleidigung

11. Amtshauptmannschaft Dresden-Neustadt: Verwaltungssache ./. Karl May – 1943 II 98 zu XIV I. 30 wegen unberechtigter Führung des Doktortitels

3. Teil

1. LG Dresden: Karl May ./. Emma Pollmer – E. 505/02. Ehescheidungsverfahren

2. LG Dresden: Karl May ./. Emma Pollmer – C Ar VII 240/02. Rechtsschutzverfahren
Einstweilige Verfügung auf Gestattung des Getrenntlebens während des Scheidungsverfahrens

3. StA Dresden: Ermittlungsverfahren ./. Karl May und Genossen – St. VIII 556/03 wegen Betrugs

4. StA Dresden: Ermittlungsverfahren ./. Karl May und Genossen – St. VIII 201/09 wegen Betrugs

    StA Dresden: Beschwerdeverfahren – AZ unbekannt

4. Teil

1. LG Dresden: Karl May ./. Adalbert Fischer – Cg II 83/02. Klage auf Unterlassung wegen unbefugten Nachdrucks der sogenannten „Münchmeyer-Romane" und Verletzung des Urheberrechtes Mays

    – LG Dresden: Rechtschutzverfahren – AZ unbekannt. Einstweilige Verfügung in Verbindung mit einem Arrestprozess

2. LG Dresden: Karl May ./. Adalbert Fischer – 2 Cg 37/05. Anfechtungsklage gegen Vergleich

3. LG Dresden: Adalbert Fischer ./. Karl May – Cg II 648/04. Anfechtungsklage gegen Vergleich oder Schadensersatzklage

4. StA Dresden: Ermittlungsverfahren ./. Adalbert Fischer – AZ unbekannt, wegen versuchter Erpressung [Drohung mit einer Publizierung Mayscher Vorstrafen]

- LG Dresden: Beschwerdeverfahren – AZ unbekannt
- OLG Dresden: Klageerzwingungsverfahren – AZ unbekannt

5. LG Dresden: Karl May ./. Pauline Münchmeyer – 6 Cg 276/02. Klage auf Auskunft und Rechnungslegung über die sogenannten „Münchmeyer-Romane" Karl Mays
   - OLG Dresden: Berufungsverfahren. Pauline Münchmeyer ./. Karl May – 2. O. 288/04
   - Reichsgericht: Revisionsverfahren. Pauline Münchmeyer ./. Karl May – I 174. 06

6. AG Dresden: Flora Böhler ./. Karl May – AZ unbekannt. Privatklageverfahren wegen Beleidigung

7. AG Dresden: Pauline Münchmeyer ./. Klara May – AZ unbekannt, wegen Beleidigung
   - LG Dresden: Beschwerdeverfahren – AZ unbekannt

8. LG Dresden: Voruntersuchung ./. Karl May und Genossen – 2 V. 21/07 wegen Meineides bzw. Verleitung zum Meineid im ersten „Münchmeyer-Prozess"
   - OLG Dresden: Beschwerdeverfahren – AZ unbekannt

9. LG Dresden: Karl May ./. Pauline Münchmeyer – 6 Cg 276/02. Klage auf Schadensersatz in Höhe von 300.000 Mark [später revidiert auf 160.000 Mark] wegen der „Münchmeyer-Romane" und Klage auf Herausgabe der Originalmanuskripte
   - OLG Dresden: Revisionsverfahren. Karl May ./. Pauline Münchmeyer – 6 Cg 432/12

10. AG Dresden: Karl May ./. Wilhelm Kulicke – AZ unbekannt. Privatklageverfahren wegen Beleidigung

11. K.K. Handels-Gericht Prag: Karl May ./. Firma Jos. R. Vilemek – IV. Cg IV 31/8 5. Klage Karl Mays auf Gestattung der jederzeitigen Büchereinsicht

5. Teil

1. AG Freiburg: Verlag Bachem ./. Verlag Friedrich Ernst Fehsenfeld – AZ unbekannt. Privatklage wegen Beleidigung [Broschüre *Karl May als Erzieher*]

2. AG Donauwörth, Kreisgericht Loeben, Kreisgericht Friedberg: Karl May ./. Johannes Praxmarer, Ludwig Auer und Willibrord Beßler – AZ unbekannt. Privatklageverfahren wegen Beleidigung

3. AG Kötzschenbroda: Karl May ./. Expeditus Schmidt – AZ unbekannt. Privatklageverfahren wegen Beleidigung [in: *Über den Wassern* vom 10.5.1910]

   – AG Dresden: Beschwerdeverfahren

4. AG Dresden: Karl May ./. Expeditus Schmidt – AZ unbekannt. Privatklageverfahren wegen Beleidigung [in: *Über den Wassern* vom 10.5.1910]

5. AG Dresden: Karl May ./. Ansgar Pöllmann – 5 P 151/10. Privatklageverfahren wegen Beleidigung [mehrere Artikel in: *Über den Wassern*, ab 25.1.1910ff.]

6. AG Kötzschenbroda: Karl May ./. Ansgar Pöllmann – 5 P 181/10. Privatklageverfahren wegen Beleidigung [mehrere Artikel in: *Über den Wassern*, ab 25.1.1910ff.]

7. K.K. Landesgericht in Strafsachen Wien: Karl May ./. Stefan Hock und Hugo Heller – AZ unbekannt. Privatklageverfahren wegen Vergehens gegen die Sicherheit der Ehre [Artikel vom 8.5.1910 in: *Das Wissen für Alle*]

8. StA Hechingen: Ermittlungsverfahren ./. Ansgar Pöllmann – AZ unbekannt, wegen Meineides [beeideter Plagiatsvorwurf Pöllmanns gegenüber Karl May während einer Zeugenvernehmung vom 29.12.1910 im Hock/Heller-Prozess]

6. Teil

1. StA Dresden: Ermittlungsverfahren ./. Rudolf Lebius – St. A. A. 653/04 wegen versuchter Erpressung, Bedrohung und Beleidigung [Anonyme Postkarte vom 7.9. 1904 und Artikel in der Sachsenstimme ab 11.9.1904ff.]

   – LG Dresden: Beschwerdeverfahren – AZ unbekannt
   – OLG Dresden: Klageerzwingungsverfahren – AZ unbekannt

2. AG Dresden: Karl May ./. Rudolf Lebius – AZ unbekannt. Privatklageverfahren wegen Beleidigung [*Sachsenstimme* vom 27.3.1905]

3. AG Dresden: Karl May ./. Rudolf Lebius – AZ unbekannt. Privatklageverfahren wegen Beleidigung [*Sachsenstimme* vom 3.4.1905]

   – LG Dresden: Berufungsverfahren. Karl May ./. Rudolf Lebius – AZ unbekannt
   – OLG Dresden: Revisionsverfahren. Karl May ./. Rudolf Lebius – AZ unbekannt

4. AG Dresden: Rudolf Bernstein ./. Rudolf Lebius – AZ unbekannt. Privatklageverfahren wegen Beleidigung [*Sachsenstimme* vom 8.7.1905]

5. AG Dresden: Max Dittrich ./. Rudolf Lebius – 3 P 64/05. Privatklageverfahren wegen Beleidigung [*Sachsenstimme* vom 27.3.1905]

   – LG Dresden: Berufungsverfahren. Max Dittrich ./. Rudolf Lebius – AZ unbekannt

6. AG Berlin-Mitte: Rudolf Lebius ./. Carl Wermuth – AZ unbekannt. Privatklageverfahren wegen Beleidigung [*Vorwärts* vom 26.7.1907]

   – LG Berlin I: Berufungsverfahren. Carl Wermuth ./. Rudolf Lebius – AZ unbekannt

7. AG Berlin-Mitte: Rudolf Lebius ./. Hans Weber – AZ unbekannt. Privatklageverfahren wegen Beleidigung [*Vorwärts* vom 27.11.1907]

    – LG Berlin I: Berufungsverfahren. Carl Wermuth ./. Rudolf Lebius – AZ unbekannt

    – KG Berlin: Revisionsverfahren. Carl Wermuth ./. Rudolf Lebius – AZ unbekannt

8. AG Berlin-Mitte: Hans Weber ./. Rudolf Lebius – AZ unbekannt. Privatklageverfahren wegen Beleidigung [*Der Bund* vom Dezember 1907]

9. AG Berlin-Schöneberg: Karl May ./. Rudolf Lebius, Friedrich Bechly, Friedrich Wilhelm Kahl – 20 B. 254/08. Privatklageverfahren wegen Beleidigung [Broschüre *Karl May, ein Verderber der deutschen Jugend*]

10. LG Berlin II: Karl May ./. Firma Hermann Walther G. m. b. H. – 26. O. 56/08. Klage auf Unterlassung des Weitervertriebs der Broschüre *Karl May, ein Verderber der deutschen Jugend*

    – LG Berlin II: Rechtsschutzverfahren – AZ unbekannt. Einstweilige Verfügung mit der Untersagung des weiteren Vertriebs der Broschüre

11. AG Weimar: Karl May ./. Emma Pollmer – B. 39/09. Privatklageverfahren wegen Beleidigung [*Der Bund* vom 28.3.1909]

12. LG Weimar: Karl May ./. Emma Pollmer – AZ unbekannt. Klage gegen Emma Pollmer auf Unterlassung des Tragens des Namens May

13. LG Dresden: Emma Pollmer ./. Karl May und Klara May – AZ unbekannt. Klage auf Rentenzahlung in Höhe von 3.000 Mark

14. LG Dresden: Emma Pollmer ./. Karl May und Klara May – AZ unbekannt. Klage auf Herausgabe von 36.000 Mark

15. AG Berlin-Charlottenburg: Karl May ./. Rudolf Lebius – 35. B. 295/09. Privatklageverfahren wegen Beleidigung [Lebius-Brief vom 12.11.1909 an Selma vom Scheidt]

    – LG Berlin-Moabit III: Berufungsverfahren. Karl May ./. Rudolf Lebius – 16 P. 221/10

16. AG Dresden: Karl May ./. Rudolf Lebius, Martha Lebius und Hugo Nathanson – 10 P. 73/10 und 10 P. 2/10. Strafantrag wegen Beleidigung [*Der Bund* vom 19.12.1909]

    – LG Dresden: Beschwerdeverfahren – AZ unbekannt

17. AG Dresden: Karl May ./. Rudolf Lebius – AZ unbekannt. Strafantrag wegen Beleidigung [*Der Bund*, Beilage „Flugblatt" vom 9.2.1910]

18. AG Dresden: Karl May ./. Rudolf Lebius – AZ unbekannt. Strafantrag wegen Beleidigung [*Der Bund*, Beilage „Zum Ende des Vernichtungsfeldzuges" vom 6.3.1910]

19. AG Hohenstein-Ernstthal: Karl May ./. Richard Krügel – P 22/10. Privatklageverfahren wegen Beleidigung [„Hinter den Kulissen" in: *Der Bund* vom 19.12.1909]

20. StA Berlin: Ermittlungsverfahren ./. Rudolf Lebius – AZ unbekannt, wegen Verleitung zum Meineid in Verbindung mit einem Antrag auf Verhängung der Untersuchungshaft über Lebius wegen Kollusionsgefahr

21. StA Zwickau: Ermittlungsverfahren ./. Richard Krügel und Karl May – AZ unbekannt, wegen Meineid und Verleitung zum Meineid [im Krügel-Prozess]

22. LG Berlin I: Rudolf Lebius ./. Verlag Fehsenfeld und Karl May – AZ unbekannt. Klage auf Unterlassung des Weitervertriebs des Buches *Mein Leben und Streben*

    – AG Freiburg: Rechtsschutzverfahren – AZ unbekannt. Einstweilige Verfügung gegen den Weitervertrieb des Buches

– LG Berlin: Anfechtungsverfahren. Karl May ./. Rudolf Lebius – AZ unbekannt. Klage gegen die einstweilige Verfügung

23. LG Berlin I: Rechtsschutzverfahren. Karl May, Klara May und Siegfried Puppe ./. Rudolf Lebius, Spree-Verlag G.m.b.H. und Emil Grüner – 23 O 38.10. Einstweilige Verfügung gegen den weiteren Vertrieb des Buches *Die Zeugen Karl May und Klara May*

24. AG Hohenstein-Ernstthal: Karl May ./. Emil Horn – P 23/10 und P 26/10. Privatklageverfahren wegen Beleidigung [zwei Artikel im *Hohenstein-Ernstthaler Anzeiger* vom 13. und 14.4.1910]

25. AG Hohenstein-Ernstthal: Karl May ./. Dr. Alban Frisch und Wilhelm Lippacher – P 40/10. Privatklageverfahren wegen Beleidigung [drei Artikel im *Hohenstein-Ernstthaler Tageblatt* vom 26.8., 2.9. und 24.8.1910]

   – LG Zwickau: Beschwerdeverfahren – AZ unbekannt

26. AG Hohenstein-Ernstthal: Rudolf Lebius ./. Emil Horn, Dagobert Culp, Theodor Emil Lehmann und Karl May – P 40/10. Privatklageverfahren wegen Beleidigung [Leserbrief Mays vom 19.8.1910 im *Hohenstein-Ernstthaler Anzeiger* vom 23.8.1910]

27. AG Hohenstein-Ernstthal: Rudolf Lebius ./. Karl May – P 40/10. Privatklageverfahren wegen Beleidigung [Leserbrief Mays vom 19.8.1910 im *Hohenstein-Ernstthaler Anzeiger* vom 23.8.1910]

28. AG Hohenstein-Ernstthal: Karl May ./. Rudolf Lebius – P 40/10. Privatklageverfahren (Widerklage) wegen Beleidigung [Zeugenaussage von Friedrich Wilhelm Kahl vom 15.9.1911 im Verfahren AG Hohenstein-Ernstthal – P 40/10]

29. AG Stettin: Rudolf Lebius ./. Karl May, Hans Friedrich

Durschnabel, Wilhelm Durschnabel und Hans Peters – 16. B. 420/10. Privatklageverfahren wegen Beleidigung [*Stettiner Gerichtszeitung* vom 26.8. und 2.9.1910]

– LG Stettin: Berufungsverfahren. Rudolf Lebius ./. Wilhelm Durschnabel – AZ unbekannt

30. AG Kötzschenbroda: Rudolf Lebius ./. Karl May – P 97/10. Privatklageverfahren wegen Beleidigung [*Stettiner Gerichtszeitung* vom 26.8. und 2.9.1910]

31. StA Berlin I: Ermittlungsverfahren ./. Marie Luise Fritsch – AZ unbekannt, wegen des Verdachts des Meineids [Kötzschenbrodaer Verfahren P. 97/10]

32. AG Dresden: Rudolf Lebius ./. Voitus von Hamme, Karl May und Robert Stübner – P 187/10. Privatklageverfahren wegen Beleidigung [Leserbrief Karl Mays in der *Dresdner Woche* vom 8.9.1910 und Artikel vom 5.1.1911]

33. AG Dresden: Voitus von Hamme ./. Rudolf Lebius – AZ unbekannt. Privatklageverfahren (Widerklage) wegen Beleidigung [Äußerungen während der Verhandlung vom 10.6.1912 im Verfahren P 187/10]

34. AG Kötzschenbroda: Rudolf Lebius ./. Karl May – P 104/10. Privatklageverfahren wegen Beleidigung [Leserbrief Mays vom 23.8.1910 in *Deutsches Volksblatt* vom 30.8.1910].

– LG Dresden: Beschwerdeverfahren – AZ unbekannt

Personenregister

Abeken, Christian Wilhelm Ludwig 114
Achilles, Louise verwitw. Häußler 236, 238, 240, 242, 469, 559, 568f.
Adler, Siegfried 373-377, 382
Albani, Hermann Richard 504f., 512
Albert, König von Sachsen 114, 135
Auer, Ludwig 365-368, 370f.
Avenarius, Ferdinand 357, 364, 441

Bach, Ernst Richard 529
Bahn, Walter 442, 445
Balder, Julius 181
Barth, August Leopold 115
Bayer, Edgar 158
Bayer, Wilhelm 40, 42
Bayer/Beyer (Frau, Vorname unbekannt) 40, 42
Bebel, August 47
Bechly, Friedrich 441, 445f.
Becker, Arthur 422
Beibler, Wilhelmine 205, 230, 233, 235
Beissel, Rudolf 557
Berendes, Adolf 299, 301
Bermann (Herr, Vorname unbekannt [Justizangestellter]) 32
Bernstein, Rudolf 221, 260, 262, 266f., 271, 274, 303f., 306, 317-322, 366, 372, 419-423
Beßler, Willibrord 365-370, 378
Beutner, Ernst Adolph Hermann 42, 43
Bietry, Pierre 427f.
Bitterlich, F. Hermann 37, 43
Blau, Bruno 470
Bloch, Ernst 28
Böhler, Flora 272
Böhm, Karl 524-526
Bondi, Felix 125, 186, 271, 279, 283
Bormann, Olga 303
Brant-Sero, John Ojijatheka 535-538, 545f., 563
Brauneder, Wilhelm 388
Bredereck, Paul 478, 483, 485, 524f., 558-560, 563, 566, 569, 571, 573
Breisig, Kurt 539
Breyer, Adalbert 305
Brock, Friedrich August 38, 40
Bruhn, Wilhelm 430
Burdach, Karl Walter 284
Burton, G. D. 76, 96, 103

Campbell, William S. 76
Cardauns, Hermann 357-359, 361-364, 368, 376, 393, 441, 476
Carstanjen, Wilhelm Otto Ernst Arthur 500, 506, 508f.
Clauß, Georg 323f.
Cohen, Adolf 444
Cooper, James Fenimore 11
Culp, Dagobert 522

d'Alinge, Eugene 46-51, 55-57
Dähnert, Adolph 323, 325, 327
Damm, Ernst Wilhelm 43f.
Darwin, Charles 141
de Balzac, Honoré 332
Degen, Emil Walter 328
Dickens, Charles 332
Dierks, Oskar 505, 507
Dietrich, Luise 199, 454
Dietrich, Richard Hermann 286f., 323-325, 327
Dittrich, Julius Eduard Maximilian 248, 273f., 279, 283f., 298f., 395f., 398f., 410-414, 418-420, 428
Dost, Christian Friedrich 117, 498
Droop, Adolf 527, 528
Droß, Paul 314
Dumas, Alexandre (d. Ä.) 14, 332
Düringer, Adalbert 295, 297
Durschnabel, Hans Friedrich 532, 534
Durschnabel, Wilhelm 532, 535f.
Ebert, Erich 328, 330
Ehrecke, Theodor 9, 552-556, 559-562, 568, 569
Ehrenberg (Herr, Vorname unbekannt [Rechtsreferendar]) 328
Eichler, Alwin 267, 284
Einstein, Albert 572
Elb, Paul Josef 262
Emmerich-Eiben, Karl Heinrich Christian 287, 324

Engelhardt, Christian Friedrich 78, 79, 97, 99
Erler, Friedericke 43
Erler, Johann Friedrich Gottlob 38-41, 43, 45
Erler, Otto 38, 39
Erythropel, Julius 295
Eulitz, Alma 182

Fehsenfeld, Friedrich Ernst 182, 193, 250, 257, 262, 278, 294, 333, 338, 351, 356, 481, 508-510
Feistel (Herr, Vorname unbekannt) 95, 99
Felber, Carl 570
Felber, Elisabeth 570
Feuerbach, Ludwig 100
Feurich, Clemens 228f., 233
Fickel, Joachim H. 177
Fickler, Johann Gotthelf 37
Fiedler, Minna Clara 74, 96
Fischer, Adalbert 8, 125f., 185, 252-262, 276, 278, 282f., 286-288, 290-292, 298, 302, 317, 318, 326f., 339, 355, 357-400, 402, 428, 556
Fischer, Christian Gottlob 115
Fischer, Elisabeth 315, 362
Fischer, Erna 315, 362
Fischer, Herbert 319, 367
Fischer, Lothar 319, 367
Fischer, Otto 319, 367
Foerster, Friedrich Wilhelm 578
Ford, Grace 536
Forst-Battaglia, Otto 144
Franke, Ernst Martin 77

Franke, Johann Gottlieb 75
Freifrau von Wagner, Alma 178-180
Freitag, Bertha Margarete Rosalie 271, 278, 281, 283, 287, 290f., 295, 302f.
Freitag, Otto 119, 121, 122, 271
Frenzel, Friedrich 118
Freund, Arthur 345-347
Friedrich (Herr, Vorname unbekannt [Kutscher]) 81
Friedrich (II), Georg Walther 387, 554f.
Friedrich, Wilhelm 273f.
Frisch, Alban 522-527
Fritsch, Marie Luise („Lu") 532-549, 556

Gäpner, Eduard 472
Gareis, Hermann 45, 46
Gentzsch, Johann Christian 93
Gerlach, Elisabeth 450
Gerlach, Hermann Oskar 271f., 274, 303-305, 307, 309, 313, 317, 321, 323-330, 332, 334f., 389, 392, 409, 463, 466, 469, 492, 529
Gerstäcker, Friedrich 566
Giese, Ernst Johannes 320
Göhler, Friedrich Eduard 53, 59
Götz von Olenhusen, Albrecht 273, 294, 301f.
Gräßler, Auguste 65, 70, 80
Griesinger, Wilhelm 154

Grillparzer, Franz 388
Grimm, Ernst Friedrich 134f.
Grün, Anastasius 388
Grundig, Heinrich Hermann 71, 75
Grüneberg (Herr, Vorname unbekannt [Amtsrichter]) 543
Grüner, Emil 517
Grünfeld, Hermann 187
Guggenheimer, Emil 450
Gündel, Friedrich Wilhelm 79, 97f.
Günther, Paul 4559f.
Gurlitt, Cornelius 408f.
Gurlitt, Ludwig 152
Gurlitt, Willibald 408

Haase, Karl Hugo 103f.
Haase (Herr, Vorname unbekannt [Untersuchungsrichter]) 130f.
Haase (Herr, Vorname unbekannt [Richter am Oberlandesgericht Dresden]) 332
Haenisch, Konrad 409
Hagens, Alfred 299, 301
Hahn, Franz 515
Hallbauer, Max Gustav 284
Harden, Maximilian 527, 556f., 578
Harnisch, Christian Friedrich 73f.
Haubold, Max Hermann 496, 499f., 519, 521, 528f.
Hauffe, Carl Albert Martin 231, 235
Hauptmann, Gerhart 12

Häußler, Heinrich 238
Hegemann, Ottmar 407
Heller, Hugo 388, 392
Hellwig, Albert 149
Hennig, Hermann 38-40
Hennig, Johanne Rosie 38-40
Hering, Karl Julius 115
Herrmann, Max Emil 421
Herz, Franz 549
Hesse (Herr, Vorname unbekannt [Schleifer]) 131f.
Heusch, Eduard 189
Hippe, Carl August 179f.
Hitler, Adolf 579
Hock, Stefan 388-393
Hoffmann, Karl Theodor 45
Hoffmann, Klaus 183
Hohlfeld, Carl Leberecht Reinhold 62
Holke, Bernhard Friedrich Rudolph 45
Höltzel-Sheridan, Josephine 539, 549
Hoppe, Auguste Wilhelmine 72
Hoppe, Friedrich August 71f.
Hoppe, Johann Ferdinand 71f.
Horn, Emil Otto 494, 519-523, 528, 532
Hübsch (Herr, Vorname unbekannt [Ökonom]) 131f.
Huth, Karl Eduard 129-131, 133
Hynek, Aloys 340-345

Isak, Robert 346

Jähn, Ludwig Kossuth 129, 131, 133
Jahncke, Carl Friedrich 309
Jentzsch, Albin Moritz 231, 235
Jeß, Karl 299, 301
Johann, König von Sachsen 63
John, Ferdinand Ernst 129f., 133
John, August Friedrich 130, 132f.

Kahl, Friedrich Wilhelm 436-446, 448f., 457, 530-532, 535, 537, 541
Kahl, Wilhelm 444
Katz, Leopold 339, 346
Kirchner (Herr, Vorname unbekannt [Amtsrichter]) 532
Klotz, Ernst 284, 313-315, 417, 421, 426
Knecht, Adolf Emil 111f.
Kneske, Gustav Theodor 36
Kochta, Johannes Peter (Kochte) 113f., 153
Kohl, Robert 22-24
Kohlmann, Hans 236f., 287, 291
Kormann, Oskar 284
Körner, Emil 332-334
Kraner, Rudolf 332-334
Kratsch, Richard Hugo 32
Krauss, Friedrich Salomo 514
Krause, August 68f., 95, 99
Krell, Karl August Alexander 58-60, 110-112
Kretschmann, Hans 478, 485

Kretzschmar, Johanne Christiane 13
Krügel, Louis Napoleon 468, 471-474, 479f., 501f., 504, 506f., 570
Krügel, Marie Anna 468, 504, 511f., 535
Krügel, Richard 468, 495-507, 510-515, 527, 534f., 550f., 553, 564f.
Kühne, Hartmut 53f.
Kulicke, Wilhelm 334f.
Kunath, Theodor 126
Kunreuther, Jakob 224
Kürschner, Joseph 176, 187, 281, 289
Küttner, Arnold 332

Lange, Albert 486
Langenhan, Hans 267, 274, 410, 421-423
Langenscheidt, Paul 562, 571
Langer, Kurt 151f.
Langmann (Herr, Vorname unbekannt [Verleger]) 121
Larrass, Kurt Theodor 304, 307-309, 313-315
Laube, Anton Clemens 78
Laukner, Dankegott 79
Lauterbach, Lotte, geb. Lebius 579
Le Maistre, Albin Hugo 188, 542
Lebius, Martha 434f., 449, 488, 495
Lebius, Rudolf 8f., 141, 154, 188f., 241, 357, 389, 399-452, 455, 457-460, 462-470, 475-477, 480-525, 527-579
Lederer, Hans 389, 391
Lehmann, Theodor Emil 528
Leistner, Carl August 114
Lemmerzahl, Max 242
Leonhardt, Christian Hermann 473, 502
Leonhardt, Ferdinand Alfred 100f.
Leuschner, Karl Dankegott 178
Liebers, Friedrich Arno 305
Liebknecht, Wilhelm 399
Lilié, Moritz 184-186
Lincke, Robert Alexander 100f.
Lippacher, Wilhelm Eduard 522-526
Loest, Erich 79
Lombroso, Cesare 141f., 476f., 486, 564, 575
London, Jack 12
Lorenz, Christoph F. 53, 118
Lötzsch (Herr, Vorname unbekannt [Rechtsanwalt]) 332
Ludwig, Elisabeth 333
Ludwig, Louis Max 303, 327, 331f.
Luxemburg, Rosa 433

Maier, Otto 320f., 328f.
Maier, Walter Rudolf 328
Malkwitz, Karl Franz Heinrich 299
Mamroth, Fedor 357-359, 405, 524

Marhold, Carl Hermann 108
März, Johannes 320
Mauksch, Friedrich August Julius 282
May, Heinrich August 12f., 15, 24f., 74, 177, 407, 471, 478
May, Klara verw. Plöhn 196, 200, 202f., 205-220, 223-225, 227-236, 238-243, 260-262, 266, 271f., 302, 304-307, 315, 319-321, 331-334, 368, 380, 383, 387, 389, 391f., 434f., 448f., 451-457, 459-463, 465, 470, 476f., 487, 494, 513f., 516f., 525, 542, 546-549, 552, 554, 561, 568f.
Mayer (Herr, Vorname unbekannt [Buchhändler]) 255
Mayer, Karl Georg Paul 272, 284, 302
Medem, Heinrich 457, 463, 465f., 469
Meinhold, Ernst Theodor 20f., 28
Meinhold, Henriette Christiane 20f., 28
Meißner, Anna 292, 307
Meißner, Arthur 254f., 278, 282f., 288, 292, 307, 316
Merkel, Andreas 221-223, 230
Metzner, Julius 68f.
Mittländer, Carl Christian 23
Moldenhauer, August 486, 559f.

Mühl, Carl Bernhard 305
Müller, Carl Heinrich 42f.
Müller, Heinrich Gustav August 305
Müller, Robert 9, 577
Müller, Theodor 314
Münchmeyer, Friedrich Louis 61, 117f., 121, 124f., 186, 310
Münchmeyer, Gustav Adolf 282
Münchmeyer, Heinrich Gotthold 8, 61, 117-119, 122, 125f., 175f., 186f., 200, 250-253, 256f., 259f., 263-269, 271, 274-282, 284, 286-298, 300, 305f., 308, 310-313, 316, 321, 325-329, 331, 333, 334, 341
Münchmeyer, Pauline 186, 201, 253-256, 261, 264, 267-279, 283-294, 298f., 302-304, 308f., 315, 317f., 321-326, 328-334, 344, 362f., 409, 432, 562
Muth, Carl Borromäus Johann Baptist 357, 364

Nappe, Oskar Bernhard 35f.
Nathanson, Hugo 488, 495
Näwy, Heinrich Andreas 307
Netcke, Franz Heinrich Rudolf 320-326, 328-330, 332, 382, 386, 488f., 494-496, 529, 557-560, 563-565, 568-571, 563
Nitsche, Johann August 177

Obermayer, Hermann 369f.
Ojijatheka Brant-Sero, John 535-538, 541, 546, 563
Oswald, Ernst 128
Otto, Carl Wilhelm 20-22

Peierl, Heinrich 450
Perathoner, Viktor 225
Peters, Hans 538, 540f.
Pfefferkorn, Jakob 453, 457
Pfützner, Eduard Otto 22f., 27f.
Philipp, Maie Therese 288
Planck, Hugo Wilhelm Sigmund Allwill 299, 301
Plaul, Hainer 184, 439
Plöhn, Richard 197f., 202, 205, 214, 223, 231, 358, 439, 453, 456, 461
Pöllmann, Ansgar 357, 372f., 376, 378-390, 392f., 464, 476, 484, 529, 535, 571
Pollmer, Christian Gotthilf 120, 127f., 131-133, 489, 561
Pollmer, Emil Eduard 127-134
Pollmer, Emma gesch. May 9, 120, 127, 130, 177, 181, 185, 196-243, 250, 259, 277f., 281-283, 302-304, 308f., 327, 330, 387, 452-470, 476f., 486, 535, 546, 549-552, 559-561, 567f., 574
Posselt, Joseph Clemens 83f.
Prasser, Karl Gottlieb 69
Praxmarer, Johannes 365-372
Puppe, Siegfried 373-376, 500f., 510f., 515, 517, 522, 528f., 541-543, 555
Pustet, Friedrich 177, 182, 360, 458

Rätze, Leberecht Moritz 327
Rehbein, Hugo 299, 301
Reichenbach, Christian Gottlob 93-100
Reimann, Carl Friedrich 66f., 71, 80, 94
Reinhardt, Max 388
Repmann, Arthur Volkmar Detlev 133
Ritter des Loges, Albert 346
Ronz, Jindřich 346
Rosegger, Peter 277
Rosenfeld, Kurt 433, 435f., 447-453
Rossbach, Werner 180
Rothenfelder, Franz 372
Roxin, Claus 10f., 18f., 26, 35, 119, 140-150, 157f., 189, 575, 577
Rubner, Otto 151
Ruseler, Georg 357, 365

Sauerzapf, Friedrich Wilhelm 181
Saxe, Emil Friedrich Heinrich 52
Schäfer, Wilhelm 455f.
Schäffler, Karl Friedrich 17
Schaffrath, Wilhelm Michael 76, 103
Scheuffler, Heinrich Paul 84
Scheunpflug, Herrmann Julius 23-25, 27f., 139

Schießer, Alois 367
Schiller, Karl 272, 282, 335
Schmid, Euchar Albrecht 144f., 513, 516
Schmid, Joachim 533
Schmid, Roland 62
Schmidt, Carl Hermann 19
Schmidt, Edmund Friedrich Günther Wilhelm (Schmidt I) 284
Schmidt, Expeditus 372-377, 529
Schmidt, Georg 404
Schneider, Sascha 409f.
Schober, Ildephons 368-370, 378, 387
Schöne, Christiane Wilhelmine geb. May 458, 518
Schramm, Johanna 472
Schreier, Johann Gottlieb 80f., 96, 99f.
Schreier, Rosine Johanne 82f.
Schreier, Wilhelm 82
Schrott, Alois 215
Schrott, Maria 215, 220f.
Schubert, Arthur 262-266
Schubert, Charlotte verw. Fischer 262-266
Schubert, Oskar 303
Schumann, Johann 120f.
Schumann, Paul 282, 290, 357, 364f., 376, 402, 407, 476, 537, 562f.
Schütze, Friedrich Wilhelm 16f.
Schwarz, Johann Christoph 182
Schwarze, Louis 77f., 94, 102
Sejd Hassan 196

Selbmann, Karoline Wilhelmine geb. May 85
Sello, Erich 556-558, 560, 565, 568, 572f.
Seyfert, Hans Conrad 262, 304-306, 309, 313, 315f.
Simon, Gustav Ludwig 45
Sonntag, Gottfried Friedrich 129-131, 133
Spemann, Adolf 336
Spemann, Wilhelm 176f., 252, 472
Sperling, Alfred 266
Spindler, Johanna 302f., 305, 308, 315
Sprecher von Bernegg, Anton 299
Staberow, Paul 363
Steinmann, Carl-Peter 557
Steinmetz, Hans-Dieter 80, 184
Sternberg, August 556
Stevenson, Robert Louis 11
Strobl, Karl-Heinz 152
Stübner, Robert 556
Sudhoff, Dieter 11
Sue, Eugène 14

Taube, Ephraim Oskar 31, 64, 67, 71, 79f., 84, 109
Taxil, Leo (Gabriel Jogand-Pagés) 358f., 364, 440
Thiele, Ernst 547
Thieme, André 51
Thieme, Ludwig Hermann 236, 238
Thomas, William E. 152-157
Tobias, Kurt 342

615

Trummler, Horst 266, 292
Tunger, Gottlob Friedrich 109
Twain, Mark 11

Überhorst, Adalbert 469
Ungewiß, Albin 266
Urban, Karl 319

Verlaine, Paul 372
Verne, Jules 11, 336f., 341
Vilímek, Josef Richard 317f., 336-343, 345-347
Vogel (Herr, Vorname unbekannt [Wegwärter]) 472
Vogel, Beate Rosine 82f.
Vogel, Louis 183
Voigt [Herr, Vorname unbekannt [Pferdeschlächter]) 75f., 96, 100
Voigt, Wilhelm 156, 557
vom Scheidt, Selma 237f., 242f., 455, 460-462, 468-470, 475, 478, 483, 486, 492, 519, 559, 561f., 566-568, 572
von Bismarck, Otto 128, 571
von Burgsdorff, Kurt 188
von Gerlach, Helmut 578
von Hamme, Voitus 556
von Hartleben-Sarkhaza, Leo 332
von Krecker-Drostmar, Josef Kurt 92f.
von Kügelen, Gudrun 410-412
von Liszt, Franz 444
von Moltke, Graf Kuno 556
von Ossietzky, Carl 433

von Otto, Viktor Alexander 314
von Podewils, Arthur 241f.
von Schönburg, Otto Victor 14f.
von Siemens, Wilhelm 428
von Suttner, Bertha 577
von Sybel, Heinrich 76, 103
von Wagner, Alma Freifrau 178-181
von Zahn, George 46-48
Vulpius, Christian August 14

Wachenhusen, Hans 184, 388
Wadenbach, Alwine (oder Alma) 86
Wadenbach, Hermann Eduard 189
Wadenbach, Malwine Rosalie Elmira 86, 88, 91
Wagner, Heinrich 364
Walther, Carl 478, 485
Walther, Johann August Wilhelm 25f., 278, 281, 288, 295f., 305, 375f.
Wappler, Christian Anton 76f., 80, 95f.
Weber, Gustav 486
Weber, Hans 435f., 450f., 467
Weiße, Kurt Emil 408f.
Weißpflog, Christian 13, 72, 85f., 98f., 471
Wells, Herbert George (H. G.) 336
Welte, Max 201, 219f.
Wermuth, Carl 431, 433-437, 447-449, 467

Werner, Max Wilhelm Ludwig 410
Wessel, Gerhard 478-487, 559f., 574
Wettig, Johann Andreas Emil 91f.
Wetzlich, Eduard Karl 326, 382-386, 488, 492f., 529
Wilde, Oskar 372
Winkler, Max 292, 307
Wirthgen, Georg Hermann 100f.
Wohlgschaft, Hermann 214
Wolf, Friedrich Ernst 42f.
Wolff, Franz Theodor 271, 274
Wolff, Gabriele 156f., 201f., 209f., 424
Wolgast, Heinrich 357, 365
Wollschläger, Hans 151, 197-199, 576
Wulffen, Wolf Hasso Erich 144-147, 241-243, 392, 569, 572
Wünschmann, Viktor Reinhard 74, 96

Zeilinger, Johannes 155, 158
Zesewitz, Hans 74
Zetkin, Clara 66
Zillich, Theodor 108
Zimmermann (Herr, Vorname unbekannt [Landgerichtsrat]) 274
Zola, Emile 336

Verzeichnis der in den Anmerkungen verwendeten Kürzel

Augustin: *Für und wider* → Siegfried Augustin: *Für und wider Karl May. Aus des Dichters schwersten Jahren*. In: *M-KMF* Bd. 16. Ubstadt 1995

Bartsch/Wollschläger: *Orientreise* → Ekkehard Bartsch/Hans Wollschläger: *Karl Mays Orientreise 1899/1900*. In: *In fernen Zonen. Karl Mays Weltreisen. Karl May's Gesammelte Werke* Band 82. Bamberg 1999

Becker: *Verderbnis* → Peter Becker: *Verderbnis und Entartung: Eine Geschichte der Kriminologie des 19. Jahrhunderts als Diskurs und Praxis*. Göttingen 2002

Buchwitz: *Dossier* → Hans Buchwitz: *Ein Dossier mit Geschichte. Die Leipziger Polizeiakte Karl Mays*. In: *KMHI* Nr.11 / 1998

d'Alinge: *Individualisierung* → Eugene d'Alinge: *Bessrung auf dem Wege der Individualisierung. Erfahrungen eines Praktikers über den Strafvollzug in der Gegenwart. Ein Wort an Alle, die sich für Verbesserungen im Strafvollzug interessiren, insbesonderheit an die Beamten der Strafanstalten, den Richterstand, die Polizeibeamten, die Vorstände der Gemeinden und deren Geistliche*. Leipzig 1865

Droop: *Karl May* → Adolf Droop: *Karl May. Eine Analyse seiner Reise-Erzählungen*. Cöln-Weiden 1909; Reprint Bamberg 1993

Forst-Battaglia: *Karl May* → Otto Forst-Battaglia: *Karl May. Ein Leben, ein Traum*. Zürich-Leipzig-Wien 1931

Götz von Olenhusen: *Karl May und das ... Verlagsrecht* → Albrecht Götz von Olenhusen: *Karl May und das Urheber- und Verlagsrecht im 19. Jahrhundert*. In: *Archiv für Urheber- und Medienrecht*. Band 2002/II

Gurlitt: *Gerechtigkeit* → Ludwig Gurlitt: *Gerechtigkeit für Karl May!* In: *„Ich". Karl May's Gesammelte Werke* Band 34. Bamberg 2009[42]

Heermann: *Blutsbruder* → Christian Heermann: *Winnetous Blutsbruder. Karl-May-Biografie*. Bamberg 2002

Hellwig: *Die krim.psych. Seite* → Albert Hellwig: *Die kriminalpsychologische Seite des Karl-May-Problems*. In: *KM-Jb* 1920

Hoffmann: *Lichtwochner* → Klaus Hoffmann: *Der Lichtwochner am Seminar Waldenburg. Eine Dokumentation über Karl Mays erstes Delikt (1859)*. In: *Jb-KMG 1976*. Hamburg 1976

Hoffmann: *Räuberhauptmann* → Klaus Hoffmann: *Karl May als »Räuberhauptmann« oder Die Verfolgung rund um die sächsische Erde. Karl Mays Straftaten und sein Aufenthalt 1868 bis 1870*, 1. Teil. In: *Jb-KMG 1972/73*. Hamburg 1972

Hohenstein-Ernstthaler Lokalpresse → *Karl May in der Hohenstein-Ernstthaler Lokalpresse 1899-1912. Eine Dokumentation.* Hrsg. u. komm. v. Hans-Dieter Steinmetz. Hohenstein-Ernstthal 2001

Jb-KMG → *Jahrbuch der Karl-May-Gesellschaft*

Kipp: *Lu-Droop-Story* → Rudolf W. Kipp: *Die Lu-Droop-Story* In: *M-KMG 37/1978*

Klußmeier: *Akte Karl May* → Gerhard Klußmeier: *Die Akte Karl May. Die Karl-May-Akte der politischen Polizei im Staatsarchiv Hamburg. Materialien zur Karl-May-Forschung.* Hrsg. v. Karl Serden im Auftrag der Karl-May-Gesellschaft. Bd. 4. Ubstadt 1979

Klußmeier: *Gerichtsakten I* → Gerhard Klußmeier: *Die Gerichtsakten zu Prozessen Karl Mays im Staatsarchiv Dresden (I)*. Mit einer juristischen Nachbemerkung von Claus Roxin. In: *Jb-KMG 1980*

Klußmeier: *Gerichtsakten II* → Gerhard Klußmeier: *Die Gerichtsakten zu Prozessen Karl Mays im Staatsarchiv Dresden (II)*. In: *Jb-KMG 1981*

KMHI → *Karl-May-Haus-Informationen*

KM-Jb → *Karl-May-Jahrbuch*

Kosciuszko: *May-Hetze* → Berhard Kosciuszko: *Im Zentrum der May-Hetze. Die Kölnische Volkszeitung.* Mit einer Vita Cardauns von Christoph F. Lorenz. Ubstadt 1985. *Materialien zur Karl-May-Forschung.* Hrsg. v. Karl Serden im Auftrag der Karl-May-Gesellschaft. Bd. 10

Kosciuszko/Ludwig: *Seminarist* → Bernhard Kosciuszko und Klaus Ludwig (Hrsg.): *Der Seminarist und Lehrer Karl May. Eine Dokumentation der Aktenbestände.* Reprint der Karl-May-Gesellschaft. Hamburg 1999

Langer: *Gesundheitszustand* → Kurt Langer: *Der psychische Gesundheitszustand Karl Mays. Eine psychiatrisch-tiefenpsychologische Untersuchung*. In: *Jb-KMG 1978*. Hamburg 1978

Lebius-Reprint → Rudolf Lebius: *Die Zeugen Karl May und Klara May. Ein Beitrag zur Kriminalgeschichte unserer Zeit*. Reprint der Ausgabe Berlin-Charlottenburg 1910. Mit einer Einführung von Jürgen Wehnert. *Veröffentlichungen aus dem Karl-May-Archiv* Hrsg. v. Michael Petzel und Jürgen Wehnert. Lütjenburg 1991

Maschke: *Emma Pollmer* → Fritz Maschke: *Karl May und Emma Pollmer. Die Geschichte einer Ehe. Beiträge zur Karl-May-Forschung*. Band 3. Bamberg 1972

Mattheier: *Die Gelben* → Klaus Mattheier: *Die Gelben. Nationale Arbeiter zwischen Wirtschaftsfrieden und Streik*. Hrsg. v. Géza Alföldy, Ferdinand Seibt und Albrecht Timm. Geschichte und Gesellschaft Bochumer Historische Studien. Düsseldorf 1973

May: *Ein Schundverlag* → Karl May: *Ein Schundverlag*. In: Karl May: *Am Marterpfahl. Karl Mays Leidensweg, Autobiografische Schriften. Karl May's Gesammelte Werke* Band 83. Bamberg 2001

May: *Frau Pollmer* → Karl May: *Frau Pollmer, eine psychologische Studie*. In: Karl May: *Von Ehefrauen und Ehrenmännern. Biografische und polemische Schriften 1899-1910. Karl May's Gesammelte Werke* Band 85. Bamberg 2004

May: *Helfershelfer* → Karl May: *Ein Schundverlag und seine Helfershelfer*. In: May: *Am Marterpfahl. Karl Mays Leidensweg, Autobiografische Schriften. Karl May's Gesammelte Werke* Band 83. Bamberg 2001

May: *Mein Leben* → Karl May: *Mein Leben und Streben*. Freiburg 1910

May: *4. Strafkammer* → Karl May: *An die 4. Strafkammer des Königlichen Landgerichts III in Berlin*. In: Karl May: *Am Marterpfahl. Karl Mays Leidensweg. Autobiografische Schriften. Gesammelte Werke* Band 83. Bamberg 2001

M-KMF → *Materialien zur Karl-May-Forschung*. Hrsg. v. Karl Serden im Auftrag der Karl-May-Gesellschaft

M-KMG → *Mitteilungen der Karl-May-Gesellschaft*

Plaul: *Alte Spuren* → Hainer Plaul: *Alte Spuren. Über Karl Mays Aufenthalt zwischen Mitte Dezember 1864 und Anfang Juni 1865.* In: *Jb-KMG 1972/73.* Hamburg 1972

Plaul: *Besserung* → Hainer Plaul: *Besserung durch Individualisierung. Über Karl Mays Aufenthalt im Arbeitshaus zu Zwickau von Juni 1865 bis November 1868.* In: *Jb-KMG 1975,* Hamburg 1974

Plaul: *Kahl-Broschüre* → Hainer Plaul: *Die Kahl-Broschüre. Entstehung und Folgen eines Anti-May-Pamphlets.* In: *Jb-KMG 1974.* Hamburg 1973

Plaul: *Moritz Lilie* → Hainer Plaul: *Über Moritz Lilie und seine Bekanntschaft mit Karl May.* In: *KMHI,* Nr. 20 / 2007

Plaul: *Redakteur* → Hainer Plaul: *Redakteur auf Zeit. Über Karl Mays Aufenthalt und Tätigkeit von Mai 1874 bis Dezember 1877.* In: *Jb-KMG 1977.* Hamburg 1977

Plaul: *Resozialisierung* → Hainer Plaul: *Resozialisierung durch »progressiven Strafvollzug«. Über Karl Mays Aufenthalt im Zuchthaus zu Waldheim von Mai 1870 bis Mai 1874.* In: *Jb-KMG 1976,* Hamburg 1976

Roxin: *Bemerkungen* → Claus Roxin: *Vorläufige Bemerkungen über die Straftaten Karl Mays.* In: *Jb-KMG 1971.* Hamburg 1971

Roxin: *Mays Leben* → Claus Roxin: *Mays Leben.* In: *Karl-May-Handbuch.* Hrsg. von Gert Ueding in Zusammenarbeit mit Klaus Rettner. Würzburg 2001[2]

Roxin: *Strafrecht* → Claus Roxin: *Karl May, das Strafrecht und die Literatur.* In: *„Ich". Karl May's Gesammelte Werke* Band 34. Bamberg 2009[42]

Scott/Lyman: *Erklärungen* → Marvin B. Scott/Stanford M. Lyman: *Praktische Erklärungen.* In: Manfred Anwärter/Edith Kirch/Manfred Schröter (Hrsg.): *Seminar: Kommunikation, Interaktion, Identität.* Frankfurt 1976

Seul: *Dresdner Prozesse* → Jürgen Seul: *Karl May und Rudolf Lebius: Die Dresdner Prozesse.* Mit einem Geleitwort von Prof. Dr. Claus Roxin. *Juristische Schriftenreihe der Karl-May-Gesellschaft.* Bd. 4. Hrsg. v. Ruprecht Gammler und Jürgen Seul. Husum 2004

Seul: ‚*Frankfurter Zeitung*' → Jürgen Seul: *Karl May im Urteil der ‚Frankfurter Zeitung'.* Husum 2001

Seul: *KM, Lebius und „Vorwärts"* → Jürgen Seul: *Karl May, Lebius und der „Vorwärts". Die Geschichte und Hintergründe einer wechselvollen Auseinandersetzung in der Zeit zwischen 1904 und 1914 im Spiegel des „Vorwärts"*. Edition Wissenschaft. Reihe Germanistik Bd. 17. Marburg/Ahrweiler 1996

Seul: *Lu-Fritsch-Affäre* → Jürgen Seul: *Rudolf Lebius ./. Karl May: Die Lu-Fritsch-Affäre. Juristische Schriftenreihe der KMG*, Bd. 3., Hrsg. v. Ruprecht Gammler und Jürgen Seul. 2. überarb. Aufl., Husum 2009

Seul: *May ./. Frisch & Lippacher* → Jürgen Seul: *Karl May ./. Dr. Alban Frisch & Wilhelm Lippacher. Juristische Schriftenreihe der KMG*. Bd. 2. Hrsg. v. Jürgen Seul. Ahrweiler 1997

Seul: *May ./. Horn* → Jürgen Seul: *Karl May./. Emil Horn. Juristische Schriftenreihe der KMG*. Bd. 1. Hrsg. v. Jürgen Seul. Ahrweiler 1996

Steinmetz: *Kulissen* → Hans-Dieter Steinmetz: *Blick hinter die Kulissen Zur Erstveröffentlichung von Urteilen des Münchmeyer-Prozesses*. In: *KMHI*, Nr. 14 / 2001

Steinmetz: *Opfer* → Hans-Dieter Steinmetz: *„Ein unglückliches Opfer der Verkennung". Unbekanntes Dokument zur Meinhold-Affäre gefunden*. In: *KMHI*, Nr. 10 / 1997

Steinmetz: *Schatten* → Hans-Dieter Steinmetz: *Schatten der Vergangenheit*. In: *Karl May auf sächsischen Pfaden*. Sonderband zu den *Gesammelten Werken Karl May's*. Hrsg. v. Christian Heermann. Bamberg 1999

Sudhoff/Steinmetz: *KMC I* → Dieter Sudhoff/Hans-Dieter Steinmetz: *Karl-May-Chronik. Band I 1842-1896*. Bamberg 2005

Sudhoff/Steinmetz: *KMC II* → Dieter Sudhoff/Hans-Dieter Steinmetz: *Karl-May-Chronik Band II 1897-1901*. Bamberg 2005

Sudhoff/Steinmetz: *KMC III* → Dieter Sudhoff/Hans-Dieter Steinmetz: *Karl-May-Chronik Band III 1902-1905*. Bamberg 2005

Sudhoff/Steinmetz: *KMC IV* → Dieter Sudhoff/Hans-Dieter Steinmetz: *Karl-May-Chronik Band IV 1906-1909*. Bamberg 2005

Sudhoff/Steinmetz: *KMC V* → Dieter Sudhoff/Hans-Dieter Steinmetz: *Karl-May-Chronik Band V 1910-1912*. Bamberg 2006

Thieme: *Gefängniswesen* → André Thieme: *Das Gefängniswesen in Deutschland speziell im Königreich Sachsen an der Wende v. 19. zum 20. Jahrhundert.* In: *Humaner Strafvollzug und politischer Mißbrauch. Zur Geschichte der Strafvollzugsanstalten in Bautzen 1904 bis 2000.* Schriftenreihe des Sächsischen Staatsministeriums der Justiz. Band 10. Hrsg. von Karl Wilhelm Fricke. Dresden 1999

Thomas: *Identitätsstörung* → William E. Thomas: *Karl May und die ‚Dissoziative Identitätsstörung'.* In: *Jb-KMG 2000.* Husum 2000

Ueding: *Handbuch* → *Karl-May-Handbuch.* Hrsg. von Gert Ueding in Zusammenarbeit mit Klaus Rettner. Würzburg 2001[2]

Vinzenz: *Reichspost-Briefe* →Wilhelm Vinzenz: *Karl Mays Reichspost-Briefe. Zur Beziehung Karl Mays zum „Deutschen Hausschatz".* *Jb-KMG 1982.* Husum 1982

Waldmüller: *Ein Tag* → Vgl. Robert Waldmüller: *Ein Tag im Zuchthause.* In: *Im neuen Reich. Wochenschrift für das Leben des deutschen Volkes in Staat, Wissenschaft und Kunst.* 3. Jg., 1873, 1. Bd., Heft 11

Walter: *Über Karl May* → Michael Walter: *Über Karl May und sein Werk. Einige kriminologische Gedanken.* In: *Goltdammer's Archiv für Strafrecht.* 153. Jg. 2006

Wohlgschaft: *Leben und Werk 2* → Hermann Wohlgschaft: *Karl May. Leben und Werk 2. Band. Karl Mays Werke.* Abteilung IX, Materialien Band I.2. Bargfeld 2005

Wolff: *Ermittlungen* → Gabriele Wolff: *Ermittlungen in Sachen Frau Pollmer.* In: *Jb-KMG 2001.* Husum 2001

Wollschläger: *Grundriß* → Hans Wollschläger: *Karl May. Grundriß eines gebrochenen Lebens.* Zürich 1976

Wulffen: *Verbrechen* → Erich Wulffen: *Kunst und Verbrechen.* In: *KM-Jb 1925.* Radebeul 1924

Wulffen: *Schelme* → Erich Wulffen: *Im Reiche der Schelme*. In: *KM-Jb 1926.* Radebeul 1926

Zeilinger: *Autor in fabula* → Johannes Zeilinger: *Autor in fabula. Karl Mays Psychopathologie und die Bedeutung der Medizin in seinem Orientzyklus. Materialien zum Werk Karl Mays.* Band 2. Husum 2000

KARL MAY'S GESAMMELTE WERKE

1	Durch die Wüste	48	Das Zauberwasser
2	Durchs wilde Kurdistan	49	Lichte Höhen
3	Von Bagdad nach Stambul	50	In Mekka (von Franz Kandolf)
4	In den Schluchten des Balkan	51	Schloss Rodriganda
5	Durch das Land der Skipetaren	52	Die Pyramide des Sonnengottes
6	Der Schut	53	Benito Juarez
7	Winnetou I	54	Trapper Geierschnabel
8	Winnetou II	55	Der sterbende Kaiser
9	Winnetou III	56	Der Weg nach Waterloo
10	Sand des Verderbens	57	Das Geheimnis des Marabut
11	Am Stillen Ozean	58	Der Spion von Ortry
12	Am Rio de la Plata	59	Die Herren von Greifenklau
13	In den Kordilleren	60	Allah il Allah!
14	Old Surehand I	61	Der Derwisch
15	Old Surehand II	62	Im Tal des Todes
16	Menschenjäger	63	Zobeljäger und Kosak
17	Der Mahdi	64	Das Buschgespenst
18	Im Sudan	65	Der Fremde aus Indien
19	Kapitän Kaiman	66	Der Peitschenmüller
20	Die Felsenburg	67	Der Silberbauer
21	Krüger Bei	68	Der Wurzelsepp
22	Satan und Ischariot	69	Ritter und Rebellen
23	Auf fremden Pfaden	70	Der Waldläufer
24	Weihnacht	71	Old Firehand
25	Am Jenseits	72	Schacht und Hütte
26	Der Löwe der Blutrache	73	Der Habicht
27	Bei den Trümmern von Babylon	74	Der verlorene Sohn
28	Im Reiche des silbernen Löwen	75	Sklaven der Schande
29	Das versteinerte Gebet	76	Der Eremit
30	Und Friede auf Erden	77	Die Kinder des Herzogs
31	Ardistan	78	Das Rätsel von Miramare
32	Der Mir von Dschinnistan	79	Old Shatterhand in der Heimat
33	Winnetous Erben	80	Auf der See gefangen
34	„ICH"	81	Abdahn Effendi
35	Unter Geiern	82	In fernen Zonen
36	Der Schatz im Silbersee	83	Am Marterpfahl
37	Der Ölprinz	84	Der Bowie-Pater
38	Halbblut	85	Von Ehefrauen und Ehrenmännern
39	Das Vermächtnis des Inka	86	Meine dankbaren Leser
40	Der blaurote Methusalem	87	Das Buch der Liebe
41	Die Sklavenkarawane	88	Deadly dust
42	Der alte Dessauer	89	*(in Vorbereitung)*
43	Aus dunklem Tann	90	*(in Vorbereitung)*
44	Der Waldschwarze	91	Briefwechsel mit F. E. Fehsenfeld I
45	Zepter und Hammer	92	Briefwechsel mit F. E. Fehsenfeld II
46	Die Juweleninsel	93	Briefwechsel mit Sascha Schneider
47	Professor Vitzliputzli		

Karl-May-Atlas, Karl-May-Chronik I-V, Der geschliffene Diamant, Die blaue Schlange
Winnetous Blutsbruder, Mein Hengst Rih, Fürst und Junker I-III, An der Quelle des Löwen
Auf Winnetous Spuren, Mit Kara Ben Nemsi durch den Orient, Karl-May-Filmbuch
Karl-May-Bibliografie 1913–1945, Traumwelten · Bilder zum Werk Karl Mays I-III
Karl-May-Stars, Karl May und die Musik (mit CD), Ich war Winnetous Schwester
Karl May auf sächsischen Pfaden, Durchs wilde Lukullistan, Auf Karl Mays Fährte
Erkämpftes Glück, Der Riesenochsenfrosch, Old Shatterhand vor Gericht

KARL·MAY·VERLAG
BAMBERG·RADEBEUL
www.karl-may.de